陈嘉庚精神的文化思想源流

——兼论陈嘉庚的人文关怀精神

陈俊林　著

中国华侨出版社

·北京·

图书在版编目（CIP）数据

陈嘉庚精神的文化思想源流：兼论陈嘉庚的人文关怀精神 / 陈俊林著.
—北京：中国华侨出版社，2021. 3

ISBN 978-7-5113-8398-3

Ⅰ. ①陈… Ⅱ. ①陈… Ⅲ. ①陈嘉庚（1874–1961）—人物研究
Ⅳ. ①K828. 8

中国版本图书馆CIP数据核字（2020）第222171号

●陈嘉庚精神的文化思想源流——兼论陈嘉庚的人文关怀精神

著　　者 / 陈俊林
责任编辑 / 高文喆　桑梦娟
封面设计 / 何洁薇
经　　销 / 新华书店
开　　本 / 710毫米 × 1000 毫米　1/16　印张/ 27. 75　字数/ 472 千字
印　　刷 / 北京天正元印务有限公司
版　　次 / 2021 年 3 月第 1 版　2021 年 3 月第 1 次印刷
书　　号 / ISBN 978-7-5113-8398-3
定　　价 / 85. 00元

中国华侨出版社　北京市朝阳区西坝河东里77号楼底商5号　邮编：100028
法律顾问：陈鹰律师事务所
发 行 部：（010）64443051　传　真：（010）64439708
网　　址：www.oveaschin.com　E-mail：oveaschin@sina.com

序

陈嘉庚是中国近代以来最受关注的历史人物之一，也是极少数被广泛褒扬的人物之一。陈嘉庚倾家兴学，为家乡和国家利益奔波一生；且为人行事，有股圣贤之风。就连其商业或政治对手，也从不质疑他的人格精神和行事之光明磊落。

陈嘉庚的精神在其生前身后，都有不少人基于各种目的进行诠释。早在1931年，厦大校长林文庆即已提出“嘉庚精神”，认为“是我国圣贤所传给我们的‘天下为公’的精神，是一种利他而肯牺牲的精神”。2001年，厦门大学党政领导总结厦大四种精神：陈嘉庚先生的爱国精神，罗扬才烈士的革命精神，抗战时期厦大内迁闽西艰苦办学的自强精神，以王亚南校长、陈景润教授为代表的科学精神。厦大归结陈嘉庚先生的精神是倾资兴学、报效祖国的爱国精神。

我不是陈嘉庚研究专家，但对嘉庚的人格魅力一向崇敬有加。2009年10月，我在厦门华侨博物院50周年院庆学术研讨会上提出：虽然陈嘉庚的一生业绩，主要在兴办教育，但贯穿陈嘉庚一生的是人文关怀精神，办学正是其人文关怀精神的体现。

人文关怀是人文精神的精髓，其关注的是人对人的价值、人对社会的价值和人对自然的价值，其核心价值是修正人的价值取向，体现的是对人类社会的终极关怀。或许陈嘉庚先生从来没有具体、全面表达过其毕生的信仰，但他的这种精神是真正的“大道”，体现人类社会的最普世和最崇高的理念。所有民主、民生、民权、自由、平等、进步、富强、公平、正义、诚实、守信等价值观，都是这种精神的具体化。

教育是体现陈嘉庚人文关怀精神的主要脉络。

陈嘉庚从年轻时就以服务社会为其理念。至于以服务社会大众为生平己任的精神来源，他并无多赘言。他说这是天生的。他小时候就“生平志趣，自廿岁时，对乡党祠堂私塾及社会义务诸事，颇具热心，出乎天性之自然，绝非被动勉强者……”（《南侨回忆录》）。积极服务社会大众，是其人文关怀精神的实践。早在1894年，他就捐献2000银圆在家乡创办“惕斋学塾”。在1913年创办“乡立集美两等小学校”。

而选择以发展教育为生平己任，陈则有明确认知。这种认知，或源于对南洋华侨大众悲惨遭遇的同情，或出自其与生俱来的悲天悯人情怀。他认为“国家之富强，全在于国民，国民之发展，全在于教育，而教育不振则实业不兴，国民之生计日绌。中原素患人满，势不得不饥驱出洋，以供外人之奴隶牛马。言念及此，良可悲已”。

他的思维逻辑是：见到穷人困苦如果给他们面包，不如教他们如何生产会更有效果。这亦是一种更彻底的济贫之道。因此，他深信教育的重要性，教育可以让国家富强，教育可以提高人的质素，教育亦可以作为穷人翻身的跳板。因此，他一生为教育奔波。倾家办学，正是这种悲天悯人的表现。他说：“鄙人所以奔走海外，茹苦含辛数十年，身家性命之利害得失，举不足撄吾念，独于兴学一事，不惜牺牲金钱；竭殚心力而为之，终日孜孜无敢逸豫者，正为此耳”。（《南侨回忆录》）

现在弘扬陈嘉庚精神的官方和私家，无不以陈嘉庚如何在国内办学，以证明陈嘉庚爱国爱乡、教育救国的精神。其实，陈嘉庚在南洋也是如此。早在1919年，他就在新加坡创办了规模宏大的“新加坡南洋华侨中学”，现名华侨中学（新加坡），是当时南洋地区华侨的最高学府。在抗日战争期间至结束，他先后在新加坡创办水产航海学校、南侨师范和南侨女中等学校。当时有教会请陈嘉庚捐款10万元创办一所大学，陈嘉庚慨然答应，但提出要以兼设中文课程为条件。

陈嘉庚一生所秉持的是人文关怀精神。其倾资兴学，是其人文关怀精神的实践，兴学办教育是陈嘉庚一生服务社会、奉献社会、改造社会的最辉煌业绩。但陈先生的这种悲天悯人的人文关怀精神，也贯彻其一生的其他方面。最能体现陈嘉庚这种人文关怀精神的另一方面，是其平民意识。或可以说，凡是秉持人文关怀精神的人，均有这种平民意识。其表现是：

第一，对自己生活近于严苛，这是以人文关怀精神为己任者的通例。他身体力行的座右铭是："应该用的钱，千万百万也不要吝惜，不应该用的钱，一分也不要浪费。"因为他认为，谋求金钱的目的是实现其普世的人文关怀，而不是为一己之私欲。他在个人自传中写道："我之个人家庭，年不过数千元，逐月薪水足以抵过。在集美建一住宅，不上一万元，他无所有。"

第二，陈嘉庚不主张把钱财遗留给子孙后代，认为对子女应有"道德之爱"，而不是"金钱之爱"。"且贤而多财则损志，愚而多财则益其过，是乃害之，非爱之也。"陈嘉庚临去世时，嘱咐将自己的 300 万元存款全部献给国家，其中 200 万元留作集美学校建校基金，50 万元用作筹建北京华侨博物院，50 万元捐作集美福利基金。

第三，主张男女平等。或许陈嘉庚的人文关怀精神有传统文化的影响，但更多的应当是受近代西方平等理念的影响。陈嘉庚提倡男女有平等的受教育权利。早在 1915 年，他在新加坡即参与创办崇福女校；1917 年，在集美创办女子小学。

第四，他在企业中提倡"宜以互相敬爱为心"的仁爱原则。

第五，尽力于各项重大公益慈善事业。

第六，对贫困者的怜悯。他反对办学分贫富，强调优待穷人子弟。1913 年 1 月 27 日，乡立集美两等小学校正式开学。同时，陈嘉庚立下宏愿——"等力能办到，当举办师范学校，收闽南贫寒子弟才志相当者，加以训练，以抚救本省教育之颓风"。他特别重视培养师资，兴办了各类师范学校（包括女子、幼稚师范等），学宿膳费全免，鼓励贫寒学生入学，减免学费，向闽南三十余县发函代招选贫寒生。

第七，对腐败和社会不公的深恶痛绝，认为"无为之费，一文宜惜；正当之消，千金慷慨"。

或许是这种悲天悯人的平民意识，影响了陈嘉庚的政治选择。虽然陈嘉庚在大敌当前的抗战时期，倡导国人要忠于一个政府（国民政府）、一个领袖（蒋介石），但当他抗战时考察重庆时，对蒋介石为首的重庆国民政府的奢侈之风和官员的纸醉金迷深恶痛疾。随后陈嘉庚考察延安，毛泽东留陈嘉庚吃饭，上的菜是自己种的豆角、西红柿，只是特地加了一味鸡汤。重庆和延安之行或决定了陈嘉庚的政治选择。一个腐败、保护巨大社会不公的政权，一定不会是陈嘉庚的选择。

我不反对将陈嘉庚精神概括为爱国主义精神，但我要强调的是，陈嘉庚的爱国主义，是爱这个土地上的人，尤其是这块土地上的平民，这是他秉持一生的人文关怀精神的体现，也是他愿意毁家兴学的原因。

这种精神，或源于其自小耳濡目染的儒家“仁爱”观，也在于在南洋所接受的平等、自由、民主的近代西方理念。无论如何，陈嘉庚的一生，都在实践其人文关怀理念，这种理念是人类普世价值的组成部分，也是全世界无数理想主义者所追崇的信仰，只是陈嘉庚实践得更彻底。所以说，嘉庚精神是超国界的。

这是我对陈嘉庚精神的认知和陈嘉庚先生最让我感动的精神。

本书是作者陈俊林女士的博士论文。俊林曾在陈嘉庚先生创办的集美图书馆工作，致力于收集丰富的涉及陈嘉庚的第一手史料。近40年来，基于各种动机的海内外陈嘉庚研究热潮持续至今，仅关于“陈嘉庚精神”的论述和相关著作数以千计。但前人的陈嘉庚精神研究，或囿于意识形态的限制，或因资料的不足，大多归结为爱国爱乡的精神。俊林虽理科出身，但善于思辨且甘于坐冷板凳，钩沉馆藏史料和集美乡土文献多年，淘出大批前人未利用的涉陈嘉庚文献，故能建构陈嘉庚精神的史料基础。该论文初稿超百万字，推敲、修改时间又逾两年，实为呕心沥血之作。本书系统阐述的陈嘉庚人文精神，言之有据，论点独特，在林林总总的陈嘉庚精神研究中，堪称特色显明。

是以为序。

庄国土

厦门大学特聘教授

2020. 8

前　言

陈嘉庚是中国近代以来著名的爱国华侨领袖，杰出的实业家、教育事业家和社会活动家。20 世纪 20 年代其商业王国处于巅峰之际，他被誉为“马来亚的亨利 · 福特（Henry Ford）”，也被称为“中国的‘司丁列思’（Stinnes）”。他被毛泽东誉为“华侨旗帜　民族光辉”，现今成为全球华人的人格标杆和精神领袖。

陈嘉庚的一生历程大致可以划分为三个阶段，第一个阶段是从 1874 年出生至 1890 下南洋前；第二个阶段是自 1890 年首下南洋至 1950 年回国定居前；第三个阶段为 1950 年回国定居至 1961 年去世。第一和第三阶段的岁月，他都是在中国完整度过，前者是一种吸收各种文化思想的阶段，后者则是他的思想价值观发挥重大影响的阶段。在第二阶段的 60 年时间里，前期他忙于学徒、创业、兴学，从实业救国论者转变为一名教育救国者，并在南洋华社逐渐崭露头角；后期他在实业遭遇收盘的情况下，坚持办学，且投入更多精力于社会公益和华社政治活动，并最终获中国政府、英国殖民地政府和南洋侨众的一致推举，担任南侨总会主席，带领全南洋侨众为中国抗战输财、输物、输将。除去为完婚、葬母、补习、兴学而回中国前后留居约十年，以及另外回国慰劳十个月、避难印尼三年零八个月，其余时间中的他，身在南洋却用自己的言行和笔端游走于中西文化的碰撞、交融之间，阐释着自己对中西文化的吸收与筛选。

中国东南沿海典型华侨家庭的出身成长经历，接受的中国传统儒家文化私塾教育，以及来自其母亲和父亲不同时期的言传身教，使陈嘉庚继承了中国传统文化和闽南侨乡文化价值观；在英国殖民地新加坡近 50 年的创业、奋斗、生活经历，使他在英国殖民者带来的西方文化的浸染下，成为一个中西文化的自觉传递者。一方面，他将西方文化中的积极方面吸收并介绍到中国，同时又不遗余力地在殖民地传播对中国文化的种种坚守理念。另一方面，身为华侨的他，从自己的角度解读华侨与祖籍国的关系、华侨与侨居国的关系，立身华侨、立足华社，用自己在中国与南洋华社之间的“桥”之角色和行动，来践行他对中国和南洋两地的人、社会和国家的人文关怀，为促进中西文化的国际交流、中国和南洋华侨的互动做出了贡献。

通过梳理陈嘉庚精神的中西文化思想源流，探索他的人文关怀精神实质，对进一步加深对他以及他的精神的理解和研究，从而推动陈嘉庚精神的弘扬，以及为当代精神文明建设提供范例和启示，均具有十分重要的理论和现实意义。

目　录

绪　论 …………………………………………………………… 1

第一章　中国传统文化对陈嘉庚的影响 …………………… 32

第一节　中国传统文化 …………………………………… 32

第二节　陈嘉庚家族和早期家庭教育 …………………… 54

第三节　中华文化对陈嘉庚的影响 ……………………… 68

第二章　西方价值文化对陈嘉庚的影响 ………………… 75

第一节　陈嘉庚时期新加坡的殖民统治和华人社会 …… 76

第二节　新加坡西洋人倡导的社会价值体系和发展理念 …… 93

第三节　陈嘉庚对西方文化价值理念的认知 ………… 105

第三章　“中学为体、西学为用”：践行东西方价值理念的陈嘉庚 …………………………………………………… 128

第一节　体现中华传统文化特质的主流价值观的陈嘉庚 …… 128

第二节　践行传统价值观的陈嘉庚 …………………… 165

第三节　践行西方价值理念的陈嘉庚 ………………… 172

第四章　中西文化的交汇和对撞：矛盾的结合体………………199
第一节　融合………………199
第二节　冲突………………209
第三节　矛盾结合体………………214
第五章　陈嘉庚的人文关怀精神………………229
第一节　陈嘉庚悲天悯人的人文关怀………………230
第二节　陈嘉庚人文关怀精神的体现——平民意识………………244
第三节　陈嘉庚对人的人文关怀………………259
第四节　陈嘉庚对社会的人文关怀………………302
第五节　陈嘉庚对国家的人文关怀………………342
结　语………………396
附　录………………406
参考文献………………411
后　记………………430

图表目录

表 1 《嘉庚文献题录》收录有关陈嘉庚图书文献情况 …………………15

图 1 《嘉庚文献题录》所载陈嘉庚研究类图书细化分类情况 …………16

图 2 《嘉庚文献题录》所载其他类图书细化分类情况 …………………16

图 3 《嘉庚文献题录》所载图书析出文献隶属类别情况 ………………17

图 4 《嘉庚文献题录》所载图书析出文章有关研究人物的条目情况……18

图 5 1979 年至 2020 年题名含“嘉庚”的 CNKI 期刊文章逐年发表情况 …………………………………………………………18

图 6 1979 年至 2020 年 CNKI“嘉庚”题名期刊论文内容涉及类别情况 …………………………………………………………19

图 7 《世界福建名人录 · 新加坡篇》所载 155 位闽籍列传人物祖籍地分布情况 ……………………………………………………44

图 8 《世界福建名人录 · 新加坡篇》所载 429 位闽籍增列人物祖籍地分布情况 ……………………………………………………45

图 9 《世界福建名人录 · 新加坡篇》所载 584 位闽籍名人祖籍地分布情况 …………………………………………………………45

表 2 陈嘉庚记录自己义捐情况 ………………………………………162

表 3 以陈嘉庚名义申请获颁涂桥头熟品厂之专利权（1924—1932 年）…………………………………………………………350

附表 1　陈嘉庚著作一览（以出版时间为序）…………………………… 406
附表 2　集美学校历年经费总汇（1923）………………………………… 408
附表 3　集美学校历年经费一览（1933）………………………………… 408
附表 4　1918 年–1922 年两刊公布经费对比　…………………………… 409
附表 5　集美学校历年经费一览（1913 年至 1947 年上学期）……… 410

绪 论

一、选题缘由及意义

人物，是历史的侧影，也是历史的生命，因为历史就是由许多精彩的生命所构成的。[①] 研究东南亚华侨华人史，就不能不提到陈嘉庚这个名字，其涉及领域包括经济、政治、社会公益、教育、爱国等有关华侨社会的方方面面。毛泽东称誉他为“华侨旗帜 民族光辉”。[②] 陈碧笙称他为“华侨史上第一个把政治、经济、社会、文化各方面的活动集合于一身的领袖人物”。[③] 李远哲认为“要数亚洲和中国的伟人，陈嘉庚是很难得的一个”。[④] 江泽民同志赞扬陈嘉庚精神是“国粹”。[⑤] 习近平总书记称誉陈嘉庚是“侨界的一代领袖和楷模”。[⑥]

研究陈嘉庚的专家杨进发博士说：“近百年来，新加坡社会，尤其是华族社会，出现了两大巨人。前五十年非陈嘉庚莫属，后五十年李光耀独占鳌头，因两者的年代背景相异，故他们的成就与贡献便不尽相同。此两人对社会与国家的影响，波澜壮阔，跨洲越界，历久不衰。”[⑦] 而对于陈嘉庚，“他的

---

① 新加坡福建会馆编:《世界福建名人录·新加坡篇（1819—2012）》，新加坡焦点出版社，2012 年，第 359 页。

② 《新闻报（重庆）》，1945 年 11 月 19 日。见《南侨回忆录》，陈嘉庚著，新加坡南洋印刷社，1946 年再版，第 370 页。

③ 陈碧笙：试论陈嘉庚，载《陈嘉庚先生诞辰 110 周年学术讨论会资料》，1984 年，第 10 页。

④ 陈可焜：李远哲谈陈嘉庚，《集美校友》，1992 年第 1 期，第 7 页。

⑤ 本刊讯：江泽民总书记说——全国人民都应该怀念、学习陈嘉庚，《集美校友》，1994 年第 3 期，第 1 页。

⑥ 习近平总书记给厦门市集美校友总会回信，《福建日报》，2014 年 10 月 22 日，第 1 版。

⑦ 杨进发：序三，载《陈嘉庚传》，黄今英著，新加坡：八方文化公司，2002 年 9 月，序页。

来与去，象征着一个华侨时代的起始与一个重大时期的终结。……通过创办厦门大学、领导山东筹赈会、星华筹赈会、南侨筹赈总会，与公开支持20世纪40年代之印尼与印度的民族独立运动，最终大胆支持毛泽东的政权，陈嘉庚已光芒焕发地成了一个民族（中国的），乃至整个东南亚及亚洲的风云人物”。①

以研究东南亚历史及历史教学为终身事业的专家颜清湟教授说，他最钦佩的历史人物是陈嘉庚，认为：陈嘉庚那种毁家兴学、回馈社会的精神影响深远，陈六使、李光前以及李嘉诚等人倾资办学的作风是受陈嘉庚的影响。②

1961年9月10日，新加坡各社团联合在羽球馆广场，为在中国大陆逝世的陈嘉庚举行追悼会，当地万人空巷，共表哀思。曾是陈嘉庚助手、有四五十年交情的李俊承认为，此次追悼会参加者如此众多，具见陈嘉庚功在社会人群，非但身沾其惠者永远不会忘记他，即凡是认识或风闻其毕生仁风义举的人士，亦莫不同深景仰。他深切认识陈嘉庚的人格伟大，精神崇高，是一位大仁、大智、大勇的当代完人。他认为陈嘉庚侠骨仁怀，对于赈灾救难义举，当仁不让，挺身以赴，号召领导，任劳任怨，此即大仁；他回家兴学，毕生为教育事业鞠躬尽瘁，培养无数人才，桃李满天下，此即大智；他为公益教育，不计本身利害得失，凡正义所在，即勇往直前，无论如何艰巨困难，都坚强不挠，非致成功不罢手，此即大勇。纵观陈嘉庚一生为公益、为社会、为教育而牺牲自己，孜孜屹屹，数十年如一日，凡爱人群，具大慈悲心，实深切符合佛教的教义与精神。③这种教义与精神，即陈嘉庚的言行所表现出来的“悲天悯人”。

陈嘉庚留给了后人太多的物质财富（包括学校、建筑等），而他的思想财富（包括他的著作、言论等）更是当今诸多学者了解、研究当年华侨社会情况和华侨华人史的史料来源。虽然不排除“时事造英雄”的可能，但从19世纪末期至20世纪中叶，在中国经历从清朝、民国、中华人民共和国的风雨跌宕的历史时期，陈嘉庚铸就了一段属于自己的时代。直至1961年陈

---

① 杨进发：《华侨传奇人物——陈嘉庚》（中文简体版），陈嘉庚纪念馆，2012年9月，第16—17页。

② 区如柏：历史学者颜清湟：华人贡献须用文字记载，《联合早报》，2000年8月30日。

③ 李俊承先生演词，《新加坡各界追悼陈嘉庚先生大会》，新加坡中华总商会编，未刊，1961年，第9页。

嘉庚在北京逝世，“陈嘉庚时代”也随即结束。但是，“陈嘉庚”这个名字依然活跃于各类研究东南亚早期华侨华人历史的著作中。

现今，“陈嘉庚精神”已成为当下对一种精神境界追求的代名词，弘扬嘉庚精神，提高精神文明层面，成为海内外学者和集美学校、厦门大学校友们的共同心声和行动指南。陈嘉庚精神内涵丰富，在诸多与他接触、交往者的体悟下得以不断升华、提炼，是对精神文明建设的重要组成部分和推动力量。

“陈嘉庚精神”的提出，据《厦大周刊》相关记载显示，早在1931年厦大校长林文庆即已提及“嘉庚精神”这个字眼。1925年起受世界经济及其他因素影响，陈嘉庚在南洋的实业收益逐年减少，维持两校的经费来源发生困难。陈嘉庚多次募集办校费，屡次受挫。担任校长后的林文庆也先后三次去南洋，利用自己原在南洋的地位和社会影响力帮助陈嘉庚募集办校经费，尽管未大获成功，但林文庆在做募集宣讲及各类大大小小的诸次演讲中，即多次提及号召南洋华侨和厦大师生学习陈嘉庚精神的内容。

据《厦大周刊》所载诸多林文庆的演讲记录中，有多处出现他对陈嘉庚精神的提及和总结文字。1924年在厦大校庆三周年演说和1926年建校五周年纪念会演说中，林文庆说“我们不能不格外感谢陈嘉庚先生对于本校的热心毅力”。[①] 在建校八周年和九周年纪念会时，林文庆说“我们实在应该感谢这辛勤的创办人，并应该决定把他的义举做我们的榜样”。[②] 在总结厦门大学创办十周年纪念意义时，林文庆将陈嘉庚对厦门大学的奉献，升华为是嘉庚精神的体现：“嘉庚先生的精神是什么呢？就是我国圣贤所传给我们的‘天下为公’的精神，是一种利他而肯牺牲的精神，嘉庚先生有此种精神，所以他能殷急公好义，把他自己努力所得到的大部分金钱，拿来办教育，为社会大多数人谋最高的幸福。”[③]

相比而言，尽管林文庆提出的“嘉庚先生的精神”这几个字，与现在常见的“嘉庚精神”四字整体并不吻合，他所总结的嘉庚精神内涵也远没有

① 《校庆三周年林校长演说辞》，1924年；《本校五周年纪念会林校长之演说辞》，1926年。

② 《陈嘉庚先生提倡教育之目的》，载《厦门大学八周年纪念特刊》，1929；《陈嘉庚先生与本校》，载《厦门大学九周年纪念刊》，1930年。

③ 林文庆：厦门大学十周年纪念的意义，载《厦门大学十周年纪念刊》，1931年。

现今大多学者所总结的文字多、内容广，只是着重突出于陈嘉庚倾资办学、“利他而肯牺牲的精神”“牺牲为国的精神”“为人民为教育而牺牲，以谋各种事业之建设的精神”，但显而易见的是，这些宏观角度的概括，基本可以囊括现今众学者所总结的嘉庚精神的主要内涵。

1940 年厦大校友会主编的《厦大通讯》出版“欢迎陈嘉庚先生专号”，刊发何励生的文章《嘉庚精神》[①] 后，“嘉庚精神”字眼出现频率逐渐增多。

杨进发评价说，陈嘉庚一生留下四个历史遗产，即华侨的认同感与延续性；尊重知识、尊重教育的儒家思想；自强不息的发展哲理；以及“陈嘉庚精神”的全球化。“陈嘉庚精神”由其后辈及支持者从 20 世纪八九十年代开始推动。他们组织陈嘉庚基金会、陈嘉庚国际学会，并已在三方面做出贡献：①筹巨款建柏克莱加州大学的陈嘉庚化学楼；②设立陈嘉庚科学奖，支助中国科技研究；③建设集美大学，培养大专人才。

1996 年，新加坡陈嘉庚基金会捐款 150 万元新币给南洋理工大学，在该校创立陈嘉庚教授基金，专为聘请陈嘉庚客座教授而用，把陈嘉庚的名字发展到社会科学研究方面，从而使“陈嘉庚精神”国际化。[②]

2001 年，厦门大学党政领导总结的厦大“四种精神”为：陈嘉庚先生的爱国精神、罗扬才烈士的革命精神、抗战时期厦大内迁闽西艰苦办学的自强精神和以王亚南校长、陈景润教授为代表的科学精神。归结陈嘉庚先生的精神是倾资兴学、报效祖国即“教育救国”的爱国精神。[③] 江泽民提出“热心办教育”，并将其与他所倡导的“精神文明”建设联系起来。1994 年，江泽民视察厦门经济特区时强调：“要弘扬陈嘉庚先生热心办教育的传统，把厦门的教育事业办好，把精神文明建设好。”[④]2014 年 10 月在陈嘉庚先生诞辰 140 周年之际，习近平总书记给厦门集美校友总会回信，希望广大华侨华人弘扬“嘉庚精神”，深怀爱国之情，坚守报国之志，同祖国人民一道不懈

① 何励生：嘉庚精神，载《厦大通讯》第 2 卷第 9、10 期，1940 年 11 月 9 日，第 21—23 页。

② 杨进发：陈嘉庚：为振兴中华而不悔，载《创业与护根：马来西亚华人历史与人物儒商篇》，林水檺主编，吉隆坡：华社研究中心，2003 年，第 44—45 页。

③ 《厦门大学“四种精神”》，载《厦门大学 2015 年度报告》，厦门大学编，未刊，2016 年，正文前页。

④ 戴岩：弘扬厦门大学的四种精神，《人民日报海外版》，2001 年 9 月 18 日，第 10 版。

奋斗，共圆民族复兴之梦。[①] 在此号召下，弘扬陈嘉庚精神的热潮一波连一波。如今，由世界著名学者组成的陈嘉庚国际学会，不断开展了对陈嘉庚精神的研究。而中国福建厦门大学、集美大学的众多校友们和集美陈嘉庚研究会的研究者们，更是将传承陈嘉庚思想、弘扬陈嘉庚精神作为自己责无旁贷之使命和研究目的。

现今很多学者将陈嘉庚精神概括为爱国主义精神，这并没有错，但无法全面反映陈嘉庚的精神实质。陈嘉庚的爱国主义，是爱这个土地上的人，尤其是这块土地上的平民，这是他秉持一生的人文关怀精神的体现，也是他愿意毁家兴学的原因。这种精神，或源于其自小耳濡目染的儒家“仁爱”观，也在于在南洋所接受的平等、自由、民主的近代西方理念。无论如何，陈嘉庚的一生都在实践其人文关怀理念，这种理念是人类普世价值的组成部分，也是全世界无数理想主义者所追崇的信仰，只是陈嘉庚实践得更彻底。因此，嘉庚精神是超国界的。

因此，对陈嘉庚人文关怀精神的中西文化思想源流进行追本溯源，具有十分重要的理论和现实意义。本书旨在站在学术角度，通过对陈嘉庚的著述文献资料、国内外学者的相关研究成果以及未曾被大量开发利用的文献资料进行一次整体爬梳，在考证还原史实真相的同时，通过梳理他在中国、新加坡的生活和社会活动背景，探析陈嘉庚与中西文化的关系，以及他在中西文化间的活动和作用，直至对其人文关怀精神的产生源流即陈嘉庚精神的文化思想源流进行追本溯源，从悲天悯人的角度，对陈嘉庚人文关怀精神进行全新的诠释，剖析陈嘉庚的人文关怀精神的内质，达到拓展东南亚华侨华人史研究、解读陈嘉庚精神、推动陈嘉庚研究、弘扬陈嘉庚精神以及为推动当代精神文明建设提供范例和启示的目的。此即为本选题的目的和意义之所在。

二、文献综述

作为经历晚清、民国、中华人民共和国三个时期，在中国及南洋两地影响一时的一代侨领，陈嘉庚的名字与华侨史及现代中国的发展命运息息相关。而对他的研究则正如对他的精神弘扬一般方兴未艾，成为热点。陈嘉庚

① 习近平总书记给厦门市集美校友总会回信，《福建日报》，2014 年 10 月 22 日，第 1 版。

的著作、书信等史料以及包括书、刊、报文章在内的有关他的研究成果至今如汗牛充栋。鉴于本书研究的学术性，依研究所需，在此做挂一而漏万之列举，分国外及国内情况分述。

（一）国外和中国台湾地区学者的研究

国外的陈嘉庚研究，主要是东南亚学者，少数为日本和欧美学者。研究水平最高和最具代表性的研究者为澳洲的杨进发。

1. 东南亚方面

陈嘉庚二子陈厥祥在其父陈嘉庚授意下完成的重修集美陈氏族谱等资料集成《集美志》[①]，所记录反映的集美人文历史地理内容堪称丰富，是了解及追溯陈嘉庚家族历史的重要史料。

吴体仁编著的《殖产橡胶拓荒人》[②]一书虽是包括马来亚橡胶拓殖先驱H.N.Ridley（李德立，1855—1956）、陈齐贤（1871—1916）、林文庆和陈嘉庚在内的四人事迹小传，但一半有多的篇幅内容以陈嘉庚为主，对其生平事迹进行了较全面记述。

南澳大利亚弗林德斯大学杨进发博士不仅著有《我是怎样研究陈嘉庚的》[③]一文，且编著的《战前的陈嘉庚言论史料与分析》[④]一书分类收罗了陈嘉庚在1916年至1941年发表的50多篇较重要言论史料，并着重分析了陈氏生平及其政治与社会思想的形成与演变，是《陈嘉庚——华侨传奇人物》一书的原始资料来源和前期铺垫，也是《陈嘉庚言论集》的史料补充。之后，杨进发花十余年心血撰著的*TAN KAH—KEE*：*The Making of an overseas Chinese Legend*（《陈嘉庚：华侨传奇人物》）[⑤]一书是所见最早的一部陈嘉庚英文传记。该书以时间为序，以传记体例，融合了大量史料和学术评论，试图重新剖解陈嘉庚的一生，并重新评估其对亚洲社会、经济及政治等方面之影响。书中对陈嘉庚中西文化思想源流做了一定程度的铺陈，但不够深入及全面。

颜清湟的Tan Kah Kee and the overseas Chinese entrepreneurship一文评价

① 陈厥祥编著：《集美志》，香港：侨光印务有限公司，1963年。

② 吴体仁编著：《殖产橡胶拓荒人》，世界书局有限公司发行，1966年12月。

③ 杨进发口述、蔡仁龙整理：我是怎样研究陈嘉庚的，《南洋问题》，1985（1）：30—35。

④ 杨进发编著：《战前的陈嘉庚言论史料与分析》，新加坡南洋学会出版，1980年10月。

⑤ C.F.Yong, *TAN KAH—KEE: The Making of an overseas Chinese Legend*, Singapore: Oxford University Press, 1987.

了陈嘉庚的实业策略、管理技能和商业敏锐，尤其是儒学在他经营实业中的影响。[①] 杨进发的 Leadership and power in the Chinese community of Singapore during the 1930s 一文检视了陈嘉庚是如何保持对 20 世纪 30 年代新加坡华社的领导，尤其关注了国民党和马来亚共产党。[②]Tan，Liok Ee 的 Descent and identity: the different paths of Tan Cheng Lock，Tan Kah Kee and Lim Lian Geok 文中比较了三位同样来自福建省南方的马来亚华社领袖陈祯禄、陈嘉庚和林连玉的生活，以及他们此后在领导、政治和社团工作上所走的不同道路。[③]

陈嘉庚侄子陈共存口述所成的《陈嘉庚新传》[④] 是继陈嘉庚二子陈厥祥所著《集美志》、五子陈国庆所著《回忆我的父亲陈嘉庚》之后，又一部亲属对陈嘉庚的解读，尤其文末揭示陈嘉庚回国后的最后十年中对“文革”前夕诸多不当做法的批评，为客观审视陈嘉庚那段真实情感思想状态提供了参考。2016 年陈嘉庚外孙傅树介出版回忆录 *Living in a time of Deception*（《生活在欺瞒的年代》）的第一章家庭关系中从其身份和家庭角度对外公陈嘉庚的事业和言行进行了评论。[⑤]

2005 年新加坡福建会馆出版的建馆周年特刊《波靖南溟——天福宫与福建会馆》（新加坡福建会馆，2005 年 4 月）中以“陈嘉庚时代”为章，专述了陈嘉庚任期内在会馆改组、闽侨学校、移风易俗、南侨筹赈运动和战后初期的福建会馆五个方面所做出的种种业绩和贡献。

近年来的海外陈嘉庚研究新成果更主要集中于新马等地，尤其是新加坡亚洲研究学会在陈嘉庚基金、李光前基金的资助下，出版了不少有关陈嘉庚的专著，如新加坡黄今英的《陈嘉庚》（2002）、《陈嘉庚、李光前和现代新

① Yen, Ching-Hwang.Tan Kah Kee and the overseas Chinese entrepreneurship. *Asian Culture*, June 1998, No.22, pp.1-13.

② Yong, Ching Fatt, Leadership and power in the Chinese community of Singapore during the 1930s. *Journal of Southeast Asian Studies*, Vol.8, No.2, September 1977, p.195-209.

③ Tan, Liok Ee.Descent and identity: the different paths of Tan Cheng Lock, Tan Kah Kee and Lim Lian Geok. *Journal of the Malaysian Branch of the Royal Asiatic Society*, Vol.68, No.1, June 1995, 1-28.

④ 陈共存口述、洪永宏编撰：《陈嘉庚新传》，陈嘉庚国际学会、八方文化企业公司，2003 年 12 月。

⑤ Poh Soo Kai；editors, Hong Lysa & Wong Souk Yee. *Living in a time of Deception*, Singapore: Function 8 Ltd；Petaling Jaya: Pusat Sejarah Rakyat, 2016. 该部分内容后被译成中文刊于《怡和世纪》。见傅树介著、伍德南翻译：一位外孙笔下的陈嘉庚，《怡和世纪》，2016 年第 29 期，第 93-100 页。

马》(2008)、《今日陈嘉庚精神——陈嘉庚基金廿周年纪念庆典公开研讨会》(2003)等，为我们的研究提供了更开阔的视野和资料来源。Shih Choon Fong(音译施丛风)的 *Lecture Series"The Tan Kah Kee Spirit of Today"Introductory Remarks*、王赓武(Wang Gungwu)教授的 *Who Should Pay for Universities*？、Teo Ming Kian(音译陈明坚)的 *Entrepreneurship—Passport to Wealth*、赵纯均的《中国的管理与现代教育》以及梁元生在《典型在夙昔：陈嘉庚精神与当代华人》分别从各自不同角度阐释了陈嘉庚精神对当今产生影响及延续自嘉庚精神的当今教育、企业发展路向等。其中，梁元生的《典型在夙昔：陈嘉庚精神与当代华人》从陈嘉庚记述印赠医书的波折与失败切入其由受到施回馈精神的放大，并从当代华人关心的原乡与他乡、超越帮派与地域和教育理想三个问题剖析陈嘉庚的经验启发以及他的超越、回馈、创新的精神，认为陈嘉庚精神最为重要的一点就是他能够结根于乡土与宗教，却能超越帮派和地域，扩大为全国全民尽力谋幸福的远见和贡献。①

廖建裕主编的《陈嘉庚、李光前与现代新马》(*Tan Kah Kee and Lee Kong Chian in the Making of Modern Singapore and Malaysia*)(华裔馆、陈嘉庚基金、新加坡国家图书馆联合出版，2010年6月)一书集结了杨进发、颜清湟等知名学者的14篇中英文论文，提供了新的素材，反映了现今东南亚华人学者，尤其是新加坡华人学者对陈嘉庚的研究现状和动向。其中Lim Tai Wei(林泰卫)的"Tan Kah Kee the Entrepreneur Exemplified"，颜清湟(Yen Ching—Hwang)的"Tan Kah Kee and Oei Tiong Ham：A Comparative Study of Overseas Chinese Entrepreneurs"，李元瑾的《华侨与华人：陈嘉庚与林义庆的比较研究》，分别对陈嘉庚及Oei Tiong Ham(音译欧同翰)与林文庆进行了比较研究。杨进发的"Tan Kah Kee and Lee Kong Chian：Divergent Political Destinies and Contrasting Legacies"，游俊豪的《转动罗盘：陈嘉庚和李光前的华人离散经验》，郑炳山的《陈嘉庚与李光前经营企业和为人的比较》，胡兴荣的《芭蕉抚臂龙人见，暗替千花展绿荫——论陈嘉庚与李光前之异同》，蔡良乾的《我所知道的陈嘉庚与李光前》，分别对陈

① 梁元生：典型在夙昔：陈嘉庚精神与当代华人，《今日陈嘉庚精神——陈嘉庚基金廿周年纪念庆典研讨会文集》，新加坡：陈嘉庚基金，2003年，第147—150页。

嘉庚与李光前在政治、经商、为人等方面做了比较研究。

另外，叶钟铃在《陈嘉庚与南洋华人论文集》[1]一书中将自己经年写就的有关陈嘉庚与南洋华人、华社的相关文章集结，不乏一些新史料及新观点的呈现。

2. 欧美方面

有关陈嘉庚的英文著作不多。据笔者可见资料显示，欧美最早对陈嘉庚有所记述的是1927年德国人Dv–Bleom所记《中国之“司丁列思”（Stinnes）——名闻海外之陈君嘉庚》一文。该文原为载于德国报纸上的一篇德文短文，被华人林选青看到，“念及欧人对吾东方事业之留心，与对陈君之敬重，虽属个人事迹，然于民国史上，不无增荣，故特译之以告国人”，故于1927年8月5日自德国寄来译文给集美学校刊于《集美周刊》第152期“来件”栏目上。该文记述作者游览新加坡时因慕其名，而去拜访及参观其公司的所思所想，结合他对陈嘉庚事迹的了解及对其本人的当面观察，认为其勤奋、朴素、谦逊、慷慨与德国前大资本家“司丁列思”有同等气象，并称陈嘉庚为“中国的司丁列思”。[2]

近年，很多研究东南亚史、华侨华人史学者的英文研究论著中都有提及陈嘉庚。而对他的研究，除杨进发经典著作*Tan Kah–kee：the making of an overseas Chinese legend*外，英文论述在陆续增多，其中不乏中国学者以英文撰写投在国外期刊发表的，如发表于*JOURNAL OF CHINESE OVERSEAS*上的中国社会科学院卢虎的“Changing Roles，Continuing Ideas：Tan Kah Kee in 1949 and 1950”[3]一文。但总体成果数量仍有限。

多伦多大学（University of Toronto）的A.H.C. Ward、Raymond W. Chu和Janet Salaff选取《南侨回忆录》的一部分共同翻译成*The Memoirs of Tan Kahkee*一书，[4]并对陈嘉庚诸多事迹贡献进行了归纳和评价，并称陈嘉庚为

① 叶钟铃:《陈嘉庚与南洋华人论文集》，马来西亚陈嘉庚基金工委会，2013年。

② 《中国之“司丁列思”（Stinnes）——名闻海外之陈君嘉庚》,《集美周刊》总第152期，集美学校周刊编辑股编，1926年12月27日，第10页。

③ Lu Hu, Changing Roles, Continuing Ideas: Tan Kah Kee in 1949 and 1950, *JOURNAL OF CHINESE OVERSEAS*, Vol.4, No.1, May 2008: 1–19.

④ A. H. C. Ward, Raymond W. Chu and Janet Salaff（ed. and tr.）, *The Memoirs of Tan Kah Kee*. Singapore: Singapore University Press, 1994.

“马来亚的亨利·福特”，或许代表了部分欧美人对陈嘉庚的看法。该书的重要意义在于，将陈嘉庚《南侨回忆录》中反映的他的思想和言论，以及南洋华侨史、“二战”史等史料介绍到了英语世界，向更多通识英文的族群和研究者进行了推广，成为包括英语世界在内的学者研究东南亚历史和南洋华侨历史的必读文献之一。

国外有两篇博士论文值得关注。一篇是伯克利加州大学卡蒂埃·卡罗林（Cartier，Carolynlee）1991 年的论文 *Mercantile cities on the South China coast*：*Ningbo*，*Fuzhou*，*and Xiamen*，*1840—1930*[①]；另一篇是加利福尼亚大学圣地亚哥分校库克·詹姆斯·亚历山大（Cook，James Alexander）1998 年的论文 *Bridges to modernity*：*Xiamen*，*overseas Chinese and Southeast Coastalmodernization*：*1843—1937*[②]，其中都有对陈嘉庚办厦门大学的动机以及厦大的创办所反映的南洋华侨教育观和对现代中国的构建角色和意义进行了探讨。

波曼（Howard L.Boorman）编订的 *Biographical Dictionary of Republican China*（《中华民国传记辞典》，纽约，1967）第一册对陈嘉庚做了简易介绍，但无新意。另有几篇专门论述 20 世纪 30 年代新马华人参与中国政事的文章中曾提及陈嘉庚，但仍非其个人传记。[③] 综上所述，可见陈嘉庚迄今仍不为英语世界所全面了解。

3. 日本方面

相比于欧美学界的较少论著，日本学者对陈嘉庚却有过不少论述。其原因不难理解，即是由于日本南侵东南亚前期，以陈嘉庚为代表的南洋华侨商人与日本商人在南洋的利益之争，日本人对南洋华侨经济的关注，让当时规模宏大、声名在外的陈嘉庚公司，成为日本人关注和研究之焦点。因此，最初对陈嘉庚的关注大多涉及他的公司经营状态的跟踪。“九·一八”后，陈嘉庚又领导南洋华侨抵制日货、领导南侨总会筹赈支持抗日等活动，再度使

---

① CarolynLee Cartier. *Mercantile cities on the South China coast: Ningbo, Fuzhou, and Xiamen, 1840—1930*, Ph. D. dissertation, University of California, Berkeley, 1988.

② Cook, James Alexander.*Bridges to modernity: Xiamen, overseas Chinese and Southeast Coastalmodernization 1843—1937*, San Diego: University of California.1998.

③ Pang wing Seng, The ‘Double—Seventh’ Incident 1937: Singapore Chinese Response to the Outbreak of the sino—Japanese War, Journal of Southeast Asian Studies, Vol.4, No.2, 1973: 269—299. 又见 Steven Leong .The Kuomingtang—Communist United Front in Malay during the national Salvation Period 1937—1941, Journal of Southeast Asian Studies, Vol.8, No.1, March 1977: 31—47.

他成了日本人的"眼中钉"。总之，早期日本人对陈嘉庚的研究，几乎是出于为日本军国主义侵略目的服务而开展的对南洋华侨的整体关注，而陈嘉庚则是其中一个比较引起日本人关注的焦点。

在日本人眼中，陈嘉庚是"二战"时期抵制日货、抗日筹赈的主要组织者和指挥者。从陈嘉庚号召华侨华人抵制日货开始，陈嘉庚即被日本人视为眼中钉、肉中刺。新加坡沦陷后，陈嘉庚更是日本人的悬赏对象。1939 年日本企画院出版一本名为《华侨之研究》的日文书，其中第五章抗日诸团体之活动的第一节，即专论陈嘉庚，显示了日寇对于陈嘉庚的注意。书中详述南洋华侨的种种情形及其抗日工作，比华文书报自述者更详细、明晰。最后得出结论：陈嘉庚实为南洋排日货及抗日的巨头。① 此文可能即成为日本人战时悬赏搜捕陈嘉庚的依据。

显然，日本人对陈嘉庚的研究最初服务于"二战"需求。直至"二战"结束、日本投降，日本人对陈嘉庚的研究才从军事需求转向学术需求。之后日本学者的研究文章陆续被译成中文刊登在中文刊物中，分别是市川健二郎的《陈嘉庚心中的故乡》②、原不二夫的《马来亚中国派华人组织的兴亡》③。原不二夫还出版过一本《战后马来亚的爱国华侨》④ 的书，内有对陈嘉庚的提及。

关于日本人对陈嘉庚的研究方面，厦门大学郭梁教授曾专门撰有《日本人论陈嘉庚》⑤ 一文，全面、详细地介绍、论述了日本人对陈嘉庚的研究情况，迄今还未曾见过比此文更为详细地论述。"二战"前，日本为了"南进"扩张的需要，十分重视南洋各国情况和南洋华侨问题的研究。就华侨研究而言，1915 年台湾银行刊行的《南洋华侨》一书，可以说是日本人写的有关华侨问题研究的最早著作。1931 年，日本小林新作写的《支那民族的海外发展华侨研究》一书问世，可说是日本人系统、全面研究华侨问题的开始。此后，有关南洋华侨的调查资料、华侨关系文献、华侨概况等书刊陆续出版。1937 年抗日战争全面爆发后，日本更是集中出版了一批华侨问题专

① 战后补辑：日文书《华侨之研究》中一段，老圃译（南洋商报载），《南侨回忆录》，陈嘉庚著，新加坡：南洋印刷社，1946 年再版，第 256 页。

② ［日］市川健二郎：陈嘉庚心中的故乡，《南洋资料译丛》，1986（2）：115—123。

③ ［日］原不二夫：马来亚中国派华人组织的兴亡，《南洋资料译丛》，1991（4）：91—105。

④ ［日］原不二夫：战后马来亚的爱国华侨，《南洋资料译丛》，2005（2）：62—80。

⑤ 郭梁：日本人论陈嘉庚，《南洋资料译丛》，1986（2）：36—44。本书此处日文研究现状均引自该文。

著，如日本企画院编纂的《华侨之研究》（东京松山房1939年出版）、福田省三的《华侨经济论》（同文书院1939年出版）、满铁东亚经济调查局编写的《南洋华侨丛书》（共六卷，1941年出版，其中第六卷是陈达《南洋华侨与闽粤社会》一书的日文译本）、成田节男的《华侨史》（1941年出版）、根岸佶的《华侨杂记》（1942年出版）等十余种书。陈嘉庚的名字和有关他的事业、活动的记述，也正是在这一时期大量出现在日本人的著作里。

归纳起来，他们的研究大体上集中在以下三个方面。第一，陈嘉庚经营的企业在1929—1933年爆发的世界经济危机中破产，日本人对陈嘉庚从事的经济活动的内容、规模及失败原因也颇感兴趣，花了不少篇幅去研究。第二，站在为日本帝国主义侵略扩张政策进行辩护的立场上，对陈嘉庚领导的南侨总会活动尤其注意，研究重点放在陈嘉庚如何组织领导南洋华侨的抗日救亡运动及该运动的影响、作用方面。第三，开始注意到陈嘉庚在祖国兴办学校、发展家乡教育事业中的重要贡献，也注意到陈嘉庚对新加坡教育事业的贡献和影响。但战前的研究多限于日本人进行实地调查的资料，一般来说比较粗糙、零散，加之当时日本人的研究多出于政治目的，所以要对陈嘉庚做出全面、客观的评价是不可能的。不过从这些研究中也可以清楚地看到，日本人把陈嘉庚先生看成他们推行南进侵略扩张政策的重大障碍。这正好反证了陈嘉庚的确是足以使敌人生畏的民族英雄。

战后，日本人对陈嘉庚的研究才从军事需求转向学术需求。日本学者摆脱了那种主要为日本军国主义侵略扩张政策服务的狭隘目的，且随着时间的推移，也得以较广泛地涉猎到一些资料。因此，在研究陈嘉庚方面便呈现以下特点：①比较系统、综合地进行研究，而不是零散地就某一个方面进行评价，专门研究陈嘉庚的学术论文陆续发表；②一些学者的评价较之战前要客观一些。这时期比较系统地论及陈嘉庚的著作、论文有好几种，例如须山卓等人的《华侨》一书（日本广播协会丛书）、冈本隆三的《华侨集团》一书、黄文雄编著的《中国富豪列传》一书（经营评论社、1979年出版）等等，但是比较有代表性的研究，是日比野丈夫和市川健二郎教授的几篇论文，具有参考价值。一为日比野丈夫的《陈嘉庚的生涯》一文（收录在中村孝志主编的《东南亚的华侨社会》（1972年天理大学出版）；另一为市川健二郎教授曾发表过的两篇专门研究陈嘉庚的论文:《陈嘉庚和华侨的政治捐款》[①]和《陈嘉庚——华侨心中的故乡》[②]，这是日本学术界研究陈嘉庚的最详细的论文。郭梁教授对这几篇文章进行了详细的论述。这些学者分别站在各自的立场，从不同的角度去研究、评论陈嘉庚，所得出的结论不乏谬误或偏见，但不乏其中有一些看法值得思考，可作为对陈嘉庚深入研究的参考。

另外，日本学者阳石明至教授所撰《南洋中国民族救亡运动（1937—1941）》（堪萨斯，1970 年），也约略述及了陈嘉庚在反日时期所扮演的积极角色。

4. 中国台湾地区

或许是国民党败走台湾前，陈嘉庚与蒋介石的决裂关系即已成公开事实，并一直未见转机。故在蒋介石迁台后，国民党自然对其统治区实行对陈嘉庚的封杀。这一猜想可从在台湾长大的台湾学者李远哲博士所言得以证实：在台湾，青少年是不大知道陈嘉庚的；至于年长的，即使知道，但也谈论不多。这是因为抗战期间，陈嘉庚去过延安，而 1949 年之后，陈嘉庚和大陆的密切关系，陈嘉庚就被台湾列为“与匪认同”的人。因此即使是知道和崇敬陈嘉庚的道德和精神的人，也没对他多作宣扬和介绍。[③]故迄今为止，有关陈嘉庚的著作文章在台湾凤毛麟角，仅见一套由台湾正中书局翻印的陈嘉庚《南侨回忆录》出版。

然而，台湾学者却对陈嘉庚研究有关注。1995 年台湾政治大学柯惠铃所写的有关陈嘉庚的专门硕士论文《陈嘉庚研究——海外华人中国意识的探讨》对陈嘉庚的中国意识展开了专门研究。该文从家世与南洋创业入手，从他在中国的兴学作为中国意识的初兴，继而以华侨身份对与英殖民政权和国民政府的两地政治参与，来思考对西方与中国的认识与检讨，继而由援华抗日运动再现他的中国意识之昂扬，最后的回归原乡则归结为他的中国意识的抉择。[④]

① ［日］市川健二郎：陈嘉庚和华侨的政治捐款，《东洋学报》第 51 卷 2 号，1968 年。转引自郭梁:《日本人论陈嘉庚》,《南洋资料译丛》，1986（2）：36—44。

② ［日］市川健二郎：陈嘉庚——华侨心中的故乡，《东南亚历史和文化》第 13 卷，1984 年。转引自郭梁:《日本人论陈嘉庚》。

③ 陈可焜：李远哲谈陈嘉庚，《集美校友》，1992 年第 1 期总第 64 期，第 7 页。

④ 柯惠铃:《陈嘉庚研究——海外华人中国意识的探讨》，台湾政治大学硕士论文，1995 年。

2003年台湾中国文化大学政治学研究所的陈长源的博士论文《南洋华侨民族主义——以陈嘉庚为例》[①]，即对陈嘉庚的民族主义做了专门研究。论文以华侨民族主义从萌芽、升华到逐渐式微的历史脉络，以南洋华侨代表人物陈嘉庚（1874—1961）在其历史演变的浪潮中，如何以其立身行事来诠释华侨民族主义的发展过程，从历史学、政治学、社会学等观点，论述了华侨民族主义的演变过程与陈嘉庚在其潮流中的历史角色与作为，为研究陈嘉庚的政治认同提供了参考。

2004年，台湾教育主管部门编译部主任陈长源和台湾“中华教授协会”“中华文化大学”教授江炳伦合撰的《提升闽南文化的关键人物——南侨陈嘉庚评述》[②]一文，就辛亥革命前后，陈嘉庚爱乡爱国、维护中华文化、奉献教育事业的重要事迹略述一二，分别从关怀闽省政局积极筹款救乡、推展华侨教育传播中华文化、擘设集美学村嘉惠乡梓子弟、创办厦门大学提升闽省文化水平四个方面，来论述陈嘉庚在民国初年扮演的传播中华文化与提升闽南文教水平的关键角色，并认为其在侨居地及家乡的教育投资与奉献是空前的。

此外，不能不提的即是台湾籍诺贝尔奖获得者李远哲博士。他既非集美校友，也非厦大校友，却在很多场合介绍和推崇陈嘉庚的功绩，为宣传陈嘉庚精神方面做着诸多努力。他不但是陈嘉庚国际学会的倡办人之一，同时还发动集美、厦大校友和美国、新加坡、中国大陆及台湾等各界人士，联合筹足捐建一座加州大学大楼的四分之一款项，以获得满足能将其命名为“陈嘉庚楼”的条件。而对于募捐，他则更鼓励非大额的广泛捐赠，以希让更多的人了解和知道陈嘉庚。[③]另外，他在《陈嘉庚国际学会会讯》刊物及很多会议和场合上，不遗余力地介绍和推崇陈嘉庚事迹和精神的言行，或许能代表一部分台湾学者对陈嘉庚研究和嘉庚精神弘扬的代表和典型，可视为台湾方面对陈嘉庚研究的贡献。

（二）国内研究现状

陈嘉庚对中国贡献卓著。在至今半个多世纪的时间里，国内各界对他的

① 陈长源：《南洋华侨民族主义——以陈嘉庚为例》，台湾中国文化大学博士论文，2003年。

② 陈长源、江炳伦：提升闽南文化的关键人物——南侨陈嘉庚评述，载《闽南文化研究》，中央文献出版社，第293—311第页。另见福建侨联网，2004年6月17日。

③ 陈可焜：李远哲谈陈嘉庚，《集美校友》，1992年第1期总第64期，第7页。

研究，除一版再版他的存世之作《南侨回忆录》[1]等外，也自发或有组织的汇编、出版有关陈嘉庚的史料文献，包括其言论史料、书信、抗战、机工、教育、鳌园、家族等方面史料；编辑出版有关回忆、悼念他的书籍文献；编撰发行陈嘉庚的传记，多方式、多版本地呈现陈嘉庚的生平事迹和故事；也在报刊等载体上刊发相关研究文章，开展研究工作。

《嘉庚文献题录》[2]一书将国内可收罗的有关陈嘉庚的文献以书、刊、报等形式进行了集中揭示。基于此书，择取部分内容进行分析，可窥视出国内对陈嘉庚研究的总体情况。

全书一共收录有 219 种图书，主要类别见表 1。

表 1 《嘉庚文献题录》收录有关陈嘉庚图书文献情况

类序	类别	数量（种）	比重
1	陈嘉庚著作	10	4.57%
2	陈嘉庚传记	22	10.05%
3	陈嘉庚研究类	145	66.21%
4	其他类	42	19.18%
	合 计	219	100.00%

（资料来源：根据《嘉庚文献题录》收录图书统计得出。《嘉庚文献题录》编委会编:《嘉庚文献题录》，湖北：武汉大学出版社，2015 年，第 1—116 页。）

表 1 显示，陈嘉庚研究类图书占了绝大多数。陈嘉庚著作类虽只有 10 种，占 4.57%，但其重要性不可小觑。而有关陈嘉庚的各类文体传记，如生平简介、文学传记、画传等，有 22 种。其他类主要是指和陈嘉庚有关系的人物之研究类图书文献。

经对第三类书籍分类进行调整，有 4 种研究类书籍转入传记类，则在剩下的 141 种陈嘉庚研究类图书中，研究类为最多，有 70 种。其中，题名中包含有“嘉庚精神”词眼的有 9 种，占研究类图书的 12.8%，而占陈嘉庚研究类 6.4%。其他涉及专题较多的图书依次为华侨与南侨机工、史料类、集

① 该书现有至少 16 个版本，具体版本请参见由笔者主持编就的《嘉庚文献题录》一书的第 1—8 页。《嘉庚文献题录》,《嘉庚文献题录》编委会编著，湖北：武汉大学出版社，2015 年。

② 《嘉庚文献题录》编委会编:《嘉庚文献题录》，湖北：武汉大学出版社，2015 年。

美学校、嘉庚建筑、书目参考类，分别占 11.35%、7.8%、6.38%、5.67%、5.67%，其他关注主题如集美学村、华侨博物院、新加坡怡和轩、集美校友总会、新加坡福建会馆、南洋商报社等相关的书籍则不多。

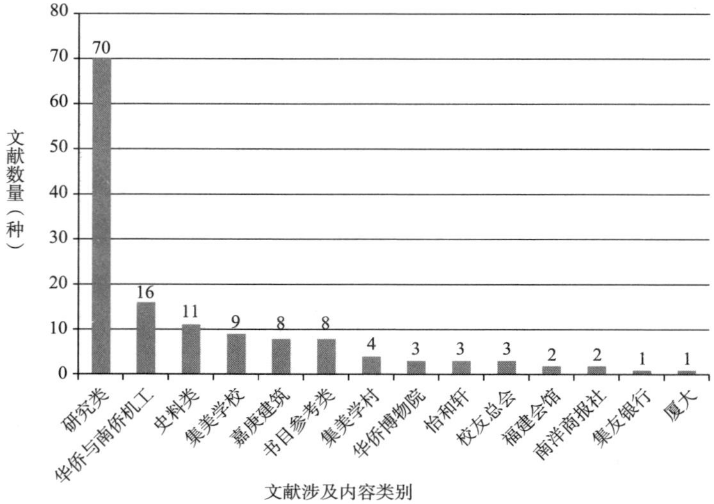

图 1 《嘉庚文献题录》所载陈嘉庚研究类图书细化分类情况

（资料来源：据《嘉庚文献题录》收录图书统计得出。《嘉庚文献题录》编委会编：《嘉庚文献题录》，湖北：武汉大学出版社，2015 年，第 28—116 页。）

第四类即其他类主要是与陈嘉庚有关人物的研究类图书文献。显示对陈嘉庚相关人物的研究也是现今的研究热点。

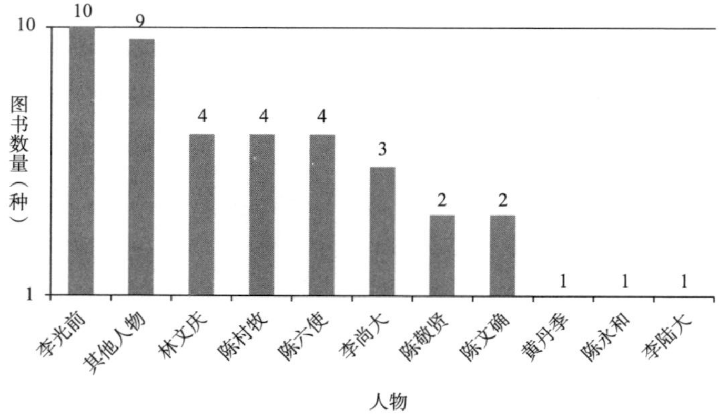

图 2 《嘉庚文献题录》所载其他类图书细化分类情况

（资料来源：据《嘉庚文献题录》收录图书统计得出。《嘉庚文献题录》编委会编：《嘉庚文献题录》，湖北：武汉大学出版社，2015 年，第 96—116 页。）

和陈嘉庚有关的人物种类繁多，但也主要集中在与他关系十分密切的几位人物，包括陈敬贤、李光前、林文庆、陈村牧、陈六使等，其中有关李光前的研究近年呈快速上升趋势，这与南安市相关机构的重视开发不无关系。另外，有关林文庆的研究，因有新加坡李元瑾博士的大力推进，使一直被埋没或不被认可的林文庆回归厦大校园。

总体来看，这些成果反映了国内各界对陈嘉庚研究的关注，为我们深入了解陈嘉庚的思想及人物个性提供了宝贵资料。但这些成果更接近于史实、资料的发掘与汇编，而不能算是真正的学术研究，学术价值不高。

图书析出文章方面，《嘉庚文献题录》中罗列了 523 条刊载于各类图书中的析出文章，对之进行分类分析情况如下：

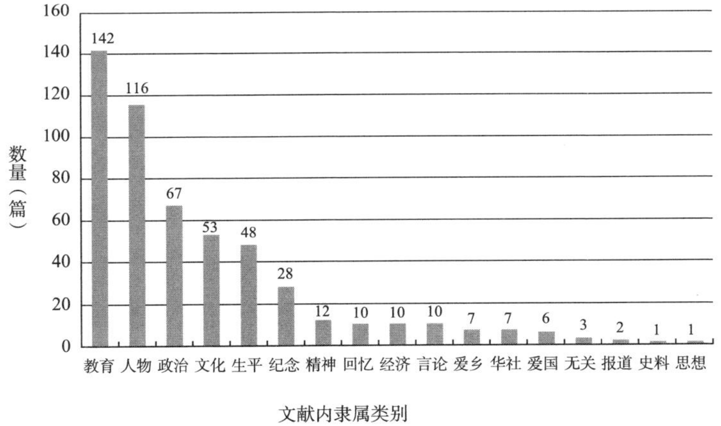

图 3 《嘉庚文献题录》所载图书析出文献隶属类别情况

（资料来源：据《嘉庚文献题录》收录图书析出文献统计得出。《嘉庚文献题录》编委会编：《嘉庚文献题录》，湖北：武汉大学出版社，2015 年，第 125—160 页。）

图 3 显示，国内绝大多数研究者的关注点还是集中在陈嘉庚对教育、政治、文化、生平及纪念上，分别占 27.15%、12.81%、10.13%、9.18%、5.35%，而涉及人物的研究则有 116 条，占 22.18%。有关“陈嘉庚精神”方面的研究不多，仅有 12 条，占 2.29%。

图书析出文献依然显示，国内学者关注与陈嘉庚有关的人物以陈六使、李光前、林文庆、陈村牧、陈敬贤等为主，但有关陈六使的文章多于有关李光前的，与书籍专著情况相反。

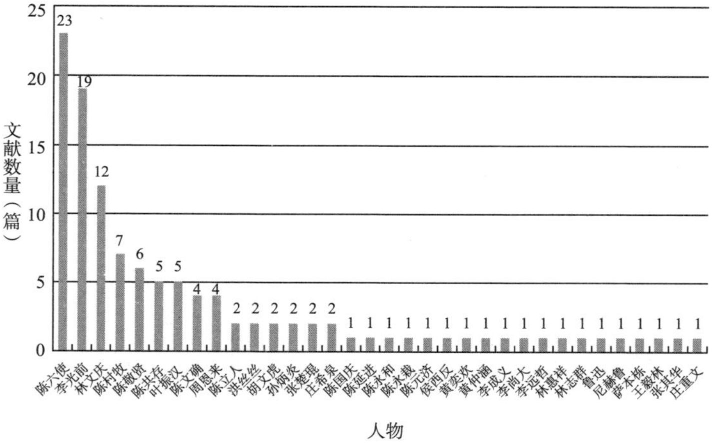

图 4 《嘉庚文献题录》所载图书析出文章有关研究人物的条目情况

（资料来源：据《嘉庚文献题录》收录图书析出文献统计得出。《嘉庚文献题录》编委会编:《嘉庚文献题录》，湖北：武汉大学出版社，2015 年，第 125—160 页。）

期刊论文方面，在几次大型陈嘉庚纪念活动的带动下，近四十年来的研究成果呈逐年上升趋势。据笔者截止 2021 年 1 月 5 日以“嘉庚”为题名检索词在 CNKI 检索统计，从 1979-2020 年近 40 年来，在各类学术期刊发表有关陈嘉庚的论文有 711 篇，具体发表数量见图 5。

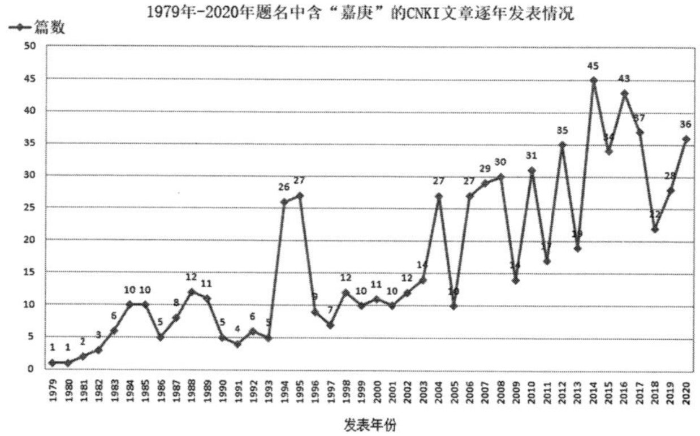

图 5 1979 年至 2020 年题名含“嘉庚”的 CNKI 期刊文章逐年发表情况

（资料来源：截至 2021 年 1 月 5 日从中国知网期刊库检索统计得出。）

图中显示，专门研究陈嘉庚的相关文章总体数量呈上升趋势，表现出近年来的陈嘉庚研究热现象。同时，陈嘉庚研究也和其他学科研究一样，有自身的高峰和低谷等起伏现象，除了研究者兴趣的起伏变化，也有陈嘉庚纪念活动等的影响因素在内。1984 年，在继 1983 年陈嘉庚诞辰 110 周年后，陆续有 10 篇相关研究文章发表，而更多的非学术纪念文章则无从统计。在 1993 年纪念陈嘉庚诞辰 120 周年大型纪念活动之后，1994 年发表的相关学术研究文章从前一年的 5 篇猛增至 26 篇，1995 年也有 27 篇。之后的 1996-2003 年均在 15 篇以下。在 2003 年陈嘉庚诞辰 130 周年纪念后，2004 年的发文上升至 27 篇。尤其是 2013 年集美学校百年校庆，次年发文量猛增至 45 篇。之后的数量也起伏较大。

检索出的这 711 篇文章，除去 159 篇涉及嘉庚学院、嘉庚奖等以“嘉庚”冠名的无关内容文章，剩下 552 篇，具体涉及内容分类见图 6。

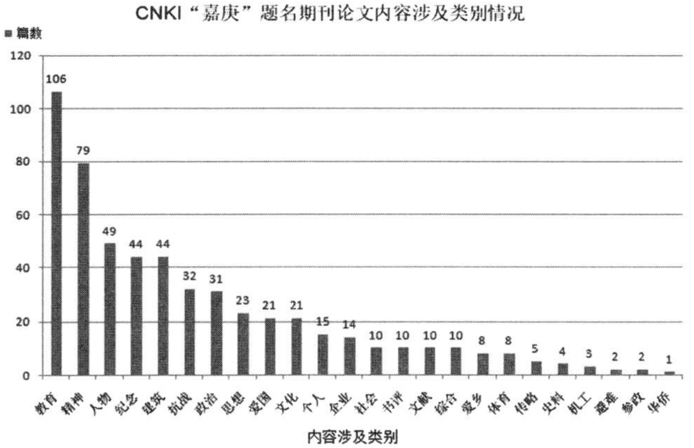

图 6　1979 年至 **2020 年 CNKI“嘉庚”题名期刊论文内容涉及类别情况**

（资料来源：截至 2021 年 1 月 5 日从中国知网期刊库检索统计得出。）

图中显示，有关陈嘉庚兴学办教育的内容仍是首要集中点，有 106 篇之多，占 19.20%。其次是有关嘉庚精神的，以题名中直接包含“精神”二字的文章为限，有 79 篇，占 14.31%，显示有关陈嘉庚精神方面的研究已成现今研究热点。而与陈嘉庚相关人物的研究，以毛泽东、周恩来、孙中山、汪精卫等依次递减，总体有 49 篇。继之则有纪念弘扬、嘉庚建筑、抗战、政治方面均为国内学者关注的焦点，分别有 44、44、32、31 篇之多，分占 8.88%、7.97%、5.80%、5.62%。另有关陈嘉庚个人品性、爱国、思想、社会文化、综合类以及企业实业方面的文章，则均有 10 余篇。最后有关爱乡、体育、传略、机工、参政、避难、华侨方面的文章则不多，均在10篇以下。另各有10、10、4篇书评、文献、史料等相关研究文章，显示除了对陈嘉庚之外的相关研究兴趣的悄然兴起。另发表在非学术期刊、各类报纸的文章，在不断产生、陆续被发掘及更新的形势下，难以统计。

通过审视这些专著、文章和论文，总体来看，国内对陈嘉庚研究内容广泛，涉及政治、经济、科学文化、教育诸方面，而教育思想、综合评述和弘扬嘉庚精神等方面的文章居多。无论是著作，还是期刊论文，对陈嘉庚各种问题和现象的探讨，都对我们全方位理解和把握陈嘉庚这一复杂历史人物提供了帮助。

就本书研究相关内容而言，有关陈嘉庚的相关研究成果主要有：

中国传统文化对陈嘉庚影响方面。庄丽榕认为主导陈嘉庚自身思想与行动并形成陈嘉庚人格精神的文化渊源是中国优秀传统文化儒家正统思想。集美学校取自儒家经典思想的校训校歌、嘉庚式建筑命名以及眉头警语等体现陈嘉庚深厚的儒家思想情怀。陈嘉庚秉持的“有教无类”“教育立国”“重义轻利”“尊师重教”“知行一致”“诚信公忠”等教育理念体现着儒家思想精髓“古为今用”的实践价值。① 张培春认为陈嘉庚深受中国传统孝道影响，这种孝道观念是在闽南文化和陈氏家族遗风熏陶下形成，也与他幼时所受儒家教育和家庭影响分不开，是探寻其精神形成的源头。② 张培春也从陈嘉庚平生熟读《三国演义》来阐析儒家大一统观念、民本思想、道德规范及理想人格等对其影响，反观陈嘉庚爱国主义思想形成和发展以及其人格精神的文化渊源。③ 董明认为儒家思想文化中的大一统思想和仁学是陈嘉庚爱国主义政治思想的产生原因之一，并借助陈嘉庚热衷《三国演义》来阐述。④ 王琛发认为陈嘉庚从中华传统文化中继承的天下观是使他既自觉支持亚洲各民族解放、赞同南洋华人应联合当地各民族建国，又真诚选择回归中国的思想根源，并推及认为凡像陈嘉庚那样诚心继承和服膺祖先传统的中华后裔，必定

① 庄丽榕：陈嘉庚教育的儒学思想基础研究，《内蒙古民族大学学报》，2010（7）：61—63。

② 张培春：传统孝道对青年陈嘉庚的影响，《集美大学学报》（哲学社会科学版），2011（1）：17—22。

③ 张培春：儒家思想对陈嘉庚的影响管窥：以陈嘉庚研读和“发挥”《三国演义》为视角，《集美大学学报》（哲学社会科学版），2003（12）：12—18。

④ 董明：试论陈嘉庚爱国主义政治思想的历史渊源，《阜阳师范学院学报》（社会科学版），2012（2）：117—119。

信仰世界大同，诚意与当地民族成就命运共同体。嘉庚精神中所蕴含的包括他主动由“推己及人”与“修己安人”到追求“天下为公”的思想理念，是他自小从祖先文化中传承的民族观与国际观。①

西方文化对陈嘉庚影响方面。李爱国、李腾达对陈嘉庚慈善思想与西方慈善资本主义进行了比较，认为异多于同，在慈善理念、运行形式上类似，但动机和力度上相异。② 殷小平对中西方教育慈善事业整体状况进行了比较，呼唤更多陈嘉庚式教育慈善家出现。③ 陈美琼分析了陈嘉庚的职业教育理念在当代的借鉴价值。④ 陈志宏等认为陈嘉庚的校园建设风格吸收了西方建筑师“中国化”建筑的设计理念，并融入闽南地方建筑元素与技术工艺。⑤ 潘懋元认为陈嘉庚教育思想继承中华民族文化传统精华而弃其糟粕，兼采西方现代文明思想而斥其消极影响。⑥ 陈洪林分析陈嘉庚的育才理念，主张学校培养的人才应具备中华民族文化传统和西方现代文明思想相结合的人才，具有专业知识和实际历练的应用人才，以及德、智、体全面发展的合格人才。⑦ 孙谦分析认为陈嘉庚实业思想主要由儒家经济文化观、西方经营管理理论及直觉实践经验三个方面构成，决定其实业思想兼具中与西、民族性与时代性、理性与常识、原则与灵活特点，但仍存在主观理念相纳推动公司经营发展与具体运作相斥限制发展高度的矛盾。⑧

中西文化结合对陈嘉庚影响方面。李克认为陈嘉庚教育思想包容中西教育理念，对重塑和培育中国现代大学精神具有重要启发意义。⑨ 林少琴总结分析陈嘉庚的爱国体育思想特色包括用诚毅精神指导体育工作、把德智体

---

① 王琛发：嘉庚精神对“一带一路”的可能贡献，《文化软实力》，2016（4）：74—80。

② 李爱国、李腾达：陈嘉庚慈善思想：慈善资本主义的前范式，《集美大学学报》（哲学社会科学版），2015（1）：18—22。

③ 殷小平：构建和谐社会与教育慈善事业的发展——兼论中国呼唤更多的陈嘉庚式的教育慈善家，《高教发展与评估》，2006（1）：1—3。

④ 陈美琼：陈嘉庚职业教育理念对现代职业教育改革的借鉴意义，《高教管理》，2016（3）：77—79。

⑤ 陈志宏等：大传统与小传统——近代中国传统建筑复兴思潮中的嘉庚建筑，《新建筑》，2014（3）：144—148 页。

⑥ 潘懋元：教育事业家陈嘉庚教育思想新探，《中国高教研究》，2007（10）：7—8；另见潘懋元序，《陈嘉庚教育文集》，王增炳、陈毅明、林鹤龄编，福州：福建教育出版社，1989 年，第 1—5 页。

⑦ 陈洪林：试论陈嘉庚的人才培养理念，《集美大学学报》（哲学社会科学版），2008（4）：17—20。

⑧ 孙谦：试论 1890—1934 年陈嘉庚的实业思想，《南洋问题研究》，1993（2）：38—46。

⑨ 李克：陈嘉庚教育思想对培育我国现代大学精神的启示，《经济与社会发展》，2007（9）：158—161。

“三育”并重作为学校办学宗旨，遵循“洋为中用”中西结合的体育思想。①梁振坤分析了陈嘉庚在校园文化建设方面的独到实践与做法，包括以“中西兼备”标准遴选校长和广聘名师，以校训展现校园文化精髓，以中西合璧校园建筑、深具中华传统文化内涵的建筑命名，构建独具魅力的校园文化景观。②傅子玖分析了陈嘉庚为集美学校制定的融汇中西古今优良文化因素的“诚毅”校训，认为其是陈嘉庚精神的核心内质。③另外，邓达宏从中西人文教育视角阐述了近代闽南华侨回报乡梓之举，并将陈嘉庚推为倡导人文教育的典范。④曹伟、高艳英的《风景如画 中西合璧，上以谋国家福利 下以造桑梓之麻祯——嘉庚建筑风格尽在集美学村》⑤，曹伟、梁玮玮的《芙蓉风华古刹云光 依山傍海人文嘉庚——中西合璧根植于闽南文化的厦门大学》⑥分别对集美学校、厦门大学的校园选址、规划、建筑等方面分析了陈嘉庚赋予之的中西文化与教育理念。

总体来看，国内学者对陈嘉庚中西文化源流方面的研究不多，即有研究虽都认可他受到中西方文化影响，但还仅局限于某一方面的分析探讨，缺乏深度和广度。对他的家庭方面影响，现有研究也只在孝道和《三国演义》的影响方面做了探讨，其他源自家庭根源的内容尚缺；也偏重于他对中西理念在教育方面的运用和借鉴作用分析，其他方面阙如。

有关陈嘉庚精神方面，目前所见相关涉及研究主要有：

陈嘉庚精神的内涵和本质。陈嘉庚为集、厦两校所订“诚毅”及“自强不息，止于至善”校训，被认为即是他自身人生信条反映以及其精神的集中体现。另他自述一生“自信所能者仅为‘诚信公忠’四字”⑦，以及“尤所服膺向往者”，乃“轻金钱、重义务、诚信果毅、嫉恶好善、爱乡爱国诸点”⑧，

① 林少琴：陈嘉庚爱国体育思想的特色，《体育学刊》，2004（9）：36—38。

② 梁振坤：陈嘉庚与校园文化建设，《中国高教研究》，2008（1）：21—22。

③ 傅子玖：初论陈嘉庚的诚毅精神，《集美大学学报》（哲学社会科学版），2002（4）：113—116。

④ 邓达宏：近代闽南华侨捐资兴学之人文路向——兼论陈嘉庚先生办学思想，《福建党史月刊》，2010（4）：6。

⑤ 曹伟、高艳英：《风景如画 中西合璧，上以谋国家福利 下以造桑梓之麻祯——嘉庚建筑风格尽在集美学村》，中外建筑，2014（9）：10—19。

⑥ 曹伟、梁玮玮：芙蓉风华古刹云光 依山傍海人文嘉庚——中西合璧根植于闽南文化的厦门大学，《中外建筑》，2014（7）：14—23。

⑦ 陈嘉庚：评蒋鼎文之谈话，《陈嘉庚言论集》，新加坡：新加坡怡和轩俱乐部、新加坡陈嘉庚基金、中国厦门集美陈嘉庚研究会，2004年，第240页。

⑧ 陈嘉庚：弁言，《南侨回忆录》，新加坡：陈嘉庚基金、陈嘉庚国际学会，1993年，第5页。

为他一生不懈努力实践和奋斗方向，成为研究者们对其精神内涵和本质进行归纳总结的本源。林斯丰总结嘉庚精神内涵有 6 点 8 字“忠、公、诚、毅、勤俭、革新”分别是嘉庚精神的本质特征、主要体现、精髓所在、传统本色、时代特色。[①] 庄敏琦总结嘉庚精神内涵有 5 点“忠、公、诚、毅、闯”，其中“闯”含进取、改革、创新之意。[②] 林德时总结陈嘉庚精神是以爱国爱乡为核心，包括倾资办学、诚信果毅、克勤克俭、革故鼎新等在内的精神内涵。[③] 集美陈嘉庚纪念馆陈呈馆长将嘉庚精神归纳为“天下兴亡，匹夫有责”的爱国爱乡精神、“重义轻利，公而忘私”的精神、“诚实守信，嫉恶好善”的重德精神、“刚坚果毅，坚韧不拔”的自强精神、“艰苦朴素，勤勉节俭”的清廉精神和“以时学行、革故鼎新”的创新精神。[④] 新加坡陈嘉庚基金先贤馆何奕恺对嘉庚精神内涵提出七字总结“诚、毅、俭、新、信、公、忠”[⑤]。

林德时归纳了嘉庚精神内容广泛性、风格独特性、影响国际性的三大特点[⑥]，后从本质特征、主要体现、精髓所在、传统本色、时代特点 5 个方面探讨了嘉庚精神的基本内涵，包括“忠、公、诚毅、勤俭和改革观”[⑦]，并从厦门发展角度阐释嘉庚精神的内涵和外延。[⑧] 钟昌斌总结认为以“爱国、诚毅、奉献、勤俭”为核心内容的嘉庚精神是中国人民革命精神系统中具有典型意义的精神思想。[⑨] 景委委将嘉庚精神内涵概况为“忠”“公”“诚毅”“勤俭”“义廉”。[⑩] 李力将爱国主义精神、进取精神、诚信精神、勤俭精神归纳

---

① 林斯丰主编：《陈嘉庚精神读本》，厦门：厦门大学出版社，2007 年 7 月。

② 庄敏琦主编：《嘉庚精神》，北京：北京航空航天大学出版社，2011 年 7 月。

③ 林德时：《嘉庚精神及厦门发展》，厦门：厦门大学出版社，2010 年 12 月。

④ 何奕恺：“嘉庚精神”——自述、综述、精述，《陈嘉庚研究国际学术研讨会论文汇编》，陈嘉庚纪念馆编，未刊，2013 年，第 161—162 页。

⑤ 何奕恺：“嘉庚精神”——自述、综述、精述，《陈嘉庚研究国际学术研讨会论文汇编》，陈嘉庚纪念馆编，未刊，2013 年，第 158—164 页。

⑥ 林德时：嘉庚精神的特点探析，《前沿》，2002 年第 5 期，第 44—47 页。

⑦ 林德时：论嘉庚精神的基本内涵，《江西社会科学》，2000 年第 6 期，第 56—59 页。

⑧ 林德时：《嘉庚精神及厦门发展》，厦门：厦门大学出版社，2010 年，全书页。

⑨ 钟昌斌：嘉庚精神在中国革命精神系统中的独特地位和重要作用，《首届嘉庚论坛文集》，国家文化软实力研究偕同创新中心编，厦门：未刊，2016 年 4 月，第 3—9 页。

⑩ 景委委：弘扬嘉庚精神 共筑民族复兴梦，《首届嘉庚论坛文集》，国家文化软实力研究偕同创新中心编，未刊，2016 年 4 月，第 120—122 页。

为嘉庚精神的表现。[①] 以上这些显然都是对陈嘉庚自述的“诚毅”与“诚信公忠”的综合和一定延伸。

李国梁从陈嘉庚的社会价值观、义利观、金钱观和道德价值观等人生价值观角度来解读陈嘉庚的一生言行，反映陈嘉庚精神源泉所在。[②] 林利本将陈嘉庚对中国的爱国行为归纳为爱国主义精神，其具体体现是对祖国的赤子之心和无私奉献。[③]

泰国泰中学会洪林认为，陈嘉庚精神内涵包含：倾爱于教育、倾力于兴学育人的教育精神，心系华侨史，言必行、行必果的诚信，但以教育精神最突出。[④] 另陈晓玄[⑤]，陈阿娜[⑥]、蔡克勇[⑦] 都肯定地认为陈嘉庚倾资办学的精神对促进教育发展、推动国内社会捐资助学事业有重要借鉴意义。鄢姿也强调陈嘉庚精神在对闽南近代华侨资助家乡教育事业产生的较大影响。[⑧]

邓玮通过研究陈嘉庚的慈善思想与理念，指出其慈善精神受传统儒家思想和现代西方公益理念影响的思想基础，揭示他的慈善精神对于现代社会的时代意义。[⑨] 洪文建认同陈嘉庚受中西思想影响，将陈嘉庚精神总结为包括关心国家与民族命运的公民精神，认为陈嘉庚的办学、爱国言行已超出传统社会的臣民思想，而蕴含着具划时代意义的现代公民精神。[⑩]

陈耀中通过陈嘉庚生平言论阐述陈嘉庚“诚毅”精神的内涵，提出弘扬

---

① 李力：“中国梦”视野下的嘉庚精神，《首届嘉庚论坛文集》，国家文化软实力研究偕同创新中心编，未刊，2016 年 4 月，第 111—114 页。

② 李国梁：陈嘉庚精神：人生价值观的解读，《陈嘉庚研究国际学术研讨会论文汇编》，陈嘉庚纪念馆编，未刊，2013 年，第 77—86 页。

③ 林利本：学习陈嘉庚先生的爱国主义精神，《教学与调研》，1994（3）：63—64。

④ 洪林：从陈嘉庚精神论及泰国华文教育，《陈嘉庚研究国际学术研讨会论文汇编》，陈嘉庚纪念馆编，未刊，2013 年，第 200—207 页。

⑤ 陈晓玄：陈嘉庚的倾资办学精神及其启示，《黑龙江教育学院学报》，2007（6）：24—26。

⑥ 陈阿娜：陈嘉庚倾资办学精神的传承及其现实意义，《辽宁医学院学报》（社会科学版），2010（2）：60—64。

⑦ 蔡克勇：发扬陈嘉庚倾资办学精神　大力开展捐资助学活动，《中国高教研究》，2007（10）：9—11。

⑧ 鄢姿：论嘉庚精神对闽南近代华侨倾资兴学的影响，《科技展望》，2016（8）：336—337。

⑨ 邓玮：论陈嘉庚先生的慈善精神及其时代意义，《集美大学学报》（哲学社会科学版），2010（1）：31—34。

⑩ 洪文建：《陈嘉庚精神与构建和谐校园研究》，厦门大学硕士论文，2006 年。

“诚毅”精神的现实意义及措施。[①] 房晋强调构筑以“诚毅”精神为灵魂、特色的校园文化。[②] 陈瑞荣、黄和才总结陈嘉庚的体育精神包括：以人为本，诚信果毅，团结拼搏，友谊竞争，强国强民，认为其具有一定的现实指导意义以及长远的战略意义。[③]

杨宏云以海洋文化特征总结嘉庚精神包括开放与包容性、国际性、诚信与契约精神、团队拼搏性和时代性，认为福建海洋文化特征是嘉庚精神的集中体现。[④] 郑志谦、郑爱莲总结认为陈嘉庚具有强烈的民族忧患意识和奋勇的家国纾难精神，诚信坚毅的为人品格与慷慨激越的人生情怀，仁慈忠厚的道义情怀和躬行务实的事业精神等三方面的优异特质，对当代大学生具有直接对应的教育示范作用和楷模意义。[⑤]

综览现今所见有关陈嘉庚的研究成果，对陈嘉庚精神的解读和研究不在少数，但多局限于其办学精神、爱国精神等某一方面的探讨上，对陈嘉庚精神的文化思想源流的研究缺乏深度和广度，且将陈嘉庚精神归纳上升为人文关怀精神的研究尚缺。即使有个别学者总结陈嘉庚精神时提及“人文关怀”“悲天悯人”之词眼，如杨进发在他的专著《陈嘉庚——华侨传奇人物》中陈述陈嘉庚在叻闽慈善方面的贡献时说：“陈嘉庚不仅在气质上是悲天悯人者，在行动上亦如是，他除了输财外，也极力投入各项公益事业中。”[⑥] 但对陈嘉庚“悲天悯人”的人文关怀精神进行系统阐述的仍为鲜见。这是本书面临的最大挑战，也是本书写作的意义之所在。

三、结构安排、研究方法、创新与不足

（一）内容结构安排

本书共分七个部分，除绪论和结语外，主体部分包括五章。绪论部分阐

① 陈耀中：试论陈嘉庚的“诚毅”精神及其现实意义，《鹭江职业大学学报》，2003（3）：11–13。

② 房晋：构建以“诚毅”精神为特色的校园文化，《集美大学学报》（哲学社会科学版），2007（4）：111–114。

③ 陈瑞荣、黄和才：试论嘉庚体育精神对促进全民健身发展的作用，《体育科学研究》，2009（7）：15–17。

④ 杨宏云：陈嘉庚精神与福建海洋文化软实力建设的思考，《陈嘉庚研究国际学术研讨会论文汇编》，陈嘉庚纪念馆编，未刊，2013年，第107–113页。

⑤ 郑志谦、郑爱莲：“陈嘉庚精神”与当代大学生的精神培育，《厦门教育学院学报》，2007（11）：64–66。

⑥ 杨进发：《陈嘉庚——华侨传奇人物》，八方文化有限公司，1990年9月，第121页。

述本书研究的目的和意义所在，回顾相关研究概况，为后续章节的展开和铺陈奠定基础。

第一章，中国传统文化对陈嘉庚的影响。阐述陈嘉庚从出生至17岁出洋前的这一段在祖籍的中国福建厦门集美的生活、成长环境和文化历史背景，表明在中国晚清时期的大环境背景下，通过接受中国传统封建社会的私塾教育，在福建闽南文化和集美侨乡文化的多重浸染，以及在其分居两地的母亲和父亲不同时期对他的言传身教，对陈嘉庚早年性格和价值观的形塑起到的决定性影响，是他的中式思想价值观念形成的源流所在。他对中国传统文化的认识和对华人身份的认同等，是他对中国文化思想价值观的理解和吸收。

第二章，西方价值文化对陈嘉庚的影响。阐述下南洋后的陈嘉庚，在英国殖民地新加坡前后长达近50年的创业、服务社会时期内，接受的来自英国殖民统治者带来的西方文化思想、价值理念，以及来自接受过西方教育的土生华人的影响，是他的西方文化思想的源流所在。他对企业经营、法制、慈善公益、教育、城市卫生建设、交通以及一些糟粕的言论，反映了他对西方文化价值的认识和理解。

第三章，“中学为体、西学为用”：践行东西方价值理念的陈嘉庚。在前两章基础上，结合大量具体行为实例，阐释陈嘉庚对中华传统文化价值观的继承，对西方优秀价值理念的吸纳和践行，和对西方文化糟粕的扬弃，显示着他对中西文化价值理念的筛选。

第四章，中西文化的交汇和对撞：矛盾的结合体。分析他对中西两种文化思想的调和与取舍，而这种调和的结果，即是他将之完美地结合为一种内化为人生存在意义的人文关怀，将之奉为他个人存在和发展的意义所在。而他在取舍调和的同时，仍有一些由其言行体现出的矛盾，显示着这一人物思想的复杂性。

第五章，陈嘉庚的人文关怀精神。总结陈嘉庚人文关怀精神的内涵、实质、基本特征，结合具体实例，阐释他对人、对社会、对国家乃至世界的人文关怀，他的服务大众、造福社会的个人信条，不再局限于兴学办教育，而是他的人文关怀的极致体现。

结语先总结了陈嘉庚精神的思想源流和人文关怀精神的特点，再对几个问题进行探讨后，结束全文。

（二）研究方法

本书所研究的思想源流问题，涉及不同历史阶段的中国人文历史，也涉及英国殖民统治时期新加坡的人文历史发展情况。根据这些特点和研究目的，本书主要采用以下研究方法。

第一，追溯历史的研究方法。思想价值观念的形成是一个历史演进过程的结果，在不同的历史阶段表现为不同的言行举止，折射出不同的社会历史现象。因此，必须从历史的角度进行纵向把握，在收集、整理史料的基础上进行。

第二，点面结合法。本书把陈嘉庚精神的思想源流问题放在整个中国历史社会变迁和新加坡社会发展过程中进行研究，试图结合历史、民族、宗教文化等时代背景，研究陈嘉庚精神的中西文化价值观的来源、形成和构成等。本书的撰写既有历史分期研究，也有专题研究，努力做到宏观与微观的有机统一。

第三，归纳法。通过对史料和文献的分析，指出陈嘉庚精神的中西文化思想源流所在，以及他的人文关怀精神的内涵、实质、特征等。

第四，实证法。在对陈嘉庚精神的中西文化思想的源流、构成等进行分析的基础上，以大量具体实例对之进行实证，从陈嘉庚的言行反证源流的相关内容，实现对陈嘉庚的人文关怀精神的理论和实证的结合。

（三）创新与不足

1. 本书的创新

本书在前人研究的基础上，力图在以下方面有所发展和创新。

在研究内容和对象方面。目前，国内外有关陈嘉庚的研究已相对较多，但大多数侧重某一方面独立角度的研究，如单独从实业、兴学、服务社会、爱国、爱乡、抗战、参政、投资等方面的研究，对他一生的诸多言行开展了大量研究，却很少有对他的思想源流进行过探究。另外，对他的精神方面的研究也有涉及，海内外出版的相关书籍有十多种，但不及期刊论文涉足得多。但对他的精神仅停留在爱国、奉献等层面上，而未能上升到人文关怀的层面上来，缺乏国际和全局视野。本书以中西历史文化为背景，以陈嘉庚的人文关怀精神为切入点，对其精神的中西文化思想源流问题和人文关怀精神做较为系统的深入分析，将其父陈杞柏、母亲孙氏等人物纳入研究范围。

在研究视角方面。针对现今对陈嘉庚开展的单视角、单层面且以时间为序的研究较多，本书打破总体的时间大序，但保留细节部分的时间小序，试图在内外部视角相交叉、横纵向维度相结合的基础上，对陈嘉庚精神的中西文化思想源流和人文关怀精神加以整体考察和论证。内部和外部视角相交叉，是从历史和社会的角度，对陈嘉庚所处的中国和南洋两个地域来分别考察中、西方文化价值观对陈嘉庚的影响，由此对陈嘉庚精神的思想源流进行追本溯源。横向和纵向维度相结合，是从纵向和横向两个维度来对陈嘉庚的人文关怀精神的具体化进行考察，纵向为对人、社会、国家乃至全世界；横向为每一纵向维度的细化和全面铺展开后的每一个细节方面，另包括平民意识。注意宏观与微观的结合。

在研究资料方面。本书通过对有关陈嘉庚的文献进行总体及整体上的梳理，从学理上对陈嘉庚的各类思想言行进行分析和学术研究。考证还原历史史实，消除对诸多史实的歧义；提倡普及与提高相结合，强调学术性；注意国内与国外相结合，强调国际性；提倡理论与实践相结合，强调实践性。所用资料采用了大量未被发掘和利用的原始资料，包括陈嘉庚的书信、南洋商报、集美学校档案史料、陈嘉庚生前亲友回忆文章、民国期刊、报纸文章等。以最接近史实的方式，还原历史、揭示细节和解答本书研究的主旨内容。

2. 本书的不足

由于研究能力限制和文献资料采集、时间和篇幅限制等方面的约束，笔者尽管做了最大努力，但仍留下一些问题：

其一，本书以陈嘉庚精神的中西文化思想源流和人文关怀精神为研究对象，但有关陈嘉庚的研究内容包含很多，对于中西文化思想源流来说，可能还有其他不为人知的方面因素；对于陈嘉庚精神，其内涵丰富且多样，本书只研究了人文关怀精神方面，对其诠释可能也有待完善的地方。

其二，在史料使用方面，因篇幅所限，仅根据研究内容择选了部分必要的史料，很多史料未能得以充分利用，如集美学校校董会档案、办事日记、集美周刊等。另外挖掘出的很多民国期刊报纸史料，也只是有限利用，还有进一步挖掘和跟踪的空间。正如成晓军先生所指出的那样，“只要我们完整、准确地理解和运用马克思主义的历史观，在占有大量第一手材料的基础上，……采取实事求是的态度，就能使我们的认识逐渐符合历史的实际”。这些资料将为后续完善和继续研究留下余地。

其三，书中很多方面的研究，本还可以再进一步深入进去。对陈嘉庚的课题研究，是一个广泛和久远的课题，需要不断继续和深入下去。尤其是他的思想博大而精深，需要在反复、深入研读史料以及结合口述史料的基础上，才可能最接近可能的本源。这都是本书后续努力的方向。

四、相关概念界定

因华侨史的一些名词释义繁多，在此就本书研究需要，对之进行针对性的界定。

（一）“华侨”与“华人”

对于“华侨”一词，王赓武教授将之定义为是指移民华人，并认为，这些移民华人深具中国意识，接受中文教育并珍惜中国传统文化与价值观。在20世纪，那些接受中文教育的土生华人也被视为华侨。1890—1949年的这一段历史被称为东南亚华侨的时代。[①] 厦门大学庄国土教授认为，“华侨”这一概念在20世纪50年代以前，可泛指海外中国移民及其后裔；在此之后，在政治和法律意义上仅指定居国外的持有中国国籍者。本书中所提到的“华侨”，倾向于庄国土教授的提法，即华侨均指在1955年万隆会议废除双重国籍以前，那些或暂留、或长期留居海外的尤其是东南亚的拥有中国国籍、对中国仍有归属期盼的华人。“华人”是相对于华侨而言，即在研究海外中国人及其后裔时，倾向于将华人定义为：一定程度上保持中华文化（或华人文化）、有中国血缘的非中国公民，其对应英文概念为“ethnic Chinese”。血缘

① Wang，Gungwu, Southeast Asian Hua-Chiao in Chinese History-writing, *Journal of Southeast Asian Studies*, Vol.12, No.1, March 1981, p.114.

和文化是华人属性的最本质特征，体现了客观差异的标识。[①]

由上可见，在1955年之前，留居海外的中国公民被称为“华侨”；而在1955年废除双重国籍后，则将不具有中国国籍的华侨及其后裔改称为华人。现今，常以“华侨华人”对以上这些或多或少具有中国血缘、保留有华人文化习俗的早期及其现代后裔进行统称。

（二）“新客”与“土生华人”

华侨华人祖籍地均为中国。但早期华侨华人的出生地和祖籍地往往不同。新马学者从出生地角度区分华人身份，分“新客”与“土生华人”。“新客”是出生、成长于中国，在青壮年时期才下南洋打拼的华侨，如陈嘉庚的父亲陈杞柏、陈嘉庚、陈敬贤等即是。而“土生华人”，其祖辈早年从中国下南洋，在住在国娶马来女子为妻，生下峇峇和娘惹，在当地安家落户、繁衍不息。这种含有华人血统的华人后代，在南洋出生、成长，并在殖民政府所办英文源流学校接受英文式西方教育，训练西方式思维，即被称为“土生华人”或海峡华人、海峡侨生，林文庆即是典型。本书引之对陈嘉庚的父亲、陈嘉庚、林文庆等人的出生界定。

（三）“文化”

中外对“文化”的定义种类繁多。“文”与“化”合用始见于《易·贲卦·彖传》：“（刚柔交错），天文也。文明以止，人文也。观乎天文，以察时变；观乎人文，以化成天下。”文化决定民族属性。本书采纳庄国土教授对“文化”的概念定义，即文化主要是意识形态的表现，指“一个群体（国家、民族或团体）在一定时期内形成的思想、理念、行为、风俗、习惯及其所集中体现的整体意识”。共同的文化是民族区别的主要标志。文化或传统文化，是一个群体在长期的历史发展过程中形成的具有稳定形态的文化，包括思想观念、思维方式、价值取向、道德情操、生活方式、礼仪制度、风俗习惯、宗教信仰、文学艺术、教育科技等内容。文化的核心是基于信仰基础上的价值观。因为通常前者决定后者，宗教或信仰几乎总是处于文化的核心。[②]中

① 庄国土、刘文正：《东亚华人社会的形成和发展：华裔网络、移民与一体化趋势》，厦门：厦门大学出版社，2009，第6页。

② 庄国土：文化相似性和中泰关系：历史的视角，《华侨大学学报》（哲学社会科学版），2013（02）：5–14。

国传统文化指以华夏民族文化为主流、在长期发展过程中融合其他民族文化的具有稳定形态的中国文化。[①] 推之，西方文化即是西方世界和国家在长期发展过程中形成的同样包含以上内容的人文特性。

（四）“人文精神”

人文精神的概念难以精确界定。厦门大学庄国土教授认为，“人文”大体与文化与文明相通。广义“人文”包括除经济基础以外的全部上层建筑以及由此形成的社会关系。此处使用的“人文精神”，大体指“人类为求生存与发展涉及的价值体系及追求价值的行为方式”。所谓的闽南人文精神，大体是指闽南人的价值体系和行为方式。闽南人文精神中的冒险、重商、开放性，使其成为中国社会中具有特点的群体之一。[②] 本书使用的“人文精神”和闽南人文精神，均采用以上定义。

---

① 庄国土：中国价值体系的重建与华侨华人，《南洋问题研究》，2011（4）：1—7。

② 庄国土、刘文正：《东亚华人社会的形成和发展：华裔网络、移民与一体化趋势》，厦门：厦门大学出版社，2009年，第23页。

第一章　中国传统文化对陈嘉庚的影响

1874年10月21日，陈嘉庚出生于中国东南沿海边上的一个小渔村——福建同安集美社。至1890年首次下南洋前，他一直与母亲孙氏相伴生活于此。17岁辍学下南洋后，在其父陈杞柏的顺安米店学徒十年。在这两段人生历程中，陈嘉庚分别在原乡接受了传播中国传统文化价值观的私塾教育，结合闽南和集美侨乡人文环境的熏陶，在陈氏家族家风以及其母亲、父亲在不同时间段对他的言传身教、耳濡目染下，使他兼具了中国传统文化、闽南文化和侨乡文化等中国传统文化特质，对其人格特质的形塑均产生了深远影响。本章即考察这些背景和影响因素，试图探寻陈嘉庚的中式文化思想源流所在。

第一节　中国传统文化

本节主要考察中国传统文化在福建闽南地区的传承延续，以及其在闽南、同安、集美侨乡变异产生的乡土人文等，是陈嘉庚吸收、形成其早期价值观的源泉所在，对其产生深远影响。

一、中国传统文化价值观

中国传统文化在历史发展过程中是通过天人、群己、义力、理欲等价值观来展示的，并在儒、释、道家等文化价值取向中执行的。[①] 中国传统文化可概述为儒家、道家及佛家三种传统理念文化，其中儒家文化和道家文化对

① 高瑞泉：《近代价值观变革与晚清知识分子》，《华东师范大学学报》（哲学社会科学版），2004（1）：18–28。

国人的影响最为深刻。儒家文化价值观是核心，对我国人民影响最为深远，极大的规范和指导着人们的行为准则。儒家推崇“仁”，主张“修身齐家治国平天下”，重视他人对自我的看法，重视责任、诚信、成功，注重礼仪好面子。作为中国传统文化的补充，道家相比儒家则强调“达者兼济天下，穷则独善其身”，注重自然美感，崇尚回归自然。佛家思想对国人的影响并不在于人们是否要遁入空门，而是更多向世人展示一种凡事随缘、淡泊名利、随遇而安。[①] 中国传统文化兼具传统价值和现代意义，是我国现代文化的源泉，指导着国人如何看待现代文化，是继往开来的文化。[②]

从历经数年的传播和对海外华人的影响来看，儒家思想学说更占主导地位，其影响之深、之广、之久可从史学家顾颉刚的一段话可以看出：儒家思想支配中国人的思想有两千多年。其间，各代都有演化，一代一代各有不同。总起来可以统而言之，叫作儒家，中国封建社会统治阶级的哲学思想一直在儒家、儒教的控制之下。故而在中国悠久的历史长河中，在哲学思想上，儒家思想是占支配地位的。[③] 儒家思想文化早已如同深藏在人身体中的遗传基因一样，在家庭和群体的一代代传播中得以延续，产生深远影响。

与中国其他汉族地区一样，以儒家学说为基础的中原文化，由中原移民带入闽南地区，在结合当地本土文化的基础上，形成长期支配闽南人民意识的闽南文化，但完整性产生一定差异的中原文化仍居于主体地位。[④]

至 1890 年出洋前，陈嘉庚一直在集美村中生活。当时的集美村隶属于福建省泉州府同安县。直至 1953 年改属厦门市，集美村改称集美镇。从远古直至中国近代晚清 1890 年的这一段时间里，中国的传统文化思想从中原随同迁民一起来到福建，并分散于福建各地。在日后的历史长河中，逐渐发生了一些演变，形成了独具特色的闽南文化，而闽南人则是这一文化的经典诠释者。随之而出的，即是被誉为闽南人特色的“闽南人文”“闽南精神”，

① 邓伟：《传统文化价值观对消费者品牌个性偏好的影响研究》，赣南师范学院硕士论文，2013 年，第 5–6 页。

② 陈志良、加润国：《中国儒家》，北京：北京宗教文化出版社，1996 年，第 20–30 页。

③ 顾颉刚著、何启君整理：《中国史学入门》，北京：北京出版社，2002 年，第 264 页。

④ 庄国土、刘文正：《东亚华人社会的形成和发展：华裔网络、移民与一体化趋势》，厦门：厦门大学出版社，2009，第 24 页。

成为探究闽南人特点的代言词。

但无论如何，以考取功名、步入仕途为目的的科举制度，设定融合了中国传统文化价值观的“四书”“五经”等儒学经典为基本考试纲目，决定了科举制度下的私塾教育为中国传统文化价值观的主要传播渠道，在中国延续近千年屹立不倒。因此，陈嘉庚接受中国传统文化价值观的渠道仍以其早年接受的九年半私塾教育（包括 9—17 岁八年连续私塾教育和 21—22 岁夏回乡完婚后的一年半私塾补习教育）为主要途径。

关于陈嘉庚早年所接受的教育，通过其自述及他对早年华人社会和闽南社会教育情况的考察基本可以还原当时至少是闽南社会的普遍教育情况。据他所述，之前国人所读书场所，率为书房，亦称私塾。每处所读不过十人左右。他于 1882 年（清光绪八年）9 岁时入读集美的南轩私塾，塾师陈寅。① 所学内容不出“四书”“五经”，先学《三字经》，再读《大学》《中庸》《论语》《孟子》，或可选读《百家姓》《秋水轩尺牍》等，而“书方”（写毛笔字）为每日必做之作业。② 授课时间自上午六时半至下午五时左右。“当日训蒙，着重道德。至于科学，如历史地理之类，则付缺如，如此盖复偏守一隅，故有所言，尽于“天下”，殊不知有世界各国。是以当时读旧学而知爱国少……”③，显示这种培养“井底之蛙”式顺民的旧学弊端暴露无遗。

教学方式方面，陈嘉庚就读的私塾塾师陈寅照本宣科，学童鹦鹉学舌，只知其音，不明其义。而旧例塾师多外聘，经常“来一月余，即回家一月或半月”。尽管翌年，其伯父陈缨忠自南洋返里办家塾，塾师龙某亦如前师，只教背诵，不做讲解。如此，不论村塾，还是家塾，其教学模式并无不同，使陈嘉庚“数年间绝不知其意义”。对“念书歌”之印象极深。之后的四年时间，即 1883 年至 1886 年（清光绪九年至十二年），陈嘉庚于 10 岁至 13 岁即一直在如此的“念书歌”中度过。④

1887 年 14 岁这年，其父陈杞柏回乡，曾摘出经书句子来考问他。他偶

① 陈碧笙、陈毅明编，《陈嘉庚年谱》，福州：福建人民出版社，1986 年，第 1 页。
② 厦门市集美区地方志编纂委员会编：《厦门市集美区志》，北京：中华书局，2013 年，第 501 页。
③ 星洲道南学校三十周年纪念会上之演词，《南洋商报》，1936 年 11 月 9 日；《战前的嘉庚言论史料与分析》，杨进发著，新加坡南洋学会，1980 年，第 19 页。
④ 《南侨回忆录》，香港翻印本，1993 年，第 479 页。

有遗忘，竟惶恐到感觉无以自容，从此求学更加努力。“性钝惟颇知勤学”，“性钝”是自谦之语，“勤学”则是事实。①

1886年至1887年，陈嘉庚开始读“四书注”，②塾师易为陈令闻，授课开始有解说，读书始有一知半解。③“十六岁略有一知半解”，“又时读时辍，故虽就学多年，识字甚少”，从学科来说，也不分历史、地理，只知“天下”，不知有世界各国。1890年夏，因塾师去世，17岁的陈嘉庚辍学。同年秋，陈应父函召去了新加坡学习经商。④

1893年冬，陈嘉庚20岁时奉母命回集美与板桥乡秀才张建壬之女张宝果完婚。⑤次年即1894年起在集美家中一边经营渔业，一边复从塾师叶某补习中文。⑥直至次年夏才再次出洋。⑦而之后便没有时间再专门修读。“下南洋时已有简单之日报，余仅一知半解。在洋就商之后，对学问事不知求益，抱憾不少。”⑧

以上即是陈嘉庚自述他接受的学校教育经历，虽然文字有限，描述也十分笼统，但基本反映了那个时代的东南沿海地区的普遍教育情况。与诸多贫苦失学家庭相比，陈嘉庚幼年即能得以接受教育且有近十年之久，与得益于华侨家庭的侨汇及中国人自古对教育的重视有很大关系。

就他接受的私塾教育来看，近四年的诵读以及另四年的释义，让他对中国传统伦理经典烂熟于心，并且是在熟练识记基础上的略微理解。17岁出洋，20岁回家乡娶亲后再一年半的补习，更加深了其理解。

私塾的前四年诵读，幼年陈嘉庚需要和其他同学一样，死记硬背《三字经》《百家姓》及《千字文》等课文而不求甚解。背得滚瓜烂熟后，就学“四书”，即《大学》《中庸》《论语》与《孟子》等。由于塾师从不加解释，

① 陈嘉庚先生的生平事迹，载《陈嘉庚先生纪念册》，陈嘉庚先生纪念册编辑委员会编，中华全国归国华侨联合会，1961年，第77页。
② 陈嘉庚著:《南侨回忆录》，1993年集美陈嘉庚研究会翻印，第519页。
③ 《厦门市集美区志》，第707页。
④ 《陈嘉庚年谱》，第2页。
⑤ 《南侨回忆录》，1993年集美翻印本，第520页。
⑥ 《陈嘉庚年谱》，第4页；另见《厦门市集美区志》，第707页。
⑦ 《陈嘉庚年谱》，第5页。
⑧ 陈嘉庚序，《南侨回忆录》，1993年集美翻印本，第1页。

陈嘉庚后来坦言他当时之儒学知识有限。[①]这种“念书歌”方式后虽被陈嘉庚诟病，但使他能对这些经典烂熟于心的显著成效，是他日后能深刻理解且能张口即来、引经据典的基础。从这一角度来看，陈嘉庚即是一位儒家传统教育的受益者，而非受害者。这些经典中所传输的有关人生观、社会观、价值观和世界观等包含中国哲学思想在内的中国传统文化价值观，在潜移默化中被深植入陈嘉庚的头脑中，而他在不知不觉的情况下，以儒家经典、警句名言等言行方式，固化为自身的价值观组成，为他一生所受用。

二、闽南传统价值观

闽南的语言、文学、宗教、伦理及重要民俗仍基本体现着中原文化的要素。如至今遍布闽南的“延陵衍派”“温陵衍派”“锦绣传芳”等门匾，均是中原传统在闽南延伸的证明，不但说明现今闽南主体居民是来自中原地区的移民，且强调祖先渊源的形式即是对中原文化的尊崇。[②]本节考察中原文化在闽南产生差异后的本土价值观，即闽南文化价值观。

（一）闽南：漳泉厦

1. 闽南人出洋及南洋闽南先驱

“闽”即福建简称，“闽南”一般泛指福建南部操“闽南方言”的诸县，大致包括晋江、南安、惠安、同安、安溪、永春、德化、龙溪、南靖、诏安、东山、平和、海澄、漳浦、云宵、华安、龙岩、漳平、宁洋、金门等二十一县乃至厦门一市而言。[③]

闽南三面临海，海岸线曲折多港湾，人民有航海出洋的传统。福建漳泉厦的闽南沿海地区是福建人出洋的集中地。在这些闽南移民中，崛起一群称为“闽南海商”“闽商”的华人群体，他们即是被较早进入远东贸易网络的荷兰人誉称为中国“海上马车夫”的闽南人，如同荷兰人被称为欧洲的“海上马车夫”一样，是17世纪中国的“世界主义者”（Cosmopolitan）。闽南海商集团崛起于13世纪，全盛于17世纪的郑氏海上帝国时期，主导中国海

---

① 陈嘉庚著：《南侨回忆录》，南洋印刷社，1946年，第393页。

② 庄国土、刘文正：《东亚华人社会的形成和发展：华裔网络、移民与一体化趋势》，厦门：厦门大学出版社，2009，第24页。

③ 林再复：《闽南人》，台北：三民书局，1985年，第7页。

外华商网络到19世纪中期。[①]后人在评述为何在新加坡多是来自漳、泉二州的人士从事商贸活动，他们多为出入口商、制造商、工业家（如树胶加工、椰干榨炼、黄梨罐头包装、糖果、肥皂之制造等），船务运输、造船商、银行与金融家、保险商、树胶买卖商、种植人，分享着新加坡经济繁荣的大片果实。由于祖先们早在11世纪已经同阿拉伯人、葡萄牙人、西班牙人及东南亚等地商人进行船运与买卖等接触，[②]数百年的经商传统使他们不论在生意手段上或商业管理手法上皆凌驾他帮同侨之上。[③]

闽南人出洋历史久远，人数之众，为福建之首。据陈嘉庚在20世纪50年代评述闽南人出国多的原因时说：因闽省山多田少，又乏铁路交通，人民生活困难，故来南洋谋生的闽籍华侨居多，来南洋各属华侨约千余万人，以闽粤籍居多，粤籍约占六成，闽籍四成。若以有携眷的华侨而言，则闽人较粤人为多。在南洋成家或全家赴洋者甚众。尤其是东南沿海的闽南地区，闽省人民1300余万，分作8区，闽南占其二，人口500余万。[④]

漳、泉人士因通用一种方言——闽南语系，而能互相水乳。他们是福建省最早出国的移民群，最早在海外与外国人接触，因此漳、泉人被认为代表福建人，漳、泉话也就是福建话。[⑤]华人史专家柯木林认为，闽南人是华商主力，不但移民人数多，且以漳泉集团为核心的闽南人，不但是新加坡闽帮华社的中坚力量，甚至成为除代表工人阶层的广府集团、代表农人阶层的客家集团之外的商人阶层代表[⑥]，成为华商阶层的代名词。而代表商人阶层的漳泉集团则是比其他两个较复杂的工、农阶层，最高的也是比较纯粹的一个阶级。“帮派制度”也由此产生。[⑦]

① 庄国土：论17—19世纪闽南海商主导海外华商网络的原因，《东南学术》，2001（3）：64—73.

② E.S.Rawski, *Agricultural Change and The Peasant Economy of South China*, Cambridge, Mass.: Harvard University Press, 1972.pp.64—77.

③ 杨进发：《华侨传奇人物——陈嘉庚》（中文简体版），陈嘉庚纪念馆，2012年9月，第107页。

④ 《告华侨学生书（1956年9月7日）》，《陈嘉庚教育文集》，王增炳、陈毅明、林鹤龄编，福州：福建教育出版社，1989年，第282页。

⑤ 柯木林：《薛氏家族·〈叻报〉·闽邦文化》，载《世界福建名人录·新加坡篇》，新加坡福建会馆编，2012年，第326页。

⑥ 陈育崧、陈荆和：《新加坡华文碑铭集录》，香港：中文大学出版部出版，1970年，第6页。

⑦ 柯木林：《薛氏家族·〈叻报〉·闽邦文化》，载《世界福建名人录·新加坡篇》，新加坡福建会馆编，2012年，第326页。

闽南人出洋之众，为福建出洋华侨之冠。他们凭借自身独有的海洋特性在南洋披荆斩棘，开创出自己的一片天地，涌现出诸多著名南洋闽南先驱。据《世界福建名人录·新加坡卷》一书所列闽籍先贤，以清末闽南地域划分法统计原籍属于漳州府、泉州府的新加坡闽南先贤人数，在有专列传记155位闽籍先贤中，闽南先贤即有128位，占82.58%；429位增补人物中，闽南先贤有291位，占比高达67.83%。总体显示，所列584位闽籍先贤中，闽南人即有419人，占比71.75%，[①]说明闽南先贤是闽籍先贤的主力军，且是贡献卓著的一个群体。

另外，所列闽南先贤中属于泉州府籍人士分别有312人和107人，分占53.4%和18.3%[②]，远高于漳州府籍先贤人数，说明泉州府籍闽南先贤更活跃，其在出洋人数和成就方面，更胜于漳州府，当然也远高于闽省其他地方的人数。陈嘉庚曾于20世纪初创造了一个属于自己的时代，被誉为闽南人中的“闽南人”。[③]

2. 闽南文化社会传统

闽南沿海社会由于若干年形成的侨乡社会，在华侨的出走与回归的轮回中产生种种变化，而与之相应的则是具有随之形成的独特闽南文化传统。闽南文化具体来说有以下几个特点。

闽南文化是中原文化的继承，延续了诸多中原文化的元素。陈嘉庚记述其家乡，也未忘怀家族来自中原：“集美社始祖自河南光州固始县移来，已历二十余世，男女二千余人，无别姓杂居，分六七房，各房办一私塾，男生一二十人，女子不得入学。”[④]寥寥数语显示，集美村虽地处中国东南沿海的边陲，却继承了中国人聚族而居的村居传统，且该村落不但沿袭家族制度和观念，也承继了中国传统教育体制的形态——科举、私塾；族人重视教育，但继承的男尊女卑、三纲五常的“女子不得入学”的规定，却暴露了中国传统教育和思想中的糟粕。

闽南文化也具有自身鲜明的区域性。相对于中原文化或福建主体文化，

① 据该书祖籍地隶属闽南籍统计得出。《世界福建名人录·新加坡篇》，全书页。

② 据该书祖籍地隶属泉州府籍统计得出。《世界福建名人录·新加坡篇》，全书页。

③ 马建强：《民国先生》，广西：广西师范大学出版社，2013年4月，第93页。

④ 陈嘉庚：《南侨回忆录》，南洋印刷社，1946年，第4页。

闽南文化表现出明显的边缘形态。政治上，闽南人从未产生过叱咤中国政坛的人物。经济上，除航海贸易外，闽南的经济和财政向来不为中央政权所重视。军事上，除郑成功集团外，主导闽南地区政局的从来多是外来者，更谈不上逐鹿中原。文化上，闽南区域文化从未主导过中国社会思潮。这种边缘状态既因闽南地处中国版图的边缘，也在于中原文化在其传播扩展过程中由近及远而产生的明显差异，甚至表现为某种程度的对立。但闽南文化的主体仍是中原文化。①

闽南文化在很大程度上是一种移民文化。中原文化是中原移民带入闽南地区的，随着移民成为当地居民的主体，中原文化也成为闽南文化的主体。但同世界各地的移民文化一样，进入闽南地区的中原文化在其颠沛流离的环境中经长途跋涉后，其完整程度已与本土文化产生一定差异，原有的观念、伦理、习俗亦因新环境的挑战需要加以调整与扬弃。闽南原为百越之地，其原有的基本文化形态虽被中原移民带来的更先进的文化所征服和同化，但当中原居民迁徙到一个陌生、好斗、敬祀鬼神的蛮荒之地后，也会产生一定程度的入乡随俗心理。百越人的部分习俗也为中原移民所接受，成为闽南文化组成部分。②闽南文化作为我国闽南地区和台湾地区以及东南亚传承已久的区域性地方文化，是中华文化的重要组成部分。闽南文化特色鲜明，积淀深厚，根基深邃，内涵丰富，魅力独特，是一朵在海内外具有重大影响力的地域文化奇葩，是联络海峡两岸人民感情的重要文化基石和纽带。③

闽南文化是一种典型的海洋文化。闽南民众代代相承的海洋活动产生了鲜明而丰富的海洋文化特征。它是闽南区域文化最具特色的构建部分。宋元时期，泉州港以“刺桐（zaitun）港”（即泉州后渚港）名扬世界。泉州已经呈现鲜明的海洋文化特征：崇贾善贾，梯航万国，敢于泛海拼搏，与海争利的人文性格；“涨海声中万国商”笑纳“市井十洲人”的开放性观念；世界性的多元宗教文化的和谐并存及其丰富的宗教石刻遗存；伊斯兰文化的传入与

① 庄国土、刘文正:《东亚华人社会的形成和发展：华裔网络、移民与一体化趋势》，厦门：厦门大学出版社，2009，第 24 页。

② 庄国土、刘文正:《东亚华人社会的形成和发展：华裔网络、移民与一体化趋势》，厦门：厦门大学出版社，2009，第 24—25 页。

③ 总序,《闽南民系与文化》，陈耕编著，厦门：鹭江出版社，2009 年 9 月，序页。

高大雄伟的宋代清净寺；以天妃崇拜为主的海神信仰和诸多海洋性民俗；祈风盛典及至今依然屹立的九日山祈风摩崖石刻；以1974年出水的宋船为代表的船舶建造技术；以东西塔为代表的具有航标功能的石塔建筑艺术；《诸蕃志》《岛夷志略》等海外交通著作，以及众多的涉海诗文：《马可·波罗游记》《伊本·拔图泰游记》《马伊诺里游记》等一批曾到泉州的国际友人所撰写的技术刺桐港见闻的著作……海洋文化是宋元时期泉州区域文化中最具特色、耀眼中华的具有世界意义的主流文化。[①]闽南自19世纪初便开始成为下南洋的主要出口地，尤其是沿海，更是乘船过番的出海港，上有泉州、厦门，下有漳州。作为世代华侨的出洋之地和回归地，“侨乡”之称乃实至名归。

3. 闽南人文精神特点

闽南人是人类历史上兼有蓝色海洋文明与黄色内陆文明的典型族群代表。他们不仅是优秀的农夫、工匠，也是自古就航行于太平洋与印度洋上的勇敢水手，是海上丝绸之路的“马车夫”，被欧洲人视同犹太人一样的商业劲敌。100多年前的英国号称“日不落帝国”。早在鸦片战争前，英国人即给闽南人的海洋文化予以崇高评价，认为他们是东亚海洋文化的代表者。闽南人身上凝聚着东方民族共同创造的海洋文明精华，它的海洋文化史比西欧更为悠久。[②]

因地理位置及历史文化积淀，闽南人的价值体系和行为方式逐渐形成了独具特色的闽南人文精神，其中的冒险、重商、开放性等使闽南人成为中国社会中具有特点的群体之一。[③]闽南文化的这种边缘形态，使闽南人的人文精神也显出与中原和闽南沿海之外的其他地区民众不同的特色：

强烈的传承性。据研究闽南文化的学者总结[④]，闽南人特殊的思想性格，首要即是闽南人强烈的传承性。这一点在陈嘉庚身上也十分明显。具体表现在以下几个方面：一是闽南语的传承。留存大量古汉语的闽南话不但一直被继承、延续至今，且被闽南人带往台湾、东南亚，成为现今当地华人社群中

① 陈自强：《明清时期闽南海洋文化概论》，厦门：鹭江出版社，2012年，绪言第4页。
② 徐晓望：《闽南史研究》，福州：海风出版社，2004年，前言第1页、第2页。
③ 庄国土、刘文正：《东亚华人社会的形成和发展：华裔网络、移民与一体化趋势》，厦门：厦门大学出版社，2009，第23页。
④ 参见陈耕编著：《闽南民系与文化》，厦门：鹭江出版社，2009年，第171—179页。

方言群的基础。陈嘉庚一生只会讲闽南话，连当时已渐普及与通用的华语，即普通话，他只会听不会说。虽不排除语言环境使然或个人意愿等因，但他是闽南语的忠实坚守者和传承人却不可否定。反观之，也正是由于无数像陈嘉庚这样对闽南语几乎固执的坚守者，才使被誉为语言“活化石”的闽南语得以很好的保留和传承，反映了闽南人强烈的传承性。这也是陈嘉庚乡土情结深厚的根源之一。二是由传承性而生的强烈民族使命感。这类典型例证如郑成功抗清驱荷、台湾人不屈反抗日本侵略等而受到闽南人尊敬。而洪承畴、施琅等最终降清人物则为闽南后人所不齿。在陈嘉庚身上，这种特征更加无须赘言。他的“教育救国”论及“国民之天职”之词已将这种民族使命感发挥至极致。更重要的是，他将之付诸行动且坚持不懈，是为民族复兴而奋斗终生的闽南人的骄傲。三是由传承性而生的文化自豪感。或许由于是中原移民的缘故，闽南人总认为自己才是正宗的汉室正溯，闽南语才是汉人正宗的语音。这种深藏于闽南人内心的“偏执”，却正是使千百年前的文化在闽南这块土地上被相对完好的保留、继承及延续的原因所在。这不能不说是闽南人的可爱之处。另外，闽南人对先贤祭奉、民俗祭礼，台、侨胞返乡虔诚谒祖的络绎不绝，无不充分体现出闽南人对先人的崇奉、对传统文化的珍视、对历史的自豪和骄傲，以及追远保本的道德追求。① 在陈嘉庚身上，他独守闽南话，也批评诸多闽南旧俗。但择地葬母、捐资修宗祠、计划修归来堂、为鼓励子孙多回乡谒祖……种种言行反映了他对闽南人传承性特质的继承。

冒险与进取精神。闽南流行语“输人不输阵”体现了闽南人“宁当鸡头不当凤尾”的“拼”字特性。究其源头，有学者认为是百越族抗争精神、移民行为激发的好斗与进取精神以及迁离祖居地所需的叛逆意识和“与海为伴”“山高皇帝远”的地理环境结合，形成了闽南文化的重要特征之一——冒险与进取精神。② 也有学者认为，闽南人对先辈的尊崇、敬畏、感恩其实是潜藏的自卑心理促成的强烈进取精神，形成敢拼、勇于创新的开拓性格。③ 陈嘉庚替父还债、重振家业、拯救闽省教育颓势、攻击撤换陈仪等种种努

① 陈耕编著：《闽南民系与文化》，厦门：鹭江出版社，2009 年，第 171 页。

② 参见庄国土、刘文正：《东亚华人社会的形成和发展：华裔网络、移民与一体化趋势》，厦门：厦门大学出版社，2009 年，第 25 页。

③ 陈耕编著：《闽南民系与文化》，厦门：鹭江出版社，2009 年，第 173—174 页。

力，即是他奋发图强、勇于冒险与进取的典型闽南人性格表现。

重商与务实逐利。闽南严酷的自然环境和移民生存意识，以及开放和对外交通贸易历史的熏陶，形成了外化为闽南人崇尚工商的传统和重商轻官的倾向等闽南人务实精神。[①]在闽南，华侨巨贾富商的发家传奇和回馈乡梓的轶事是闽南人鼓励后代奋进向上和效仿的对象，也是华侨家庭代代相携出洋、延续从商传统的原因所在。陈嘉庚延续父辈从商的发家之路，在商言商，以商办学养校的举措，即是他务实的最好诠释。

兼容性与开放性。相教于中国北方和内地，闽南人更具开放和向外开拓意识。至清代，闽南人过台湾、下南洋的风气持续了二三百年。[②]西方文化较早经闽南海商进入闽南地区，影响了闽南人的生活习俗、语言文化与社会价值观念等。尤其是西方市场意识对闽南地区的渗透。这种持续不断的深度开放历史，使闽南人对外来新鲜事物和文化总能以平常心对待、接纳、消化吸收，[③]并使得具有强烈的传承性、勇于开拓的创造性和善于包容吸纳的开放性，成为闽南文化的最显著特征。在陈嘉庚身上，这种闽南人开放性的品质也更加明显。他对先进的西方文明从来都毫不掩饰地给予肯定。他在演词中常引西方哲理名言，甚至将美国汽车大王福特名言“失败不可怕，畏惧失败才是可耻”作为自己的座右铭。抗战爆发后，对于日本人一些关于“民气”[④]、教育的可取做法，陈嘉庚并不因民族仇恨而全盘否定却给予敬佩与褒词。对于西方文化或其他民族文化的可取之处，陈嘉庚都以一种欢迎和接纳的心态对待之，且将这些事例转述给国人、华人知晓，以期能效仿、学习之。此外，在公司企业里，陈嘉庚广泛购置各类先进机器、采用先进技术、广聘洋技师等；吸取西方建筑人性化优点结合本土闽南建筑特点，创造出独具特色的“嘉庚建筑”。而他完全认同及吸纳西方殖民者倡导的城市规划和

① 庄国土、刘文正：《东亚华人社会的形成和发展：华裔网络、移民与一体化趋势》，厦门：厦门大学出版社，2009，第 26 页。

② 陈耕：《闽南民系与文化》，厦门：鹭江出版社，2009 年 9 月，第 176-178 页。

③ 庄国土、刘文正：《东亚华人社会的形成和发展：华裔网络、移民与一体化趋势》，厦门：厦门大学出版社，2009，第 28-29 页。

④ 在为赈济天津水灾筹款运动会上之演词（1917 年 12 月），原载新加坡《国民日报》，1917 年 12 月 4 日，转引自《战前的陈嘉庚言论史料与分析》，杨进发编，新加坡南洋学会出版，1980 年，第 90 页。

卫生习惯等做法，在国内大肆宣扬，试图在国内推广……种种言行显示出他紧跟时代脚步、积极寻求进步地对多元文化和文明的包容、吸纳的开放性。正如其五子陈国庆所述：他的一个早于常人所有的品质，也是给人印象最深的品质，便是他随时代应变的能力。他能根据时代的潮流接受新思想。[①] 而他能随局势动态适时调整选择支持中国的最高领袖则从另一侧面反映着他的开放包容性和前瞻性。

闽南人文精神也难免存在其局限性。重商逐利而功利目的明确，使闽南人在文化和政治上建树有限，也缺乏法制意识和社会均衡意识。相反，东南亚闽南籍富贾豪商人才辈出。[②] 但陈嘉庚是个例外，因他长期受到欧风西雨的影响，不但自己在南洋注意遵守当地法律，极具法律意识，申请专利保护胶制商品发明权，同时也极力呼吁侨众侨民注意遵守当地法律；另兴学办校，以商养校，为中国和南洋培养师资种子和服务人才，即是出于兴国梦这一政治理念的长远商业战略。只是最后迫不得已在企业和学校二者之间，他选择了维持学校，收盘企业。事实证明，他做的很多事显示他不但非短视，反而十分的深谋远虑。因而，在闽南人中，他被称为“闽南人中的闽南人”，实为闽南人的代表和典型。

（二）闽南社会的典型——同安

1. 同安人下南洋

据《同安县志》记载，唐贞元十九年（803 年）析南安县西南四乡置大同场，是为同安县前身；五代后唐长兴四年（933 年）正式建置同安县。[③] 历史上曾称泉州府同安县，管辖过金、厦两岛及集美、龙海等部分地区。厦门脱离同安后，1953 年同安县集美镇划归厦门市辖。1973 年同安也划归厦门市管辖。同安地处厦、漳、泉三角开放区中心地带，是东南沿海较早开放县之一。它东南临海，面对金门，海岸线长达 86 公里，内陆三面与南安、安溪、长泰、集美接壤。因地理位置关系，捕鱼、航运及海盗等自古即为同安人传统行业。以同安为辐射中心地域的漳州、泉州是闽南地域的核心。同

① 陈国庆：《回忆我的父亲陈嘉庚》，北京：中央文献出版社，2001 年，第 126 页。

② 庄国土、刘文正：《东亚华人社会的形成和发展：华裔网络、移民与一体化趋势》，厦门：厦门大学出版社，2009，第 29—31 页。

③ 同安县地方志编纂委员会编：《同安县志》（上册），北京：中华书局，2000 年，第 1 页。

安人为漳泉集团的典型代表。

同安华侨下南洋历史久远，人数众多且成就卓著，因而成就了一种传统。陈嘉庚是其延续者之一。据《世界福建名人录 · 新加坡篇》① 一书收录自1819年至2012年6月已故155位事迹突出的新加坡闽籍人物和增列的其他429位闽籍人物籍贯信息②，所列155位闽籍人物，包括陈嘉庚在内的18位同安籍先贤总人数位列第2，占11.6%。而厦门则位列第6（见图7）。增列429位闽籍人物中，除52位无法界定具体地区而仅知福建籍人士之外，有39位同安人，仅次于海澄籍人数，占9%（见图8）。

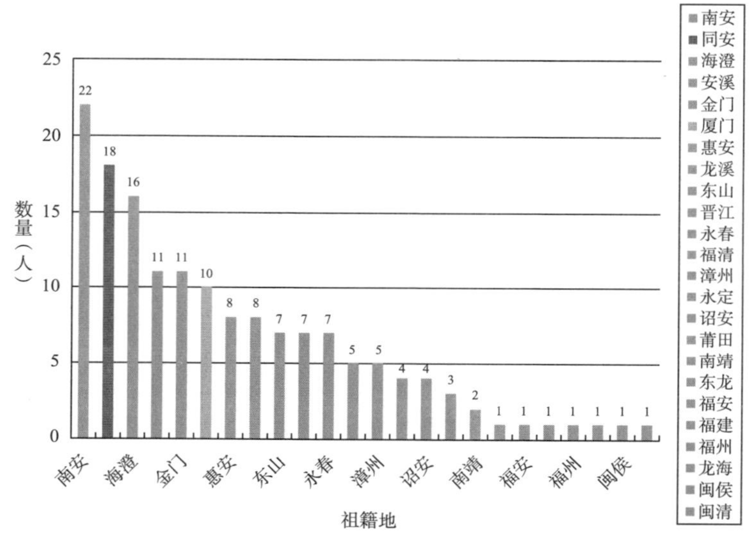

图7 《世界福建名人录 · 新加坡篇》所载155位闽籍列传人物祖籍地分布情况

（资料来源：新加坡福建会馆编：《世界福建名人录 · 新加坡篇》，新加坡福建会馆，2012年，第12—303页。）

① 新加坡福建会馆编：《世界福建名人录 · 新加坡篇》，2012年，全书页。

② 其中很多人物都是出生在新马当地，而其祖籍地只能反映其父辈或祖辈的祖籍籍贯。

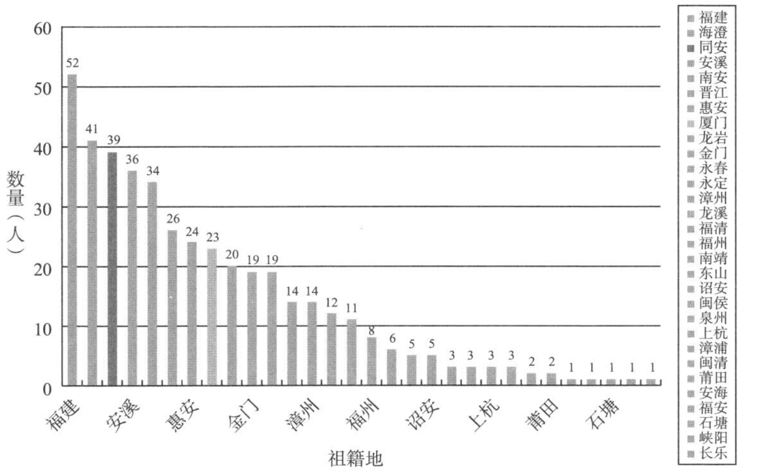

图 8 《世界福建名人录 · 新加坡篇》所载 429 位闽籍增列人物祖籍地分布情况

（资料来源：新加坡福建会馆编:《世界福建名人录 · 新加坡篇》，新加坡福建会馆，2012 年，第 309—316 页。）

综合以上 584 位人物籍贯显示，同安籍先贤人物总数仍高居第 2 的位置。显示在全体闽籍新加坡先贤中，同安籍人士的贡献和作用都占据重要地位，领先于全体闽南乡贤，可以想见同安人下南洋人数也高居闽南人下南洋人数前列。

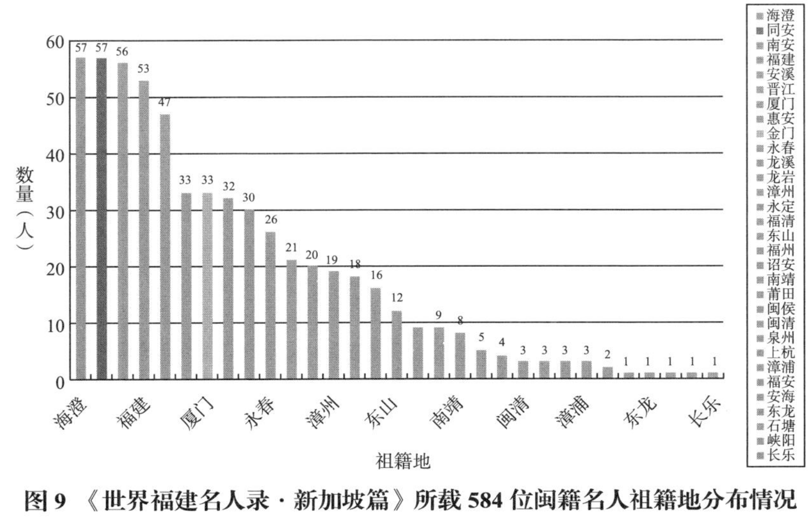

图 9 《世界福建名人录 · 新加坡篇》所载 584 位闽籍名人祖籍地分布情况

（资料来源：新加坡福建会馆编:《世界福建名人录 · 新加坡篇》，新加坡福建会馆，2012 年，第 12—303、309—316 页。）

2. 同安社会传统

经过几百年历史积淀，同安也形成了一些社会文化传统。同安人出国下南洋，也将民间信仰带出国门进行传播。据载，马六甲青云亭即是同安移民在海外活动最古老的遗迹文物。1698 年，法国首派到中国要求通商的使节团团员弗罗吉途经马六甲登岸参观青云亭，记录下所见庙中同安华侨的祭祀过程，从另一侧面反映了源于同安本土的社会文化传统。另外，清末学者杨浚在《四神志略》中列出的妈祖、广泽尊王、清水祖师、保生大帝四位福建主要神祇即是闽南民间信仰最重要的神明。[①] 另据当时到集美考察的陈达记述，陈嘉庚在早年寄资回乡修建祖屋，也修筑祠堂，祠堂内供奉祖宗神主以外，也塑有谢安像。[②] 此举显示了谢安在同安乡亲中的认同度。

同安是侨乡，因此侨汇侨建之风同样盛行。俚语说“南洋钱，唐山福”，华侨华人热心回乡捐办社会公益事业，在闽南侨乡兴学重教风气热潮中首推陈嘉庚的壮举。他曾记述，其生平志趣，自廿岁时对乡党祠堂私塾及社会义务诸事颇具热心，出乎生性之自然，绝非被动勉强者。[③] 效仿他的，还有一大批侨胞，不仅在侨居地办学，更对故乡教育和建设事业等做出巨大贡献，如参照国外先进经验，在家乡兴办许多交通运输、电灯、电话、自来水、汽车公司等基础设施。[④] 另据陈达记述，1935 年时集美至同安已有汽车路，其资本大半出自泉漳籍南洋华侨。汽车路经理与技术人员多半由南洋回国者担任。同安地瘠民贫，幸赖有许多出国迁民，……非但改善他们自己的经济生活，即对于家乡亦时常汇款接济。[⑤] 除热衷教育等公益事业，在家乡自建或委托亲友修建侨房，[⑥] 也是同安华侨热衷之事，反映其对光宗耀祖、落叶归根的乡土情结。

---

① 郭瑞明、蒋才培:《同安华侨史略》，同安：内部发行，2012 年，第 112—113 页。
② 陈达:《浪迹十年之行旅记闻》，北京：商务印书馆，2013 年，第 19 页。
③ 弁言，《南侨回忆录》，陈嘉庚著，1993 年集美翻印本，弁言页。
④ 郭瑞明、蒋才培:《同安华侨史略》，同安：内部发行，2012 年，第 171 页。
⑤ 陈达:《浪迹十年之行旅记闻》，北京：商务印书馆，2013 年，第 20 页。
⑥ 郭瑞明、蒋才培:《同安华侨史略》，同安：内部发行，2012 年，第 171 页。

3. 同安精神

曾撰写过多位同安侨领传记的学者杨进发将同安华侨身上体现的“以身作则、坚韧不拔、贯彻始终”等特点归结为“同安精神”[①]，赞誉陈嘉庚与陈祯祥、林金殿、叶玉堆、陈延谦、陈六使、陈振传等是敢作敢为的同安精神的反映，[②]总结认为同安精神是坚强领袖气质与强力领导作风的综合体。[③]

总体而言，同属闽南人群体的同安人，同样具有闽南人的典型人文性格特点，但也呈现一些自身特点，如他们更加关注社会，慈善为怀，因而出了一位会毁家兴学的陈嘉庚。另外，由于同安曾长期是郑成功收复台湾的一个最重要根据地，比晋江、漳州设有更多驻扎点，因而造就了同安人更加强悍、威武不屈、不屈不挠、勇往直前等特质与倾向。[④]不过，就如新加坡同安侨领陈延谦所言“同安人个性极强，由长处方面看是具有义气、果敢、独立前进之精神，由短处而言则不能谦恭对人，稍遇不满意事，动辄使气任性”。[⑤]

基于以上，杨进发认为陈嘉庚是当代最具影响力、最负众望的同安领袖，他具备着同安领导人中的各种领导特质与作风，包括同安精神中的不足之处。他以身作则、坚韧不拔、贯彻始终的领导作风，即是“同安精神”的具体表现；而其一生中所坚信不疑的领导风格——敢作敢为、敢怒敢言与敢想的言行，是“同安精神”的最高表现。因此，陈嘉庚是“同安精神”的典范。[⑥]

三、集美侨乡传统

集美是陈嘉庚的出生地，是闽南社会的微缩典型，也是一个侨乡典型。

① 杨进发：战前的陈嘉庚及其政治与社会思想，载《陈嘉庚研究文集》，北京：中国友谊出版公司，1988 年，第 191 页。

② 杨进发：林金殿，载《怡和轩九十周年纪念特刊（1895—1995）》，新加坡怡和轩俱乐部编，新加坡：大水牛出版机构，1995 年，第 110—111 页。

③ 杨进发著、李发沉译：《华侨传奇人物——陈嘉庚》，八方文化公司，1990 年，第 17 页。

④ 组织同安会馆之缘起，《南洋商报》，1929 年 5 月 17 日，第 16 版。

⑤ 新加坡同安会馆欢迎陈水鲤君陈延谦君谈及同安人的特性望同乡对于失业者提携援助，《南洋商报》，1936 年 2 月 28 日，第 3 版。

⑥ 杨进发：《陈嘉庚研究文集》，北京：中国友谊出版社，1988 年，第 191—192 页。

本节进一步缩小范围，试图集中考察陈嘉庚的成长小环境——集美侨乡的风土人文，试图探寻最直接影响他的文化思想源泉。

（一）集美社概况

陈嘉庚自述其祖籍系福建泉州同安县集美乡。[①] 集美位于福建省闽南同安县之南，三面环海，与厦门高崎相对峙。集美在历史上长期隶属于同安县，1953 年改属厦门市管辖。[②] 故陈嘉庚、陈六使等集美籍侨领均自称祖籍地为“同安县集美乡”，略称为“福建同安人”。[③]

集美乡原为相连的集美、岑头和郭厝三村合称，集美村即是陈嘉庚出生老宅所在村落。闽南方言中称“村”为“社”，人们便以“集美大社”称呼集美村，略称“大社”。[④] 集美属于典型的闽南乡村，居民以房角（或称房头、房区、角落）来进行局部管理。现集美大社尚存七个房角。[⑤] 陈嘉庚属于其中的后尾角之裔，至他为第十九世。[⑥]

集美社全村具体早期人口，1874 年集美共有一百户人家，几全为陈氏族人。[⑦] 陈嘉庚 15 岁（1888 年）时各处疫症大发，十余年间死亡不可胜计，集美亦屡被侵扰。[⑧] 加以出洋者日众。亲族三十余家，男女百余人，仅存半数，在乡者更少。[⑨] 其母孙氏也于 1897 年（陈嘉庚时年 24 岁）[⑩] 的一场瘟疫中逝世。前后延续近十年的瘟疫以及出洋人数日增致原乡人口大幅减少，增

---

① 陈毅明校注：陈嘉庚遗稿：一九四四年在印尼峇株，《泉州文史·第五辑》，泉州市泉州历史研究会，政协泉州市委员会文史资料研究委员会，泉州市文物管理委员会编，1981 年 10 月，第 89—97 页。

② 厦门市集美区地方志编纂委员会编：《厦门市集美区志》，北京：中华书局，2013 年 8 月，第 43 页。

③ 见增列闽籍人物资料表，《世界福建名人录·新加坡篇》，新加坡福建会馆，2012 年，第 309—317 页。

④ 陈振群：“集美”的由来及其派生地名，《集美文史资料》（第 1 辑），中国人民政治协商会议厦门市集美区委员会文史委员会，第 3—4 页。

⑤ 颛蒙叟编著：《集美史略》，内部发行，2002 年，第 18 页。

⑥ 《陈嘉庚遗稿：一九四四年在印尼峇株》，第 89—97 页。

⑦ 《华侨传奇人物——陈嘉庚》（中文简体版），第 21 页。

⑧ 《陈嘉庚遗稿：一九四四年在印尼峇株》，第 89 页。

⑨ 陈嘉庚：我之曾祖父，载《集美志》，陈厥祥编著，侨光印务有限公司，1963 年，第 66 页。另见《陈嘉庚遗稿：一九四四年在印尼峇株》，第 89 页。

⑩ 陈嘉庚：母丧停柩，《南侨回忆录》，集美陈嘉庚研究会翻印本，1993 年，第 520 页。

长较缓。19世纪时社中居民多为老少妇孺。1912年时人口近一千五百人。[①]

为地理或自然环境所限，集美耕地偏少，居民多以渔、农为业。另侨汇也是居民主要经济来源之一。1931—1933年，离海岸更远、距集美社五里许的同安县洪林美村村民即有34%的年均收入来源是南洋侨汇。[②]

早年集美社的公共卫生向无注意，故常有疟疾、天花发生。住屋弊端、门外池塘垃圾、露天厕所，道上来往者皆退避三舍。乡人有疾则求神拜佛，迷信已极。这些状况后逐一在陈嘉庚办学过程中被同时致力改善。1913年至1921年，集美村始设集美医院，为一种慈善性质，经费概由集美学校担负，学生及集美乡人前往就诊一概免费。[③]集美气候属于海洋性气候。昼夜、寒暑温差不甚悬殊。[④]集美村主要有两处历史遗迹，一为郑成功故垒，二为鳌头宫[⑤]，均在抗战中遭日军轰炸。前者只剩残缺的城门；后者被炸毁，陈嘉庚回国后在原址改扩建成了鳌园。

（二）集美社传统民风

集美社因按房角形式聚族而居，各自为阵，各房自办私塾，房角间械斗频发[⑥]，……甚至有械斗二十年不息者[⑦]，不但是海外集美人所不耻的心病[⑧]，也给陈嘉庚留下极为深刻的负面印象，使他认定“其蛮野之极，想为本省中所未有”。另入海为盗、海盗事件频发，也是早年留给陈嘉庚的主要印象之一。据他记述：“不宁唯是，社中烟馆林立，邻社盗贼，夜时洋、村抢劫之

① 《华侨传奇人物——陈嘉庚》（中文简体版），第21、25页。

② 民国20—22年同安县洪林美村（今凤林美社区）社会调查材料（集美试验乡村师范学校），《厦门市集美区志》，厦门市集美区地方志编纂委员会编，北京：中华书局，2013年8月，第351页。

③ 张景崧：《集美调查（续）》，《集美周刊》，1928年11月12日，第188期，第1—3页。

④ 张景崧：《集美调查》，《集美周刊》，1928年11月12日，第187期，第1—3页。

⑤ 张景崧：《集美调查（续）》，《集美周刊》，1928年11月12日，第188期，第1—3页。

⑥ 陈嘉庚：《南侨回忆录》，南洋印刷社，1946年，第4页。

⑦ 致叶渊函（1925年4月2日），载《陈嘉庚文集（征求意见稿）· 1》，华侨博物院编，1994年，第1—3页。

⑧ 据1948年《同安乡讯》登载不久前发生的集美乡民与某乡为祖坟纠纷事，几乎要诉诸武力，后被劝解，认为“实则闽南械斗之风，万不可长，须设法消除，岂仅吾邑已也。”兼言：马来亚纪行各埠邑侨概况，《同安乡讯》，1948年5月，第14页。

匪多聚集其间，交印同恶。盖地势处此，潮流合时，盗船必经避闪所耳。”[①] 集美所处地势，涨潮时浔江水与海水汇合，盗匪作案后多在此登陆，以避追捕。

因沃地缺乏、就业困难，集美社中壮实青年多被迫出洋。厦门于 19 世纪 40 年代辟为通商口岸，也助长了陈氏族人纷纷向外移民。[②] 清末与民国期间，集美人多去台湾或出番到新加坡、马来西亚、缅甸等东南亚国家经商谋生。据《同安乡讯》社编辑 1948 年 5 月前对马来亚地区同安乡民调查记述，仅集美一地经年出洋人数虽无统计，但却听说槟城或怡保附近有个地方别名“小集美”，全埠皆集美乡亲，惜未能游其地方为憾。[③] 显示集美社人出洋时间之早、历时之久、人数之众。

集美社各房角出洋人数因乏资料而无法考证。但据陈达记述，20 世纪 30 年代集美人口总数约有 2500 人。[④] 另从 1952 年 7 月 8 日陈嘉庚手订《劝告集岑郭社亲栽培子女妥筹善后书》中述及“百数十年来乡民多出洋谋生，回乡的甚少。……就新加坡一埠来说，本社人旅星的就有一千五百人，散在其他各埠的，也不下千人”。而此时集岑郭各社人口 2000 余人。至 20 世纪 50 年代，集美社人下南洋谋生之路便无法通行，原因除了帝国主义者禁止入口，也因南洋华侨人数过多，到处人浮于事，失业日增所致。[⑤] 而至 1963 年陈厥祥重修集美陈氏族谱时记载，集美人口为三千余人，而旅居南洋各地者亦达数千人。[⑥] 可见该社出洋人数总体有增无减。

集美居民勤劳俭朴，以地濒海滨，故出外谋生者不少，尤以远迹南洋各地经营树胶锡矿及其他者居多。[⑦] 据《同安华侨史略》收录的 237 位同安籍侨界人物中，出自同安集美社的人物有 7 位，分别是陈杞柏、陈嘉庚、陈敬

---

① 致叶渊函（1925 年 4 月 2 日），载《陈嘉庚文集（征求意见稿）· 1》，华侨博物院编，1994 年，第 1—3 页。

② 《华侨传奇人物——陈嘉庚》（中文简体版），第 21 页。

③ 兼言：马来亚纪行各埠邑侨概况，《同安乡讯》，1948 年 5 月，第 14 页。

④ 陈达：《浪迹十年》，各地：商务印书馆，1946 年，第 10—11 页。

⑤ 劝告集岑郭社亲栽培子女妥筹善后书（1952 年 7 月 8 日），载《陈嘉庚教育文集》，第 261 页。

⑥ 陈厥祥编著：《集美志》，第 10 页。

⑦ 陈厥祥编著：《集美志》，第 4 页。

贤、陈文确、陈六使、陈赐曲、陈文峰。[①] 除陈文峰（记载为集美社渡头角，为陈天惠之子，后定居新加坡，1990 年去世[②]）有待考证外，其他几位都是为人所知的陈嘉庚亲属和族亲，显示家族连带提携作用在下南洋的华社中十分普遍。

从 19 世纪中叶至 20 世纪中叶，这个不足 1.5 平方公里[③]的小渔村，即涌现出了以上几位在东南亚功绩卓著的人物，书写了集美人在东南亚华侨史上的一段辉煌历史。在新加坡怡和轩俱乐部历任主席中，集美籍华侨陈嘉庚（在任期 1923—1947，集美大社人）、陈六使（在任期 1948—1962，集美大社人）和孙炳炎（在任期 1966—2002，集美孙厝村人），先后领导会务 70 余年，陈共存、陈永裕任俱乐部名誉主席。[④] 怡和轩创立至今，九成以上时间是处于这四位集美籍侨领领导主持下。[⑤] 另有集美人陈左衡做了缅甸西哈努克亲王的姑丈。[⑥]

（三）对陈嘉庚的影响

随着出洋人数增多，集美因侨乡风貌等特征而得“华侨之乡”[⑦]之名，而集美长期形成的侨乡民风自然对陈嘉庚产生影响。

陈嘉庚 1890 年 17 岁始下南洋。而其父陈杞柏（Tan Kee Peck，1842—1909）[⑧]19 世纪 70 年代创立顺安米店[⑨]，故按此年龄，可推算出陈杞柏始下南

---

① 郭瑞明、蒋才培著：《同安华侨史略》，同安：内部发行，2012 年。

② 鲁愚：陈嘉庚关心业余文化教育，《集美文史资料》第 3 辑，1992 年 10 月，第 45—50 页。

③ 此处所指的是集美社，不包括集美区现辖区其他地方。此处的面积取《集美史略》所载集美镇辖区面积的最小数。见集美古今概略，《集美史略》，第 17 页。

④ 《厦门市集美区志》，第 696 页。

⑤ 另三位总理林义顺（1927、1931—1932），李俊承（1934—1935）、高德根（1963—1965）。见闻始伟：集美侨领与怡和轩俱乐部，《集美文史资料》（第 1 辑），中国人民政治协商会议、厦门市集美区委员会文史委员会编，1990 年，第 48—51 页。

⑥ 陈振群：西哈努克亲王的姑丈陈左衡，《集美文史资料》（第 1 辑），1990 年，第 23—24 页。

⑦ 陈厥祥编著：《集美志》，侨光印务有限公司，1963 年，第 4 页。

⑧ 此处陈杞柏的生卒年份来源：梁英明：陈杞柏词条，载《华侨华人百科全书·人物卷》，本书编辑委员会编，北京：中国华侨出版社，2001 年 2 月，第 60 页。另据《同安华侨史略》（郭瑞明、蒋才培著，出版社不详，2012 年）与《世界福建名人录·新加坡篇》（312 第）记载，只有卒年 1909 年，而无出生时间。

⑨ 见梁英明：陈杞柏词条，载《华侨华人百科全书·人物卷》，本书编辑委员会编，北京：中国华侨出版社，2001 年 2 月，第 60 页。

洋的时间约为 1860 年 [①]。陈国庆也证实陈杞柏下南洋时很年轻，[②] 时龄与陈嘉庚当年下南洋时略同。另有“甲国”这一堂兄在南洋发展。[③] 如此算来，集美社陈家人下南洋历史较早，故到陈嘉庚这一“甲”字辈下南洋，子承父业便顺理成章。陈嘉庚是陈氏家族下南洋的第二代移民。之后他也延续乡民守望相助的传统，吸纳来南洋的集美乡民入职公司谋生，扶持了下南洋的民风。

捐款建屋。据《凝固的历史：集美特色侨房集萃》一书所载至 2013 年对集美辖区现存 31 座特色侨房调查显示，位于集美大社的侨房有 8 座，占 25.8%，屋主全部姓陈。其中，屋主旅居菲律宾 1 人、泰国 4 人、新加坡 2 人、印尼 1 人；其中 3 座建于 20 世纪 20 年代，1 座建于 20 世纪 30 年代，4 座建于 20 世纪 50 年代。[④] 显示集美大社侨民在不同时期均有回乡翻建祖宅。这些现存侨房可能只是冰山一角，已被拆除翻建的侨房已难以考量。与其他华侨一样，陈嘉庚也在新加坡经商得法后寄钱回乡翻修老式闽南厝，但并未花重金新建西式侨房。故其屋宅与旁边另一在菲律宾经商致富的陈姓迁民所建堂皇数倍的住宅相比，仍不十分富丽。他把大多盈余用来兴建了学校，且独资创设及维持之；至于建造自家住宅与祠堂，并未耗费大量金钱，足见陈氏思想与一般殷富迁民的不同。[⑤]

此外，因陈嘉庚的大规模办学，使集美社的南洋气象和气息更加突出，成排的中西合璧风格校舍成为集美村标志性特征。“集美人士因与外洋接触，风气早开，古老之村落，逐渐作现代化之修建。踏入村门，即见广厦连云，琼楼耸峙，街道宽广，屋宇整齐，且全村绿化，海堤通路，遍植青松，大亭

① 根据正常华人出洋先从学徒做起，在积累一定资金和经验后再独立门户，如此推算，陈杞柏便不太可能一下南洋就有开顺安米店的可能性，即使是继承家族产业的话也是如此，此种做法可从陈嘉庚从十年学徒再逐渐独当一面的经历看出。1860 年时的陈杞柏 17−18 岁，和陈嘉庚始出洋年龄略同。

② 陈国庆：《回忆我的父亲陈嘉庚》，北京：中央文献出版社，2001 年，第 3 页。

③ 《陈嘉庚遗稿：一九四四年在印尼沓株》，第 89−97 页。

④ 林火荣、郑东主编：《凝固的历史——集美特色侨房集萃》，厦门音像出版有限公司，2013 年，全书页。

⑤ 陈达：《浪迹十年》，商务印书馆，1946 年，第 10−11 页。

小榭，掩映其间，风景之秀丽，环境之优美，不让虎丘西湖专美也。”①

修缮祠堂。据陈达20世纪30年代考察集美大社，除建新宅外，陈嘉庚也同其他华侨一样出资修筑祠堂，祠堂内供奉祖宗神主以外，尚塑有谢安像。祠中一切陈设，比较简单。②集美社陈氏大祠堂于抗战时期又受炮火损毁。20世纪50年回国定居后，陈嘉庚出资将大祠堂承基再造，使之焕然一新。③显示，修缮宗祠一直被陈嘉庚等出洋华侨视为延续家族宗礼、光宗耀祖的方式之一。

办学之风兴盛。据《集美区志》记载，自1904年鳌江书院改为鹤浦学堂，揭开集美新式教育序幕后，在清末至民国期间，集美辖区约新增34所小学，其中有21所为私立侨办，9所公立侨助，2所私立侨助，分别占比61.8%、26.5%和5.9%，侨办侨助比例合计94%④，显示了华侨回报乡梓的办学热情，极大改善了集美本乡的教育面貌。而三面环海的集美社的教育面貌，几乎端赖陈嘉庚一人之力给予了翻天覆地的改观，使这里涵盖从学前、小学、中等直至高等教育在内的所有系统教育体系，成为全集美、同安、闽南乃至全省的教育重地。1935年集美村及邻近两村仅有2500人，但已由陈嘉庚筹设六校。如此密集的学校，让陈达慨叹："虽则校中学生以来自他处者为主，然而究竟未免学校太多，致教育的真正力量，未能在这狭小的区域充分表现出来。以理想言，如把这些学校或其大部，在人口众多的区域内设立，其可能发生的效力必更大无疑。"⑤

社会状况改善。因下南洋，大量人口外移相对缓和了迁出的人与资源的矛盾，以及人与人之间的生存竞争，因而社会治安趋于稳定。另"自往南洋者人数加多以来，谋生机会增加，盗贼减少，闻杆入盗习惯也已不存"。⑥而因陈嘉庚在此地广办教育，极大改变了集美社民众教育水平和思想禁锢状态，更趋向于团结与合作，改善了集美社会状况，使这里成为远近闻名的著

① 陈厥祥编著:《集美志》，侨光印务有限公司，1963年，第4页。

② 陈达著:《浪迹十年》，商务印书馆，1946年，第10—11页。

③ 陈水萍:《集美社大祠堂记》，载《集美志》，陈厥祥编著，第18页。

④ 厦门市集美区地方志编纂委员会编:《厦门市集美区志》，北京：中华书局，2013年8月，第506—508页。

⑤ 陈达:《浪迹十年》，商务印书馆，1946年，第10—11页。

⑥ 陈达:《浪迹十年》，商务印书馆，1946年，第1、10页。

名侨乡。这也是陈达当年选择集美为侨乡考察对象的原因所在。

第二节 陈嘉庚家族和早期家庭教育

陈嘉庚所在的陈氏家族迁居集美的历史久远，形成自成体系的家风家训。母亲孙氏近二十年的陪伴，和在其父身边的十年学徒生涯，使陈嘉庚继承了陈氏家族的家风家训和父母身上的传统。本节考察陈嘉庚家族及其家庭特点，包括以他的母亲、父亲为主的家庭教育。

一、陈嘉庚家族源流与家风家训

家庭教育是孩童最先接触的教育，也是持续时间最长久、产生影响最深远的教育。

（一）陈氏家族源流

集美社陈姓系世居。[①] 陈嘉庚为颍川陈氏一世祖陈煜之后裔。集美陈氏开基祖名陈肇基，谓煜，谦称素轩，原籍河南省丰州府固始县人，源于宋末扰乱屡遭兵革大变，听主司迁都到福建省泉州府同安县居住[②]，是故名列陈氏族谱首位。陈肇基择地乡下苧溪上卢安身，娶丁氏生一男，名基，又名朴庵。娶嘉禾里（今厦门岛）林氏，因来往均需乘舟渡水，诸多不便，便迁徙至集美社卜居于渡头。不久又择地东坛陈家曾家求地起盖，居住至今，即祖庙所在地。[③] 自此，始祖素轩之子陈基并与妻儿定居集美，在此繁衍生息。集美陈氏尊陈煜（即素轩）为肇基祖，尊陈基（朴庵）为始迁祖。另有尊陈煜（即素轩）为一世祖，尊陈基（朴庵）为开基祖（即二世祖）之说，其墓位于今集美学村牌坊右侧旷地，有“集美始祖”砖坊一座，[④] 为1954年陈嘉庚重修时设立。

陈朴庵育有四子，长子思道之裔孙分居后尾、上厅、渡头、清宅尾、塘

① 颛蒙叟编著:《集美史略》，内部发行，2002年，第25—34页。

② 又有说是唐末五代随王绪军队入闽，见集美始祖墓导游说明，见集美学村牌坊右侧木牌。

③ 陈厥祥编:《集美志》，香港再版本，1963年，第21—22页。

④ 集美始祖墓导游指示板说明，见集美学村牌坊右侧木牌。

境、向西；次子思德之裔孙居二房角及迁居后溪一带。[①] 陈素轩之后第十六世祖陈时赐，即陈嘉庚之曾祖，继承祖业，以渔耕为生，生三子。次子陈簪聚，即陈嘉庚祖父，以渔耕为生，娶张氏，生三子，长子名节，字缨忠；次子名酌，字缨斟；三子杞柏，字缨如松，即陈嘉庚父亲陈杞柏，为第十八世。[②] 三人均下南洋至新加坡从事米业。从族谱着墨情况显示，长子陈缨忠表现平平，育有三子；次子陈缨斟（1838–1876），不论在叻在乡皆表现不俗，曾因家财殷实而获官家颁赐六品修职郎官御。[③] 三子陈杞柏（1842–1909），即陈嘉庚生父，作为尤著，后文详述。其子陈嘉庚属第十九世科字辈，其子属甲字辈。但闽南话"嘉"与"甲"同音，故有将"陈嘉庚"写成"陈甲庚"，显然是讹误而非另名。[④]

对集美社来说，陈嘉庚的家庭是中国从独立国家逐渐向半殖民地国家沉沦过程中的华侨家庭的典型。[⑤] 因此，有学者推断陈嘉庚之曾祖父陈时赐[⑥] 兄弟五人中有两个出洋定居，当时称为"番客"。[⑦] 但据《颍川开陈氏族谱》所记载的十六世祖（陈嘉庚之曾祖父）至十八世祖（即陈嘉庚之父陈杞柏）[⑧]。陈嘉庚祖父陈簪聚一生并未出洋，仅在集美社"俭朴自守，勤谨克家，处于海滨，耕渔自给"。[⑨] "所深幸者，三子俱成人，志向远大，往于外夷，经商为业，各能衣锦还乡，振作家风，以耀门闾，迄于今而传子及孙。"[⑩] 其中，陈嘉庚伯父缨斟"自少状之年奋志往夷，以商为业，经营于实叻坡，开设米铺，至今于后世鸿业振作克昌厥后，显耀门闾，斯其勿替焉耳"。[⑪] 而陈

① 厦门市集美区地方志编纂委员会编:《厦门市集美区志》，北京：中华书局，2013 年 8 月，第 89–90 页。

② 《陈嘉庚遗稿：一九四四年在印尼峇株》，第 89–97 页。

③ 陈厥祥编著:《集美志》，侨务印刷有限公司，1963 年，第 27 页。

④ 《陈嘉庚遗稿：一九四四年在印尼峇株》，第 96 页。

⑤ 陈天绶、蔡春龙:《陈嘉庚之路》，武汉：湖北人民出版社，2005 年，第 9 页。

⑥ 该书作者将陈嘉庚曾祖父陈时赐写作陈嘉庚之祖父，是错误的，从辈分上推，其祖父为陈簪集（曾祖陈时赐之次子）。见《陈嘉庚之路》，陈天绶、蔡春龙著，湖北人民出版社，2005 年，第 9 页。另见《集美志》，陈厥祥编著，1963 年，2005 年翻印本，第 26–27 页。

⑦ 陈天绶、蔡春龙:《陈嘉庚之路》，武汉：湖北人民出版社，2005 年，第 9 页。

⑧ 见《集美志》，陈厥祥编著，香港侨光印务有限公司，1963 年，第 26–28 页。

⑨ 《集美志》，1963 年，第 27 页。

⑩ 《集美志》，1963 年，第 27 页。

⑪ 颍川开集美族谱，载《集美志》，陈厥祥编著，侨务印刷有限公司，1963 年，第 28 页。

嘉庚之父陈杞柏则于“少年由家乡渡洋到新加坡经商开设顺安号米店兼营地产”。[①] 故知，陈嘉庚之大伯父陈缨节和二伯父陈缨酌也出过洋，陈嘉庚的父亲陈杞柏也远渡新加坡经商 [②] 的事实确凿无疑。显示祖父陈簪聚之三子出洋谋生、各有成就，为陈氏家族增添荣耀，故入家谱记录。

而陈嘉庚之曾祖其他兄弟的血脉也在海外开枝散叶，故有“孙名缨男，生有三子，住槟榔屿；又有缨掌生一子曰科额，在新加坡别世”。[③] 可见，与陈嘉庚父亲同一辈分的其他“缨”字辈的，也多在南洋安家发展，繁衍后代。但是，还没有资料可以证明陈杞柏之父辈也下南洋。另外，陈国庆也认为，其祖父（即陈杞柏）是他家中迁住新加坡最早的一代人。[④]

（二）家风家教

出洋前，陈嘉庚在集美社度过了他的成长岁月。在集美社陈氏家族庞大的单姓宗族里，陈嘉庚浸润在一贯秉持的陈氏家风家教中。尽管缺失父爱，但在其亲戚长辈、邻里及其母亲的言传身教中承袭了陈氏家风家教。

据族谱记载，陈氏家风家教为：勤奋、节俭、守法且实践儒学亲亲爱子的训论为道德操守，代代传续。综合《颍川开陈氏族谱》所载陈氏第十五世祖陈盛衡（1732.4—1784.11）、十六世祖陈时钦（1774.8—1837.4）、十七世祖陈集（字簪聚，1795.11—1856.7）至第十八世祖陈杞柏（1842—1909）[⑤] 品性特点，即显示出陈氏倡导的家风一脉相袭，包括：

待人忠厚，信实自守，正直和气，无虚心假意；行事严谨，有条不紊，对宗族之事尽心竭力，始终如一，无私、无怨、无厌、无怠慢；友于通族无间；昏定晨省，为律而身，为度阖族。故无不受到敬重，甚至被尊为一乡之法耳。

孝顺父母，父慈子孝，父母至孝，昏定晨醒，奉侍甘旨，终身未有少缺。

---

① 《集美志》，1963 年，第 28 页。

② 陈天绶、蔡春龙：《陈嘉庚之路》，武汉：湖北人民出版社，2005 年，第 9 页。

③ 《陈嘉庚遗稿：一九四四年在印尼峇株》，第 89—97 页。另见陈嘉庚：《我之曾祖父》，载《集美志》，侨光印务有限公司，1963 年，第 66 页。

④ 陈国庆：《回忆我的父亲陈嘉庚》，北京：中央文献出版社，2001 年，第 3 页。

⑤ 《集美志》，1963 年，第 26—28 页。

友善手足，兄友弟恭，事兄尽敬，侍弟尽恕，兄弟相亲相爱，昆弟笃于友于共事，昆弟之言志节坚贞，一生无动支求之念，亦甚忠信勤谨。

勤俭治家，治家克勤克俭，创有田园石余种，厝宅数余间，俭朴自守，勤谨克家，处于海滨，耕渔自给自乐。

夫妇相敬如宾，妇唱夫随，偕老相期不替结褵之始。

教子义方，有训堂构，克彰其善，继斯时也。训诲儿子，规规矩矩，效于宝家之法。

另据《颍川开陈氏族谱》所载第十五世祖至第十七世祖原配夫人吕氏（1736.6—1835.6）、颜氏（1766.2—1843.5）、张氏（1805.12—1871.10），以及第十八世祖陈酌原配夫人魏氏（1847.8—1881.3）[①]品性，同样显示陈氏家族家风的继承和延续，包括：①孝敬公婆，孝顺舅姑，见爱于妯娌。②听夫命，守妇德，夫妇偕老，相敬如宾，妇唱夫随。③教子义方，有训堂构，克彰其善，继斯时也。训诲儿子，规规矩矩。④勤俭持家，俭朴自守，克勤克俭，勤笃女工，田园耕作，不辞辛苦。这些陈氏女主人的基本特征，即是中国传统儒家文化所要训练出的传统女性典型。而陈嘉庚母亲孙氏及陈嘉庚原配夫人张宝果（1876—1917）[②]，均是陈氏家风家教的继承和传承者。

另据陈国庆回忆，祖父陈杞柏和家里许多人都信佛教。[③]陈厥祥也记述自高祖陈时赐（即十六世祖）至他们这一代"皆信奉佛教，乐善为怀，数代清白"。[④]故"乐善好施""乐善为怀"成为陈家一贯传统，便在情理之中。孙氏慈悲为怀的言行，与其笃信佛教不无关系。

二、母亲对陈嘉庚童年的影响

陈嘉庚父亲陈杞柏兄弟三人均下南洋。陈杞柏十九岁回乡完婚，娶邻近的孙厝乡孙氏为妻，婚后半年为生计再次出洋。陈嘉庚出生时父亲并不在家，出生后在集美的十六年间，父亲也仅回乡三次，每次半年左右。[⑤]因而，

① 《集美志》，1963 年，第 26—28 页。

② 有关张宝果的品行，请见《厦门市集美区志》，第 748 页。陈嘉庚母亲孙氏，下文详述。

③ 《陈嘉庚之路》，第 121 页。

④ 陈厥祥自述，《集美志》，第 161 页。

⑤ 陈天绶、蔡春龙：《陈嘉庚之路》，武汉：湖北人民出版社，2005 年，第 9—10 页。

陈嘉庚从小是其母亲孙氏独自抚养成人。

据集美《乐安堂孙厝孙氏族谱》记载，陈嘉庚母亲孙秀妹（后常被尊称为孙氏），1853年生于集美孙厝二房角的一个温馨家庭，此家素有教养，以高风亮节闻名于乡里。其家大厅楹上镌刻一对楹联："教子读书无致临案搁笔，治家勤俭勿使开口告人。"显示，做事有始有终、注重自身言行及言传身教，即是孙氏家风。孙氏从小得益于家风熏陶，养成与人为善美德。1870年17岁时，端庄贤淑的孙氏与集美后尾角陈杞柏（即陈嘉庚父亲）结为连理，于1874年10月21日（同治廿年九月十二日）生下陈嘉庚①，又于1889年1月13日生下次子陈敬贤，均由她一人在集美带大。孙氏一生从未离开过集美②，在1897年③的一场瘟疫中逝世。④其墓在今集美岑头附近⑤，即今集美集岑路2号科学馆西北侧。⑥

《颍川开陈氏族谱》描述孙氏：勤俭治家，素性慈善，得乡人之敬重。⑦另据陈国庆回忆，陈嘉庚常向其妻叶氏谈及其母"是个很仁慈的妇女，他非常爱她"。常说"母亲非常仁慈，在村中，特别受人民爱戴，人民对她很敬重。说她是大家闺秀，在乡下很关心孩子，对村民很仁慈"。⑧

另诸多事实皆证明孙氏的深明大义。陈嘉庚14岁那年冬天，村民为建屋争议引起械斗，打死十多人，焚毁房屋十多间。关键时刻孙氏挺身而出，报告地方官予以阻止，事态才被控制。但各角头村民就此结怨。次年秋，械斗复发，又是孙氏拿出多年积蓄，抚恤双方死难家属，代赔双方损失。这两次妥善处理家乡械斗事件，使孙氏赢得乡人好评，也使陈嘉庚深受教育。⑨母亲的言传身传，潜移默化在他幼小的心里播下爱乡爱民的种子。另外，幼

① 乐安堂孙厝孙氏族谱编委员会编：《乐安堂孙厝孙氏族谱》，厦门：鹭江出版社，2009年，第330页。

② 陈天绶、蔡春龙：《陈嘉庚之路》，武汉：湖北人民出版社，2005年，第1页。

③ 《南侨回忆录》，1993年集美翻印本，第520页。

④ 杨进发说孙氏是1897年去世，见《华侨传奇人物——陈嘉庚》（中文简体版），第25页。

⑤ 陈厥祥编著：《集美志》，1963年，第28页。

⑥ 《厦门市集美区志》，第587页。

⑦ 陈厥祥编著：《集美志》，1963年，第28页。

⑧ 陈国庆：《回忆我的父亲陈嘉庚》，北京：中央文献出版社，2001年，第4页。

⑨ 陈天绶、蔡春龙：《陈嘉庚之路》，武汉：湖北人民出版社，2005年，第11页。

年的陈敬贤“倜傥权奇，不屑与群儿伍，屡起龃龉”，母亲孙氏“辄抑制之，代乡邻里道歉”。[①] 母亲的循循善诱，使陈敬贤对母亲也感情至深。

种种事实显示，陈嘉庚母亲孙氏既继承了孙氏家族遗风，也承袭了陈氏家族的勤俭治家、贤淑、教子有方、知书达理、睦邻友好、仁慈为怀等中国传统妇女应具备的“为人妻”“为人母”“为人女”等多重身份混合的优良品质，尤其是慈母的仁慈是留给陈嘉庚的最深刻印象，在与陈嘉庚十七年的相依陪伴中，对其品性的形成产生了决定性影响。故而陈嘉庚日后热衷慈善公益的言行，与受其母孙氏的影响，显然是分不开的。

陈嘉庚的家庭即是典型的华侨家庭。家庭结构方面，作为一家之主的父亲常年在南洋打拼谋生，赚取家费汇寄回老家。留守于老家的女主人，即陈嘉庚母亲孙氏，则肩负侍奉公婆、养育儿女、维系家庭生活的重任，其生活来源主要依靠陈杞柏寄回来的侨汇。这种类似另类“单亲”的不完整家庭结构，对子女成长及夫妻感情都是莫大考验，“两头家”是华侨家庭的普遍现象。

但海外商情不可避免地会影响到华侨经济状况，从而影响到侨汇。20 世纪 30 年代，据厦门一位外国领事估计，厦门附近有 80% 的家庭以华侨汇款维持生活的一部分。1933 年，经济危机即导致厦门三分之一的侨批馆因汇款减少而停寄。而 1930 年银价狂跌，海外华侨也不能应需增加汇款。[②] 这些客观因素决定了陈嘉庚家无法完全依靠侨汇来维持生活，需有其他手段来弥补侨汇的不确定性。因此，与其他华侨家庭妇女的境遇一样，孙氏在家操持家务，在外从事所有体力劳动，维系家庭开支，养育孩子，成为可以内外兼顾的一把手。

故而，对于华侨子弟陈嘉庚来说，因父亲陈杞柏寄回的汇款不多，且时断时续，决定陈嘉庚童年时的家庭经济并不宽裕。所幸母亲出身农村，克勤克俭，既能下田，又能下海；自耕自种坡上几亩园地，自养自剥滩涂几片蚝堆。春种栽插藤苗，秋季掘收番薯；夏日海地探物（孩童到海滩抓虾、摸蟹、拾螺、捡贝俗称海地探物），冬天涂滩剥蚝，在陪伴并分担母亲辛劳的

① 追悼筹备会编：陈敬贤先生事略，《陈敬贤先生追悼纪念刊》，1936 年，第 1 页。

② 陈达：《南洋华侨与闽粤社会》，北京：商务印书馆，2011 年再版，第 93、96 页。

同时，勤劳的习性由此养成。① 这些童年生活情景的记忆，被晚年的陈嘉庚命人以青石浮雕的形式，形象而生动的永久镌刻在集美鳌园他预置墓前两旁的拱壁上②，显示这段经历对他的影响至深，也让他刻骨铭心。至胞弟陈敬贤1889年出生，十五年与母亲二人日夜相依为伴的日子，使陈嘉庚对母亲的爱转变为体恤，课余帮母亲拔花生、收番薯、讨小海，到滩涂淘海剖蚝，分担家务，承担可以从事的劳动，自小即养成劳动习惯，③ 是陈嘉庚对母爱最大的回报。

陪母亲劳动的过程，不但替母亲分忧，赚取生活来源，成为母亲的好帮手，也造就了青少年时期的陈嘉庚身架结实、手脚伶俐、喜爱劳作，培养了他勤劳善思、秉性朴实憨厚、克勤克俭、诚实、自信自强等品性，更体悟到家庭经济的不宽裕及母亲的不易。而之后胞弟敬贤的出生，更让年长15岁④的兄长，多了一份照顾幼弟的责任。

陈嘉庚17岁出洋时，其弟陈敬贤才2岁左右。因此在首次出洋前，陈嘉庚不但很少有机会和父亲交流，也无法和年幼的弟弟沟通，只能与其母长期相伴。父亲的长期缺位，促使他在精神上、感情上都不免倾向于母亲，因为是母亲给了他所需要的慈爱与照顾，让他日后对母亲的爱念念不忘。⑤ 甚至在他首次出洋时，经不住送行母亲的不舍，三步一回头，更延迟出洋。⑥ 对母亲的爱只能用“孝”字来回报。1893年他奉母命赶回家乡迎娶张宝果；1897年母亲病逝时，因业务缠身和父命难违，陈嘉庚于次年1898年才得以回乡奔丧，但因墓穴风水问题，只待1900年再次回乡才将母亲最终安葬好⑦，守孝三年后携眷安心出洋。

---

① 《陈嘉庚之路》，第11页。

② 见集美鳌园石刻。

③ 《厦门市集美区志》，第707页。

④ 陈嘉庚生于清同治十三年九月十二日，即1874年10月21日；陈敬贤生于清光绪十四年十二月十二日，即1889年1月13日，兄弟相差14年又3个月，年龄按农历年、虚岁年计算，故约总计年长15岁。

⑤ 陈国庆:《回忆我的父亲陈嘉庚》，北京：中央文献出版社，2001年，第4页。

⑥ 施守愚:《陈嘉庚先生评传》手稿，藏陈嘉庚先生故居。转引自《陈嘉庚年谱》，陈碧笙、陈毅明编，福建人民出版社，1986年，第2页。

⑦ 陈碧笙、陈毅明编:《陈嘉庚年谱》，福建人民出版社，1986年，第4、6、8页。

幼童年时期父亲缺位、父爱欠缺的种种影响显然从其日后成为父亲后的言行给予了反映。诸如常年住怡和轩，平日极少与子女见面和交流，回家后也是不苟言笑，导致子女对他是一种近乎害怕的陌生感等。父亲常年缺位的这种客观无奈所致的家庭结构，让他从一种无意识状态转认为理所当然之事，其结果导致他认为父亲的责任只在于主外的男人之责，而与孩子和家人相伴、充分发挥在孩子成长过程中的父亲之责的重要性则被他无意识地忽略了，以致在他自己身上又重蹈覆辙，尽管与妻儿同居新加坡。但无论怎样都好过其父在他出洋前的 17 年里仅出现三次、每次半年[①]的童年和青少年。

三、父亲对陈嘉庚的影响

（一）陈杞柏生平

陈嘉庚之父，陈杞柏（Tan Kee Peck，1842—1909 年[②]），字缨如松，新加坡华人富商，生于福建同安，于鸦片战争后出洋到新加坡谋生，[③]先在长兄开设的米店任职。[④]20 岁回乡完婚，娶邻近孙厝乡孙氏为妻，婚后半年为生计再次出洋。[⑤]约 19 世纪 70 年代，陈杞柏创立顺安米店，后涉足房地产业、种植业，开辟黄梨园数百公顷，并设黄梨厂[⑥]，罐头外销欧美各国。据陈育崧统计，陈杞柏一生经营商号约有 18 间，包括 5 间有“美”（取集美之意）字为号，13 间取“安”（取同安之意）字为号。[⑦]

除经商外，陈杞柏也热心新加坡当地的公益事业，参与捐建保赤宫陈氏宗祠，募捐修寺庙，捐建书院、医院，倡建马路[⑧]，及参与创设华商总会等。陈敬贤 12 岁来新加坡时，陈杞柏已是本地陈姓宗亲的一名领导人。[⑨]1903

① 陈天绶、蔡春龙：《陈嘉庚之路》，武汉：湖北人民出版社，2005 年，第 10 页。

② 陈杞柏，《华侨华人百科全书・人物卷》，梁英明主编，北京：中国华侨出版社，2001 年，第 60 页。另见：陈嘉庚传略，《怡和轩九十周年纪念特刊（1895—1985）》，新加坡怡和轩俱乐部编，1985 年，第 49 页。

③ 陈天绶、蔡春龙：《陈嘉庚之路》，武汉：湖北人民出版社，2005 年，第 9—10 页。

④ 柯木林主编：《新华历史人物列传》，新加坡宗乡会馆联合总会，1995 年 11 月，第 79 页。

⑤ 陈天绶、蔡春龙：《陈嘉庚之路》，武汉：湖北人民出版社，2005 年，第 9—10 页。

⑥ 柯木林主编：《新华历史人物列传》，新加坡宗乡会馆联合总会，1995 年 11 月，第 79 页。

⑦ 《华侨传奇人物——陈嘉庚》（中文简体版），第 23 页。

⑧ The Straits Times，24 September 1904，Page 5。

⑨ 胆大心细不怕吃苦——陈共存的奋斗经历，《联合早报》，1984 年 7 月 8 日，第 16 版。

年任保赤宫3位总理之一，同时为天福宫、双林寺等庙宇领导人之一。1905年任同济医院总理。[①]1904年获准加入英国籍[②]，1905年返中国定居，1909年在福建病故，[③]丧事由在集美的陈敬贤料理归土。[④]如此，19世纪末20世纪初陈杞柏在新加坡的慈善行为被当时的纸媒和碑刻逐一保留，以致在若干年后，他仍被新加坡界尊以"慈善家"[⑤]称谓，留在新加坡华人史中，其身份被新加坡学界定为华社领袖。[⑥]

据陈嘉庚自述，其父陈杞柏一生结婚三次。在集美娶原配孙厝社孙氏，生嘉庚及敬贤。[⑦]在南洋先娶一侧室颇好，不幸早逝；后复娶一妾苏氏[⑧]，生天乞、阿沓两子，久居厦门。[⑨]苏氏后于1905年随陈杞柏回乡定居厦门，其后代一直在厦生活。[⑩]另据立于1898年陈嘉庚生母孙氏墓碑上所刻孝男十子[⑪]，显示陈杞柏一生育有十子，其中有六位推测为陈杞柏收养的螟蛉子。[⑫]

（二）为人特点

关于陈杞柏的为人品性，据《颍川开陈氏族谱》中对其描述：为人正直、和气之人，晚年归居家乡集美社。[⑬]据陈嘉庚来南洋后对他的观察，认为其父是一位居家型生活简朴者。陈杞柏时住顺安米店三楼，二楼充为客厅，用以待客或阅读书报。他在这里度过了几十年时光，抽吸鸦片是他唯一的奢侈。[⑭]1905年陈杞柏归隐故园。1983年据一位当时八十余岁高龄的在叻

---

① 梁英明：《陈杞柏词条》，载《华侨华人百科全书·人物卷》，本书编辑委员会编，北京：中国华侨出版社，2001年2月，第60页。

② 柯木林主编：《新华历史人物列传》，新加坡宗乡会馆联合总会，1995年11月，第79页。

③ 柯木林主编：《新华历史人物列传》，新加坡宗乡会馆联合总会，1995年11月，第79页。另见《厦门市集美区志》，第588页。

④ 陈嘉庚：遭遇两不幸，载《南侨回忆录》，1993年集美翻印本，第533页。

⑤ Grave desecrated in China，The Straits Times，13 December 1989，Page 7。

⑥ 新加坡福建会馆编：《世界福建名人录·新加坡篇（1819—2012）》，新加坡焦点出版社，2012年，第312页。

⑦ 陈嘉庚：我之曾祖父，载《集美志》，陈厥祥编著，1963，第66页。

⑧ 《南侨回忆录》，1993年集美翻印本，第520页。

⑨ 陈嘉庚：我之曾祖父，载《集美志》，陈厥祥编著，1963，第66页。

⑩ 《陈嘉庚之路》，第30页。

⑪ 见陈嘉庚生母孙氏墓碑，现在集美科学馆西北角。

⑫ 《华侨传奇人物——陈嘉庚》（中文简体版），第24—25页。

⑬ 《颍川开陈氏族谱》，载《集美志》，陈厥祥编著，1963年，第28页。

⑭ 陈嘉庚：《南侨回忆录》，南洋印刷社，1946年再版，第393页。

集美族人陈赐曲（生于1901年[①]）回忆他幼时在家乡对晚年陈杞柏的印象是一位戴眼镜的平易近人、热情、很疼爱乡中儿童的老先生。[②]另外，陈嘉庚对其点滴记述也未有他发脾气的记录，更多的则是他于午间才下二楼吸烟、读书、会友、办理事务[③]诸如此类有条不紊、不温不火、不急不躁的言行。[④]

不论从着装、言行及其参与的各类社会事务显示，陈杞柏是一位继承了诸多中国传统思想文化的典型华人。作为创立人和总理之一，陈杞柏积极参与新加坡保赤宫陈氏宗祠的创设事务，与他人同立“明德惟馨”匾额[⑤]，显示陈杞柏深具“慎终追远”[⑥]等中国传统宗族、宗乡观念，且认同于联系同宗乡谊的血缘组织，为迁民华侨的典型代表。信奉佛教让他在传统观念的基础上更具有慈悲为怀，和善、平易近人、爱护小孩，并让他积极投身于新加坡华社的公益慈善事业，主要是参与保赤宫陈氏宗祠的捐建，以及参与其他诸如寺庙、书院学校、义冢内道路、医院等小额筹捐，还参与新加坡中华总商会的最初未成形的雏形——华人商务公所的倡建。尽管次数不是很多，每次所捐金额也非巨额而突出，但他所关心的社会事务几乎涉及华社的各个方面，因而其对社会事务的热心受到闽帮承认，也为英殖民地政府认可，1904年获批加入英籍是对他一生在南洋所为和贡献的肯定。而他诸多种种也给日后来南洋的儿子陈嘉庚在此地的立足、发展等提供了诸多铺垫和准备，产生了诸多影响。

（三）对陈嘉庚的影响

1890年秋，17岁的陈嘉庚辍学，应父亲陈杞柏函召去新加坡学习经商。至1905年陈杞柏破产告老还乡，除去中途三次回返集美前后居住的五年（分别是1893年秋–1895年夏约1年半，1898年秋–1899年春约半年，

---

① 杨进发著、李发沉译：《陈嘉庚—华侨传奇人物》，八方文化企业公司，1990年，第31页。

② 杨进发：《十九世纪新华闽帮帮领之一》，《联合早报》，1983年6月13日，第34版。另见《华侨传奇人物–陈嘉庚》（中文简体版），第24页。

③ 《南侨回忆录》，1993年集美翻印本，第519页。

④ 气数与当然，《南侨回忆录》，1993年集美翻印本，第524页。

⑤ 陈睿远：《保赤宫陈氏宗祠简介》，载《新加坡保赤宫暨陈氏宗祠一百二十五周年纪念特刊》，保赤宫陈氏宗祠编，玲子传媒私人有限公司印刷，2002年增订版，第34页。

⑥ 出自《论语·学而》，曾子曰：“慎终追远，民德归厚矣。”曾子说：“谨慎地对待父母的死亡，追念远古的祖先，百姓的道德风尚就会趋于淳厚了。”

1900年冬–1903年夏约3年)[①]，陈嘉庚在其父身边学徒前后近十年。在这段不算短的观察、接触过程中，其父的言行等各方面都在无意识中给予了陈嘉庚潜移默化的影响。

陈杞柏早期商业经历，虽以收盘告终，商界奋斗经历及其在社会公益事业上亦不乏影响力的热心义举，都让他最终成为一位被闽帮和政府认可的人物。尽管因商业收盘而连带过早地结束了他在新加坡华社中的活动轨迹，却为陈嘉庚留下了一笔不小的无形财富。

1. 个性方面

汇寄侨汇学资。陈杞柏向老家汇寄侨汇，供陈嘉庚上学，使他早年能接受私塾教育具备读写能力提供了可能。陈杞柏在南洋打拼寄回来的侨汇，尽管不足以承担母子的全部生活费用，却是陈嘉庚幼年能连续接受至少8年私塾教育、奠定他日后能言善写善辩知识基础的前提。因此，陈杞柏完成的一个父亲应尽的基本养家糊口义务，使陈嘉庚日后习得一个男人在为父后理应承担的责任和义务。

重教。陈杞柏一次回乡探亲对幼年陈嘉庚学习效果的检视，促动陈嘉庚在惧于父威的情况下发奋苦读，为其日后能对中国古典国学的烂熟于心及出口成章、引经据典提供了可能。另外，此检视之举是陈杞柏认同祖训中“读书为重”的一种践行，为日后陈嘉庚“教育救国”论而大规模自办教育，更加大张旗鼓地重视和发展教育，促动华人重教之风的延续，都产生了深远影响。

陈杞柏的勤学习惯对陈嘉庚进行了长期而深远的熏染。来南洋后陈嘉庚入住顺安米店，而陈杞柏常年住顺安米店三楼，午间才下至二楼，吸烟、读书、会友、处理事务，[②]如此勤学习惯深深植入陈嘉庚记忆中，为他日后所继承，注重设立图书馆等自学场所，关注各方动态，自学成才，最后能运筹帷幄、掌控自如埋下伏笔。

俭朴的生活习惯为陈嘉庚印象深刻及继承。“家君平生俭素，除染洋烟外，别无花费，数十年来住家即在顺安米店楼上，故家用亦省。”[③]顺安十

① 分别见《南侨回忆录》，1993年集美翻译本，第520–522页。

② 《南侨回忆录》，1993年集美翻印本，第519、524页。

③ 气数或当然，《南侨回忆录》，1993年集美翻印本，第524页。

年学徒生涯，耳闻目睹父亲陈杞柏的这些生活习惯，深刻印在了陈嘉庚心里，也对他产生潜移默化影响，沿袭其父俭素的生活习惯，且一生“守职勤俭”[①]，成了廉政楷模。

不常流露感情的严父形象为陈嘉庚日后效仿。出洋前近十七年的缺位，滋生了父子间的陌生与隔阂。来南洋后，陈嘉庚与陈杞柏的交流也仅限于必要的商业账务汇报、协商交流等。其因一方面是父子二人事务繁忙无暇多加交流；二是陈杞柏个性使然，即中国男子传统的不轻易流露感情的保守观念。这些行为特点日后一一在陈嘉庚身上重现。疏与子女家人交流沟通，使陈嘉庚与子女产生的陌生和距离感，与上述陈杞柏的种种作为脱不了关系。

陈杞柏螟蛉子[②]之影响。陈杞柏有诸多螟蛉子，其种种劣迹让陈嘉庚看到螟蛉子多无为或败家行为，为其日后摒弃“螟蛉子”这一闽南乡俗，坚决不纳螟蛉子，只求亲生的多子多孙多福，让亲生儿子或女婿来继承和维系自己的商业王国，提供了鲜活的说服和借鉴力。故在成家后，陈嘉庚不但践行不纳螟蛉子之旧俗，且在述及陈家族谱时特意强调“螟蛉子都不利家，故不入家谱”[③]。他对螟蛉子的这一明确态度，完全是受其父前车之鉴的基础上形成。

2. 经商方面

任人唯贤、信任选用是陈杞柏给予陈嘉庚的另一启发。虽事实表明陈杞柏后期在陈嘉庚返梓后将诸多业务交于苏氏螟蛉子、而自己则抱不干涉主义是选人不慎之错误，甚至顺安经理兼管财项之族叔也“终年未曾见家君一面”[④]，显示陈杞柏在营业上的疏于管理和偏颇，却从另一侧面反映陈杞柏充分信任选用之人，且凡事不必事必躬亲，是他可以脱身专司统领之责的可能。反观日后的陈嘉庚，虽然他将信任权放于儿子身上，且通过选婿将可用且可信任的员工拉进自己的另一信任圈，但对林文庆、叶渊、陈村牧等校长

① 未成年人经历，《南侨回忆录》，1993 年集美翻印本，第 520 页。

② “螟蛉之子”就是指义子，即俗语所谓之干儿子、干女儿，与收养人无血亲的后嗣。最早见于《诗经・小雅・小苑》一文中，文中写道“螟蛉有子，蜾蠃负之”。古人以为蜾蠃有雄无雌，无法进行交配生产，没有后代，于是捕捉螟蛉来当作义子喂养。据此，后人将被人收养的义子称为螟蛉之子。

③ 见《陈嘉庚遗稿：一九四四年在峇株》，第 89—97 页。

④ 气数或当然，《南侨回忆录》，1993 年集美翻印本，第 524—525 页。

的信任是他任人唯贤、充分给予信任的另一表现。

陈杞柏最初建立的商业王国为陈嘉庚提供了十年历练平台，使他从下南洋始即能直接进入顺安学习经商。从这一点来看，陈嘉庚着实要感谢其父，为其搭建好了平台，给予了他高起点，省却了如第一代移民艰辛的打拼过程。其向陈嘉庚传授财务、经商方法和理念的训练，是陈嘉庚日后独当一面的必要准备。从此点来看，其父陈杞柏功不可没。

陈杞柏安排初来南洋的陈嘉庚为期十年的学徒磨炼，试图把他培养成家族企业接班人的做法，是华商磨砺接班人的惯例做法和必经之途。此途使陈嘉庚练就了吃苦耐劳基本素养的同时，也使他习得了此法的重要性。故在日后，陈嘉庚也如法炮制地培养自己的接班人和继承人。

经营理念方面，陈杞柏涉足多个产业的经历，让陈嘉庚学会了多元经商的理念[①]及诚信经营的重要，这是日后陈嘉庚能同时涉足多种行业、驾驭多个产业，并利用各个行业的优缺点来互补资金流的贸易运作方法的经验来源。

陈杞柏的涉足行业为陈嘉庚日后入行摸清运作程序、行业规则，快速东山再起、自立门户铺平道路。不论是陈杞柏以顺安米店为主的米业、黄梨种植和加工业以及房地产业的投资运作，都是陈嘉庚日后接手、延续的直接三个行业。准确地说，陈杞柏即是陈嘉庚的入行引路人。

陈杞柏从事多种行业的产业平台为培养陈嘉庚的市场敏感度和商业眼光打下了基础。特别是陈杞柏从事房地产投资，在诸多购入、出租、转让等交易过程中，无不向陈嘉庚传授投资地产业的方法和技巧，即在可见的实践操作中培养了陈嘉庚对行业的敏感度和眼光。

在顺安十年的账务管理和学习经历，为陈嘉庚日后能在商战中从容不迫、周旋有方提供了前提，尤其是利用各业收、付款的间隔差异，学会了利用这种交易时间差来平衡各业，结合信用支付基础上的灵活运作。更重要的是，十年的财务账务管理经历培养了他收支账目技能的娴熟和极为细心细致、精打细算的做事风格。

陈杞柏建立起来的商业网络及形成的商业人脉，为日后陈嘉庚独立创业

① 《华侨传奇人物——陈嘉庚》(中文简体版)，第38页。

后直接利用此人脉网络重组及东山再起奠定基础。借助在顺安十年的训练经历，陈杞柏多种产业形成的商业网络使陈嘉庚有机会和商界的中西各色商人接触，如潮商、印度人、洋商等，以及日后成为陈嘉庚商业和社会事业伙伴的林文庆、林义顺、林推迁等人物，他们很多是先与陈杞柏接触交往的，如林文庆即是与陈杞柏于1896年一起当选为华人商务会所四十位筹备会闽籍代表之一。[①]

借助人脉关系，陈杞柏在其商业圈中运用信用借款来周转资金流的经历，也让陈嘉庚连带被陈杞柏的商业圈中之人视为信誉卓著者，故而建立起了陈嘉庚自己的信用圈。同时，陈杞柏的信用经商法让陈嘉庚习得了信用重要性，使他继承之且作为其一生“诚实守信”的经营理念。

陈杞柏的实业收盘为陈嘉庚适时的崛起提供了及时让位。或者换句话说，即陈杞柏实业的结束，是日后陈嘉庚实业与事业成功的因素之一。[②]陈杞柏商业的收盘，正好为陈嘉庚砍断苏氏母子败家之来源、自己东山再起提供了绝好的契机，但也迫使他必须单独直面各种挑战，尽早自力更生。若陈杞柏未破产的话，陈嘉庚应该也是可以直接继承父业、延续陈氏家族产业的，但时间不会如此之早，且整体掌控权不会在他一人之手。

3. 社会公益方面

陈杞柏信奉佛教，对乡里孩童的慈祥表现，以及古道热肠、热衷于社会公益事业，显示了他是一位兼具严厉与慈祥、慈善的父亲。他在新加坡积极参加多项慈善事业的社会活动经历，不但向陈嘉庚强化了“乐善好施”乃中国人及华人的优良传统，也使其逐渐明白：在商业基础上的慈善行为也是新加坡华侨社会的晋升法则与路径，是参与社会的方式之一，也是他日后可以实现其团结同胞、推进华社、实现其救国之志的途径和手段之一。因此，沿着父亲陈杞柏的慈善事业之路上留下的脚印继续前行，是陈嘉庚在东山再起后的又一项人生目标，为其日后能在华社登高而一呼奠定了基础。

从时间来看，陈杞柏涉足从事的各种社会公益事业都是1890—1905年间所为，也正是陈嘉庚南来后的时期。“下南洋时已有简单之日报，余仅一知

---

① 《叻报》，1896年2月4日；《星报》，1896年2月1日。

② 杨进发：《十九世纪新华闽帮帮领之一》，《联合早报》，1983年6月13日，第34版。

半解。”[①] 显然，陈嘉庚已有阅华文报习惯，且陈杞柏要捐钱参与公益，需从管理账务的陈嘉庚手中出账。因此他的这些社会活动，势必为陈嘉庚所知。更何况，顺安号于1904年初停业后，同年夏陈嘉庚自创谦益号[②]，以此扶持陈杞柏参与社会公益[③]，反映出陈嘉庚与其父陈杞柏在社会活动方面的联合与继承，以及陈杞柏实为陈嘉庚投入参与社会公益的引路人。如此，也就有了之后陈嘉庚对陈杞柏当年投入公益事业的延续。如此种种显示，陈嘉庚不但接过了其父陈杞柏对同济医院的慈善之棒，且在日后若干年里也给予其持续支持和发扬光大，甚至发动侨众在同安创立同民医院，并将分院开到同安马巷，让更多普通人受益于诸多人士热心福音的成果，展示着其父陈杞柏其实留给了陈嘉庚很多有形的和无形的、为之日后取之不尽的财富。

第三节　中华文化对陈嘉庚的影响

作为在中国出生成长、青年时下南洋的中国新客，陈嘉庚深受中国传统文化思想的浸染与熏陶。至南洋后，又继续在新加坡华人家庭和华侨社会中奔走。这些经历使陈嘉庚深受私塾教育、家庭教育等中国传统文化的影响，承袭了诸多典型的中国传统文化思想特质，并通过其言行进行了具体展现。

一、陈嘉庚对中国传统文化的认知

坚持华人身份认同的陈嘉庚，深受中国传统文化的浸润。他在演词中不时掺杂的中国古语、名言警句使人确信，他受中华传统文化的影响至深。他热爱中国文化，对中国传统文化有着自己的看法。他四处收集文物，谓之保护中华文化遗产。他回国慰劳考察，每到一处必参观当地的名胜古迹，看到破损，必呼吁修复保护。他在海外创办华文学校，目的就是让华人子弟接受中华文化的浸润，学习华文、华语，记住华人的根，延续华人的根脉，而不致忘根、忘本。他的种种言行都显示了他对中国传统文化的认知与认同，即

① 陈嘉庚序，《南侨回忆录》，1993年集美翻印本，第1页。

② 初步好机会，《南侨回忆录》，1993年集美翻印本，第527页。

③ 乙巳年总理团芳名表，《同济医院一百周年纪念特刊》，同济医院百年特刊出版委员会编，兴隆印务（私人）有限公司，1967年，第丙17页。

文化认同。

（一）文化是救国保种之道

对于文化与国家的关系，陈嘉庚有着自己的认识。他认为：“……欲抵抗强寇，必万众一心，于物质之外更求救国保种之道，各尽其能，方有济也。然侵略者得以灭人国家，占人土地，终不能灭人之固有文化。世界任其如何变动，我国固有之文化精神，万不能残缺，此理甚明也。故吾侨之责任，对国家之义务，应如何补助，对教育之维护，应如何尽其力量，我国前途，方有一线希望也。”因此，“吾人，对于我国文化前途，应加注意，吾在事实上曾告诉吾人，如俄灭波兰，并亡其文字。当时波兰之人民，虽于强俄压迫之下，民间对于波国固有之文化，不忍放弃，多冒险私授波文，午夜深更，尚且父母教其子女，兄长教其弟妹，孜孜不倦。今波兰之复国，多有归功于其文化保存之力者，可见国虽亡，而固有文化尚未灭亡，终以文化之力量，而得恢复其祖国也。就以我中华民族而论，考诸历史，我汉族亡于元清之手，两度之恢复，亦全赖于文化之重力，故我人如果试一默思，教育于国家之关系，岂浅鲜哉？……总而言之，将来世界如何变动，祖国当局，无论走那条路，亦须保留我国文化，乃能维持民族精神，盖今日一人能保存文化，即他日千万人之文化，赖以保存，而传播于无穷也。故际此千钧一发之时机，我辈对固有文化，岂可不思保存，对教育前途，岂可不思维护乎”。[①]

陈嘉庚的这一表述，与南洋研究学者刘士木说过的话如出一辙：“民族无学术之陶冶，则行为思想处处发生矛盾，民族无文化之涵养，则志气不坚，常见利而忘义。”这是针对抗战时期的华侨支援祖国抗战，以提高华侨地位之事说的。张季直也有言“有礼教有学问之国，即亡亦必能复兴”[②]。可见，文化对一个民族存亡来说，实为起着关键作用。只要文化不灭，一个民族即可起死回生，或者屹立不倒。故而陈嘉庚认为，延续华文教育和华人文化，有着“保种保国”之关键功效。此即为他积极办校兴学之初衷。

① 陈嘉庚：文化与国家关系（星福建会馆举行改组四周年纪念会上之演词），《南洋商报》，1933年3月17日；《战前的陈嘉庚言论史料与分析》，第55—57页。

② 刘士木编：《华侨与文化》，南洋编译社刊行，1940年，第4、8页。

（二）华人子弟要接受华文教育和新式教育

语言教育不仅是教授语言本身，更重要的是理解这门语言所承载的文化。[①]在陈嘉庚的观念里，华人子弟接受华文教育为天经地义之事，是维系华人特性的根本。因而，兴办华文学校，维系华人教育，是他在新加坡不遗余力热衷资助华文学校的出发点。

他极力支持华文学校之延续。福建会馆原计划对新加坡所有闽侨华校都设法给予津贴，以能实现普及教育。但因世界经济不景气影响了福建会馆的经济，导致津贴闽侨八校计划半途中止，而一切已经按序促进之计划亦告中辍。因此，为了维系闽帮学校，在陈嘉庚主持福建会馆会务后，进行改组革新，对学校进行合并重组，暂取消其他学校的资助，保福建会馆直属道南、爱同、崇福三校，最低限度，对于三校之前途应继续进展，不可因经济困难问题，驯至中途搁浅，或因陋就简，并明确福建会馆职责是：对祖国则应如何补助国家，维护教育。对当地之工作，应谋闽侨之福利，赞助华侨教育之普及，联络侨团之团结力量，努力倡除华人不良之习俗等。[②]

另外，他也对华文学校所用华文教材编写工作倾入关注。据庄重文回忆他在新加坡曾参与福建会馆教育科改革新加坡华校教育工作，参与华文教材编写工作，主要编写供新加坡福建会馆主办的道南小学校、南洋华侨中学、爱同学校、崇福学校所用华文教材。而此华校教材之编写工作，即由陈嘉庚策划进行。陈嘉庚每到福建会馆，都要亲自过问编辑工作进行情况及所选的内容。陈嘉庚毫不矫饰，平易近人，和蔼认真，给他们留下深刻印象。此外，陈嘉庚关切学生学习华文，常来华校巡视，认真查看学生作业，小学生上习字课，陈嘉庚甚至会把住学生的手，一笔一画地教写，还讲述他自己学书法时的心得。[③]在此都显示陈嘉庚在倡导华人子弟学习华文方面的努力和付出。

在中国晚清及民国时期，占人口绝大多数的农村贫苦子弟的就学问题，

---

① 潘风：传统经典与华文教育，联合早报网，2014 年 2 月 17 日，http://www.zaobao.com/forum/views/opinion/story20140217−311097 页。（2014−3−10）

② 陈嘉庚：文化与国家关系（星福建会馆举行改组四周年纪念会上之演词），《南洋商报》，1933 年 3 月 17 日。

③ 中华文学基金会编：《庄重文纪念集》，北京：人民出版社，1999 年，第 165−166 页。

始终是普及华文、保种保国的关键所在。此情形同样存在于南洋华人社会。人数众多的贫苦华人同样是南洋华人社会的主要组成。兴办华文教育，延续华人族性，即是陈嘉庚在南洋、中国兴学办校的不竭动力。故而，为了兴学，陈嘉庚从他的角度对中国国内的教育状态进行了翔实考察和分析，他认为：废除科举制度后，经过三十多年发展，在中国城市常设的新式学校使城乡教育形成差距，但仍无法逃避办学经费的顾虑。而在乡村，由于办学经费、趋高学费等问题条件的限制裹足了对乡村贫民子弟教育的发展和普及，导致新式教育反不如之前遍设私塾、少费即能满足就学需求而形成的教育普及状态。故而，乡村普及教育的困难形势更是可想而知。[①]这一考察所得，成为他不论是在南洋，还是在家乡，大力招收贫苦子弟、开出优待条件照顾就学，实现普及乡村新式教育的最大动因所在。种种举措显示着他对中国传统文化传播和延续的重视和关注，反映了他对中国文化的认同。

（三）史迹遗址和戏剧也是传统文化载体

陈嘉庚对中国历史名胜古迹的了解，来自他对于中国历史的了解以及热衷阅读的结果。比如，陈嘉庚敬仰民族英雄郑成功，将郑成功军队在集美所筑营寨遗址——寨门，不但予以门旁大石上镌刻“延平故垒”（郑成功也称延平王）四字纪念及保护，且将“延平故垒”前的集美学生游泳池命名为“延平池”，“延平故垒”后的一座高楼命名为“延平楼”以示怀念。[②]

又如，他在回国慰劳途中，走访所到之地的中国历史名胜，对该名胜的历史原委，陈嘉庚都能说出个所以然来，显示他对中国传统历史文化的认识和熟知。他曾详细记述他参观西安、咸阳等地皇陵的情景，及比对自己曾经所读历史书籍记载对这些皇陵的感悟。[③]

从陈嘉庚诸多言论来看，他对艺术并不在行，却在晚年奔走各地收集各类瓷器古董，为他筹建的厦门华侨博物院收集展品。对于中国瑰宝之一的戏曲艺术，他也能同一般民众般饶有兴趣地观看，并给予发自内心的赞叹。1940年回国慰劳途经河南，陈嘉庚观看了各界欢迎会会后安排的助兴演剧，

① 陈嘉庚：文化与国家关系（星福建会馆举行改组四周年纪念会上之演词），《南洋商报》，1933年3月17日。

② 南洋商报编：《非同凡响：南洋商报创刊85周年纪念书籍》，《南洋商报》，2008年，第166页。

③ 中部县祭黄陵，《南侨回忆录》，陈嘉庚著，南洋印刷社，1946年，第150页。

印象深刻。[①] 以上种种均显示了陈嘉庚对中国历史文化的热衷和深厚感情。

二、陈嘉庚对华人身份的认同

王赓武教授认为“认同”的概念（the concept of identity）无疑是含糊的，需要附加更多准则。他将国家认同分为政治认同、文化认同和身份认同。从其基本关联角度，依次排列为身份认同、文化认同和政治认同。[②]“华人”身份认同，即对自己是华人身份的认定。因而，保留有华人的传统和特性，延续华人的文化特质，便成为华人身份认同者的自觉行为。

作为从中国南渡而来的“新客”华人，陈嘉庚自始至终认定自己是中国人。他在著作及各类演讲中均以“我国”“祖国”来称谓中国，凸显着他对中国的国家认同，更融合了他对自身华人身份的高度认同。

尽管侨居新加坡近半个世纪，且为了在新加坡开展航运业，获得注册成为一名船主[③]的资格，于 1916 年申请归化为英籍民。当时的新加坡社会以资产多寡来衡量地位高低。英殖民政府从“以华制华”统治需要出发，对时已崭露头角的陈嘉庚自然很感兴趣。他虽是“唐山客”（中国移民），不识英文，不懂英语，根本不符合当时颁布的《1914 年英国国籍和外国人身份法案》可获批英籍条件，但英殖民政府于当年 11 月 24 日赐予他当地国籍证书[④]，争取他的合作。[⑤] 之后，他一直长期持有英国国籍，甚至在他回国定居后的数年时间里仍然保留，直至 1957 年 11 月才声明放弃英国国籍。[⑥]

诸多事实表明，为获航运许可而申请、保持 41 年（1916—1957）之久的英国国籍显然给予了陈嘉庚很多益处，对扩大他的商业活动范围提供了方便[⑦]。但尽管拥有英国国籍，他的所思所想所为却都是为中国。他不断地向中

---

① 陈嘉庚：河南是故乡，《南侨回忆录》，南洋印刷社，1946 年，第 170 页。

② 王赓武：东南亚华人的身份认同之研究，载《中国与海外华人》，王赓武著，香港：商务印书馆，1994 年 1 月，第 234—262 页。

③ 《华侨传奇人物——陈嘉庚》（中文简体版），第 97 页。

④ 陈国庆：《回忆我的父亲陈嘉庚》，第 105 页。

⑤ 杨进发：《战前星华社会结构与领导层初探》，第 167 页。

⑥ 见陈嘉庚放弃英国国籍的声明信，《回忆我的父亲陈嘉庚》，第 104—106 页。另见《陈嘉庚新传》，第 370 页。

⑦ 陈碧笙、陈毅明：《陈嘉庚年谱》，第 18—20 页。

国输财、兴学，为中国家乡的建设和发展，为福建乃至为中国国家的发展都竭尽全力地付出自己的所有才智和财力。而他的归国思乡、落叶归根之情结促使他多次想回国，甚至在 1938 年 5 月抗战非常时期，即决定辞去星华筹赈会主席之职回国。虽最后未能如愿成行，但他在新加坡所做的一切为获取向中国输财的资本，也为了团结华侨、服务华侨，改善华侨在南洋的地位和待遇。

英国国籍也为他提供了中新往来便利，但都无法阻挡他回国的脚步。“二战”时，因荷兰政府收缴致其英国护照及入国籍证书丢失[①]，后通过补发护照维护了其英国臣民身份[②]，得以顺利于 1949 年 5 月 5 日回中国参政议政。1950 年 1 月回中国参完政后，他虽质疑自己的身份能否回新[③]，但又借英国国籍这一英当局无法拒绝他回新的理由[④]，得以顺利于 1950 年 2 月 15 日乘飞机返回了新加坡。不久，他决定告老回乡。在办完手续、安排好在新事务后，陈嘉庚于 1950 年 5 月 21 日离开新加坡回国永久定居。

此外，陈嘉庚在新加坡的所有言行也都显示着他对自身华人身份的认同。他身居新加坡近 50 年，身边交往密切、能操中英双语的华人领袖比比皆是。作为一个统领南洋的超帮领袖，他却独守乡音不改，对普通话不甚熟悉，仅能听而不会说[⑤]，是他执着于自己华人身份的有力证据之一。除了在中国大力兴学助校外，他在新加坡也捐助、倡办多个华文学校，包括道南、爱同、崇福等福建帮主办学校。这些学校均是以向华人子弟传授中国传统儒家文化思想、教习华文华语，不忘自己根脉为办学目的和宗旨。甚至在他接受美国教会那牙校长在新创办大学资助请求，同意提供 10 万[⑥]赞助支持，他提

① 陈国庆:《回忆我的父亲陈嘉庚》，第 105 页。

② 陈国庆:《回忆我的父亲陈嘉庚》，第 92—93 页。

③ 陈国庆:《回忆我的父亲陈嘉庚》，第 97—98 页。

④ 杨进发:《战后的陈嘉庚与英国政权》，《陈嘉庚研究文集》，第 210—211 页。

⑤ 据 1930 年与陈嘉庚面见的宋蕴璞所述。见宋蕴璞：访陈嘉庚君，《南洋英属海峡殖民地志略》，新加坡：蕴兴商行，1930 年，第 161—162 页。另有多人证实此点。如武汉合唱团团长夏之秋回忆，见夏之秋口述、陈先柄记录：“武汉合唱团”在新加坡为抗日募捐演出二三事，1991 年 11 月 30 日，夏之秋音乐天地博客。http://blog.sina.com.cn/s/blog_414adc7b0100asg4.html。（2013-5-10）

⑥ 此货币单位应为叻币，即当时的新加坡币，陈嘉庚在《南侨回忆录》中除有特别注明国币，其余均为叻币。

出的唯一要求即是设立中文系。[①]他在新加坡和中国创办师范学校的目的即是为华文教育培养师资来源，但其受众地则不限于新加坡或南洋。其目的即是能让更多的华文师范生成为散播华文教育和文化的种子，使南洋及各地能有充足的华文师资保障和来源，让中国文化遍地开花。

身在异域，他却时刻关注着中国。1940 年回国慰劳结束后，陈嘉庚的政治立场发生了转变，他认定中国共产党才是中国未来的希望。因此，在结束避难安全返回新加坡后，陈嘉庚时刻关注中国的局势发展。为与在新的国民党势力进行对峙，更为向南洋华侨传递国内正确的舆论导向，陈嘉庚与张楚琨、胡愈之等共同发起创办了《南侨日报》，引导南洋华侨正确认识和了解中国国内的局势发展向背，为中共在南洋赢得华侨的支持发挥了重要作用。最后的事实证明，他的预见是正确的。即使在他回国定居计划形成前，他的所思所想仍都是有关于中国的发展。

他挂念中国事务并为中国的解放和发展输财、献计献策，自认自己是中国人的言行，都是他热爱中国、认同中国的表现，也更是他对华人身份认同的力证。他以中国为自己的祖国，为自己言行的核心和向心焦点，对中国的情感归宿和乡土守望从未改变过。他借助英国国籍开展航运业以及其他实业，盈利为在中国办学输财，行经商、政治活动之便利，也谋穿行于中新之间的方便，为中国的发展和进步输财、输物、输智。这些看似矛盾的行为，实质却强烈地反衬着他对中国和家乡的赤诚之爱，以及他对自己华人或中国人身份的一贯认同。从始至终，陈嘉庚在践行“爱国无党派”的同时，也体现着“爱国无关国籍”的伟大爱国情怀。

① 陈嘉庚：依赖外人出资办学最为可耻。（陈嘉庚先生在欢送厦门大学校长林文庆博士回国之演词，《南洋商报》，1935 年 3 月 7 日）

第二章　西方价值文化对陈嘉庚的影响

英国在马来亚的殖民统治是现今的新加坡和马来西亚历史上的重要时期。关于英国殖民统治对马来亚的影响，国内学者大多认为，英国的殖民统治造成了马来亚社会的政治分裂、经济畸形和种族对立。[①] 虽然也有学者对英国的殖民统治进行过反思，承认英国殖民统治对马来西亚现代政治制度的确立产生过积极影响[②]，但国内学者总体上对英国殖民统治在马来亚的影响持批判态度，且较少深入地分析英国殖民统治对马来亚社会、文化、教育等方面的积极影响。

尽管英国殖民者的“分而治之”政策的确在教育等方面给华人留下了一种不公平印象，但从客观实际来看，作为外来族群的英国殖民者所采取的统治政策比荷兰等其他殖民者采取的“强制同化政策”要好得多，毕竟它给予了不同族群自由发展的空间，让他们选择适合自己生存和发展的方式，得以保留自己的族性，从而使多种族能够在一地和谐共生了一个多世纪，几乎没有发生过什么冲突、流血事件，这即是明显区别于其他殖民地的差异所在。故从客观角度来看，英国殖民统治对马来亚社会产生过积极影响的事实不应该被否认。

对于新加坡而言，最早到来的荷兰殖民者占据时间因太短暂，他们的西

① 参见陈晓律等:《马来西亚——多元文化中的民主与权威》，成都：四川人民出版社，2000 年；陈衍德:《对抗、适应、与融合——东南亚的民族主义与族际关系》，长沙：岳麓书社，2004 年；梁志明:《殖民主义史》（东南亚卷），北京：北京大学出版社，1999 年。

② 黄云静：马来西亚现代政治制度的确立——兼论英国殖民统治的遗产问题，《东南亚研究》，2000（1）：29—33；王成：从西方化到本土化：英国的殖民统治与马来西亚的政治发展，《史学月刊》，2003（8）：85—91。

方价值观还未来得及释放，便被英国殖民者所取代。由此开启了英国殖民者在新加坡传播其西方价值文化的开端。

从 1819 年开埠至“二战”前的 1941 年，纵观新加坡这段近 120 年的英国殖民统治平稳时期，各等级欧洲驻扎官从踏上这片土地开始，即在此散播其宗教、文化乃至价值观等，不自觉地影响了这里的人、事、物。正如 1997 年新加坡前总理李光耀时为即将回归中国的香港献言时认为：“在一百多年的英殖民统治下所取得的历史经验，给华族新加坡人和香港的华人带来了许多共同点。他们都经历了相同的英殖民地总督制度、殖民地民事服务、警察、法庭，以及英国商人和他们的家属在帝国的海外殖民地居住时的生活方式。英国人也留下了英文教育和法治制度。”[①] 可见，英国殖民者留下了诸多人文遗产、产生了诸多积极影响的事实不必全盘否认。

自 1890 年始下南洋至 1942 年“二战”爆发前的近 50 年时间里，陈嘉庚身处新加坡的英国殖民者统治的稳定期，英国人所带来的人文也在近百年时间的积淀中趋于成熟及稳定。本章即考察当时的新加坡华人社会和殖民政府的法治等西洋人倡导的社会价值文化影响，以及陈嘉庚对之的认知。

第一节　陈嘉庚时期新加坡的殖民统治和华人社会

本节考察多元移民岛国新加坡的早期华人社会以及英国殖民者带入的法治等西方价值文化，这些都对陈嘉庚产生了诸多影响。

一、新加坡的多元华人社会

1819 年英国殖民者占领新加坡，将它发展为战略与商业前哨站。初由印度英殖民当局管辖，1867 年转为英国直辖殖民地，至 1963 年新马合并。自英国统治开始，新加坡即锐意发展经济，迅速成长，其光芒盖过槟城与马六甲。自 1830 年起，它已成为海峡殖民地组成部分。同样引人瞩目的是新加坡移民人口的激增。自由港的发展，其自由贸易经济与人口政策，英国人有效的行政组织与管理，马来州府锡矿的发现，与 19 世纪对华贸易的繁

① 李光耀：两个城市的故事——二十年的变化：李光耀在香港大学演讲辞摘要，《英国如何撤出殖民地》，香港文汇出版社，1993 年，第 150 页。

盛，这一切都吸引了大量外国移民的到来，包括马来半岛、印尼、中国与印度，使新加坡一开始就形成了多元种族人口混居的社会结构。1860 年华人人口已超过其他种族的总和。1901 年华人人口激增至 164041 人，占全人口的 72.3%。[①] 此后，华人人口从未低于此比例。至 1941 年前，由于英国人紧握政治与行政权，持续将其组织与制度加诸社会，并向人民灌输其思想价值观，使新加坡的社会特征一直保持为多元种族、社会安定与经济繁荣的殖民地社会。

1869 年苏伊士运河正式通航后，位于马六甲海峡东南端的新加坡因对英帝国的重要性大为加强而倍受注意。殖民地政府认识到此地居民以华族为主，若要有效地治理，就必须先有效管理华人事务。1877 年，在认识到华人人口数量的庞大及所起的巨大作用之下，殖民政府设立了“华民护卫司”（British Chinese Protectorate），毕麒麟（W.A.Pickering）被委为第一任华民护卫司，在控制私会党、保护移民劳工和管理娼妓等工作上贡献颇大。[②] 另外，1889 年，在总督史密斯（Cecil Clementi Smith）的指导下，“华人参事局”（Chinese Advisory Board）成立，其中不同方言群体的华人代表照顾他们自己的利益。[③] 大致而言，自 19 世纪 70 年代以后，许多海峡殖民地官员都能密切注意当地问题，并引导当地华人领袖关心和协助处理一些与本身有关的行政事务。[④]

另外，殖民地政府也特意笼络“海峡侨生”（海峡土生华人，Straits-bore Chinese，俗称“峇峇”，Baba），以推行其于华人社会中所施行的“间接统治”和“以华治华”的政策。“海峡土生华人”社会的形成始于华巫二族的通婚。最初是华族男性移民娶当地马来女子为妻，以后他们的混血后代

① 新加坡人力车，《华侨华人百科全书 · 社区民俗卷》，沈立新主编 . 北京：中国华侨出版社，2000 年，第 447 页。

② Ng Siew Yoong, The Chinese Protectorate in Singapore, 1877—1900, *Journal of Southeast Asian History*, Vol.2, No.1, March 1961.pp.76—79.

③ Walter Makepeace, Gilbert E. Brooke, Roland St. J. Braddell, *One hundred years of Singapore general editors*, London: J. Murray, 1921.pp.111—112.

④ 卫特总督（Governor Weid 1880—1887）曾指出过去政府仅满足于扮演警察与收税者的角色，需要努力引导人们关心和协助其本身事务的时刻已来到。见 Straits Settlements Legislative Council Proceedings, 1883, Appe.No.18, p.167.

之间互通婚姻，生儿育女。这些子女虽口操巫语，但基本上继承华族的传统习俗。至19世纪，他们开始与中国移民通婚与接近，逐渐疏远马来族，并进而吸收欧人的思想观念，成为一个独特群体。[①]19世纪末以后，新加坡的海峡侨生人数显著增加，从1881年的9527人增至1901年的44022人，整个华族人口所占的比例则由10.98%提高到16.05%[②]。但是对于殖民地政府来说，这个少数集团却有极大的利用价值，他们比起中国出生的移民更熟悉本地的语言、政治和商业情况，有些还累积了大最财富；更重要的是，他们与中国的关系比较疏远，有些甚至完全断绝，如给予种种好处，将很容易赢得他们对不列颠帝国的效忠；在他们之中培养一些政治领袖，对于整个华人社会的统治更能收到实效。当时殖民地政府的笼络政策，至少表现在文教和政治两方面。

在教育方面，政府偏重英文教育的发展。1873年，新加坡第一次有关教育的官方报告提到促进英校中欧人和华人的教育时，闭口不谈华教问题。其结果，19世纪末英校学生迅速增加，由1880年的3060人跃至1890年的4795人。[③]至于女子教育，则根本被忽略。1886年，政府开始颁发奖学金给优秀的土生华人（即海峡侨生）学子，让他们前往英国深造。从1886年到1911年，政府提供四十五份这类奖学金给土生华人子弟[④]，造就了一批出类拔萃的土生华人领袖。在文化活动方面，政府则设立了许多俱乐部、学会、教堂和报刊等，鼓励侨生参加，诱发他们对西方生活、文化艺术的向往和热爱。上层也通过报纸、杂志、演说和座谈等向他们宣传为英籍子民的好处。至于政治方面，政府的确给予侨生华人许多利益。根据1867年的归化条例第八项（Article Ⅷ of the Naturalisation Ordinance）：侨生是英帝国土生

---

① W.G.Shellabear, Baba Malay: An Introduction to the Language of the Straits—born Chinese, *Journal of the Royal Asiatic Society*, Straits Branch, No.65, Dec 1913, pp.52—53; G.T.Hare, The Straits—born Chinese, *SCM*, Vol.1, No.1, Mar 1897, p.3; Arnold Wright and Cartwright, H.A., *Twentieth Century Impressions of British Malaya: Its History, People, Commerce, Industries, and Resources,* London: Lloyd’s Greater Britain Publishing Company Ltd., London, 1908, p.202.

② Straits Settlements Annual Departmental Report, 1906, p.11

③ Kiong Beng Huat, *Educational Progress in Singapore, 1870—1902,* Unpublished B.A.Hons.thesis, University of Malaya, 1953, pp.12, 29—30.

④ Brooke Braddel Makepeace, op.cit., (1), p.472.

子民，享有种种特权。[①] 至于那些具有领导才能的，就让他们进入新加坡市政局、立法议会、华人参事局之类的机关服务；工作成绩表现优越的，就赐予“太平局绅”[②]、“S.C.H.”“M.B.E.”“O.B.E.”[③] 之类的勋章。

殖民地政府的笼络政策成功栽培了一批侨生领袖，构成华族社会里的精英分子。杨进发在其论文《十九世纪新加坡华族领导层》中研究了15位最具有代表性的精英，当中有11位是来自海峡侨生集团；而11位中之9位曾荣获‘太平局绅”的头衔或帝国各类勋章。[④] 西方学者莱特（Arnold Wright）在《廿世纪英属马来亚印象》一书中，估计新加坡26位华族俊杰中，海峡侨生约占19位。[⑤] 可以推想海峡侨生在当时社会中所具有的影响力，而这仅占16.05%的少数集团无疑就是社会的上层阶级，林文庆则是他们之中的佼佼者。

总之，19世纪中叶以后，中英两股政治与文化力量，源源注入新加坡华族社会，激起了巨大震荡。归顺与归化政策，带来了种种摩擦与冲突。陈嘉庚就是在如此错综复杂的新加坡社会环境中，度过了其人生最辉煌的50年岁月。

二、陈嘉庚时期新加坡华人社会结构

（一）新加坡早期华人社会

1890年17岁的陈嘉庚首次下南洋，入其父顺安米店学徒，开始接触、融入新加坡华人社会和新加坡社会。除经商过程中与华人以外族群打交道外，他的主要活动圈子仍是新加坡华人社会。因此，新加坡华人社会的构成和特点，对陈嘉庚的事业和行为方式产生重要影响。

帮是东南亚华人社会结构的特征，形成于移民方言群下的地缘分野。[⑥] 新加坡华人社会可就方言类型分为：闽帮、潮帮、广帮、琼帮、客帮、三江帮及侨生帮。华社常在办学、慈善团体、同乡会、社交俱乐部、宗亲团体及庙

---

① Lee Yong Hock, *A History of the Straits Chinese British Association, 1900–1959*, Unpublished B.A.Hons.thesis, University of Malaya, 1960, p.8.

② 《华侨华人百科全书·社区民俗卷》，北京：中国华侨出版社，2000年，第449页。

③ M.B.E 为大英帝国员佐勋章，O.B.E 为大英帝国官佐勋章。

④ 杨进发：十九世纪新加坡华族领导层，《新加坡华族史论集》，表（一）和表（二），第36、45页。

⑤ Arnold Wright, *Twentieth Century Impression of British Malaya*, London, 1908, pp.631–642.

⑥ 陈育崧序，《新加坡华人碑铭集录》，陈荆和、陈育崧编著，中文大学出版社，1969年，第15页。

宇等方面出钱出力，不遗余力。1906年创立的新加坡中华总商会是当时华社的最高组织。它是一个帮际团体，董事会由各帮推举代表组成。福建帮因人口优势获更多董事职位分配。会员、董事由各帮自行征召、推选。因此，新加坡华社基本上是一个以帮为本位与结构的社区组织。当面临共同危机与紧张情势时，华侨社会势众财雄、组织完善与坚实的娴熟运作技巧即可迅速投向社会或政治行动中。陈嘉庚虽以厌恶帮派观念及帮派势力著称，却又实事求是地充分调动与利用其所在帮势力，以提高及巩固其领导地位及力量。①

在组织上，20世纪初的海峡殖民地华人社会新旧组织并存。旧者仍沿袭着血缘关系（如家庭、族亲或姓氏等）、宗教、秘密团体、同乡及帮派（如会馆及依据村、县、州、省而组成之乡团）等脉络组成。而较新式组织却是现代资本主义的副产品，包括商会、社交团体、专业团体、行业工会、文教体育团体、政党及职工会等。虽然其中大多数属自发性、互助性团体，但仍有一些（如政党、职工会、私会党、新加坡中华总商会等）仍不失为压力团体。这些复杂与互相交错的社会网络却为各帮及社会领袖提供了组织及势力上的地盘。领袖们即通过它们施加影响贯彻彼等在帮派、社会及政治方面之倾向。因而客观而论，这些新旧团体是侨领与政治领袖之神经中枢。②

（二）英国殖民当局与华人社会的关系

1. 英国殖民者对华人社会的统治管理

殖民者统治时期，英国人一般视华人为和平的顺民。华人不但自供自足、自我管理且富生机。他们勤勉耐劳、活动力强、事业心重、生产力高，被认为是殖民地人口中有用的人群。英国人对他们创造繁荣新加坡的贡献予以应有的尊重与信任。至于负面的评价，则指责他们纵情于邪恶习性如抽鸦片、赌博、私会党的恶斗与暴乱，危害当地的法律与秩序。整体而言，他们的用处远胜于其个人与社会的短处。

总的来说，和马来亚各邦情况不同，新加坡政府因没有对马来人必须实行宪法上的义务，故无须对任何特定族群给予偏爱或歧视。新加坡的印度人与马来人是少数族群，他们的难题不像华人的那么深切与复杂，因此英政府

---

① 《华侨传奇人物——陈嘉庚》（中文简体版），第15—16页。

② 《华侨传奇人物——陈嘉庚》（中文简体版），第16页。

集中精力与资源来解决华社问题。政府一方面极度赞赏华族的勤奋、高生产力与奉公守法，另一方面又因华人政治与经济力量的膨胀而深怀戒心。为了杜绝危机，政府用了不少心机与力量发展英文教育与语文，以培养一批英文教育社群的领袖。在华社看来，这种做法是英国实行“分而治之”政策来统治华人。

再者，英政府以采纳法律与秩序作为应付华社及其领袖的主要指南。一旦法律与秩序受到威胁与破坏，政府即使出镇压手段。但对待华社领袖，他们的态度政策是灵活的，处理方法是务实的。英国人偏爱受英文教育者，使他们利益受惠。但到了利害关头，政府也能容纳讲中国话的领袖，与其合作。而且在必要时，政府能让他们分享权力与势力。这种巧妙的务实政策，成功地稳定统治当地华社。相比南洋其他地方，英殖民政府的自由移民、自由贸易及其法律秩序与社会政策等一切从整体而言，对华社有利且一定程度上获得华人的合作。尽管到 1941 年，华社表面上似乎因思想、效忠对象、教育与领导层的变异而分裂，而中国民族主义的涌现与英国人偏爱受英文教育者，也加深了其痕沟，但华人社会仍然是富有朝气、安定繁荣的。这个答案主要在于受英文教育者与受中文教育者的相互容忍、合作与谅解。前者与英政府紧密联系，充分发挥其天赋、智慧、构思与影响，而后者的财富、组织力与适应环境的才能，使华社在平稳中求生存与进步。[①]

整体来看，英国人对于华人，是一种“爱”“怕”交加的复杂心理，但似乎肯定之语多于微词，于是结合优良特性或美德的华人贡献和功绩在一些零散言辞中给予了揭示和肯定。詹姆斯·布鲁克爵士（James Brooke）在 1829 年 7 月日记中记述对新加坡华人的印象：“从天朝（Celestial Empire）来的移民在数量上大大超过了所有其他国家侨民的总和，他们构成新加坡绝大多数的劳工与商人。我不知该为他们有许许多多美德而赞美他们呢，还是为了他们有一些显眼的瑕疵而蔑视他们。他们勤劳刻苦的精神是世界上任何其他人民所无法匹比的，他们勤勤恳恳、坚韧不拔和爽朗愉快，另一方面却

① Yong，C.F. A Preliminary Study of Chinese Leadership in Singapore，1900—1941，*Journal of Southeast Asian History*（JSEAH），vol.9，No.2，1968，pp.258—285.

是腐败、柔顺、拘谨、屈服于上司，压制他们手下的人……。”[①] 前海峡殖民地总督瑞天咸（Frank Swettenham）[②] 也对华人贡献有过高度评价。故陈育崧认为，新加坡能够从一个荆棘遍野的荒岛，迅速发展成为一个“如矢街衢处处通，轻车怒马走西东；大船小艇纷无数，岛屿萦回一望中”的繁盛都市，华人的功绩是最为巨大的。可以说，如果没有大批华人的筚路蓝缕、全力以赴，那么新加坡乃至整个马来西亚和南洋群岛的开发工作，不知要推迟多少年。[③]

总体而言，从开埠至“二战”前，英国殖民者在新加坡实施的放任与宽容兼具的殖民统治，以及华侨华人自身的不懈奋斗，共同促成了华人社会的大发展，同时也推动了殖民地的繁荣和进步。

2. 华人对英殖民政府的认同

“二战”前的新加坡华人对中国和侨居国政府的感情是复杂的、游离的。一方面，尽管“两头家”现象十分普遍，但中国是他们的故乡，落叶归根是其终极愿望。但现实情况是，当时中国国内的昏腐执政、连年战事等国弱民贫的国情，阻止了他们返回中国的脚步。所谓“有家不能回”。

另一方面，与当时滞后的中国截然相反的是，在新加坡，为了开发殖民地，英国人的重商政策以及干净、整洁、卫生，一切井然有序的优良环境，融合英国人种种文化文明的法制社会，为华人尽情施展生存、奋斗本领提供了平等竞争的舞台。在这里，华人感受到的是安全、安定、民主、自由。于是，在英国殖民者统治下的新加坡，遵循英国人所制定的秩序，掺杂着华人乐善好施传统，反馈社会，为新加坡捐资助建，一种良性循环的结果让新加坡这个殖民地小岛呈现一派繁荣景象。如此有了华人对英国宗主国来宾一律

① 宋相旺著、叶书德译：《新加坡华人百年史》，新加坡中华总商会，1993 年 5 月，第 38 页。

② 瑞天咸是英国经略马来西亚的一位重要人物。1868 年，他从英国东来，服务于海峡殖民地政府。1874 年，雪兰莪接受英国参政，他被委任为顾问。1882 年，正式升任为雪兰莪参政司，他将办事处搬到当时的新型城市吉隆坡，积极进行大规模的建设工作。1896 年，吡叻、雪兰莪、森美兰、彭亨等四邦合组“马来联邦”，由他出任总参政司。1901 年升任海峡殖民地总督。著有 *BRITISH MALAYA*（《英属马来亚》）一书，以叙述史事为主。此处所引他对华人的评语，即为陈育崧翻译自该书第 133 页。

③ 陈育崧：《陈嘉庚》，厦门大学同学陈嘉庚研究丛书，时间不详，第 8–9 页。

毕恭毕敬、感恩戴德诸多事例的记载，[①]便不足为奇。另外，曾在英国船上做事的李光耀祖父深信英语是全世界最具影响力的语言，他让其后代接受英校教育，甚至为其取英文名，并与在新加坡定居的英国人黎觉（李光耀回新加入当见习律师的“黎觉和王律师馆”）一样，对英国的价值观有很深的认同，认为凡是英国的东西，样样都是十全十美的。尽管在李光耀看来，祖父他们没有信心，对本地人更缺乏信心，从不敢挑战英国权威，但批评起殖民地官员时又洋洋得意。[②]虽然李光耀家族属于海峡侨生，但这种对英殖民政府的态度在新加坡华人社会中具有一定代表性，只能代表上层华人社会的声音。

而更多人数的底层华人在殖民地统治下的生活却十分艰辛，他们在为生存而挣扎的同时，感受到的却仅是与之切身利益相关的种种殖民地苛政，诸如教育、就业等。因此，不同阶层的华人对殖民地政府统治的认同呈现出差异性。如此在当时的新加坡，华人对英国政府的态度倾向和对中国的复杂感情纠合在一起，成为不易厘清的一团乱麻。

（三）新加坡华人社会之民风

陈嘉庚来新加坡后所见到和接触到的华人社会，其民风多沿袭自第一代来南洋的移民。他们对自己族性的坚守，使这些民风通过家庭这一主要渠道得以代代延续。他们最大的特点是在保留基本华人特性的基础上，善于吸收新鲜事物，特别是西方文化的精华，但也不排除如藏污纳垢、令西人耻笑的长辫、马褂和丧葬礼仪、吝啬、奢靡享乐生活等中西方陋习。另外，新加坡男女华人服饰装束、语言、文风、节日[③]等方面也在当地长期融合中逐渐发生了改变。

除了以上这些多元社会中的华人风俗，新加坡华人还在办学、公益慈善方面呈现一定的优良风气，尽管不排除沽名钓誉之嫌[④]，却从一定程度上扶正了华人在服务社会方面的一些缺失。

---

① 见宋旺相：《新加坡华人百年史》一书多处记载。宋相旺著、叶书德译，《新加坡华人百年史》，新加坡中华总商会，1993 年 5 月。

② 李光耀：《（李光耀回忆录）我一生的挑战：新加坡双语之路》，南京：译林出版社，2013 年，第 4、11—12 页。

③ ［清］李钟玉：《新加坡风土记》，光绪十三年（1887 年）；许云樵批注，1947 年 2 月，第 11 页。

④ ［清］李钟玉：《新加坡风土记》，光绪十三年（1887 年）；许云樵批注，1947 年 2 月，第 10 页。

1. 办学之风

中国人一向重视教育，在海外寄居的华人也不例外。当华人社会经济略有小成后，通过社团集资办学[①]，从而有了清末民初马来亚华侨教育的勃兴时期。于1854年创设的新加坡华人学校——萃英书院[②]是华人社会重视教育的力证。之后各类方言华人社团纷纷创设自己的方言学校，为本源流子弟提供教育机会。华人重教之风即在这些各类方言群体华校的层出不穷中显示出来，成为留给其他族群的主要印象之一。

总体而言，由于在新加坡及南洋社会的境遇，不论是经济活动技能需要还是出于政治仕途无门的考量，华侨在保留有华人重视教育的传统之下，加强他们在异域办学、重教育之民风，不但对其他族群产生了影响，也上升为一种华人办教育的精神，对日后陈嘉庚的教育救国论产生一定影响。

2. 慈善之风

来南洋后的陈嘉庚所面对的华人社会，是一个在各类方言华侨领袖统领下的华人社团林立、较成熟的南洋华人社会。在陈嘉庚之前，诸多华人领袖的慈行善举被以多种方式留史。仅就福建人而言，最早的闽帮华人领袖陈笃生（1798—1850），即被时人尊称为“新加坡首位华人太平局绅、慈善家”，他率众创设天福宫和陈笃生平民医院的事迹[③]被传为佳话，也是华人乐善好施形象的树立者之一。据《新加坡福建名人录·新加坡篇》所载，1819—2012年155位闽籍名人拥有各种社会活动家、企业家、慈善家等头衔，其生平事迹均有捐资兴学、热心公益的内容。从出生及活跃的年代看，绝大多数人是1911年之后才跻身华人领袖行列。[④]这些贡献卓著的闽帮华人领袖先辈的名字在捐助碑刻上的固化，玉照在各华社先贤榜墙上的高悬，让新来者敬仰不已，自然也让南来新加坡的陈嘉庚心存效仿。

① 利亮时：《一个消失的聚落：重构新加坡德光岛走过的历史道路》，新加坡国立大学中文系、八方文化创作室联合发行，2009年8月，第46页。

② *SINGAPORE IN PICTURE*：*1819–1945*，星洲日报（新加坡）有限公司与文化部联合出版，1981年，第158页。

③ 新加坡福建会馆编：《世界福建名人录·新加坡篇1819—2012》，新加坡焦点出版社，2012年，第79—80页。

④ 新加坡福建会馆编：《世界福建名人录·新加坡篇1819—2012》，新加坡焦点出版社，2012年，全书页。

但在陈嘉庚看来，“光复前数年，自来捐助公益义风未振”[①]。此种看法与他当初创设集、厦两校均曾试图想通过筹募方式实现开办的失败经历有关。为集美学校，陈嘉庚曾三次向华人居民募捐得不到支持[②]；对厦大，陈嘉庚也三次想从殷富友人中募捐无效，最后都只好自费开办。深究其因不难发现，主因是久居海外的华人对中国感情淡漠，故对陈嘉庚募款回国办学自然以淡漠回应。之后他总结：移居东南亚华侨原有一千余万人，不幸有一百多年移民历史的福建华侨后代，在南洋出生的华裔虽有许多继承祖业的富翁，但多未到过中国，与先祖土地完全失去联系，也受殖民地国家影响，他们对祖国漠不关心，要其向筹赈组织捐献很不容易。[③]显然，早期华人有善行，且很多都轰轰烈烈，影响深远。但很多捐资兴学、热心公益之举，是所处南洋社会环境所形成的晋升侨领的通路需要，当然不排除与儒家传统思想中的人性本善及大力宣传“行孝劝善、世间有情”[④]的佛教信仰在华人群体中的盛行不衰有关，同时也与很多华商趋于实际的类似“光宗耀祖”“留芳百世”的功利心态脱不了干系，加上祖国观念淡薄等，是华人善行局限的必然结果。

无论如何，这些先驱的热心公益慈善之风，是引领陈嘉庚走上慈善公益之路的榜样。

3. 接受西方习俗

闽南华侨是最早、最近距离接触西方文化、东南亚各族文化的中国人。[⑤]他们使原乡闽南人的眼界更加开阔。与此同时，他们也使新加坡华人能够较早接触、乐于接受来自西方的新鲜事物，如新加坡华人组织华人赛马、华人滚球场、参加舞会等。[⑥]

1935年1月陈嘉庚接受陈达访谈述及他观察到的诸多方面情况。比如迷信方面：自民元以来，华人迷信逐渐减少；但盂兰会及迎神赛会尚有，特

① 陈嘉庚:《南侨回忆录》，南洋印刷社，1946年，第6页。

② 陈国庆:《回忆我的父亲陈嘉庚》，中央文献出版社，2001年，第22页。

③ 陈国庆:《回忆我的父亲陈嘉庚》，中央文献出版社，2001年，第24、45—46页。

④ 见新加坡保赤宫陈氏宗祠编:《保赤宫125周年纪念特刊》，新加坡保赤宫陈氏宗祠发行，2002年8月，第189—204页。

⑤ 陈耕:《闽南民系与文化》，鹭江出版社，2009年9月，第178页。

⑥ 宋相旺著、叶书德译，《新加坡华人百年史》，新加坡中华总商会，1993年5月，第127—128、129、135—136、150页。

别在槟榔及马六甲。妇女喜欢烧香，祭祖习俗比较普遍。学生倡言打破迷信，但他们的行动在社会里尚无多大势力。服饰方面，华人服式简单，贫穷者大半马来化，男子上身往往一丝不挂。据说民元以前，新加坡华人区域仅有袜子两双半，此话虽形容太过，但亦局部反映当时的社会概况。缠足陋习方面，“民元以前，华人缠足者甚多，至20世纪30年代则已逐渐废除。侨民妇前用马来装，30年代用上海装（旗袍）。马六甲侨民前说马来话，近渐采用中国话。”①

这些变化显示华人乐于接受新鲜事物之积极心态，为华人能快速融入新加坡多元社会及获得自身群体成长提供基础。陈嘉庚也不例外。后人评价说，华侨中的杰出人物，如陈嘉庚等，更是对中华文化和西方文化都有深切的了解。他们多为事业成功，家大业大，有的还聘雇洋人来当经理、会计、伙计。除此他们能以一种平等的心态、冷静的眼光来观察和比较中西文化，权衡利弊，包容接纳。因而使闽南文化在中华文化的现代发展下有许多出色贡献。②

三、殖民政府的法治社会

英国人是近代资本主义政治制度的开拓者。英国政治制度的发展呈现鲜明的原创性。当欧洲宗教机构和封建割据势力肆虐之际，他们已经建立了独具特色的司法陪审制和地方管理体制；当欧洲封建专政主义普遍加强时，他们发动资产阶级革命，摧毁封建主义根基，创立了资本主义君主立宪制；当欧洲诸国也开展资产阶级革命时，他们又在政治领域实行广泛改革，创立了资本主义责任内阁制、两党制和文官制。西欧历史学家哈勒维曾评论说：“英国是供宪政考古的博物馆，这里积聚了以往岁月的陈物遗迹。”美国学者海斯等人指出：“英国是第一个摧毁专制政体的国家，但也是最后建立民主政体的国家之一。”此外，连续性、渐进性和灵活性都是英国政治制度的发展特征。③

① 陈嘉庚访谈口述（1935年1月31日受访），《浪迹十年》，陈达著，商务印书馆，1946年，第67—69页。

② 陈耕：《闽南民系与文化》，厦门：鹭江出版社，2009年9月，第178页。

③ 序，《英国政治制度史》，阎照祥著，北京：人民出版社，1999年9月，第1—4页。

对于英国法律，奈杰尔·坎贝尔等评论认为：中国的法律是具有伸缩性的，而且任由官员去解释，但西方的法律是严格的，只能由法庭来解释。[①]在英国，法制是维系社会的准绳。英国人对法律制度的严格遵从体现于细微之处。如英国石油公司曾要铺设一条新天然气地下输运管线，其中一段要通过一位老太太私人地产的地下。用舆论施压仍未获同意后，公司只好改道施工，以遵从保护私人财产的英国法律。[②]

作为英国殖民地，新加坡在长达近一个半世纪的殖民时期，所实行制度多是英国政治法律的移植，再结合当地一些特例的结合体。从 1819 年至 1867 年，新加坡和其他海峡殖民地同处于英国东印度公司的直接管辖之下，海峡殖民地首长只是驻扎官，无行政或立法议会，重大决策往往由加尔各答做出，并由在伦敦的东印度公司董事会核准。1832 年，新加坡的政治和经济重要性已超越槟城，并代之成为海峡殖民地的中心。1867 年，新加坡实行建立在英国宪法范本基础上的皇家殖民地宪法。皇家殖民地的最高人物是伦敦殖民部委任的总督。由高级官员组成的行政议会协助总督管辖事宜。总督也有权提名 4 位非官职成员组成立法议会。1869 年苏伊士运河通航极大增进了新加坡转口贸易，使其各方面领先于马来亚，引发马来亚海峡殖民地权力分散的争论，但都未改变此时期英国的消极及偏重于法律和秩序的惯例方式，符合当地移民对政治漠不关心但又非真正敌视的民情。直至“二战”前，新加坡和马来半岛上大多数州一直拥有建立在英国法律基础之上的适应本地环境、利于贸易和商业基层结构的行政制度。行政体制也许缺乏想象力和遵循常规，但肯定是认真行事和不贪污腐败的。[③]

从小即接受西方教育的峇峇林文庆也认为，英帝国的成就使殖民地人民沾光不少，拥有一张不列颠护照的华人到处受到优待；更重要的是，英国的殖民地统治政策表面上仍建立于公正与平等的原则下，摈弃对有色人种的偏

① 李光耀：两个城市的故事——二十年的变化：李光耀在香港大学演讲辞摘要，《英国如何撤出殖民地》，香港文汇出版社，1993 年，第 149 页。

② 俞琪：英国人的法制观念，《中国人与外国人——世界各国人的性格与文化侃谈》，孙正治编，北京：国际文化出版公司，1997 年，第 381 页。

③ 李文郁：新加坡的政治发展（1929—1979）——从区域都会崛起为环球城市国家，《从星洲日报看星洲五十年：1929—1979》，星洲日报编，1979 年，第 A37—A38 页。

见和歧视，也不屑使用驱逐、同化或奴化的强硬手段，这种开明政治确实令人民受惠不浅。[①]

"二战"前的英国殖民地政府行政方式以法律和秩序为重，也不认为在移民为主的居民中间发展本地意识是一件重要的事。[②]有人认为，新加坡独立后的经济发展政策是采取标准的资本主义，但在社会建设政策却采取标准的社会主义，这种综合政策表面上看是矛盾的，但在发展过程中却证明是效率最高的一种制度。战后新加坡的这种制度，部分是受惠于承继英国体系所保留下来的法律和公务员制度。新加坡之所以在社会经济发展上有特出成就，除吸取了英国制度精华，有效利用英语商业价值外，同时保存亚洲民族，尤其是华人刻苦耐劳、奋发求进的精神及华人经商经验，促进其与世界各国，尤其是远东地区的商业关系。这些因素，配合着精明的政治领导层，使近二十年来，新加坡的社会经济发展，如蛟龙猛风般的处处出奇制胜。[③]

新加坡殖民政府在不遗余力维护英国法制和殖民地利益的同时，力图平衡各民族和阶层间的利益。因而，众多大法官、检察官在退休或因病返英前，往往会获得部分华人社会代表表达敬意和感谢的颂词、祝词[④]，折射出他们对英国法制以及这些英国执行官对严从法治、履行职守的肯定。而且在英殖民统治退出新加坡后，其法律制度被之后执政的华人政党得以完整地保留并延续至今，即显示英国法制统治在近百年时间里带给他们的益处远大于其他负面记忆。

四、陈嘉庚在南洋的生活经历

1890年，陈嘉庚首次来新加坡入其父所经营顺安米店学习经商，从学做管理账目开始，边干边学，直至1904年父业因故破产，自立门户，于1904年先后创办新利川黄梨厂、日新黄梨厂、谦益号米店等。1905年他购

① 李元瑾：《林文庆的思想：中西文化的汇流与矛盾》，新加坡：新加坡亚洲研究学会，1990年，第182页。

② 李文郁：两个城市的故事——二十年的变化：李光耀在香港大学演讲辞摘要，《从星洲日报看星洲五十年：1929—1979》，星洲日报编，1979，第A41页。

③ 陈寿仁：新加坡五十年的社会发展，《从星洲日报看星洲五十年：1929—1979》，星洲日报编，1979，第51—52页。

④ 宋相旺著、叶书德译：《新加坡华人百年史》，新加坡中华总商会，1993年5月，第316—317页。

地五百英亩种植黄梨，开办冰糖厂、饼干厂等，1906 年购 18 万粒橡胶树种在黄梨园兼种树胶，开始涉足树胶业，后也涉足航运业，经艰苦创业，逐渐建立了规模庞大的跨国企业集团——陈嘉庚公司，业务范围遍及东南亚、中国及欧美等国，为新马实业家和工业先驱，被誉为“橡胶大王”。

办企业的同时，陈嘉庚也热心社会公益慈善事业，积极参与社会活动，关注本地与家乡命运，为社会发展做出贡献。凭借日渐增强的实业财富，逐渐攀升入新加坡华社的上层，不但加入了当时的富人俱乐部——怡和轩俱乐部，也成为树胶公会、福建会馆等重要华社主流社团的骨干成员，成为知名的社会活动家。

成为富商后，陈嘉庚自认“金钱如肥料，散播乃有用”，一生倾力兴学，认为“国家之富强，全在于国民，国民之发展，全在于教育，教育是立国之本”。因此，陈嘉庚几乎倾其所有捐资兴学，推动教育事业发展。在本地方面，陈嘉庚先后倡导或参与创建的学校有道南学校（1907 年）、爱同学校（1911 年）、崇福女校（1915 年）、南洋华侨中学（1918 年）、新加坡水产航海学校（1939 年春）[①]、南洋华侨师范学校（1941 年 8 月）[②] 及南侨女中（1947 年）[③] 等。1929 年，捐资 1 万元作为莱佛士学院成立基金。在福建，陈嘉庚除 1913 年开始创办集美学校外，更于 1919 年开始倡办厦门大学，聘请林文庆为校长，并从 1921 年至 1936 年独资维持 16 年之久。即使在经济危机，陈嘉庚公司陷入困境时，他仍然坚持“宁可变卖大厦，也要维持厦大”。后因经济困顿实在难以为继，终将厦门大学于 1937 年交给政府，改为国立厦门大学。时至今日，厦门大学仍尊陈嘉庚为校主。

陈嘉庚也积极参与本地社会活动。1929 年，出任福建会馆主席，开始领导闽帮并主持福建会馆改组工作。改组后的福建会馆改总理制为委员制，领导层由 35 名执行委员与 5 名监察委员组成。新改组的福建会馆执行委员会 35 名委员中，5 名为常务委员，陈嘉庚任常务委员会主席。执行委员会下设总务、教育、经济、建设和慈善五科，监察委员会主任为李振殿。自此福

---

① 陈嘉庚著:《南侨回忆录》，集美翻印本，1993 年，第 113 页。

② 陈嘉庚著:《南侨回忆录》，集美翻印本，1993 年，第 438 页。

③《怡和轩九十周年纪念特刊（1895—1985）》，1985 年，第 50 页。

建会馆面貌一新。此外，陈嘉庚还曾两度出任新加坡中华总商会协理。1923年出任怡和轩俱乐部总理。

陈嘉庚亦十分关心中国形势，积极奔走，支援国内抗战和各项建设。1937年卢沟桥事变后，陈嘉庚出任新加坡华侨筹赈祖国难民委员会主席；1938年，出任南洋华侨筹赈祖国难民总会（即南洋筹赈总会或南侨总会）主席，除捐款捐物外，又组织招募3200余名机工回中国服务，支援抗战；1941年出任南洋闽侨总会主席，并应英国总督之邀，任新加坡抗敌后援会主席，组织华侨出力保卫新加坡。[①]新加坡沦陷后，陈嘉庚在校友帮助及掩护下辗转避居于印尼爪哇。“二战”结束后陈嘉庚安全返回新加坡，再次组织号召新加坡侨众团结一致，开展收集伤亡损失，编辑出版《大战与南侨·马来亚之部》[②]等，为促进侨团侨社恢复及发展不遗余力。中国内战爆发后，陈嘉庚又联合张楚琨等人创办《南侨日报》，对抗南洋国民党的舆论之争，指引侨众支持正确的舆论导向，为中共的胜利给予了海外舆论支持，获中共领导人高度赞誉。1949年6月应邀回中国参政议政，返新加坡后不久决定回中国定居，于1950年5月永久离开了新加坡。

五、土生华人林文庆对他的影响

土生华人与新客华人群体因诸多因素自来就有隔阂。陈嘉庚与林文庆，一个是代表继承东方传统的“大清子民”的流寓迁民，一个是代表接受西方思想的殖民地“皇家华人”的土生侨民，幸而他们俩都具有卓越的见解、开明的思想、锐利的眼光，携手合作，相得益彰，……这是海外华人历史的奇迹！[③]接受英文教育、日后任厦门大学校长的海峡华人精英林文庆，对陈嘉庚的影响不能小觑。

陈嘉庚对校长林文庆的评价甚高。陈嘉庚素来仰慕林文庆，认为“南洋

① 陈嘉庚（1874—1961），《世界福建名人录·新加坡篇（1819—2012）》，新加坡福建会馆编，新加坡焦点出版社，2012年，第91—92页。

② 南洋华侨筹赈祖国难民总会编印：《大战与南侨·马来亚之部》，新加坡新南洋出版社发行，1947年。

③ 陈育崧：陈嘉庚研究计划导论，《陈嘉庚》（影印本），陈育崧著，厦门大学同学陈嘉庚研究丛书，1969年，第1页。

数百万华侨中，而能通西洋物质之科学，兼具中国文化之精神者，当首推林文庆博士”。[①]

事实上，林文庆对陈嘉庚的影响并不仅局限于教育方面，甚至在陈嘉庚的日常生活中，都留下了林文庆施予他影响的诸多印记。据陈嘉庚的儿子陈国庆回忆：“他没有喝咖啡的习惯，因为林文庆告诉过他喝咖啡的种种弊端。”[②]

见多识广的林文庆对陈嘉庚的实业和办学经常提出中肯的建议，如引荐介绍陈嘉庚从陈齐贤手中购买了18万粒橡胶种子，带领他涉足橡胶业，成就了他日后橡胶王国的辉煌。对于橡胶制品的推销，林文庆又将在英国伦敦所见英人推销印度茶的方式告诉陈嘉庚，使他受启发，以遍设门市自销方式取代代销，从而使陈嘉庚公司橡胶制品名扬中外。

而英文教育出身的林文庆注重学生的英语入学测试，迫使陈嘉庚提醒叶渊要加强集美学校中学生的英语教学，同时林文庆秉公不阿的治学态度让陈嘉庚打消叶渊从中说服从宽优先录取集美学校毕业生的想法，专注于提高学生的教学质量，从而杜绝了中国人惯用的关系人情及特殊照顾的消极方式。

在新加坡，林文庆早期在新加坡倡办教育的各种行为，也对陈嘉庚产生过不容忽视的影响。1899年林文庆开女子教育先河——开办新加坡华人女子学校（Singapore Chinese Girls School）[③]等。陈嘉庚于1913年初开办集美小学后，又于1917年开办集美女子小学。[④]

在新加坡社会地位显赫，不论是商业、教育、社会公益等各个领域都成绩卓著[⑤]的林文庆放弃在新加坡的一切，接受陈嘉庚之邀承接厦门大学初创重任，帮助陈嘉庚实现教育救国的宏愿。他对重教的舍身取法是强化陈嘉庚重教理念、激励陈勇往直前的动力。

---

① “避诬”，《南洋商报》，1924年6月16日。

② 陈国庆：陈嘉庚的私人生活，《回忆我的父亲——陈嘉庚》，中央文献出版社，2001年，第122页。

③ 新加坡福建会馆编，《世界福建名人录·新加坡篇1819–2012》，新加坡焦点出版社，2012年，第159页。

④ 陈碧笙、陈毅明编：《陈嘉庚年谱》，福建人民出版社，1986年，第20页。

⑤ 严春宝：《一生真伪有谁知——大学校长林文庆》，厦门：厦门大学出版社，2011年，第244–245页。

在陈嘉庚实业愈为发达后，林文庆便建议他将这笔钱用来兴建一所大学，培育英才。[①]显示，林文庆确实对陈嘉庚在福建家乡创办厦门大学产生了影响[②]。对此，陈嘉庚侄子陈共存也给予认同：早在1912年秋，陈嘉庚在回国途中的轮船上与林文庆不期而遇。陈嘉庚在首种橡胶时曾得到林文庆的帮助。过后两人交往甚密，如今又在回国旅途中相遇，不禁喜出望外。两人当即在轮船甲板上，迎风长谈，共相感慨国家教育不普及和民智未开的落后情况，一致认为中国之贫弱与被人轻视正是因多数人民在无知的黑暗中，许多旧习、陋习阻碍了国民的觉醒。他们都觉得自己有责任帮助这新生的民国建立在一种稳固的基础上；而要做到这一点，最好的办法就是提高人民的教育程度，给民众以知识之光。[③]

或许可以说，倡办大学无疑是陈嘉庚的理想，而真正将陈嘉庚这一宏愿得以付诸实践并逐步实现的人物却是林文庆。对于私立时期的厦门大学来说，陈嘉庚和林文庆可谓最佳搭档，二者缺一不可。除了林文庆之外，或许没有人可以这么长久地坚守厦门大学校长一职长达16年之久。厦门大学初办时条件简陋，经费也时常捉襟见肘，国内的一般学者教授根本无法了解陈嘉庚在海外赚钱时的种种艰辛，自然也就很难体谅每一分办学经费的来之不易。除了有鲁迅捐出两个铜板办大学的讽刺之举，更有陈嘉庚聘请的第一位校长邓萃英在大学草创阶段便轻易地向陈嘉庚提出“履行开办大学演讲稿中的诺言，把开办费100万元、经常费300万元提出来给厦门大学主持人去管理”。当陈嘉庚追问他一时提这样多巨款要做何种布置时，邓萃英居然说：“除继续建筑校舍外，其余要在东三省（现在的辽宁、吉林、黑龙江）购买地皮、开垦农田、辗转买卖以获巨利。”且他本人可直接管理或托友人帮助管理。[④]与此相反，林文庆出生南洋，且自身也从事过商业，自然深知每一分钱之得来不易，因而能做到精打细算，用好陈嘉庚费尽心力所赚来的每一

① 毕观华：林文庆，载《怡和轩俱乐部九十周年纪念特刊（1895—1985）》，黄溢华等编，新加坡：大水牛出版机构，1985年，第78页。

② 林文庆校长传略，载《厦门大学七十周年校庆特刊1921—1991》，厦门大学台湾校友会编，1991年。

③ 陈共存口授、洪永宏编撰：《陈嘉庚新传》，新加坡：陈嘉庚国际学会、八方文化企业公司2003年联合出版，第43页。

④ 陈延庭：厦门大学建筑史，载《陈嘉庚研究文选·2》，曾讲来主编，厦门：厦门大学出版社，2007年，第184—193页。

分钱。关于这方一面，陈敬贤曾针对学校的缩减开支在致陈嘉庚函中说过："请即函达林校长，盖其深能体念咱经济之不裕而为咱打算，必不致生出如何误会也。"[①] 可以说，林文庆深刻地影响了陈嘉庚，而他与陈嘉庚的诸多共同点使他也成为陈嘉庚的有力襄助者。

第二节　新加坡西洋人倡导的社会价值体系和发展理念

英国殖民者通过在包括新加坡在内的南洋长达百年的殖民统治，将他们倡导的社会价值体系和发展理念进行了无形中的传播，影响、改变了这里的人和社会。尽管他们的初衷是为了维持当地稳定，为自由贸易服务，为宗主国牟利服务，同时也有诸多不利华人的措施，但留下的积极方面仍值得肯定。这些都对陈嘉庚产生了重大影响。

一、自由贸易理念与政策

英国海外殖民地的经济政策，呈现从重商主义向自由贸易的转变。在马来亚地区，殖民政府大力鼓励商业活动，为这些南来的华人，尤其是商人，提供了良好的经商机会。因而，新加坡岛上的粤闽馆由其上的园主与商人创立、主持的特色，正是与马来亚殖民政府的政策有着密切关联的结果。

殖民政府重商政策和鼓励华商成为华人社会领袖，主要基于本身经济的考虑：这些华商除了在经济活动方面具有影响力外，便会进一步争取成为社群领导者，以便利其经济的发展。华商便是在如是情况下，在本地区取得了族群领导地位，打破他们在中国受士绅阶级主导的局面。[②]

殖民政府的经济政策，主要有倡导自由贸易，保护一切商贸活动，使商人得到真正、切实的保护；同时，给予华人商人、马来人、印度商人与欧人商人同等的商贸权利和义务，即严格实行所颁行的商贸制度。[③]

① 《陈敬贤致陈嘉庚家书摘录——1924 年 6 月 29 日书摘要》，见陈嘉庚：《南侨回忆录》（新版）下册，新加坡：陈嘉庚国际学会、陈嘉庚基金会联合出版，1993 年。

② 利亮时：《一个消失的聚落：重构新加坡德光岛走过的历史道路》，新加坡国立大学中文系、八方文化创作室联合发行，2009 年 8 月，第 51 页。

③ 参见宋相旺著、叶书德译：《新加坡华人百年史》，新加坡中华总商会，1993 年 5 月。

在优待商人措施方面。1822 年底，莱佛士回到新加坡策划新市区发展计划，划定不同种族的住宅区。在 11 月 4 日发给主席戴维斯上尉（Capt. Davis）和蒙威及庄士顿两位委员（Messrs.’ Bonham and A. L. Johnston）的书面指示中，他将华人居民略分为三个阶层，除下层阶级和耕种者外，着重指出从事商业活动的较高和受敬重的阶级。故在关于华人甘榜的指示中，他指出为这些从商者提供设立专门的、优于一般聚居地条件的居留空间。在税制方面，据李钟玉记述，新加坡自开埠以来，进出口各项货物一概免税。唯有烟酒则征重税，由华商设立公司包纳。烟、酒公司的月包税为殖民政府财政收入款的大宗。另地租估屋值十取一，其他抽捐名目尚多，唯皆不苛取。[①]如此宽松的税赋环境，与当时中国国内的苛捐杂税形成鲜明对比。

同时，为了规范行业行为，英殖民政府也积极联合英国商人与全新加坡商人，组建整体性的商业组织，共同推进殖民地的商业发展，体现着对各种族商人的尊重，但也是为规范商业活动市场采取的措施。1837 年 2 月 22 日，新加坡全体商人、全体代理商和其他与新加坡贸易有关系的人，成立了一个由主要的欧洲商人和本地商人组成的商会（Chamber of Commerce），选出的 11 人第一届理事，包括两名华人在内，即钦元和源泉（Kim Guan and Guan Chuan）和赛阿布巴加（Syed Abubakar）。这一措施获得肯定。一个叫纽博特的人对此评述："英国商人把商会的大门向当地商人开放并使他们参加如第一届理事会，其磊落大方的行为是一种好意和值得尊敬的情谊的证明，这无疑地将会产生交互作用而得到极好的成果。"但五个月后此两名华人商会会员却因把四箱掺假的、质量低劣、重量不足的鸦片卖给一个犹太人，而遭到开除商会会籍处罚。[②]由此严厉规范英国所要传达的公平竞争、但须诚实经商的商业理念。此例使华商们意识到，在中国，关系、人情世故可以肆无忌惮地打破一切既定的法律或规则；但在南洋这个严格遵循游戏规则的商业社会，只有遵循英国人的商业活动规则才可生存、发展。这一理念，即是深植于经历十年学徒生涯后的陈嘉庚心中的商业信条之一，为他之后创业成功奠定了基础，使他成为诚信华商的典范。

① ［清］李钟玉：《新加坡风土记》，光绪十三年（1887 年）；许云樵批注：1947 年 2 月，第 7 页。

② 宋相旺著、叶书德译：《新加坡华人百年史》，新加坡中华总商会，1993 年 5 月，第 33 页。

二、城市发展有序规划

新加坡开埠后，对于这个新兴城市及时进行合理规划，成了英国殖民者首先要做的事，以为日后的长期发展奠定基础。1822年底，莱佛士爵士再次回到新加坡，他尤其忙于新市区发展计划的策划工作。1822年10月29日他发出布告，委任由三个欧洲人和从阿拉伯人、马来人、武吉斯、爪哇人和华人各主要种族的代表各一人组成的委员会，对本地不同种族的住宅区加以划定。依据莱佛士在1822年11月4日发给主席戴维斯（Davis）上尉和蒙咸及庄士顿（Messrs.’ Bonham and A. L. Johnston）两位委员的书面指示，他把华人居民大略划分为三个阶层，除了不考虑在拟议市区范围外的耕种者外，他将他所尊崇的重商、优待商人的原则在城市规划时的实践中进行了兑现。一方面，划归一块专门区域给下层阶级的华人聚居，因为从已经定居下来的华人数目以及从这个地方对那个勤劳的民族具有特别吸引力看来，可以推断，华人一定是构成社会群体的最大部分。所以要把新加坡河西南部的整个部分（除了那些已划出给欧洲人和其他商人使用的地方）都划归他们作为聚居之用。另一方面，对于从事商业活动的较高和受敬重的阶级，“……必须把定居者和行商区别开来……对于后者，特别对那些从厦门来的行商应倍加注意，鉴于他们在商业上的重要性，值得考虑是否适宜在欧人与苏丹居处外的军营西边，划出一块单独地段分配给他们作为旅新时居住。政府的目的是要对各种商人提供最好的居住条件，对那些受尊敬的阶层，更是如此……”，所以只宜把这些便利条件提供给那些懂得利用它们的商人。而从全体人民的便利和清洁来考虑，莱佛士亦指示规划市场分布，把鱼市场迁移到直落亚逸去，并集中鱼、猪肉、家禽、蔬菜市场地点，达到总体便利和清洁目的。对于在规划中需迁居者的居民，以及须从拟议新市区范围内迁出的菜农和其他耕作者，政府都给予相应补偿。①

在城市道路建设和绿化方面，英国人也将英国式思维和审美观在新加坡翻印出来。李钟玉当时见到的新加坡是：“坡中道途宽坦，修治之工，终年不辍。桥梁多以精铁为之，较之上海租界各桥，更形坚固。马车路四通八

① 宋相旺著、叶书德译：《新加坡华人百年史》，新加坡中华总商会，1993年5月，第9—11页。

达，无往不利。每于申酉之交，驰车骋游，沿海滨以入山内，浓荫深树，细草疏花，不绝于目，时或一溪一桥，两三茅屋，或层楼杰阁，隐约林间。昔人所谓入山阴道应接不暇，殆亦似之。夕阳将下，闻猿猿喔喔声，恍惚峰泖景象，几忘其置身万里外也。”李钟玉认为，这种简单而不失美观和实用性，正是英国人实用主义的体现，与中国人在公园和私人花园建设方面的奢华风也形成鲜明对比。[①]

另英国人采取各项措施予以解决生活需要及便利问题。如对于生活用水来源问题，英国人采取两种方法解决。一种是“于西北山高处，寻泉源，凿池蓄水，用沙滤清，以铁管引至人烟稠密处”。另一种是在山上凿池，接雨水进行沙滤净化，“散入支管，便民取用。居民多通管入屋，量出水口门多少取值，不限用度。惟数日不雨，则受之以节云”。[②]再如为维持秩序、维护稳定和平的商业环境，妥善安置游民，政府的补救办法是发放一年食米补贴，并送其到内地垦荒。对于海盗，政府则鼓动新加坡华商自己出资装备四只大商船进行定期海上巡逻和保护。[③]还有定点报时制度。两升旗山，俱有炮台。王家山每日 12 点钟放炮一响，以准钟表，礼拜日改 1 点钟放，黎明 5 点钟，黄昏 9 点钟，各放一响，以定昼夜。而火警之办法则是：凡遇火警，传电至王家山，即放炮放火箭，日则悬旗，夜则悬灯。炮之响数与旗灯之颜色，分出地段，使人一望而知。救火车闻炮即出，沿途皆有水门，浇灌甚便，故无大火。[④]

1921 年至 1942 年，新加坡按照欧美已改善市区，屋宅占地面积至多半数，余者即是街道、人行路、树木、公园、运动场、草地、花园等。自 1921 年起，新加坡市政更大改革，将全市通盘计划，凡不合卫生之住屋逐渐改建。规定街道、后巷具体宽度，政府及公共机关、公园、运动场、游憩所的具体位置；某区建工厂及货仓，其他商店住宅亦各有规定区域。至市内店屋住宅，长度亦有限定，前已建旧式屋宅，凡超过限定者概须拆卸，剩余空地，不得复建小屋，均由市政局管辖，改作儿童游戏运动场，或草地花园

① ［清］李钟玉：《新加坡风土记》，光绪十三年（1887 年）；许云樵批注，1947 年 2 月，第 15 页。
② ［清］李钟玉：《新加坡风土记》，光绪十三年（1887 年）；许云樵批注，1947 年 2 月，第 14 页。
③ 宋相旺著、叶书德译：《新加坡华人百年史》，新加坡中华总商会，1993 年 5 月，第 22、25—26 页。
④ ［清］李钟玉：《新加坡风土记》，光绪十三年（1887 年）；许云樵批注，1947 年 2 月，第 12 页。

等。这一系列改革措施收效显著。故至 1941 年，住民增加，但死亡率和疫病亦已罕有。陈嘉庚认为其原因大半即是上述改善住屋适合卫生之效果。[①]

三、社会价值理念

随着新加坡殖民地法治社会的形成，西方价值理念也逐渐被华人社会所接受，文明程度有所提升。

（一）尊重妇女和禁毒赌

长期以来，中国是一个男尊女卑的社会。在早期东南亚社会中，不论是移民人口或在教育、社会地位等方面，妇女也都滞后于男性。相比之下，英国人对妇女的尊敬却是由来已久的传统。女性地位在维多利亚女王身上获得了昭示。《三洲游记》曾对新加坡英国人尊重妇女、强调男女平等的精神进行了描述[②]。据宋相旺记述，阿都拉（Abdullah）曾在其《自传》(Hikayat)（1840 年）中记述了 27 个女奴从苏丹后宫逃到警察署投诉其苦情，警署哥罗福先生允许她们到喜欢的地方安置。[③]而解决严重的华人女性娼妓问题，是新加坡政府采取的有效举措。据李钟玉记述，新加坡牛车水一带“妓馆栉比，闻注籍于护卫司之妓女，共有三千数百人，而此外之私娼女伶，尚不计其数。皆广州府人，或自幼卖出洋，或在坡生长者。频年香港贩幼女来坡，卖入妓院者踵相接”。故领事怜悯之，率同华人绅士一起告之于英总督，获准与护卫司讨论设立条款予以保护，设立保良局，常施巡察检视，使娼妓盛行之风得以减少平息。[④]这或许正是华民护卫司（Protector of Chinese）所管理的《妇女保护条例》(Women and Grils Protection Ordinance）为禁止或预防娼妓、欧洲及中国妇女买卖、虐待作用的发挥。1935 年 2 月中国妇女保良局即收容了 250 名女子。[⑤]

① 陈嘉庚著:《战后建国首要：住屋与卫生》，南侨印刷社，1949 年 2 月 25 日四版，第 1、3、10—11 页。

② 阙名：三洲游记，载《中外地舆图说集成》卷二二七，上海积山书局石印本，第 2—3 页。

③ 宋相旺著、叶书德译:《新加坡华人百年史》，新加坡中华总商会，1993 年 5 月，第 20 页。

④ ［清］李钟玉:《新加坡风土记》，光绪十三年（1887 年）；许云樵批注，1947 年 2 月，第 12—13 页。

⑤ 据曾任华民护卫司的 V.W.Purcell 所述。V.W.Purcell 采访口述（1935.2.1），《浪迹十年之行旅闻记》，陈达著，商务印书馆，2013 年，第 95 页。

新加坡女子教育的发端始于接受西方教育的林文庆，联合其他海峡侨生一起创办了第一所女子学校，打破了华人惯常做法，倡导西方男女平等文化理念。应该是影响、促动陈嘉庚在国内首办女学的动因来源。

上文提到，新加坡自开埠以来，进出口各项货物一概免税。唯独烟酒进口则征收重税。此项措施的目的即是为了严格限制烟酒之物在自由港新加坡的流通。因这两类东西多半是引致人犯罪、导致社会混乱的罪魁，会增加维持社会稳定的成本，百害而无一利。但在早年英国殖民地时期，不论是在中国，还是香港，这两物均因厚利而屡禁不绝。在新加坡，这两物却由华商设立公司承包经营、包纳税。税赋为市政建设提供了很大贡献。烟公司月包税八万六千元，酒公司二万一千元，二项为入款大宗。但重赋并未能阻止为其更丰厚利润的交易活动。其中华人是主要消费者。“因税重，南洋鸦片烟贵于中国数倍。……然吸烟者并不见少，且穷人尤多。”①

对于禁赌，1819 年新加坡开埠时，莱佛士就曾制定有禁赌政策。故而禁鸦片、反对设赌馆一直是莱佛士从制定新加坡开埠执政中所极力推行的政策。但一些驻扎官因利而放任，招致莱佛士不满。法夸尔在任职期内故意设立赌场税，破坏了莱佛士 1819 年所宣布的禁赌政策。由于华人居民人数众多，当中许多人沉溺于抽吸鸦片和赌博，于是驻扎官便有意效仿槟城和马六甲两处办法，不顾当时在明古连的莱佛士的强烈反对，设立烟馆、酒馆和赌馆饷码制度，从中获利作治安经费，且不久将赌摊交由华人甲必丹（China Captain）管理，坐收赌税作街道卫生费。这些烟酒馆赌场税收先被作为专款保管用作地方事业经费，后于 1826 年 6 月奉令缴入国库。1823 年 5 月莱佛士向法官征询颁发赌馆执照利弊的意见，获得赌博后患无穷的一致声称。于是莱佛士不顾驻扎官反对，颁布了禁止开放赌场和斗鸡场的 1823 年第四号法规，并引用中国刑法中的赌博惩罚条款（The Penal Code of China）：参赌者一律应受棍打十大板，没收全部充作赌注财物，并罚戴又宽又重的木制项圈一个月；……开设赌馆者，……亦应受到同样惩罚，所营赌馆充公。如在某种情况下，赌博各造应遭放逐。且因法夸尔中校开放赌博致对新加坡治理不当，徇私和犯法之事时有发生，莱佛士于 1823 年 2 月 4 日致信加尔各

① ［清］李钟玉:《新加坡风土记》，光绪十三年（1887 年）；许云樵批注，1947 年 2 月，第 7、13 页。

答（Calcutta）副总督请将其革职。阿都拉（Abdullah）在1840年《自传》（Hikayat）中肯定道："这些措施是人道的，使人们免于毁灭，赌博怂恿人们诈骗和不良的嗜好，因此，是极其害人的，而且赌博是邪恶之父，它共有三个儿子：大的叫保鸿先生（Inchek Bohong）（骗子），第二个叫朱里（Inchek Churi）（贼子），最小的叫宾武诺先生（Inchek Penbunoh）（凶手）。"[①] 表示他对莱佛士反对赌博措施的坚决拥护。

尽管英人赌禁甚严，但新加坡赌风仍然盛行不息。甚至有一局名天师公司，专引诱人去赌博，党羽极多，无法禁绝。[②] 此后多年中，赌场饷码问题一直持续为热议话题，尤其是1860年6月到9月《自由西报》（Free Press）以极冗长篇幅展开了讨论，致使英国纽卡斯尔公爵（Duke of Newcastle）、殖民部大臣（Secretary of State for the Colonies）对发放赌场执照利弊进行调查。关于反对赌场的法律在1856年的警察法令（The Police Act of 1856）的某些条款中已有制定，但因在1862年农历新年后的两周中，赌博自由泛滥，盛行成风，而警察则置若罔闻，极为昭然，引人注目，司法长官应33位欧商书面请求于6月12日在市政厅（the Town Hall）召开公众大会，讨论如何处理赌博恶习的措施问题。在多人参加的大会上，每人各抒己见，众说纷纭，一名华商提议应允许在一定时间内赌博，但后无下文。随后先后颁布了1870年的第十三号法令（Ordinance XIII of 1870）、1876年和1879年的修订法令，以及最后制定的（1888年第五号）公众赌馆法令（Common Gaming Houses Ordinance）（V of 1888）。华人虽完全认识到赌癖害处，但却一直禁绝不止。而赌场饷码制度也为马来联邦政府（The Federated Malay States）贡献了多年的大量税收。后随中华民国成立，华人自己提出明确要求废除了该制度。[③]1900年，受英文教育的海峡华人林文庆发起反赌博运动，为新马社会移风易俗、推动社会发展做出了贡献。[④] 这些都是陈嘉庚日后倡言、推行禁毒、禁赌言论的思想和经验源泉所在。

① 宋相旺著、叶书德译：《新加坡华人百年史》，新加坡中华总商会，1993年5月，第8、12—14页。

② ［清］李钟玉：《新加坡风土记》，光绪十三年（1887年）；许云樵批注，1947年2月，第13页。

③ 宋相旺著、叶书德译：《新加坡华人百年史》，新加坡中华总商会，1993年5月，第14—15页。

④ 新加坡福建会馆编：《世界福建名人录・新加坡篇》，2012年11月，第159页。

（二）养成卫生习惯

18 世纪中期由卫生引致的伦敦鼠疫事件给英国人留下了惨痛教训。从此引发英国人对卫生事项地注重与从严，甚至以法律形式对卫生各类细节详加规定。如此经年卫生实践使英国人获得了卫生重要性的红利，成为一种长久习惯和自觉，并被复制、移植到了各个殖民地。而英国人卫生要求严厉成为留给其他国民的首要印象。

相比而言，中国人的卫生习惯是引致西方人诟病和歧视的根源之一。1922 年集美学校师生在《集美周刊》上发文声讨当时校内学生爱吐痰行为，强调这种行为，按照外国卫生法律，必遭入警局罚款。西洋人非常专注于这种细小之事，因痰涕会滋生细菌，传播会致肺痨疾病蔓延，害人害己。因而这种痰简直比有形的枪炮杀人还厉害得多。因此上海租界英国人在所办电车布告声明，凡乘电车之人不准在电车上吐痰。又上海租界英国人办公园，各国人均可入内游览，唯独不让中国人入园。歧视却事出有因。公园初建成时允许任何人入园。但无奈中国人没有公德心，入园后非赤脚露体，即随意吐痰洒涕，屡禁不止，致英国人无奈，只能索性禁止中国人入园，反可保持园里清洁。实为中国人咎由自取。[①]

自新加坡开埠后，英国殖民者即开始对新加坡实行统一城市规划，自然也将其对卫生医疗的理念带到了新加坡。"二战"前新加坡曾被认为东方最清洁之城市之一。新加坡政府设有市区清洁部，专门管辖清洁卫生问题。制定有卫生条例，规定每户均须设置垃圾桶，盛放住户垃圾，不许随地乱丢。工部局每日均派有罗厘车前往各街区垃圾桶取走垃圾，各住户毫无理由将垃圾随地抛弃。该条例性质如同法律条例，如有违反，即诉诸法庭，以罚款为惩戒。

除居民垃圾外，莱佛士最初在做城市规划时，即从全体人民便利和清洁来考虑菜市规划。[②] 另外，西人医院病房的洁净透风 [③] 是给就医者的最直接印象。而殖民地监狱同样宽敞洁净，甚至胜过外面的华人聚居区，招致华人罪

① 孙继之：随意吐痰的不卫生，载《集美学校周刊》，1922 年 3 月 5 日，第五—六版。

② 宋相旺著、叶书德译：《新加坡华人百年史》，新加坡中华总商会，1993 年 5 月，第 11 页。

③ ［清］李钟玉：《新加坡风土记》，光绪十三年（1887 年）；许云樵批注，1947 年 2 月，第 16—17 页。

犯在刑满释放后不愿出狱，因舒服且有菜有肉吃。[①]

陈嘉庚于1890年初次到新加坡时，新加坡市政局即已采取了一系列卫生措施，包括规定了生死登记制度；对市民卫生甚为注意，如对自来水、防疫、除蚊、清洁、屠宰管理等均已有设备；每月派人视察市民屋内是否清洁；公共沟渠街道垃圾逐日清扫，运往市外销毁。这些措施在他1944年撰写《住屋与卫生》一书时的中国诸城市多尚未有。而在当时的新加坡，疫病虽常发生，然迅速消灭，不至蔓延。因此，至1921年之前，新加坡市区的住民不及五十万人，华侨约占三分之二，余为印度人及土人，欧美人甚少，每年死亡者一万二千余人，平均每千人死廿四五人。[②]

英国殖民者对新加坡的卫生建设获得华人们的赞同。新加坡华商郑莲德（Tay Lian Teck）认为市政府对于公众卫生各条例，改善个人生活并增加社会福利，中国最应仿效。[③]陈嘉庚对新加坡卫生的认可更是溢于言表，这或是陈嘉庚一生倡导卫生习惯的原因所在。

（三）提倡公益和正当慈善事业

对于西方人博爱、慈善的根源，钱穆归因为是基督教的功劳。他说：西方文化体系，若专就外形看，显属一种多角性的尖锐放射。而每一角度之放射指向，都见其世俗欲极强烈，权力追求之意志极执着，个性上之自我肯定极坚决。只有耶稣教教人超越现世，转向上帝，再回头来把博爱牺牲精神冲淡实际人生中种种冲突，而作成了那一个多角形的文化体系中之相互融合，与最高协调之核心。若在西方文化中抽去耶稣教，则必然会全体变形，成为矛戟森然，到处只是唯物与斗争之一个人类修罗场。[④]

信奉基督教的英国人对慈善事业的认同与肯定不加掩饰，是西方人乐善印象留给陈嘉庚颇深的记忆。1921年，陈嘉庚在厦门发起反对开彩票之事。事后陈嘉庚因建厦大校舍用料，往厦门海关查询税饷，该海关的主事为一英国人，他见到陈嘉庚后，即对他表示敬意，并说他前日阅报见陈嘉庚逐条驳

① ［清］李钟珏：《新加坡风土记》，王云五主编，丛书集成初编·海录及其他三种，上海及各埠：商务印书馆，1936年，第1—15页。

② 陈嘉庚：《战后建国首要：住屋与卫生》，南侨印刷社，1949年2月25日四版，第1、3页。

③ 郑莲德采访口述（1935.1.31），《浪迹十年之行旅闻记》，陈达著，商务印书馆，2013年，第94页。

④ 钱穆：《国史新论》，北京：生活·读书·新知三联书店，2012年10月第3版，第176—177页。

斥彩票之害，深为感佩，并引用西哲名言“当为人模范，勿模范于人”来夸奖陈嘉庚“实堪为贵国之模范人物”。这件事让陈嘉庚印象深刻，使他觉得“足见洋人之乐善，虽异国事亦能表同情也”。[①] 另在新加坡，英国人也曾专门为华人资助学校予以登报表扬和奖励。[②] 可见，西方人是大力鼓励慈善等具正面能量行为的。

另外，给陈嘉庚留下深刻印象的还有英殖民当局对华人慈善行为的认可和肯定。1940 年回国慰劳，陈嘉庚在张伯苓组织的茶话会上就厦门大学被改名之事，以新加坡殖民政府对“陈笃生医院”改名事件的处理阐发他对英殖民地洋人积极、正面做法的认同：新加坡“陈笃生医院”是华侨陈笃生捐资六千元创办，迨后由政府接收。因地方发达，规模扩大，每年政府开费至百余万元。距今约二十年，政府欲新办一中央医院，有人提议将陈笃生医院改为中央医院，并将此提案交新加坡“议事会”解决，遭华侨仅占三人的二十余人会议员的最终否决，理由为：“陈笃生虽仅捐六千元，当时若非彼首倡义举，安有此医院，今日政府如欲创办中央医院，应另外设立，不宜埋没创办人名誉。”故陈嘉庚认为“以殖民地洋人尚待华侨创办人如斯高风，我国素称礼仪之邦，反欲如是摧残，诚所不解，况厦门大学系地方名，与余姓名无丝毫关系也”。[③] 陈嘉庚用此例巧妙地驳斥了国民政府欲将他一手辛苦兴办的厦门大学改名之荒谬。

英国人设立的医院宽敞明亮，病房洁净透风，“西人医院之设，所以惠济穷黎匪浅。其治法有与中国不同者，……然其规制之善，固可仿行”。[④] 陈六使也认为，“中国人常说，有钱出钱，有钱之中国人虽亦出过钱，但比起外国人来，数目不可曰多。外国人于生时可能捐得少，惟于去世时，往往将全部财产捐出。故于生时，有钱不可捐献，诚属不智，富有者，遗留钱财与后人，只是贻误子孙。……本人见过有人因慷慨捐献而废业，却亦见过一毛

① 陈嘉庚：《南侨回忆录》，南洋印刷社，1946 年，第 11 页。

② PRIZE DISTRIBUTION，Eastern Daily Mail and Straits Morning Advertiser，11 February 1907，Page 3.

③ 参政员欢迎会，《南侨回忆录》，陈嘉庚著，1993 年集美翻印本，第 143 页。

④ ［清］李钟玉：《新加坡风土记》，光绪十三年（1887 年）；许云樵批注，1947 年 2 月，第 16–17 页。

不拔者，其结果亦荡然无存。”[①]

博物馆被作为英帝国的象征符号，[②] 因此，英国人特别偏爱在各地设立各类博物馆，以向包括中国士绅在内的观者展示英国称霸全球、四海咸服的威权。他们对博物院的重视不亚于对书院学校的重视，二者对社会文化的发展和研究均大有裨益，不仅在海峡殖民地政府 32 个官署中专设有“博物院及图书馆”（Raffles Museums & Library）部门，也在马来联邦政府 31 个官署中专设有“博物院”（Museums）部门，其地位与其他部门均平级[③]，显示着英国人对博物馆的重视。

陈嘉庚对南洋博物馆的印象是：南洋各地多设博物馆，陈列该地出产物品，如动物，植物，矿物及海产标本。[④] 途径新加坡的中国士绅如刘锡鸿、郭嵩焘[⑤]、李钟钰[⑥] 和王之春[⑦] 等人都曾到新加坡博物院有过印象深刻的参观考察，记录有对相关陈设内容较详细的描述，发出“闻伦敦博物院百倍于此，殊兴望洋之叹矣”的感叹，且使他们认识到博物馆对启发民智的作用。李钟玉认为：“西国于大小书院外，别有博物院。所以考平日之耳闻，征诸目见，实与书院相辅而行，于学问一道大有裨益也。”[⑧] 王之春认为：“其他若中国船橹、水车、纺具之属，群依式制一小者以资考究，盖西方人留心格致，非仅用为观玩之具已也。”[⑨] 李、王二人对博物院的作用有较为深入的认识，认为其与中国传统经文教育有异，是一种对书院知识行之有效的补充，可以通过

---

① 陈六使：开学仪式后晚宴上的谈话，载《南洋大学创办人陈六使言论集》，李业霖主编，霹雳南洋大学校友会，2014 年 2 月，第 93 页。

② 对博物馆作为帝国主义和殖民主义象征符号的论述，参见［英］斯图亚特 . 霍尔编，徐亮、陆兴华译：《表征：文化表象与意指实践》，北京，商务印书馆，2003 年，第 184—205 页。

③ 傅无闷主编：《南洋年鉴》，南洋商报社，1939 年，第二五一二六页。

④ 陈嘉庚：《新中国观感集》，新加坡怡和轩俱乐部、新加坡陈嘉庚基金、中国厦门集美陈嘉庚研究会联合出版，2004 年，第 28 页。

⑤ 郭嵩焘对新加坡博物馆的记述，参见郭嵩焘：《走向世界丛书・伦敦与巴黎日记》，钟叔河主编，长沙：岳麓书社，2008 年，第 950 页。

⑥ ［清］李钟钰：《新加坡风土记》，新加坡，南洋书局，1947 年，第 15—16 页。

⑦ 1894 年，王之春奉清廷之命前往俄国庆贺尼古拉二世登极，往返途中均途径新加坡，著有《使俄草》。

⑧ ［清］李钟玉：《新加坡风土记》，光绪十三年（1887 年）；许云樵批注，1947 年 2 月，第 15—16 页。

⑨ 王之春：使俄草，载《小方壶斋舆地丛钞》再补编第三帙，第 9 页。

博物院来扩充学者眼界，并通过展品来进行研究以获取现代科学知识。此种西方殖民者带来的博物馆文化，以博物馆为大众教育之另途的作用想法，或许也是后来陈嘉庚重视博物馆、兴建博物大观开展普及教育的思想来源。

（四）诚信和认真的职业精神

曾向陈嘉庚筹款办大学的新加坡美教会那牙校长，不但出于热心教育为马来亚缺一大学之故而筹办，且能在短期内便能筹足开办费用五十万，陈嘉庚总结认为原因与此项目主持者为西洋人“信用素著”[①]有很大关系。显示信用为洋人所重视的品质之一，常年注重信用对群体的信用度起着长久作用，并使信用这一要素成了西洋人群体的一个特质。这也是陈嘉庚在从商后对之形成认识并长久重视的缘故。

陈嘉庚对欧美人做事认真态度印象极为深刻。他所识美教会那牙校长“连分校学生数千名，终日事务丛脞，而星期日尚招一班学生补习，彼则义务亲教之，其自动负责勤劳如此”。他也曾去厦门参观一间日本人办的小学校，学生百余人，其中大半是华人，校长教师三人为日本人，其余教师则华人。校中玻璃橱内陈列山海各种标本不少，概系校长与两日人教师在本地采取制成，只玻璃橱为购得者。三人各任一部从其所好，如海产诸物，陆上动物及矿产等，每星期日自动负责采取。校内栽花不少，亦系学生工作。此情形异于中国教师乏自动性，使他颇生感想[②]，并被他用作劝解国内教师主动育人、认真办学的案例。

对于办学招生，陈嘉庚赞成多招学生而多聘管理员[③]，反对“学生勿多推，多则乏成绩”之论，因为他在新加坡见法国人办一中小学校，千余名学生共处一室。美教会办一校，学生四千余名，虽分教室，均在坡中，延兹多年，成绩卓著，久为市中所公认。学生一日缺课，若无父兄函达，则问罪之师立至；加次缺课，则除名。[④]他一贯主张多招生，多培养人才。因为“我

① 参加捐办星洲大学，《南侨回忆录》，陈嘉庚著，1993 年翻印本，第 31—32 页。

② 陈嘉庚：《南侨回忆录》，南洋印刷社，1946 年，第 10 页。

③ 管理员即监学页。按清末中等以上学堂设监学官称监学或学监，掌稽查学生处人、考查学生功课勤情及学生一切起居动作事宜页。辛亥革命后初期，中等以上学校沿用该制度仍设有监学页。见陈嘉庚致叶渊书信，1920 年 5 月 14 日，注一。

④ 致叶渊函（1920 年 5 月 14 日），载《陈嘉庚文集（征求意见稿）· 1》，华侨博物院编，1994 年，第 7 页。

国教师任务既异外国人，……私人负责办学既属少数，或认捐多少钱为已尽职责。若余亦何独不然，虽明知其弊亦无法改善。转念质虽欠佳，而量则愈多愈妙，所谓聊胜于无。余既明白了解斯义，故一意热诚致力，义无反顾，绝不因学生罢课，校事乖舛，财项有些差弊，便即缩手灰心。窃度民国初基，政局未定。质虽有差，量不可无，如水太清则无鱼，欲速反不达”。[①]他将以上实例反复加以推崇，显示着自己对西方人在教育方面认真、尽责的认同，并将西方人的办学做法和经验借鉴应用于自己的办学实践中。

总而言之，英国人代表的西方价值理念与社会治理模式，对陈嘉庚的价值理念和行为方式产生重大影响。

第三节　陈嘉庚对西方文化价值理念的认知

西方人将他们的文化思想和价值理念等带入新加坡殖民地，深刻地影响了陈嘉庚。他认为“英国宪章宽大，政治平等，推行博爱自由之精神，实施普及教育之政策，泱泱大国，休休有容，其对吾侨教育设施管理，视察指导，可谓十分周密，卫生设备，更为注意，此当为我国政府及居留侨胞所应铭刻不忘者”。[②]大体而言，陈嘉庚能吸其精华，去其糟粕，有选择地接受和践行。

一、企业经营理念方面

陈嘉庚认为，“先有企业而后能服务社会……”[③]，这是其日后诸多公益慈善事业开展的前提和基础。陈嘉庚首先是一位卓有成就的实业家，而后才成为一位建树显著的教育事业家，他的教育活动同他的企业经营管理有着直接的密不可分的联系。

从1904年到1934年，陈嘉庚的实业经营取得了卓越的成就，尤以1923年至1925年为“一生中登峰造极，得利最多及资产最巨之时”[④]。在这

---

① 陈嘉庚:《南侨回忆录》，南洋印刷社，1946年，第10页。

② 陈嘉庚：南洋华侨师范开校典礼致辞,《民潮：闽侨半月刊》，1941年第1卷第6期，第157—158页。

③ 弁言,《南侨回忆录》，陈嘉庚，南洋印刷社，1946年再版，第1页。

④ 陈嘉庚:《南侨回忆录》，1993年集美翻印本，第548页。

三年中陈嘉庚已有工厂三十余间，树胶园一万五千英亩，以及在马来亚、印尼、缅甸、泰国、菲律宾、中国及欧美等地区创设数十个分行，总计雇用职工达三万余人。尽管他的企业遭遇众多华人同行的竞争及殖民垄断资本的排挤和压制，却能不拘泥于中国旧式经营方式，吸收、采纳西方先进企业文化思想，摸索出一套与自身企业相适应的创新经营方式和管理模式，从而总是能独占鳌头。

一是商战竞争意识。陈嘉庚明确指出："吾人作事，当存有竞争之心，乃有进步之效。""身任职业之人，不可不时存优胜进取之念是也。"[①] 正是因为时刻保持竞争意识，使陈嘉庚几次三番都能在商战中获胜，如他初营黄梨罐头业时，有二十余家资本雄厚同业者，但数年后仅留数家，且他占领了该行业大半市场。又如做熟米业，初时亦同别家月制几千包，之后他则竟做至几万包。又初作树胶厂时，他在全埠华商中并不突出，但之后亦竟出人头地。诸如此类，他总结无不都是由竞争进步得来。成功后，他则寻找与更强者洋商们的差距，"虽以树胶一业而言，若较之洋商则逊色远甚"。因此，他强调"故此后仍当具有竞争之志，冀与并驾齐驱，或超过之，方算进步。但是要达此目的，绝非空言便可如意，要当勤谨深思，力图发展，俾生理获利，乃能遂意扩充，不落人后"[②]，作为对自己的鞭策。常存竞争意识是他成功的法宝。这是西方经济模式——市场经济传入英国殖民地新加坡等南洋地区后，华商需要积极应对和转变的经营思维，陈嘉庚不但成功完成了这种思维转变，且视为常态。

二是商业广告推销方式。在英国殖民地新加坡，西方人带来的营销方式，逐渐获得华商的广泛接受。陈嘉庚也不例外。1905 年 10 月，他在当地华文报《叻报》上刊登了自产黄梨产品的广告。[③] 这一举动为他带来了多月生意。之后他吸取各方经验，尤其是西方人的营商经验，应用于其公司自产橡胶鞋的销售。陈嘉庚曾听林文庆介绍英国人最初推销印度茶，在十字名街

① 陈嘉庚：愿诸君勿忘中国——离星归国前在恒美厂宴请同人时的演说（1919 年 5 月），《陈嘉庚教育文集》，第 167 页。

② 陈嘉庚：愿诸君勿忘中国——离星归国前在恒美厂宴请同人时的演说（1919 年 5 月），《陈嘉庚教育文集》，第 167 页。

③《华侨传奇人物——陈嘉庚》（中文简体版），第 40 页。

设茶肆，雇美丽妇人招揽顾客喝茶，只收茶资，喝一包送一包，如此门市零售先锋广告，使推销从门市推广至在各地开分行，变零售为批发，如此经年，印度茶由此在当地获得推广、打开了销路。据陈嘉庚统计，在新加坡的19处代销点所销售的胶制品数量，不及自家一店的三分之一销量。[①] 为广泛打开销路，陈嘉庚效仿上述西人经验，尽可能遍设门市部，取代借助代销的策略。

三是商业信息及时。诚然，重视商业信息是营商的基本要求，但陈嘉庚予以特别重视。兴办企业之初，父亲陈杞柏留给他的是沉重的债务和衰败凌乱的店业。本钱少、力量小的陈嘉庚从创办菠萝罐头厂开始步入实业界，竞争相当激烈。他先是调查发现了不引人注意、但利润颇丰的杂庄罐头，向其订货，独享厚利。“一战”爆发后，又直接抛售罐头制作库存材料白铁皮获巨利。同时看出战时航运大有可为，故涉足航运业，为企业运载原料和产品，又为英政府承运楠木片，解救了受战争影响的旧企业，且在不到四年间获利160余万元。不久，他又探闻到橡胶种植可获巨利，果断买来18万粒种子涉足橡胶业，并在“一战”后期将企业经营重点转到橡胶业上，逐步加以发展成为“橡胶大王”。他创业的眼光和魄力及其所产生的深远影响，非人人所能知。[②] 现代世界已进入信息时代，而当时的陈嘉庚就已注意到信息之重要，充分体现了他长远的战略眼光和对西方文化的认识及付诸实践。

四是引进西方现代化生产设备、技术和商业运营模式。在欧商林立的新加坡，陈嘉庚创业伊始，就吸纳西式运营方式，使公司独占鳌头，成为行业领头羊。陈嘉庚公司的现代化程度几乎与现代的公司企业模式相差无几。公司很多生意通过英文函件往来实现，采用现代化打字机，摈弃旧式记账法，而用与国际接轨的新式记账法，同时需要书记敏捷及熟练的算盘技能，还专设接电话员岗位，须通多种语言，尤其是马来语。[③] 陈嘉庚公司的商业模式以及高效业务方式，仍是现今世界各国企业的普遍情况。从到访新加坡的国内人士参观陈嘉庚公司的记载，可反映出陈嘉庚公司的现代化程度。如1930年宋蕴璞在《南洋英属海峡殖民地志略》书中的参观记录，还原、再

① 致叶渊函，1923年2月23日，《陈嘉庚文集（征求意见稿）·1》，第113页。

② 陈村牧：伟大光辉的一生，《集美校友》（陈嘉庚先生逝世二十周年纪念专号），1981年8月第四期，第11页。

③ 致叶渊函，1925年12月8日，《陈嘉庚文集（征求意见稿）·2》，第209—210页。

现了当时陈嘉庚公司树胶制造厂中全面应用西方先进技术的景象。[①]1930年3月6日，《马来西报》刊载了一位人士观后感，全面介绍了陈嘉庚公司制造厂的规模、机械、销路等，特别令其印象深刻的是该公司的现代化程度："陈嘉庚公司规模之大，为罕见。……该工厂中，举凡一切应备尽备之外，各款文具、印刷机械，亦咸备与该工厂中，信纸信封及石印之告白街招，罗列其间，五光十色，大观。……与人竞争时，依然决然，不惜将穷旧机械拆毁，代以省减劳力生产的宏达之新式机械"。[②]

在经营企业时，他不断观察、吸收先进的生产技术，将暹罗一家熟米厂晒粟米之法果断效仿，大规模改革恒美熟米厂的设备，获得较好成果。另他广聘洋技师，直接吸纳、转化其技术成果。陈嘉庚把西方先进生产技术引进国内工业，大胆进行试验。先在集美开设海产罐头厂[③]，1958年又试办海潮发电站。当时，中国及东南沿海均未见过，只有西方的法国有之。虽均失败，但他认为这是"正当之失败"，而"正当之失败胜于畏惧之失败，无悔恨也"。[④]

五是讲究诚信和产品质量。他一生坚守诚信原则，至死不渝。最突出的表现是他对产品一概要求货真价实，绝不含糊。陈嘉庚公司之重制胶绝不应用于胶轮之制造，胶轮所用之胶纯为新胶，且必取其质料极纯洁者。为保障质量，陈嘉庚本人甚至充当监工角色，"陈氏本人，且为一劳动最多之工人，自晨至暮，巡视各工厂之各部分，周而复始，孜孜不息，并未见彼有倦容也"。[⑤]陈嘉庚就是以诚信之信誉，让自己的产品赢得市场和用户的认可。

六是效仿西人的成本核算制度。陈嘉庚从事菠萝、黄梨罐头生产之始，发现同业"多乏精明之流"[⑥]，如各黄梨生产厂都在每季停工时才核计盈亏得失，因此每天采购和生产甚为盲目，即使亏损也无从发现。陈嘉庚引进西方财务核算制度，采取逐日核结得失的办法，即可作为次日采购标准，又可发

① 宋蕴璞：第一次参观陈嘉庚公司树胶制造厂，《南洋英属海峡殖民地志略》，宋蕴璞著，新加坡：蕴兴商行，1930年，第132—134页。

② 参观陈嘉庚公司制造厂后作：新加坡之实业，《集美周刊》，1930年第239期，第5—7页。

③ 陈嘉庚：畏惧失败才是可耻，《东方杂志》第31卷第7号，1934年4月1日，第5—10页。

④ 陈嘉庚：海潮电力，见《集美志》，陈厥祥编，第62页。

⑤ 参观陈嘉庚公司制造厂后作：新加坡之实业，《集美周刊》第239期，1930年，第5—7页。

⑥ 陈嘉庚：《南侨回忆录》，1993年集美翻印本，第527页。

现当天生产问题，使他在同行纷纷倒闭之时，仍获利。另外，他也极注意对资本的灵活利用，不仅注意加速自有资本的周转速度，且善于巧妙利用商品交易之款交接期限间隔的时间差，加速资本周转，节省暂付资本，也扩大营业规模，增加利润收入。①

二、对西方法制和某些理念的认同

陈嘉庚接受的西方理念，最重视的是守法理念。他一生严格遵循，且不断劝服其他侨众遵守。他以“眉头警语”印在《陈嘉庚公司分行章程》每页页头上，提醒、教导公司店员铭记：“法律济道德之穷，规章作办事之镜。”“好国民守法律，好店员守规章。”“公司之规章，同于国家之法律。”②他还另立《遗教二十则》教导子女后代，严守法律制度，做一个遵纪守法、安分守己的合法公民：“我居星数十年，未尝犯过英政府一次罪。”“居安思危，安分自守。”“吾人应安分守法，以培后盛。”另外，也教导子女“不取不义之财”“仁义莫交财”“不可见利忘义”“凡做事须合情合理，如不合情理，应勿为之。”③向他们传递自己光明磊落、正直无私、严于律己的为人处世观和义利观，显示着他对西方法制观念的认同和深刻影响。

对某些西方哲理，陈嘉庚也熟记在心，作为处事原则。他常在演词中引用西方哲理名言，“西人有云”“西哲有言”等显示他对这些西方哲学名言的认同。

他在很多演词中坦承，平生尤最服膺美国汽车大王之言曰：“正当之失败，并非耻辱，畏惧之失败，才是耻辱”。④因此，这句名言不但成为他的座右铭，也常被他引用。他甚至以《畏惧失败才是可耻》为题在1934年《东方杂志》上发表了一篇专论文章阐述他的观点。6千多字的文章中，不但引用上述汽车大王名言，更引用了西哲名言“凡有诚意为公益者，必须先近后远”⑤之句，足见他对不惧失败勇于尝试和服务公益事业先于行动的西哲理念

① 张殊明：《怀念伟大爱国者陈嘉庚老人》，《集美校友》，1983年第4期，第14—15页。

② 陈嘉庚公司分行章程：眉头警语（自印1929年），载《陈嘉庚教育文集》，第155—157页。

③ 陈嘉庚：遗教二十则，载《集美志》，陈厥祥编著，1963年，第117—118页。

④ 陈嘉庚：闽省教育，《南洋商报》，1933年8月14日；《战前的陈嘉庚言论史料与分析》，第39—41页。

⑤ 畏惧失败才是可耻（1934年4月1日），载《陈嘉庚教育文集》，王增炳、陈毅明、林鹤龄编，福建教育出版社，1990年，第210页。

的认同。

另一名言“金钱如肥料，散播方有用”[①]，也是常被他在演讲中引用的西哲名言。陈嘉庚企业陷入困境后，为给厦门大学筹募资金，他在游说一位祖籍同安灌口的荷印富侨给予捐助时，曾致他一长函，详述闽省教育大概及厦大之重要，并引用西哲之言“凡人有诚意办公益事，当由近处作始”，劝之“君祖同安，厦岛前原属同安，请捐五百万元为厦大基金，否则多少随意，抑捐办医学一科，以为君纪念”。[②]岂料这位富侨并不如陈嘉庚所设想的那么慷慨，致厦大第一次募捐无效。之后接连几次游说的失败，让陈嘉庚最后得出这样一个对华人社会公益心认识的结论——“华人富侨很多，慷慨的很少”。与之形成反差的是，他从西方哲言中看到了西方人对公益事业的热心。

西人格言“当为人模范，勿模范于人”[③]也让他现学现用。1940年，回国慰劳时在中共欢迎会上，陈嘉庚作答词发言，第三条即以“当为人模范勿模范于人”这句西人格言为议题，结合中国国体之问题，对比三民主义与共产主义，阐析中国“如能坚持三民主义好模范，国民应悉力奉行，无须求他人之模范”[④]的理念，并表达他奉劝国共能通力合作抗敌、勿反目成仇破坏海外华侨捐输之热情的希望。对这些西方哲言的多次引用，反映出他对这句具有启发意义的名言词句的理解、认识和认同。

另在他的演词中常提及一些西方哲言，如西人云“信用为人生第二生命”，故他认为：“信用既失，何以为人？”[⑤]因而，“诚信”二字被他作为自己人生路上奉行的基本原则之一，而他的一生也同时给人烙下了“诚信”之印象。另外，他也曾提及西谚：“善走之马，必使走至死”[⑥]，将之作为自己鞠躬尽瘁的身体力行，以及呼吁“人尽其用”的思想来源。

---

① 战后补辑：福建会馆振兴教育，《南侨回忆录》，陈嘉庚著，南洋印刷社，1946年，第376页；另见论潮州大学（1947年8月13日），《陈嘉庚言论集》，新加坡怡和轩等翻印，2004年，第205页。

② 厦大第一次募捐无效，《南侨回忆录》，南洋印刷社，1946年，第16页。

③ 反对厦门开彩票，《南侨回忆录》，南洋印刷社，1946年，第12页。

④ 中共欢迎会，《南侨回忆录》，南洋印刷社，1946年，第120—123页。

⑤ 在集美学校秋季始业式上的训词（1919年9月12日），载《陈嘉庚教育文集》，王增炳、陈毅明、林鹤龄编，福建教育出版社，1990年，第176页。

⑥ 致叶渊信第三十五封（1921年7月21日），《陈嘉庚文集（征求意见稿）· 1》，1994年，第59页。

三、对西方慈善公益理念的认同

（一）办大学募捐巨款须知人群责任及社会义务

陈嘉庚认同西方人对高等教育的重视与投入。很多著名大学均在私人捐助下得以创建及发展。故他也希望效仿此途来创办及发展厦门大学。但屡次筹募失败让他产生对西方人与华人群体慈善观的对比。

陈嘉庚认为，向人募捐办学的目的和方式有异，如办中小学可以沿门劝募。半由情面，半出本意，多者千百元，少者数十元，结果筹有数万元或多至一二十万元便是最佳成绩，可作基金或抵多年校费。至于办大学募款则不同。“凡殷富之家，须了解人群责任及社会义务才能自动慷慨，虽出于厦门之劝募，亦当由本身热诚乐输……，倘其人不解国家社会为何物，人群天职为何事，拔一毛亦难，况巨大捐款乎？”[①]故向华人筹募对象阐释国家、社会、民族之重要关系，唤起捐者之爱国热情、民族自强心，从而激发其踊跃捐输激情，是陈嘉庚为厦门大学屡次筹捐演说的核心。

但屡次三番筹募厦大经费的失败使陈嘉庚感叹：“南洋华侨素称爱国，然对祖宗庐墓所寄之桑梓，理宜更加注意。西哲有言：凡有诚意为公益者，必须先近后远。……若每人能在其故乡办一小学校，或数人合办一校，按年每校津贴费至多不过一千元，则闽南何患教育不普及；而事实上乃等于凤毛麟角！”1920年陈嘉庚在集美倡设同安教育会的目的在图普及同安小学，向南洋同侨筹募年捐，收款成绩仍不及半数，或完全推诿，或交不及半，于是巧妇难做无米之炊。如此种种让陈嘉庚向华人群体筹募办校的宏愿失望，迫使他不但独力创办、支持两校，且独力支撑厦大至1937年献给政府。

陈嘉庚也主张勿将失败经历作为阻碍或却步公益的借口。1934年陈嘉庚企业收盘。但他否认其因是受集、厦二校拖累，虽有建议他提前缩减校费可免致收盘之困难，但他认为不景气来临，纵然是无校费负担的殷裕者也难逃损失，甚至比他更多。故他认为：“自古英雄豪杰，何尝不遭艰危落拓，况我乃一庸愚侨商，安敢妄事怨咎，美国汽车大王有言曰：‘正当之失败，无可耻辱，畏惧失败，才是耻辱’其言足资警惕。愿国人勿引我之困阨为口

① 陈嘉庚：畏惧失败才是可耻，载《东方杂志》第31卷第7号，1934年4月1日，第5—10页。

实，致阻公益事业之进展，陷我于罪人幸甚。”[①] 他以此来宽慰自己遭遇企业失败的打击，平淡且坦然地看待失败，劝阻将此经历作为却步公益投入的借口和理由。

（二）国外办学由个人社会捐资倡设者数量尤巨且多有倾家捐助办学者

据陈嘉庚考察，各文明国教育，除政府注意维持外，由个人社会捐资倡设者数量尤巨，且多有倾家捐助办学者，故其教育界能收美满之效果，并非全倚靠政府。反观中国，政府既不注意教育，国民也自顾私利，视财如命，互相推诿，袖手旁观，以致教育不兴，实业不振，奄奄垂危……。因此，陈嘉庚号召“我侨胞久慕文明，号称爱国，而富商巨贾又不乏人，万勿放弃天职，坐待沦亡”[②]，试图唤起富侨慷慨捐输的爱国举动。

陈嘉庚认同于西方人制定的遗产法推动的捐输惯例和外国商民“以商养校”之变通做法。他清楚了解到“英政府条例，私人遗产无永远承继之权，唯公益善举则有之”。[③] 这一遗产法应是促使西方人乐于慈善公益的重要原因之一。他也发现外国商家获利愈多，则其向义之忱愈热。如美国三百所大学中由商家兴办者竟占二百八九十所，故其教育能收美满之效果，国强民富，为今日世界之头等国。他认同于此理念并完全采纳及仿效，试图形成“量力捐助，相习成风”[④] 之风。对筹募厦大开办经费，尽管困难重重，但他从不言弃，引用西方商人“以商养校”之变通方法来解决实现。因此，在有一定实业基础和办校宏愿后，陈嘉庚便很早将自己名下的所有不动产捐为集美学校永远基业，并预立遗嘱、办妥变更簿记等各种手续。所立遗嘱要义为以产业年息作校费来源。因“此法认捐，外国商民已行于前，非自鄙人创始也”。[⑤]

① 陈嘉庚：畏惧失败才是可耻，载《东方杂志》第 31 卷第 7 号，1934 年 4 月 1 日，第 5—10 页。

② 筹办南洋华侨中学演词（1918 年 6 月 18 日）原文载《国民日报》，1918 年 6 月 18 日至 20 日，转自《战前的陈嘉庚言论史料与分析》，第 25—28 页。

③ 为倡办厦门大学校附设高等师范学校的演讲词（1919 年 7 月 13 日于厦门陈氏宗祠），录自《集美学校校友会杂志》第 1 期，载《陈嘉庚教育文集》，第 169—176 页。

④ 愿诸君勿忘中国——离星归国前在恒美厂宴请同人时的演说（1919 年 5 月），《陈嘉庚教育文集》，第 166—169 页。

⑤ 陈嘉庚：为倡办厦门大学校附设高等师范学校的演讲词（1919 年 7 月 13 日于厦门陈氏宗祠），录自《集美学校校友会杂志》第 1 期，转引自《陈嘉庚教育文集》，第 169—176 页。

此种仿效，即反映他对西方人募捐办法的认同与借鉴。他曾反复阐述实业与教育之连带关系[①]，并以商战与学战关系[②]具体化，并以对集、厦两校倾力助学的“以商养校”具体行动，来践行他对西方国家多私人捐输办学的认同。而他的教育与实业连带关系之理念也被其他华侨引用于为养正学校演剧筹款募捐[③]，获得认同。

（三）“凡有诚意为公益者，必须先近后远”慈善理念

陈嘉庚在其演词中也多次提及西方哲言“凡有诚意为公益者，必须先近后远”。如致叶渊信函[④]中对故乡集美学村之建设意见[⑤]，在谈及厦大募捐事宜[⑥]和所撰《畏惧失败才是可耻》[⑦]一文中都有提及。尽管有谚言“有财不乐则愚”，但陈认为“斯语似有价值。然以鄙意度之，要当以国势为判断，在吾际此存亡之秋，忧国之不遑，奚遑娱乐，故有财宜输教育为急务。故国家、社会之事重要、优先于个人享乐”，且“世界无难事，唯在毅力与责任耳”。公益义务不能待富后才来实施，否则一生终无可为之日。何况在此救亡图存之际，不能不猛醒。且即使捐出资产的百分之五或百分之三，根本不会损及自身财富。所以，他呼吁“同侨君子乎，须知贤而多财则损志，愚多财则益过。儿孙自有儿孙富（福），勿为儿孙作马牛。古人之言，岂欺我哉”。[⑧]并抛出“财既由我辛苦得来，亦由我慷慨输出。公益义务，能输吾财，令子贤孙，何须吾富”的承诺，用自己的实际行动践行“凡有诚意为公益者，必须先近后远”的西方哲言，将其化为自己的理念，努力推广及推行，展示着他对之的认同。

① 致叶渊函，1923 年 2 月 23 日，《陈嘉庚文集（征求意见稿）· 1》，第 113 页。

② 本报开幕之宣言，《南洋商报》，1923 年 9 月 6 日、9 月 7 日。

③ 郭乐仙：评论对于养正学校演剧筹款有感，《南洋商报》，1923 年 9 月 28 日，第 6 版。

④ 致叶渊函（1925 年 9 月 16 日），《陈嘉庚文集（征求意见稿）· 2》，第 194—195 页。

⑤ 故乡之建设，《集美志》，陈厥祥著，1963 年，第 61 页。

⑥ 厦大第一次募捐无效，《南侨回忆录》，陈嘉庚著，1993 年集美翻印本，第 27 页。

⑦ 畏惧失败才是可耻（1934 年 4 月 1 日），转引自《陈嘉庚教育文集》，王增炳、陈毅明、林鹤龄编，福建教育出版社，1990 年，第 210 页。

⑧ 筹办南洋华侨中学演词（1918 年 6 月 18 日），原载《国民日报》，1918 年 6 月 18 日至 20 日，录自《战前的陈嘉庚言论史料与分析》，第 25—28 页。

（四）“竞争义务”理念

西方人在世界各地开拓殖民地逐利目的明显，但对西方人热衷公益慈善等行为，陈嘉庚做过细心观察，并将之归结为是一种“竞争义务”的行为。包括两种：

一种是指竞争“捐输公益”的义务。他认为：“吾人竞争财利积资巨万都为儿子计较，不知外人竞争财利之外，尚有竞争义务者。义务为何，即捐巨金以补助国家社会之发达也。而补助之最当最有益者，又莫逾于设学校与教育之一举。是以量力捐助，相习成风，寡财之家，则捐数十元以至千数百元，合办小学；多财者则独捐资数万，以自办小学，更有捐数十万以办中学；尤有捐至百万、千万以办大学者；甚至有捐至万万以办多数之大学；其获利愈多，则其向义之忱愈热。”[①] 外国人量力捐输，急公好义。其资产愈富者，肩任国家社会之义务亦愈力，表率有方，和者益众，故国强而民富。“欧洲列强大都如是，彼岂浪费金钱哉。亦曰教育之盛衰与国家社会有密切关系。栋析榱崩，侨将压焉，未敢视同秦越而不早为之所也。”[②] 对比国人则反差极大。“我国民不知取法于彼，虽略知竞争于财利，若义务则茫然不知，或有知者则吝啬资财不肯倡办，视财如命，一遇公益事业，袖手旁观，或互相推诿，以致教育不兴，百业不振，奄奄垂死，迄于今日，言念及此，诚堪痛苦流涕。”[③]

另一种则是指在个人职业方面亦当知有义务竞争之念。他希望职员每日工作时要有一种为公司长期发展和个人长远职业发展而尽职服务的意识。故竞争义务应该也是一种长期的竞争服务意识的体现，此才为真正的竞争义务。“以此营业，何业不成，以此图功，何功不就。”[④] 此种竞争义务的目的

---

① 愿诸君勿忘中国——离星归国前在恒美厂宴请同人时的演说（1919 年 5 月），《陈嘉庚教育文集》，第 166—169 页。

② 为倡办厦门大学校附设高等师范学校的演讲词（1919 年 7 月 13 日于厦门陈氏宗祠），载《集美学校校友会杂志》第 1 期，转自《陈嘉庚教育文集》，第 169—176 页。

③ 愿诸君勿忘中国——离星归国前在恒美厂宴请同人时的演说（1919 年 5 月），《陈嘉庚教育文集》，第 166—169 页；另见为倡办厦门大学校附设高等师范学校的演讲词（1919 年 7 月 13 日于厦门陈氏宗祠），载《陈嘉庚教育文集》，第 169—176 页。

④ 愿诸君勿忘中国——离星归国前在恒美厂宴请同人时的演说（1919 年 5 月），《陈嘉庚教育文集》，第 166—169 页。

归根结底同为服务社会，也为国育才。他认为“我汉族优秀性质不让东西洋……，惟但知竞争财利，而不知竞争义务，群德不进，奴隶由人，故国弱而民贫。……吾国今日处此危急存亡之秋，凡属财产家宜捐其一部分振兴教育，以尽救国责任。国家存在而后国民之幸福乃有可言”。[①] 故他时刻提醒国人要先以国家为重。“勿忘中国，克勤克俭，期竟大功。……惟有竭尽绵力，毅然举办，以冀追步外人而已。”对此他终许下大愿，决定此后将营业及产业逐年所得之利，除花红外，或留一部分添入资本，其余所剩之额尽数寄归祖国，以充教育费用，决不为儿子图享。[②] 此即为他“不留遗产给子女”的最初思想来源。

（五）不留钱财给子孙后代

陈嘉庚缔造商业王国的同时也在努力培养及搜罗优秀人才为自己的接班人，尽管其目的是为办学、服务社会，但其继承自中国传统观念下的家族传承理念已十分明晰。与之相悖的是，他极力宣扬及践行“不留遗产给子孙”之思想行为。客观来看，这一思想行为是他的“国家观”胜于“小家观”的体现，但也不能完全排除他在“鱼与熊掌，难以兼得”之下的取舍。他曾言“世之积金钱以遗子孙者，莫非为兴家计，既要兴家，则对于兴国之教育不可不加注意焉”。[③] 他透彻明确兴家与兴国之关系，并将这种“家”“国”观念更加明确的转化成了持续而有形的实际行动。

“不留钱财给子孙”，即规避遗产税将资产最大化为办学等公益事业服务，完成他“先国后家”服务社会的理想和宏愿，又借机培养、训练子女自立自强，是他对父传子等华人对子女教育传统观念的颠覆。他认为：“固然，父之爱子，实出天性，人谁不爱其子，唯别有道德之爱，非多遗金钱方谓之爱，且贤而多财则损志，愚而多财则益其过，是乃害之，非爱之也。况际此国家存亡续绝之秋，为子者若自私自利，安乐怠惰，但顾一己之挥霍，不顾公益之义务，则是与其父居反对之地步，对于国则不忠，对于父母则不孝，

① 为倡办厦门大学校附设高等师范学校的演讲词（1919 年 7 月 13 日于厦门陈氏宗祠），载《集美学校校友会杂志》第 1 期，转自《陈嘉庚教育文集》，第 169—176 页。

② 愿诸君勿忘中国——离星归国前在恒美厂宴请同人时的演说（1919 年 5 月），《陈嘉庚教育文集》，第 166—169 页。

③ 陈嘉庚：实业与教育之关系，《南洋商报》，1923 年 9 月 6 日、9 月 7 日。

不忠不孝虽有多子奚益哉。”[①]“儿孙自有儿孙福，勿为儿孙作马牛。”所以，“财既由我辛苦得来，亦由我慷慨输出”。[②]基于“该花的钱，毫不吝惜，不该花的钱，一分也不多花”的理念，他实践着自己的“道德之爱”而非“金钱之爱”。他一生对自己的严苛不自觉地衍射到对子女身上，甚至遗嘱也无一分给子女。[③]无论是“言传”“身教”，他都一一做足。事实表明，陈嘉庚这种基于金钱观上的培育子女独立性的教育方法让其后辈子孙受益。陈共存说:“我非常感激伯父，……我也要感激先父有自我牺牲的精神，使我今天能够问心无愧。如果先父遗留很多家产给我，我今天也不知道会变成一个怎样的人，那只有天晓得。”[④]其长孙陈立人受访证实，陈氏五代人口散居世界各地，自力更生，不倚靠父辈留下的财产，却继承了陈嘉庚留下的取之不尽、用之不竭的精神财富。他们凭着个人努力、良好教育，均拼搏出好成绩——工程师、医生、药剂师在孙子辈里比比皆是。[⑤]

四、完整和新式教育体系的理念

（一）西方的（完整）现代教育体系的理念

现代意义上的大学教育最早源于西方。中国的大学教育也是随西学东进过程引入了西方的办学理念与体制，作为产生于西方的大学制度，其本身的兴盛，必然是对大学那种自身优良传统的保持与坚守。[⑥]晚清中国有翰林院、国子监等类似大学的高等教育机构，但其职能与崇尚“学术自由”“教研统一”的现代大学相差甚远。

教育是文化的核心之一。在南洋时期，新马最初没有一所大学。因而美国教会便拟筹设英华大学校，向陈嘉庚募捐。陈嘉庚认同于西方人对现代教

① 愿诸君勿忘中国——离星归国前在恒美厂宴请同人时的演说（1919 年 5 月），《陈嘉庚教育文集》，第 166—169 页。

② 陈嘉庚筹办南洋华侨中学演词，《国民日报》，1918 年 6 月 18 日—20 日，引自《战前的陈嘉庚言论史料与分析》，第 25 页。

③ 去世前，他嘱咐将自己的 300 万元存款全部献给国家，其中 200 万元留作集美学校建校基金，50 万元用作筹建北京华侨博物院，50 万元捐作集美福利基金。

④ 陈共存：去掉政治色彩的陈嘉庚，新浪网，http://news.sina.com.cn/o/2005-05-25/14145986076s.shtml（2013-8-4）。

⑤ 南洋商报编:《非同凡响：南洋商报创刊 85 周年纪念书籍》，2008 年，第 20 页。

⑥ 西方大学的起源与传承，http://blog.sina.com.cn/s/blog_48eb57670100lah1.html。

育体系的构建，因而慷慨捐输10万给予支持，提出的唯一条件是在校中兼设华文一科。目的是希望他日华侨中学毕业生有志升入该校，纵使英文不及格，亦可先入预科；或在华侨中学增设英文科，并要求该大学特聘华文专门师为教授，来加强互动链接，起到解决华侨中学生升学出路，且提高华侨中学英文水平。另外，陈嘉庚考虑，该校之设立，华侨捐资为最多，且有多人参董其事，如此来日方长，对华侨子弟的升学等多有裨益和前途希望。[①] 尽管该校后因被英国殖民者以要在统辖殖民地上自办大学为由拒发办校许可而无疾而终，陈嘉庚已捐款也转作英文源流学校——英华学校的辅助费，但他支持办大学的初衷确是极有前瞻性的，因为在私人捐办学校诸多的西方国家，巨额捐资不但可担任董事，且有发言权和决策权，提出一些偏向个人意愿的合理要求。这是西方国家实行董事制学校运作的通例，故也被陈嘉庚很好的效仿和利用，从而试图为间接辅助华人子弟的教育提供可能。

（二）陈嘉庚的认知

对于西方教育体系，陈嘉庚了解到："诸文明国教育，除幼稚园外，7岁入小学，13岁升中学，4年毕业，至17岁，即使不入专门，其智识技能，亦足自营生活于世界……。故设立中学，不但解决小学毕业生的出路，也为检测小学教学质量提供途径。……但中学不宜与小学合办，而应集各帮众力合办。"[②] 这是促动他在中国和南洋办中学的直接原因，也使他对西方现代完整教育体系构成有了很好的体认，是他大力效仿的直接来源。

中国封建旧俗，女孩不得与男孩同样入学，且家长不肯让要帮家里拾柴火、剖牡蛎干农活的女孩上学。来新加坡后，他所看到的情形截然不同。受西方人"男女平等"、尊重女权的影响，新加坡女学在接受西方教育的林文庆的发起下较早开办。在新加坡受此新思想影响，陈嘉庚也较早认识到女学的重要性及益处。他认为"居今时世，非但男儿当受教育，女子亦当受教育。在浅识之人，多云女子受教育，乃为他姓造福，而不知未嫁之前，能教

① 筹办南洋华侨中学演词（1918年6月18日），原载《国民日报》，1918年6月18日至20日，录自《战前的陈嘉庚言论史料与分析》，第25—28页。

② 陈嘉庚：筹办南洋华侨中学演词（1918年6月18日），原文载《国民日报》，1918年6月18日至20日，录自《战前的陈嘉庚言论史料与分析》，第25—28页。

其弟侄，既嫁之后更能顾爱父母家以及造成女子自身之幸福也”。[①]

对于儿童教育，陈嘉庚认识到“家庭教育，关系儿童最为重大。教育落后之我国，缺憾甚多。……儿童玩具，宜选择有教育意义，而能开发心智，鼓励进取精神者”。[②]

对于商科，陈嘉庚认为：“……其经济上势力与精神，尤能辅助国家，以培育无量数之人才，而使其互相利用获益者，盖商战也，而学战已寓其中焉。……我国商业之不振，推原其故，地非不大也，物非不博也，人非不敏也，资本非不雄且厚也。所独缺乏者，商人不知商业原理与常识耳。”[③]

对于大学，陈嘉庚曾言：“专制之积弊未除，共和之建设未备，国民之教育未遍，地方之实业未兴。此四者欲望其各臻完善，非有高等教育专门学识，不足以逾越而达。”[④]“大学人才比如主要之发动机，专门以下暨中小学，则其附属品也。今欲求附属品之发达，非赖有完全之发动机不可。”[⑤]他认为，中国社会经济之状况尤宜注重农、工、商等科，国家人才之宜培植。

他也了解到，真正的大学应具备文、医、工三科以上，若并设农、商科则尤称完备；如仅设一科或两科则只能称为某科专门学校，而非大学校。当时的中国称大学者不下十余所，但多半是洋人所办的教会大学，其授课内容不外乎神学、文学、医学等科，其他关系社会经济发展、为国家生存不可缺者的农、工、商等科却罕有所闻。即使有，也因简陋而名存实无。如他曾途经某地参观一洋人创设的有名大学校，虽有工科但只设电学而已，至于实习、制造各工程则概付缺如。其原因很显然，不但为洋人非本国民，无为中国办完备大学之义务，且受传教等原因关联，不可能将其文明发展的核心技术培训等引入中国。故他感叹：“吾辈身为中国人，不能自谋完备之教育，而必借助于外人，自愧不暇，何敢尤人耶？”[⑥]故而，他认为求人不如求己，

① 华侨反误乡亲，《南侨回忆录》，1946年，第250页。

② 民俗非论集，《陈嘉庚教育文集》，第143页。

③ 陈嘉庚：本报开幕之宣言（实业与教育之关系），《南洋商报》，1923年9月6日，第1版。

④ 筹办福建厦门大学校附设高等师范学校通告（1919年7月），引自《陈嘉庚教育文集》，第169页。

⑤ 为倡办厦门大学校附设高等师范学校的演讲词（1919年7月13日于厦门陈氏宗祠），引自《陈嘉庚教育文集》，第169—176页。

⑥ 为倡办厦门大学校附设高等师范学校的演讲词（1919年7月13日于厦门陈氏宗祠），引自《陈嘉庚教育文集》，第172页。

与其求助于外人来办大学，不如自己竭力来办，成为他创办厦门大学之思想本源。1921 年国民政府发布私立大学准立令。但陈嘉庚早在 1919 年即回乡筹办大学。1921 年 4 月 6 日厦门大学借集美校舍正式开课。1922 年 4 月搬迁至自建校舍群贤楼群开课。这一过程显示，陈嘉庚不仅紧跟时代发展脚步，甚至是超前的。

五、市政建设及住屋、卫生、医学

在英国殖民地新加坡生活近 50 年的陈嘉庚对当地政府在卫生方面的注重及措施印象深刻，使他不自觉地将之与中国国内情况进行对比，结合自己养成的卫生习惯，在言行中表露着对西方人卫生理念的认同和吸纳。

市政建设方面，陈嘉庚认为规范路名、街区名称是必不可少的市区统一规划改造内容之一，对一个城市的未来发展、便利民众寻访等关系重大。他认同于美国城市的街区命名做法，认为有可取之处，建议中国将来城市发展“将全市通盘计划，街道以数目名称，其利便岂浅鲜哉！”[①]

房屋建造方面，他认同新加坡政府规定的新式之法。新加坡政府规定，无论欲建大小屋或更动修理，均须先绘图呈市局批准。开工时由市政局派员勘定基址，方得兴工。至公寓、别墅、工人宿舍、其他建筑物等则另行计划，但都必须以适合卫生为标准，包括沟渠概造明式以易于清洗；污水从后巷路流出，水沟既短，自免积滞。另新加坡政府颁定新式建筑法，对屋身尺寸[②]，前后距离尺寸，厨房、浴室、厕所，露天空地，天井不许用任何物遮盖[③]，以及全屋面积，屋身面积比率等，甚至使光照易临、空气易流通的每栋房屋开窗数目，均详加规定。陈嘉庚甚至把此新屋之构造尺寸图彩印于《住屋与卫生》一书的封底上[④]，便于广泛传阅，方便国人直观且容易的仿照改革。

旧式房屋改造、改建之法。除对新式建屋规定，新加坡政府也规定改革前所建不卫生诸旧屋，均须依新定图式改造，并严令拆卸屋内天井遮盖，允

---

① 陈嘉庚:《战后建国首要：住屋与卫生》，南侨印刷社，1949 年 2 月 25 日四版，第 11 页。

② 陈嘉庚:《战后建国首要：住屋与卫生》，南侨印刷社，1949 年 2 月 25 日四版，第 3–4 页。

③ 陈嘉庚：住屋与卫生，《南侨回忆录》，1993 年集美翻印本，第 509 页。

④ 最近适合卫生建筑法令新加坡市屋宇例图，《战后建国首要：住屋与卫生》，封底。

许分批分次完成此浩大工程。如此，十余年间全市大多旧屋改造多已完成。至1941年前新的市容市貌给陈留下深刻印象。①

厕所、垃圾卫生处理办法。新加坡政府规定，市民逐日将垃圾集中于门口市政局列号供给的桶中，由市政局派役运往销毁。厕所如非阴沟，市政局供给粪桶，每早派役换取并洗扫，用户逐月缴还役费。市内不许饲养家畜，须在市外设棚畜养，并须领有市政局许可执照。严禁街路边卖食物。这些新加坡政府在20世纪初期对民众日常垃圾、厕所等卫生处理先进办法，获得陈嘉庚认同，因此他将这些做法一一详细介绍给国内，希望能为国人采纳实施。

建议定期进行人口统计。陈嘉庚曾密切关注世界各国的死亡率情况，通过对比得出陋习和卫生习惯对死亡率关系极大。而这一切是建立在有人口统计和死亡登记制度基础上，故进行生死登记，可窥视中国与欧美等国的差距和缺陷所在，提倡人口统计和死亡登记之必要。

建议市政房屋全盘统一整齐、合理规划。中国市屋既密，街路狭隘……但遭日侵战争后，陈嘉庚结合中国国内省份多、城市多等实际情况，建议在国家复兴、城市重建之关键期，要乘机放大眼光，将全国各城市筹备测划，预定市图，街路须横直整齐，前街后巷，阔度相当。市外依照计划开辟，毅力进行，一二十年后，全国城市皆有园林之胜，居民获寿康之福。②

对于中国农村地区的卫生改造，屋宅改善，大非易事。陈嘉庚建议从简便、容易之事着手：多开窗户，尽量缩减厕池，改良筑造；沟渠垃圾，委派工人负责按日清毁；水井筑栏，且须距离厕池有百步之远；湿地池塘，蚊虫易生，则填塞或开沟以通流水。如此则卫生基本已立，收效定属不少；而费钱无多，任何穷乡贫户都能办到。③

对于如上诸项城市、乡村等的卫生改造措施，虽然需要国家和政府的牵头与统领，但陈嘉庚认为，普通民众才是真正实施的主体所在。因此在具体实施中，他建议还需注意两项：一是须人人皆知。他坚信公众卫生之重要宜

---

① 宋蕴璞:《南洋英属海峡殖民地志略》，1930年，第76—77页。

② 陈嘉庚:《战后建国首要：住屋与卫生》，南侨印刷社，1949年2月25日四版，第3—6、10—11页。

③ 陈嘉庚：住屋与卫生，《南侨回忆录》，1993年集美翻印本，第510—511页。另见陈嘉庚著:《战后建国首要：住屋与卫生》，南侨印刷社，1949年2月25日四版，第6页。

使人人明白了解，才可服从政府，协助地方，不致反生阻挠。希望政府及社会注意，决心毅力改革。如此可如美国新兴市区西雅图那样后来居上，[①]改变落后肮脏之旧貌。他对国富民强的期许再次显现无疑。二是须人人动手。对于清扫屋舍之事，要如欧美人一样，屋内外男子亦共同负责指导或帮助之。他强烈建议国人对改善卫生事，如真欲提倡实行，则男子更不可不努力。[②]

卫生防疫方面，陈嘉庚认为预防是关键，因“疫气之流行不关乎一时之清洁便可制止，而其发生亦非全不清洁之来者”。他认同西方人的防疫做法：对外则注重防止传染源入境，凡何埠有疫，必限制入口或禁绝入口，或个人注射药水方准入口。对内，第一注重染疫之家，除火化销毁死者卧具外，也将其家人隔离若干天，避免传染；其次考虑路贩兑食物。至于清洁之事，则总是以卫生之道，时时督促提前清扫预防，[③]以最大可能地减少疾病的发生和传染。

医学教育事业方面，陈嘉庚不仅是一位卓越的爱国实业家，也是一位极富远见的教育家。他一直认为，看病就医必不可少，而医学教育对民众医疗健康至关重要，医科是大学教育的重头专业，因此他始终把医学专业作为他创办大学的重要心愿之一。他对医学的认识是医学之重要目的有二：首为卫生预防疾病，次为医治诸疾病。据他了解，欧美诸国医科学校林立，医生众多，平均数千人中有一医生。而中国不但医科学校寡少，且医生数微不足道，数万人中尚乏一人，虽有些少中医，殊不足以应社会之需要。如此使他认识到医科学校的重要性，培养足够数量的医学人才以应社会需要，是唤起民众卫生健康意识、自觉做好卫生清洁措施之外的另一必不可少的卫生途径。他也认可，医科学校和其他专科学校一样，短期内无法看到效果。故他体念此后新政府对医科学校，虽能积极兴设，但非短促年岁可能普及收效。[④]因此，他建议先仿效新加坡的卫生措施，以能快速缓解对医科学校无法一蹴而就的紧迫局势。显示他对国家卫生事业全局的深谋远虑。虽在有生之年未能如愿，但1996年厦大医学院的成立终究实现了他的夙愿。

① 陈嘉庚：《战后建国首要：住屋与卫生》，南侨印刷社，1949年2月25日四版，第11—12页。

② 陈嘉庚：住屋与卫生，《南侨回忆录》，1993年集美翻印本，第511页。

③ 致叶渊函，第九十四封，1924年9月7日，《陈嘉庚文集（征求意见稿）·1》，第159页。

④ 陈嘉庚附启，住屋与卫生，陈嘉庚著，南侨印刷社，1949年2月四版，第13页。

六、倡导交通现代化

陈嘉庚也注意到，自20世纪以来，世界文明国积极为其人民谋生活幸福，……诸项所需，深觉均与“行”之一事有关系，……故衣食住三项之外，加以行字，盖舍此则幸福目的不能完全达到也。”[①]而中国的“行”所需之舟车，竟完全依靠外来物或操于外人之手。[②]但他看好“二战”后中国交通的发展前景，认为“……此后建设最多者亦为我国，此亦时势必然。故而，如此中国内战后交通空前大发展，必能促进将来各城市之繁盛”。[③]因此，“行”之问题是关乎经济发展、人民生活水平改善等的首要问题。加上早年有涉足航运业和橡胶业，因而他预见交通之重要性，关乎国家未来发展。

1940年回国慰劳考察后，陈嘉庚从国共两党截然不同的表现断定“中国的希望在延安”。因此对中国的未来充满信心。在避难时期便为抗战胜利后的中国未来走向思考其发展路向，将对至关重要的交通问题之思考写就《我国行的问题》一书，于日本宣布投降后的8月17日脱稿后出版。1947年第7期的《物调旬刊》还对该书做了推介[④]，显示其价值。他在书中多次引征西方国家在交通方面的先进状况，针对中国交通方面的诸多问题，提出自己基于西方现代化模式的交通治理理念和做法的建议，试图推动中国交通事业的发展。

（一）海路

华侨华人出洋带动了船舶航运的兴旺发达。陈嘉庚早年为运米而涉足航运业，熟悉航运的具体操作，且认识到航运与主权的重要性，因而对航运事业的诸多问题有自己的看法。

他关注船舶航运事业，倡议自造轮、收回航线自营主动权。对20世纪30年代的世界航运业现状，陈嘉庚十分堪虑。“世界数十国，有大小轮船，（50吨以上）数万艘，据前‘注册’总吨数达六千余万吨。一国所有多者二千万吨，少者亦有百数十万吨，而我国贫至无名，可愧之甚。”由此，他

① 陈嘉庚：《我国行的问题》，新加坡：南洋华侨筹赈祖国难民总会印赠，1946年6月，第1页。
② 小引，《我国“行”的问题》，陈嘉庚著，南洋印刷社，1946年6月，小引页。
③ 陈嘉庚：《战后建国首要：住屋与卫生》，南侨印刷社，1949年2月25日四版，第9—10页。
④ （书报评介）统计组：我国“行”的问题，《物调旬刊》，1947年第7期，第38页。

主张自建民族航线，遍布内河及国际，希望国家将船运业收归国有，自造船舶，免再向外购买，并将自己了解的信息详加介绍，如当时通往南洋的航线主要有东、中、西三条航线，分设一、二等及统舱位，运航周期等，按当时各等次舱位数量、票价、燃料等实际行情，他还详细将每条航线营运成本及收益进行核算、明列，供作承运出洋航线利弊参考，并阐明当时抗战后民国政府积极发展航运的可行性及与其他外国及私人船舶进行竞争的优势所在，呼吁政府自购出洋船舶，收回航运主权，发展海外通商获利，改善革兴搭客待遇。

他倡议出洋海船设冷舱，自办厂坞及改善江河航道，以方便出口水果及海产品等保鲜，而使国内丰富及特色物产能远销南洋及东南亚等地，扩大外汇，且满足各地华侨喜好及需要。他也建议在国内沿海适合之处开创大小船坞，附设铁工厂，解决船舶维修、清洗及自造船等问题；另也要重视内河航运，促进内陆经济发展。所以，他倡议政府考虑整修航道、清淤或计划新辟运河，以期普及水利，① 展示了他前瞻性的眼光和经济谋略。

他以“力挽海权，培养专才”的航海教育理想，结合航业经营实践，受强烈的爱国主义驱使，决心创办水产航海学校，培养渔航兼用型人才。② 于是，1920 年 2 月，陈嘉庚始办集美学校水产科，把“挽回海权，开拓海洋”作为发展水产海运教育的办学宗旨，把“造就渔业航业中坚人才，以内利民生，外振国权”作为办学目标。注重航海教育事业，培养专用人才支持航运事业。陈嘉庚建议民国政府“对于此项人才当必格外注意，积极多办”，沿海城市如不能都设但应当尽量多设，以培养航海水产及管理“发动机”专门人才。③

（二）陆路

陆路交通对国内影响尤甚。1940 年回国慰劳时，陈嘉庚即十分关注输送抗战物资的滇缅公路的运输通畅。新辟滇缅公路全为土路，沿途深山峡谷，

① 陈嘉庚，《我国行的问题》，南洋华侨筹赈祖国难民总会印赠，1946 年 6 月，第 2—3、5、10、12 页。

② 添办水产航海学校，《南侨回忆录》，集美陈嘉庚研究会翻印，1993 年，第 19 页。

③ 陈嘉庚，《我国行的问题》，南洋华侨筹赈祖国难民总会印赠，1946 年 6 月，第 11 页。

每遇风雨则路况极差，物资运输卡车稍有不慎即会车毁人亡。[①]为此，陈嘉庚在招募南侨机工时即要求熟悉驾驶技术，有当地政府准证[②]，并懂交通安全法规等，保障安全。回国慰劳期间，陈嘉庚又沿路仔细考察，向当地运输负责人反映所见问题，如加宽路面，修妥弯曲处等，且多次电请蒋介石进行改善，减少汽车损失及提高机工驾驶安全等，另也复查所提建议的实施，关注改善情况。[③]

他向国民政府建议对公路多铺修柏油路。柏油路面是经欧美、新加坡等国二十多年验证：路政既佳，车行甚快，而汽车身及车胎较免损坏，汽油又俭省不少，虽前期多些投入，但后续可节省养路费及轮胎折旧等费。[④]

他也痛陈当时西南运输管理腐化现象，倡议规范管理。抗战时期，沿海失守，海运缩短，陆运增加。很多商家购置驴、马、汽车或雇佣挑夫等纷纷成立运输公司互相竞争。国民党当局以政府名义创办闽省贸易公司，公然对运输进行垄断谋利，侵夺商民财利，不计闽人千百万贫民生活惨苦，也不计损失危险将大宗杉木公然运出资敌。[⑤]对此管理腐化，陈嘉庚发表演说时严加揭露及抨击，反复重申要设法改革改善之种种弊端。另外，他也指出运输站缺乏管理条例问题。1940 年 8 月，陈嘉庚在云南下关所见汽车、货车、客车等各自立门户，机关林立，不但多占地方、多用人员、多加费用且相互为利缺乏协作，互生意见，设备简陋、损坏及停修者也颇多，影响运输。于是，他向当局提议进行统一管理。[⑥]另车辆随意停放，阻碍出入，车站管理混乱。对此，他提请整改建议：一、货车到站栈，须排列有序，留空路出入。二、货车到站栈排列后，须雇人洗净泥圬。若南洋司机之管理法，日日必要洗净。三、货车到站后，若机器稍有不顺，司机人应即报告修机司，立即修妥，明早方可出发，如此可免途中停顿损失。[⑦]

显然，如上做法都是他在新加坡所见西方殖民统治者在南洋所实行的路

① 吴凤斌主编：《东南亚华侨通史》，福州：福建人民出版社，1994 年 5 月，第 713—714 页。
② 华侨机工回国，《南侨回忆录》，集美陈嘉庚研究会翻印，1993 年，第 115—116 页。
③ 滇缅路应改善之事，《南侨回忆录》，集美陈嘉庚研究会翻印，1993 年，第 382—383 页。
④ 陈嘉庚：《我国行的问题》，南洋华侨筹赈祖国难民总会印赠，1946 年 6 月，第 38—39 页。
⑤ 省府设贸易公司，《南侨回忆录》，集美陈嘉庚研究会翻印，1993 年，第 357 页。
⑥ 运输不统一之错误，《南侨回忆录》，1993 年集美翻印本，第 260 页。
⑦ 《南侨回忆录》，1993 年集美翻印本，第 263—264 页。

政管理办法，是他所认同的现代交通文明。

七、对西方文化糟粕的认知与摒弃

西方文化有精华，则必有糟粕。陈嘉庚对之有着深刻的洞察及分析。在陈嘉庚看来，有三项事物被国人学走了样，成为祸害自身的罪魁，鸦片、彩票赌博及跳舞即是。

（一）鸦片

对于源自西方的鸦片，陈嘉庚的认知是：在西方，又名洋药的“鸦片烟”原是西方人用于医疗有关人类身体之药品，外国人利用其性质制成药物治疗疾病。“而我国人则用为取乐消遣及交际应酬之物，致缘结不解，相习成风，由是心身颓丧，破家荡产，到处多是，几陷于亡国灭种之大祸。此系仿取欧人之物而用之不得其道者也。”他认为国人误用了鸦片，是自中外交通、门户开放后“百年来国人模仿外国风物”的一大失误，冠于跳舞等之首，其后果是“致国弱民穷，几于亡国，贻祸至今，尚未犹已”。[①]鸦片流毒我国，民众受害最惨，清末经与英及关系各国公约限期禁绝，我国雷厉风行笃著成效。适民国光复，军阀割据，故有多处种植鸦片，死灰复燃，此系国体改革暂时不幸之变动。南京政府成立后，即实行严限，几年内概行肃清矣。南洋英殖民地马来亚，对禁绝鸦片事无意实行，仍旧公卖，每年获利千余万元，概系我华侨之脂膏。[②]因此，学习西医的医学博士林文庆就曾发出过反对吸食鸦片的呼号，并与其岳父殷雪村成立过反鸦片社团[③]，开展过相应举措。

（二）彩票与赌博

彩票，亦称“奖券”，俗称“白鸽票”，是一种以抽签或转球的方式进行筹款或敛财所发行的凭证。彩票起源于西班牙，15 世纪西班牙就在全国发行彩票。晚清驻美国、西班牙、秘鲁大使崔国田曾于 1890 年对西班牙发行彩票做过一番考察，并将考察资料收入《出使美日秘日记》一书中。

---

① 陈嘉庚:《南侨回忆录》，南洋印刷社，1946 年，第 331 页。

② 鸦片与黑奴，陈嘉庚:《南侨回忆录》，南洋印刷社，1946 年，第 24 页。

③ 新加坡福建会馆编:《世界福建名人录·新加坡篇》，2012 年 11 月，第 159 页。

严格说来，彩票并不及摇骰子等赌博形式常见。由于重物质，赌博几乎成为一般华人文化不能分割的一部分，希望借助横财，缩短刻苦耐劳的期限。除此，“赌”也渐渐被华人接纳为一种消闲文化，作为消磨时间、排减思乡之苦的手段之一。洋人将赌博规范化，赌博行为只限于赌场，华人则将赌博带进家庭，成为生活的一部分。[①]关于赌博的毒害，南洋华人早有领会，家破人亡的事例并非鲜见，却屡禁不止。反对赌博人士也大有人在。早在1900年，林文庆即发起反赌博运动，为新马社会移风易俗、推动社会发展做出贡献。[②]

陈嘉庚对赌博深恶痛绝，与其庶母嗜赌成性，最终将其父陈杞柏的产业败光有很大关系。陈嘉庚刚来南洋在父亲的顺安米店当学徒之时期，父亲陈杞柏在新加坡娶的妾苏氏，即嗜赌成性。虽然畏惧其夫，但总是一旦陈父外出，她即乘机出去赌博，或招外间妇女来楼上聚赌，其癖性生成，终年如斯。当年陈在父业顺安米店一楼做学徒期间，终年目睹其行为，即觉得不满，但由于是晚辈，不好说什么。未料，在陈嘉庚回乡葬母回来后，其父产业已因苏氏母子挪用家业资金无度而债台高筑，终无法继续运转，只能收盘结束。[③]从这一点来看，说陈父家业之落败是被其妾嗜赌所害，并不为过。而这一件事使陈嘉庚对赌博之害具有了深刻体悟。

（三）跳舞

对于跳舞，陈嘉庚一向没有好感。在他看来，“跳舞”之女意味着不务正业，甚至不守妇道。对欧俗之尤的法国巴黎人常在大庭广众中男女互抱狂吻特吻的现象，他毫不客气的形容为“几同无知鸡犬”[④]。故而，要双方搂抱在一起的跳舞，便被陈嘉庚认定为是仅次于鸦片的又一种国人仿效西洋风物之诟病，属于伤风败俗之列。

他认为，尽管跳舞源自西欧，但欧洲人开跳舞会都有时间性，多在大日子、纪念日或新婚生辰诸宴会以助兴娱乐。而对于青年学生，有资格慎重之人，则多不参加，盖亦知其非正当乐事。而中国古礼有男女有别，虽未免过

① 郑云城：大马华裔青年文化价值观，转自《南洋商报》，［港］华人月刊，1991年4月。

② 新加坡福建会馆编：《世界福建名人录．新加坡篇》，2012年11月，第159页。

③ 个人企业回忆，《南侨回忆录》，陈嘉庚著，南洋印刷社，1946年再版，第395—397页。

④ 跳舞营业之毒害，《南侨回忆录》，陈嘉庚著，南侨印刷社，1946年再版，第36—37页。

于拘束，然若以接手偎抱为交际亦未免太过。但上海等处及南洋华侨不特喜而仿效，且变本加厉，作男女跳舞之营业，……大为青年人及学生之陷阱。又有一种谓之“伴坐”，凡不能跳或不欲跳而恋爱舞女者，则计时还资，与娼妓无殊。陈对此职业反感之极。这种对青年学生特别容易引致无法自控自拔诱惑的娱乐活动，最终会导致的不良后果，陈嘉庚预见为“个人受其弊致毒害健康，精神丧失，侵逃财款，患病自杀，夫妻涉讼，家无宁日者，不可胜计；至对国家社会之害则如良家被化，良莠混杂，廉耻扫地，贻羞国族”①，甚至会让华人女性堕落，背离妇道，易成为男性洋人、印度人寻获的对象。② 这种认知显然是因与陈嘉庚一贯接受的中国传统古礼教诲的庄重、严谨之传统思想理念背道而驰，从而自然会受到他如此的极力反对。

诚然，陈嘉庚对跳舞和西方礼仪中的拥抱接吻的态度或有偏见，而包括彩票、跳舞等在内的这些东西在现代看来也是一种很平常的西方文化，但作为一个骨子里渗透着传统中华文化观念的华侨，他会在那个年代持如此看法和态度也是可以理解的。

① 陈嘉庚:《南侨回忆录》，南洋印刷社，1946 年，第 331 页。

② 陈嘉庚：蒋委员长三问，《南侨回忆录》，南洋印刷社，1946 年再版，第 189 页。

第三章 “中学为体、西学为用”：践行东西方价值理念的陈嘉庚

人们的思想行为总是一定价值观的反映，人生价值观则为人生行为标准规定了总的选择方向，陈嘉庚也不例外。[①] 在中国和南洋不同时间段的生活经历，铸就了陈嘉庚兼容中西文化的价值体系，外化于他的言行中。

第一节 体现中华传统文化特质的主流价值观的陈嘉庚

纵观陈嘉庚早年生活经历及其一生言行举止，可以看出，早年生活经历让他烙上了融合中华传统文化价值观、闽南文化价值观等特点的文化特性，同时经多年在南洋及华侨社会的打拼奋斗经历，使他显现了独具个性的价值表现。但中国传统文化仍是陈嘉庚价值体系的主体。

一、修身观

陈嘉庚所接触的中式教育，分别有家庭教育、私塾教育以及自学。家庭教育包括两个阶段。第一阶段是从他在集美出生、成长至 1890 年 17 岁出洋前，主要是在其母亲孙氏的抚养、陪伴和影响的阶段。第二阶段是自 1890 年下南洋至 1901 年这段在其父亲顺安米店的十年学徒生涯，是他在其父亲陈杞柏身边度过、受其父影响的阶段。私塾教育则穿插于上述两个阶段内，包括出洋前在集美的完整八年私塾启蒙教育，以及从南洋回返乡里完婚后一年半的补习时光。另在独立创业后，不间断的读书看报等自学过程，在怡和

① 郭梁：陈嘉庚的人生价值观，《厦门大学学报》（哲学社会科学版），1994（4）：1—8。

轩设置图书室；甚至在避难爪哇期间，写作时坚持每天读历史书，《通鉴易知录》读了七八遍[①]，将“每天读报”“看所合意书籍”作为他的养生原则之一。[②]这些都加强了他对中国传统文化的吸收，强化了他对历史和政治问题的认识和思考。

（一）克勤克俭

中国人勤俭的根源主要是物质条件匮乏之下的不得已行为，直至逐渐演变成了一种不自觉的生活习惯和态度，即克勤克俭。这一特性被历史证明是自古至今中华民族崛起的推动力之一、民族强大的支柱，也是一种利己、利家、利国、利族群的，值得推广和延续的好习惯，成为中华美德之一，被华人群体不自觉地继承与传承，成为海外华人身上固有及最为闪光的特质之一，也是华人留给西方殖民者和他族人群的首要印记。17年的渔村乡土生活和母亲的言传身教、物质匮乏等环境因素和生活维系的需要，使陈嘉庚自幼便习得、形成了一身典型的勤劳俭朴之品性，伴随他一生且助他成就了之后诸多伟大事业，如办学之举。

首先是勤勉。自幼下海讨小海、剥海蛎，渔村底层人民的乡土生活，虽然艰辛，却十分磨练人。而来新加坡在父亲陈杞柏顺安号米店的十年学徒生涯，使他形成勤勉的习性，保持早起晚睡习惯，办实业时每日雷打不动地去视察工厂，晚年时则风尘仆仆、不辞辛苦地去视察厦大校舍建设工地、随时随地办公等，“今日事今日办”是他一直贯行的做事风格。据曾帮助陈嘉庚避难而与他朝夕相处过的黄丹季回忆，陈嘉庚生活极有规律，作息有定时，早睡早起，醒来后在床上做柔软操，然后散步一小时。[③]如此习惯数十年如一日坚持不变，其勤勉程度可想而知。陈嘉庚在南洋创业时，他的勤恳获得下属甚至亲人的敬佩。据与他接触最多的五子陈国庆回忆：父亲做事勤勤恳恳，数年无一日间断，没有休息，也没有假日，每周工作七天，周日白天在工厂、在办事处工作，晚饭后在怡和轩俱乐部处理社会公益和教育事务。周

① ［雅加达］《生活报》，1956年7月14日，转引自《陈嘉庚年谱》，第166页。

② 陈碧笙、陈毅明编：《陈嘉庚年谱》，福州：福建人民出版社，1986年，第169页。

③ 黄丹季：疾风知劲草——陈嘉庚玛琅避难纪实，《回忆陈嘉庚：纪念陈嘉庚先生诞辰一百一十周年》，中国人民政治协商会议全国委员会、文史资料研究委员会、中华全国归国华侨联合会、福建省政协合编，北京：文史资料出版社，1984年，第90–91页。

末则携他去巡视橡胶种植园。[①] 勤俭可以做，贵在日复一日地坚持不懈。避难时，陈嘉庚还对同住者说："我们生活太过闲暇，应找些工作做，劳动筋骨，学陶侃闲居运瓦，我们亦当帮用人做些事，扫地、拭桌椅，洗内衣等。"老人家说了就做，从不间断，而让时常偷懒的黄丹季汗颜。另为方便生活，他们还租了一小块地学种菜，陈嘉庚常站在田边看黄工作，一日他笑对黄说："蔬菜和杂草齐茂，丹季，你对种菜太外行，应把杂草除掉，把泥翻松，草干了，放火烧，把害虫烧死。烧过的草灰掩埋泥土中，农作物就容易生长。"黄按照他说的去做，果然无虫害，且蔬菜长得又肥大又嫩。[②] 这种源自生活经历的种菜经验的自然传授，显然是他早年在实践中获得的真实经验，证明他早年勤于劳作、养成丰富生活和劳动经验的事实。

其次是俭朴。他的俭朴生活作风现已被奉为廉政典范，尽管他为无党无派人士，无任何规程、纪律约束，但他自奉俭朴。其老友黄奕欢曾发出感叹："只要看到他平日起居饮食的自奉之俭，简直叫人不敢相信。谁会相信衣服上常多补缀的人，竟是慨献千万元兴学的人呢？谁会相信时不时叫一角钱汤面充饥的人，竟是名闻天下的陈嘉庚呢？"[③] 黄丹季回忆避难时，陈嘉庚早餐除牛奶鸡蛋外，喜吃番薯粥，不喝咖啡，不喝酒，不吸烟，三餐力求简单，稍备点好菜，就不高兴，恳切叮咛"须知现在是战时，物力维艰，前线抗日战士，后方受灾难民，过的是什么样的生活，如此太奢侈……"，再煮好菜他就不下筷子给予无言抗议。[④] 另他的衣着节约，早晚散步时戴的一顶鸭舌帽已破旧还舍不得丢弃。让校友妻子帮补袜子，将五双拼接成三双，送新的坚辞不受。[⑤] 如此种种他对自己的严苛几乎到了让人咂舌的地步。

---

① 陈国庆：《回忆我的父亲陈嘉庚》，北京：中央文献出版社，2001 年，第 125 页。

② 黄丹季：疾风知劲草——陈嘉庚玛琅避难纪实，《回忆陈嘉庚》，文史资料出版社，1984 年，第 91 页。

③ 黄奕欢：我所知道的陈嘉庚先生的生平，载《新加坡各界追悼陈嘉庚先生大会》，新加坡中华总商会编，未刊，1961 年，第 7 页。

④ 黄丹季：疾风知劲草——陈嘉庚玛琅避难纪实，《回忆陈嘉庚》，文史资料出版社，1984 年，第 90–91 页。

⑤ 黄丹季：疾风知劲草——陈嘉庚玛琅避难纪实，《回忆陈嘉庚》，文史资料出版社，1984 年，第 91 页。

（二）谦虚低调

陈嘉庚继承了中国人的自谦传统和性格，即使做了伟大的事，也谦虚低调。在开办集美学校和厦大后，陈嘉庚的事迹名声在外，也为两校师生所颂扬。而他不但自谦为“尽国民之天职”，且为人十分低调，尤其避讳刊载宣扬自己的事略。

1925 年 11 月 26 日，他即提出：“前者曾接到民国十二年（1923 年）本校年刊，详序弟略史，并言起始曾任商会协理及光复时筹款种种功劳。使弟读之不觉抱愧无地。盖出款以助治安，乃众侨之义举，而我引为已有，岂非贪天之功乎？深愿以后凡有再印何刊，万勿提起夸示功德及自奖何项历史，甚幸，甚幸。弟久欲提及，顾屡忘却耳。千祈体谅，至荷，至感。”[①] 坚决拒绝十年纪念刊刊载空扬其功绩。

1933 年，集美学校为庆祝二十周年计划编辑一本纪念刊，其中将收入有陈嘉庚、陈敬贤两位创办人的生平简介。叶渊校长为慎重起见，将此纪念刊目录及其生平事略，寄给陈嘉庚本人过目，征求意见。陈嘉庚看后，再三给叶渊回函嘱咐务必勿刊载他的事略。[②]

此外，他一生始终不允许任何建筑以他的名字命名，如听闻即会要求改名。但对其他人的贡献，他却会毫不犹豫地立碑铭记。集美学校曾为给他祝寿，集资建了一座亭子，命名为嘉庚亭，后被他严厉制止，更名军乐亭。此外，在 1961 年前的集美学校和厦门大学校园内，基本没有任何以他名字命名的建筑名称，反而有光前楼、国光楼等。抗战期间，陈嘉庚回国考察，看见已迁址长汀的厦门大学有个“嘉庚堂”，很不高兴，深怪学校当局事先没有征求他的意见。[③] 细微之处见精神，他对自己所做贡献的看法是：“不足资宣扬，实聊尽国民之天职而已”[④]，反映了他谦虚低调的为人作风。

---

① 关于拟在厦或省城创办图书馆（致叶渊函，1925 年 11 月 26 日），《陈嘉庚教育文集》，第 383 页。

② 致叶渊函，1933 年 4 月 5 日、5 月 10 日、5 月 12 日，载《陈嘉庚文集（征求意见稿）· 2》，华侨博物院编，1994 年，第 344、345 页；见大事记，《集美学校廿周年纪念刊》，集美学校校董会编，1933 年。

③ 《战前的陈嘉庚言论史料与分析》，第 30 页。

④ 郭粱：陈嘉庚的人生价值观，《厦门大学学报》（哲学社会科学版），1994（4）：1—8。

（三）智

1. 勤学善思

陈嘉庚自身即是终身学习的典范。尽管只接受过九年半私塾教育，但在日后几十年中，他不但在十年顺安米店学徒生活中，通过在实践中自学，为其日后成长为一位有着敏锐商业眼光、具备各类必备素质和能力的实业家奠定了基础。与此同时，在身处英国殖民者统治的新加坡近50年时间里，陈嘉庚也充分吸收周边可以吸收的一切新知识、新思想，并将其介绍运用到自己的兴学办校、城市重建等各项社会事业中，包括西方的住屋与卫生理念、城市规划理念、西方可取的建筑元素和细节等。此外，不论是在兴办的各类学校，还是如怡和轩俱乐部这类社会机构里，倡设图书馆是他一贯坚持的原则。甚至抗战时期，他在工作、吃、住合一的怡和轩，也承袭其父陈杞柏的习惯，自1923年接任怡和轩总理职务后，即在二楼专辟图书室，并订立有详细可行的借阅细则[①]，每日必到地翻看各类报纸和期刊，了解中外新闻大事，获取最新资讯。这些都为他能准确地预测国内战局发展趋势提供了保证。

据与陈嘉庚接触最多的五子陈国庆回忆："父亲好学不倦，公余以读书为消遣。他接掌怡和轩后，就在三楼设一间小图书馆，购置了《四库备要》《万有文库》和《东方杂志》等书刊，供会员阅览。他自己最喜爱读的书是《三国志》。"[②]"父亲善思考，又善把自己思想写成文章，或用讲演表达他善于讲演，无论长篇，还是短篇讲演，都可不看讲稿。"[③]尽管事务繁忙，但随时进行读书看报成为他日常生活必不可少的内容之一，遍读当时的各种报刊甚至是马来报，大量吸收各类情报且进行分析，从而使他对国际、国内形势了如指掌的情况下，将之用于有理有据地分析、阐述自己的想法，或号召、或倡导，影响、引领侨众，获得他们的认同，成为一位一呼百应、极具影响力的侨领。

2. 超乎寻常的远见卓识

卓识远见，指有远大的眼光和卓越的见解，见识深远。换句话说，卓识

---

① 本会旧章程第14章图书室，《怡和轩九十周年纪念特刊（1895—1985）》，新加坡怡和轩编，1985年，第239页。

② 陈国庆：《我的父亲》，载《回忆陈嘉庚》，北京：文史资料出版社，1984年，第56页。

③ 陈国庆：《回忆我的父亲陈嘉庚》，北京：中央文献出版社，2001年，第124页。

远见即看待事物的前瞻性，眼光放得长远，思想上具有敏锐的洞察力和预见性。

对于陈嘉庚来说，其看待事物的前瞻性和远见卓识，已得到广泛公认。政治方面包括他对抗战胜利的必胜，以及对国共合作无望，对中国未来走势的前瞻性预测——“中国的希望在延安”等。经济方面包括他对中国的崛起及强大深信不疑，对世界和中国橡胶种植和橡胶制造品需求增势的预测，驱使他首先涉足此行业，并立志为中国的橡胶种植和制造业储备知识和积蓄人才；他对战后中国的市容市貌都报以崭新的眼光和乐态，以及对中国不久未来的光明和文明现象矢志不渝。文教方面，他预感到中国的复兴与崛起需要各类人才，于是早早地计划和安排这类人才的培养和储备。他预见到遍及世界各地的集美学校和厦门大学校友将成为家乡建设、祖国建设和南洋乃至世界发展的生力军，从而驱使他不顾一切地肩负起兴办、维持二校的重任，即使被迫“卖大厦，办厦大”也在所不惜，……由此为国家和民族的崛起尽一点“天职”。如此种种，都一一被历史证明是正确的。

宏观来看，他的这一超乎寻常的远见卓识，其根源也是十分的明确和了然，即得益于早年他所习得并养成的诸多习惯，具体来看包括如下方面。

一是终身学习的习惯。陈嘉庚即是终身学习的典范。尽管只接受过 9 年多私塾教育，但在之后的生命中，陈嘉庚不但在实践中自学，一有空闲即大量阅读，吸收他所关注的领域动态和最新资讯前沿，也充分吸收周边可以吸收的一切新知识、新思想，养成受益终生、也是他获致成功的最主要的终身学习习惯和能力，具备了广博的知识积累，为他准确预测国内外发展趋势，提供具有前瞻性的建议提供了保证。同时，他利用各种实践的机会，努力在实践中获得更多的符合事物发展规律的真知灼见，从而让他在知识学习和实践学习方面都获得重要的知识和能力储备，为他后续的成长与成功奠定了基础。而他对知识学习和实践学习重要性的认识，也催生了他分别将其在大力提倡图书馆、博物馆等社会教育机构以及创办各种职业教育的过程中进行了转化和延伸。

二是勤思。勤思是在各类学习的基础上，对获得的知识进行消化和吸收、转化的过程，是学习延伸必不可少的步骤。深入研究所关注的重点问题，搞清来龙去脉，如此便能对事物的发展了然于胸。只是在陈嘉庚身上，这种素质表现得更加具体和显现。遇事勤三思，分析原因和可行性、过程与结果；善于观察事物，从外到内，由表及里，发展与变化，及与环境等原因的关系，有多思、深思、善思的良好习惯，对事物发展态势自然就可越来越清楚地掌握。而他对事物的观察细致入微，从一些小事即可窥见。如他聘请员工前先请吃饭，餐桌前观察那人：吃得少，胃有问题，如何劳动？挑食者，自私自利，不能相信。一顿饭下来，陈嘉庚早摸透了那人性格。[①]

他对演讲技巧的总结和思想，[②]反映了他的确是一位勤学善思的儒者。步入华社上层担任侨领后，陈嘉庚需要在各种场合进行讲演。因此，在日积月累的过程中，他对如何做有说服力的演讲艺术和方法进行了总结。首先，对于说什么内容比较容易打动人，他总结为：第一，必须对自己的题目有着把握，就是将所有的事实都收集起来，再加以整理。须采取多方材料，且是确切事实，自己再解决。第二，世界上最好的故事题材是每人一生中的真实经历。此句话很有意义。如果他的故事真实，讲出来一定能动人。第三，凡是惯于讲具体而又确实话的人，不管他所受教育深浅，终能引人兴趣。其次，对于讲话态度要如何做，陈嘉庚的总结是：第一，说话要直接而真诚，才能打动人。即直心爽口，开诚布公，推开天窗，明说亮话。第二，如果讲的话极诚恳，确系从内心中出来，必能影响听众力量至大。第三，最主要是诚恳，大伟人的诚恳并不放在口头，而是极自然流露出来。再次，对讲话方式，陈总结为：第一，把事实讲出来，再对事实加以辩论，劝人家去实际的做。第二，善比喻。戒子弟吸烟云，吸烟足以妨碍运动成绩。牛津、剑桥两大学，他们在比赛前，练习期间，加入比赛的选手一概不准吸烟。另外，对于纠正错误和问题的演讲，要如何适当地说服，他总结为：先把一切错误事情指明出来，然后再说出怎样可以补救错误。[③]

另外，陈嘉庚也是一位有计划之人。据曾在陈嘉庚身边服务过的集美同乡陈乌亮回忆“当年从家里出发往鳌园，陈嘉庚算过，步行约 9000 步就能

① 《非同凡响：南洋商报创刊 85 周年纪念书籍》，第 166 页。

② 《陈嘉庚遗稿：一九四四年在印尼峇株》，第 93—95 页。

③ 《陈嘉庚遗稿：一九四四年在印尼峇株》，第 93—95 页。

抵达，他自个儿算的，他不单计算这里至那里，还计算两者间的距离。”[①] 于是，在建造鳌园、龙舟池、游泳池等设施的过程中，陈嘉庚用脚丈量石板用料数量等成为一段佳话。

而陈嘉庚做事的计划性和前瞻性，还表现在他对水产教育的重视和开展上。他看到闽南地瘠民贫，海多田少，故认为发展水产是一有广大发展前途的产业，故对于水产农林特加注意。从创办水产科开始，又于 1917 年资送吴淞水校考取第一名学生往日本留学，毕业后服务集美水产校。开办后他又恐毕业生无出路，于是向欧洲购买渔船回来给师生实习和就业使用，适时的调整策略，解决招生、办学、实习、就业等一系列问题。[②] 一路摸石头过河，逐渐发展成水产航海专业，成为国内数一数二的水产航海专门学校，为地域发展、国家经济发展和航海事业，乃至海上丝绸之路培养了不计其数的人才。这应该也是令陈始料未及的事。由上即可看出，陈嘉庚即是一位勤思、善思的有心、有计划、善观察和总结的华侨领袖，他的这一特质为其他华侨领袖不多见。

（四）孝

陈嘉庚对孝的理解和继承，从以下几点即已体现。

首先，是对父母的尊敬和言听计从。陈嘉庚在其著作中尊称其父为“家君”[③]，而称其母为“家慈”[④]。“家慈”又称“家母”，是在别人面前对自己母亲的谦称，与“家严”相对。一般而言，“家慈”对应“家严”，“家父”与“家母”对应，而“家君”是对他人称呼自己的父亲。此外，陈嘉庚对其父母之命言听计从，不但服从母亲安排的婚姻大事，也服从庶母作出的纳妾安排；他听从父亲召唤下南洋学徒经商，然而父命难违也致使他无法在母亲去世时即刻回家奔丧，忍受对母亲的思念与悲痛。后回乡葬母，依旧为母守孝三年后才出洋。如此种种都表明陈嘉庚即是一位严格遵守奉养、恭敬父母等

① 《非同凡响：南洋商报创刊 85 周年纪念书籍》，第 166 页。

② 陈嘉庚：畏惧失败才是可耻，载《东方杂志》第 31 卷第 7 号，1934 年 4 月 1 日，第 5—10 页。

③ 见《世说新语・方正》：“君与家君期日中”。又见《秋日登洪府滕王阁饯别序》：“家君作宰，路出名区。”

④ ［清］胡寿颐《小螺庵病榻忆语跋》：“女史亡矣！张姥犹时为予述往时携女史钗钿求家慈修饰，家慈恒乐为之劳页。”

中国传统“孝”道之人。

其次，在婚姻问题上，服从父母安排的媒约，承袭自封建制度下的一夫多妻制。陈嘉庚共结婚四次。他的第一位夫人张宝果（1876—1916）即是其生母安排，召他回乡完婚，乃集美村一秀才之女，虔心向佛，年华十八，后共为他诞下四子（济民、厥祥、博爱与博济）、三女（爱礼、丽好、爱英）。陈博济、陈爱英后来过继陈敬贤。陈丽好则过继其第三任太太叶却娘（1887—1970）。他的第二任太太吴惜娘（1875—1974，厦门人）是由其庶母安排，为他生育三子（元凯、元济与元翼），三女（亚惠、亚妹与保治）。三太叶却娘也是厦门人，为陈嘉庚生有一子（国庆）、三女（来旺 13 岁时去世，陈玛丽、丽珠）。他的第四头婚事是娶了新加坡出生的周氏女，产下一男孩名国怀。[①] 周氏在星洲沦陷前病故。虽然一般而论他的四名妻室受教育不多，对于商务与政治一无所知，他们却为家庭带来和谐、稳定、安宁与保障，[②] 为陈嘉庚解决后顾之忧。

最后，替父还债，挽回父亲名节。《中庸》载：“孝者，善继人之志，善述人之事者也。”《论语》曰：“三年无改父之志，可谓孝矣。”陈嘉庚在接手陈家事业后，可谓其父精神的延续，是中国传统道德之行的承继者。首当其冲之孝行即替父还债，保留父亲在南洋的名节。陈接手父志，继承家业，并弘扬光大，三十余年未改父之志，可谓大孝。尽管在英国殖民地，很多时候父借款是为了维系家庭生活和家业，也不排除是为子女的生活培养，故而所花借款不能一概而论为是为己为家而难以区分。尽管按照英国殖民地法律规定，父债子不必还，但不符合中国文化中的“欠债还钱”的道德传统。所以，在华人社会仍旧提倡，在子自愿的情况下，在能力范围内，代替父偿还债务，以减少社会纠纷，发扬光荣传统和社会公德。正是出于这种道德传统，驱使陈嘉庚做出了替父还债、还父亲名誉、挽回债主权益和损失的举动。虽然有记载称，当陈提出此决定时，其父陈杞柏（如松）翁“亦以词阻之”。但陈认为“以律虽可不偿，义则绝不容枭欠，吾人当以信义立身，不

① 《陈嘉庚遗稿：一九四四年在印尼峇株》，第 90 页。据作者注此文曾于 1944 年为陈嘉庚所著述，文中曾提及他的第四次婚事。

② 《华侨传奇人物——陈嘉庚》（中文简体版），第 30—32 页。

当以法律自文”。[①] 故而有了他的替父偿债之举。尽管让陈嘉庚始料未及地收获了自己东山再起的最大资本——诚信。

（五）毅

“毅以处事”是陈嘉庚为集美学校订立“诚毅”校训中的一点。他办学、做事的一以贯之，展现着他过人的毅力。得益于他日积月累对自己意志的磨炼，每日早起、经常冷水浴，数年如一日。对接班人的意志磨炼，则通过让他们经历一段初入工厂的学徒实习期，接受和工人一样的待遇和考验，然后才会让他们接手一些管理工作。这样的步骤尽管是华人社会培养接班人的普遍做法，但是对意志磨炼的重视则是陈嘉庚不曾忽视的步骤。

他的“毅”，也还表现于自信果敢。陈嘉庚的自信似乎是与生俱来，但不可否认的是，这是他经年历练而成就的毅力和坚毅的表现。正如他所拟定的“诚毅”校训所反映的，他把这种坚毅发挥到了极致。以致首先在他生意收盘时他没有被打倒。故有人评价他为：英雄气质的人是不会灰心的，他仍然不以破产而灰心。[②]

而在印尼避难时期的陈嘉庚，可以说是处于人生的最低谷，甚至随时有生命危险。但他却能始终保持乐观向上的平常心，自信乐观是他那时对自己时常的告诫，他在读书阅报的规律生活中，时常写一些句子给自己以警示和劝慰，诸如“每日读报，对国家社会及种开怀”“勿忧闷及事事乐观，及游历，看新合意书籍”“打消复古思想及追怀往昔诸不适情绪，即‘既往不咎’。”[③] 和“乐观，勿忧闷。目前遭匿（逆）沦陷，上帝已裁判，可跟着乐观解决。晨光不久会照耀前途也”“切自节制，勿忧愁，勿脑（恼）怒，不论何事，心气和平”。[④] 从这些字句不难看出，他其实是在给处于逆境中的自己以鼓励、勇气和希望，对自己的心态进行调节，以达镇静自若、泰然处之的风度。

他的这种泰然自若的自信果敢另也突出表现在一些事例中。1934 年，由于世界范围经济不景气和英国债权人的阴谋，陈嘉庚的生意被迫收盘。对

① 陈嘉庚先生，《厦门大学八周纪念特刊》，厦门大学编，1929 年 4 月 6 日，第 14 页。

② 徐盈：陈嘉庚先生，载于《陈嘉庚先生安全庆祝大会特刊》，1945 年 11 月 18 日，第 11—12 页。

③ 《陈嘉庚遗稿：一九四四年在印尼峇株》，第 92 页。

④ 《陈嘉庚遗稿：一九四四年在印尼峇株》，第 95 页。

此，他十分镇静地告诉儿子陈国庆“塞翁失马，焉知非福”，如果事情没到这步田地，他便永远没有机会休整。显然陈嘉庚有限公司是自愿收盘，因为是有限责任公司，没有一个股东，没有一个董事被迫至破产。

1942年初，日本飞机不断轰炸新加坡海军基地。陈嘉庚站在基地上，泰然自若地和工人谈话，劝说他们回去做工、帮助英国海军当局。在场的英国军官无不钦佩之至。当新加坡在日本人进攻下危在旦夕时，许多朋友都力劝他离开，因为谁都知道，日本人占领新加坡后，第一个要抓要杀的就是他。但他坚决拒绝，直至新加坡局势已完全无望才离开。1946年底，中国内战风云际会时，他支持毛泽东，打电报给哈里·杜鲁门要求停止支援蒋介石，遭新马中英文报纸的激烈攻击。但他始终泰然自若，毫不动摇。大约在此同时，陈厥祥从香港到厦门，所乘英国船被海盗劫持，陈厥祥被绑架。陈嘉庚却不露声色，在广东省政府主席李济深帮助下，付了5万港元使陈厥祥获释。①

（六）勇

变化意味着不确定性和风险。企业家精神是以经济和社会理论为依据，视变化为企业常态和健康的标准，也为机遇。从陈嘉庚的实业创业过程来看，他即具备了对变化、风险的习以为常。他敢于犯险冒难，欢迎变化，引领变革，敢于承担风险，勇于开拓创造。自在顺安米店学徒期间，陈嘉庚即学会了用赊账、借贷来保持各类产业间的资金流动平衡。而在自己创业期间，他应外界变化需要，因势利导，不断变换策略，依靠银行贷款周旋保持平衡。但后期因世界经济不景气、行业竞争及厦集两校校费维系致借贷亏空过大难以填补，被银行利息拖垮，成为致陈嘉庚公司转为有限公司的最直接原因。有人认为是厦集两校拖垮了陈嘉庚企业不无道理。如果陈嘉庚当时放弃维持厦集两校，即可起死回生。但他仍选择继续大量向银行借贷，终为高风险付出了代价。此点反映，不同于一般人求稳心态，陈嘉庚对风险有着一般人少有的魄力和胆量。

在陈国庆眼里，父亲陈嘉庚天生敢挡风险，喜欢冒险去做那些心中无数的事，且往往蛋还未孵就先数鸡。“社会公益事业要视自己的能力随时随地

① 陈国庆:《回忆我的父亲陈嘉庚》，北京：中央文献出版社，2001年，第124−125页。

去做，如果要等到发财去做，终生一事无成。”[①] 他也勇于出头向旧思想、恶势力斗争，勇于争先出头为国兴利、为民造福。他曾言：“服务社会应随时准备为顾全大众利益而牺牲自己，一息尚存，誓死奋斗，直至最后胜利而后已。”[②]1929 年，陈嘉庚在《陈嘉庚公司分行章程》中加入眉头警语 80 条：“事事让人出头，终生无出头日；样样让人去做，终身无自做时。”明确鼓励每个人都要敢于出头，争着做事。

有学者说，陈嘉庚一生最特别的在于从不去问为什么，他只知道去做，守信、坚毅，纵然倾家兴学，依然要把学校办下去，即所谓的义无反顾、勇往直前。与 19 世纪出洋打拼的千万华侨一样，在南洋发迹后，陈嘉庚也想到回馈祖国，但他的回馈却和其他人不太一样：1921 年他决定办厦门大学，3 次募捐皆告失败，陈嘉庚把心一狠，决定自己来办。[③] 如此敢于冒险、尝试的勇气与魄力，为同侨仅见。

经济愈困难则愈促发他矢志办学的胆魄与决心。当时南洋富侨很多，他虽是百万富翁，却非最有钱的那一位。“他的性格就是这样，甚至暗地里立下志愿，要当先锋、做榜样，不但要把学校办起来，还要办得最好”，且不止办一所学校。在新加坡，他的办学史始于 1907 年联合闽帮侨领创办道南学校。[④] 如此对兴教办学等公益事业的坚持与执着，且通常一旦开头便绝不言弃、绝不半途而废的做事风格，显示着他性格中敢于犯险冒难、坚韧、坚毅的一面。

陈嘉庚一生爱憎分明，公正无私，具有极强烈的正义感。他又生成一副侠骨仁怀，对大规模赈灾救难义举莫不率先挺身以赴，号召领导，任劳任怨，无论如何艰巨困难都坚强不妥，努力负责到底。他曾说：失败并不可耻，惧怕失败才是可耻。其百折不挠的刚毅精神，由此可见一斑。[⑤]

---

① 陈国庆著:《回忆我的父亲陈嘉庚》，第 121 页。

② 《华侨商报》，1941 年 9 月 5 日。

③ 洪永宏接受南洋商报采访如是说。《非同凡响：南洋商报创刊 85 周年纪念书籍》，第 150 页。

④ 《非同凡响：南洋商报创刊 85 周年纪念书籍》，第 150 页。

⑤ 大会主席高德根先生致悼词全文，载《新加坡各界追悼陈嘉庚先生大会》，新加坡中华总商会编，未刊，1961 年，第 2—3 页。

（七）宗族观念深厚

纵观陈嘉庚的一生轨迹，不难发现他是一个具有浓重中国传统宗族观念和思想的人，他替父还债为维系父亲的在世名誉；他一生有四房夫人，共生有 17 个子女，为延续陈氏香火、传宗接代，极大的振兴了陈氏家族到他这一辈子女凋零的颓势，并将陈氏家族后尾角的这一支脉振兴发达；而他所成就的诸多伟大事业，为陈氏家族光宗耀祖可谓立了汗马功劳，让集美陈氏家族成为众多陈姓氏族中最引人瞩目和有成就的一辈，永载史册。他早年从南洋回乡即修祠堂、支持儿子陈厥祥修家谱等。种种言行事实表明，陈嘉庚即是一位具有浓重中国传统宗族思想观念的中国人。具体表现为：

一是铭记自己的根源。陈嘉庚对自己来自一个落后的渔村集美，不但毫无避讳，且铭记在心，时常提及；对自己所属的集美大社陈姓祖先的最初来源出处——河南，也是如数家珍。1940 年，陈嘉庚回国慰劳，途径河南，在河南各界的欢迎会上，他特别提及："余先祖原属河南光州固始县人，数百年前迁移福建，算来是同乡，可免客气。"① 显示他是一位念祖之人，其浓重的追根溯源之乡土情怀是中国传统宗族思想的体现。

二是修家宅、建家庙、宗祠。据社会学家陈达 20 世纪 30 年代对陈嘉庚老家集美的考察认为，陈嘉庚在新加坡经商得法后，和其他迁民一样，把一部分盈余寄回集美，兴建新住宅，但其新宅并不十分富丽。又修筑祠堂，祠堂内供奉祖宗神主以外，尚塑有谢安② 像。其像着衣冠，高度似成年男子，坐于帐中宝位。祠中一切陈设，比较简单。③ 而他之后几次资助修缮集美陈氏大祠堂，及晚年计划修建却在他去世后才得以建成的归来堂，均是陈嘉庚寄予子孙能继承宗族观念、追根溯源之传统，沿袭时常回乡谒祖的风范。这一寄予了诸多思乡情结、赋有召唤含义的归来堂，是陈嘉庚留给后代子孙们的精神家园。

---

① 陈嘉庚：河南是故乡，《南侨回忆录》，南洋印刷社，1946 年，第 170 页。

② 谢安（320 年至 385 年 10 月 12 日），字安石页。陈郡阳夏（今河南太康）人页。东晋著名政治家，名士谢尚的从弟。谢安逝世之后，民间尊奉为神祇，称为"谢千岁""谢圣王""谢王公""谢老元帅""广惠圣王""广惠尊王""广应圣王""广应尊王""显济灵王""护国尊王"等。唐代陈元光将军率领部队官兵入漳州时，携带谢安之香火，并尊奉谢安为"广惠王"。而广惠王的信仰，也随着漳州人来到南洋、台湾等地。

③ 陈达：《浪迹十年》，商务印书馆，1946 年，第 10-11 页。

三是修族谱。中国自古有修谱之传统。家之有谱，犹如国之有史也，大小虽殊，其理则一。谱牒之有裨于众也，岂浅鲜哉。大者能知世代之流渊及亲疏长幼之世系。小者可悉婚嫁之详情、陵寝坟墓丧祭之方位。古语有：箕裘，子承夫业；恢先绪，子振家声之句。国强修志，家兴续谱。[①] 陈嘉庚对家族事宜不遗余力，对修家谱自然重视。陈嘉庚在遗稿中提及在其父所修家谱中对亲血脉与养子在家谱中的不同记载方式，“回忆幼稚时，先父曾修一本族谱，依照旧例，男子如亲血脉，则画红线，曰某人之子；如螟蛉则画乌线，亦曰某人之子”。[②] 之后，至陈嘉庚第十九世后，陈嘉庚也继任修谱之责，后虽因分身无术不得不委托其子陈厥祥代劳完成，但他一直都有在为修家谱做准备。他曾交代陈厥祥：此项编修工作，实为本社重要事项之一，汝如有志于此，可着手进行。[③] 他专门拟定《遗教二十条》，以及《集美歌》，让其子收入家谱《集美志》中。且他也亲自撰稿，记录自曾祖父至其兄陈敬贤家况，即为修陈氏家谱。在他的支持下，其子陈厥祥在各方族谱散失难觅的情况下，将包含诸多珍贵史料信息和家族、宗谱信息的陈氏族谱史料——《集美志》修编完成，留存后世。

四是传宗接代、光宗耀祖。多子多孙源于对祖先的崇拜。陈嘉庚在遗稿中对其自曾祖兄弟亲血脉遗传一直辑录到其下一代子辈的记述：“至于有所螟子，及螟子亲生之子，均不录之。”“又自我曾祖及祖以来，所螟之子多不利家景，故余誓戒子侄，无论如何，切不可螟子也。”[④] 显示陈家自他曾祖父开始，尽管有很多分支，但其他分支由于种种原因，不是绝后，就是杳无音讯，或所生香火人数寥寥无几，只能外加收养子来延续。而到陈嘉庚这一辈，其弟陈敬贤英年早逝，且只留下一子。由此，延续陈家香火、繁荣陈家血脉之重任自然落在了他身上。陈嘉庚自觉承担起此重任。他给自己设定原则：多子多孙，人丁兴旺，但不要螟子。另外，在清末民初时期南洋华人社会里，华侨迁民“一夫多妻”“两头家”现象十分普遍，使陈嘉庚一生娶了

① 序，《蒲蓉李氏泉美家族族谱》，李氏泉美家族，2012 年，第 3—4 页。
② 《陈嘉庚遗稿：一九四四年在印尼峇株》，第 89—97 页。
③ 陈厥祥：集美志编印缘起，《集美志》，1963 年，书前页。
④ 《陈嘉庚遗稿：一九四四年在印尼峇株》，第 89—97 页。

四位夫人，生了十七位子女[①]，实现人丁兴旺的愿望。基于沿袭这样的“光宗耀祖”“传宗接代”“延续香火”之中国传统宗族观念，让陈嘉庚在他这一辈实现了子孙满堂、人丁兴旺，也正由此给予他日后庞大的企业王国的维系及后继有人提供了可能，连同他后来招的女婿们，一起造就了如今陈嘉庚子女遍布世界各地的繁荣景象。

五是重修祖坟。陈嘉庚在世时，曾不遗余力地修缮陈氏祖坟。除了陈嘉庚父母坟墓，在集美村现如今仍还保留着集美陈氏开基二世祖陈基（字朴庵，元代人）的祖坟，位于集美学村校门旁，俗称“港口墓”，始建于元，明代重修。1954年陈嘉庚重修之，且其状一直保留至今。东侧立有1954年修墓“通告”碑，其上正中镌刻“集美始祖”及“裔孙陈嘉庚立石一九五四年重修”文字。此墓为陈基和妣林氏合葬墓，规模庞大，保存完整。

除此以外，陈嘉庚对自己父母之墓的修缮体现了“孝”和“宗族”思想。陈嘉庚母亲孙秀妹于清光绪二十五年（1899年）去世后，当时陈嘉庚分两次回乡才完成入葬。现今的孙秀妹墓位于集美街道岑东社区集岑路2号科学馆西北侧。墓园以铁栏杆围护，宽31米，进深38米。墓址坐西南朝东北，墓冢、碑亭、墓煌及“风”字形墓岸、墓围均由花岗岩和辉绿岩构成。龟背形墓冢以13块花岗岩石拼合而成，宽16米，进深17米，高0.6米。冢前建有重檐歇山顶碑亭，亭内立长方形墓碑，镌刻“清浩封宜人显妣陈门孙氏墓”，落款“时光绪二十有五年仲春谷旦”等。三级墓围及墓坦，墓手装饰为文官武将、金童玉女及像狮瑞兽等，碑亭屋檐博板及供桌立面的青石雕人物故事图案极为精细，采用花岗岩与青石石雕相结合砌建工艺，具有较高的历史价值和文物价值。[②]

陈嘉庚父亲陈杞柏去世时，陈嘉庚因业务缠身无法回来奔丧，委托在集美刚完婚的胞弟陈敬贤负责，并派其妻儿回乡奔丧。现今的陈嘉庚之父陈杞柏墓，位于集美街道银亭社区敬贤公园湖北岸。墓碑显示建于“清宣统元年”（1909年）、“民国廿一年”（1932年）重修。坐北朝南，墓园占地约870平方米。“风”字形墓岸、墓围，水磨砂质地，冢前立长方形墓碑，镌

① 《陈嘉庚遗稿：一九四四年在印尼峇株》，第89—97页。

② 《厦门市集美区志》，第585、587页。

刻“集美陈公如松佳城”，落款“中华民国廿壹年重修”“孝男嘉庚……立石”。碑前有供桌、墓涅及半月池，墓址东侧建有“其昌墓塔”。[①]21 世纪初兴建敬贤公园时，迁集美陈氏开基五世祖陈可赞及其后的多座祖墓合葬于此。[②] 碑上所刻陈嘉庚重修时间 1932 年，估计是陈嘉庚委托他人代为修缮完成。因该年陈嘉庚产业在南洋宣布收盘，事务繁杂无法脱身回乡省亲，故非他亲自完成此重修父墓之工作。但尽管如此，从侧面反映了他对重修祖墓之重视。

（八）保守但不守旧

中国传统文化的浸润，使陈嘉庚成为一个具有中国传统文化价值观的传统主义者，使他不仅表现出对中华传统文化的热衷与热爱，更主要表现在他对中国传统文化价值观的坚守。而这种传统使他成为一个传统的保守主义者。典型表现之一即是他主张中国的改观应该走循序渐进的改革之路。到南洋后近 30 年的创业实践，让他在瞬息万变的商战中，习惯了变化以及为应对这些变化所形成的创新习惯。但他对国家主张的“创新”是一种“渐进的变革”——通过基层的、社会的变革来不断创新，经过长久的努力来逐渐改变国家的面貌和社会的基础，以求得在保持传统与实现变革之间的动态平衡，而不是完全否定过去和现实，把所有的传统推倒重来、另起炉灶。这也是为何他当时先是极力支持孙中山，继而再鼎力支持蒋介石的原因。虽然他们都未能实现他的强国之梦，但最终选择支持毛泽东，让他看到了中国的未来。如此的遵循“天道”“天运”之世间事变流转的基本规律，即是陈嘉庚极度信奉诸葛亮马前课[③] 的集中体现。

此外，陈嘉庚的保守还表现在社会习俗方面。在子女的眼中，父亲陈嘉庚的态度应该说是恪守传统的，他的举止言谈都严格地遵照道德观念。他强烈反对抽鸦片，反对现代西方跳舞，说那是伤风败俗之社会祸害。[④] 对于跳舞，他曾多次有明确论调，即对诸如跳舞等会导致“男女授受不亲”等复杂

① 据敬贤公园田野调查获见。

② 《厦门市集美区志》，第 588 页。

③ 陈嘉庚在筹建集美鳌园时命人将诸葛亮的马前课用五彩、精美的瓷雕，以生动故事的形式，固定在了集美鳌园入口左侧的游廊墙壁上。

④ 陈国庆:《回忆我的父亲陈嘉庚》，北京：中央文献出版社，2001 年，第 120 页。

男女关系的娱乐活动，乃是坚决持批评和否定态度的。他不但严于律己、绝不涉足，且多次在公开言论中严加批驳，甚至亲手斩断了儿子陈国庆与一位喜好跳舞女孩的美好姻缘。他虽保守但不守旧，而是一个足够开明的人，他紧跟时代脚步，与时俱进地吸纳和接受西方先进文化理念即是明证。

（九）严己宽人，克己奉公

南宋范晔《后汉书·祭遵传》有云：“遵为人廉约小心，克己奉公，赏赐辄尽与士卒，家无私财。”这一融合了倡导人要对自己要求严格、一心为公的职业道德和个人美德的儒家价值观，在陈嘉庚身上表现得尤为突出。他首先以身作则。据他自述，他早年直言“自来洋及回梓三年，守职勤俭，未尝枉费一文钱，亦无私带一文回梓。执权两年，家君未尝查问。在膝下三年，终日仆仆于事业，亦未曾攖其怒也”。[①]“廿二岁夏复南来，仍在家君顺安内服务，公忠守职。”[②]“至余原抱公忠尽职之心，无论在洋回梓，均不私蓄一文钱，家内亦不许有金饰。”[③]且即使他在成了富翁之后，仍旧保持如此本色，过着俭朴的生活，也决不允许家人随意浪费金钱，严守儒家倡导的“克己奉公”“公忠守职”的行为做事原则。除了自己遵守，他所恪守的这一职业道德在他所拟定的公司分行章程中也进行了细化和规定，其中第九条要求分行无论何人，应守下列禁例：不准以分行名义，代人作保，暨拖欠债项；不准兼营他业；不准侵欠公款；不准放货项于兄弟、亲戚；不准在分行内外赌博及违禁之事；对于有嫖赌之公馆及俱乐部等，不可加入。非有重要事务，与人交涉，并不可涉足。[④]显示他对“公忠守职”“克己奉公”的遵从和认同。这也是他对自己、下属职员以及家人所做出的统一要求。

对于金钱，他奉行的是严己宽人的原则，这里的“己”不仅是针对他自己本人，也包括他的家人在内。因此不但对自己的花销减至最低维持基本生活需求的标准，吃地瓜粥，穿缝补后的衣袜，不抽烟、不喝酒、没有任何的娱乐开销。据他儿子记述：父亲生活淡泊节俭、只有极少的生活用品。他厌恶骄奢和排场，除了每周周末长途跋涉去橡胶厂，有时去察看马来亚等地

---

① 未成人经过，《南侨回忆录》，陈嘉庚著，南洋印刷社，1946 年，第 393 页。

② 母丧停柩，《南侨回忆录》，陈嘉庚著，南洋印刷社，1946 年，第 393 页。

③ 回梓葬慈亲，《南侨回忆录》，陈嘉庚著，南洋印刷社，1946 年 3 月 25 日再版，第 395 页。

④ 陈嘉庚公司分行章程（节选）（自印 1929 年），载《陈嘉庚教育文集》，第 150 页。

的橡胶厂，他一生身边带的钱从来没有超过5元，他一生没有做过生日，也不许家里的人在他生日时去看望他。有时，他身体不舒服，他不喜欢家中任何人问他的身体如何，他不喜欢别人提醒他身体欠安。[①]他每天伙食5毛钱。[②]他捐资办学兴建了座座高楼大厦，却舍不得花钱去重修被战火毁坏的私宅。……他对自己的种种严苛，几乎令人咂舌。

除了对自己的严苛，他对家人的花销，也一律严格控制。几乎“一文宜惜”，近乎苛求到与“吝啬”挂上了钩。他拒绝陈国庆讨80元买打字机学打字的请求，却毫不犹豫地掏出200元给他交给所读圣·约瑟学校响应校方筹款盖厕所的募捐倡议。他也冷言拒绝陈国庆母亲向他要钱换家具的请求。另外，陈嘉庚还常对陈国庆说，他不想把财产留给任何一个子孙，因为“财富使智者丧志、愚者更愚”。他去世时果真未留给子孙一分钱，而把全部财产献给教育和公益事业。迫使几个儿子必须自谋生路。[③]他们凭着个人努力、良好教育，全拼搏出好成绩——工程师、医生、药剂师在孙子辈里比比皆是。但为赚钱养家，反倒是经济较宽裕、有着第三代长子嫡孙身份的陈立人扛下了“陈嘉庚召集人”的责任。[④]

另外，这种对自己和家人的严苛，甚至深刻影响着陈嘉庚的社会价值观。陈国庆说他父亲陈嘉庚最不能容忍的是结婚铺张浪费、丧葬大肆开销、使人消沉失志的娱乐和祝寿等的浪费。暴殄天物，对那些只说不干的人，他不屑一顾。在政治生活中，他对腐化、滥施权力极其厌恶。他鄙视虚伪、自私，讨厌华人社会中的二流子和寄生虫。[⑤]享乐主义价值观在资本主义社会中被认为是理所当然的，陈嘉庚对此嗤之以鼻。他说：“谚言‘有财不乐则愚’，斯语似有价值。然以鄙意度之，要当以国势为判断，在吾侨丁此存亡之秋，忧国不遑，奚遑娱乐，故有财宜输教育为急务。”[⑥]他判断用钱财是否得当的标准是“国势”，说到底就是以国家的需要来衡量。他一生艰苦朴素，

① 陈国庆：《回忆我的父亲陈嘉庚》，北京：中央文献出版社，2001年，第119页。
② 《非同凡响：南洋商报创刊85周年纪念书籍》，第166页。
③ 陈国庆：《回忆我的父亲陈嘉庚》，北京：中央文献出版社，2001年，第118—119、124页。
④ 《非同凡响：南洋商报创刊85周年纪念书籍》，第20、168页。
⑤ 陈国庆：《回忆我的父亲陈嘉庚》，第121页。
⑥ 陈嘉庚：筹办南洋华侨中学演词，转引自《战前的陈嘉庚言论史料与分析》，第25页。

自奉菲薄，日常生活极为简朴，他提倡“个人少费一文，即为国家多储一文，积少成多，用之兴学”。[①]故而，他对于有利于家乡进步、社会发展、国家繁荣的公益事业方面的资费需求，几乎不吝寸金，甚至贷款支持。如此对社会、对人民的“千金慷慨”与他对自己的生活费用和子女亲属用钱“吝啬”之至形成巨大反差。

二、社会观

（一）仁：行善

儒家传统思想中的人性本善，以及大力宣传“行孝劝善、世间有情”[②]的佛教自古以来在中国的盛行不衰，都促成了“行善”“施善”在传统价值观培养中的重要体现。陈嘉庚的母亲即是这一集合体。陈嘉庚幼年时一方面接受儒家思想文化教育，在《三字经》人性本善的教诲中，遵循为善的本真。同时，在佛教忠实信徒的母亲的潜移默化的影响和感染下，行善是一必然习得使然。陈嘉庚的母亲行善、向善的行为，无不是向他传递一个理念——积善成德，或者说积德。这或许是一条佛家戒律。但是，陈嘉庚在遗稿中所记录的“养成乐善义务习惯，凡事认定一息尚存，都是可以办到的，即不幸物化，精神亦可长存不死”，[③]则显示行善、向善为其所接收的道德行为之一。比如，1915年，为解决侨胞旧塚麟山亭途中桥路破损造成的不便，因为其亭并桥路皆有关于丧事之往来停驂者大有关切，故陈嘉庚呼吁侨胞捐输修路，“故我侨胞，踊跃乐输，共成美举”，自己则带头捐银四十大元。[④]如此善举不一而足，成为他得“慈善家”之名的必然结果。

（二）义

1. 重信守义

在中国传统中，“信”是一个非常重要的德行。孔子认为信比兵、食更

① 陈嘉庚：集美学校秋季始业式上的训词，《集美学校校友会第一期杂志》，福建私立集美学校编印，1920年。

② 参见新加坡保赤宫陈氏宗祠编：《保赤宫125周年纪念特刊》，新加坡保赤宫陈氏宗祠发行，2002年8月，第189—204页。

③ 《陈嘉庚遗稿：一九四四年在印尼峇株》，第92页。

④ 重修麟山亭并桥路碑记，载《新加坡华文碑铭集录》，陈荆和、陈育崧编，香港中文大学出版部，1970年，第265页。

重要，《论语·颜渊第十二》曰：“自古皆有死，民无信不止。”《论语·里仁第四》曰：“夫子之道，忠恕而已矣。”朱熹《论语集注》释“忠恕”云：“尽己之谓忠，推己之谓恕”，要求无论对事、对人，都必须谨守诚信的原则。人必忠于自己，才能把自己最好的可能性充分发展出来，能够尽自己最大的努力，把自己该做的事情做好。而己立立人，己达达人，以赤心对人，才会得到相应的回报。所谓恕，推己及人，对别人对社会不要太过苛求，多站在别人的立场思考问题，可以不失之于偏颇。故而，重信守义即重视信用、遵守道义，成为一种国人所尊崇与追求的中华优秀传统价值观。

对于陈嘉庚来说，基于私塾教育传授的《论语》等儒家经典对上述德行的传授与习得，加上十年学徒生涯的历练，使他在重信守义方面尤其注重与突出。其中替父还债之举而产生的蝴蝶效应，成为他涉入商战并之后最终能建立自己商业王国之助推器。按照新加坡法律，儿子不必偿还父亲债务，且陈嘉庚身无分文，如何偿还？但当时还不及31岁的陈嘉庚不忍心父亲晚年名节不保，毅然承担债务，继承了烂摊子。[①] 为了还债守诺，他再借7千元建造一间黄梨罐头厂，3个月时间日拼夜搏，制成上万箱黄梨罐头，获净利9000余元，接着转战开设米店，也在得利情况下，4年时间累积资产十多万元，再一口气把父债还清。“债主同意以折还9万元结清所有债务，当时陈嘉庚全部资产不过十几万元，一下子拿出9万元还债，他的诚信折服了许多人。不久，南洋一带流传陈嘉庚的故事，认为他是可交往的朋友、可做生意的伙伴，也成为他在商场上大展拳脚的重要筹码。”[②] 从此，“守信”助他在商战中激流勇进，直至走上事业巅峰。

陈嘉庚从中国古代传统文化中提取“诚”和“毅”二字作为人生的诫语，并把“诚毅”作为集美学校的校训，以鼓舞和勉励师生。另外，他也因蒋介石不重信守义、言行不一致，从而对其产生恶感，最终与之分道扬镳，显示他对重信守义的珍视。

2.“言必信，行必果”

1920年，黄炎培在《陈嘉庚先生毁家兴学记》中论及陈嘉庚为人，谓

---

① 《非同凡响：南洋商报创刊85周年纪念书籍》，第156页。

② 华侨博物馆名誉顾问陈毅明受访，《非同凡响：南洋商报创刊85周年纪念书籍》，第156页。

其“言必信，行必果，利害瞩于机先，计划定于俄顷”，认为他“持躬以俭，待人必诚，尽毕生之精力，罄千万之金资，不私其身，不贻其子孙，而以贡献于国家社会，此其人格足以感人也”。[①] 其中“言必信，行必果”概括出陈嘉庚的重要为人特质，即恪守信用，说出的话就一定守信用，做事一定会办到，不拖拉，且言行一致。

从陈嘉庚的实业发展路径来看，陈嘉庚的实践观即是：一旦有想法，就努力实践，用具体实践来检视所做出的选择或决策正确与否；而不是仅是空想。由此可见，陈嘉庚是一个实践主义者。他一旦有任何新的创业想法，便会立即统筹资金，找场地，买机器设备，租厂房，或自建工厂，立刻开工动工，而非待资金筹集齐备或等其他事项完备后再行动。他总是想到即刻行动，前提是他认准了，具有可行性。

另外还有两方面也反映了他的这一实践观。其一，办学。他认准“教育兴国”后，总是强调要立即着手，而不能等资金筹集齐全后才开始着手。这一论调和思想反复出现于他的各类公开演讲词中。其二，在抗战筹赈时期，他对开完华侨大会通过的决议，会立刻想方设法执行，直至完成，而对马来亚当时有些地方的筹赈会口号喊得响亮，但实际成绩甚微或“光打雷不下雨”“光喊口号，不行动”的此类事例颇有微词。他的观点是：一般在应承之前，会先权衡是否能够完成，否则不轻易答应；一旦应承下来，一定会尽全力做好，给出满意答卷。这些他所秉持的“言必信，行必果”的个性价值观，也是他有别于其他侨领的一个鲜明个性特征。

3. 己所不欲，勿施于人

“己所不欲，勿施于人”语出《论语》，意指如果自己做不到，便不能要求别人去做到，揭示了人际关系的重要原则。故而，陈嘉庚一生以“以身作则”来实践和诠释着这句话。他一生对此最大的实践，即是他对社会公益的倡导和捐输，总是带头捐款捐资，以能起到引领作用，激发侨众地从众行动。另外他对诸多陋习的抵制等，也是在自己绝对践行的基础上予以倡导，如不喝酒、不吸烟、不吸食鸦片，不入舞厅；剪掉发辫、穿西装，革除清朝遗毒；生活俭朴，不铺张浪费等。

① 叶贻俊：序言，《陈嘉庚先生安全庆祝大会特刊》，1945 年 11 月 18 日，第 1 页。

另外，他对符合自己价值观的“以身作则”，从对他族办校教师的积极主动行为给予肯定，反观出国内教师的消极被动，表达对“以身作则”利于办学及民族教育水平的认可，以及对国内轻视以身作则而导致的官僚主义作风的批评和思考。[①]

（三）礼：知恩图报

“知恩图报”语出《说苑 · 复恩》，意思就是得到别人的恩德，要懂得回报，是中国传统价值观的一个经典内容。对于别人对自己的点滴恩惠，陈嘉庚都会铭记在心。他曾记录在回国慰劳期间，蒋介石将自己的手杖借给他用之事：“廿九日为星期日，第二次警报复发，咸出门避往防空洞，余未执手杖便行，下坡数百步入洞内约一点钟，警报解除复上坡行。蒋委员长见余无手杖，将其手杖送余，余力辞不获，蒋公空手与蒋夫人握手同行。其待余厚意如此，私情之感，终身不忘。蒋夫人再三致意，望华侨多捐助难童费，遂相辞而别。”[②] 该事虽小，却让陈铭记不忘。

另外，陈嘉庚避难印尼爪哇时，深得黄丹季、郭应麟、林翠锦等几位集美校友的帮助，让陈记住了他们的恩惠。不但在日战结束后将返新加坡前，在他们为陈举办的生日餐上，明确表示对他们的感谢，以杜绝他人对他们功劳的掠夺，[③] 更在战后几次三番专门去信给国内集美学校校董陈村牧，让其代他向黄丹季家属送去关心和慰问，却费尽周折。[④] 另对于给厦大捐助的热心人士，陈嘉庚常以建筑名或立碑的形式予以表彰。如曾江水捐叻银一十五万元议建图书馆，但因已收款而未实行的，陈嘱咐厦大校方在“群贤楼”壁上立一碑以表彰和纪念战时已过世的曾江水；而叶玉堆捐五万元，陈嘉庚嘱咐厦大校方将“同安楼”等取一间立一碑，作为叶玉堆捐资建筑纪念，以回报

① 办教育与克服官僚主义——在第一届全国人民代表大会第四次会议上的发言（1957 年 7 月 2 日），《陈嘉庚言论新集》，朱立文编，厦门大学出版社，2013 年，第 41—42 页。

② 蒋委员长三问，《南侨回忆录》，陈嘉庚著，南洋印刷社，1946 年，第 189 页。

③ 林翠锦：《我陪校主避难蚂蝍的一些回忆》，《回忆陈嘉庚》，北京：文史资料出版社，1984 年，第 97—105 页。

④ 询集校事及黄丹季家近况，致陈村牧函（1945 年 11 月 18 日），《陈嘉庚教育文集》，王增炳等编，福州：福建教育出版社，1989 年，第 425 页；致陈村牧信函（1948 年 2 月 15 日），载《陈嘉庚文集（征求意见稿）· 3》，华侨博物院编，1994 年，第 118 页；《爱国华侨黄丹季》，任镜波等编，福州：海潮摄影艺术出版社，1998 年，第 24 页。

及表彰他的慷慨。

此外，对于叶玉堆的乐捐，陈嘉庚尤其记得并试图回报。1930年陈嘉庚在公司陷入困难时曾向叶玉堆借过5万元，但这5万元一直因陈经济所迫无法偿还，使陈抱憾。最后向其女婿李光前公司南益支出5万元，送还前款，但叶倾诚不受，让陈嘉庚思考要间接或直接回报之法。叶玉堆后又向陈嘉庚捐赠其南洋企业公司股票，值叻银2万元之上或三四万元，结合叶玉堆曾向陈坦言他欲贡献社会的愿望。陈嘉庚“为欲报其前借款之盛意，及此次赠股票之隆情，并希望其将来如光前、玉水对桑梓之投资。……先生名誉著满闽南，立志以教育为后生造福，如叶君者，应当设法为之开道，若初事目的可达，再后定可迎刃而解也”。从而帮叶玉堆实现贡献社会之愿望，让其名垂千秋。陈计划以叶之名义先帮其在其祖籍地福建同安莲花山瓦窑社办一学校，在此基础上择各村中心地方新建校舍，以扩大范围，普及教育，建筑费则拟再向叶商支。故去信给陈村牧，让其前往调查和实施。[①] 但后因马来亚之乱，平治之期尚远，可能导致叶氏资产减少而无力支付和维系新开办学校之建筑费，故陈村牧报告说：“叶玉堆先生办学事，在此景况，余亦不便向他提起。”[②] 此回报之法虽最终没有成功，却显露了陈嘉庚知恩图报的传统美德。

（四）尊师重道

尊师重道是中华民族传统美德，古往今来，代代相传。它从另一个侧面体现了中华民族的聪明智慧。[③] 陈嘉庚尽管幼年仅上过九年余私塾教育，但所受儒家传统文化思想足以使他日后在一生德行养成过程发挥不可小觑的作用。故而，接受过旧学教育的其他成功人士一样，都对教育的重要性发出一致声音。而早年陈嘉庚目睹因教育落后导致的种种社会现象，如乡民因不识字无法使用他早年印赠回来的医书，无法解决自救自治、弥补缺医少药现状之问题。想开学堂，偌大一个福建省仅三人师范毕业而找不到足够数量的师资力量。如此教育落后、社会颓废、乡民生活疾苦的种种，更加进一步促

① 叶玉堆、曾江水捐巨款给厦大，应立碑表名，致陈村牧函（1948年2月15日），载《陈嘉庚文集（征求意见稿）·3》，华侨博物院编，1994年，第118—120页。

② 叶玉堆办学事不便提起，致陈村牧函（1948年8月19日），《陈嘉庚教育文集》，第437页。

③ 钱穆：《现代儒学论》，上海：上海人民出版社，1988年，第167页。

动和激发他对教育重要性的认识。故而，重视教育、尊师重道直至“教育救国”成为陈嘉庚涉足社会后始终追求的目标。他在教育方面的最辉煌成就即是集美学校和厦门大学，让他声名远扬。其目的，他曾坦言：“我国教师任务既异外国人，而学生又风潮时起，全国汹汹效尤，尤以民国八九年至十四五年，此七八年间为甚。教师既如此，学生又如彼，社会报馆不辨是非，政府机关得过且过。私人负责办学既属少数，或认捐多少钱为已尽职责。若余亦何独不然，虽明知其弊亦无法改善。转念质虽欠佳，而量则愈多愈妙，所谓聊胜于无。余既明白了解斯义，故一意热诚致力，义无反顾，绝不因学生罢课，校事乖舛，财项有些差弊，便即缩手灰心。窃度民国初基，政局未定。质虽有差，量不可无，如水太清则无鱼，欲速反不达。”[①]可见，陈嘉庚所遵循的兴学之路即是：有胜于无，先有，进而再改善，教育源于点滴。

对于尊师重教，1926 年 11 月 5 日在给叶渊信函中谈到学潮反映出学生对教师之不尊，陈嘉庚说：“礼义廉耻，国之四维。四维不张，人格丧尽，乌能图存？以校中言，尊师重傅，敬长谦恭谓之礼；克己守校章，不忘本原谓之义；不贪名，不贪功，不出轨道谓之廉；寸阴是惜，恐学业无成谓之耻。绝未有舍己耘人、无尊无长、倒行逆施而可谓之有人格哉。”[②]此即为对高悬于保赤宫陈氏宗祠里陈氏祖训“礼义廉耻，四维毕张”[③]的继承。

然而这两所学校的办学过程之艰辛，或许只有他自己和几位历时最久的校长——叶渊、林文庆、陈村牧最为清楚。办学之不易，首先是好的掌舵人难觅，故而在两校多次学潮中，陈嘉庚顶住重难，坚决支持校长；同时在办学过程中，坚决实践承诺不干涉校政的诺言，且注意改善教师待遇等举措，都显示“尊师重道”在他思想观念中的重要地位。而他在普及基础教育的同时，致力于各类师范生的培养，给予师范生免费就读且发放生活补助等最优待遇等，即是从另一侧面解决闽南和南洋教育师资问题的根本办法，显示了他对教育培养方面的独到见解以及他对教师培养的重视，是尊师重道的另一

① 陈嘉庚：《南侨回忆录》，南洋印刷社，1946 年，第 10 页。

② 谨告集美学校诸位学生的公开信，致叶渊函（1926 年 11 月 5 日），《陈嘉庚教育文集》，第 398 页。

③ 陈氏宗祠祖训，《新加坡保赤宫暨陈氏宗祠一百二十五周年纪念特刊》，保赤宫陈氏宗祠编，玲子传媒私人有限公司印刷，2002 年增订版，第 4 页。

种体现。

（五）社会责任与担当

早期出洋华人群体对祖籍地的感情是为衣锦还乡。但在客观条件的阻隔和限制下，在祖籍地和南洋分别组建“两头家”是必然产物。这种非主观意识可控的客观现实，改变了他们必须落叶归根的想法，取而代之的是发财积富后回祖籍地或买官晋爵，或为乡梓做点公益捐助，以留名于世、名垂千史。华人秉持乐善好施的优良作风，不论是对祖籍地还是在居住地的公益事业都做出过诸多贡献，如陈金声等人为西方殖民者和当地人所称道。然而，短性或暂时性的公益善捐，为南洋华人社会公益慈善行为的普遍现象。

与这些华侨相比，陈嘉庚的不同之处在于他对公益事业的坚持和担当，其社会责任感尤其的强烈和突出，为其他同侨所少见。陈嘉庚一意孤行要办厦大，三次募捐皆告失败，他心一狠，决定自己来。其间，面临逆境，胶价暴跌，营业亏损甚巨，陈嘉庚公司资不抵债，银行、财团纷纷追债，他却一句回应：事业可以收盘，学业不可不办。因为学校一旦关门，将很难恢复，就要贻误青年学生，影响整个社会，当时厦大校舍正在兴建，还需要钱，陈嘉庚就把孩子名下的大厦即自己的三栋别墅全部变卖，对他而言，该花的千百万都不要吝惜，不该花的一分钱也不能浪费。经济越困难，他矢志办学的胆魄和决心越加明显。[①] 他对办学的坚持与坚守，源于他对祖（籍）国的热爱，对家乡的乡梓深情，对社会颓势的不忍直视，对贫苦学子的同情和人文关怀。这种强烈的社会责任感非具有高度的自觉意识为不可，也与具有强烈的正义感脱不了干系。

而他对南洋侨社侨团的竭力领导贡献良多，常自谦为做得不好、未尽责。1933 年 3 月，在福建会馆改组四周年纪念会上的发言中，陈嘉庚坦承自己在任期间除维持三所华校之外，毫无成绩，因而比较惭愧。希望下一届新职员，能“实事求是，凡事不可拘诸形式，应注重于实际工作”，“实现本会同人之夙愿，对祖国则应如何补助国家，维护教育。对当地之工作，应谋闽侨之福利，赞助华侨教育之普及，联络侨团之团结力量，努力倡除华人不

① 《非同凡响：南洋商报创刊 85 周年纪念书籍》，第 16 页。

良之习俗等”。[①]正是他所接受的“尽忠职守”等正统儒家思想的体现，显示他对侨领职责的尽心尽力，实为他早年所习得的“精忠爱国”“尽忠职守”等儒家思想价值观分不开。他的这种强烈的对国家、社会和侨团侨众负责的社会责任感，为同侨之榜样。

另外，对于企业和办学关系，客观而言，维持厦集两校经费是致陈嘉庚公司收盘原因之一。虽然陈嘉庚当时完全可以放弃维持厦集两校，设法填补亏空，尤其是银行利息是完全可以挽回的。但他在明晰银行借贷风险的情况，仍旧大量借贷，显然他不同于普通人求稳心理，高于一切的社会责任与担当是促动他做出此举的动因所在。

三、国家观

（一）忠：忠君爱国

陈嘉庚曾言：“我性迟钝又失学，民国未光复之前，尚不明爱国真理，遗光复后猛省勃发，刻刻不去于怀。窃念份子天职，欲实行报效工作，尤以乡梓需要为急务，故不计成败，痛下决心，实事求是，以文化为基础，热忱勇往，有进尺无退寸，抱定破釜沉舟之志也。”[②]显示，在早期中国乡村因仅限于乡村私塾教育和乡村活动范围认知的局限下，儒家经典传递出的“忠君爱国”理念，使他趋向于具有浓厚的家族理念，而对国家则是一种概念模糊、界限不清的印象；初期海外生活的经历，使他身具更多的是一种乡民群体意识，即使到了海外，在没有特殊事件刺激的情况下，仍旧持久保留这种“只有小我，而无‘国家’观念、至多有群体意识”的普遍史实，并无对爱国、护国等爱国真理的思考、理解、行动等具体实践。但是，在民国创立，家国情怀被点醒后，则猛醒勃发，爱国之举一发而不可收拾。在陈嘉庚身上，这一变化尤其之大。心系祖国的各种言行、举措，使他成为南洋群体中“中国本位主义”者的典型代表，而招致英国殖民者的诸多猜忌和防御，导致他晚年回中国后为返新加坡遭遇的种种，尤其是 1953 年和 1957 年两次试

① 在福建会馆改组四周年纪念会上之演辞（1933 年 3 月），原载《南洋商报》，1933 年 3 月 17 日，转引自《战前的陈嘉庚言论史料与分析》，第 55—58 页。

② 建设闽南十年计划（致新加坡殷实侨商函），1937 年 4 月 15 日，引自《陈嘉庚教育文集》，第 413 页。

图回返新加坡未果之事。[①]

爱国则必“忠君”（陈嘉庚眼中的“君”，自然不是封建帝王，而是他认为值得拥戴的国家领袖）。陈嘉庚一生经历了晚清、民国到中华人民共和国三个历史时期的更迭，分别对孙中山、蒋介石、毛泽东三位领袖给予了自己最大可能的拥护，因为他将自己朴素的强国梦寄托在了他们身上。从加入同盟会新加坡分会，接触和了解了孙中山的救国思想和理念，到几次三番地给予孙中山革命事业上的经费帮助，他对孙中山的尊崇并未随着孙中山的去世而消亡，反而是将孙中山“革命尚未成功，同志还需努力”的遗言视为时刻促动自己和鼓动同侨一起继续奋斗不懈的动力和侨民大会上他时常提及的演讲主题。他认同孙中山所倡导的融合“平等、自由、民主”理念的三民主义理想，因为真正的“民之父母”应该是符合《大学·传》中所言的“《诗》云：乐之君子，民之父母，民之所好好之，民之所恶恶之，此之为民之父母”。然而，遗憾的是，孙中山这一符合陈嘉庚理想的“仁君”还未将中国带出黑暗就先行离世了。

然而，孙中山的接班人蒋介石，虽然最后被陈嘉庚认清其面目真相而遭陈嘉庚所抛弃后分道扬镳，但从最初交往至国共内战前的二十多年时间里，由于陈嘉庚一直身处南洋，对蒋在中国逐渐显露的别有用心没有办法了解到，导致他对千里之外的蒋始终无二心、忠心耿耿。“忠君”之举，不一而足。对于蒋介石及他统领的国民政府远隔重洋发来的指令，陈嘉庚几乎是有求必应。从募捐、筹款、购机寿蒋，直至招募南侨机工这一前后牵涉召集、运送、回国慰劳、遣返安置等一系列事项、历时经年的巨大工程。他对蒋介石的尊崇甚至演变成了景仰和迷恋。[②]“购机寿蒋”[③]一事是最突出的表现。此外，西安事变发生后他为援蒋而立即联合侨众给张学良发电予以斥责促其释蒋的激励反应和态度，均显露着他对其一生所服膺的宋朝名臣范仲淹（989—1502 年）倡导的“先天下之忧而忧，后天下之乐而乐”思想和仁人志士节

① 见林劲利：《实事求是：陈嘉庚与新加坡政治部（1950 年及 1955 年）》，2015 年第六届海外华人研究与文献收藏机构国际会议宣读文章，未刊，作者为英国伦敦政治经济学院国际历史系博士生。

② 《华侨传奇人物——陈嘉庚》（中文简体版），第 169 页。

③ 参见陈嘉庚：购机寿蒋会，载《南侨回忆录》，1993 年集美翻印本，第 62 页。

操的兑现和实践。

他所追求和实践的始终是为国家和民族利益而不惜牺牲自己的名节，追随他所认同的“明君”和“仁君”，因为他坚信只有祖籍国强大了，身处海外的华人才能直起腰杆，挺身立足，获得尊重。这是恒久不变的海外生存法则。故而，爱国忠君不仅仅是中国传统思想所要培养的子民价值观，也是客观需要获得认同的价值观，应为任何民族都要诺守的。

（二）公

1. 大公无私，服务社会

1945 年 11 月 18 日，在新加坡召开了庆祝陈嘉庚安全返新大会，会后出版《陈嘉庚先生安全庆祝大会特刊》一册。全书前后共 18 页，分别先由叶贻俊作序，文中评述了陈嘉庚之所以能被诸多侨胞所拥护并得以安全关注的原因，从其人格、事功（包括在教育方面、实业方面和救国方面）及志趣三个方面简略总结了对陈嘉庚得人心的观察。特别是志趣，引述 1921 年陈嘉庚创办厦门大学时的一段原话精辟地总结出了陈之所以得人心的原因所在：“举世滔滔，但知争取夺利，而对国家社会之义务，则无人愿尽，我今欲兴国人竞争义务。能为国家社会尽最多之义务者，便是最能尽天职之国民。二十五年来，先生对于义务之竞争，始终如一。”故而“嘉庚先生以一介侨商，非居高位，拥大权，无政府之使命，无有力者为之支持，而能为八百万散居各国属地、环境特殊、情形复杂之侨胞所共同拥护，以从事救国之工作，为南洋前此所未见；此其人之品格、事功及其志趣必足以使我侨胞感发兴起者”。[①]

有学者评述说，陈嘉庚一生赚过很多钱，曾是富甲一方的千万富翁，与同时代的著名侨商黄仲涵、陆佑、胡文虎一起被人称为南洋华侨的“四大天王”。然而，在对待金钱的态度上，他的大公无私精神却远远超过同时代的人，在仗义输财方面没有任何人可与他比拟。[②] 这一评价真实地反映了陈嘉庚在捐资疏财方面的不遗余力。

综观陈嘉庚的诸多言论，可以发现他平生信奉着这样几条原则：一是

---

① 叶贻俊：《陈嘉庚先生安全庆祝大会特刊》序言，1945 年 11 月 18 日，第 1—3 页。

② 郭梁：陈嘉庚的人生价值观，《厦门大学学报 · 哲社版》，1994（4）：1—8。

“不取不义之财”,[①] 二是“金钱如肥料，散播乃有用”,[②] 三是“财由我辛苦得来，亦当由我慷慨捐出”，[③] 四是“无为之费，一文宜惜；正当之消，千金慷慨”。[④] 这几条反映出了他的取财、用财之道的基本原则，高度概括了他的“金钱财富观”。与所谓金钱至上的“拜金主义”价值观截然相反。

首先是取财，他坚持倡导取之有道。他曾在自己所拟定的《遗教二十则》明确告诫子孙:“不取不义之财”“仁义莫交财”“不可见利忘义”[⑤]，显示了他视金钱为身外之物的态度，金钱纵然必不可少，但是不及“仁义”等其他道德方面的东西更重要。

其次是用财，他坚持金钱应该用到可以发挥其最大用途地服务社会的“正途”上去，不该花的“一分亦惜”，需要花得再多也要想办法筹集给予支持。20 世纪 30 年代经济大萧条之际，陈嘉庚债务已达四百多万元，他的企业面临崩溃的危险。世界最大的银行之一——汇丰银行向陈提出：只要停止支付厦门大学和集美学校的校费，就可以降低贷款利息。陈坚决地说:“燕雀安知鸿鹄之志哉？待我还清了债务，还剩有二百多万元，这些钱我还是要拿去办学。有千亩用千亩，有一元用一元，既空手而来，亦空手而去。因为肩负校费而使实业完全失败，我丝毫也不会后悔。”当时汇丰银行的副总经理查理也不得不感动地赞叹道:“中国要是有像陈嘉庚这样的一批人来领导，何患不成为头等大国。”[⑥]

晚年回集美定居的陈嘉庚，每个月甚至将政府发给自己的几百元工资，扣除 20 元伙食费，其余全部捐作集美学校的办学经费。陈嘉庚以自己服务社会的诸多实际行动，谆谆教诲于子孙:“我毕生以诚信勤俭办教育公益，为社会服务。”而具体服务社会应遵循的原则是：一是“服务社会是吾人应尽之天职”，二是“凡做社会公益，应由近及远，不必骛远好高”，三是“服务社会，老而弥坚”，四是“宁人负我，毋我负人”。[⑦] 显示，在他的价值观中，服务社

① 陈公嘉庚遗教二十则，载《集美志》，陈厥祥编著，1963 年，第 117 页。
② 陈嘉庚：论潮州大学，《陈嘉庚言论集》，新加坡：南侨印刷社，1949 年，第 7 页。
③ 《战前的陈嘉庚言论史料与分析》，第 27 页。
④ 致叶渊函，1922 年 6 月 11 日，转引自《陈嘉庚教育文集》，第 319 页。
⑤ 陈嘉庚：陈公嘉庚遗教二十则，载《集美志》，陈厥祥编著，1963 年，第 117 页。
⑥ 中华文学基金会编:《庄重文纪念集》，北京：人民出版社，1999 年，第 15 页。
⑦ 陈嘉庚：陈公嘉庚遗教二十则，载《集美志》，陈厥祥编著，1963 年，第 117–118 页。

会乃是他的终极目标。故而他向侨众发出了“竞争义务”的号召。

对于义务，陈嘉庚的主张是：一是“公益义务，能输吾财，令子孙贤，何须吾富”，二是“公益义务，固不待富而后尽，如欲待富而后尽，则一生终无可为之日。况属救亡图存，而可不猛然省悟乎？”“同侨君子乎，须知贤而多财则损志，愚多财则益过，儿孙自有儿孙福，勿为儿孙作马牛。”①“轻金钱，重义务”，②“以办教育为职志，聊尽国民一分子之义务。”③对于为了坚持办学而牺牲自己的经济事业一事，陈嘉庚始终没有“丝毫悔念”，反而更加矢志不移，曾经有人劝他停止校费以维持营业，但他“不忍放弃义务，毅力支持，盖两校如关门，自己误青年之罪少，影响社会之罪大，在商业尚可经营之际，何可遽行停止。一经停课关门，则恢复难望”。他说：“果不幸因肩负校费致商业完全失败，此系个人之荣枯，与社会绝无关系也。”④而对于当时议论他的人，笑他“孟浪”也好，讥他“轻财”也罢，陈嘉庚均以“燕雀安知鸿鹄之志哉”回之。

以上种种清楚地说明，陈嘉庚为了祖国和民族的“公利”，为了对社会尽“道义”，牺牲了自己的全部企业，充分显示了陈嘉庚的“公而忘私”精神和伟大人格，体现了他崇高的社会理想追求。而他如此的大公无私、牺牲自己、利益社会的矢志不渝，为同侨少见，也与绝大多数独善其身的富侨，甚至同安富侨，形成鲜明对比和巨大反差。

2. 为公义明辨是非

在陈嘉庚的诸多演讲词中，他常提及这样一句古语：“无是非之心，非人也”。⑤“身家可以牺牲，是非不可不明。”⑥对于是非，陈嘉庚的主张一贯

---

① 陈嘉庚筹办南洋华侨中学演词，原文载《国民日报》，1918年6月18—20日，载《陈嘉庚战前史料与分析》，第25页。

② 弁言，《南侨回忆录》，陈嘉庚著，1993年集美翻印本，第6页。

③ 四年又总算，《南侨回忆录》，陈嘉庚著，1993年集美翻印本，第541页。

④ 牺牲非孟浪，《南侨回忆录》，陈嘉庚著，1993年集美翻印本，第555—556页。

⑤ 语出孟子《孟子·公孙丑上》第六章。半斤八两，《陈嘉庚言论集》，陈嘉庚著，新加坡怡和轩等联合出版，2004年翻印本，第201页；另见新岁献辞，《陈嘉庚言论集》，2004年翻印本，第211页；吧城欢送会附答词，《南侨回忆录》，陈嘉庚著，1993年集美翻印本，第473页。

⑥ 徐四民：《一个华侨的经历：徐四民回忆录》，香港镜报文化企业有限公司，1981年版，第89页。

是：“明辨是非善恶，众人须知之，应如何笃行之。”[①] 因为“能辨是非，做事有恒”。[②] 在他看来，“做人最要紧的是有是非。……分别是非，不但对国家如此，就是个人也是一样。无是非就不算是人。辨别是非，是做人的基本条件”。[③] 是即是，非即非，严格的遵从客观事实。故而在他的一生中，他的这种黑白分明的“是非观”形塑了他鲜明的个性特点——秉直、正义、直言不讳、敢作敢为、敢怒敢言。

他明辨是非的客观标准是：“为国家民族计”“所言乃据所闻所见事实”。从 1927 年至 1940 年回国慰劳考察之前，陈嘉庚是坚决的“拥蒋派”。然而，当他亲率南洋华侨回国慰劳考察团访问了重庆、延安，目睹国统区的黑暗腐败、中共区的欣欣向荣之后，他的政治信念发生了重大转折，思想认识有了新的飞跃。他尊重事实，以国家和民族利益为试金石，敏锐地分清大是大非，从此认定中国共产党是中华民族的救星。当他据实报告观感、颂扬解放区的光明景象时，国民党的威胁、监视随之而来。对此，陈嘉庚毫不退缩，他说：“余所言乃据所闻所见事实，凭余良心与人格，决不能指鹿为马也。”[④]

1945 年 10 月 1 日陈嘉庚离开避难地爪哇抵达吧城，受邀于 4 日在当地福建会馆召开的欢迎大会上发言。为保护他，好友、校友在会前轮番劝他会上“勿道起国共事”，但他不为所动[⑤]。最后陈在会上开头明确表示“会场中发言有三种，一漂亮话，二敷衍语，三老实话，漂亮话余平素不会说，敷衍话，难免使诸君失望，若言老实话，恐为一部分人不喜听。如此则将无言可说，但既不能不说，又不得不言多少”。[⑥] 如此情形还有很多，不论是在 1940 年回国慰劳途中遭遇诸如此类劝解勿“直言不讳”的实例，还是在“二战”结束返新后遭遇侨界内的国共内战舆论争锋，都无法改变他坚持直抒忠言的原则。

中华人民共和国成立后，陈嘉庚代表海外华侨参加国家政协工作，担任

---

① 陈嘉庚：陈公嘉庚遗教二十则，载《集美志》，陈厥祥编著，1963 年，第 11 页。

② 陈嘉庚：陈公嘉庚遗教二十则，载《集美志》，陈厥祥编著，1963 年，第 117 页。

③ 陈嘉庚：对集美学校侨生讲话，《陈嘉庚教育文集》，第 271—272 页。

④ 陈嘉庚：函答蒋公三事，《南侨回忆录》，1993 年集美翻印本，第 253 页。

⑤ 陈嘉庚：《南侨回忆录》，1993 年集美翻印本，第 473—474 页。

⑥ 陈嘉庚：《南侨回忆录》，1993 年集美翻印本，第 474 页。

过许多重要职务，是中国共产党肝胆相照的朋友。他对中国的社会主义建设事业献计献策，不遗余力，贡献了重要力量。然而，与此同时，他也对党的工作中出现的缺点和失误，直言不讳地提出批评。

他的这种疾恶如仇、决不姑息养奸的个性甚至不顾忌友情情面。早在辛亥革命时期，汪精卫曾是陈嘉庚加入同盟会时认识的旧友，“汪之才华颇令陈嘉庚倾心”，[①] 在筹办厦门大学时，陈嘉庚曾诚邀汪出任校长，二人素有私谊。但在中华民族的危亡关头，身为国民党副总裁的汪精卫不是站在坚决抗日一边，而是主张对日和谈时，陈嘉庚以民族大义为重，在劝解无效的情况下，即先挺身而出揭露、声讨汪精卫且穷追不舍，并以国民参政员身份，提交主要是攻击汪精卫的“敌人未退出我国土以前，公务员言和平，便是汉奸国贼”[②] 的提案并获得通过，被誉为“古今中外最伟大的一个提案”。另有一次，中国领导人派一个同安县同乡当地陪，他一问即知，这位同乡是福建省主席陈仪，再问，是留法的法学院博士，真了不起，可是陈嘉庚怒言相向，质问道：“中国不是越南（曾是法属殖民地），要法国法律干吗，不要，把他叫回去。”[③]

在陈国庆印象中，父亲陈嘉庚“敢想、敢说、敢批、敢恕、敢于当机立断。他勇于相信自己、不达目的决不罢休，即使有时所得的结果与他预想的全然相反，他也毫不畏惧”。[④] 陈共存也认为：“伯父是一个个性独特的人，判断一切事物的出发点都以是否合理、是否合议、是否合大众要求为准衡。这是他为人的准则，也是他衡量世人的标准。符合这个标准的，上至国家元首，下至黎民百姓，他都支持；反之他都反对。”[⑤]

尽管他的这种直言不讳招致许多反面声音，但也改变不了他直言不讳、耿直无疑的个性。为了堵住陈嘉庚的口，在“二战”爆发前夕，国民政府甚至给新加坡殖民政府去电报，不但将为保护新加坡而由殖民政府邀请陈嘉庚

---

① 《战前的陈嘉庚言论史料与分析》，第 112 页。

② 陈嘉庚：到处有耳目，《南侨回忆录》，1993 年集美翻印本，第 342 页。

③ 《非同凡响：南洋商报创刊 85 周年纪念书籍》，第 166 页。

④ 陈国庆：《回忆我的父亲陈嘉庚》，北京：中央文献出版社，2001 年，第 124 页。

⑤ 陈共存：《去掉政治色彩的陈嘉庚》，新浪网，http://news.sina.com.cn/o/2005−05−25/14145986076s.shtml, 2013−8−4。

出面领导的“抗敌后援会”形容成“反侵略抵抗委员会”[①]，更将拥护陈嘉庚立场的群体称为“抵抗联合委员会”，污蔑陈嘉庚是“共产党”，让殖民政府撤掉陈嘉庚主席头衔。但之后的调查事实让国民政府的阴险用心不攻自破。[②]这些事例足以证明，事实胜于雄辩，他的明辨是非、正义感和严格遵从客观事实，终将最后的事实导向正义的一面。

他对国民党要人的公开攻击、批评，先后有：因西南异动而攻击陈济棠；以提倡和平卖国，攻击汪精卫；以阻碍军运，攻击宋子良；以舞弊国币，攻击孔祥熙；以腐污误国，攻击吴铁城、蒋鼎文、高凌百；以野心祸闽，攻击陈仪、徐学禹；以教育党化，攻击陈立夫等。但他对这些国民党人的攻击，并不代表陈嘉庚对国民党整体的批评，因为他对诸如冯玉祥、白崇禧、阎锡山、马寅初、张发奎、卫立煌、胡宗南、傅作义、薛岳、熊式辉、黄绍雄、黄旭初、李汉魂、程潜、杨绰庵及其他数十位国民党人却敬佩钦仰有加。可见其主因即是他无法容忍任何有损于国家利益、民族尊严和利益的人和事发生。他明确表明“激浊扬清，属余代表南侨职责，嫉恶好善，出余爱国天性，既不能圆滑敷衍，又不能同流合污，安能免于受人不满耶”。[③]故而让他做出了如此激励且鲜明的举动，显示出他一贯实事求是、明辨是非的高尚品格。

3. 实业兴邦、教育救国

陈嘉庚被公认为是一位成功的实业家，而非一般的企业家。实业家与企业家的区别在于：思维围绕钞票运转的人是资本家，是钞票的积累者；思维围绕企业转的人是企业家，是能力的积累者；思维围绕社会转的人才是实业家，是形象的积累者。真正的实业家，会做利社会又利己的事，不做仅利己但不利社会的事。[④]依照这一说法，陈嘉庚即是一位典型的实业家。

管理学家彼得·德鲁克（Peter F. Drucker）研究认为，社会创新的前提

① 见 1942 年 1 月 29 日英国外交部发给英国殖民部根特的信页。陈国庆:《回忆我的父亲陈嘉庚》，北京：中央文献出版社，2001 年，第 72 页。

② 陈国庆:《回忆我的父亲陈嘉庚》，北京：中央文献出版社，2001 年，第 72—76 页。

③ 陈嘉庚：为公为私可质天日，《南侨回忆录》，1993 年集美翻印本，第 429—430 页。

④ 百度百科，http://baike.baidu.com/view/781360.htm, 2013—8—25。

是组织创新，其关键是企业家管理方式。[1]而企业家管理的核心是企业家精神，其本质是有目的、有组织的系统创新。因此，企业家精神即是创新实践的精神，创新是企业家的工具。[2]如此，德鲁克所述的企业家精神在陈嘉庚身上呈现的则是实业家精神。具体来说，分别包括终身学习、更新知识；勇于抛弃过去的习惯性做法和陈规陋习；欢迎变化，引领变革，敢于承担风险；善于将需求变为创新发展的重大机遇；勇于把社会需求变成企业发展机遇，承担应当的社会责任和勇于承担起与盈利无关的社会责任——公益等。

对于社会责任，主要分为两种。第一种社会责任，是企业把社会的需求视为自己创新创业的机会，此为企业发展之道，也是企业应尽的社会责任。企业将解决社会需求作为商机，在顺应、满足社会需要的同时，也能成就自己商业王国的崛起，获得自身财富的集聚。从陈嘉庚的企业创业实践过程来看，陈嘉庚正是把握了这一点。其一，经营熟米业，以解决印度脚气病之需。其二，顺应欧战需要，转卖制罐头的白铁皮。其三，种植橡胶，以顺应欧洲工业革命所引发的交通工具轮胎等橡胶制品的大量需求，以及日常橡胶制品的广泛应用。从这一点来看，陈嘉庚为推动东南亚的橡胶制品业的全面、快速发展，起了很大的推波助澜作用，做出了贡献。其四，租船、购船，实现向印度运送熟米、满足当地需求的目的，同时也承接其他运输账单，获得巨利，甚至租借给法国政府用于欧战，而自己也名利双收。而以上这些仅是陈嘉庚应社会之需，承担的改变及推进社会发展之责任的主要几个实例，是他资本积累企业成功的法宝，也是他由此而有能力兴学办校的基础。

第二种社会责任，则是勇于承担起与盈利无关的社会责任——公益。这种社会责任不同于以上所述的社会责任，其内涵更远超出上述社会责任，而有了新的内涵。此类社会责任，亦即陈嘉庚自己所说的“来源于社会，回馈社会”。在陈嘉庚的一生中，主要表现在以下几个方面。

义捐。在陈嘉庚的个人企业追记中，陈嘉庚有定期进行统计核算的习

---

① 彼得·德鲁克著，李维安等译:《德鲁克管理思想精要》，北京：机械工业出版社，2007 年，第 7 页。

② 宫向阳:《彼得·德鲁克创新思想的哲学考辩》,《苏州大学学报》(哲学社会科学版), 2010 (1): 5–7。

惯，计算收入、支出情况。其中，支出部分除了成本投资外，必有义捐一项。根据他自己的记述，其义捐情况主要是如下表。

表 2　陈嘉庚记录自己义捐情况

陈嘉庚年龄	时间段	时长（年）	义捐数额
31—37 岁	1904—1910	7	家费及义捐等八万余元
38—41 岁	1911—1914	4	义捐及制蚝损失二万余元
42—45 岁	1915—1918	4	义捐十余万元
46—49 岁	1919—1922	4	义捐十余万元
50—52 岁	1923—1925	3	义捐十余万元
53—55 岁	1926—1928	3	义捐六万五千元
合计		25	约四十六万五千元

（资料来源：根据陈嘉庚自述《个人企业追记》整理，载《南侨回忆录》，1993 年集美翻印本，第 393—420 页。）

兴学办校，普及学校教育。即是陈嘉庚所认定的“教育兴国”的实施。因而，获取盈利为兴学即成为他创办实业并在商战中不断搏杀的动力所在。综观他一生创办的学校，包括了幼儿园、小学、中学、大学在内的、涵盖了学前教育、初级教育、中等教育和高等教育在内的各级别的学校。另专门成立教育推广部，出资资助了同安近 70 多所学校，力图推动家乡初中等教育的普及。

应需设教，推广职业教育。应社会需要，广设职业教育学校，如航海、水产、商业学校，培育祖籍国和南洋所需要的各类实用性人才。

社会教育机构。倡办各类包括学校图书馆、公立图书馆、博物馆等在内的多种社会教育文化机构，为普通民众的终身学习提供条件。

企业社会教育。将自己的企业作为培养实践人才的又一摇篮，培育了诸如李光前、陈六使等企业家新秀。

综上可见，陈嘉庚在践行实业家方面，真正做到了既兑现企业应尽的为社会进步和发展而所需的一般社会责任；同时也践行了他为造福苍生、服务社会的更广泛意义的社会责任。可以说，陈嘉庚的一生就是在践行他的实业救国、教育救国、教育兴国的社会责任。

另外，陈嘉庚的企业行为表现，也充分显示他是一个典型儒商。儒商特质的基奠，即中国传统文化的熏陶，奠定了其能成为典型儒商的基本要素。故而，认为他是兼具实业家精神的儒商，或更为贴切。

儒商的定义见仁见智。唐凯麟、罗能生概括为“儒商是指受以儒家为代表的中国传统文化的影响，具有良好的文化道德素养和优秀的经营才能，其经营理念和行为方式体现出儒家文化特色的东方商人”。[①] 其他较达成共识的是，儒商指具有儒家传统文化理念与修养，并将之用于企业经营和管理获得成功的企业家。总体而言，儒商通常受儒家道德观和价值取向的熏陶，有较高的传统文化素养，在企业经营中完全或部分以儒家理念规范个人和企业行为。儒商在长期的经营实践中形成了一种独具特色的商人伦理，即儒商伦理。其根本原则或核心是义利统一，强调以义取利，用合乎道义的方法去获取利润；因利成义，用获得的利益去履行道德义务。[②]

儒商奉行的经营理念通常包括信用、敬业、忠诚、人本及和谐。儒商可分为传统儒商和现代儒商。传统儒商指近代工业革命以前的农业社会的儒商，与非儒商的区别在于，经营目的方面，儒商并非仅以利润最大化为归宿，而是同时关注经营本身对社会的贡献。经营方式上，儒商并非一味唯利是图，而将诚实守信、“君子爱财、取之有道”“仁义礼智信”等儒家的道德准则作为商德，做人与经商并重，认为“良贾何负鸿儒”，以亦儒亦商为尚。[③] 而现代儒商不仅保留传统儒商美德，且吸收由市场经济和现代国家所滋生的新道德观念。陈嘉庚即是传统儒商的典范，而现代儒商则以李光前为代表。[④]

就陈嘉庚而言，以上所述的儒商特质，在他身上几乎都有明确的显现。据与陈嘉庚共事十多年、十分了解这位华侨儒商脾性、年届 90 岁的陈乌亮回忆：“老先生一生充满智慧、有远见，对人好、讲义气！”“仁、义、礼、

① 唐凯麟、罗能生：《契合与升华——传统儒商精神和现代中国市场理性的建构》，长沙：湖南人民出版社，1998 年版，第 10 页。

② 张大红：《儒商伦理与现代中国企业家精神》，湖南师范大学博士论文，2003 年，第 5 页。

③ 庄国土：《东南亚华商软实力及其对中国与东南亚友好关系的贡献》，《华侨华人研究报告（2014）》，社会科学文献出版社，2014 年，第 5 页。

④ 参见张大红对儒商的论述。张大红：《儒商伦理与现代中国企业家精神》，湖南师范大学博士论文，2003 年，第 4—31 页。

智、信”五常，陈嘉庚都有，这是人们对儒商共有的价值观，是陈嘉庚的立身之本，也是他成为马来亚橡胶大王的原因。陈乌亮负责鳌园采购工作，材料费花得特凶，一日陈嘉庚拿了张支票给陈乌亮，名签好了、印章盖上了，钱额一栏却是空着的，他吩咐陈乌亮：“花多少就填多少，你自己来，填好了就去拿钱吧！”陈嘉庚的为人就是这样，很信任人，这方面，他未发迹时就已展现。①

除此以外，从陈嘉庚所拟定的分公司章程眉头警语可以看出，他的价值观和理念都是源自儒家传统思想价值观。比如：

倡卖国货：“战士以干戈卫国，商人以国货救国”“店员不推销国货，犹如战士遇敌不奋勇”等。

倡导爱岗敬业、爱家爱国：“惟有真骨性方能爱国，惟有真事业方能救国。”“能自爱方能爱人，能爱家方能爱国。”“为本公司多谋一分利益，即为国家多培一个人才。”“本公司是一社会之缩影，服务于本公司，即服务于社会。”“热心为社会服务，未有不热心为本公司服务。”

倡导遵纪守法：“公司之规章，同于国家之法律。”“法律济道德之穷，规章作办事之镜。”“好国民守法律，好店员守规章。”“日日思无过，不如日日能改过。”

倡导诚信经营：“货真价实，免费口舌；货假价贱，招人不悦。”“货物即黄金，废弃货物于暗隅，犹若浪掷黄金于道路。”

倡导友善待人：“待人勿欺诈，欺诈必败；对客勿怠慢，怠慢必招尤。”“以术愚人，利在一时；及被揭破，害归自己。”

倡导做事要有恒心、少而精：“人而无恒，终身无成。”“业如不专，艺必不精。”“好多便不精，好情便不纯。”“欲念愈多，痛苦愈大。在职怨职，无职思职，蹉跎到老，必无一得。”“见兔猎兔，见鹿弃兔，鹿既难得，兔亦走路。”

倡导要有是非心与责任心：“无是非之心非人也，无责任之心亦非人也。”“无事找事做，其人必可爱；有事推人做，其人必自害。”

倡导节俭：“金玉非宝，节俭是宝。”“有钱须思无钱日，莫待无时思

① 《非同凡响：南洋商报创刊85周年纪念书籍》，第156页。

悔迟。”“财有限而用无穷，当量入以为出。当省而不省，必致当用而不用。”“待人要敬，自奉要约。”

倡导勤奋，凡事从小事做起：“智识生于勤奋，昏愚出于懒惰。”“有坚强之精神，而后有伟大之事业。”“临事畏缩，丈夫之辱。”“欲成大事，先作小事。”“不以小事而生忽心，不以大事而生畏念。”“甘由苦中得来，逸由劳中得来。”“嬉游足以败身，勤劳方能进德。”①

上述这些融合了“仁、义、礼、智、信”的儒家道德观念价值观的信条，即是陈嘉庚自己所尊崇的传统价值观的体现，为他自己一生实业家精神的真实写照，与此同时，也被他将其与企业的经营理念和发展走向有机结合，作为鼓舞公司员工奋发图强的有力催化剂，为他的企业走向实业巅峰、获得成功的重要法宝之一。故而，说他是具备实业家精神的典型儒商是名副其实的。

客观而言，上述特质没有严格的区分界限，且由上而下继承自中原文化的中国传统文化仍是陈嘉庚价值体系的主体，其中融合了些许闽南、集美等乡土特质，形成陈嘉庚具有典型中国传统特质的思想价值观。

第二节　践行传统价值观的陈嘉庚

以上种种仅是陈嘉庚对于中国传统文化的言论或看法，其真正的表现还体现在他的行动上。这些行为从另一侧面反映了他对中国传统文化思想的热衷。

一、钟情传统文化遗产

深受中国传统文化熏陶的陈嘉庚，热爱中国传统文化，钟情于传统文化遗产。他偏爱中医药，推崇国术；在回国考察时不忘走访历史遗迹，为之保护献言献策，爱护中华历史文化遗产；他特意收集古董，以计划将其在博物院中陈列展览，展示中国文化的精华；他祭拜黄陵，显示着自己对中华始祖和中原文化的崇仰。

① 陈嘉庚公司分行章程：眉头警语，陈嘉庚公司分行章程（节选）（自印 1929 年），载《陈嘉庚教育文集》，第 155—158 页。

偏爱中医药。中医药是中华传统文化的瑰宝。陈嘉庚一生热衷于中医药，视《验方新编》为医治良方。这种对中医的热衷，最根本的原因即来源于他自己的切身体会。他偏爱《验方新编》，随身自带一本出门解决自身病痛，且以亲身经历来验证《验方新编》中之良方，然后再推荐给众人。1940年回国慰劳前的陈嘉庚，经过中西医药效果对比，最后通过中医药解决了60多岁的他年老怕寒、腰骨常疼痛、不耐久坐的问题。此治腰骨酸疼之方，他总结建议“如乏财力之人，以党参数钱代人参亦可”①。此次实例，让他看到中医药的神奇功效，使他对中医药更加深信不疑。另外，他很早即出资广泛印赠《验方新编》，以试图解决晚清中国贫苦百姓缺医少药问题。②除此之外，他还常不失时机地向民众宣传祖国医学精妙，推荐治胃病良药“五香丸”③，配制“五香丸”免费赠送。④另外，在他规模宏大实业中，也办不太为人熟知的药厂。据《南洋商报》早期刊载的陈嘉庚公司广告显示，其厂所产药品多为包括“普生油”“千金丹”“头痛散”“消化丹”“神应丹”等在内的中成药。⑤另他与胡文虎“虎标”商标纠纷案显示，当年陈嘉庚的中成药制造厂的实力和规模并不在胡之下，也是他热衷中医药的另一明证。

推崇国术。1920年陈嘉庚邀请“闽南国术团”到新马等地访问，书赠对联一副：“谁号东亚病夫此耻宜雪，且看中华国术我武维扬；勿忘皇帝儿孙任人鱼肉，相率中原豪杰为国干城。”⑥1923年3月集美学校即增设技击拳术、童子军战术等科目。⑦1929年陈嘉庚出资邀请永春白鹤拳到南洋巡演，推动其与中华武术在东南亚的传播。⑧1936年1月中国国术馆馆长张之江暨国术南游团到南洋宣传、发扬国光，为中央国术团筹捐建筑基金，受到陈嘉

① 陈嘉庚：余决意回国之故，《南侨回忆录》，集美陈嘉庚研究会翻印，1993年，第129页。

② 陈俊林：印赠药书激发嘉庚医世宏愿，《厦门晚报》，2010年6月27日，第14版。

③ 陈嘉庚：《战后建国首要：住屋与卫生》，南侨印刷社，1949年四版，第8—9页。

④ 陈少斌，华侨旗帜 民族光辉——陈嘉庚先生生平事迹简介，集美区政府官网，http://www.jimei.gov.cn/myoffice/documentComm.do？ docId=D6883。

⑤ 见1929年陈嘉庚公司钟牌产品广告页，载于《闽侨半月刊》，第一卷第一、四、五、六期合刊，闽侨半月刊社发行，1929年1月1日。

⑥ 厦门华侨志编委会：《厦门华侨志》，厦门：鹭江出版社，1991年11月，第251页。

⑦ 本校大事记，《福建私立集美学校十周年纪念刊》，集美学校校董会编，1923年，第179页。

⑧ 《福建侨报》，2016年6月14日。

庚热情招待，不但在怡和轩分别设宴欢迎，且在该团出发赴吉隆坡表演前帮提前函告行期，推崇张之人格；[①] 该团出发时，陈又与林庆年等侨领、侨团三十余人于清晨亲自去火车站送行。[②] 该团回国前，陈嘉庚又代表福建会馆在怡和轩设宴欢送[③]，显示他对国术的重视。几次宴会中，他均作主持人致辞，详述他对国术重要性的认识：可打倒鸦片，增强人民体格，是救国根源和爱国之道，呼吁侨众积极响应出钱支持国术，并将孙中山“做人不须做大官，只须干大事”与西哲“为人应为人人法，不应法人人”[④] 名言各一则赠予张之江，提供对国术提倡措施的建议。[⑤]

爱护中华历史文化遗产。1940 年陈嘉庚回国慰劳考察时，所到之处不忘去参观当地的历史古迹，如咸阳城外的周文王陵、武王陵、康王陵、周公墓[⑥]，洛阳城、关帝庙[⑦]，博望坡，卧龙岗庭中石桌椅，老河口[⑧] 等，能道出相关历史原委，显示其对中国历史熟识程度。在看到千年古迹疏于管理、落败时，向随行地方官员提醒建议是他考察演讲词中的重复内容。此外，故乡集美留有民族英雄郑成功（也称延平王）军队所筑营寨的遗址寨门。陈嘉庚命人在门旁一块大石上镌刻“延平故垒”四字，对该遗址进行保护；另将“延平故垒”前的学生游泳池命名为“延平池”，“延平故垒”后的一座高楼命名为“延平楼”，[⑨] 表达他对郑成功的敬仰和怀念，显示着他对中国历史古迹的

---

① 国术南游团抵隆后中华总商会召集团体学校代表大会通过成立雪兰莪华侨欢迎国体表演筹备大会洪进聪黄重吉丘满陈占梅张昆灵为正副主席假座中华大会堂为欢迎地点时间由主席酌定，《南洋商报》，1936 年 2 月 12 日，9 版。

② 国术团昨离星赴隆陈嘉庚林庆年诸先生暨各团体代表前往车站送行，《南洋商报》，1936 年 2 月 10 日，5 版。

③ 昨晚福建会馆假怡和轩俱乐部欢宴张馆长暨国术南游团张之江氏历陈南岛国术界应加注意之点陈嘉庚主席畅谈中国目前大足乐观之点陈延谦先生阐述提倡国术应加注意之点张馆长暨国术南游团昨晚登轮今晚北发，《南洋商报》，1936 年 3 月 5 日，第 5 版。

④ 畅谈中国目前大是乐观之点——在新加坡怡和轩俱乐部饯别张馆长暨国术南游团的讲话，《南洋商报》，1936 年 3 月 5 日。

⑤ 本坡怡和轩昨晚欢宴张馆长及国术南游团，陈嘉庚先生称提倡国术为救国根源同胞应尽力援助有钱出钱无钱出力，《南洋商报》，1936 年 1 月 30 日，第 5 版。

⑥ 陈嘉庚：周文汉武陵，《南侨回忆录》，南洋印刷社，1946 年，第 149 页。

⑦ 陈嘉庚：洛阳石佛多无头，《南侨回忆录》，南洋印刷社，1946 年，第 172 页。

⑧ 陈嘉庚：卧龙岗午饭，《南侨回忆录》，南洋印刷社，1946 年，第 173 页。

⑨《非同凡响：南洋商报创刊 85 周年纪念书籍》，第 166 页。

重视及对中国历史传统文化的传承。

收集古董。就现有资料来看，陈嘉庚收集古董应源于他创办华侨博物院的理想肇始。该院现有文物及自然标本等藏品绝大部分是陈老先生经年呕心沥血从各地搜集所得。他所选定的古代文物以陶瓷器、字画、青铜器、钱币、雕刻品为主，有不少稀世珍宝珍品，经国家文物鉴定委员会鉴定，属于国家一级文物就有 9 件，另有 200 多件省级文物，[①] 显示其鉴赏眼光非同一般。收集古董文物，设立华侨博物院，向来参观的海外华侨展示祖国悠久的历史文化珍品，这些行为正是他热爱中国传统文化以及他的文化自豪感的体现。

祭拜黄陵。黄陵即位于西安桥山的黄帝陵。祭祀轩辕黄帝是中华民族的传统。在诸祭祀黄帝活动中，桥山黄帝陵的祭祀是起源久远、最为重要的黄帝祭祀。[②]1940 年回国慰劳途中，陈嘉庚曾专门前往祭拜，为向来反对焚香祭拜的陈嘉庚的首次也是仅有的一次公开祭拜。他主动托人事先准备安排祭拜仪式，并雇照相馆摄影、行最敬礼 [③]，均显示了他对此次祭祀活动的重视。黄帝祭祀传承的中华民族精神，最突出的是民族认同、国家统一、持续发展、和谐振兴的精神。[④] 经几千年漫长历程，黄帝陵祭祀逐渐承载了厚重的文化用意和内涵。因此，陈嘉庚祭拜黄帝陵“行最敬礼”，非偶然行为，更不是封建迷信活动，而是他饱受中华传统文化熏陶、对中华传统文化强烈认同的表现，同时也寄托了他对华人同根共祖的认同，对中国内外及海外华人社会与祖国和平、统一、发展的殷切期盼，特别是在 1940 年抗战回国时期，其言行受到万众瞩目，且是在去延安途中的此次祭拜行为，表达了他对国共合作、共御外敌的强烈愿望和呼声，故而蕴含了更多非同寻常的用意和目的。

因深受中华传统文化的熏陶，传统文化价值观和精神的根深蒂固，使陈

① 《华侨博物院藏品精华》，厦门华侨博物院编，2009 年，北京：文物出版社，全书页。

② 陕西省公祭黄帝陵工作委员会办公室编：《皇帝祭祀大典图志》，北京：中国文史出版社，2008 年，第 9 页。

③ 中部县祭黄陵，陈嘉庚：《南侨回忆录》，南洋印刷社，1946 年，第 150 页。

④ 陕西省公祭黄帝陵工作委员会办公室编：《皇帝祭祀大典图志》，北京：中国文史出版社，2008 年，第 10 页。

嘉庚不自觉地表现出对中国传统历史文化的热爱和热衷，以及对文化遗产的重视，显示中国传统文化对他的影响至深。

二、乡音不改，只说方言

早年来东南亚谋生的闽粤华人移民及在南洋出生的后代，在奋斗过程中因环境和生存发展所需，习得除自身方言母语之外的第二、第三种语言，或不通华语（普通话）但谙熟巫语、英语和方言母语的并不鲜见。这种互通多种语言，从而在与各色人等的交易、交涉、交往中，成为八面玲珑的多面手，为华人社会普遍现象。

与之截然不同的是，来南洋后的陈嘉庚在商战中与口操不同语言的欧洲人、印度人①及马来人②在内的各类种族人群做生意、打交道，在新加坡华人社会风生水起的他，却终其一生乡音不改，只会说唯一的闽南方言，甚至只会听不会说南洋华人通用华语（普通话）。个中原因，一方面或与他潜意识中的大闽南主义有关。他以集美为原乡，以造福乡梓为奋斗目标，尤以改变闽南落后面貌、提升闽南在经济、社会等方面的影响力为目的。他或许早做好回国养老终年、落叶归根的打算。另一方面或因他身边总是不缺乏懂闽南语的翻译人选。

与华人守护脑后那根长辫子相比，陈嘉庚显然更执着于乡音。他反对留长辫子，认为是一种陋习的表现。于是毅然在1910年接受孙中山的三民主义，剪掉了自己脑后的长辫子。表现于乡音的恋乡情节，让他始终不改乡音，反映了他对故乡闽南的钟情，也强烈地投射出他对自己闽南人身份的高度认同。

但客观而言，独会闽南话不会讲国语等第二、第三种等语言，并非其优点。这种因语言不通而造成的制约性是显而易见的，不但折射出他的固执的一面，抑或是他的语言能力方面的局限，也限制了他与更广泛语种同侨的接触和交流，尽管有闽南翻译的协助，但自由表达所思所想的流畅必然受影

① 见个人企业追忆中所记载他与欧洲人、印度人交易交涉的记录。《南侨回忆录》，1993年集美翻印本，第519—554页。

② 据陈国庆回忆记述，其父陈嘉庚会一点马来语，只是不常说。见《回忆我的父亲陈嘉庚》，北京：中央文献出版社，2001年，第6页。

响；且对翻译的依赖性裹足了他的独立性，如他曾以不通国语为借口试图婉拒中国国家领导人对他的参政邀请，但其语言弱势以翻译同行而解决，被其影响力而掩盖。

三、传统、保守、威严的中国严父

中国传统家长制使宗族意识根深蒂固。陈嘉庚的传统、保守显而易见。他在故乡集美捐资修建陈氏宗祠，使之绵延生息，是陈嘉庚回馈乡梓的又一举措。他也立志重修陈氏家谱，后鼓励其子陈厥祥完成。[①]此外，他也计划修建“归来堂”，让子孙回乡寻根谒祖有个栖息住所，为陈氏嫡系子孙每人留有一间房间，体现“落叶归根”的哲理。[②]但此愿望后由政府帮他建成实现。

在1938年底至次年4月武汉合唱团在新加坡筹演期间，陈嘉庚不但给予诸多支持，还去观看了包括《雷雨》在内的演出剧目。但他以家长之心两次建议最好不要演出有关儿女情长的剧目。[③]“至于其他与抗战无关之剧情，……此为鄙人所不能已于一言。而尽诚致其忠告者，此类话剧，宜以勿演为佳。”并希望团领导能“如一家长辈，不畏艰难，永远如一，把定严正纪律，尤望诸团员，敬重同侣，洁身自爱，以完成南来之高贵使命”。[④]显示了陈嘉庚深受传统价值观的影响。

中国古语：男女授受不亲。对于男女之事，从来都是被框定在道德之外的。1922年8月，身处南洋的陈嘉庚从一新客华侨口中听说了有关集美学校女校的某女教员举止不端，与某位男老师有私情，导致绯闻漫天。听闻后，陈嘉庚十分震惊，他立即拍电报给校长叶渊，要求立即辞退该女教员，以清白学校名声。[⑤]随后再次致函校长强调此事关于校风事关重大，“止谤莫

---

① 即1963年问世的《集美志》。

② 新加坡同安会馆编辑委员会：《新加坡同安会馆特刊（1931—1984）：庆祝新大厦落成典礼暨成立五十三周年及互助部成立十八周年纪念》，新加坡同安会馆，1986年9月，第468页。

③ 夏之秋口述、先柄记录：《有关武汉合唱团的回忆》，夏之秋博客，http://blog.sina.com.cn/s/blog_414adc7b0100bhoi.html。

④ 《南洋商报》，1939年4月11日；《赤子丹心：武汉合唱团南洋筹赈巡回演出纪实》，叶奇思编著，北京：中国华侨出版社，2006年12月，第262—263页。

⑤ 致叶渊函，1922年8月17日，《陈嘉庚文集（征求意见稿）·1》，第87页。

如自修”。他认为，辞退绯闻教员即是可立竿见影的自修手段；即使是误传，为不让造谣者有兴风作浪之机可乘，直接辞退可让此事尽早平息，且表明辞退女教员不可变，即使合同未到期，也可以赔偿薪水之法来弥补对错辞退她而造成的过意不去。[①] 此事后被查明为谣言，陈嘉庚也致信道歉 [②]，但显现他的保守之性与中国传统道德观的根深蒂固。

另在新加坡中西文化交汇地不乏流毒、糟粕存在。他对此有清醒的认识。为帮助来自祖国的青年学子擦亮眼睛、在此环境中把持住自己，他不顾招致厌烦地提出自己的忠告。1933 年 8 月，厦门男女篮球队去星洲比赛，陈嘉庚在怡和轩接见了他们。席间，陈嘉庚发表欢迎词，阐述了当时南洋西方社会带来的奢靡之风以及娱乐场所引致的虚荣之风等，对来洋青年学子会受到这些不良风气的毒害提出担忧，忠告他们注意警惕西方文化的腐蚀，保持洁身自好 [③]，进一步印证了陈嘉庚在社会习俗方面“恪守传统，举止言谈严格遵照道德观念”[④] 的特性，反映了中国传统礼教和文化价值思想对他产生的深刻影响。

此外，中国传统文化也难免对陈嘉庚产生局限性影响。由中国传统宗族制衍生出的中国家长制，在陈嘉庚身上同样留下了深深烙印。从其子女角度来看，陈嘉庚身上最显著的中国传统思想特征，即是被其儿子陈国庆所喻为的“铁掌家庭政策”。据陈国庆回忆，陈嘉庚的威严表现很多。每天早晨 6 点钟陈嘉庚就敲门催陈国庆起床，不许读书时的陈国庆戴领带。[⑤] 他叫读中学的陈国庆到工厂做工，给他开与工人相同的最低工资，拒绝他搭便车上班的要求，迫使他每日走路上班。[⑥] 陈嘉庚平时很少回家，即使回来也很少见笑容。与他一起吃饭，孩子们都倍感拘谨和严肃。他一回家，孩子们就躲回房间。他从不和子女说话，子女也不和他说话。子女从小看他就十分严肃，

① 致叶渊函，1922 年 8 月 19 日，《陈嘉庚文集（征求意见稿）· 1》，第 87—88 页。

② 致叶渊函，1922 年 9 月 7 日，致叶渊函 1922 年 8 月 19 日，《陈嘉庚文集（征求意见稿）· 1》，第 87—89 页。

③ 闽省教育，《南洋商报》，1933 年 8 月 14 日。另见《战前的陈嘉庚言论史料与分析》，第 39—41 页。

④ 陈国庆：《回忆我的父亲陈嘉庚》，北京：中央文献出版社，2001 年，第 120 页。

⑤ 《非同凡响：南洋商报创刊 85 周年纪念书籍》，第 170 页。

⑥ 中华文学基金会编：《庄重文纪念集》，北京：人民出版社，1999 年，第 15 页。

不笑也不逗乐。[①]在家与他一起吃饭，规矩多，不能吃太快也不能太慢，让八子陈国怀倍感拘束与压抑，没吃饱也匆匆吃完逃离去别处想办法。[②]中国阴历新年全家团圆是他与子女们仅有的团聚机会。去办公室给他拜年，互相问安后，别无他话，子女们随即快速逃离。甚至济民、厥祥和博爱几个子女要去看望身体抱恙的陈嘉庚，半路上犹豫是否要进门见他，“父子间见面如同陌生人，确实是件怪事，这完全是因为父亲和子女很少接触所致，也因此原因，子女从未亲近过他”。[③]陈嘉庚的家长威严让子女窒息。

另外，作为典型的中国传统式严父，陈嘉庚用他沿袭自父辈的中国封建礼教干涉、束缚、管教子女。他干涉陈国庆的职业选择，按照中国家长的想法为他计划、安排好了人生道路，让他做未来的经理接班人，而不能按照自己的意愿去美国陆军学校参军学习，因为陈嘉庚认为参军没有前途。他干涉儿子的婚姻，不同意陈国庆与自由恋爱的女友结婚，因为陈嘉庚派人调查发现这个女孩喜欢跳舞，违背他对“跳舞为毒害”的价值观。这些反映了陈嘉庚是一位地道的中国传统家长的小事，也暴露了他承袭自中国封建家长的独断专行。

第三节　践行西方价值理念的陈嘉庚

凡到过南洋的人，气量与见识比较当地的乡下人，大致要开通些。他们在回国的时候或在通信的时候，往往介绍南洋关于家庭的新习惯，提倡改良家乡的旧习惯，特别是他们认为不合时宜的民风。他们的思想与言论渐渐趋于社会化，往往保守秩序、尊崇法律、主持公道、反抗恶势力等。[④]这种源自西方文化中的求本真、率直的特质，成为未接触过西方文化的中国人习惯趋炎附势、甚至伪善的一种极大冲击，即所谓的去伪存真。对于接触到西方文化的人来说，或者说是接触到比自己以前的文化或环境等有优劣差别对比

① 陈国庆著：《回忆我的父亲陈嘉庚》，北京：中央文献出版社，2001 年，第 116—117 页。

② 记者钟梦然：“嘉庚先生常请我吃榴梿糕”集美学校委员会副主任陈忠信忆当年，校主慈祥又威严，http://zt.xmnn.cn/a/jmxx100zn/tl33_49/201310/t20131012_3537373.htm, 2013—10—12/2015—5—23。

③ 陈国庆著：《回忆我的父亲陈嘉庚》，北京：中央文献出版社，2001 年，第 119 页。

④ 陈达：《南洋华侨与闽南社会》，北京：商务印书馆，2011 年 9 月翻印，第 140 页。

的环境或文化后，多少都会对自己原来的世界观产生冲击，去劣存优、去伪存真、去糟粕取精华，成了具有开明思想的南洋华人的普遍行为。陈嘉庚也不例外。在南洋所浸染的西方文化元素，对他产生的影响是巨大的。而他之后的言行，表明对西方优良元素的吸纳和对糟粕的抵制，显露着他对这些西方文化的取舍。

一、对西方文化价值理念的践行

陈嘉庚在南洋初从商业合作中与洋商、洋行赊购原料、订单交货①、采办黄梨来电②等接触频繁，甚至是从某洋行一英人处得知有关陈齐贤售卖胶园获巨利之事，且被劝栽种橡胶树可获厚利③，显示他与洋行洋商关系不一般。而当地欧洲人筹捐首先想到陈嘉庚，如美国教会学校校长那牙，自然是他在洋人中口碑良好的体现。另外，陈嘉庚加入怡和轩俱乐部后，与受西方教育的林文庆等海峡华人富商的联谊交流，接受他们身上的西风影响，自然难免。因而，陈嘉庚的诸多方面都融合了西方价值理念。

（一）个人生活方面

陈嘉庚来南洋后，其自身生活方式首当其冲受到了西风影响。

发型方面。中等身材的陈嘉庚1890年下南洋时保留着清朝男子长辫的装束。直至1912年清朝被推翻，孙中山领导的中华民国诞生后，陈嘉庚让国庆母亲帮他把辫子剪掉了。从此，他一概以与西方人及海峡华人一样的男性短发发型出现于中国和南洋的公众面前。

穿着方面。在20世纪20年代国庆还年幼时，他从原来年轻时穿胸前有五个扣子的中式服装，转变为养成穿西装、配领带的习惯，尽管为外观大方可敬，只在外出工作时才穿戴，回工厂后则习惯先脱去外套和领带才开始工作，但已显示他顺应新加坡多元社会潮流及为表示尊敬注意自身衣着形象，以方便事务开展而采取必要的社交礼仪。

饮食习惯方面。虽不改地瓜粥、咸菜等俭朴的饮食习惯，但他的早餐除

① 见初步好机会，《南侨回忆录》，陈嘉庚著，南洋印刷社，1946年3月再版，第398页。
② 同业多庸常，《南侨回忆录》，陈嘉庚著，南洋印刷社，1946年3月再版，第399—400页。
③ 黄梨园种树胶，《南侨回忆录》，陈嘉庚著，南洋印刷社，1946年3月再版，第401—402页。

了三个鸡蛋外，还加了牛奶这种西方人的饮食组成。尽管没有面包搭配，但已显示他接受了西方饮食中对身体有利必要营养素搭配。

卫生方面。除了延续勤劳习惯，陈嘉庚也顺应当地气候特点，养成一日洗两次澡的习惯，第一次是早上散步半小时后回家洗热水澡，第二次则是下午5点忙完一天业务后，到怡和轩洗澡、休息、晚餐，为晚上在怡和轩处理社会事务做好准备。

语言方面。尽管广为人知的是他只讲闽南话，且几乎满口是地道的闽南话，但说他客居新加坡几十年语言完全不受任何影响也不客观。虽不懂英文和其他方言，懂中国官话（普通话）会听不会说；但据其子称，他也会一点马来话，尽管很少讲。① 他口音不变，用词受到些许影响，话中曾带有个别英语单词的音译，如“巴仙”（“percent”，百分比的音译语），让当时家乡听者一头雾水。②

看报纸的习惯。随时求知是南洋社会资讯较发达引致的现代文明体现，也是身处其中的陈嘉庚竞争意识的体现。据五子陈国庆回忆，他经常看书读报，因不懂英文，所以只看华文报纸，且是包括新加坡本地、中国和马来亚等地各类华文报。③ 显示报纸为他寻求商机、宣传产品、了解中国和世界情势变化，以及对社会问题的了解和审视打开了视野。

出行方面。有专职马来人司机开车，以车代步，使创业成功后的陈嘉庚同其他新加坡头家一样，成为率先在英国殖民地新加坡享受到英国工业文明成果带来便捷的那群人。而所开车辆甚至有敞篷车，显示陈嘉庚的消费观念紧跟当时的时代脚步。休闲方面，陈嘉庚也曾带妻儿进行过西式休闲。据陈国庆回忆，在20世纪20年代，吃完晚饭，陈嘉庚每周总要带他及其母亲一起出去消夜一两次，驱车去勿洛玩，返途中会在一家冰激淋店吃完冰激淋、糕点后回家。另有一次他带他们去惹兰答哈沙新世界拳击场看菲律宾和新加坡两个亚洲冠军对阵的拳击比赛，为他们仅有的一次看拳击比赛。④ 担任社

① 他个人生活方面的西化内容，具体引自陈国庆著：《回忆我的父亲陈嘉庚》，北京：中央文献出版社，2002年，第5—6、121—123页。

② 陈振群：陈嘉庚接见族亲学子的情况断忆，《集美校友》，1993年第5期，总第74期，第40页。

③ 陈国庆著：《回忆我的父亲陈嘉庚》，北京：中央文献出版社，2002年，第5页。

④ 陈国庆著：《回忆我的父亲陈嘉庚》，北京：中央文献出版社，2002年，第118—123、127页。

会重任后，陈嘉庚便无此空暇了。陈嘉庚喜欢看戏，除武汉合唱团所演，他也曾在 1940 年去中正中学看学生排演的戏“巡按”。①

住房方面。“卖大厦维持厦大”之举从另一侧面显示陈嘉庚在生意最兴旺发达时拥有好几栋洋楼的固定资产。据陈国庆回忆，在 20 世纪 20 年代，除了怡和轩，陈嘉庚已有两处住所，一处是陈国庆家（具体地址不详），一处是在经禧路上的另一住家，这三处都是陈嘉庚可以去吃午饭的地方。② 陈嘉庚所拥有两处住宅，虽大都是其家人在住，但从居住条件来看，均为与所“卖大厦”类似的洋楼。

由上种种显示，在英国殖民地新加坡生活近 50 年的陈嘉庚，已在衣、食、住、行等生活各方面都多少融入了西式化，尽管有些只是很少或偶尔涉及，却已显示其思想的开化和对新鲜事物的接受程度。

（二）个性特性方面

1. 善恶分明，疾恶如仇的本真个性

一位曾在多种族混居、各种文明交融并存的新加坡生活学习的新移民曾发出对环境重塑性格和思维方式的感知，表示外部环境尤其是反差较大的多元文化环境对人的性格、思维等影响作用巨大。一方面，这种社会环境教会人尊重、吸纳与和解。因此，包括陈嘉庚在内的众多早期移民，对积极方面进行有效的吸取、学习，从而变得眼界开阔、包容有度、更国际化、更易接受新事物，并不断改善自己、让自己成为一个更令人尊敬的华人，从而拥有了吸纳的气度和智慧。另一方面，这种社会环境也会让人变得诚实和正直，看不惯造假、曲意逢迎和各种见不得光的潜规则，这种“眼里揉不得沙子”的本真个性是变好而非变坏。③ 陈达调查也发现：南洋华人的思想与言论渐趋于社会化，往往保守秩序、尊崇法律、主持公道、反抗恶势力等④，证明了上述新移民的感知。陈嘉庚善恶分明、疾恶如仇的鲜明个性，应该也是这种社会环境影响下的产物。回国后的陈嘉庚也仿佛忘记了中国人含蓄表达的习

① 据 1988 年新加坡文化奖得主郑民威回忆页。黄惠玲：面对考验求取进步，《联合早报》，1989 年 2 月 28 日，第 7 版；陈婷：访民威，《南洋商报》，1982 年 11 月 27 日，第 4 版。

② 见陈国庆著：《回忆我的父亲陈嘉庚》，北京：中央文献出版社，2002 年，第 122 页。

③ 张惠雯：移民随想，《怡和世纪》，2011 年 6 月，第 49 页。

④ 陈达：《南洋华侨与闽南社会》，北京：商务印书馆，2011 年 9 月翻印，第 140 页。

惯，对闽省苛政、国民党劣迹等的批责和直言不讳，让他特立独行，不顾多人劝解，依然我行我素。

2. 勇于犯险冒难的坚韧性格

陈嘉庚一生言论中常提及平生尤最服膺美国汽车大王福特的一句格言："正当之失败，无可羞耻，畏惧失败，转可羞耻"，不但在致叶渊函中引用以阐明自己办学之志及校长人选条件，[①] 也在《南侨回忆录》中多次提及 [②]；另在 1933 年 8 月谈闽省教育，他又引用此句阐释自己创办厦大初衷及勉励厦门男女篮球队队员拼搏到底。[③] 以外，他还专以《畏惧失败才是可耻》为题写就文章投给《东方杂志》发表 [④]，明确他对这句名言的认同。这句他几乎作为座右铭的简短格言，反映出了他性格中不畏失败的坚韧一面，也是他面对办学万难时的鞭策动力和鼓励，支持他走出困境、直面人生，走出每个人生之坎。

（三）思想、世界观方面

从宋旺相记载来看，在陈嘉庚踏足新加坡之前，新加坡华人社会已与殖民政府官员建立起良好的来往关系，至少是华人上流社会是如此。而在陈嘉庚来到新加坡后，被记录在碑铭或报章上的杰出华人事迹，华人富商捐资办学，父亲参与捐办书院，与友人的种种慈善行为，向先贤学习的传统，使陈嘉庚日后的慈行善举也逃不出这一范式。

1. 济贫助困的人生哲学

中国人向来以"衣锦还乡、流芳百世、光宗耀祖"为奋斗目标。陈嘉庚一生跌宕起伏。尽管企业没有最终破产 [⑤]，但也经历了财富由少到多、再由多到少的大起大落，他始终不改服务社会之信念及行动。他对于贫富以及富裕后应该如何用钱的问题有着自己的看法。

---

① 论校长人选之条件（致叶渊函，1923 年 6 月 30 日），转引自《陈嘉庚教育文集》，王增炳、陈毅明、林鹤龄编，福建教育出版社，1990 年，第 344 页。

② 四〇五 赣州同乡会，《南侨回忆录》，陈嘉庚著，1993 年集美翻印本，第 368 页。

③ 谈闽省教育——在欢迎厦门男女篮球队茶会上致词（1933 年 8 月），《南洋商报》，1933 年 8 月 14 日。另见闽省教育，《战前的陈嘉庚言论史料与分析》，第 39—41 页。

④ 陈嘉庚：畏惧失败才是可耻（1934 年 4 月 1 日），《东方杂志》，1934 年第 31 卷第 7 号页。《陈嘉庚言论集》，新加坡怡和轩等，2004 年翻印本，第 18 页。

⑤ 陈国庆：《回忆我的父亲陈嘉庚》，北京：中央文献出版社，2001 年，第 19 页。

首先，陈嘉庚认为：“贫穷是社会上最不幸、最残酷之一。不论在什么时候，或在什么地方，只要是可能的话，就要立刻解除穷人苦痛。此为我人责任。应防止贫苦残酷之罪恶。”折射出他一贯主张的济贫助困哲学——尽自己最大可能，哪怕一时拿不出足够钱财，也要尽自己一份绵力，并认为这是富人的责任。

其次，陈嘉庚认为“养成乐善义务习惯，凡事认定一息尚存，都是可以办到的，即不幸物化，精神亦可长存不死”。这一理念与他“竞争义务”理念具有一致性。慈善观念深入人心，将乐善义务变成一种习惯，需要经年努力。陈嘉庚将“牺牲自己，利益社会”[①] 作为自己的人生信条，践行他济贫助困、服务社会的理念。

2. 不惧失败的成功哲学

美国汽车大王的名言“正当之失败，无可耻辱，畏惧失败，才是耻辱”，是他常提及的励志名言。他在遗稿中写下的句子诠释着他基于失败处理上的成功哲学。对于挫折或失败：“一个人在想将来成功伟业或成为名人，不但要克服千种障碍，而且凡要在多种失败和挫折后获得成功。”“人能经得起挫折，受得起打击，吃得起苦头，才是好汉。”

关于人生大起大落，他认为一个人要能上能下，魄力大，手腕高，能力富，奋斗精神远胜常人；不主保守，专好进取；不主寄人篱下，专好独当一面，开辟新世界；偶然下落，却能重新奋勇直上；能将失败经验贯串做向上的工具，实力逐渐雄厚，促进社会进步，推动社会巨轮，经验越足，下落度数愈少，向上度数越大；会很系统、有兴趣地与别人分享一生经验，此为名副其实的成功之人。他所记录的这些描述，其实都是他自己的人生写照。

对于做事和学知，陈嘉庚强调“人类史中每件大事，都是用热诚换来的胜利（工人所言，系从他热诚心中跳出事实）”。“学然后知不足，做然后知不足，行然后知不足，事后然后知不足。”这些是他对自己行动论者的最好阐释。对合作，他的理解是“牡丹虽好，亦赖绿叶扶持”。[②] 他认同于合作力量。这些文字被他记录在改阅过多次的遗稿中，成为他时常拿来激励自己的

① 以上陈嘉庚的摘录，均引自《陈嘉庚遗稿：一九四四年在印尼峇株》，第 92—95 页。

② 以上陈嘉庚摘录均引自《陈嘉庚遗稿：一九四四年在印尼峇株》，第 94—95 页。

心灵鸡汤，反映出他的爱思考、勤反思。

3. 近忧远虑的世界眼光

“居不幽者，志不广；形不愁者，思不远。”① 人无近忧远虑，则注定行不远。他以此作为在竞争激烈的南洋社会中摸爬滚打、终获致胜的鞭策。在陈齐贤卖胶园获巨利吸引下，有胆有识的陈嘉庚果断决定投资橡胶种植业，率先走上了橡胶种植的发家之路。“一战”爆发、美国工业的迅速发展让他预见到20世纪将是橡胶的时代。他打破仅停留于种植的通常做法，将之扩展为种植、生产制造、供货、销售等一条龙产业，率先实现机器化、规模化生产，在世界各地开设分销行，掌握贸易主动权，将马来亚推动为橡胶最大出口国的世界“橡胶王国”，成为继林文庆、里德利、陈齐贤之后的“马来亚橡胶王国四大功臣”，载入史册。② 另他鄙视“书生每苦不能计长短，而遂随便下笔。”“……书生不明长短之见也。”③ 做事通常遇事冷静、处事不惊，展现着他的深谋远虑和大格局。

4. 宏观看待事物，不拘于小节

陈嘉庚曾记录林肯之语：“如果我派一人去代买一匹马，我并不望他来报告我，那马的尾毛有若干根。”“一滴蜜胜过一加仑毒汁。一滴蜜可以捉到苍蝇，远胜许多毒汁。”“宝石虽然落在沙泥中，但是依旧是宝石。沙粒虽然被风吹到天空中，仍还是沙粒。”④ 他关注的焦点是答案，与之无关的则可舍弃。抓住问题核心，勿把时间和精力浪费在无畏的事物上，才能高效做事。事无巨细，即是这个道理。很多时候真正能起作用的是那些最容易被忽略的东西。对待具体事务对象自然有其对应的最佳利器，因此要善于分析事物，对之采取对应最便利的制服之法。事物自有其存在的价值和作用，本质属性不会随环境改变而变化，要正确认识自身的价值和作用。

5. 提倡科学和探索精神

对于科学，陈嘉庚的理解是：“何谓根本？科学是也。今日之世界，一

① 《陈嘉庚遗稿：一九四四年在印尼峇株》，第95页。

② 《非同凡响：南洋商报创刊85周年纪念书籍》，南第157页。

③ 致叶渊函，1920年7月5日，《陈嘉庚文集（征求意见稿）· 1》，第28页。

④ 《陈嘉庚遗稿：一九四四年在印尼峇株》，第93—95页。

科学全盛之世界也。科学之发源，乃专门大学。”① 他重视科学，也极力倡导科学精神和科学实验方法，主张学校建设各科实验室，“唯生物实验室为校中精神上的关切”，必须通过科学实验以培养“科学上之精神”。② 这正是他重视推动以数理化和科学为主要内容的新式教育的原因所在。此外，他也对世界万象及有关科学测量、探索的科学问题兴趣浓厚。“离开地球最近的星，中间相距离有 350000 亿英里之远；如果一分钟走一英里火车，要走四千八百万年方能达到，如用一根蜘蛛丝相通达，须重五百吨”；“世界上最大，圣彼得教堂，高二百三十二峇，宽三百六十四峇”。③ 他记录下这些科学常识，反映着他强烈的求知欲和对西方科学探索成果的关注。崇尚科学、提倡科学和探索精神是陈嘉庚办学所孜孜倡导的目标。这些他随手记录下的条目显然正是他阅报无数的结果，他对除衣食住行之外的科学问题的关切，显示他的兴趣点不仅限于中国、南洋，也涵盖全世界甚至太空和宇宙。西方崇尚科学的探索精神，为他打开了世界之视野，也使他将对科学教育的推崇灌输到办学中。

6. 明晰实业与教育之关系

陈嘉庚从亲身 30 年涉足南洋商战中深悟到商业教育的重要性。他认为商业之不振，不在于土地、物资、人力和资本诸原因，“所独缺者，商人不知商业原理与常识”。补救方法莫善于兴学，其根本是科学，科学源于专门大学。因此，侨商若欲求免天演之淘汰，务必急起直追，学习西式簿记知识、银行、贸易技术本领。“且其时民智更开，实业与教育，愈益进步，人民有自法治之能力，何军阀伟人之足道哉。”④ 他看透“商战与学战”的利害关系，认为商场如战场，学院也是一个战场，经济上实力的辅助来自兴办学校。⑤ 因此，他于 1920 年 8 月在集美学校创设商科培育商业人才，以援助南洋广大华侨经营商业，且为改变国内墨守成规的商业经营方式，解决民生问

① 本报开幕之宣言（实业与教育之关系）（1923 年 9 月 6 日），《南洋商报》，1923 年 9 月 6 日。

② 《陈嘉庚教育文集》，第 372、350 页。

③ 《陈嘉庚遗稿：一九四四年在印尼峇株》，第 93—95 页。

④ 陈嘉庚：本报开幕之宣言，《南洋商报》，1923 年 9 月 7 日，第 1 版。

⑤ 《非同凡响：南洋商报创刊 85 周年纪念书籍》，第 18 页。

题，建设新国家。

（四）事业观方面

企业活动是陈嘉庚到南洋后首先涉足的活动，因此在父亲顺安号近十年的学徒生涯中，与各色人等接触打交道的机会锻炼了陈嘉庚独当一面的各方面能力，积累了经营经验，建立了良好的信誉，了解、熟悉商场规则，为其日后创建自己的企业王国奠定了基础。而后自己近三十年的商海搏击中，他将吸收的西方经营理念，融合“实业救国”“教育救国”信念，形成自己的事业观，包括企业文化、契约精神等，并将之在企业中予以具体践行。

1. 做事及时、高效、果断

自由贸易和市场经济运作机制下，西方人及时结算，每日在报纸上刊报价格，年终则对来年进出款目核议，登诸日报，是亦量入为出之道，[①] 让陈嘉庚从经营黄梨罐头过程中习得了西方人的生意门道——及时核算盈亏及提前做预算。“亲营此业，乃知此业极需有才干思想，若能精于核算，用心选择制造出售，每箱可多获五六角之多。”“他厂多系每季停工时，然后核计得失。余则不然，系逐日核结算得失。”[②] 从而另辟蹊径，收获盈利。并在之后的实业发展路径中践行他言出必行的果断实践观。他是一个实践主义者，一有任何可行的新创业想法，便立即找场地、买设备、租厂房或自建厂房动工开业，而非待资金筹妥或各事项完备后再行动。办实业如此，办学、筹款慈善也是如此。他多次强调服务社会要立即着手，而不能等资金筹备后才着手。在组织抗战筹赈时期，他对马来亚一些地方筹赈会口号响亮但实际成绩甚微或“光喊口号，不行动”的行为颇有微词，强调及时落实筹赈任务。他在应承协助事项前会先权衡可行性，一旦应承则定会尽全力做好，给予满意答卷。这种高效、果断、干练的做事风格是对华人惯常推诿行为的批驳。

2. 营造独特的企业文化

西方近现代工业革命催生了企业以及现代企业管理理论和方法，并在潜移默化中形成属于企业的文化，即企业文化。西方学者较早对企业文化展开深入研究。德国慕尼黑大学教授 E. 海能（E. Ndnem）认为：“企业文化是有

① ［清］李钟玉著：许云樵批注，《新加坡风土记》，1947 年 2 月，第七页。

② 同业多庸常，《南侨回忆录》，陈嘉庚著，南洋印刷社，1946 年 3 月 25 日再版，第 399–400 页。

关企业的、通过象征传播的共同价值观念和行为准则。它们是组织成员的共同思想体系。”[①]托马斯·丁·彼得斯、小罗伯特·H.沃特曼（Peters and Waterman）强调“企业文化是由企业领导者积极倡导的，由企业领导者和职工恪守的共同信念或共同价值观”。[②]企业文化的本质作用是解决人的思想观念和认识问题，解决人心向背和凝聚力、向心力的问题。[③]

陈嘉庚创业奋斗的20世纪初叶正是中国内忧外患之时。当时在中国崛起的有爱国自觉的民族资本主义企业家，不但确立“实业救国，不求私利”之企业宗旨，设计有相同寓意的“振兴”“振华”之类的企业标示象征和诸如“国人资本，国人制造”之类的广告词[④]，形成中国早期企业文化最鲜明特色。[⑤]与这些做法类似的是，对中国有强烈认同感的陈嘉庚也将他的“实业救国”和“教育救国”的爱国理念，融入自己公司的企业价值观中，体现于公司章程、眉头警语及“钟”牌产品商标和倡导国货的广告语中，形成在南洋华商企业中独特的陈嘉庚公司企业文化。

20世纪20年代是泰勒的古典管理理论向以行为科学为代表的现代管理理论过渡的阶段，企业管理由以物以事为中心，向以人的行为为中心发展。陈嘉庚的管理模式或许正是受这一趋势影响。[⑥]其企业管理章程和眉头警语中透露出的企业文化，揭示出他倡导以人为本、集体至上的企业管理观。[⑦]

其一，视人为企业之本。“公司之营业，托力于全部店员”。[⑧]因此，他重视选人用人，亲选公司重要职员，规定分行重要职员由总行委任，其余由经理选任，并向总行呈报备案。[⑨]倡导人格平等，详列公司各层级人员的行为规范与道德准则，明确“职务虽有高下，人格原是平等”，上级对下级应

① ［德］E.海能：《企业文化—理论与实践的展望》，上海：知识出版社，1990年版，第102页。

② ［美］托马斯·丁·彼得斯、小罗伯特·H.沃特曼：《成功之路》，北京：中国对外翻译出版社，1985年，第216页。

③ 吴文盛：《企业文化与民营企业发展研究》，武汉大学博士论文，2005年，第30—31页。

④ 罗长海著：《企业文化学》，北京：中国人民大学出版社，2006年，第446页。

⑤ 包立峰：《以人为本企业文化的价值生态与建构》，东北师范大学博士论文，2012年，第35—36页。

⑥ 孙谦：《试论1890—1934年陈嘉庚的实业思想》，《南洋问题研究》，1993（2）：44。

⑦ 下文双引号中具体警语，均引自《陈嘉庚教育文集》，第155—158页。

⑧ 《陈嘉庚教育文集》，第155页。

⑨ 总则第三条至第五条，《陈嘉庚教育文集》，第149—150页。

“以和婉态度，恳切指导，俾知所感，乐于任事”。[①]

其二，尊重个人权益，也高扬集体至上。尊重“自爱”和“爱家”，“能自爱方能爱人，能爱家方能爱国”。但企业利益是个人利益实现的前提，“公司之利益，亦即个人之利益”，“不能尽职于公司，又何能尽职于自己”。“兴国即所以兴家”。

其三，强调行为规范，推崇契约精神。规则是企业员工的行为导向，是企业稳定有序的保障。因此，在经营管理过程中，陈嘉庚注意建立层级分明、分工明确的人事组织管理制度，修订公司章程，强调“法律济道德之穷，规章作办事之镜”，“人类有服从法规之精神，即有创造事业之能力”，“公司之规章，同于国家之法律”。“好国民守法律，好店员守规章。”“受人委托，即当替人尽力，受本公司委托，即当替本公司尽职。”“法规为公共而设，非为一人而设。”推崇遵纪守约的契约精神，使依法经营、恪尽职守都有章可循，从而保证公司正常有序运作。

将契约精神与尽职结合，强调尽忠职守，兑现契约。“受人委托，即当替人尽力；受本公司委托，即当替本公司尽职。”“视人委托之事，一若自己之事；办本公司之事，亦若办自己之事。”“公司遥远，耳目难及；不负委托，惟在尽职。”“命令出于公司，努力在求自己。”“在公司能为好店员，在社会便为好公民。”

其四，更注重心理激励。有内在认同的管理比强制性制度管理更长久。因此，他在公司章程每页眉头附有简短易懂格言，着力于对员工内心认同的激发，树立员工的主人翁精神。包括以下内容。

爱国和服务社会的使命感。“能自爱方能爱人，能爱家方能爱国。”强调自爱、爱人、爱家与爱国的一体化，帮助员工明确个人所处的社会地位和应负的历史使命，将员工对社会的效忠转变为对公司的效忠。一方面，爱国与实业救国、国货救国一体化。“外国人之富强，多藉中国人之金钱。”“人身之康健在精血，国家之富强在实业。”“惟有真骨性方能爱国，惟有真事业方能救国。”“训练兵战在主将，训练商战在经理。”“商战之店员，强于兵战之军士。”实业救国则要国货救国。“不兴国货，利权丧失。”“战士以干戈卫

① 《陈嘉庚教育文集》，第148页。

国，商人以国货救国。”“店员不推销国货，犹如战士遇敌不奋勇。”另一方面，爱国与教育救国，实业救国与教育救国，服务社会与服务公司一体化。“厦集二校之经费，取给于本公司；本公司之营业，托力于全部店员。”“直接为本公司之店员，间接为厦集二校之董事。”“为学校董事有筹措经费之责，为本公司店员，有发展营业之责。”“为本公司多谋一分利益，即为国家多培一个人才。”“不为教育奋斗非国民，不为本公司奋斗非店员。”“本公司是一社会之缩影，服务于本公司，即服务于社会。”“热心为社会服务，未有不热心为本公司服务。”“尊重本公司之职守，即为图谋社会之公益。”

爱岗敬业的职业心和责任感。热爱本职是对公司负责，更是对自己负责，尽忠守职是根本。“非公而出，荒废店务，习惯养成，自绝前路。”“一人不在店，一货减销路，利权暗中失，不可计其数。”“为官守印，为贩守秤，为店员守柜面。”

尽职与守职是基础。“无是非之心非人也，无责任之心亦非人也”，“做事敷衍是不负责任之表现”。“无事要找事做，不要等事做。有事要赶紧做，不要慢慢做。”“无事找事做，其人必可爱；有事推人做，其人必自害。”“事事让人出头，终身无出头地；样样让人去做，终身无自做时。”强调职业自觉性。另外，“欲成大事，先作小事。”“不以小事而生忽心，不以大事而生畏念。”强调勿以事小而不为，做事宜从小事做起，积少成多，积小成大。

业精于恒。“人而无恒，终身无成”，“好多便不精，好情便不纯。欲念愈多痛苦愈大。在职怨职，无职思职，蹉跎到老，必无一得”。“见兔猎兔，见鹿弃兔，鹿既难得，兔亦走路。”“业如不专，艺必不精。”强调做事的专注和恒心，少而精。

业精于勤。“智识生于勤奋，昏愚出于懒惰”，“勤奋是建业之基”，“嬉游足以败身，勤劳方能进德”。“甘由苦中得来，逸由劳中得来。”“动作迟慢，事事输人，商战场中必为败兵。”“欲闲未真闲，心里大艰难；再觅正事做，精神自然安。”“无事要找事做，不要等事做。有事要赶紧做，不要慢慢做。”勤奋不仅是治事态度，而且是获取资讯和完成职责的保证。

自奉节俭。“金玉非宝，节俭是宝”，“有钱须思无钱日，莫待无时思悔迟”。“财有限而用无穷，当量入以为出。当省而不省，必致当用而不用。”

量入为出与为用而省是辩证的统一，前者侧重于生存，后者为积累资本，由前者向后者的转变使被动的传统节俭观具有了主动意义。

诚信为业。“待人勿欺诈，欺诈必败；对客勿怠慢，怠慢必招尤。”“以术愚人，利在一时；及被揭破，害归自己。”“顾客遗物，还之惟谨；非义勿取，人格可敬。”“与同业竞争，要用优美之精神与诚恳之态度。”

勤于核算。“店费开支，逐日统计，方知盈亏，方知利弊。”“得从何处得，失从何处失，要明其底蕴，全仗统计力。”“天文家靠望远镜以窥天时，商业家靠算盘以计赢利。”“各职员所担负之职务，如即日可理清楚，切不可积搁置明日。”[①]强调办事的及时、高效，更强调忠于事业。

以诚待客。“待人要敬，自奉要约”，“待人勿欺诈，欺诈必败；对客勿怠慢，怠慢必招尤”。“以术愚人，利在一时；及被揭破，害归自己。”“顾客遗物，还之惟谨；非义勿取，人格可敬。”“与同业竞争，要用优美之精神与诚恳之态度。”这是陈嘉庚处理企业内部、企业之间以及企业与顾客间的道德准则。

毅力进取。“有坚强之精神，而后有伟大之事业。”“临事畏缩，丈夫之辱。”“不以小事而生忽心，不以大事而生畏念。”这是陈嘉庚寄望于员工的基本素质，为个人及为公司，都是获取成功的力量所在。

这些深入浅出、契合实际的格言，是陈嘉庚个性特征的写照，也是其赋予的企业管理观的个性反映，更是他为实现企业价值观而创设的企业精神，容易引发员工共鸣，获得认同，是其公司在商业竞争中站稳脚跟、实现经营战略的重要保证。而他规范行为与心理激励并重，注意个人需要与培养企业群体意识，实际已意味着当代企业文化管理模式的萌芽。[②]

陈嘉庚较早地将陈嘉庚公司推向规模化生产，结合自己的具体实践，以这些企业价值观理念和衍生出的企业文化，来驾驭由多种类行业工厂组成、最多时有2万余人作业的庞大集团企业，是极具时代特征和其公司个性特征。他将融合了自己的价值观、“教育救国”理念的商校互动联办的主旨，在自己陈嘉庚公司的企业文化中进行多方式多角度地灌输和强化，激励员工

① 服务细则第十四条，《陈嘉庚教育文集》，第154页。

② 孙谦：试论1890—1934年陈嘉庚的实业思想，《南洋问题研究》，1993（2）：43—44。

与他一起共营实业、共同为之奋斗。

二、对西方现代教育体系的吸纳与践行

陈嘉庚一生办校，除惕斋学塾，其他所办学校是极具现代意义的新式学校。最典型者是集美学校和厦门大学。集美学校在20世纪30年代即成为最现代化、最令人向往的神圣教育胜地，里面还有大礼堂、科学馆、图书馆、医院、音乐亭、电灯局、消防局、游泳池及大小运动场等。①除校舍建筑风格，学校日常校务和教学中也融入诸多西方元素。

（一）教育改革与开拓

陈嘉庚培养人才的实际行动，渗透着他对西方文化理念的吸纳，首先体现在办学理念上。他认同于西方现代教育体系的构建，因此也逐次在集美学校进行实践。他办中学，拓展教育连续性。华人有重教传统，但普遍停留于小学教育的推广，而无中等教育之接续。因此，陈嘉庚不但在国内办集美中学，也在南洋历经十年终办成南洋华侨中学。

开创女学。为打破重男轻女风气，陈嘉庚主张“有教无类”②，倡导女子教育，委派其弟陈敬贤返里增办女子小学校。1917年2月，女子小学校正式开学。除免除学费外，学校另给每个就学的女生每月发放“大过牛车轮”③的1元或2元生活津贴，鼓励女子上学，首开女学先河。之后又增办女子师范，专建供女子中学、女子小学使用的尚忠楼、敦书楼推广女子教育。在南洋，他参与倡办的崇福女校解决了福建帮女孩教育问题。之后，他又创办南洋女子师范学校解决南洋女校师资问题。

办平民幼稚园，建欧式校舍。为改变“十余岁儿童成群游戏，多有裸体者，几将回复上古野蛮状态”，解决学龄前儿童的教育问题，陈嘉庚又委派其弟于1919年2月在集美开办一所当时中国早期侨办的独立平民幼稚园——集美幼稚园。1926年9月，幼稚园迁入新落成的被称为“全国幼稚教

① 黄奕欢：我所知道的陈嘉庚先生的生平，载《新加坡各界追悼陈嘉庚先生大会》，新加坡中华总商会编，未刊，1961年，第5页。

② 厦门大学黄宗实接受南洋商报采访如是说，《非同凡响：南洋商报创刊85周年纪念书籍》，第151页。

③ 傅树介、伍德南翻译：一位外孙笔下的陈嘉庚，《怡和世纪》，2016年第29期，第95页。

育之第一建筑物”[①]的欧式校舍葆真楼办学。次年9月又开办幼稚师范以满足师资需要。

办水产科力挽海权。本着“造就渔业航业中坚人才以此内利民生，外捞国权”的办学理念，陈嘉庚于1920年2月在集美学校开办水产科。1923年8月建成水产允恭楼，继而水产科先改为水产部，后改为高级水产航海部，逐渐发展壮大为集美学校的特色学校，一直续办至今，即使是在抗战内迁时期也未停办。

办商科。在南洋从商的陈嘉庚为扶持国货竞争，于1920年8月在集美学校开办商科，后改为商业部、商业学校。先后建成商业明良楼、崇俭楼，配备储蓄银行、商业打字教室等训练场所，发布商科学生实习规程，安排学生实习，方便学生获得应用才能。[②]此外，毕业学生也是校主南洋公司职员招聘首选。

办农林科。陈嘉庚十分关注全国人口最多的农民及其农村的生产生活问题。“农林，吾国素称以农立国，然因乏农校之研究，故改良无由，水利不修，畜牧放弃……。”故而，他对于农科尤为注意，于1923年函告叶校长，在天马山或美人山麓择地开办，以肥料补助土质欠佳之问题。1926年3月11日，集美学校农林部正式开学，聘叶道渊为主任，招收甲种农林第一组四个班共130多名学生，给予免收伙食费等优待，配备有校舍务本楼、试验场、畜牧场等实践实习场所。

办大学。陈嘉庚虽久客南洋，但“志怀祖国，希图报效，已非一日，不揣冒昧拟倡办大学校并附设高等师范于厦门”[③]，力求办完备的厦门大学。所招录大学生不限省界，凡我中华国民均一体待遇。[④]他强调厦门大学办学特别注意三点：对于自然科学的设备务求充实；对于海产的研究务必努力；对于海防的管理务求格外注意。[⑤]由此，在志同道合、拥有西方教育和现代世

① 《集美学校廿周年纪念刊》，集美学校编，1933年，第786页。

② 《集美周刊》，第56期，1923年11月11日，第4—5页。

③ 筹办福建厦门大学校附设高等师范学校通告（1919年7月），引自《陈嘉庚教育文集》，第169页。

④ 为倡办厦门大学校附设高等师范学校的演讲词（1919年7月13日于厦门陈氏宗祠），转自《陈嘉庚教育文集》，第175页。

⑤ 陈嘉庚访谈口述（1935年1月31日受访），《浪迹十年》，陈达著，商务印书馆，1946年，第67—69页。

界发展理念的林文庆校长的得力执掌下，厦门大学发展成为“南方之强”和现代大学的典范。

（二）学校教学教务的西方元素

除了办学理念，在学校的日常教务教学中都渗透着西方元素。陈嘉庚从南洋陆续寄回来的各种西方文明成果，为当时学校师生、集美社村民打开了解世界的窗口，领略到了世界发展之风。

1. 校园生活设施方面

陈嘉庚在南洋购置西式蒸汽锅炉，寄送学校供伙食房所用及兼煮热水供应师生；购寄旋转椅四只[①]给教师用；为学校童子军配备齐全的装备，包括洋洗衣器、打字机、印刷器、时针、天平、台球、打气筒等。另他还先后从南洋购置锅炉、内燃机[②]等发电设备，率先让师生用上电灯照明、电话通讯等西方文明成果。学校电灯厂于 1918 年 5 月开始供电。1921 年 4 月 8 日校内设立电话机，[③]方便各校通讯。他还采购用牛拖拉盛水轮铁来压碾草的牛轮刀[④]、后采购剪草刀寄送学校解决操场割草维护问题。陈嘉庚也将西方人自来供水法引入集美学校。1918 年 1 月自来水塔落成投入使用。[⑤]1933 年 8 月学校装置热水铁炉及双料喷水莲蓬头，自三口水井以水管抽引至水塔后分入浴室内供洗澡服务。[⑥]他建议厕所改造采纳新加坡英国人之法，女厕则仿效鼓浪屿住宅所用法国新式厕所之造法。[⑦]

2. 教学教务方面

集美学校采用上午 8 时上课，中午休息 1 小时，下午 1 时上课至 3~4 时下课[⑧]的现代全日制教学作息时间。陈嘉庚也效仿西方人办校规模，改革旧

① 致叶渊函，第三十一封（1921 年缺月日），《陈嘉庚文集（征求意见稿）· 1》，第 53—54 页。
② 致叶渊函，1921 年 12 月 14 日，《陈嘉庚文集（征求意见稿）· 1》，第 67—69 页。
③ 本校大事记，《福建私立集美学校十周年纪念刊》，集美学校编，1923 年 6 月，第 167、173 页。
④ 致叶渊函，第五十六封，1922 年 10 月 11 日。
⑤ 集美学校建筑一览表，《集美学校廿周年纪念刊》，第 22 页。
⑥ 《集美学校嘉庚建筑》，第 31 页。
⑦ 致叶渊函，1924 年 10 月 26 日，《陈嘉庚文集（征求意见稿）· 1》，第 160—161 页。
⑧ 陈共存曾在集美学校受教育，《联合早报》，1984 年 7 月 8 日，第 16 版。http://eresources.nlb.gov.sg/newspapers/Digitised/Article/lhzb19840708—1.2.32.2.1.aspx.

招生制度，广招贫寒学生，多聘管理员①，增聘有质量的师资，努力使之成为“国中特色有名足可影响裨益之集美学校”②。

教学设备丰富齐备。1928 年集美学校创校 15 年已包含十种学校，学生人数已达 2363 人，学校累积的图书仪器设备十分丰富。一是图书馆：中文书四万余册，西文书五千余册；二是化学室药品：原质类、无机有机化合物总计 604 种；化学器械 326 种；三是物理室仪器用品 635 种；四是博物标本：动、植、矿物、化石、地质学类总计 2361 种；另有生理标本十二具，博物器械共有 303 件。③此外，水产科还配有集美第一、第二渔船④等自建或从南洋购置的不同吨位水产实习船配合教学，所用发动机是陈嘉庚选购的英国机。⑤学校体育设施也十分齐备、先进，开辟了具有大型足球场和四百米操场的大操场，场内草坪是用陈嘉庚特从新加坡寄来的草籽培植，为当时省内鲜见。⑥

西洋乐器。陈嘉庚于 1920 年专门委托美洲代理人从海外订购一套西洋军乐器配交香港存诚行代领代转运至集美学校⑦后，学校组建了校铜乐队，不但每年购置乐谱，也特别制备制服。故集美学校铜乐队因乐器完备、服装整齐、队员训练有素而名声在外，常受邀参加各地开运动会或游艺会；如法定团体因公邀请及师生因私需用，可经校董会核准后准予受邀参加服务，⑧最大限度地发挥其作用，扩大了学校声誉，丰富了师生文娱生活。陈嘉庚还为集美学校按需选购性价比高的钢琴。⑨1922 年陈嘉庚以 550 元叻币购得一架

---

① 管理员即监学页。按清末中等以上学堂设监学官称监学或学监，掌稽查学生处入、考查学生功课勤情及学生一切起居动作事宜页。辛亥革命后初期，中等以上学校沿用该制度仍设有监学。致叶渊书信（1920 年 5 月 14 日），注一。

② 致叶渊函，1920 年 5 月 14 日，载《陈嘉庚文集（征求意见稿）· 1》，第 7 页。

③ 张景崧：集美调查，《集美周刊》总第 187 期，1928 年 11 月 5 日，第 3 页。

④ 陈嘉庚：畏惧失败才是可耻，《东方杂志》第 31 卷 7 号，1934 年 4 月 1 日，第 7—10 页。

⑤ 致叶渊函，1922 年 8 月 2 日，《陈嘉庚文集（征求意见稿）· 1》，第 84—86 页。

⑥ 林斯丰主编：《集美学校百年校史》，厦门大学出版社，2013 年，第 51 页。

⑦ 致叶渊函，1920 年 9 月 9 日，《陈嘉庚文集（征求意见稿）· 1》，第 31 页。

⑧ 铜乐队概况，《集美学校廿周年纪念刊》，集美学校编，1933 年，第 382、383 页。

⑨ 并一再重申如需要可来函再购。致叶渊，1922 年 5 月 22 日；第四十八封（1922 年 6 月 4 日）。

二手德国产大型钢琴[①]，后又遵校嘱购置了一架德国庄上琴[②]，寄送学校。

集美学校在校主陈嘉庚吸收、借鉴西方办学理念，引进西方新式办学设备等做法，使当时的集美学校设备之精良、种类之齐全，成为当时闽省甚至全国新式学校为数不多者。“为闽南教育之中心矣！人夺天功，宁可不惊！”[③]

3. 重视英文教育

在英国殖民地生活50年，对于英文的重要性，陈嘉庚自有深刻认识及举措。他重视培养企业接班人的英文水平，在有意识地将儿子们培养成至少中英兼通的多语人才[④]，也慧眼挑选会英文的优秀员工如李光前等收做女婿，成为他的重要臂膀和继任者。他也重视集厦两校及闽省的英文教学。在集、厦办学时，他要求严选师资，所招教师多有留洋经历。而受西方教育的林文庆来厦担任校长后，更注重对招考学生英文水平摸底口试，“问你从何方来，不能答；复问何姓名亦不能答，而尤以闽省诸生为多。……”让陈嘉庚意识到闽省公私学校对英文教学的轻视。故他嘱咐集校设置相应学制，特别要求加强中学英文教学，从速改善免致贻误青年。[⑤]他也嘱咐叶渊警告西南各省及闽诸中等学校千万注意，并开会商定改善办法，以厦大名义印送各中学校及登报唤醒，[⑥]敦促各校重视英语教学。

除此之外，陈嘉庚在促进新加坡英文教育发展方面也给予过支持，如捐款给新加坡英文源流学校英华学校、莱佛士学院（Raffles College）和卫理公会书院（Methodist College）。[⑦]英华学校校长那格尔牧师（J. S. Nagle）曾于1919年倡办英华学院，但后遭英当局反对，陈嘉庚允捐十万元同意将已捐的三万元充作英华学校理化基金。[⑧]1929年莱佛士学院创立。陈嘉庚捐

① 致叶渊函，1922年6月4日。

② 致叶渊函，1922年10月11日。

③ 张景崧：集美调查，《集美周刊》总第187期，1928年11月5日，第1–2页。

④ 《华侨传奇人物——陈嘉庚》（中文简体版），第32–33页。

⑤ 陈嘉庚：《南侨回忆录》，南洋印刷社，1946年，第15页。

⑥ 致叶渊函，1921年8月21日，载于《陈嘉庚文集（征求意见稿）·1》，第61–62页。

⑦ 宋旺相著、叶书德译：《新加坡华人百年史》，新加坡中华总商会出版，1993年5月，第352页。

⑧ 见 Yap Peng Geok, Scholar, Banker. Gentleman Soldier, *Singapore Times Books International*, 1982, p.20；《华侨传奇人物——陈嘉庚》（中文简体版），第76页。

一万元表达支持。[①]他另嘱咐集美学校商科增设英文、打字、马来语课程。1925年，陈嘉庚对商大毕业在集校从教多年欲改来南洋发展的陈心熊面试，不会读英文函件、打字和马来语，账务仍只会旧式记账法，根本无法适应陈嘉庚公司之需。由此使陈嘉庚意识到要改革集美学校商科办学，增设英文、打字、马来语等课程，[②]以适应实际商战需要。

4. 三育并重

陈嘉庚吸纳西方教育理念中的智、德、体“三育论”[③]，延续中国人重德传统，设“德智体”三育并重为办校宗旨，不遗余力地予以推动。德育是集美学校三育并重之首，是儒家重思德教育的延续。陈嘉庚对办学中出现的道德问题持零容忍态度。对学潮态度即是力证。三次学潮中，陈嘉庚均以力挺校长，开除不良学生，甚至不惜停课停办为代价，匡正学风学纪，维护德育正统发展。[④]

对于智力教育，陈嘉庚给集美学校配备齐全的图书、科学仪器设备等，让学生充分吸取知识养分、科学试验锻炼，努力培养优秀的现代多学科人才。建校十周年时，集美学校购置累积的各类科学实验器械种类即达：校具12301组/件、器械1804种、药品643种、标本4399种、仪器851件、书报15582种/册，[⑤]藏书、科学仪器的齐备和先进为国内少见。

他也重视体育与德育的连带关系，认为“体育运动为教育中一重要科学，虽主旨在训练健康，然对于道德精神，关系更为密切”。[⑥]他认为1921年中国参加远东运动会再次败归是国人素质锻炼缺乏坚持不懈的长期性、普及性实施的后果。故他将“强迫性”[⑦]体育教育思想灌输于学校，以推动学校

① 《华侨传奇人物——陈嘉庚》(中文简体版)，第76页。

② 致叶渊函，1925.12.8，《陈嘉庚文集(征求意见稿)·2》，第209—210页。

③ 19世纪英国学者斯宾塞(H.Spencer)在其《论教育》(*On Education*)中分章论述了《智育》《德育》《体育》，即构成了智、德、体“三育论”。严元章著:《中国教育思想源流》，北京：生活·读书·新知三联书店，1993年，第68页。

④ 本校大事记，《福建私立集美学校十周年纪念刊》，集美学校编，1923年6月，第171—172页。

⑤ 福建私立集美学校民国十二年上学期一览表(1923年4月制)，载《福建私立集美学校十周年纪念刊》，集美学校校董会编，1923年，第215页。

⑥ 陈嘉庚：畏惧失败才是可耻，载《东方杂志》第31卷第7号，1934年4月1日，第5—10页。

⑦ 致叶渊函，第三十一封，1921年缺月日，第1册，第53—54页。

师生锻炼及校运动会的常态化。一方面，他注重体育设施建设，集美各校均有大小不等的运动场等设施；厦大群贤楼群一字型排列也是为留出足够运动场地。1918 年 10 月，集美学校即订立课外运动规则[①]，强制学生锻炼身体。另一方面，他支持开运动会或参与运动会为学校活动常态。在闽省运动会无法开办之际，陈嘉庚甚至主张由“福建省教育最高机关——厦门大学”牵头召集倡办闽南运动会[②]，虽因多种原因未开成[③]，但他一贯大力倡办集美学校运动会。他强调“本校运动会决自举行，此为按年一次之常例，绝对必要，而非可简可无之事”。[④]全校运动会自 1919 年 5 月首办，至 1930 年逐年召开了十一次。另集美学校内各校也举办校际联合运动会、友谊赛，或派人去参加同安县级[⑤]、省级运动会[⑥]，甚至全国级运动会[⑦]，拓展学生的体育素质，检验学校体育运动教育成果。

5. 训育训练

集美学校童子军。童子军教育倡自英国人，而普及于欧美各国。因强调对儿童学生独立性的培养和耐力的磨炼，对学生的成长有益处，故之后受到广泛认同与效仿，盛极一时。1922 年 9 月 11 日，集美学校第一届陆童子军即开始授课[⑧]，成为当时较早组建童子军的私立学校之一。1923 年 4 月 9 日，小学部幼童团组织就绪开始授课。4 月 19 日，海童子军开始授课，[⑨]为

---

① 本校大事记，《福建私立集美学校十周年纪念刊》，集美学校编，1923 年 6 月，第 168 页。

② 致叶渊函，1922 年 8 月 2 日。

③ 据信载内容分析，省运动会是与官僚合办，且由教会人主持。陈嘉庚认为这些人不出钱又不出力，故极力主张自办闽南运动会，但仍强调不愿捐助此类由教会人主持的运动会。故虽给林文庆致函让其勿参与其事。后未见其再提及，故推测可能未办成闽南运动会。见致叶渊函，1922 年 10 月 11 日；致叶渊函，1921 年 8 月 21 日。

④ 致叶渊函，1921 年 8 月 21 日，《陈嘉庚教育文集》，第 316 页。

⑤ 《集美学校廿周年纪念刊》，集美学校校董会编，1933 年，第 30—68 页。

⑥ 本校大事记，《福建私立集美学校十周年纪念刊》，集美学校编，1923 年 6 月，第 174 页。《集美学校廿周年纪念刊》，第 62、69 页。

⑦ 《集美学校廿周年纪念刊》，第 66、70 页。

⑧ 大事记，《童子军周年纪念刊》，1924 年 1 月 1 日，第 3 版。另见大事记，《福建集美学校童子军周年纪念刊》，集美学校校董会编，1924 年 1 月，第 46 页。

⑨ 大事记，《福建集美学校童子军周年纪念刊》，集美学校校董会编，1924 年 1 月，第 49—51 页。

当时中国第一支海童子军。[①]另商科有商团，女子师范有女童子军。[②]陈嘉庚对童子军经费方面给予大力支持。集美学校童子军成立周年时，陆童子军置有童子军书籍、用具94种2141件[③]，分海事、野外、消防类三大类[④]，装备之齐全、规模之齐备、组织训练形式之正规，为当时闽省乃至全国均不多见。[⑤]

集美学校救火队。新加坡华人早年居住木质棚屋火患难防。故1886年章芳琳自建消防队[⑥]，协助华人防火[⑦]，挽救华人损失。后经政府扶持形成良好训练规范。为保学校砖木校舍[⑧]长久及人财物安全，陈嘉庚设法将电灯照明引入集校，但仍难避火险，如教师煮菜，或学生违规点烛看书险酿大火，被陈嘉庚获知后要退学重罚[⑨]，后酌情改为留校察看，以示警诫。[⑩]1924年6月集美学校成立救火队，公布报警规程，[⑪]购置救火设备[⑫]，招集火事人才，定期在博文楼等建筑演习；[⑬]助灭1931年1月26日晚同安县城大火[⑭]等，发挥作用显著。

6. 教师薪资福利

为留住、吸引人才来校服务，经函托调查，新加坡英政府立有约由十年、十五年、二十年等几个挡位依薪俸计核之优奖例，陈嘉庚于1920年秋

---

① 方碧勇：1923年集美学校创办国内首支海上童子军，《厦门日报》，2014年6月13日。厦门网2014—06—13，http://www.xmnn.cn/dzbk/xmrb/20140613/201406/t20140613_3891178.htm。

② 本校沿革，《福建集美学校童子军周年纪念刊》，第2页。

③ 《童子军周年纪念刊》，1924年1月1日，第5版。

④ 设备一览表，《福建集美学校童子军周年纪念刊》，集美学校编，1924年1月1日，第79—87页。

⑤ 诸多留存的装备整齐的童子军照片成为记录当年集美学校童子军蓬勃发展的历史见证。相关照片现藏于集美学校委员会档案室。

⑥ 宋相旺著、叶书德译，《新加坡华人百年史》，新加坡中华总商会，1993年5月，第185页。

⑦ 如扑灭1909年5月31日成昌公司（Seng Chiang & Co）东主曾五美（Mr.Ngo Bee Chars）所有的维多利亚锯木厂突发火灾。宋相旺著、叶书德译:《新加坡华人百年史》，新加坡中华总商会，1993年5月，第365页。

⑧ 张景崧：集美调查，《集美周刊》总第187期，1928年11月5日，第3页。

⑨ 致叶渊函，1921年12月14日，《陈嘉庚文集（征求意见稿）· 1》，第68页。

⑩ 本校大事记，《福建私立集美学校十周年纪念刊》，集美学校编，1923年6月，第175页。

⑪ 集美学校编年小史，《集美学校廿周年纪念刊》，集美学校编，1933年，第39页。

⑫ 张景崧：集美调查，《集美周刊》总第187期，1928年11月5日，第3页。

⑬ 见相关照片，藏于集美学校委员会档案室。

⑭ 集美学校编年小史，《集美学校廿周年纪念刊》，集美学校编，1933年，第68页。

季将之引入集美学校章程“优待资”条款，并强调“凡集美学校不拘高下教师，一律得享此权利”[①]，且对要留学或出国一年考察的教师依旧计算年限适用。之后，陈嘉庚又曾设想引入林文庆仿西式办法给厦大教师购买保险的另一种奖励办法[②]，以应对当时集美学校教员去留无常、难定优律（指优待条例）的问题。

7. 效仿教育统制，补助同安教育

为实现大闽南主义理想，陈嘉庚劝获叶渊支持，开展闽南教育补助工作，对闽南有保留扶持价值的中学、师范给予经费补助。但他设定：接受补助需接受“闽南教育总机关——集美学校”的统一指令和安排[③]的条件，以避免倚靠官府势力，滋生事端。这一补助条例正是他效仿自20世纪初期英国殖民政府在新马地区实行的“教育统一法令”，以加强对华人教育管理。但他的目的不是教育管制，而是为规范中小学办学，提高办学质量，是一种以高标准的强势学校拉动弱势学校办学、努力实现教育普及的勇敢尝试。

三、对西方文化糟粕的抵制

对于西方文化，陈嘉庚对其并非全盘皆收。对于会毒害民众身心或对社会有害而无利的西方文化，陈嘉庚则一律抵制之；对不正之风，予以批判。回顾陈嘉庚对西方糟粕的论及，主要有以下几种是他力倡摒弃的。

（一）鸦片

陈嘉庚和林文庆他们一样，洞悉鸦片危害且具民族意识，来南洋后逐渐进入华社领导层的过程，也是他坚决抵制鸦片的过程，他采取种种行动和举措来减少鸦片对侨众的毒害。

其一，洁身自好，身体力行，自绝烟酒。鸦片在中国的流毒自有较长一段历史。在南洋，陈嘉庚亲人也是鸦片受其害。在陈嘉庚十年学徒期间，其父陈杞柏即通常在顺安号二楼吸烟、看书、接友办理事务；[④]虽对其身体未知

① 致叶渊函，1920年5月1日，《陈嘉庚文集（征求意见稿）·1》，第2页。

② 致叶渊函，1923年1月27日，《陈嘉庚文集（征求意见稿）·1》，第111页。

③ 再劝叶渊负起促进闽南教育之责任，致叶渊函，1926年4月3日，《陈嘉庚文集（征求意见稿）·2》，第223页。

④ 陈嘉庚：未成人经过，《南侨回忆录》，1993年集美翻印本，第519页。

有所异样，却让其沉迷于其中，不直接管理家业，任其衰败；而陈嘉庚族叔在1903年陈嘉庚第二次回新加坡时，即身染麻木之疾，神气丧失，[①]即为吸食鸦片的直接受害症状。故陈嘉庚对鸦片深恶痛绝。他虽曾有过尝试，后自觉禁烟。而其胞弟陈敬贤也一生清儒，没有吸食鸦片的关联，使陈氏家族从陈嘉庚这一代开始与鸦片吸食划清了界限。

其二，发起闽省禁烟会，召集闽侨反对家乡栽种鸦片苗。为禁绝家乡鸦片，陈嘉庚不遗余力。1922年返新加坡前，陈嘉庚在厦门即倡组了一反种植鸦片树苗组织，并与一些类似组织联袂往省府向省长请愿，但不得要领。[②]故返新加坡后，1922年10月陈嘉庚即召集埠中逾百名闽侨，报告闽南栽种鸦片苗情况，磋商不良后果对策，议决向闽省三名资深政治家、上海全国中华总商会、福州反鸦片协会及欧洲反鸦片协会等人士及机构致电申达反对之意。[③]对于烟赌恶习甚久的集美社，1919年陈嘉庚在回乡期间曾与村民立约禁止，见效不大。故他又于1935年1月电请政府派兵进驻严令取缔禁绝，写就《陈嘉庚布告》于2月1日寄给集美学校领导嘱其在《集美周刊》上昭告全校及集美社。[④]种种努力是他深恶鸦片的表现。

其三，切实解决南洋鸦片难禁之问题。1928年欧洲国际联盟会特派与鸦片利益无关的三国代表，来马来亚调查鸦片是英政府贪此利权还是华侨必需品问题时，陈嘉庚不顾政府警告，抛弃个人安危，在中西数百人筵宴上公开揭露事实，毫不避讳地加以驳斥鸦片之毒害，呼吁清查清理。他详述南洋华侨受鸦片残害，而尤以马来亚为甚，阐明指证，并要求国际联盟会诸代表以人道主义劝英政府早日实行禁绝，则无异美国林肯总统解放黑奴之功德。经此事件后，殖民政府公开贩卖鸦片逐年缩减，虽至“二战”结束前夕仍存流毒未绝，[⑤]但已有相当大的改观。

其四，广为宣传鸦片毒害。1938年为支持中国抗战招募南侨机工时，陈

① 陈嘉庚：四次南来景象已大非，《南侨回忆录》，1993年集美翻印本，第522页。

② 《新国民日报》，1922年10月30日，1922年10月31日。

③ 《新国民日报》，1922年10月31日。

④ 《陈嘉庚布告》，《集美周刊》第17卷第1期，1935年3月4日。另见禁绝烟赌布告，《陈嘉庚文集（征求意见稿）·4》，第37页。

⑤ 鸦片与黑奴，陈嘉庚：《南侨回忆录》，南洋印刷社，1946年，第24页。

嘉庚在招募启事中明确注明其中一条件：须不染鸦片及其他不良嗜好[①]，显示陈深知鸦片之毒害，为不耽误救国大业，为祖国抗战挑选合格体魄的机工，才能为国助力。1940年陈嘉庚回国慰劳，到甘肃兰州、云南等地势必询问、考察该地鸦片的革除情况[②]，也逢会必强调鸦片毒害[③]，宣传革除鸦片种植和禁绝鸦片之必要[④]，反映国内鸦片革除禁绝情况决定南洋殖民政府对鸦片之禁绝结果的因果、关联关系，展现着他的深谋远虑。

（二）彩票与赌博

陈嘉庚深知彩票投机性、风险性很高。因此，他对这种由西方流入的娱乐消遣方式持抵制取缔态度。1921年秋，厦门市政会将开售彩票，他深知这种类似赌博的洋人之物，对于当时的中国民众来说百害而无一利。于是，他便登报详述彩票之毒害，并计划实施了多种宣传彩票毒害、阻止彩票发行的方式。经过一段时间的努力，最后致厦门市政会的彩票计划终以流产告终。[⑤]陈嘉庚此举事后得到一位英国人的称赞，引用西哲名言“当为人模范，勿模范于人”称赞陈嘉庚“君实堪为贵国之模范人物云云”。[⑥]除此之外，自1923年接任怡和轩主席后，陈嘉庚即修改怡和轩章程（1924年颁布）明确强调“本社严禁12枝4枝牌9番摊两宝赌博”。[⑦]

（三）跳舞

由于陈嘉庚对跳舞情况观察细致，了解透彻，使他“睹此情景，痛心疾首，挽救无术”。因此，他仍竭尽所能，采取一些措施，试图减少、降低跳舞之毒害。一是呈请坡督采取措施加以限制，建议英属新加坡政府仿效美属菲律宾政府之做法进行禁绝。[⑧]二是告诫回国就学的华侨学生须注意杜绝跳

① 陈嘉庚：《南侨回忆录》，南洋印刷社，1946年，第94页。

② 陈嘉庚：乘机到兰州，《南侨回忆录》，南洋印刷社，1946年，第138页；陈嘉庚：昆明之见闻，《南侨回忆录》，第201页。

③ 兰州各界欢迎会，陈嘉庚：《南侨回忆录》，南洋印刷社，1946年，第144页。

④ 昆明各界联合欢迎会，陈嘉庚：《南侨回忆录》，南洋印刷社，1946年，第202页。

⑤ 陈嘉庚：《南侨回忆录》，南洋印刷社，1946年，第11页。

⑥ 陈嘉庚：《南侨回忆录》，南洋印刷社，1946年，第11页。

⑦ 本会旧章程第15章附件，《怡和轩九十周年纪念特刊1895—1985》，新加坡怡和轩编，1985年，第239页。

⑧ 陈嘉庚：跳舞营业之毒害，《南侨回忆录》，南洋印刷社，1946年，第36页。

舞，勿无端浪费家长钱财。[①] 三是批驳倡办跳舞营业谋利的行为。[②] 四是杜绝亲属子女沾染跳舞爱好，否决儿子陈国庆与喜爱跳舞之女友结婚的选择。

（四）不盲崇西方人、西方文化

陈嘉庚在西方文化充斥的新加坡奋斗、生活长达 50 年之久，积极吸收、采纳西方文化值得肯定、效仿的先进方面，但也并不完全地盲从、迷信于西方文化。陈嘉庚对于效仿欧美风尚有着自己的立场和看法，坚持己见。

其一，他拒绝洋设计师的品字形校舍布局设计。在建厦门大学第一批校舍群贤楼群前，陈嘉庚托上海美国技师设计绘制出的校舍图以每三座作“品”字形排列，并强调必须如此方不失美观。但陈嘉庚认为此种排列法多占用演武场地，妨碍将来运动会或纪念日大会之用，坚决将“品”字形改为“一”字形，中座背倚五老山，南向南太武高峰。[③] 事实证明其做法是具有前瞻性的。

其二，主张不完全依赖、立聘洋人技师。陈嘉庚吸取林秉祥[④] 因“一味相信洋人太深”完全托付洋人管理企业致失败之事例为教训。其橡胶制造厂前后共雇过三四位洋人，但都无一可用。所幸监督严谨，立约尚妥，否则其损失必巨。这些事例使他主张不盲从洋人：“洋人之靠不住，……洋人虽多能多艺，然佳人难觅，亦多不肯远涉受佣于人。所来者大都冒名不称职，或浪人之流。若主人不察，被误非轻。”洋人工作时间短，华商要指望洋人服务卖力则“犹缘木而求鱼也”。但他也并不绝对反对雇洋人，只是“唯善人不出，所出者非好人”。他认为国人自办纺织厂失败“在于经理人与管人员之不肯认真，不在技术之不精。……若误以洋人之技，则无益也”。因此 1925 年 11 月叶渊函询陈嘉庚可否聘请英美技师教练来指导水产渔捞科事时，他主张关键是自身应能尽责尽力而为，待稍稳健或略有希望自力者，须待实行渔捞后，果无效力，那时再觅雇洋人来指导渔捞实践也不迟。[⑤]

其三，留学并非最佳选择。陈嘉庚对留学有着自己的主张。一种是去外

---

① 陈嘉庚：回国就学须注意，《南侨回忆录》，南洋印刷社，1946 年，第 41 页。

② 陈嘉庚:《南侨回忆录》，南洋印刷社，1946 年，第 189、219 页。

③ 陈嘉庚：演武场校址之经营，《南侨回忆录》，南洋印刷社，1946 年，第 13 页。

④ 林秉祥，南洋华侨企业家，当时资本雄厚，以经营船务为主。

⑤ 关于聘英美技师教练问题，致叶渊函，1925 年 11 月 15 日，《陈嘉庚教育文集》，第 383—385 页。

国留学。陈嘉庚不准其三子陈博爱出国留学，理由是他综合考量利弊：“第一先度其才干；第二则时际交接；第三则年龄已长；第四则自家之营业，均与出洋留学无甚关系。”他希望儿子继承他的志向，负社会重职。“运用商利以造二校，岂值一己之学位哉！”他又结合李光前之弟留学经历分析认为，要继承家业须入商业大学学商科留学；所学商科多仅为平常商史地等册及商业实践皮毛；留学会使人染上不屑从基层做起的清高之气。相反，他认同美国汽车大王著论总结的“重要职员大都平民出身，唯略有才干兼能谨慎在其业务训练得来”之人才之道。因此，他认为“商业巨子不尽在有高学问，而尤注重在精勤、敏慎实地练习，便不亚于大学生”。① 因此，出国留学未必是明智之举。另一种留学是去国内其他地方的高校深造。陈嘉庚认为，与其费巨财资送一生往异地求学，不如雇请多名教师来校培养更多数量人才。② 可见，留学并非最佳育才之途。

其四，不依赖教会洋人主持开运动会。为增强学生体质，陈嘉庚支持学校广派学生参加各类省办、县办运动会。但省运动会是与官僚合办且由教会人主持。他认为这些人不出钱又不出力，纯粹是占沽名钓誉之位。③ 他不愿捐助此类由教会人主持的运动会，且致函林文庆让其勿参与其事，而极力主张由厦门大学牵头召集倡办闽南运动会，鼓励由林文庆负此责任及担任会长。④ 尽管后因种种原因未开成，⑤ 但自办校运动会则成为集、厦两校传统。

其五，不盲从新加坡政府包工料做法，坚持只包工不包料之主见。因不在乎承包人厚利，也有政府工程师监督及绘图师监督，因此，包工料于人是新加坡政府筹建各大建筑工场的惯行做法。而陈嘉庚办学办厂纯为私人出资，经费有限，且他认为“贪赊贵买”势所必然，整个建筑过程势必会被包工料人、承包人等盘剥多次，不具备包工料条件。因此他主张“凡建筑工

① 博爱中止留学是否可惜，致叶渊函，1925 年 2 月 22 日，《陈嘉庚教育文集》，第 368—369 页。
② 派学生往国内大学留学问题，致叶渊函，1925 年 2 月 22 日，《陈嘉庚教育文集》，第 368—369 页。
③ 致叶渊函，1922 年 10 月 11 日，《陈嘉庚文集（征求意见稿）· 1》，第 92 页；致叶渊函，1921 年 8 月 21 日，《陈嘉庚文集（征求意见稿）· 1》，第 60 页。
④ 致叶渊函，1922 年 8 月 2 日，《陈嘉庚文集（征求意见稿）· 1》，第 84 页。
⑤ 致叶渊函，1922 年 10 月 11 日，《陈嘉庚文集（征求意见稿）· 1》，第 92 页；致叶渊函，1921 年 8 月 21 日，《陈嘉庚文集（征求意见稿）· 1》，第 60 页。及其他来往信函。

程不合包工料之道，务必自采料方能妥善”。他建厂房等都请资本雄厚可包工料的公司承接，但概包工不包料，不但为节省资费，也为能使用货真价实的建筑材料建成稳固、安全、耐久之建筑。因而，集美学校自来之建筑诸校舍，未有危险损坏大多是不包料之成绩。[①]

① 致叶渊函，1925 年 10 月 21 日，《陈嘉庚文集（征求意见稿）· 2》，第 197—199 页。

第四章 中西文化的交汇和对撞：矛盾的结合体

本土化指的是“以移民带来的传统文化为主，同时因应移民所在地的特殊历史社会环境所产生的文化变异”。[①]“本土化”的基础是华族移民所带来的中国传统文化。因此，本土化的起点或第一阶段不可避免地带有“中国化”的色彩。即使在华侨爱国主义顶峰的时期，本地意识（或南洋意识）仍然不同程度地存在着。本土化的进程并非一种单纯的线性发展；它可能受到时代背景和作家本身心态的影响而出现徘徊与曲折。然而，这一进程的终极目标却是十分明确的，那就是，通过创造性地融合中国传统文化与当地人文脉络，培育发展出具有南洋色彩的本土华族文化。[②]故本土化过程难以避免融合与冲突的双向作用。中西文化的交汇、对撞过程即有融合，便有冲突甚至矛盾的一面。陈嘉庚对中西文化的吸收过程即是如此。

第一节 融合

客观而言，中西方文化虽源流不同，发展路径也不同，却存在一些共通之处，如重教、重视社会社群发展、传统的“诚信”和西方“契约精神”等。深具中华传统文化特质并吸收西方优秀价值理念的陈嘉庚，兼取二者之所长，将这些方面进行了吸收及融合，使之发扬光大。

① 曾玲：新加坡广惠肇碧山亭的建立及其社会文化意义，载《新马华族文史论丛》，陈荣照主编，新加坡：新社出版，1999 年 3 月，第 227 页。

② 陈荣照：新马华族文史发展的本土化进程，载《新马华族文史论丛》，陈荣照主编，新社出版，1999 年 3 月，第 4—6 页。

一、建筑

自小在闽南厝中出生长大的陈嘉庚，对于闽南建筑及中式建筑普遍的门窗少、不通风、不透气、黑暗等缺点印象深刻。在他看来，中国的建筑固然富丽堂皇，外观十分好看，屋顶高挑，燕尾屋檐，具有中国特色，但内部结构却不佳，甚至设计上有很多不合理之处。窗户少，屋内阴暗，不利采光，也不利于通风透气，致屋内气味难闻，影响卫生。

在新加坡的西方人注意卫生，统一规划市政建设格局，也将融合通风、明亮、卫生、洁净特点的西方建筑风格带入新加坡。陈嘉庚认同西方人的卫生理念，也对建筑风格理念产生影响。陈嘉庚在避难印尼时期曾多次搬家，换过好几处住屋。他对所住房屋也进行过一番考察和记录。在玛琅时，他看到玛琅市所住宅左邻有一教堂兼校舍，其面向马路的正面“甚有美术建造”，他“深愧集厦校舍外观之不及。如绘一间格便足，俾免多费也”。① 由此，他对欧人之西洋建筑的美学造诣之赞叹显而易见。新加坡的西洋建筑，不但窗户多，采光好，且具备其他诸多优点。

因此，在他有能力捐资办学后，对于学生日常学习的校舍之建筑，即一改中式传统建筑的种种弊端，而吸收、采纳对学生身心健康有利的西式建筑中通风、采光等实用性优点与西方美学，将其融入中式建筑，设计出独具特色的中西合璧的建筑风格，屋身采用西洋建筑设计，屋顶沿用中式闽南建筑的琉璃瓦重叠式屋盖和俊翘的燕尾脊，改良中式建筑的不足，实现利民效果。这种独特的建筑风格，被誉为“嘉庚建筑”，包括厦门大学的群贤楼②，集美学校的敦书楼、文学楼等③，以及华侨博物院的主体楼等。

尽管这种风格被人形象的形容为“穿西装，戴斗笠”，但并不应该被错误地解读为“故意将中式屋顶压在西式主体建筑身上，以泄民族压迫之愤”，如此显然不但违背陈嘉庚注重实用的务实作风，也不符合他本人坦荡、正义之胸怀。其真正目的，纯粹是为了实用目的，外加博众所长的融合中西美学

---

① 陈嘉庚给黄丹季的信，1947 年 3 月 12 日；载《爱国华侨黄丹季》，任镜波、陈经华编，1999 年 1 月，第 25 页。

② 具体见《厦门大学嘉庚建筑》，庄景辉著，厦门：厦门大学出版社，2011 年。

③ 具体见《集美学校嘉庚建筑》，庄景辉、贺春妮著，北京：文物出版社，2013 年。

元素，以能为国内家乡的学子提供健康良好的学习环境，显示着他对西方建筑中融合“以人为本”的合理建筑思维的认可和吸收。研究“嘉庚建筑”的厦门大学庄景辉教授认为：嘉庚建筑的特点与风格是鲜明的，是闽南当地文化与西方建筑文明的结合，主要体现在：因地制宜布局，合理创新结构，经济实用建造，取用地产物料，闽南匠心工艺和中西合璧风貌。[①]嘉庚建筑的中西元素，冲突和矛盾对撞占据多数，而由此生出的融合和共生，最终产生中西文化的“和谐美”。这也正是嘉庚建筑的独特之所在。[②]

二、重教

来南洋后的陈嘉庚延续对儒教的尊崇，于 20 世纪 20 年代成为石叻孔教会会员，且于 1927 年中选为该会的执委之一[③]，表明他对中国儒家思想文化的认同，试图致力于积极宣扬儒家价值观的工作之中。故学者推测他加入该会的原因是他念念不忘“四书”“五经”，尚希望从儒家经典中索求智慧精华，掌握“半部论语治天下”的理论与规律。[④]除此以外，在他的企业行为及日常言行中，不时对儒家思想关于做人处事、爱国爱家等经典语句的引经据典，无不显示出他对儒家思想哲理的认同。

1827 年新加坡驻扎官碧灵斯（Prince）发出一张通告，指出兴办教育的好处，号召居民合作办学。虽不能断言华人居民在此时或以前已有设立教育机构或把子女送去马六甲或槟城读书，但两年以后的 1829 年，德国传教士汤森牧师（Rev.G.H. Thomsen）的报告显示在甘榜格南有一间有男生 12 人的广东人学校，另在北京街的一个学校有男童 8 人，另一间福建人学校有男生 22 人，[⑤]显示华人办学之早，以及英国人对教育的推崇和重视。

中国教育是由仁者文化发展出来的道德教育，西洋教育是由智者文化发

① 庄景辉与《嘉庚建筑的文化》的故事，厦门大学人文学院网站，http://rwxy.xmu.edu.cn/dongtai/ShowArticle.asp？ ArticleID=271（2013-8-29）。

② 庄景辉：《厦门大学嘉庚建筑》，厦门：厦门大学出版社，2011 年 3 月，第 153-154 页。

③《南洋商报》，1927 年 9 月 19 日。

④ 杨进发：《陈嘉庚：为振兴中华而不悔》，载《创业与护根：马来西亚华人历史与人物儒商篇》，林水檺主编，吉隆坡：华社研究中心，2003 年，第 44-45 页。

⑤ 宋相旺著、叶书德译，《新加坡华人百年史》，新加坡中华总商会，1993 年 5 月，第 21-22 页。

展出来的知识教育、科学教育、理工教育。[①] 故有中国“德智体”与西方“智德体”三育论排序之别。中国的“重教”传统历史久远。西方国家也有重教习惯。只是工业革命后的西方国家更偏重于包括技能教育和以数理化为内容的科学教育等新式教育。这些是传统教育所没有的。

陈嘉庚将之有机融合，是中国及南洋华人新式教育的重要推手。一方面，他继承重教传统，仍是重教的极力提倡者和卓有成效的践行者，大量倡学办校的史实即是明证。另一方面，在20世纪初的新旧学争锋之际，陈嘉庚显然站在新学方面。他反对旧式教育的教学内容与方法，认为对学生“不但教其识字而已，其他如知识、思想、能力、品格、实验、体育、园艺、音乐以及其他课外活动，均须注意，与正课相辅并行”。[②] 故他摒弃中国传统旧式教育做法，取西方提倡数理化教育和职业教育等在内的新式教育。他建筑规模宏大的图书馆、科学馆以及美术馆、音乐馆、军乐亭等设施，尤重视体育，指出“有一部分同学只着意攻书，而对于课外运动不甚注意，是未悉三育并重之宗旨也”。[③] 故而，多种运动场、游泳池等体育场地和设施，成为他融合西方新式教育理念、倡导“三育并重”的诠释。

陈嘉庚所主张的教育并非旧教育，而是以科学教育和职业教育为主要内容的现代教育。他说：“现在是科学昌明时代，教育方法也要符合科学。”由于他阅历丰富，见多识广，敏锐地发现当今世界的科学正突飞猛进，日益显示其强大的威力。1921年，陈嘉庚创办厦门大学后，曾多次阐述其科学建国思想，明确指出：“何谓根本？科学是也。今日之世界，科学强盛之世界也。科学之发源，乃在专门大学。”因此，他特别尊重作为世界根本的科学，同时也始终突出教育特别是大学教育的重要性，把科学与教育紧密联系在一起。根据这种理解，他强调要创办“良好之大学”，强调专门大学为“科学之发源”和“各级各类学校之工作母机”。新中国成立后，他又进一步强调指出“科学建设为建国首要之图”，始终把科学与教育视为兴国根本。可以

① 严元章：《中国教育思想源流》，北京：生活·读书·新知三联书店，1993年，第68页。

② 《华侨中等教育之重要》——在新加坡华侨中学学校董事联席会议演讲（1949年2月28日），《陈嘉庚教育文集》，第92页。

③ 在集美学校第二次运动会上的演词（1920年5月8日），《陈嘉庚教育文集》，第180页。

说陈嘉庚是一位“科教兴国”的启蒙者、倡导者和卓有远见的教育家。[①]

傅树介评价其外祖父陈嘉庚的办学行为认为，陈嘉庚的资助是着眼于教育科目而非教学媒介语。他认为，落后、被压迫的社会要谋求进步，只有靠科学和工艺教育，只读传统科目是不够的。他崇尚达尔文主义多于儒学。他把教育特别是科学和工艺教育视为推动国家进入现代化世界的原动力。因而他在家乡集美创办学校，从 1913 年创办集美小学，至集美师范、中学、幼稚园、航海、商业以及农林学校。他筹办厦门大学的目标是明确的，要摆脱落后地位和国际列强造成的耻辱，中国需要工程师和科学家。当时的厦门大学寂寂无闻，却能够有一篇科学文章发表于英国皇家学会的刊物上。[②]

尊重知识、尊重人才是中华民族的传统思想。陈嘉庚生于农村、长于中国文化传统气息浓厚的新加坡华侨社会中，所受到的中华民族文化传统影响，深刻导向了他一生的言行。他立下“救亡图存，匹夫有责”的壮志和“教育为立国之本，兴学乃国民天职”的信念，贯穿于他一生教育实践中，老而弥笃。[③]故而，不论是在南洋还是在中国，兴学办校成为他一生至死不渝的终身事业，捐资助学，试图达教育普及之目的，则是他实现“教育救国”“教育兴国”的又一具体实践。

三、重视社会、社群发展

重教、热心公益、古道热肠是华人美德，是他们重视社会、社群发展的表现。相较而言，西方人重视慈善活动、传教、办学的做法，目的虽有不同，但与之发展社会、社群的效果是相同的。陈嘉庚将二者进行了吸纳和融合，用自己的言行对之进行了最佳阐释。

陈嘉庚在新加坡华社逐渐崭露头角后，在充分认识到海外华人一盘散沙等种种负面因素后，利用自己的侨领角色，充分发扬华人文化传统和特色，兴学、办报，重振侨社事务，团结和凝聚侨心侨力，引领慈善活动，服务社会，推动社会、社族发展。

---

① 周远清主编:《陈嘉庚教育思想研究论文集》，厦门：厦门大学出版社，2008 年，第 34 页。

② 傅树介：一位外孙笔下的陈嘉庚，《怡和世纪》第 29 期，2016.6，第 95 页。

③ 潘懋元序，《陈嘉庚教育文集》，王增炳等编，福州：福建教育出版社，1989 年，序页。

（一）广办华文学校，推广普及华文教育

陈嘉庚倾资办学的事迹众人皆知。对于兴学目的，陈嘉庚曾明确表示："诚以救国既乏术，亦只有兴学之一方。纵未能立见成效，然保我国粹，扬我精神，以我四万万民族，抑或有重光之一日乎。"相比欧、日分别为 10%、30%，而中国为 96% 的文盲率，深深刺激了他："呜呼，以此人格，欲立国于世界而求免天演淘汰，其可得乎？"[①]这一"为保国粹，扬我精神"的兴学初衷，反映了他对中华文化和民族特性的重视和认同。因此，在国内办学，他是为了让更多贫苦子弟能够接受教育，提高公民素质，改变国家落后状态，为国家培养建设人才。故自民国创立后，响应全国教育发展的进程，废除私塾，改办新式学校，在改变基本教学模式的基础上，向学生继续教授、传承中国几千年的传统文化经典，自是集美学校、厦门大学学子的课程内容主体，以重德育予以表现。

而在南洋积极办学，陈嘉庚更多要表达的是他想让海外华侨子弟在融合西方文化、马来文化等多元文化冲击的环境下，依然能够接收到中国传统文化思想经典的浸润，依然能够可以听、说、读、写属于自己民族的语言和文字——华文，不忘本忘根，明白中国才是他们的祖籍国。这些基于对中国和华人身份强烈认同度的朴素愿望，促使他在南洋不遗余力、一以贯之地执着于兴办华文学校。

此外，陈嘉庚相继创办新加坡华侨中学、新加坡水产航海学校、南侨师范学校等，甚至出资 10 万元支持美教会在新加坡办英华大学校，开出的唯一条件即是开设华文科，以为"他日我华侨中学毕业生，有志升入该校，纵英文不及格，亦可先入预科，或我中学增设英文科，抑要求该大学特聘华文专门师为教授"。[②]除此之外，陈嘉庚还在初期华文教育很不普及的印度尼西亚（原荷属东印度）赞助办华文学校。他主动说服该地华人关心并推动那里的华人华文教育，并派遣林文庆博士去推动华文教育。在这一行动的带动下，经过当地华人领袖和教育家的共同努力，使当时居住在东印度群岛的年

① 筹办南洋华侨中学演词（1918 年 6 月 18 日），《国民日报》，1918 年 6 月 18 日—20 日，引自《战前的陈嘉庚言论史料与分析》，第 25—28 页。

② 筹办南洋华侨中学演词（1918 年 6 月 18 日），原载《国民日报》，1918 年 6 月 18 日至 20 日，引自《战前的陈嘉庚言论史料与分析》，第 25—28 页。

轻人有机会学到祖国的语言，能读能写汉文，能讲“官”话。[①]尽管在1934年后遭遇生意失败、时局动荡等一系列变数，却并没有打断他所坚守的华文学校的办学热情，因为推广、普及华文教育是他振兴华人文化和族群认同的夙愿。

（二）办华文报纸，传承中国文化

1923年9月6日，陈嘉庚创办的《南洋商报》发刊。他在报章封面大篇幅发表了《本报开幕之宣言》（实业与教育之关系）一文，明确了《南洋商报》日后的定位和走向。关于他创办报章的目的，有学者认为，1921年办厦门大学、1923年办《南洋商报》，两者之间并非凑巧，陈嘉庚有意互相联系、互相倚靠，他创报，采取一报多用策略，一是通过报章呼吁人们支持厦门大学，积极捐款，宣传他的教育理念，要中国人自强自富，二是借中文报章传承中国文化，同时宣传自己的橡胶产品。[②]之后，日本入侵中国，《南洋商报》再添一个角色：成为华侨抗战的重要喉舌，发挥了极大影响力。“陈嘉庚是南侨总会主席，不说别的，单单筹款这一项，《南洋商报》的抗战宣传是一大篇、一大篇地刊出，不断呼吁侨民积极捐献，这些南洋华侨的侨汇是当时中国国民政府的财政支柱呀！钱在抗战时期很重要，无形中，抗日救亡紧急时期，《南洋商报》发挥的影响力更大。”[③]除此以外，与抗战有关的一切事宜在《南洋商报》上可以全方位地了解到。1938年底来南洋巡演筹赈的武汉合唱团，从登陆星岛直至结束离开南洋，其在新马等地的一切活动、动态消息全程在《南洋商报》上跟踪报道、具以呈现。相关报道被一有心者叶奇思收集起来，集结成了一本厚达750页的《赤子丹心：武汉合唱团南洋筹赈巡回演出纪实》书，其中有709页全部是《南洋商报》对该团活动的全程报道[④]，显示在抗战时期，《南洋商报》不间断地向广大侨众宣扬祖国抗战的意义，呼吁华侨积极为祖国抗战捐输，在联系华侨与中国关系、拉近华侨

① 陈国庆：《陈嘉庚与东南亚华人华文教育》，《回忆陈嘉庚：纪念陈嘉庚先生诞辰一百二十周年》，北京集美校友会编，北京：中共中央党校出版社，1994年，第59页。

② 洪永宏如是认为。《非同凡响：南洋商报创刊85周年纪念书籍》，第157页。

③ 《非同凡响：南洋商报创刊85周年纪念书籍》，第157页。

④ 叶奇思：《赤子丹心——武汉合唱团南洋筹赈巡回演出纪实》，北京：中国华侨出版社，2006年12月，全书页。

对中国关注程度与身份认同、政治认同等方面，发挥了文化桥梁的连接和导向作用。

（三）重振华人社团，团结华人族群，凝聚华人力量

华人社团是海外华人守望相助的根基和海外的情感家园，是维系华人团结及联络海外华人社会与祖国关系、与当地社会关系的组织。因此，建设好华人社团，是凝聚华人力量、唤起民族意识及促进族群自尊自立自强、增进族群文化自信、自觉的重要途径。尤其是抗战年代，为祖国积极捐输，华人社团发挥了重要作用。就新加坡而言，陈嘉庚在新加坡奋斗、生活的近50年时间里，为了促进华社大团结，凝聚华人力量，为华族教育事业积极贡献力量，陈嘉庚执掌福建会馆，进行改组，使之转变成为一个超帮派华人社团，承办爱同、道南、崇福女校等9所学校[①]，为整个华社大众服务。他参与同安会馆、厦门公会，以及常住怡和轩俱乐部，在此统领南侨总会、星华筹赈会，为祖国抗战积极筹募捐输，招募组织南侨机工回国服务，为中国的抗战胜利发挥了重大的海外力量支持。从这一点来看，为了实现自己对华文教育以及对华族自强的理想，陈嘉庚似乎从开始创业伊始，便继承了华人社会的传统，从积聚财富开始，广播慈善，热心公益，从而逐渐步入了新加坡华人社团的领导层，从对华人社团工作的热心、积极与重视，以及能够大刀阔斧地对福建会馆这一华人社团巨头进行改组和改革，这些都显示了他振兴华社、团结华人族群、服务华侨大众的决心和勇气，也显示了他所做的社团工作的终极目的是为了延续华人文化和传统，提升华人族群的地位和力量。

四、“诚信”与“契约精神”

中国传统价值观中的“诚信”，强调诚实守信，是道德思想方面对人的从善要求。而西方契约精神强调对契约的遵守，其真谛是公正、平等和自由[②]，是在体现个人自由意志、满足自身需要的同时，也要求个人对自己的自由选择承担相应的责任。[③]二者在强调信守诺言、遵守规则契约约定方面是

① 见新加坡福建会馆网站对陈嘉庚的功绩介绍。另见《波靖南溟——新加坡福建会馆》，新加坡福建会馆编，2005年。

② 陶华坤著:《教育家——思想的接生婆》，北京：中国言实出版社，2015年，第74页。

③ 陶华坤著:《教育家——思想的接生婆》，北京：中国言实出版社，2015年，第75—76页。

一致的，是对规则和法制社会健全的铺垫。陈嘉庚尊崇中国的“诚信”，也推崇西方的契约精神，将之进行融合及应用。

一方面，他遵从“诚信”的信条。1919 年 9 月 12 日，陈嘉庚在集美学校秋季始业式上的训词中提及：“西人云，信用为人生第二生命，信用既失，何以为人？”[①] 显示陈嘉庚对西方人重信用理念的认同。掌握经商之规律，诚信是企业成功不可或缺的素质。陈嘉庚最开始的诚信之举即是替父还债。而此举不但为其赢得信任，也为他之后依旧借助信用贸易而东山再起提供了前提和保障。父亲企业破产所欠外债，按照新加坡法律，儿子不必偿还父亲债务。可是陈嘉庚不忍心父亲晚年名节不保，毅然承担父债，时年不及 31 岁。[②] 为了还债守诺，他再借 7000 元，建造一间黄梨罐头厂在三个月内日拼夜搏，制成上万箱黄梨罐头，获净利 9000 余元。接着转战开设米店，也在得利情况下，四年累积资产十多万元，再一口气把父债还清。印度债主[③]同意以折还 9 万元结清所有债务。当时陈嘉庚全部资产不过十几万元，一下子拿出 9 万元还债，他的诚信折服了许多人。1908 年 1 月 29 日，陈嘉庚在《叻报》上登了一则买账广告，吁请与顺安号有账目关系的债主，凭有效凭证来店清算账目，替父还债。[④] 不久，南洋一带流传陈嘉庚的故事，认为他是可以交往的朋友、可以做生意的伙伴，也成为他在商场上大展拳脚的重要筹码，[⑤] 获得了他后来在企业界同仁的信任。[⑥] 历史的资源是他逆境中反败为胜的因素。从此，黄梨厂生意蒸蒸日上。而诚实守信也成了陈嘉庚一生至关重要的人生信条，在其经营实业和从事各种服务社会事业的过程中忠贞不贰地践行着这一信条。

另一方面，他认同契约精神。西方对契约认可的核心观念是契约的本质是双方一致同意的约定。契约精神反映在规则中，是要让依照规则办事成为

---

① 在集美学校秋季始业式上的训词（1919 年 9 月 12 日），原载《集美学校校友会杂志》第 1 期（1920 年），转引自《陈嘉庚教育文集》，王增炳、陈毅明、林鹤龄编，福州：福建教育出版社，1990 年，第 177 页。

② 《非同凡响：南洋商报创刊 85 周年纪念书籍》，第 156 页。

③ 陈国庆：《回忆我的父亲陈嘉庚》，北京：中央文献出版社，2002 年，第 10 页。

④ 《叻报》，1908 年 1 月 29 日。

⑤ 华侨博物馆名誉顾问陈毅明受访，《非同凡响：南洋商报创刊 85 周年纪念书籍》，第 156 页。

⑥ 陈国庆著：《回忆我的父亲陈嘉庚》，北京：中央文献出版社，2002 年，第 1 页。

一种习惯，让团队利益至上成为一种规范，让追求责任成为一种自觉，让和谐共赢成为一种原则。因而，有契约精神才会有敬业精神、职业精神、奉献精神和团队精神，才会有责任意识和服从观念。①

在陈嘉庚公司，陈嘉庚详定章程式规则契约，结合“实业救国”“教育救国”、服务社会等使命感、职业心、责任感为内容的企业价值观的融入，更加周详、完备地训练办事人员，使其思想明确、注意集中，有章可循，步调一致，②统一规范员工言行，是对契约经营的最好践行。

西方的契约精神植根于市场经济的沃土，承载了法制的核心价值。③依法守法是对契约精神的直接践行。在陈嘉庚诸多言论中，每当他对华侨群体发出殷切期望时，总不忘提醒他们要“遵守当地的法律”。在留给子孙的《遗教二十一条》中，陈嘉庚首条即明确提出“我居星数十年，未尝犯过英政府一次罪”。另外，还有两条再次强调此点，包括“吾人应安分守法，以培后盛”“居安思危，安分自守”。④而这种类似源于西方法治社会制度欲造就的“遵纪守法”的立身处世观，与中国几千年封建社会制度所力求造就的“顺民”似乎有异曲同工之效，故陈嘉庚自叹:“盖人生最不幸者生于乱世是也。古语有云，宁为太平犬不作扰乱（‘扰乱’应作‘乱世’）民。”⑤显示，不论在中国，还是在西方社会，“遵纪守法”始终是一个国家或社会所赋予民众的期望，也是国家社会长治久安的需要所在。而这一点被陈嘉庚视为一个人立足社会的首步。

但是，这种法律观是基于合理合法的法律。1949 年 12 月途经香港，陈嘉庚在对《南侨日报》驻港记者说话时提到“在殖民地政府的统治下，我是遵守法律，但这种法律必须是平等待遇的法律”。⑥显示他崇尚自由平等的愿望，而这种自由平等的前提是建立在人人面前法律平等以及人人都守法的基础之上，这也正是现代社会所推崇的法制社会的基础原始动力所在。而对

① 陶华坤著,《教育家——思想的接生婆》，北京：中国言实出版社，2015 年，第 73、75 页。

② 《陈嘉庚教育文集》，第 148 页。

③ 陶华坤著,《教育家——思想的接生婆》，北京：中国言实出版社，2015 年，第 74 页。

④ 陈嘉庚：遗教二十则，载《集美志》，陈厥祥编著，1963 年，第 117 页。

⑤ 致叶渊信第八十九封（1924 年 4 月 5 日),《陈嘉庚文集（征求意见稿）· 1》，第 152 页。

⑥ 郭瑞明、蒋才培编著:《同安华侨志》，厦门：鹭江出版社，1992 年，第 129 页。

陈嘉庚来说，即用自己的言行来实践了他对法制社会的推崇。其主因源于他在英国殖民地新加坡亲历的实行法制社会带来的成果，体认到法制社会的好处。首先是在他的企业活动中，对法律制度好处的深刻体会。在英国殖民地新加坡，凡是店铺顶让等都要登报说明，理清归属问题；其次，自创产品要及时申请专利，以防止在被侵权时获得保护。陈嘉庚的橡胶制品申报的多项专利，其在《南洋商报》上的专利获准广告，不但显示其创新意识，也让他的产品可以在法律保护下安全发展。而陈嘉庚与胡文虎的虎标争夺案即是明证。显然，陈嘉庚将中国的诚信和西方的契约精神进行了有效融合，为倡导公民社会的构建进行了推动。

第二节　冲突

陈嘉庚是中国传统家长制的承继者。他奔波于中国和新加坡之间，游走于中西文化之间，从而无法回避对中西文化调和的问题。他会不自觉地将家长制作风作用于他所能涉及的各个方面，包括对待子女、对企业管理等，呈现出冲突的一面，也是他的价值观取向斗争的表现。

一、传统家长制

子女眼中的父亲陈嘉庚是一个保守的典型的中国传统家长。几乎干涉孩子的很多方面。其五子陈国庆的一些往事回忆可以透视其举止思想。

其一，干涉孩子的穿戴。陈国庆 15 岁时适在道南学校读书，母亲给他买了领结，父亲见他打上即唤他过去，问道："在你颈上的是什么？"他答"是领结"。他父亲对答话很感不悦，说："我知道是领结，你从何弄来的？""是妈妈买给我的。"父亲即往见母亲，追问购买领结的详情。不久即唤他过去，批评道："你尚未知道如何赚钱即系领结，待你赚钱后，你将系什么呢？"于是，直至 20 世纪 30 年代陈国庆长大成人并开始了自己的事业时，父亲陈嘉庚才允许他系领结。[①]

其二，干涉孩子的职业前途选择。1931 年末，陈国庆修完中学后，计

① 陈国庆：《回忆我的父亲陈嘉庚》，北京：中央文献出版社，2001 年，第 117 页。

划到美国修读军事课程，遭其父陈嘉庚以军人生活艰苦、危险，又不像一项职业为由坚决反对。事实上，他已有另一套完全不同的打算。由此，陈国庆即以堡桥头熟品厂受训经理的身份开始赚取所需，月薪为区区 15 元，相当于厂里一名普通工人的月薪[①]，并在前六个月完成自行步行、搭巴士上班，遭受工人讥笑的“吃苦”训练，践行了东南亚华人一般对接班人在事业发展前经受一番酷厉磨炼的过程。另外，三子陈博爱[②]也曾受其父陈嘉庚干涉前途选择。陈博爱 20 岁于厦大肄业后，想出国留学。被陈嘉庚阻止，要其跟他学商，继承家业。父命难违，陈博爱只好从命。叶渊知道此事后，曾致数函陈嘉庚表示惋惜。陈嘉庚将原委一一分析回复之，让其放弃出洋留学，实为才干、时际交接、年龄已长、自家之营业需要等[③]诸多原因综合考虑的结果。

其三，干涉孩子的婚姻大事。陈嘉庚在涉及子女们的事务方面，或许曾有“粗鲁”，甚至是“令人不能容忍”的表现。他在 1934 年插手陈国庆的婚事即为明显例子。一次自香港返新加坡途中，陈国庆在意大利客轮上邂逅一名少女，回来后即约会频频，不久即到了谈婚论嫁的地步。父亲却以该名少女热衷跳舞、擅于社交为由一口拒绝所请。陈嘉庚一旦反对，那事情就难办，尽管儿子说她已答应永不跳舞。[④]当 1981 年忆述及此段令人不快插曲时，陈国庆坦言是他父亲改变了他的一生，先是职业，后是婚事。[⑤]

其四，摈弃纳“螟蛉子”习俗。陈嘉庚父亲陈杞柏信奉中国传统香火延续之风，继承多子多孙、人丁兴旺之传统，因而传承了收螟蛉子——这一闽南民间不成文习俗。然至陈嘉庚这一辈，他在严格继承父志的基础上，却打破、摈弃了这一“螟蛉子”习俗，为陈氏家族中仅见之行为。

依照陈嘉庚母亲孙氏之墓碑上的孝男落款[⑥]，依次为孟庚、嘉庚（第二）、长庚、长龄、长修、长城、敬贤（第七）、天乞（第八）、天福（第九，又名亚答及光亮）及天禄，显示陈杞柏后代有十个儿子。除去确知的嘉庚、敬贤

① 陈国庆：《回忆我的父亲陈嘉庚》，北京：中央文献出版社，2001 年，第 118 页。
② 博爱，嘉庚先生第三子，曾在厦大肄业，后奉父命辍学从商。日本南侵时，不幸病故。
③ 博爱中止留学是否可惜，致叶渊函．1925 年 2 月 22 日，《陈嘉庚教育文集》，第 368 页。
④ 陈国庆：《回忆我的父亲陈嘉庚》，北京：中央文献出版社，2001 年，第 120—121 页。
⑤ 陈国庆口述，转引自《华侨传奇人物——陈嘉庚》（中文简体版），第 31 页。
⑥ 集美陈嘉庚之母孙氏之墓，现位于集美学校科学馆西北角，保留完好。

（第七）为孙氏亲生；天乞、天福为苏氏所生，其他六位推测是陈杞柏收养的螟岭子。[①] 而《颍川开陈氏族谱》中也未见另六位螟岭子信息。“男子方入族谱”的风气，是延续多个世纪的当时中国封建社会的普遍现象。但螟蛉子也很少或不入家谱，一方面与其本身的确均无所显赫成就有关，另一方面与陈嘉庚所总结的“螟蛉子都不利家，故不入家谱”有关。

从陈杞柏的诸多螟蛉子种种，让陈嘉庚看到螟蛉子多无为或败家行为，为其日后摒弃“螟蛉子”这一闽南及集美乡俗，坚决不纳螟蛉子，只求亲生的多子多孙多福，让亲生儿子或女婿来继承和维系自己的商业王国，提供了鲜活的说服和借鉴力。他大胆摈弃了螟蛉子旧俗，使闽南螟蛉子之旧俗从他开始在陈家中成为了历史。

种种显示，陈嘉庚是一位典型的中国传统家长，其身上继承了父辈延续下来的诸多传统思想，包括家族观念、宗亲思想，同时也将略带“专制”的封建家长制作风一并延续了下来。但与其父辈相比，他的这种封建家长制却是建立在其接受中西文化交汇后地对事物和世界的价值观基础上的开花结果，包括不认同和不接纳违背其价值观的消费、交友和择偶等标准，与他早年接受儒家思想及在父辈和华人社会内华侨文化的浸染分不开。其家长制弊端显然已被他的其他优点弱化，只是他的这些家长专制被应用于在中西文化交汇中出生成长起来的子女身上，使他无法避免地成为一位孤独者。

二、家族式管理

陈嘉庚公司是典型的华人家族企业，具有典型的华人家族企业的长处，但也难避其局限性。陈嘉庚是一位典型的中国传统家长，因而家族企业的基本特征在他的家族企业中均存在。通过对比其长婿李光前家族企业长盛不衰的成功经验，可以反观陈嘉庚在家族式经营管理方面的种种矛盾冲突。

一是家长式领导。在家族企业管理中，家族企业的控制者具有至高无上的权威，使家族企业管理如同家长对家庭的管理。从理论上看，家长式管理属于一种典型的人治管理模式。由于感情、心理等人格因素的影响，家长式管理往往完全由家族企业中最有权威、贡献最大者（大多数是创业者）决

① 《华侨传奇人物——陈嘉庚》（中文简体版），第 24—25 页。

定。家长及继任者非能力竞争或民主选举结果，而是一种家庭生活的自然结局。家庭生活中的家长权威是一种人治权威，被带到家族企业管理中就必然表现出人治特点。[①]陈嘉庚公司的高级管理层几乎全部由其儿子及女婿担任，陈嘉庚通过联姻将优秀职员收为“自己人”，造成一种家天下的现象。他们皆在不同时期为陈所重用，对他的集团公司繁荣发展均建树良多。因而，在很大程度上，陈嘉庚的企业和诸多事业成就是与儿婿们之忠诚与群体努力分不开。[②]显然，他的家族企业延续了他的家庭权威管理模式。

二是大权独揽。整个集团的所有权、管理权和控制权高度集中于陈嘉庚一人之手，其弟陈敬贤是其得力助手，但事事仍需向他请示。[③]在决策上，特别是有关公司重大决策问题基本表现为个人说了算，与之相对应的便是事无巨细、事必躬亲，不愿放权。这种大权独揽往往会给企业带来负面影响。[④]对于经营管理权，陈嘉庚家长式的管理方法限制了部属发挥才能的机会。他对其他非血缘关系员工，缺乏足够的信任，限制了其企业的发展；紧握管理权，致使职员没有了自主权，也难以发挥自己的能动性。他制定详尽的陈嘉庚公司分行章程，详订各分行的日常细则规程和各项服务操作细则，将分行牢牢控制在总行之下，职员包括经理都要受到一定约束，显示出其教条式的家长作风。如此的人治制度约束了其企业发展。而他试图用道德层面的约束力来统一化全体职工的意愿，是一种趋于个人意愿的理想化做法。

反观李光前，他则打破这种关系，将南益公司拥有权与管理权分开，其三子出任董事有决策权，但不参与管理，而选聘无血缘关系的高级经理人执掌经营，不做干涉和过问；在选用高级管理层时不以亲情或乡谊为标准，以才干及对橡胶行业的专门知识为重；知人善用，发挥高级管理人员的才能，同时满足他们的合理需求，给予经营部门主管高度的自主权和充分发挥他们才能的机会，满足他们的事业成就感。

三是陈嘉庚将公司绝大多数盈利用于办学校费，忽视了高级管理层包括

① 李卫兵：《家族企业的演进及管理模式研究》，华中科技大学博士论文，2005年，第28—29页。
② 《华侨传奇人物——陈嘉庚》（中文简体版），第34页。
③ 陈敬贤致陈嘉庚家书摘录（1923—1927），《南侨回忆录》，1993年集美翻印本，第557—605页。
④ 李卫兵：《家族企业的演进及管理模式研究》，华中科技大学博士论文，2005年，第28—29页。

儿子及女婿积累更多财富的欲望[①]，也忽视了职工福利等需求、欲望和职业归属感，导致 20 世纪 20 年代胶价行情好时，十多位公司高级职员相继离职自开公司竞争，增加了自身公司竞争失利因素。吸取此教训，李光前在“留住人”方面下足了力气，先由分发股份后改为分配慷慨的花红，提供足够的金钱奖赏以及医疗、住房、不随便裁员的职业终身制等优厚就业条件吸引员工的向心力，激发员工的归属感和责任感，激励其勤奋工作，与公司共发展。

四是在企业现代化方面不及李光前。尽管引进西方先进机器设备等，但远比不上李光前在面对日益发展迅速地市场经济信息化时代下的思想进步。李注意学习西方先进企业经营管理方法，利用电话、电报等，并于 1952 年开始在南益正式使用电子计算机，搜集与预测经营业务所需的市场经济信息，极大地推动了公司发展。

五是在企业管理理念更新方面不及李光前。陈嘉庚不肯送儿子出国留学，学习先进的管理理念，在与世界经济接轨的新加坡，与时俱进地跟进西方管理理念十分必要。反观李光前，他从业务接触中了解到一些西方国家在企业经营管理方面的先进经验，积极向多元化企业发展，后又多次参加国际树胶会议，并游历欧洲多国，视野更加开阔，看重系统学习西方先进企业经营管理理念和方法的必要，先后资送三个儿子到美国、加拿大等西方国家商学院留学学习。

另外，陈嘉庚经营企业的最终目的为支持办学，但为承担校费而不惜债台高筑，违反商业规则，终导致难以为继。反观李光前，他继承岳父不为享受、不为福荫儿孙而为服务社会的从业观，也用企业经营所得来捐办教育事业。甚至于 1952 年建立“李氏基金会”来长久支持兴学助教、施贫济老。从成立至李光前逝世，该会即捐助文教及社会公益款项达 1000 万元。[②] 但李光前是在保障企业良性发展、有足够资本的情况下再投身于公益，基于尊崇“商业为公益基础”的信条来从事的。从另一角度来看，陈嘉庚为办学而不顾一切的理念虽然与其企业充斥着冲突与矛盾，却正是他的伟大之处。

---

① 林孝胜：《新加坡华社与华商》，新加坡亚洲研究学会丛书，1995 年，第 210 页。

② 李天锡、李仁生：李光前的企业经营管理方式及其成功背景，《华侨大学学报》（哲学社会科学版），1991（1）：38—39。

第三节　矛盾结合体

深厚的中华价值理念及身处西方多元文化的时代进步环境，陈嘉庚对中西文化吸收、取舍的交汇、对撞过程，仍不可避免地留下矛盾的方面。

一、对集美学校学潮的处理态度

受西方思想影响，陈嘉庚倡导平等、民主理念，但与之相矛盾的是，他却以态度坚决、立场坚定的家长式“校主”权威，先后处理了集美学校的三次学潮事件，有力地维护了校长的权力权威，匡正学校学生以学习为重、礼义廉耻为操守标准的校风学纪。

20 世纪 20 年代，受新文化运动及党派势力渗入影响，学潮涌动。与外国人所办学校校长、教师终日事务丛脞、自动负责勤劳甚至周末自动义务奉献[①]不同的是，陈嘉庚看到的中国国内教育界景象却是：“我国教师任务既异外国人，而学生又风潮时起，……教师既如此，学生又如彼，社会报馆不辨是非，政府机关得过且过。”[②]但如此境况并未动摇陈嘉庚矢志办学的决心和热情。

在 1920 年至 1928 年间，集美学校曾发生过三次学潮事件。第一次是 1921 年 1 月 1 日，学生因孙周祐退学事罢课，校主校长劝导无效遂提前放假。第二次是 1923 年 5 月 10 日，学校开除了屡次煽动风潮的学生二人。翌日，各部学生吁请收回成命遭拒后罢课。后除女子师范、男女小学、幼儿园仍照常上课外，其余各部全部提前放假。[③]此次学潮起，陈嘉庚即抱定彻底之决心。7 月，校长叶渊自上海给陈嘉庚致函请示考虑学生递交的要求收回开除学生成命、方才返校入学一事。8 月 30 日陈嘉庚回信明确表态：不可应允，理由是“恐如许之，则此回损失已无可取赎也。盖际此乱世之学潮，我既立定矫正，势不得不牺牲，既牺牲矣，便望实达其矫正之目的。若听其要求，则可云学校败而学生胜，则此后将何办法乎？至云能保此后不再生

① 此处指陈嘉庚参观日本人学校和美国教会那牙校长所办学校，《南侨回忆录》，陈嘉庚著，南洋印刷社，1946 年，第 10 页。

② 添办女师范幼稚师范及商科，《南侨回忆录》，陈嘉庚著，南洋印刷社，1946 年，第 10 页。

③ 集美学校编年小史，《集美学校廿周年纪念刊》，集美学校校董会，1933 年，第 32、36 页。

事，绝无情理。谁人可保？果可保者则千余生必推一二为首领，而由首领出保乎？更觉无理。盖无论其来不来，总此后不怕其再生事，而一意取极严之办法。弟故奉电云：'过激女生并诸革生，切除名勿收，以立校纲'。想早接到俯察矣。如三两位无耻之女生，虽当时无开除，兹亦不宜令入”。[①]此事就此平息。

当时的社会热潮涌动，1923年4月集校全体学生一千五百余人赴厦参加厦门各界交涉旅大问题举行的示威游行。1925年6月集校教职员学生组织救国团，宣传筹捐3600元汇往上海接济五卅惨案罢工工友。[②]这些大规模爱国运动无形中给校内学潮运动注射了助燃剂。为防患于未然，1926年11月5日陈嘉庚专门致函校长叶渊，为试图阻止学生听信社会党羽煽动生事发布“谨告集美学校诸位学生的公开信”，认为军阀与党派之别为学生等一般人难以分辨，唯一可自保办法即是避之而行自己本分之事。学生应以学业为重，遵从中国传统的“礼义廉耻”，“礼义廉耻，国之四维。四维不张，人格丧尽，乌能图存？”以尊师、守道、勤奋守规、立足学业等为操守标准。因此他认为，如若此次学潮事件向学生让步，放任其言行，是作为一校之主的“家长”之失职。所谓“有义务者乃有权利，稍有常识者多能知之。……”学生有读书权利，也要有遵守校规校纪的义务；而校主出资办学承担“家长”义务，理应拥有“家长”对校纪校风的主裁权。因此，开除不良学生的权力自在校主手中。为免此后校内同类事件发生，他与校长函电决定：校内不许教职员或学生设何政党；校内不许学生新立何团体。[③]

然而，陈嘉庚的良苦用心还是未能阻止1926年12月第三次最大规模学潮的发生，学校无形停课。在漳属政治监察员鲁纯仁奉何总指挥命来该校调解学潮无效后，叶渊校长偕鲁纯仁赴厦搭轮往新加坡向校主请示善后办法，[④]面商结论是：集美复课之正当问题别无他法，唯有执行三条主旨：第一条，政府有诚意保护，明示地方官；第二条，开除学生之权，在我必行；第三条，由叶渊住校负责。舍一决不开课。若不作正大光明，何必作如此牺牲。

① 不同意收回开除学生，致叶渊函．1923年8月30日，《陈嘉庚教育文集》，第347页。

② 集美学校编年小史，《集美学校廿周年纪念刊》，集美学校校董会，1933年，第36、42页。

③ 谨告集美学校诸位学生的公开信，致叶渊函，1926年11月5日，《陈嘉庚教育文集》，第398页。

④ 集美学校编年小史，《集美学校廿周年纪念刊》，集美学校校董会，1933年，第47页。

以他之目的，如停一学期，然后开办，其地步后来更觉稳固。[①]

但陈嘉庚的这一强硬家长专权态度受到校内教师质疑。一方面，全体教职员发表宣言，说主持正义；另一方面各部及各公共机关主任联名致电校主，引咎总辞职。尽管陈嘉庚复电进行了慰留，但他决心不杜绝学潮誓不复课。因此，至 1927 年 2 月陈嘉庚仍迟迟未令校长复课。于是，社会各界人士纷纷给南洋的陈嘉庚致电劝其复课。来集校参观的蔡元培、马寅初也针对学潮僵持局面提出解决办法。蔡元培于 3 月 4 日电劝陈嘉庚续办。之后，福建省政务委员会也电劝陈嘉庚速筹开课。对学校迟迟不复课，学生们也坐不住了，纷纷致电校主请求复课。经各方呼签，陈嘉庚亦渐谅解，电提五条件准予一律续办：诸生重鉴志愿书；各部学生全体登报认错，此后愿诚恳求学，永不干犯校规；与师生约，开课四个月，放假一个月；教师薪俸，由开课日起；破坏生开除。以上手续办妥即开，明确表明其决心。最后，此次学潮以带头闹事学生梁绍之等 19 人在同学反对、乡人警告下相率离校，集美各校相继复课而告终。[②]

离校学生后投书报纸博得同情，大肆渲染，以诋毁陈嘉庚及学校。但陈对此不闻不问，不予所动，只管按自己主张行事[③]，也否决校长叶渊拟在鼓浪屿开办报馆以与党人作对的提议，理由是“因我之宗旨在办学，尽天职，能办则办，不能办则罢。不求人知，不怕人欺，邪气虽有一时之荣，终即枯消。我以正道良心行事，成败付之天命是也”。[④]“办学校以尽天职，诚心诚意，实事求是，抱定此宗旨，任何天翻地覆，矢志不移，成败付之天命。另报馆虽可开化民智，然好人难觅，稍一不慎，咸罪我方。……与等辈争陋习之短长，到底何益？”[⑤]以他大局宏愿而不拘泥于小节的眼光和气度使此风不燃自灭。

从陈嘉庚对集校学潮的态度和反应可以看出，他所继承的“家长制”观念以其“独断专行”平息了这些风波，维持了学校的稳定和延续，是在家庭

① 对集美学潮的立场与态度，致叶渊函，1927 年 2 月 8 日，《陈嘉庚教育文集》，第 400 页。
② 集美学校编年小史，《集美学校廿周年纪念刊》，集美学校校董会，1933 年，第 47—50 页。
③ 对校中风潮之态度，致陈延庭函，1924 年 5 月 18 日，《陈嘉庚教育文集》，第 362 页。
④ 对集美学潮的立场与态度，致叶渊函，1927 年 2 月 8 日，《陈嘉庚教育文集》，第 400 页。
⑤ 赞成校长亲自抓学生教育工作，致叶渊函，1927 年 5 月 21 日，《陈嘉庚教育文集》，第 404 页。

之外的企业、学校等组织机构的又一次发挥。在当时中国国内倡导追求民主、平等新文化思想的风行与在南洋接触到的平等、自由观念的共同影响下，陈嘉庚却仍坚持自己的“家长制”，实为在此种中西方、传统与现代矛盾境遇下的最佳选择和平衡尝试，否则学校将不再宁静、社会将不再安定，如此坚持个人主见正是他鲜明个性特点的极致表现。

二、对风水的看法

陈嘉庚反对封建迷信，主张消除风水之迷信，但他自身又有诸多尊从风水的言行，显露着其矛盾的一面。

据陈嘉庚了解，风水又称堪舆，地师（即风水大师）多出自江西省，“彼辈倡言，山川形势，起伏有龙脉天成，地气结穴，若得其所，埋葬先人骸骨，子孙可以富贵旺盛。……窃葬他人吉坟之前后左右，谓可夺其龙脉，两方交涉，小则涉讼公堂，家业破产，大则聚众械斗，人命死伤，”显示了因风水引起的民众纠纷、人员死伤事件是此旧俗的危害所在。因而，陈嘉庚在《民俗非论集》中明确表示“风水是迷信”，建议政府应进行消除。[①] 另一方面，他主张消除风水迷信，也与他当年建设集、厦两校校舍时遇到需占用民众坟地、直面对抗风水迷信的实际问题有关。其过程之艰难来自集美乡社和厦门墓主人对风水迷信根深蒂固，民众持“迁坟破坏祖坟风水，不利于后代子孙”的迷信观念约束阻挠。但陈嘉庚或改变策略重择地址；或加价收购坟地，酌情补贴迁坟费来解决集美用地；先婉言解释、停工顺其意，迨人走后立再动工，在短期内破取所谓“风水天成，各有名称”的坟墓石块作校舍基址及筑墙用料，以及将迁坟通告立碑标明或登报明示，限期自迁，否则代迁，专购空地作迁葬地址，津贴迁移费等出于人文关怀的情感需要考虑，机智巧妙地解决了厦大用地需迁坟占地与风水的矛盾问题。[②]

然而，与上述他对社会主张消除风水迷信的言行矛盾的是，陈嘉庚自身却呈现了很多他认同风水的言行。

---

① 陈嘉庚：民俗非论集，载于《新中国观感集》，陈嘉庚著，新加坡南侨总会发行，中华书局印，1950 年，第 103 页。

② 陈嘉庚：《南侨回忆录》，南洋印刷社，1946 年，第 5–6、13 页。

其一，尊从风水师所言为母选坟地择时入葬。闽南人因相信墓地方位与形式直接关系子孙的祸福盛衰，因此都要聘请“风水先生”（地师）来慎重选址和设计，一旦选定，不论位置遥远、地价昂贵，都要按照地师指示在此筑坟祭拜。[①]1897年冬陈嘉庚24岁时母亲不幸谢世，停枢在堂。其父以营业无人替理，未准他回乡奔丧。[②]次年，陈将顺安业务交给族叔管理，回集美择地葬母。请风水师查看墓位，说所选墓穴方向不合，需待两年后才可入葬。为此，他先将其母葬在所选墓穴旁边，并从俗为之延僧作佛事。[③]两年后，陈携家眷一起回乡，将母亲棺木迁葬入原来所选好的墓穴中，完成最终的安葬仪式。[④]

其二，他均按风水之说中的“背山面水，坐北朝南”原则为集、厦两校选址。对于集美学校选址问题，尽管有学者认为陈嘉庚做出填海建校选择是因无法打破当地人坟墓不能迁移的观念，无法取得当地人用地许可的无奈之举；同时也是为了考虑学校建筑如何与周围的自然环境形成一种和谐，而与一般的风水之说无关。[⑤]显然此结论过于绝对。因为陈的很多言行均透露着他对“背山面海”这种风水学说的认同。

对于集美学校的校舍设计和建筑，陈坦言“集美学校背山面海，去山五六里，临海则近在咫尺”。[⑥]对于厦门大学选址，陈更是不止一次的以“背山面海”“坐北朝南”这样的直接言词予以表述他之所以看上这片“风水宝地”的缘由：“……厦门地方尤以演武场附近山麓最佳，背山面海，坐北向南，风景秀美，地场广大。”[⑦]“……厦门各区尤以演武亭一带为最佳。盖该地背山面海，空气新鲜，交通利便……。”[⑧]显然这里不仅有五老峰的“背山面

① 林再复：《闽南人》，台北佳音印刷打字有限公司，1985年，第309页。

② 母丧停枢，《南侨回忆录》，陈嘉庚著，1993年集美翻印本，第520页。

③ 回梓葬慈亲，《南侨回忆录》，陈嘉庚著，1993年集美翻印本，第521页。

④ 厦市大火烧，《南侨回忆录》，陈嘉庚著，1993年集美翻印本，第522页。

⑤ 据庄景辉教授于2013年8月29日在陈嘉庚纪念馆多功能报告厅做题为“集美学校嘉庚建筑”的报告记录。

⑥ 办教育与克服官僚主义——在第一届全国人民代表大会第四次会议上的发言（1957年7月2日），《人民日报》，1957年7月3日。

⑦ 陈嘉庚：《南侨回忆录》，南洋印刷社，1946年，第12页。

⑧ 为倡办厦门大学校附设高等师范学校的演讲词（1919年7月13日于厦门陈氏宗祠），录自《集美学校校友会杂志》第1期，转自《陈嘉庚教育文集》，第169—176页。

海”，也有演武场“北负高山，南向洋海”[①]的天然地势，契合了他的“风水宝地”之理念，因此在设计厦大群贤楼群时，陈也依照“一字背依五老峰，面朝大海”而弃美设计师的“品”字为“一”字形设计，保持了厦大“背山面海”的风水地势，成为承载着他对厦大兴旺发达美好愿望和期盼的厦大所在地。

其三，他直言福建、同安“背山面海”即是风水宝地。除了集、厦，他也关注福建的其他地方之地貌。1941 年 5 月 25 日，陈嘉庚受邀在新加坡同安会馆十周年纪念会上发言，他对家乡同安发展十分有信心，认为同安土地之丰富为各县中不可多得，因而有很大的发展空间和前途。另一原因是他认为，还有一特殊优点“则背山面海是也……”[②]尽管福建以山多地少出名，但正是这种天然的“背山面海”，让陈深信这里应该也会有美好未来，因为契合“风水宝地”之地貌。

其四，他为华侨博物院选址看中有棵 300 多年树龄的大榕树福地。厦门华侨博物院所在地理位置为陈嘉庚当年亲自特别选址。20 世纪 50 年代初，厦门大学工程如火如荼时，陈嘉庚常从直通厦大的黄泥土路乘车到厦大视察工程进展，途经此荒凉地见有一棵 300 多年树龄的大榕树长得茂盛，老根盘缠，十分硕壮。“他几次下车探查，说是个福地，就选定下来。建造期间，榕树保留原地，直至 1999 年抵不住台风吹袭被连根拔起后才逐渐枯死”。[③]

其五，他参观古迹均按风水原理对其兴败分析一番。因常年积习，陈嘉庚似乎练就了一副会看风水的眼睛和头脑。在回国期间，经过西安、咸阳等县时，陈嘉庚顺便去参观了这里的诸多历代皇陵等遗迹，诸如咸阳城外周文王陵，汉武帝陵，汉名将卫青、霍去病将军墓，秦始皇陵，马嵬唐杨贵妃墓等。[④]他总是习惯性的用风水理念对其兴败进行一番评说。另以风水原理分析由地势地貌所产生的地名之说。如参观黄陵时，对为何黄陵又称“桥陵”一说，陈嘉庚据风水之理分析认为“审其山脉形势，……陵后有高山，山下

---

① 陈嘉庚:《南侨回忆录》，南洋印刷社，1946 年，第 13 页。

② 《新加坡同安会馆特刊（1931—1984）：庆祝新大厦落成典礼暨成立五十三周年及互助部成立十八周年纪念》，第 132 页。

③ 《非同凡响：南洋商报创刊 85 周年纪念书籍》，第 159 页。

④ 周文汉武陵，陈嘉庚:《南侨回忆录》，南洋印刷社，1946 年，第 149 页。

有一道山脉隆起，……两边地均低平，此山脉直透到陵后，再升超为山岗，高二三百尺，……有一道山脉形如桥梁故有此称也。由桥陵观之岂三代以上黄帝时代，便有笃信风水者，不然如桥陵后方有高山起伏形势之，其左右前面复有水流环抱，近代迷信风水者所言之吉地，诚无出其右也”。[①]

其六，按风水选址墓地、归来堂。回国定居后，陈嘉庚在规划、建造集美临海地域风景区的同时，也为自己的身后事做打算。他将原为祭祀妈祖、毁于战时的鳌头宫旧址这一“风水宝地”选作集美解放纪念碑所在地，并一同规划设计了包括自己陵墓等组成部分在内的鳌园，于 1951 年 9 月动工。筹建之初，陈嘉庚曾致函陈厥祥“兹付去纪念碑草图，其中一件重要事，想亦为汝所注意关怀者，则我之身后事，图中○备为墓地，草石已买……”。陵墓于 1953 年建成，鳌园为 1955 年 12 月基本完工。[②]另有一说，他本未计划在鳌园里建陵墓，曾到天马山寻访合适墓地未遂。后经一位雕刻家林江淮建议说鳌园有一直伸大海的天然礁石为陵墓最佳位置。经陈嘉庚早、晚实地观察发现此地北面靠山、正面朝南、面向大海，认定此地点，决心将陵墓设计成象征吉祥、长寿的龟形，借天然石开凿为穴，作日后长眠之地。[③]1961 年 8 月 12 日陈嘉庚在北京逝世。经周恩来总理亲自批复，陈嘉庚灵柩由专列火车从北京运回集美入葬鳌园内陵墓地。[④]

陈嘉庚又筹建“归来堂”为让海外子孙能常回乡谒祖，不忘家乡。经勘察确定择址于“前本家住宅距离百余步之前稍东些，座北向南，宽按三丈六至四丈，长七八丈平屋无房间不住家，置石像，……并期后辈不忘家乡之义”。[⑤]“座北向南”是他明确的这一小祠堂的建造方位特点，显示着他强烈的宗族观念下的风水观。但这座“归来堂”在他去世后由政府帮他完成了修建遗愿。

由上可见，对于风水之说，陈嘉庚是矛盾的。更准确地说，他相信科学反对迷信，也明确“风水是迷信”，建议消除，但他自己却以风水理论践行

① 中部县祭黄陵，陈嘉庚:《南侨回忆录》，南洋印刷社，1946 年，第 150 页。

② 《集美学校嘉庚建筑》，第 219、251 页。

③ 鳌园讲解员介绍。《非同凡响：南洋商报创刊 85 周年纪念书籍》，第 163 页。

④ 《非同凡响：南洋商报创刊 85 周年纪念书籍》，第 163 页。

⑤ 见陈嘉庚亲撰“不忘家乡”，《集美志》，陈厥祥编著，香港侨光印务，1963 年，第 66 页。

诸事。前提是这种风水不会对别人造成影响或伤害，即无伤大雅。求福、祈福、寻求福祉的心理，是陈嘉庚对风水的诠释，也是他一贯的美好愿望和精神寄托。

三、有关“气数”“因果”“天道”玄机的宗教迷信

为寻求心灵庇护，华人移民将具华人特色的宗教迷信也随之带入寄居地。[①] 据陈嘉庚对南洋华人社会的观察，自民元以来华人迷信逐渐减少，但盂兰会及迎神赛会尚有，特别在槟榔及马六甲。妇女喜欢烧香祭祖的习俗较普遍。学生倡言打破迷信，但其行动在社会里尚无多大势力。[②]

尽管陈嘉庚有早年在其祖父和家里多人信佛教的家庭生活经历，但并未造就出另一个宗教信仰继承者。陈嘉庚是无神论者。其五子陈国庆曾回忆说，父亲陈嘉庚曾对他说过多次：他不信教，不信鬼神，崇尚科学。[③]1940年回国慰劳时参观峨眉山见香客不绝，使他对浪费资财颇有微词。他对焚香祭拜神灵等事，认为“诸佛菩萨自身已不能保，尚向之虔诚跪拜，真其愚不可及也”。[④] 另外，陈嘉庚认为寺庙内和尚食素骗局是让佛教无法信服于人的重要原因。他在峨眉山住金顶佛寺时，因给童役小费暗被剥走之事，更让他对向外设局欺迷人民骗钱、向内欺压弱小谋财的佛寺，建议政府应予以设法改革取缔，才不失职。[⑤] 因此，陈嘉庚毫不留情地将宗教迷信归入应取缔、消除的行列，倡议革除，且在《民俗非论集》中明确“迎神应禁止”。他反对迷信，认为参拜寺庙神佛、神迎出庙、祭拜、互赛谢神、演戏酬神等诸事，费金钱，损精神，败风俗，妨治安，均应禁止。[⑥]

然而，同样令人费解的是，他自己却半信风水及命运，即所谓的宿命论者。主要表现在：

---

① 利亮时：《一个消失的聚落：重构新加坡德光岛走过的历史道路》，新加坡国立大学中文系、八方文化创作室联合发行，2009 年 8 月，第 21 页。

② 陈嘉庚访谈口述（1935 年 1 月 31 日受访），《浪迹十年》，陈达著，商务印书馆，1946 年，第 67—69

③ 陈国庆：《回忆我的父亲陈嘉庚》，第 121 页。

④ 陈嘉庚：其愚不可及之进香者，《南侨回忆录》，南洋印刷社，1946 年，第 179 页。

⑤ 陈嘉庚：《南侨回忆录》，南洋印刷社，1946 年，第 179 页。

⑥ 陈嘉庚：民俗非论集，载《新中国观感集》，新加坡怡和轩俱乐部等联合出版，2004 年，第 117 页。

其一，他自己明确表示，他信因果之说。1941 年 5 月 25 日，陈嘉庚受邀在新加坡同安会馆十周年纪念会上发言，坦言“弟非一迷信论者，然极相信人类间之暗背信义者，必有遭受无形责罚之结果。天地神明，不信而已，既信之。而复对之立誓，则违誓背信，必遭责罚，此之责罚者，非为法律，乃自然指报应也”。[①] 显示他相信因果报应之说。

在他留给子孙的《遗教二十则》中明确有这样一条：“世间冥冥确有因果，不可不信。”[②] 对于“命运”，陈嘉庚即将父亲 1904 年破产与自己 1934 年生意失败归诸于命运安排。[③] 而他的儿子陈厥祥也坦陈其父“相信有因果那么回事”。[④] 虽然，陈嘉庚对儿子陈国庆多次表示“他不信教”，但他坚信“作恶之人难逃苍天惩罚”。[⑤]

陈嘉庚在遗稿中记录下其人生中最重要的 20 件大事。因前 19 条生平要事几乎都发生在 7—8 月，即他所说的“夏末初秋之际”。因此，他据此于 1945 年 2 月 27 日在爪哇峇株避难写就时推测出第 20 条，即“七十二岁，按七月大战告终，回到新加坡”。并最后总结说：“以上计二十次，均为生平要事。逢夏末初秋之际，故拟本年大战告终，亦可于六七月之间，俾得幸回新加坡。”[⑥] 显示他将这种巧合中的规律视为事物发展的“气数”定律，但他的这一推测却出乎意料地被历史证明是正确的。

其二，他相信某些凶吉征兆。1942 年，陈嘉庚避居印尼爪哇时，因太热、住不习惯或为躲避可能的搜捕等因，在校友黄丹季、林翠锦等帮助下搬家多次。再次移往峇株后，他不想再移，坚信命运使然，认为“余亦半信命运，若末日未至，何必复移，若末日已到，实属气数”。[⑦] 而在最后安定之前，据林翠锦回忆，有一次租住郭河东房子时出现一系列怪事：先是其孩子莫名患上痢疾十天；后她抱孩子洗澡滑倒致孩子手部扭伤；接着，迷信的女佣做

① 《新加坡同安会馆特刊（1931—1984）：庆祝新大厦落成典礼暨成立五十三周年及互助部成立十八周年纪念》，第 132 页。

② 陈嘉庚遗教二十则，载《集美志》，陈厥祥编著，1965 年，第 117—118 页。

③ 陈嘉庚：《南侨回忆录》，1946 年再版，第 397、420 页。

④ 陈厥祥编《集美志》，第 118 页。

⑤ 《回忆我的父亲陈嘉庚》，第 121 页。

⑥ 《陈嘉庚遗稿：一九四四年在印尼峇株》，第 89—97 页。

⑦ 陈嘉庚：《南侨回忆录》，南洋印刷社，1946 年，第 354 页。

梦梦见一高大女人向她要孩子，叫林翠锦请人念经做平安祭；又有一日，郭应麟席地午睡前见走廊中一堆见有却无的火光；再则，一日校主由客房去餐厅吃饭，途径走廊，被走廊树上足部系线吊死树上的鹧鸪日久生出的虫子的中头部。结合以上种种，陈嘉庚即认为是不祥之兆，遂与黄丹季商量搬离了这座房子。[①]

1940年陈嘉庚率团分批回国再集合慰劳。背照相机的团员蒋才品在归途中翻车致腰脊骨折就医致延误十多天时间。[②]因入医院治疗六个月仍未能治愈，蒋才品自言似有定数。陈嘉庚去探望详问原委，联想三月慰劳团在新加坡出发时，诸家属及社会朋友欢送都兴高采烈，唯独蒋之母妻涕泣不止。陈嘉庚综合认为“迨兹观之，岂真所谓吉凶未来先有兆乎”。[③]

另外，陈嘉庚也认为世界兴衰有轮回规律。[④]针对日本侵略，陈嘉庚据因果说“恶有恶报，种恶因必不能结善果”断定其运将竭，“逢甲年兴，而逢癸年则必败”是其最终的命运路径。[⑤]这种融合了善恶因果的天运之说，显然是佛教教义的再现。尽管他承认这种说法可能是迷信，以致书本都不记载，但他仍坚信日本“恶有恶报”为时不远。显示他对这种基于因果的宿命论思想的认同。

其三，他听信青衣相士的算命结果。他相信一位在避难爪哇期间认识的青衣相士给他算命断定他将于乙未年正月廿九辰初三刻，即1955年2月21日上午8点半寿终正寝，所以他前晚写好遗书、当天一反常例，整天闭门不出，梳洗穿戴整齐，静坐以待归道山。然而这天过去了，他并未死去。次日早餐后他欣喜万状地对身边人说：“我有福气，我真有福气！”[⑥]认为是因为

① 林翠锦：我陪校主避难玛琅的一些回忆，载《回忆陈嘉庚》，北京：文史资料出版社，1984年，第97—105页。林翠锦：丹季和我陪校主避难玛琅的一些回忆，载《爱国华侨黄丹季》，任镜波等编，福州：海潮摄影艺术出版社，1998年，第63页。

② 慰劳团迟到，《南侨回忆录》，陈嘉庚著，1993年翻印本，第154—155页。

③ 探视蒋才品，《南侨回忆录》，陈嘉庚著，1993年翻印本，第257—258页。

④ 陈嘉庚对日问题之检讨，《南洋商报》，1932年1月4日；《战前的陈嘉庚言论史料与分析》，第106页。

⑤ 陈嘉庚对日问题之检讨，《南洋商报》，1932年1月4日；《战前的陈嘉庚言论史料与分析》，第106页。

⑥ 陈共存：去掉政治色彩的陈嘉庚，新浪网，http://news.sina.com.cn/o/2005–05–25/14145986076s.shtml（2013–8–4）。

自己一生做了好事，为天所容。[①] 上述他等待自己寿终过程的举动反映他确是一位信天命的宿命论者，他听信并铭记青衣相士所言，且用实际行动来验证此说。但正是这次验证使他得出“风水、相命之类不能全信，但有时也不能不信”的结论。年龄增高使82岁高龄的陈嘉庚难免对生死不能不在意，但他关注自己的寿终之年，不是怕死的表现，而是在计算自己还有多少可以做事的时间。正如张其华认为“先生看来虽然还很健康，但已82岁高龄，他自感不能不有所预防”。[②] 这种务实的生命观，让他以自解方式来回避他对风水、卜卦的信奉。

其四，他利用宗教祭祀活动筹款。新加坡华人社会宗教信仰由来已久，自陈嘉庚1890年来新后，各种宗教信仰祭祀活动兴盛不衰，捐建寺庙也是南洋华人的普遍行为。对于陈嘉庚家来说，除有他父亲陈杞柏捐助广福古庙[③]、福州怡山长庆禅寺[④]等记录外，并未见到他自己有捐助任何寺庙的记载。尽管他对各种劳民伤财的华人宗教仪式不予苟同，但在主持星华筹赈会进行筹募时期，在制定的各类捐款办法中专门有“迎神拜香演戏捐”一条，列明借助、利用迷信活动人多、捐善款之便，集中向这些信众劝解支持祖国抗战。[⑤] 可见，他虽反对宗教迷信活动，但在无法禁绝的情况下允许采取加以利用的灵活变通手法。

其五，他信奉中文字眼含义的玄机。现今行销东南亚、中国大陆及世界各地的康元饼干的创办者周子敬，原名周朱敬，原是陈嘉庚公司下的谦益饼干厂职工。而他的名字则是由陈嘉庚为其改名而来。据《世界福建名人录·新加坡篇》记载[⑥]，1936年周子敬离家，后来新加坡后即入陈嘉庚谦益饼干厂工作。一次工厂机器坏了，刚好陈嘉庚到工厂巡视，看到工人都停工，只有他在帮忙技师修理机器。陈嘉庚见之赞扬他勤劳好学，将来必定出

① 《陈嘉庚遗稿：一九四四年在印尼峇株》，第96—97页。

② 张其华：《陈嘉庚在归来的岁月里》，北京：中央文献出版社，2003年，第125—127页。

③ 重新迁建广福古庙捐题工金碑记，载《新加坡华文碑铭集录》，陈荆和、陈育崧编，香港中文大学出版部，1970年，第115—129页；新建广福古庙戏台石碑记，载《新加坡华文碑铭集录》，陈荆和、陈育崧编，香港中文大学出版部，1970年，第137页。

④ 《叻报》，1904年3月24日。

⑤ 附录六 各埠筹赈会办法举要，《南侨回忆录》，陈嘉庚著，南洋印刷社，1946年，第62—63页。

⑥ 周子敬，《世界福建名人录·新加坡篇》，新加坡福建会馆编，2012年11月，第147—148页。

人头地，但认为他名字中的“朱”是“红”的意思，因此脾气暴躁和个性刚烈不利于他以后的发展，故替他改名为周子敬。改名后，周即被升为主力工头，继而为督工。因与工人打成一片，关系良好，所以他督导下的工人烘制出来的饼干质量最好，色调均匀一致，损坏率最低。六个月后，周被调往实验室当助手，月薪 20 元。这段期间他掌握了饼干制作工艺。1938 年陈嘉庚派周子敬到马来亚怡宝市（IPOH）的橡胶厂管理财务。不久，周子敬与友人曾明智在怡宝合作自开饼干厂，从此走上创业之路。期间周虽经历数次变迁，也涉足其他行业，但始终坚守饼干制造业。1946 年周子敬来新加坡创立康元饼干厂。经多年发展，康元饼干逐渐成为行销世界各地的著名饼干品牌。[①]

其六，他也相信“命中注定”的宿命。1928 年 8 月 7 日下午六点，陈嘉庚公司新厂部火灾。[②]1930 年 3 月 29 日夜，陈嘉庚公司制造厂之脚车胎及玩具并三楼之车鞋面等厂房复遭火灾，损失惨重。二十个月内竟然连遭大火，使陈嘉庚在致叶渊信函中推测：“二十个月间遭大火两处，世之奇遇，未必如弟之独有，劫运行将五年，未审或有已乎？”[③]让他觉得可能是一种“劫运”“凶兆”的象征，或是注定他企业即将结束或他的实业生涯即将结束的征兆。

陈嘉庚在其著作、书信中也另有几处此点论述，他相信物质世界以外的“天命”是不以人们的意志为转移的。他在企业、商业经营管理方面态度严谨，手段高明，组织科学，并善于不断总结经验，但在事业兴盛时，他并不认为自己的成功是这些因素起了作用，而归究于“气数已造极”[④]。资本主义经济危机的袭击，政治上敌对势力的围攻、破坏，外国资本的压迫、排挤，以及集美、厦大校费的沉重负担，以及几个可信赖且能干的高级职员退出独资经营而成为陈嘉庚的有力竞争对手，凡此种种，使陈在“商战”中最后败下阵来。但他不可能从自己在殖民地社会所处地位中找到真正失败原因，而

① 周子敬，《世界福建名人录·新加坡篇》，新加坡福建会馆编，2012 年 11 月，第 147—148 页。
② 致叶渊函，1928 年 8 月 14 日，《陈嘉庚文集（征求意见稿）· 2》，第 283 页。
③ 致叶渊函，1930 年 5 月 6 日，《陈嘉庚文集（征求意见稿）· 2》，第 325—326 页。
④ 出入略相抵，《南侨回忆录》，陈嘉庚著，1993 年集美翻印本，第 544 页。

只能将之归结为“气数使然”。[①]

除了天命，他也相信“天道”“天理”之说。1939 年 9 月，对于“一战”中英法对德之战，陈嘉庚断言：英法富强，远胜德国，光明义战，举世拥护，彼背约毁信，必为天道不容，祸首毒心，定遭公理屏弃，古今中外，历史不爽，最后胜利，属于英法，毫无疑问。[②]

1946 年 9 月 16 日，他在新加坡华侨追悼李公朴、闻一多、陶行知大会上演讲时，以“历史天道 12 年一变”来论证“在此二三年间，光明民主政治定能成功”。1948 年 10 月 10 日在庆祝双十节大会上演讲，他也从“论天道的运行”来断定独裁政府不久一定倒台的天之道：“……天道至公，安能免于败亡？楚歌四起，不过时间问题耳。”之所以如此认为，是因为他对“天理不可违”的深信不疑：“昔贤论人事与天道，有一文曰‘深虑论’，……盖知可以谋人而不可以谋天，即不可以强违天理。鄙意社会及个人，亦不能例外也。”[③]

在 1956 年 2 月一次讲话中，他借诸葛亮的占卦“马前课”来验证清朝及民国的历史演变，预卜中国前程无限光明。[④]甚至将诸葛亮的马前课以彩色瓷雕故事形式，永久的保留在鳌园入口长廊的上部，让参观者自行对照及检验历史的发展历程。[⑤]显示他对马前课这类象征“天道”和命运的深信不疑。

以上种种显示，陈嘉庚自称不信鬼神、不信教、崇尚科学，在一面积极主张消除、取缔迷信活动的同时，自己又显露出对“风水”“因果”“气数”“天道”等唯心主义思想的认同和信服，这种矛盾言行源自对世界自然观和个体思想间的细小冲击、碰撞，是基于造福社会及不损害、影响他人的基础上的存在及调和，是他未做任何掩饰，却一直在致力之事。

---

① 《陈嘉庚遗稿：一九四四年在印尼峇株》，第 96—97 页。

② 附录十三：南洋华侨筹赈祖国难民总会通告第廿三号，《南侨回忆录》，内部发行，1993 年集美翻印本，第 120 页。

③ 从历史经验证明蒋政府必倒（1948 年 10 月 10 日在新加坡福建会馆庆祝双十节大会演讲），陈嘉庚言论集，2004 年，第 250 页。

④ 《陈嘉庚遗稿：一九四四年在印尼峇株》，第 96—97 页。

⑤ 见鳌园入口左侧长廊的上部整排的彩雕。

四、“重男轻女”

旧中国“重男轻女”封建思想深重，被出国华侨带入了异国他乡。出生成长于有浓重“重男轻女”思想传统的集美村社，[①]但自17岁出洋接受殖民地的西方民主思想熏陶的陈嘉庚，在其日后的言行中透视着一种矛盾。一方面，对于第二代移民陈嘉庚来说，他是集美女子教育的开拓者，也积极支持新加坡和闽省等地的女子教育。从这一点来看，他是反对重男轻女的。然而，陈嘉庚一生共有18位子女。从他对待儿子和女儿的不同言行举止来看，却无法与“重男轻女”进行划清界限。

其一，回忆家谱只列男儿名字。在陈嘉庚遗稿中，陈对其家谱做了记述，按照家族祖宗的家谱记述方式，只罗列亲生儿子的血脉情况，[②]女儿则只字未提。这种延续自中国族谱只列男儿、不列女子的传统做法，反映的正是中国的“香火根脉”之传统思想观念，被陈嘉庚加以继承和延续的体现。

其二，企业只让儿子来继承。从所见资料来看，没有任何一家他的工厂或店铺是由女儿承继的。这也即是中国人多生儿子来继承、延续家业的目的的最好诠释。

其三，对子女的教育，可见的资料均是有关他的儿子们的教育经历，至于女儿们的教育经历未曾见提及。然而，由于他对教育一贯的重视，且鼓励女子就学，因此对自己的子女教育的支持是毫无疑问的，只要子女们自己愿意读书，应该都会让他们尽量读，接受最好的教育。

其四，遵循女儿富养、儿子穷养的道理。可能他也清楚，女儿长大后都要嫁人。因此对于自己事业的继承人，他重视和刻意培养的是自己的儿子们，如让陈国庆入职前六个月要步行搭巴士上班，刻意磨练他。

其五，看好人选收为女婿，壮大接班人队伍。此举并非陈嘉庚将女儿们作为筹码，但不排除他为女儿们找个好归属，同时壮大自己企业继承力量的一举两得的想法。他的女儿们大都在他的安排下，实现了他的这一愿望。长婿李光前、次婿林忠国、三婿傅定国、四婿温开封都是陈嘉庚亲自挑选，六

① 厦门市集美区地方志编幕委员会编：《厦门市集美区志》，北京：中华书局，2013年，第688页。
② 《陈嘉庚遗稿：一九四四年在印尼峇株》，第89—97页。

婿曾成保、八婿周百良为友人撮合。[①] 几位女婿都是他企业上的干才和接班人。

以上种种可以发现，在陈嘉庚的思想意识里夹杂着一些无法抹去的传统理念。尽管不同于一般的重男轻女的陋习，但他对女儿与儿子的不同态度和培养方式的安排等事实却无法否定。

① 《华侨传奇人物——陈嘉庚》（中文简体版），第 33–34 页。

第五章　陈嘉庚的人文关怀精神

关怀是人在关系中的存在状态，是人在精神上有所承担和有某种责任感的一种“全身心投入”状态，牵挂和关心使人成长并幸福。关怀可以是基于人类的移情本能，源于自然情感、无须做出道德努力的关怀，如孟子所说：“恻隐之心，仁之端也；羞恶之心，义之端也；辞让之心，礼之端也；是非之心，智之端也。”（《孟子·公孙丑上》）但真正的关怀是通过道德努力而表现出来的社会和伦理的关怀，它基于自然关怀，但又超越自然关怀。一般来说，所谓人文关怀，就是人对人本身的自我关怀。它集中表现为，对人的生命和存在的关爱，对人的合理需求和生活质量的关心，对人的人格尊严和社会地位的关切，对人的理想追求和自我完善的关照，对人的发展前途和终极命运的关注。[①]

人文关怀作为一种对于人的全面关怀，是以人文精神为精神内核的实践模式，是实现人文精神的重要方式。人文关怀是马克思主义学说的一个基本维度。实现社会发展和人的全面进步是马克思主义学说的最终目标。归结起来，社会的发展是为了人的全面进步，社会也是为人存在和服务的。所以，尊重人、关心人、爱护人是马克思主义贯彻始终不变的人文情怀。[②] 当代中国所说的人文关怀是“以人为本”理念的具体体现，本质上是一种价值关怀，显现的是人对于自身价值实践活动的理性反思与批判。尊重人、理解人、关心人、爱护人，是当代中国人文关怀的基本要求和集中表现。“以人为本”确认了人在社会发展中的根本地位，将人的发展确定为社会发展的最

① 寇东亮等：《人文关怀论》，北京：中国社会科学出版社，2015 年，第 14 页。

② 苏燕：注重人文关怀，关注新时期大学生人文教育，《高等教育》，2011（1）：40。

高价值目标，因而，这一原则体现了一种根本性的人文关怀。[①]

人文关怀蕴含着丰富的情感色彩，它是一种对人本身所怀有的浓厚的热爱之情、深沉的关怀之情和高尚的道德之情。陈嘉庚从办实业开始，自民国成立后，以“尽国民天职”为己任，在之后的近60年时间里，他用自己的言行兑现着这一诺言，展示着自己“以人为本”的对人民、对社会和对国家的人文关怀，表达着自己的一颗赤诚的爱国、爱乡、爱民之心。

第一节　陈嘉庚悲天悯人的人文关怀

纵观陈嘉庚的一生，他游走于中国和新加坡之间，小心谨慎地调和、对待着对中国和对新加坡政府的关系。在南洋，陈嘉庚一方面支持和拥护英国的统治，另一方面则抗议殖民统治者对华人群体的种种限制和不利统治，号召华人能团结起来维护自身利益和地位。南洋是他实业起步和发达的地方，又是他习得诸多西方文明要素的来源之地。然而，在此地奋斗生活近50年，对这里却又不能投入太多的感情，毕竟是寄人篱下。于是，他一面为“一战”中的殖民政府宗主国英国拉信任票和支持票，一面又对“二战”中的英国殖民政府疏于防守、主动丢弃新加坡而失望。

在中国和新加坡之间，陈嘉庚一方面一心支持中国，但接连遭受中国三易其主的无奈；另一方面，他又担心大张旗鼓的为中国输财输将，会引起英国殖民者的不满，而不得不采取相对收敛和隐蔽的方式来给予中国支持。与此同时，出于对中国的热爱，他对中国的种种弊端大加批驳，试图用自己的方式来激发和唤醒各有关方面改变落后与陈旧面貌的行动。

在如此种种的矛盾冲击下，他将自己的拳拳之心，转移到了对人、对社会和国家美好前途和未来具有切实期许的民生问题的解决上，为推进人类大同理想的实现给予种种助力。他将对中国、南洋的关切转移至对底层民众的民生问题上，将实现世界大同的理想社会作为自己的终极奋斗目标，并转而以一种人文关怀的情怀展示、表达着自己对人、对社会和对国家的种种关切和热爱。于是，在他身上便闪现出一种独有的人文关怀精神。这种人文关

① 寇东亮等:《人文关怀论》，北京：中国社会科学出版社，2015年，第17—18页。

怀精神包含着最基本的关于世界大同和共产主义的理想社会和国家的思想内涵，其实质表现为对人、对社会和对国家的朴素的人文关怀，是基于他作为南洋华侨领袖对人、社会、国家和世界独特视角的看法和美好期望，因而在一定程度上具有了一定的普世价值，代表了那个时代的早期南迁华侨普遍的心理常态，只是陈嘉庚将其人文关怀以实践的行动方式给予了更加充分而全面的展示，且相较于其他同侨来说，表达得更加广泛而彻底。

一、陈嘉庚人文关怀精神的内涵

（一）论世界大同

“大同”二字源于儒家经典《礼记·礼运》中的“大同篇”：“大道之行也，天下为公。……是故谋闭而不兴，盗窃乱贼而不作，故外户而不闭，是谓大同。”描述着对人人友爱互助，家家安居乐业，不战不乱，无贼无匪大同世界的未来社会理想的憧憬。大同思想和成圣的最高人格相适应，儒家的最高社会理想是世界大同。

纵观陈嘉庚的一生言行，他所展示给世人的，永远是一幅忙碌的景象。前半生，他忙于实业，随即开始忙于办学，忙于领导华侨社团，“集美学校要办下去”的最后遗愿，让他奋斗大半生的办学事业最后定格在了他昏迷前一刻。后半生，他则忙于助推中国的政治走向。从始至终，他所做的一切都是为了人民、为社会、为中国，也为侨居国。正如陈嘉庚生前好友李俊承所言：纵观陈嘉庚一生为公益、为社会、为教育而牺牲自己，孜孜屹屹，数十年如一日，凡爱人群，具大慈悲心，实深切符合佛教的教义与精神。[①] 陈嘉庚一生所努力的方向和目标，正是上述所言的儒家最高社会理想——世界大同理念的再现。因此，他的一生即是为人、为社会、为国家付出若干辛劳，为实现这一大同世界理想而努力的一生。

他在自己的诸多言行中，有对世界大同的理解。1933 年，身处被世界不景气形势笼罩下的南洋，陈嘉庚在发表关于《不景气之历史观与南洋华侨当前应采取之策略》时，对共产主义是实现世界大同理想的治本之法，做过极

① 李俊承先生演词，载《新加坡各界追悼陈嘉庚先生大会》，新加坡中华总商会编，未刊，1961 年，第 9 页。

为直接而肯定的结论。他认为，不景之气全由生产过剩。生产之过剩是资本主义必然产生的连锁反应，且不以人的意志为转移。因此，他认为要救不景之希望，“只有两事，非战争则共产主义。战争属于治标，共产主义可以治本。然治标或可较易见的，唯非根本之解决，徒演人类之惨剧。至于治本，虽生效较迟，然目的一达，则世界大同”。①显然，他主张实现共产主义，由此可以实现他所期望的大同世界愿景：“平均工作，则工人既免失业。工作至多四小时，衣食无缺，老幼疾病，公共负责。尧天舜日，真人类无穷之幸福也。”②他的这种言论与思想，杨进发认为可能是受儒家“天下为公、世界大同”的理想所影响。另外，在20世纪20年代时，陈嘉庚是石叻孔教会的会员，对康有为的《大同书》与大同思想相当向往，③显示了战前的陈嘉庚受中国文化与儒家思想影响较大。

世界大同理想之首要为爱好和平。1949年10月，他在北京召开的中国保卫世界和平大会上致辞：“争取世界持久和平，反对新战争威胁，已成为全世界劳工及民主人士的强大运动。”1950年3月，他在新加坡严正驳斥了美国“世界事务协会”主席汤姆生的荒唐论调，指出：“一切事实都显示，美国并无维持世界和平的诚意，……破坏和平的一定要失败。”④

1946年3月19日，他在新加坡欢迎尼赫鲁大会上演讲时说：“我中华民族，亦希望确有诚信伟大之领袖，出而拯救四万万人于水火之中。我中印的民族之外，希望他国亦有真正人道主义之领袖出而合作，领导全世界人类均获大同平等之幸福，尼赫鲁先生除领导而外，亦领导世界之数人中之一也。”⑤显然，他对包括中国、印度等各国领袖的寄语即是“出而合作，领导全世界人类均获大同平等之幸福”，这一体现他对世界和平共荣的普世期望，

① 不景气之历史观与南洋华侨当前应采之策略，《南洋商报》，1933年4月26日，第2版；另见《陈嘉庚言论集》，2004年翻印本，第194—195页。

② 陈嘉庚：不景气之历史观与南洋华侨当前应采之策略，《南洋商报》，1933年4月26日。

③ 杨进发：战前的陈嘉庚及其政治与社会思想，载《陈嘉庚战前言论史料与分析》，杨进发著，新加坡南洋学会，1980年，第3页。

④ [美]谭中、凌焕铭主编：《海外华人与中国梦》，北京：中央编译出版社，2015年，第77、97页。

⑤ 领袖与诚信，在南洋华侨筹赈祖国难民总会欢迎尼赫鲁大会演讲（1946年3月19日），《陈嘉庚言论集》，2004年翻印本，第241页。

是他对世界大同的美好愿望。

（二）论共产主义

对于共产主义，钱穆对比认为：共产主义的思想根据固然是唯物的，而资本主义的终极趋向又何尝不是唯物的呢？双方的共同点岂不都是在物质经济上？至于个人自由与阶级斗争，则只是达到物质享受与经济分配两种手段技术上之不同而已。……资本主义社会是让人个别地竞争，共产社会则转向到无产阶级集体竞争一面去，这亦可算是人生一进步。但中国人以仁义道德来作人群集体的指导，尚和平，不尚竞争，比西方的共产主义更进步更高明多了。[①]

20 世纪 30 年代，受陈嘉庚公司总行中的一位职员影响，陈嘉庚对马克思主义、共产主义理论的书刊曾有涉猎。[②]故而，在他服务社会和国家的同时，也对追求怎样一种理想社会产生过思考。尽管没有专门的论述，但从他对于共产主义和社会主义的一些只言片语的提及，可以反映他对共产主义的理解。

1933 年 8 月 14 日，他在《南洋商报》发表关于《闽省教育》一文中提及：他之经营商业，不过聊以度日。初非素封之家，惟自来抱社会主义，愿为公众服务，却为一生不移之宗旨。又念社会事业，当随时随力，积渐做去。如欲待富而后行，则无有可为之日。[③]此处他所指的社会主义，显然是他意念中的社会至上论，即为社会服务之宗旨，而非马克思主义理论中所述的共产主义的初级阶段。但这并不意味着他对“共产主义”无概念。

从他诸多的演讲词中可以发现，尽管零散且非多次，但他对共产主义有过专门的观察和思考，甚至曾特意与中国共产党人探讨过共产主义。

一是对共产主义社会的设想。中国的共产主义理论来源于苏联。陈嘉庚批驳国人效仿欧美人跳舞之乱象，而认同于苏联实行的男女自由平等，但杜绝抱吻、鸨业跳舞之害的社会主义新国体。[④]

---

① 钱穆：略论中国社会主义，《国史新论》，北京：生活·读书·新知三联书店，2012 年 3 月第三版，第 73 页。

② 杨进发：战前的陈嘉庚及其政治与社会思想，《战前的陈嘉庚言论史料与分析》，第 3 页。

③ 闽省教育，《南洋商报》，1933 年 8 月 14 日；《战前的陈嘉庚言论史料与分析》，第 39—41 页。

④ 陈嘉庚：跳舞营业之毒害，《南侨回忆录》，1993 年集美翻印本，第 55 页。

1940年通过考察延安，对共产党人统治区域各方面情况的亲闻亲见，颠覆了陈嘉庚在南洋时所闻共产党“共产共妻”等诸多反面传言，取而代之的是一种符合孙中山三民主义的平等、自由、民主的乌托邦理想社会印象。他记述道：“……民生安定，工作勤奋，风化淳朴，教育振兴，男女有序，无苛捐什税，无失业乞丐，其他兴利除弊，难于尽述，实为别有天地，大出我意料之外。”[①] 对此，他表示“……别有天地，如拨云雾而见青天。前忧虑建国未有其人，兹始觉悟其人乃素蒙恶名之共产党人物。由是断定国民党蒋政府必败，延安共产党必胜”。[②] 从而对共产主义有了感性认识。

他对共产主义的理解是：共产主义之最终目的，在于将财富资产，收归政府统辖，然后公允分配，使民众咸亨康强乐利之生活，而免社会发生“朱门酒肉臭，路有冻死骨”之畸形现象。但是，他也明白所看到的并非真正意义上的共产主义。共产主义的实现并非一蹴而就之事。“兹事体大，非咄嗟可期。苏联立国三十载，亦尚未达到共产主义之最终目标。至若我国，自属言之过早。”延安之行见闻，“中共虽提倡共产主义，然在解放区所力行者，则为改良政治、铲除贪污、平均地权、复兴农村、振兴工业、整顿交通、安定民生、普及教育，凡此与孙中山先生所主张之三民主义并无二致。至于真正之共产主义，则据中共人士称，或当期之于数十年之后耳。”[③] 对此，陈嘉庚信服无疑。

二是共产主义与三民主义。《南侨日报》在发表正义言论支持国内中共后，被人诬陷为共产党报。对此，陈嘉庚淡然分析加以驳斥：此项名称，有好意与恶意两种。从好意方面言，国父孙中山先生谓民生主义，就是共产主义；英国人大文豪萧伯纳言，共产主义意义，非平常人可能了解；如此则共产道义之高，可以想见。本报对于此名，愧乏资格可受。就事实言：本报同人，无论股东职员，未闻有被中共承认为党员者；本报资本四十余万元，无

① 南侨报任务与中国前途（在南侨报二周年纪念会致词，1937年11月21日），《陈嘉庚言论集》，2004年翻印本，第252页。新岁献辞，《南侨日报》，1937年1月1日，第1版。另见《陈嘉庚言论集》，2004年翻印本，第214—215页。

② 新岁献辞，《南侨日报》，1937年1月1日，第1版。另见《陈嘉庚言论集》，2004年翻印本，第214—215页。

③ 新岁献辞，《南侨日报》，1937年1月1日，第1版。另见《陈嘉庚言论集》，2004年翻印本，第214—215页。

一文钱由共产党人参加者；本报自创办以来，未直接与中共通一字消息。如此，安有资格可受此名义？从恶意方面言，蒋政府之特务，每以红帽子作诬良工具，毒辣阴险，陷害无辜，擢发难数。凡言本报为共产党报者，其为好意或恶意，明眼人自能了解，无须多赘。[①] 显然，他即认定“国父孙中山先生谓民生主义，就是共产主义”，但共产主义道义的高深，为平常人非可能了解，并以众事实表明与中共无关，以此来机智地驳斥诬陷及自保。

他甚至认为，孙中山在中国实行的三民主义，只要好好实行，即可与苏联的共产主义实现相同的目的，可“为人模范”，而无须再效仿“模范于人”。1940 年回国慰劳时在中共欢迎会上，陈嘉庚作为答词发言，第三条即以“当为人模范勿模范于人”这句西人格言为议题，结合中国国体之问题，对比三民主义与共产主义，阐析中国“如能坚持三民主义好模范，国民应悉力奉行，无须求他人之模范也”。他说：“百余年前欧洲法国，首倡共和政体，废专制帝王而公选总统，为后来多国之模范。民国光复孙总理既改革国体，而提倡三民主义，我国当局如能忠实奉行，将来亦决可为他国之模范。苏联列宁革命，提倡共产政体，已行之有效，亦确可为世界多国之模范。至三民主义与共产主义，虽略有不同，然均为废除独裁帝制、资本权利、奴隶阶级等流弊，而实行人民自由平等之幸福。在革命初成时间，立法行政各项，难免有多少不能适合民情，及经过相当经验，逐渐改善，兴利除弊，必能日臻完美，故我国既有三民主义好模范，国民应悉力奉行，无须求他人之模范也。”[②] 并表达奉劝当时国共最好能通力合作抗敌，而勿反目成仇、破坏海外华侨捐输之积极性的希望。

三是对共产党领导的革命胜利对世界和平的贡献。1948 年 3 月 15 日，陈嘉庚在论从未来世界大战形势论美国不敢以军事援蒋时，驳斥了孙科、布立特试图鼓动美国政府出兵援助国民党灭共而夸大共产党的威胁论，之后李宗仁也对美记者谈话，陈纳德向美国会要求，均主张美国应立即以军事援蒋，否则中国共产党势必胜利，以至统治全亚洲，而美国对华，将处完全失

① 南侨报任务与中国前途（1948 年 11 月 21 日在南侨报二周年纪念会致词），《陈嘉庚言论集》，陈嘉庚著，新加坡怡和轩等联合出版，2004 年翻印本，第 250—251 页。

② 陈嘉庚：中共欢迎会，《南侨回忆录》，南洋印刷社，1946 年，第 120—123 页。

败之地位矣。如此一再煽动美援助国民党灭共之用心，不言之明。对此，陈嘉庚认同李宗仁、陈纳德所预言的“中共终必胜利，美国终必失败，此确为亚洲未来之事实”。但严厉驳斥所谓的“共产党统治全亚洲”论，因为，“中国决不若日美之野心勃勃，……中国一旦民主胜利，断不欲统治亚洲其他民族，惟当领导其他国家，解放一切被压迫民族，使人类咸亨自由平等和互助之福利，此则大势所趋，沛然莫之能御也”。[①] 显然，他对与三民主义相类似的共产主义的理解，让他对共产党的执政寄予了完全不同于国民党的希望和信任。他相信，实现共产主义乃是共产党的终极目标，而非统治亚洲、霸权世界的侵略主义。

四是对共产党的看法。在资本主义经济大危机时期，陈嘉庚冷静地观察世界风云，很有见地地分析认为世界经济不景气现象的根源在于世界资本主义，而“欲救不景之希望，只有两事，非战争则共产。战争属于治标，共产可以治本”。[②] 以此分析世局的变幻，他认为日本军国主义发动“九·一八”事变，进占东三省，制造“伪满洲国”，是企图以战争摆脱经济危机的前兆。基于共产可以治本的信念，他敏锐地看到：“凡被日寇蹂躏诸地，他日日寇败后而均可变为赤化矣”，“如果真能赤化，则尤胜于列强公委之共管矣”。[③] 不过他的这一认识，还是模糊、概念化的。他对中国和东南亚华侨的前途仍抱悲观的态度。对于中国的前途，他以为“孙总理之革命已开其端，不过如秦皇、隋文，资以过渡，必待有汉高、唐太者出，始成全盛之局”，[④] 而这样的人物还没有出世。风流一时的“军阀伟人”，“地盘权利迷其心”，令“时局蜩螗，日滋扰乱”，[⑤] 而在 1927 年靠清党起家的蒋介石南京国民政府一成立“便即野心变更国旗”，“俾国民党功勋永存，政权亦可永操”，[⑥] 他也深为反感。只是外国都已承认其为正式政府，“特念外国经已承认，国民应当服

① 从未来世界大战形势论美国不敢以军事援蒋，1937 年 3 月 15 日，《陈嘉庚言论集》，2004 年翻印本，第 219—220 页。

② 陈嘉庚：不景气之历史观与南洋华侨当前应采之策略，《南洋商报》，1933 年 4 月 26 日。

③ 陈嘉庚：致集美校董先生函，1933 年 5 月 8 日，原信藏陈嘉庚先生故居，载《陈嘉庚年谱》，陈碧笙、陈毅明编，福州：福建人民出版社，1986 年，第 72—73 页。

④ 陈嘉庚：对日本问题之检讨，《南洋商报》，1932 年 1 月 4 日。

⑤ 陈嘉庚：本报开幕之宣言，《南洋商报》，1923 年 9 月 6 日。

⑥ 陈嘉庚：国旗之意义，《南侨回忆录》，1993 年集美翻印本，第 41 页。

从”，才决定拥护南京政府，并将之订入《南洋商报》规则。[①]至于1921年成立的中国共产党和正在长征途中的红军，他以为只是“假赤化”的“赤匪”，他们的领袖充其量不过是项羽、李密、陈友谅一类的乱世英雄而已。[②]对于南洋华侨的前途，他认为“以治标言，界在太平洋之间，与前欧战远距离不大相同。以治本言，则殖民地性质，亦必远落人后，安有乐观之日？今日吾侨欲求立足地，唯有极力省乎，裁除耗资，恢复三十年前之生活程度。能如是，庶乎可避淘汰之列矣”。[③]

但经1940年回国慰劳考察，以及延安之行，使他真切地了解并理解了中国共产党，并最终认定“中国的希望在延安”，完成了政治认同的转变和最终定位，并作为中国共产党的朋友给予其执政支持和辅助。

二、陈嘉庚人文关怀精神的实质

儒家学说力倡的利群观对塑造民众的文化品格产生了深远影响。1995年3月，在马来西亚大学举办的“伊斯兰—儒教对话国际学术研讨会”上，马来西亚总理安瓦尔·伊贝拉西梅引用休斯顿·史密斯《世界宗教》一书中的精辟论断来表达自己对儒家精神的体认：“当一个人的精神关注中心从自身转向家庭的时候，他便超越了自私自利的心理；当关注中心从家庭移向社会时，便超越了裙带关系，当从社会移向国家时，便超越了狭隘的地方主义；当移向全人类时，则同民族沙文主义针锋相对。”[④]陈嘉庚的人文关怀精神，即是上述这种超越个人、家庭、社会、国家乃至全人类，层层递进、逐级超越的一种超越自私、超越裙带关系、超越狭隘的地方主义，也超越了民族沙文主义的大仁大爱。

陈嘉庚一切行事以是否合理、合义、合大众要求来权衡，有所为，有所不为，既决定为，便实事求是，义无反顾。他疾恶如仇、大公无私，所支持

① 陈嘉庚：决定拥护中央，《南侨回忆录》，1993年集美翻印本，第42页。

② 陈嘉庚：《致集美校董先生函》，1933年5月8日，载《陈嘉庚年谱》，陈碧笙、陈毅明编，福州：福建人民出版社，1986年，第72—73页。

③ 陈嘉庚：《不景气之历史观与南洋华侨当前应采之策略》，《南洋商报》，1933年4月26日，第2版。

④ 杜维明、张友云：家庭、国家和世界：全球伦理的现代儒学探索，《国外社会科学》，1999（5）：2—10。

的事无不成，所反对的事无不败。他不同于只求个人成功不计他人祸福者，也不同于伪善取巧欺世盗名者，而是一个彻头彻尾无所凭藉的平民。因而他的成就与贡献更为不可企及。很多人的地位与声誉建筑在财富基础上，一旦财富丧失，地位与声誉也随之丧失。陈嘉庚生平所作所为显然也与财富有关，他将所得来的财富毫无保留地献给了大众，当财富丧失后，他的地位声誉和事功反而日隆一日。显示，除财富外，他还拥有更重要而伟大的精神力量，使“陈嘉庚”三个字的涵义成为“博爱”与“牺牲”的含义。陈嘉庚因大公无私被误会近于无情，但其实他是最多情、最善用情而得情之正者。他到一地就爱一地、就想利于此地，牺牲及辛苦建立诸多事功给当世与后世，新加坡、马来亚即是，离开了则念念不忘。总而言之，他的情便是泛爱人类的博爱。①

陈嘉庚的人文关怀集大仁、大智、大勇于一体。他侠骨仁怀，对赈灾就难义举当仁不让，挺身以赴号召领导，任劳任怨，此即大仁。他毁家兴学，毕生为教育事业鞠躬尽瘁，培养无数人才，桃李满天下，专利后代无穷，此即大智。他为公益教育不计本身利害，凡正义所在即勇往直前，无论如何艰巨困难都坚强不挠，非致成功不罢手，此即大勇。综观陈嘉庚一生为公益、为社会、为教育而牺牲自己，孜孜屹屹，数十年如一日，凡爱人群，具大慈悲心，实深切符合佛教的教义与精神。②

人文关怀是人文精神的精髓，其关注的是人对人的价值、人对社会的价值和人对自然的价值，其核心价值是修正人的价值取向，体现的是对人类社会的终极关怀。陈嘉庚虽然从来没有具体、全面表达过其毕生的信仰，但他的这种精神是真正的“大道”，体现人类社会的最普世和最崇高的理念。所有民主、民生、民权、自由、平等、进步、富强、公平、正义、诚实、守信等价值观，都是这种精神的具体化。这种超越地域、国界的集大仁、大智、大勇于一体的大爱，即是他的人文关怀精神的核心及实质所在。

① 黄奕欢：我所知道的陈嘉庚先生的生平，载《新加坡各界追悼陈嘉庚先生大会》，新加坡中华总商会编，未刊，1961 年，第 7 页。

② 李俊承先生演词，载《新加坡各界追悼陈嘉庚先生大会》，新加坡中华总商会编，未刊，1961 年，第 9 页。

三、陈嘉庚人文关怀精神的基本特征

中国传统文化价值观的典型特征是忠君、孝道和男尊。利他主义、牺牲、平等和自由的新思想，即是与东南亚华族传统价值相区别的源于西方民主思潮价值观而形成的一种新的文化观，这种文化观即是以上两种价值观的共存与融合。①

对于陈嘉庚来说，体现在他身上的中国传统价值观远不止上文所述，而他所吸收到的西方文化价值观也不仅限于此。在他身上显露的是一种以中国传统文化价值观为主、西方价值文化观为辅，加上闽南和侨乡传统价值观在内的混合体。因而，在他身上所呈现的人文关怀精神便兼具了这三者的基本特征。

（一）中国传统文化价值观为主

就中国传统文化价值观来说，和其他同时代的中国人一样，在中国出生、成长的经历决定了他要在中国完成从出生至17岁青壮年的以价值观为主的基本三观的形成，遵循每个早期普通中国人都要经历的私塾教育和家庭教育及周遭环境熏染的人生成长路径。

私塾教育方面，沿袭自中国五千年历史的封建教育制度，以孔孟之道为核心的儒家经典，成为直至民国时期，中国人的思想道德教育和文化教育的正统途径，缔造了士、农、工、商的梯形社会等级阶层社会划分，固化了中国人从社会底层普通人向国家层面出人头地的仕途发展路径，促成了中国人尊师重教的思想传统和社会风气的形成。陈嘉庚即是在八年多私塾教育的传统方式下，在中国儒家经典的浸染中，将之固化成了他的文化思想价值基础。

在以儒、道、释为主体的中国传统文化价值观中，推崇“仁”，主张“修身、齐家、治国、平天下”，重视责任、诚信、成功，注重礼、仪、廉、耻等基本为人处世之道的儒家文化价值观核心，规范和指导着人们的行为准则。佛家思想对国人的影响更多的是向世人展示一种凡事随缘、淡泊名利、

① 颜清湟：东南亚华族文化：延续与变化，载《华侨华人研究论丛·第七辑》，吴晶主编，北京：中国华侨出版社，第217页。

随遇而安。[①] 其中的普度众生、解贫济困等普世观，也是佛家的一般理念。尽管从现代角度来看，中国传统经典里有些价值观已经变得不合时宜，但瑕不掩瑜，传统经典中仍蕴含着诸多对当代人富有启发的人生智慧。这也正是这些经典经年不衰而长久流传下来的主因所在。

陈嘉庚在首次下南洋前的八年私塾背诵《三字经》《千字文》、“四书”等旧学经典生涯，尽管之后被他诟病为“念书歌”“一知半解”的旧式教育，却不可否认的是让他接受了较为系统的中国传统文化教育，不仅为他打下了日后自学的文化基础，更重要的是使中国传统文化中的儒家思想、儒家伦理观念深深印入他的脑海，内化为其价值观的主体，并以他日后的人生活动实践，固化为其人生观、世界观的组成。他在演讲中时常引经据典，发表具有强烈说服力的言辞，从而能发动和号召侨众响应他的号召。他对诸如君子、士大夫、修身、齐家、平天下的儒家经典思想领会深刻，甚至严格遵循儒家君子、仁人志士的成长轨迹。他认同“君子去仁，乌乎成名。君子疾勿（没）世而名不称焉。君子居易以俟命。五十而知天命。不知命，无以为君子。”[②] 种种这些，都与他得益于私塾教育阶段能对中国儒家文化经典名言警句烂熟于心不无关系。

家庭教育方面，父母教育职能的核心作用首当其冲。陈嘉庚的家庭是典型的中国东南沿海侨乡的华侨家庭，父亲陈杞柏在陈嘉庚出生后的长期缺位，以及比他小 15 岁弟弟陈敬贤的迟出生，使陈嘉庚的幼年、童年和青少年时代几乎是在与母亲一人的日夜陪伴和厮守中度过。因此，沿袭了孙氏家族良好家风庭训的母亲孙氏是陈嘉庚的主要教育人。由于信奉佛教，她将自己的勤劳、善良、仁慈、俭朴、睦邻友好等理念，用自己的言传身教传授给了陈嘉庚，尤其是通过出钱化解角落械斗矛盾，勇于舍小我为大我、舍小家为大家的利他思想和观念，维护乡民的团结和睦，这样的事例向陈嘉庚传递了另一种集慈善、领导与勇气等于一体的理念和风范，以一种女人特有的坚韧、毅力，向陈嘉庚传递了包含在私塾所传授的儒家经典之外的中国传统文

① 邓伟:《传统文化价值观对消费者品牌个性偏好的影响研究》，赣南师范学院硕士论文，2013 年，第 5—6 页。

② 《陈嘉庚遗稿：一九四四年在印尼峇株》，第 92 页。

化价值观，这种价值观即是本源属于中国儒家经典，通过几千年数代中国人的理解、解读和诠释，逐渐固化入人的不自觉行为中，以行为学中所称的行为传递的方式，继续延续、传递下去，方言即是一种口口相传的实例。实质上，儒家经典思想理念在中国的延续不断，绝大多数是以这种通过家庭的言传身教，从而保持了这种代代延续、经久不衰的可能。

除了母亲，在来到父亲身边学徒的十年时间，又是另一次对他深刻的中国传统文化价值观的熏染和影响过程。同样是从中国出生、成长，成年后才来南洋的父亲，依然延续了和陈嘉庚一样的思想文化价值观的形成过程。父亲注意查验陈嘉庚对中国儒家经典的背诵情况，以及他身上融合的深厚中国传统文化价值观的言行举止，在陈嘉庚对他的接触和观察之下，被潜移默化地吸收、继承及发展。

如此种种，使陈嘉庚在至独立创业之前基本形成了属于自己的价值观特质。在个人品行方面，他克勤克俭、重信守义、勤学善思、知恩图报、谦虚低调等；在国家社会观方面，他忠君爱国、尊师重教，尽管不知爱国具体行径为何物，但爱国的种子已在他的身体里悄然埋下；在思想传统方面，他深厚的家族、宗族观念，行善重孝、传统保守但不守旧，秉持“己所不欲，勿施于人”的基本为人处世原则。中国封建社会大环境和家族、父母的直接熏陶和影响，将他继续塑造成了一个典型的中国家长制下的严父。这些品性和性格特点，他在日后用自己的言行举止，不自觉地进行了逐一折射和反映。例如他对“天下为公”、大同理想的向往，他“服务社会”的群体观念，他服膺的“先天下之忧而忧，后天下之乐而乐”等不忘百姓疾苦的思想，他平生努力实践的“天下兴亡，匹夫有责”的爱国主义，他重公利、重道义、以道德为本的义利观，他“取之社会、用之于社会”的金钱观，他在企业中提倡的“宜以互相敬爱为心”的仁爱原则，他对忠孝、仁义、克己、和谐、勤俭以及“己所不欲、勿施于人”等思想传统的肯定，无不说明他深受中国文化传统的影响，尤其是儒家伦理道德观的影响至深。

显然，中国传统儒家经典中的“仁”之理念，以及受其母亲及多名家人信奉佛教的影响，佛教中的仁爱观，一同构成了陈嘉庚人文关怀精神的核心所在。而这，正是陈嘉庚从中国传统文化思想经典中吸收的核心文化价值观，也是他一生人文关怀精神的思想基础所在。

（二）西方文化价值观为辅

陈嘉庚在英国殖民地新加坡长期生活了近50年，在这里耳濡目染、接触了以英国殖民统治者带来及主导的西方文明，以及通过与诸如林文庆等接受西方教育的峇峇的接触，使他深受诸多影响。不但在包括发型、穿着、饮食习惯、卫生、看报纸、出行、休闲、住房等在内的衣、食、住、行生活各方面都多少融入了西式化，对其价值观、人生观，尤其是世界观产生了直接影响。他的人权平等、男女平等思想，竞争义务、遵从法律、崇尚科学的精神，重视科技、德智体全面发展的教育思想，甚至选才用人的标准，都是他的价值观受西方文明影响的直接反映。

因身处海外，多民族共存的环境自然将其华人身份放大，因而从华族群体和华人身份角度看待周遭的一切是自然选择，从而使陈嘉庚与其他华人一样，逐渐强化对自己的身份认同、对中国的国家和社会的感情认同、文化认同和政治认同，并对世界有了自己的看法，从而让他不但明晰了自己的人生观，也确立了自己的世界观。他的实业救国思想、教育救国理念，热衷华文教育、华文报纸和华人社团工作等华人文化的推广，以及为中国的人民、社会和国家事务竭尽所能，兴学办教育、解决民生问题，为中国的抗战输财输将，为中华人民共和国的成立和建设贡献自己的支持和策略，种种言行举止即是他对自己的价值观、人生观和世界观的全面阐释和展现。

在英国殖民地自由贸易区近三十年与西方人等各色人种的经济活动，使陈嘉庚的品行个性在原有基础上更趋于完善，包括诚实守信、及时核算、高效、有胆有识、深谋远虑、申请专利保护等强烈的法律意识，以及要有近忧远虑的竞争意识等。

陈嘉庚的创新不但表现在不因循守旧，接受新鲜事物，即所谓的“开化”，他接受并效仿别人的先进方法，将熟米晾晒方式引入新加坡，开创新加坡米业的新发展模式；他大胆为自己的橡胶制造工厂引进先进机器，实行机械化，同时申请多项橡胶制品专利，不断创新胶制品。

机器生产、雇佣西方人或留学欧洲人才带来的现代企业管理理念和方法，将他的公司推向了东南亚橡胶制造的前沿，种种西方工业革命的成果，促推他崇尚科学、关注实业与教育关系，并在林文庆等人先进西方思想理念的影响下，崇尚创新与实践，能很好地将实业与教育、与公益、与爱国爱乡等结合，实则是对他的社会和世界观的极大影响。

另外，在西方人为主导的殖民地社会，在领导、处理华人各方面事务的同时，在经济、政治、公益、社会等各方面与西方文化价值的交互中，考量和权衡西方人文与华人传统思想文化种种落差，诸如卫生健康、建筑、教育、慈善、研究精神等方面，他用自己的取舍言行对之做出了回答，表明了自己对西方先进文化价值观的认同态度。这一过程，使他善恶分明、疾恶如仇的本真个性更加凸显，强化了他济贫助困的人生哲学、不畏失败的成功哲学，历练了他不拘泥于小节、宏观看事物的魄力，锻造了他勇于犯险冒难的坚韧性格，显露着西方文明对其人格要素的影响，也显示着他勇于接受新鲜事物、与时俱进的开放思想。

世界各地，尤其是以欧洲为代表的西方世界的先进科学科技发展成果，让陈嘉庚的实业受益，也使他对科学发生兴趣并加以关注。他喜欢看书阅报，通过阅读获得最新的商业消息，了解当地、中国和世界的动态和世界各地的最新资讯。他关注西方的种种先进技术，记录下“美国新新监狱医生司奎亚博士，观察一百个人以上判决死刑的监犯，发现他（们）在刑前几小时，完全失去了知觉，用长针刺入他们的肌肉，他们都不觉痛”。他摘录所读到的新鲜事物，对其他地方民俗颇感趣味，记录“非洲俗例，青年要娶妻，须耐鞭子打勇气”；“印度人相信牛是神圣，杀牛（罪）甚于杀人，此迷信之深，系从小孩时误传以来”。[①] 不论是西方科技成果，还是有关世界的自然科学常识和奇闻异事，不但使他知识广博，也为他的认知、眼界、心胸打开了世界之眼，不断完善了他的世界观，并使其融入他的人文关怀精神中。

（三）闽南侨乡传统文化价值观兼具

除了以上中西文化价值观外，在陈嘉庚的人文关怀精神里还融合了他在闽南侨乡习得的传统价值观。这种价值观的根源是他在地处闽南集美的民风民俗和周遭环境延续下来的兼具典型闽南人、同安人价值特点的闽南侨乡传统价值观，包括强烈的传承性、犯险冒难、欢迎变化、引领变革、敢于承担

① 《陈嘉庚遗稿：一九四四年在印尼峇株》，第 93—95 页。

风险、勇于开拓的创造性、善于包容吸纳的开放性等。

除此之外，陈嘉庚身上还具有一些有别于其他同侨的独特价值特质，包括强烈的社会责任感与担当；克己奉公，严己宽人；大公无私，服务社会，贡献社会的社会价值观；是非明辨、疾恶如仇、敢怒敢言、无所畏惧；自信果敢，“言必信，行必果”；兼具实业家精神的典型儒商和超乎寻常的远见卓识。这些都使他在华侨群体中十分另类而出类拔萃。

第二节 陈嘉庚人文关怀精神的体现——平民意识

恩格斯曾言：作为一种理想的人文关怀，可以不断使人“自己成为衡量一切生活关系的尺度，按照自己的本质去评价这些关系，根据人的本身要求，真正依照人的方式来安排世界”。① 人文关怀是现实关怀与终极关怀的统一。所谓终极关怀，一方面是指对人本身现存状态的永无止境的不断超越，亦即对人本身的无限关怀；另一方面是指人对人本身的本质存在和理想状态的关注，亦即对人的最理想存在状态的关怀。这两方面是内在一致的。人因有自己的“终极”状态而产生了终极性的关怀，人因终极性的关怀而不断孕育他的终极状态。但作为终极关怀的人文关怀，并不意味着对时间和空间上的最终极限的关怀，也不是对可望而不可即的彼岸世界的关怀，而是对人的存在意义和人生最重要价值的一种向往、一种追求、一种超越。可见，终极性人文关怀体现的是人的一种理想，是人立足现实对人的存在的“真善美”理想状态的永恒追求与向往。这种终极性的人文关怀，孕育和建构了人类的核心价值观念、根本价值目标和最高价值标准。作为一种理想，人文关怀不可能为人的发展提供现成的价值规范体系，但它是人的现实的价值规范体系得以生成的原点和支撑点。因为，作为一种理想的人文关怀，能够为处于特定历史境遇中的现实的人指明方向和规制目标，对现实的人的既定状态中的各种非人的或物化的现象保持批判性张力，激励人追求和实现自己的全面发展，提升人的精神境界。②

① 《马克思恩格斯全集·第3卷》，北京：人民出版社，2002年，第518页。

② 寇东亮等:《人文关怀论》，北京：中国社会科学出版社，2015年，第16—17页。

母爱博爱纯朴的风范，胜于写在经书上的任何一条教条，它对少年陈嘉庚的人格品质的形成产生了极为深远的影响。作为一位伟人，陈嘉庚纯朴、诚实、勤快、踏实、极富同情心……诸多品质，可从他母亲身上找到原型。在东南沿海的渔村生活环境中，陈嘉庚不仅汲取了中国沿海渔民身上许多优秀的品质，而且对劳动和劳动人民产生一种无比浓厚的感情。这种感情一直支持着陈嘉庚的各项事业，热爱人民、相信人民、全心全意为人民服务，构成了他永恒的、显著的人格品质，使他为平民大众做出了不可磨灭的巨大贡献。正如他在几次回国视察期间，无不尽其所能的了解民情、关心人民疾苦等种种表现，反映出的是他对普通平民的人文关怀，折射出的是他自身的平民出身经历和感同身受的人文关怀。

一、平民生活

对自己近于严苛的生活，是以人文关怀精神为己任者的通例。陈嘉庚身体力行的座右铭是："应该用的钱，千万百万也不要吝惜，不应该用的钱，一分也不要浪费。"[①] 因为他认为，谋求金钱的目的是实现其普世的人文关怀，而不是为一己之私欲。他在个人自传中写道："我之个人家庭，年不过数千元，逐月薪水足以抵过。在集美建一住宅，不上一万元，他无所有。"[②] 他始终保持生活简朴，不论是在南洋还是中国，也不论是在事业发达时期，还是在实业收盘或回国定居之后。

据诸多亲友回忆，陈嘉庚的个人生活简朴程度达到令人咋舌的地步。只要看到他平日起居饮食的自奉之俭，让人难以相信衣服上常多补缀、时常叫一角钱汤面充饥的人，竟是慨献千万元兴学、名闻天下的陈嘉庚。[③] 回国定居后的陈嘉庚依然极端节俭，他限定自己每月伙食费为 15 元，平均每日 5 角，又将每月节省下来的 500 余元悉数投入集美学校建设。在集美，他住在早年旧居，穿旧衣服，用旧家具；粗茶淡饭，无烟无酒；一袭旧蚊帐补了

① 王增炳：陈嘉庚的教育实践与教育思想，《陈嘉庚教育文集》，王增炳等编，福州：福建教育出版社，1989 年，第 513 页。

② 陈嘉庚：畏惧失败才是可耻（1934 年 4 月 1 日），《陈嘉庚教育文集》，第 216 页。

③ 黄奕欢：我所知道的陈嘉庚先生的生平，载《新加坡各界追悼陈嘉庚先生大会》，新加坡中华总商会编，未刊，1961 年，第 7 页。

再补；一件棉背心已多处绽露棉絮；身边没有妻妾和亲眷，过着苦行僧式的生活。

陈嘉庚对食物极少讲究，他的午餐晚餐主要为一碗饭、一碗番薯粥、一些菜肉等。虽然怡和轩左近著名菜馆林立，如南天酒楼，备有外地名肴，他始终不曾前往尝试。他一生节俭，出门时身上极少带有超过 5 元之钞票，直到 1924 年企业收盘时为止。他从不曾踏入戏院一次，这是有关他近乎斯巴达式严峻生活的另一个例子。根据陈育崧所述，唯一例外却是事出有因。当时南京国民政府工业部部长陈公博往新，数名怡和轩会员设宴招待，陈嘉庚为回避而跑到戏园去。陈嘉庚亦不曾为自己庆祝生辰，也严禁子女在该日去探访他，即使自己身体不适时，也不许他们前来探问。①

据与他共事十多年的工作伙伴陈乌亮（90 岁）回忆，印象中，陈嘉庚每次到鳌园巡视工程，地方长官争着要请吃饭，陈嘉庚就是一口拒绝，然后，悄悄溜到陈乌亮家里，特地要他煮碗小土锅地瓜粥、佐以最爱的豆酱、萝卜干，立即坐下大口吃起来。“边吃还边说，好吃、好吃。陈老离家三十多年，最惦念家乡菜饭香。他不赴宴，不是想到这里吃饭，他盘算过，赴一场宴会要几十人陪吃，又鱼又肉，一餐下来得花很多钱。”1940 年，陈嘉庚组成“南洋华侨回国慰劳团”回到中国，蒋介石设豪宴款待，陪吃的几百人。接着，延安的毛泽东请他吃饭只多了一味鸡汤。如此反差使他对国共有了比较。一次他向陈乌亮分析原因说：“除了花钱，也是为了不让长官有机会漫天开价地向国家支取宴会费用。”陈嘉庚给自己的日伙食标准费是 5 毛钱。这样的生活，他不觉得苦反认为：穿衣吃饭与有钱没钱无关，穿够衣了不能因有钱而多穿一件，饱饭后也不能因有钱而再吃多一顿。一个人天生一张肚皮、一个身体，花几元和几百元也能保暖、吃饱，何必花那无辜的金钱？②陈嘉庚即是如此视平民生活为习以为常。

陈嘉庚也滴酒不沾，年轻时尝试过抽吸鸦片与雪茄，但在 20 世纪 10 年代即戒之。同为怡和轩俱乐部会员的林推迁称赞陈嘉庚是正人君子，从未听及他在会所内提及“嫖妓”“赌博”等字眼，所讨论不外是生意或社会事务。

① 《华侨传奇人物——陈嘉庚》（中文简体版），第 27 页。

② 《非同凡响：南洋商报创刊 85 周年纪念书籍》，第 165–166 页。

他杜绝参与任何麻将等赌博活动，一生也不曾涉及有关女人或赌债之类的丑闻。事实上，他对卖淫业一向深恶痛绝。他也不能容忍虚伪、奢靡浪费作风与好大喜功、贪污舞弊等行为。对于华人社会中充斥着的宗派、自私、无能、不负责任及闲混者，他感到非常痛心。对于巧言令色，夸夸其谈之辈，也从不买账。1931 年 7 月，陈嘉庚公司被迫转为有限公司后，他身任董事经理，月领 4000 元薪水，却吩咐将此笔款项按月汇往闽南集美学校令当时代表银行团诸位董事甚感惊愕。当问及此举是否明智时，他却说自己每月仅需 100 元之生活费，至于家庭费用可由业已长大成人之儿女们自行照料。①

陈嘉庚侄子陈共存回忆："他本是个富家子弟，独立创业后成为闻名世界的大企业家，1925 年实有家财高达 1200 余万元，超过当年一般的'百万富翁'十几倍。当年的百万富翁谁不住豪华别墅、乘高级汽车、吃山珍海味、奴婢满堂？又有谁不把产业留给子孙？唯独陈嘉庚是个例外。他勇敢地打破流传千古的世俗观念，坚毅地抵挡着享乐享受的百般诱惑，把千万家财全数投入兴办教育。直到八九十岁耄耋之年，虽然每月都有一笔丰厚的收入，但仍蜗居旧屋，粗茶淡饭，将节省下来的一分一厘全部用于祖国和家乡的建设，他唯一的目的就是早日实现强国富民的理想。"②

他的平民式生活方式，从始至终都没有改变过，不论是在他身家百万富翁时期，还是避难时期。也许这种平民式的淡薄生活的心态和态度即是让他保持身心健康的秘诀。三年多的爪哇避难生活，赋予了陈嘉庚一生中难得的闲暇时光，让他写下了诸如"吃的东西要清淡，不宜油荤及辛辣刺激之物。每餐多吃小菜及水果。"③ 等类似养生的文字，是每一个普通人理想晚年生活状态的写照。寥寥数语让人看到的只有处事不惊，而毫无被日军悬赏通缉下的惶恐不安，反映出的却是他日常对自己一贯的简单生活要求。即使是在危急时刻，他也依然保持着淡漠人生、泰然处之的平常心态，坚持有兴趣爱好、有精神寄托和理想追求的人生哲学，如此的平和心态和坦荡胸怀，折射出他强大的心理素质和伟人风范。

---

① 《华侨传奇人物——陈嘉庚》（中文简体版），第 28、60 页。

② 陈共存：去掉政治色彩的陈嘉庚，新浪网，http://news.sina.com.cn/o/2005-05-25/14145986076s.shtml（2013-8-4）。

③ 《陈嘉庚遗稿：一九四四年在印尼峇株》，第 89-97 页。

二、平民心态

（一）平民出生造就平民意识及平易近人的待人接物作风

兴学办教育是陈嘉庚一生服务社会、奉献社会、改造社会的最辉煌业绩。但陈嘉庚的这种悲天悯人的人文关怀精神，也贯彻于他一生的其他方面。最能体现陈嘉庚这种人文关怀精神的另一方面，是其平民意识。或者可以说，凡是秉持人文关怀精神的人，均有这种平民意识。

17 年的渔村乡土生活和母亲的言传身教，使陈嘉庚染就了一身典型的乡土生活习性和朴素的待人接物作风。幼年生活的深刻记忆，是他早期人生经历的铭记。另一方面，这 17 年的中国乡村社会底层的生活经历，让他亲闻、亲见也亲历了普通乡村人民生活的不易和艰辛，培育、铸就了他一生贴近平民、体恤平民、平易近人的平民心态，塑造出他朴素的平民思想和性格。这种经历类似于一代伟人毛泽东早年农民生活成长经历，同样也造就了毛泽东类似的平民意识，生于农村、又扎根于农村，找到中国的出路。同样，陈嘉庚也是深植于普通侨众之中，又反过来以自己之力回报大众的平民领袖，与他早期平民生活造就的平民心态是分不开的。

17 年乡村生活环境，使陈嘉庚吸取、继承了中国乡土民众身上许多优秀的品质，且使他对劳动和劳动人民具有一种无比浓厚的感情，支持着他的各项事业，也全心全意为人民服务，热爱人民、相信人民，构成了他永恒的、显著的人格品质。

陈嘉庚平易近人的作风是他留给身边诸多人的深刻印象。据李远荣记述，厦门《民钟报》经理李硕果[①]曾远赴南洋招股，在新加坡受到侨领陈嘉庚等人热情接待。该报在新加坡的招股办法，即是由陈嘉庚邀怡和轩、吾庐俱乐部人员开会完成。故这段经历使李硕果有机会与陈嘉庚有了直接接触，给他印象深刻。20 来岁的李硕果对陈嘉庚极为敬畏。因招股之事常去见陈嘉庚，话缘投机，谈了两小时要告辞，被陈嘉庚挽留续谈，以及直接被陈留

① 李硕果是李远哲之父的挚友，又是李远哲太太的外祖父，因而两代人有几十年的交情。故与李远哲家甚为熟识。李硕果曾是厦门《民钟报》经理，其时外勤记者主任为李铁民（后去新加坡，成为陈嘉庚的得力助手。李硕果于 1979 年逝世，享年 96 岁。见（香港）李远荣：李硕果与鲁迅、陈嘉庚及其他，《集美校友》，1993 年第 4 期总第 73 期，第 17 页。

下吃饭。身为侨领，全无架子，和蔼可亲，给李留下深刻印象。[①] 此类例子举不胜举，尽管很小且微不足道，但反映的却是深植于陈嘉庚人格中的平民意识折射出的平民姿态，也是伟人通常所具有的基本素养之一。

（二）主张基于民情的方土考察

陈嘉庚出生于平民华侨家庭。因而在他日后不论是办学还是服务社会，他的服务实践都是建立在对民情、乡情、省情甚至国情的充分了解之下开展的，尤其注重从社会底层或民众底层来考察、了解。因此，这一特质使他会不自觉地以此来看待问题或考量其他人的言行。

陈嘉庚一生中交涉人物众多。黄孟奎便是其中之一。[②] 在与他的几次交谈中，陈嘉庚发现他谈、想多大而无当，而于根本上似绝未计及。于是问他："先生生长省垣，幼时便往北京就学。毕业后居上海市镇及任厦中校长。前年则遍游欧美，所见所触多大城巨埠、富贵名人。至若故土之乡村，辛寒之民家，亦曾往游一宿之否。"黄答曰："未也。"于是陈嘉庚领悟到他的病原在于"对大多数之民情方土既绝未经历，又无注意，所处所交，非富则贵，当然失根本之原理，思想虽高，或恐未尽适当。试思自来中外名人伟迹，鲜有不从寒素起，而况身未经历，并未注意及之，故其思想或不免于离题也"。[③] 显然，要想获得贴近民生的有效措施见解，必须充分地接触和了解民情方土。黄即是因为缺乏这一基本的平民姿态和平民社会心理，从而只能发出远离地气的不相适宜的高谈阔论，对实际没有裨益，也使自己无法被授以社会重任。此即为陈嘉庚与黄基于价值观上的思想差异所在，也从另一侧面反映了陈嘉庚基于乡野民情出发的人文关怀。

（三）对贫困者的怜悯

对于贫穷，陈嘉庚认为："贫穷是社会上最不幸、最残酷之一。不论在什么时候，或在什么地方，只要是可能的话，就要立刻解除穷人苦痛。此为

---

① ［香港］李远荣：李硕果与鲁迅、陈嘉庚及其他，《集美校友》，1993 年第 4 期总第 73 期，第 17 页。

② 黄孟奎，即黄琬（作圭），福建南安人，早年曾留学美国，系该省教育界知名人士，20 世纪 20 年代后期任过福建省教育厅厅长，当时正任思明县（即今厦门市）教育局局长、厦门十三中学校长，也曾受先生聘为厦大筹备员，黄对集美学校颇为关切，又为叶采真好友，正当集美学校校长出缺，就由黄介绍叶采真与先生认识。先生对叶赏识，旋聘叶为校长。见致叶渊函第一封（1920 年 5 月 1 日）信函后注释二。《陈嘉庚文集（征求意见稿）· 1》，第 1—2 页。

③ 致叶渊函，1926 年 1 月 16 日，《陈嘉庚文集（征求意见稿）· 2》，第 211—214 页。

我人责任。应防止贫苦残酷之罪恶。”[①]故而，从看到颇有应效的《验方新编》即想到“念吾闽乡村常乏医生，若每村有此书一本，裨益不少”。[②]随即自费数次印赠，甚至在书稿运输遗失后自费登报广征验方、聘请专人辑录成书再多次印赠，[③]只为了能实现让缺医少药的贫苦大众能在需要时自查利用之便。如此为贫苦群众设身处地地着想，及在尽可能的情况下，不论是随时寄送或携赠慰问品或给予接济等，都是他对于贫困者怜悯之心的体现。

陈嘉庚以学术、教育的理念打动知名教授，以政治理念、崇高的民族气节成为中国人心目中的感激对象，他的无所不在早已根深蒂固置入集美土地里。诸多学者、教授以大观点切入其精神面貌。而小人物眼中的陈嘉庚竟是拿起刀剑的侠客。认识陈嘉庚的都知道，他绝非势利的权贵人物，在集美当年与他交往的普通人眼中，更是一位济贫大侠客。据陈乌亮回忆，当年校舍建筑工地工人千余名，当中还有七八十岁的老人家。陈嘉庚为别人自尊着想，以工代酬，特地安排轻便工作给老人家做，再付薪金，使他们不致贫困交集，也得以体面。这种非施舍而让其有尊严的获得，是陈嘉庚照顾年长贫困者的独特方式。

另据陈乌亮家隔街老邻居李念秀回忆，小时候随母乘船从新加坡回集美。由于家贫，她小小年纪就到工地抬砖帮补家用。李念秀十八九岁时被陈嘉庚遇到，询问辍学帮工原由，获悉其父李文德曾在南洋为其打过工。陈嘉庚记下后次日派人将李念秀除名，让其去集美小学读书，每个月再给予同原工资的 4 元帮补家用。日后又有意无意地关照她，派人免费为她家围猪圈、修补屋子等。久远记忆串成深厚情感，并称他是一位侠客。[④]

但是，“近水解不了远渴”，“授之以鱼，不如授之以渔”。因此，在陈嘉庚的思想意识中，尽自己的一切可能兴学办教育，最大限度地招收贫苦子弟，赋予他们以知识力量，使他们拥有改变家族和自身贫困状况的能力和潜力，是解决贫困者问题的最根本之法。这也即是他除了教育救国之外对贫困者的另一种人文关怀体现。

---

① 《陈嘉庚遗稿：一九四四年在印尼峇株》，第 94 页。

② 印赠《验方新编》，《南侨回忆录》，1993 年集美翻印本，第 8 页。

③ 见《南侨回忆录》前四篇，1993 年集美翻印本，第 8—10 页。

④ 《非同凡响：南洋商报创刊 85 周年纪念书籍》，第 165—166 页。

对于办学，他反对办学分贫富，强调优待穷人子弟。1913 年 1 月 27 日，乡立集美两等小学校正式开学。同时，陈嘉庚立下宏愿："等力能办到，当举办师范学校，收闽南贫寒子弟才志相当者，加以训练，以抚救本省教育之颓风。"他特别重视培养师资，兴办了各类师范学校（包括女子、幼稚师范等），学宿膳费全免，鼓励贫寒学生入学，减免学费，向闽南三十余县发函代招选贫寒生。1937 年 6 月 14 日在致陈村牧的一封关于优待贫苦学生和集美学校近期计划的信中，陈再三明确，决定要登报招生，不收学宿费，插班生亦然，农林生膳亦免，[①] 以实现尽可能招收贫苦学生，让更多的贫苦孩子上学。

在陈嘉庚公司日渐衰败、集美学校经费日渐成问题时，校长叶渊曾致函陈嘉庚建议向集美社男女小学学生收取一定学费作为补充办学经费困难的缓解之策。对此，陈嘉庚与叶渊往来数函讨论，但最后决定还是免收学生校费。理由是：无法实行贫富一律收费，即使收了，所收也无多，发挥不了作用、解决不了根本问题不说，反会被扣上"收费"之名声，玷污了陈嘉庚当初的办学宗旨——让贫苦学生成才，且贫富一律，更属不合；若可实行对贫苦学生免收，但对尚好家庭学生收取一定学费，这种区别对待，更会适得其反，反滋生负面口舌和事端。[②]

除了教育，他还关注任何与贫民有关的设施和举措。如倡议改善出洋客船条件[③]，体恤民众疾苦。针对华人出洋普通客舱位条件差等问题，陈嘉庚呼吁政府自购出洋船舶，将航运收为国有，发展海外通商获利的同时，改善革兴搭客待遇，如客船设备、对搭客服务等。另他还特别提到优待回国升学学生，认为可以"如一二三等舱位减收半价，统舱位完全免收，然须有母校转学书及社团保证"。以及在统舱客上落梯中或经过处，每舱须置一个大镜，使统舱客观照自查自整，注意仪表常态，免遭洋人歧视。对于建议根据不同航线改良舱位客位，如改善舱口、加宽楼梯，增加边窗、风筒，改善空气流

① 致陈村牧函，1937 年 6 月 14 日，《陈嘉庚文集（征求意见稿）· 3》，第 52—54 页。

② 不赞成集美小学收取学杂各费，致叶渊函，1933 年 1 月 16 日，《陈嘉庚文集（征求意见稿）· 2》，第 340 页。

③ 陈嘉庚：《我国行的问题》，南洋华侨筹赈祖国难民总会印赠，1946 年 6 月，第 6—9 页。

通及光照需要；设立妇女优先舱位等。[①] 总之，对统舱涉及的问题基本上都给予了改良建议，显示着他细心关注民众疾苦、体恤普通百姓的一颗仁爱之心。出了国门，“华侨意志”“中国本位”[②] 的同胞情结便油然而生。国民素质固然代表国家形象，但对普通民众疾苦的体恤，显示的却是同胞情甚是手足情，他以自己的立场和角度，设身处地地为普通民众着想，将其基于平民意识的人文关怀进行了另一种较彻底的展示。

（四）提倡“宜以互相敬爱为心”的仁爱原则

陈嘉庚在他所拟定的陈嘉庚公司分行章程服务细则中规定：“各职员店员，宜以互相敬爱为心。职务虽有高下，人格原是平等。凡侮慢倾轧种种恶德，皆宜屏除。”[③] 以及在公司章程的眉头警语中注明“顾客遗物，还之惟谨；非义勿取，人格可敬”，“待人要敬，自奉要约”，[④] 显示在他的观念中，他认同基于人格平等基础上的待人处事原则。故而，对于人与人之间的关系，陈嘉庚认为，没有贵贱之分，都是平等的，尽管有职务高低和分工不同，但都不是有任何侮辱、怠慢、倾轧等种种恶德作为的理由和借口。因此，平易近人的作风是他留给与他交往的人的第一印象，不论是在他初入社会、自立奋斗时期，还是在他已经成为“橡胶大王”、成就百万富翁之后。这种平民心态的低姿态折射出的立身处世之原则，深深影响着陈嘉庚的人生观和世界观。在其思想意识中，建立三民主义的理想国家是陈嘉庚支持孙中山的原因所在。而西方社会所推崇的自由、平等和民主则是他来南洋后从多元文化中吸取的营养，推动着他旗帜鲜明地开展兴办女学、革除发辫、促废长衫、禁鸦片、废丧仪等种种革新鼎故之举措，展现着他对惠及平民大众的人文关怀。

另外，基于社会职务之别而产生的礼节礼数是陈嘉庚在1940年回国慰劳时对国共两党统治区考察对比而得出的深刻印象。访问国民党统治区时，重庆的官僚作风自上至下，不仅最高统帅蒋介石坦然地接受着来自下属各

① 陈嘉庚：《我国行的问题》，南洋华侨筹赈祖国难民总会印赠，1946年6月，第5—9页。

② ［香港］黄枝连著：《东南亚华族社会发展论》，上海：上海社会科学院出版社，1992年，第187页。

③ 陈嘉庚公司分行章程（自印1929年），第三章　服务细则，《陈嘉庚教育文集》，第152—155页。

④ 陈嘉庚公司分行章程：眉头警语，《陈嘉庚教育文集》，第155—158页。

界的毕恭毕敬，俨然一位皇帝；且负责管理南侨机工的西南运输处，竟然将志愿从南洋回国服务的南侨机工一个个训练成了见来客就举手立正行礼的顺民，让同样是从南洋回来的陈嘉庚感叹："此种礼节之繁，为在洋及回国后未曾见。延安无阶级固勿论，便是重庆及各省县亦未见过。岂西南运输处在昆明所特有者乎？"① 由此不难排除，是为整顿他们由于长期生活、习得于南洋国家而带来的自由民主作风，但也从另一侧面反映了国民党领导人及统治区中笼罩的严重的阶级官僚主义思想和作风，是中国封建社会的遗毒，与民国时期文人学者和爱国志士所推崇的自由民主风格格不入。

与之截然相反的是，在访问共产党统治区延安时，陈嘉庚去探访毛泽东住处，只见"南洋女学生来，无敬礼便坐，并参加谈话，绝无拘束。又一男学生来亦然。少顷集美学生陈必达来亦如是。余乃知平等无阶级制度。近晚朱德、陈绍禹夫妇亦到，诸人安然坐谈，未有起立行礼等项"。② 甚至在朱德总司令陪同参观第四军校时，适学生在校前赛篮球，学生及观众均无行礼。有学生招呼朱德总司令去比赛一场，朱君即脱去外衣与诸生共赛两场，其无阶级复如是。③ 延安的这种无阶级之分、官民平等共处的和谐现象，显然是与陈嘉庚一贯所持的平等待人、人人平等的平民处世观和仁爱观是一致的。故而，成为他极力推崇的人文关怀精神内容之一。

（五）尽力于各项重大公益慈善事业，很多时候带头捐输

在印尼爪哇避难时期写就的遗稿中，陈嘉庚对自己写下的八条养生生活条例的最后一条是："养成乐善义务习惯，凡事认定一息尚存，都是可以办到的，即不幸物化，精神亦可长存不死。"④ 这种对慈善事业的热衷，并非始于写下这些文字之后，而是早在他 1894 年初入社会后不久自费印赠药书《验方新编》⑤ 即始。之后，他相继于 1911 年组织保安会筹募二十余万元汇寄救济闽省及维持治安⑥、1915 年筹募二十余万元支持天津水灾⑦、1928 年

① 司机多礼节，《南侨回忆录》，1993 年集美翻印本，第 255—256 页。

② 平等无阶级，《南侨回忆录》，1993 年集美翻印本，第 205 页。

③ 积极扩军校，《南侨回忆录》，1993 年集美翻印本，第 209 页。

④ 《陈嘉庚遗稿：一九四四年在印尼峇株》，第 92 页。

⑤ 印赠《验方新编》，《南侨回忆录》，1993 年集美翻印本，第 8 页。

⑥ 闽省光复与南洋华侨，《南侨回忆录》，1993 年集美翻印本，第 10 页。

⑦ 筹赈天津水灾，《南侨回忆录》，1993 年集美翻印本，第 14 页。

发起山东惨祸筹赈会筹募国币一百三十余万元予以支持[①]，以及1935年募捐国币八万余元支援闽南水灾[②]等，包括在中国福建和新加坡等地带头倡捐筹办学校，诸多服务公益慈善之举，无不是他“牺牲自己，利益社会”[③]的真实写照。这样的字眼，尽管是他在避难时期写下的对自己的鞭策之语，却成为他一生实践带头捐输、尽力于各项重大公益慈善事业之举的行为准则和目标，也是对他一生最贴切、准确的总结和写照。他用自己的一生实践了上述对自己服务社会的要求，是陈嘉庚平民意识之上的人文关怀精神的又一倾力体现。

三、平民教育

陈嘉庚主张男女平等。与中国传统的“女子无才便是德”之伦理教义截然相反的是，近代西方文化中即已对女子教育和地位给予了足够的重视，因为女子不仅是相对于男子来说的社会的另一重要组成，更重要的是她们肩负的是抚养和教育下一代的家庭教育重任。故而，提高女子的地位和教育程度，是对整个家庭和家族发展的关键。这即是西方倡导男女平等的自由平等理念的根本所在，也是近代中国逐渐倡导的女子解放自由的逐渐醒悟。对于陈嘉庚来说，这种对女子教育水平的重要性和对女子、即未来母亲的重要作用，从出生至17岁成人出洋前他一直在母亲的长期陪伴、教育培养和熏陶下的成长经历有着切身体会。

从陈嘉庚的诸多言行来看，他的人文关怀精神有着中国传统文化的影响，但也受近代西方平等理念的影响。华人社会向来重男轻女。陈嘉庚则提倡男女有平等的受教育权利。他认为“居今时世，非但男儿当受教育，女子亦当受教育。在浅识之人，多云女子受教育，乃为他姓造福，而不知未嫁之前，能教其弟侄，既嫁之后更能顾爱父母家以及造成女子自身之幸福也”。[④]早在1915年他即参与创办新加坡崇福女校；在1913年首办两等小学后的

① 济案筹赈会，《南侨回忆录》，1993年集美翻印本，第35页。

② 闽南水灾捐，《南侨回忆录》，1993年集美翻印本，第48页。

③ 《陈嘉庚遗稿：一九四四年在印尼沓株》，第95页。

④ 三五四 华侨反误乡亲，《南侨回忆录》，1993年集美翻印本，第329页。

1917 年 2 月，陈嘉庚又在集美兴办女子小学，以小学校长洪显民兼主持，[①]成为集美男小学校发端后的第二所学校。而为了鼓励集美乡社的家长愿意送自家的女孩入读集美学校，陈嘉庚另规定给予入读的女子一律免除学费，且发给 2 元零用钱的优待。这一举措极大地促进了集美社女子入学率，提高了女子的受教育水平。

陈嘉庚主张平民教育。纵观陈嘉庚的兴学历程，不难看出他的办学宗旨是在量的基础上，注重提高质。其原因是他认为“私人负责办学既属少数，或认捐多少钱为已尽职责。若余亦何独不然，虽明知其弊亦无法改善。转念质虽欠佳，而量则愈多愈妙，所谓聊胜于无。余既明白了解斯义，故一意热诚致力，毫无反顾，绝不因学生罢课，校事乖舛，财项有些差弊，便即缩手灰心。窃度民国初基，政局未定。质虽有差，量不可无，如水太清则无鱼，欲速反不达”。[②]故而，他的这一为批量生产人才以快速改变中国积弱状态的办学宗旨和教育救国理念，是通过实施让广大贫苦子弟都能受教成才的平民教育来获得实现的。因而，从办学伊始，不论自办还是补助之校，他所实践的办学之道即一贯主张普及平民教育。

他的这种平民教育策略，是与官办或公办学校格格不入的。理由是在他做闽省教育调研时即发现，原来那些由政府主办和扶持的公办学校，其生源来自富家官宦子弟，官办人为的贫富界限将教育变成了富人子弟混文凭或业余消遣、消磨度日的专利，而无数好学有才干的贫苦子弟则被人为地挡在了学校门外。因此，他发誓要改变这一状况，由自己私人主办。这也是他为何从来不资助公办，只资助那些私人学校的原因。且为了解决最主要的闽省师资来源问题，他大力提倡培养师范毕业生，并持续给予免学宿费的最优待遇，招生对象则即是面向一般的贫苦子弟。对于靠近省会之地的就学问题自可以依靠官办学校解决，“论官立（公立）之校，我实不宜为之代庖，此乃弟自来不移之主张”。但对于闽南，陈嘉庚认为因远离省会等官府职权范围，闽南则另当别论。其原因是“因我闽南自来无分甘官费之资格，故我不

① 沿革，《福建私立集美学校十周年纪念刊》，集美学校编，1923 年 6 月 15 日，第 4 页。

② 陈嘉庚：《南侨回忆录》，南洋印刷社，1946 年，第 10 页。

自谋，彼定不怜我也”。[①] 此即是他欲实行的“大闽南主义”的内容之一——依靠私人力量振兴闽南的教育事业，提高闽南人的教育水平和素质，从而振兴、壮大和改变闽南这一在闽省中被边缘化、加上自然地域贫瘠原因逼迫闽南人不得不纷纷出洋求生存的种种不利地位。

陈嘉庚刻意规避官办教育弊端，并几乎针对官办教育门槛而设立的私立集美学校，即是他实践平民教育的大本营。这一明确不资助官办学校、且明确规定选生要符合一定的条件，重点招收贫民子弟，即是陈嘉庚办学的一大特色，是他进行平民教育，乃至大众普及教育的贡献所在，是他平民意识的人文关怀的另一重要体现。

四、平民政治

陈嘉庚对腐败和社会不公深恶痛绝。他曾屡次言及“无为之费，一文宜惜；正当之消，千金慷慨”。在避难爪哇时期，他也写下这样的句子：“赏罚不明，百事不成。赏罚若明，四方可行。”[②] 他的公正不阿之个性显现无疑。除此以外，明辨是非、疾恶如仇的是非观是他最鲜明的个性。他对体现腐败和社会不公的人和事深恶痛绝，不设法加以改之绝不罢休，其突出事件即是对闽省主席陈仪的高调讨伐。[③]

这场陈嘉庚一个人与蒋介石、陈仪乃至国民党长达近一年的政治斗争，之所以最后能获得圆满结果，根本原因即是来自中外特别是海外闽侨界的团结和舆论声势给蒋施加的压力，否则蒋介石连陈嘉庚给他的电文都不予回复。这一事件，为当时陈嘉庚回国慰劳以及诸多重大事件之外的又一团结中外侨界力量的轰轰烈烈之事件。尽管他的这次高调攻击陈仪的运动，也被称为“扬家丑”之争。俗语“家丑不可外扬”。有人认为他不该扬“家丑”，使人耻笑，伤心。但更多人认为他的这一行为正是避免“讳疾忌医，等于自杀”的做法，更何况闽省病症，必经揭发，才能明白病在何处，从哪里下手

① 关于发展闽南教育问题，致叶渊函，1926 年 2 月 16 日《陈嘉庚文集（征求意见稿）· 2》，第 215—217 页。

② 《陈嘉庚遗稿：一九四四年在印尼峇株》，第 95 页。

③ 决意攻陈仪，《南侨回忆录》，1993 年集美翻印本，第 354 页；在仰光福建会馆报告闽人惨状，《南侨回忆录》，1993 年集美翻印本，第 389—392 页。

医治。也有人担忧他这一揭家丑行为或可减退一般人“出钱”之心。但显然是多虑，陈嘉庚每在报告闽政之后，必对闽侨强调：闽政不过是一个地方之事，可以设法改善，与抗战全无关系，希望侨胞抓紧出钱，帮助抗战。因此，家丑不怕外扬，只怕扬而不抑。问题不在面子与伤心，而是用什么方法去改善闽政、解除闽人痛苦。这次陈嘉庚揭发闽省弊政，“缕陈细举，足慑贪官之魂，夺污吏之魄，正直公言，诚令人钦仰无既”。[①] 为了救闽省人民大众于水深火热，陈嘉庚抛开个人名誉、政治前途，甚至不顾与国民党最高领袖蒋介石及其夫人宋美龄生出恶感、关系破裂，义无反顾地竭尽自己所能的发动和团结中外人士和闽侨的力量，在强大社会舆论压力的共施下，终致陈仪、徐学禹二位祸闽之人撤除。其最主要原委是因为陈嘉庚“不忍坐视闽民凄惨于不救、不计利害，唯有以积极进行为天职”[②]，将他对贫民和平民疾苦的人文关怀，以及他对腐败和社会不公现象深恶痛绝的鲜明个性，进行了一次淋漓尽致的反映。

陈嘉庚的悲天悯人的平民意识甚至也影响着陈嘉庚的政治选择。在孙中山活动于南洋时期，陈嘉庚在林义顺等人介绍下，剪去发辫，加入了同盟会。他与孙中山有过几次珍贵会面。他是孙中山的支持者，不仅因为孙中山所倡导的三民主义以及要带领全中国民众走向共和世界的理想，与陈嘉庚的理想一致，更由于孙中山知道革命经费来之不易，因而生活简朴，每次回国都买二等舱位，既省钱也为摒弃进一等舱须着正装的歧视政策。孙中山的这种平民姿态符合陈嘉庚的价值观。孙中山逝世后，他的革命事业落入蒋介石等人之手，革命目标也变了味。这是一直身处南洋的陈嘉庚所不了解的。他对中国走向共和的美好愿望还是一如既往，不断地向国民政府捐输革命经费、抗战经费，并购机寿蒋。然而，当他 1940 年回国慰劳考察时，在发现他此前一直支持的这位蒋中正，并不是一个平民领袖，更无平民意识时，一切都发生了改变。在抗战时期的重庆，蒋介石花 800 块银元在重庆最好的酒店为他摆了一桌“接风宴”，而在耳闻目睹了重庆官员的纸醉金迷后，陈嘉庚更加愕然。去延安后，毛泽东留陈嘉庚吃饭，上的菜是自己种的豆角、西

① 梅：家丑不怕外扬，《南洋商报》，1941 年 1 月 8 日，第 9 版。
② 救闽更积极，《南侨回忆录》，1993 年集美翻印本，第 401 页。

红柿，只是特地加了一味鸡汤。陈嘉庚的政治选择已经悄然埋下。因为一个腐败、保护巨大社会不公的政权，一定不会是为普通民众着想的，更无法带人民走向共和、实现世界大同理想，这当然不会是陈嘉庚的选择。

陈嘉庚认同于孙中山的简朴低调作风。和孙中山一样，陈嘉庚很忌讳从衣食住行等方面刻意地要与民众拉开距离，显示身份、地位等之特殊。因此，孙中山唯恐革命不彻底，而自己一生即很少穿清朝遗留的显示身份地位之别的长衣马褂的做法，陈嘉庚是十分认同并赞赏的。

然而，陈嘉庚寄予了极大期许的有平民作风的一代伟人孙中山，在接过中华民国总统之棒不多久，便被试图复辟封建帝国的袁世凯篡位夺权，失去了践行他提出的三民主义的实施权，没能带给陈嘉庚如期的结果。而国民党的接班人蒋介石，以其早就对法西斯理论甚感兴趣，于1931年5月国民政府在南京召开决定国家大计的“国民会议”的第一天便提出必须在中国建立法西斯主义的统治，推崇法西斯独裁主义，造就了几乎无官不贪、高官更带头贪的国民党高官大贪污景象；而他对民生疾苦的漠视更导致1942年冬至次年春的河南、广东大灾荒。[①] 对于这些事件，事后蒋介石却总以营私舞弊、封报堵住舆论和经济学家批驳的嘴来收场。这一系列的荒唐言行，只能最终将他自己送进了独裁者的坟墓。灾害和贪污本是国家和政府的常见问题，关键在于不同政治制度下会有不同的处理方法和结果。故而学者评论认为河南旱灾惨剧实质是人祸，是政治独裁专制和剥夺新闻自由的恶果。

对于中国的前途和未来，陈嘉庚从来都没有停止过寻觅希望。自民国成立后，他对于中国前途抱热烈希望。虽军阀内讧，战争不息，但总念国家改革必经相当时期之困苦才能达到幸福目的。至1928年北伐成功，南京政府成立，他更希望中国能如苏联之彻底改革，埋头苦干，兴利除弊，措国家于发展之基。然而，他看到的是“历过多年，绝无实现，只是独裁欺诈，媚外害民，消除异己。至七七事变后，抗战多年，民生惨苦，而独裁者仍不悔悟。……余意设使天佑中国，降生忠诚建国人才，不知须再延迟若干年之久方能代蒋氏掌握政权，以救国救民，况今世尚未闻有此人才，故忧虑悲观，

① 袁伟时：强国梦与宪政之路——蒋介石在1943年，《炎黄春秋》，2003（7）：14–20。

无时或已”。[①] 为此他曾经迷茫、困惑过。

回国慰劳去延安后，陈嘉庚对共产党统治进行了考察：关于国共摩擦事，据该方表示，愿极力退让忍耐，避免分裂，以枪口一致对外为目的。军事、政治、民生等，其他兴利除弊，都积极推行。中国共产党当时的这一治党方式，正符合陈嘉庚的价值观和预期。因为他本是平民出生，而在他的骨子里，一直都有着对治国明君的期许，以及能实现人民幸福、国家强盛的期待，而前提是这样的明君应该也会同民众一样，有着一般的平民意识，懂得了解民众疾苦，有可以与人民同甘苦、共命运的平民做事风格。从对共产党与国民党的反差中，陈嘉庚陡然发现，他苦苦寻找的符合他期许的这个“忠诚建国人才”终于出现了。故而，之后他向南洋侨众发出了“中国的希望在延安”的呼声。

第三节　陈嘉庚对人的人文关怀

陈嘉庚的人文关怀，包含对人、对社会以及对国家和世界的关怀，这种关怀从小至大，从一个个的个体对象到国家乃至世界的整体范围，从社会的底层个体到国家层面的上层建筑，他用自己的言行一一展示着自己的人文关怀。个体是国家及社会的基本组成单元。因此，对人的关怀是人文关怀的终极关怀，也应是人文关怀之首要。因此，陈嘉庚对人的人文关怀，是他最本原的人文关怀。

一、陈嘉庚是倡导人文教育的典范

（一）人文教育是人文关怀的集中体现

人文教育是中国传统教育的主要特征。孔子编辑而成的包括《诗》《书》《礼》《乐》《易》《春秋》在内的“六艺”，成为古代教育教学的基本内容和体系。[②] 总体而言，“六艺”教育是为塑造君子理想人格服务的一套有关人事伦理道德教育的日常行为规范体系。在“伦理中心主义”思想影响下，学校课程内容上就是德育占据主要内容，其他各育则处于从属地位。反映封建伦

① 自序，《陈嘉庚言论集》，陈嘉庚著，星洲南侨印刷社，1949 年，序页。

② 孙培青主编：《中国教育史》，上海：华东师范大学出版社，1992 年，第 65 页。

理道德的“四书”“五经”则成为学校的主要教材，这种情况在近代西学传入之前基本上没有改变，形成一种较稳定的学校教育内容模式，服务于统治阶级对治世人才的需要。

总体而言，中国的传统教育是以人文教育为主要特征的教育，经学教育绵延了整个封建社会，科举制度也决定了读书人的求学兴趣和治学方式，“伦理道德中心”成为学问的最后归宿，体现了强烈的人文精神和价值追求。

陈嘉庚是倡导人文教育的典范。他兴学办教育，不但遵循中国传统的人文教育之路，且懂得在时代的发展变迁中，及时吸收时代精髓，与时俱进，在倡导科学与人文教育结合的民国时期，坚持以人为本的人文关怀，使之所办的教育不但建立在人文教育的基础之上，且成为融合学校教育、社会教育及平民教育在内的人文教育。这种人文教育，不但不仅限于学校教育，且最大限度地发挥教育普及的普世价值理想，使人文教育得以最大限度的推广和延续。主要表现在：

尊师重教。教师关乎教育之质量，校长同样为学校教育之首要关键人物。因此，在集美学校三易校长之后，为了聘到好的校长，请叶渊放弃从商志愿帮他来执掌集美学校，陈嘉庚给叶渊去了不下数次信函，晓之以理、动之以情地让叶能回心转意，心甘情愿地来集美执掌。受他诚恳之感动，叶最终答应来后，陈嘉庚不但承诺完全不干涉校务，且给予叶渊完全的信任，遵循“用人勿疑，疑人勿用”之原则。在所有陈嘉庚给叶的信函中，他始终尊称比自己年纪轻的叶为“校长先生”，而落款则是“弟陈嘉庚手上”[①]，显示着他对叶渊的爱护和尊敬。

应需设校。陈嘉庚的前瞻视野在于开办学校的专科科系，都有一股兴学、兴国的道理，以及考虑到中国与南洋的关系。[②]如他在《南洋商报》发刊词中所道及的商战与学战之关系：“其经济上势力与精神，尤能辅助国家，以培育无量数之人才，而使其互相利用获益者，盖商战也，而学战已寓其中焉。”[③]很多方面都是可以兼顾的。例如，集美师范学校免费招收贫寒子弟，

① 见陈嘉庚致叶渊书信，《陈嘉庚文集（征求意见稿）· 1—2》，1994 年。

② 《非同凡响：南洋商报创刊 85 周年纪念书籍》，第 18 页。

③ 本报开幕之宣言（实业与教育之关系），《南洋商报》，1923 年 9 月 6 日，第 2 版；9 月 7 日，第 2 版。

不仅是为集美，更是为培训东南亚的教育师资、延续海外中华文化而努力。航海学校基于了解到中国海岸线绵长但渔获不丰，航海技术不振，想要改善，特地订购了机械，建成集美一号和二号两艘渔船供学生学习。[①]

优待学生。陈嘉庚在初办集美师中学校时，收师范生三班、中学生两班，即规定中学生只交膳费，学宿费均免；师范生膳费亦免，各生不拘师中，所需被席蚊帐，概由校中供备，以资一律。集美学校自1920年添办女师范及幼稚师范，陈嘉庚规定其待遇与男师范同，办商科，待遇则与中学同。[②]故而，曾在集美小学、中学、厦大三所学校接受过教育的陈共存回忆认为，集美学校在当时具有别间学校所没有的两项特点，其一即是校方出钱请小孩来读书。当时中国乡下生活困难，普通人家都没有能力送子女去上学，教育成了富人的专利品。为鼓励家长送子女上学，集美学校不但免学费，且免费提供住宿用品和课本。此外，学生有来上课，每月还可拿到数约2元的生活津贴。陈嘉庚在中国办义务教育，还要提供津贴来吸收学生，这种情形在目前是难以想象的，也难怪陈敬贤后来会因忙于处理业务和校务而积劳成疾。[③]故优待学生按各中学生，每生补助一年校费二三十元，师范班每名补助五六十元，统计应受补助者作一千名，全年仅四万元耳。……[④]

特招贫困生为师范生。为了改变闽省师资匮乏之弊，陈嘉庚在创办小学、中学后即开办师范部。鉴于福州省立师校偏弊，故力思改革，以期普遍。对师范生招生加以改革，避免殷实子弟志愿有乖，毕业后不肯服务教职，于是函告闽南30余县劝学所长，请于每一大县代招选贫寒学生五六人，小县三四人，共一百廿余人，并烦注意人选，详填履历，到校时加以复试，凡违背定章或不及格者决不收容。经如此严格取缔，各县选来诸生大都相当不错。再后逐期招师范生仍依此例，数年后已无须防弊，始取消此规例。[⑤]

优待归国华侨子弟。陈嘉庚规定，南洋华侨小学毕业生如有志回国升入中学者，则由新加坡陈嘉庚公司门店予以介绍函，概行收纳，到校时如考试

① 《非同凡响：南洋商报创刊85周年纪念书籍》，第18页。
② 陈嘉庚：《南侨回忆录》，南洋印刷社，1946年，第6、10页。
③ 陈共存曾在集美学校受教育，《联合早报》，1984年7月8日，第16版。
④ 致叶渊函．1926年2月16日，《陈嘉庚文集（征求意见稿）·2》，第215—217页。
⑤ 陈嘉庚：《南侨回忆录》，南洋印刷社，1946年，第6页。

未及格者，则另设补习班以教之。此优待华侨派遣子弟回国而设之例永存不废。

规定小学校不收寄宿生。主因是小学校应鼓励各乡村自办为最要，集校如收纳，不但不能容多人，如外乡有钱子弟多遣来学，便失在乡提倡之义，反有损无益，且能占去中学生寄宿位。若南洋侨胞有意遣回子弟就学，以及教职员家属，则尽量接受之。[①]

首开闽省华语（当时称为普通话）教学先河。陈共存回忆，中国各省人民本使用不同方言，省域观念很重，致彼此间缺乏沟通，如同一盘散沙。当时刚好中国政府大力推行使用普通话运动，获得年轻知识分子支持。陈嘉庚便决定在集美推行以普通话作为教学媒介语，特到华中及华北聘请年轻教师。他认为，采用统一语言有助于团结中国各省域的人民。

陈嘉庚对集美校务的关心程度是远超过人民所能想象的。陈嘉庚的公司宣布收盘时，他仍想把结束营业后所取回的资金作为集美的经费。陈共存于1937年抵达新加坡后，第一件事便是到怡和轩拜会陈嘉庚。陈嘉庚和他谈了一个多钟头，最后，陈嘉庚说："我一生经历了这么多变故，现在即便是地上有金子等着我弯腰去拾起来，我都不想干了。"陈共存认为，陈嘉庚一生最大的旨趣是为了替国家培养人才而兴办教育。当时他已经达到这个目的了。对他来说，钱财要妥当应用才有价值。故而，陈嘉庚热心于办教育及赈灾的精神，对曾在他身边工作过的人士影响很大。李光前、陈六使及陈共存等人日后在事业有成就后皆热心于社会公益事业，并非没有由来的。[②]

（二）学校教育："三育并重"是人文教育的宗旨

美国杜威认为教育有二：一曰学校之教育，一曰校外之教育。[③] 校外教育的缺点是偶然性，是一种散漫无系统、无规则的零星琐碎的教育。相比而言，学校教育则是比较有系统的一种人群仪式。[④] 因此，陈嘉庚毕生心血即

① 陈嘉庚:《南侨回忆录》，南洋印刷社，1946 年，第 6、10 页。

② 陈共存曾在集美学校受教育，《联合早报》，1984 年 7 月 8 日，第 16 版。

③ 杜威：经验与教育之关系（在南京的讲演），《杜威在华教育讲演》，单中惠、王凤玉编，北京：教育科学出版社，2007 年，第 200 页。

④ 教育与学校的几个关键问题（在南京高等师范学校的讲演），《杜威在华教育讲演》，单中惠、王凤玉编，北京：教育科学出版社，2007 年，第 97—98 页。

是创办适合不同年龄和培养目的的各类学校，从幼稚园、小学、中学、大学、师范、水产、航海等体系完备的各类学校包含在集美学校之内。厦门大学单独设立，是接受集美中学毕业生的主要升学出路之一，为祖国的建设和发展培养了无数人才。关于学校教育，以下几点值得关注。

注重教育普及。他经过参观日本人和美国人所办学校，发现他们的校长教师办学积极主动、尽心尽责，与国内情形大相径庭。这种差异纯粹是由于经年的教育不普及等问题所致国民素养不够造成的觉悟差异，因此他立志要改变这种学校教育的颓势，认为："质虽欠佳，而量则愈多愈妙，所谓聊胜于无。……质虽有差，量不可无，如水太清则无鱼，欲速反不达。"先有量变，才有质变，否则一切无从谈起。这即是促动他在集美创办了各类学校、全面铺开，广撒广设，并广泛扶持捐助各地学校的缘故。故而，任凭学生风潮影响或是经济困难，他都坚持不言弃，努力实现基础教育的普及。另一方面，为实现教育普及，他在自己力所能及范围内，试图发动有经济实力的政府、机构和广大侨众，认识到教育的重要性并有所行动。故而他规定集美学校的小学不招收寄宿生，以鼓励各乡村自办为最要。[①]

严选教师。师资问题足以影响教育，好学校能栽培出好学生，好学生能成为好老师，这是循环往复的。办学伊始，师资问题即是陈嘉庚所面临的最大问题。他认为"以教育言，有良好之大学，自有良好之中师。有良好之中师，自有良好之小学。譬植树焉，不培根本，枝干何处发达，理势然也"。[②]所谓"千军易得，一将难求"，要提高教学质量，他考量选对教师最为关键。[③]为选聘到好校长，创办不久的集美学校接连三易校长，他的原则是"好教师……，决无待价而沽之理"[④]，"慎重聘请，否则虽暂时虚位，亦属无妨"[⑤]，直至符合条件的叶渊出现才告一段落。为选好教师，他派胞弟陈敬贤去国内各地以高薪选聘；另资助优秀学生出国留学，学成后返聘为教学骨干；又聘请从国外留学归国的留学生到校任教。著名学者黄炎培曾在集美学

① 陈嘉庚：《南侨回忆录》，南洋印刷社，1946 年，第 10 页。
② 本报开幕之宣言（实业与教育之关系），《南洋商报》，1923 年 9 月 6 日。
③ 《非同凡响：南洋商报创刊 85 周年纪念书籍》，第 17 页。
④ 集校第三次更动，陈嘉庚：《南侨回忆录》，南洋印刷社，1946 年，第 8 页。
⑤ 集校安定，陈嘉庚：《南侨回忆录》，南洋印刷社，1946 年，第 9 页。

校当过高级顾问，毕业于英国爱丁堡大学的医学博士林文庆、鲁迅等20多位著名学者均曾在厦大服务。一流师资奠定了两校在中国的未来影响力。[①]

诸育并重，尤重德育。在办学时期，陈嘉庚秉承德、智、体全面发展的“三育并重”宗旨，致力于培养全面发展的复合型人才，而非死读书的人，尤其重视德育。1932年7月，叶渊致函陈嘉庚请示有关学生想去日本留学之事。陈嘉庚不同意，理由是在国土被侵情况下，允许学生去敌国留学，就不再是纯粹教育问题，而是有关国家尊严的问题了。在他看来，首先中日交战只是时间问题。不论怎样，“九·一八”事件已经在中日之间结下不共戴天之仇。其次，“该生等热心向往，呜呼，人格如斯，可胜痛哉！”教育首先要教会学生做人，做一个有着正确人格的人。在已有家仇国恨的情况下，仍一心想要去敌国留学，则是人格教育的失败。再次，派学生留学日寇，“此举一闻之国人，本校将何以自解？而以模范全省之学校，竟行此凉血之举动，岂不痛哉！”[②]陈嘉庚创办集美学校以爱国心坚持出力而著称，如此言行不一，为国人所知，对内对外都无法交代。因此他坚拒，但鼓励师生去关注、研究中日局势发展，形成研究论断，提供自己公司参考。[③]

提倡职业教育。据时任江苏教育会副会长、在教育界鼎鼎有名的黄炎培之后回忆，他在江苏创办中华职业学社，开创了中国职业教育先河，但当时办社、办校、买机器、造房子需要的经费无从着落。于是，为了募集办校经费，黄到南洋新加坡，由林义顺介绍认识华侨领袖之一陈嘉庚，一席倾谈之下，陈嘉庚表示愿从1917年起连续五年捐赠该社一笔资金，每年一千元。[④]经此事，陈嘉庚为黄所办的职业学校认捐一万元，使他们二人故颇相知。1918年陈嘉庚遣派其胞弟陈敬贤去上海选聘校长和教师。恰逢黄炎培来南洋视察教育事业，不日将回上海。于是，陈即请黄炎培回上海后代聘校长及教员，获许诺。在当年秋季开学前，黄虽然仅为陈嘉庚聘到一校长及教师五

① 《非同凡响：南洋商报创刊85周年纪念书籍》，第17页。

② 在国土被侵占的情况下，不同意学生到日本留学，致叶渊函，1932年7月16日，《陈嘉庚教育文集》，第409页。

③ 希望学校师生关注并研究中日关系之现状与发展趋势，致叶渊函，1932年7月25日，《陈嘉庚教育文集》，第409页。

④ 黄炎培：《八十年来》，北京：文史资料出版社，1982年，第79—80页。

人[①]，但黄炎培当初创办中华职业学社之举，显然是对陈嘉庚产生了影响，促使他日后在集美学校中也陆续增办了水产、航海、商科、师范等直接面向社会就业的职业教育；并且结合集美的地理特点，陈嘉庚将水产航海学科办成了集美学校的特色专科，成为当时中国为数不多办此专业的学校，为中国培养了无数相关专业技术人才，成为他重视职业教育的最好例证。

设立成美储金资送优秀学子入学高等学府深造。成美储金的目的是协助品学兼优之集美学校中等毕业生升学。规定受贷费之待遇者，毕业后服务社会，有使本储金效力继续发展之义务。除清偿所贷母利外，应再量力捐助。[②]从设立至1933年，成美储金累计贷费资送63人前往中外高校深造，其中，前往日本深造的有10人，前往中国国内高校深造的，北平2人，上海10人，南京6人，厦大11人等。[③]1933年3月时在贷费生有24人，其中日本2人，北京1人，上海6人，南京3人，苏州1人，福州2人，广州3人，厦门5人，本校高中1人。[④]

（三）社会教育：爱国教育是人文教育的精髓

对于社会教育的重要性，宋蕴璞认为：社会教育足以补助学校教育之不足，而其潜移默化，感人之力尤深。故他游历新加坡时观察发现此地有关社会教育机关，除政府所立之博物馆、图书馆外，华侨所办者惟书报社数处而已，其他设备概付缺如。故认为当时新加坡华社在社会教育方面的重视度不够。[⑤]

陈嘉庚对社会教育重要性的体认始于其自身经历。他自幼只接受了9年余私塾教育，17岁塾师去世后便辍学出洋学做生意，为继承家业而奔波忙碌。除1894年至1895年夏之间趁回乡完婚之机随塾师补习[⑥]之外，从此再无机会和时间重返学校。故而日后他的从商、办学、从政等成功经验均是通

① 师范中学师资之困难，陈嘉庚:《南侨回忆录》，南洋印刷社，1946年，第8页。

② 《集美学校廿周年纪念刊》，集美学校校董会编，1933年，第355页。

③ 成美储金历届贷费生一览表,《集美学校廿周年纪念刊》，集美学校校董会编，1933年，第359—364页。

④ 成美储金现在贷费生一览表,《集美学校廿周年纪念刊》，集美学校校董会编，1933年，第365—366页。

⑤ 宋蕴璞:《南洋英属海峡殖民地志略》，1930年，第10页。

⑥ 母丧停柩,《南侨回忆录》，1993年集美翻印本，第520页。

过他的自学和实践即社会教育来获得必要的各类知识和技能，因此爱读书看报等自学习惯是他成功的法宝之一。社会教育也成为他对教育关注的另一重要方面，在日后各地办学的同时，也特别地重视社会教育功能设施的增设，以补充学校教育与家庭教育之不足。陈嘉庚曾将自己对民风民俗的各种批驳和建议集中写入《民俗非论集》① 一书，从社会教育的角度，对封建旧社会遗留下来的落后风俗习惯，诸如喜丧事操办陋俗，看风水、停柩不葬等风气，提出尖锐批评，号召改革落后风俗习惯，驱除愚妄，宣传科学，树立新民俗，其重视社会教育、立志移风易俗的精神显露无疑，是他普世价值观的又一体现。另外，他还对以下几种重要的社会教育机关投入了关注。

1. 图书馆

习于其父的阅读习惯② 是陈嘉庚之后的日常内容之一，也让他抱定广设图书馆、便利大众进行自学阅读而广泛开展社会教育的志愿。

星洲书报社是以福帮人居多，类似之书报社，是同盟会外围组织之一，常向会员提供革命书报，也经常组织集会宣扬革命思想，并借此招揽同盟会会员。陈嘉庚是 1910 年间创立的星洲书报社成员之一，也是 1912 年 23 位理事中的五位福利股成员之一；1913 年又当选为 81 位理事之一；1914 年继任；但 1915 年后离开该社。③ 虽只任 3 年，但他支持书报社、认同星洲书报社启发民智功能的事实是确凿的。

1923 年 2 月，陈嘉庚接任怡和轩俱乐部总理后，即在其内设立图书室一所，广置书籍新闻纸，以能增进社友之学识，并在会章中制定详细可行的借阅细则④，于 1924 年通过⑤，进行规范管理。而他自己尽管事务繁忙到常以怡和轩为家，但一有时间即会去图书室看书阅报。他能如此精透地掌握市场行情动向、洞察中外局势动态走向，明晰新加坡政府的各项法律政策等，没

① 陈嘉庚:《民俗非论集》,《新中国观感集》，新加坡怡和轩俱乐部等联合出版，2004 年，第 166—180 页。

② 未成年人经过,《南侨回忆录》，陈嘉庚著，1993 年集美翻印本，第 519 页。

③ 杨进发著、李发沉译:《陈嘉庚——华侨传奇人物》，八方文化企业公司，1990 年 9 月，第 174—175 页。

④ 本会旧章程第 14 章图书室,《怡和轩九十周年纪念特刊：1895—1985》，新加坡怡和轩俱乐部编，1985 年，第 239 页。

⑤ 《怡和轩九十周年纪念特刊：1895—1985》，第 204 页。

有相当数量的报刊阅读，是无论如何也做不到的。

1939 年，在新加坡中华总商会改选换届后，陈嘉庚致函新会长提议在中华总商会地址中创设华人社会所缺的新加坡中华会馆，并在馆内设中西图书馆，既可增益社会教育，又可供集会团结等需。但因未在其中担任要职，此提议终未获采纳实施。[①]

在中国国内，他抱定的理想是，第一事注重集、厦二校，第二事国中都会、巨镇、省会各设图书馆附博物院，第三事就是大闽南主义，扩充师范、中学、小学等是也。[②] 为实现第二条理想，他曾经付出过相当的努力。

1926 年陈嘉庚在其各项经营事业发达之时，便做出捐建图书馆的打算。该年殖民地橡胶市场行情大好，陈嘉庚从生橡皮厂获利四百万元，便于冬间函告厦大集美二校长：新年可增加经费，扩充设备，并拟捐建厦门、福州、上海三处图书馆，[③] 且就馆址的选择与叶渊进行了多次往来信函商讨。[④] 甚至于同年将此决心借报纸媒体进行公布，并积极采取措施，最后拟定的地址分别是：上海方面已由黄任之（黄炎培）等会商，拟择西门外中华职业教育社附近之地为馆址；福州方面则择定旧贡院为馆址，不多日即开工建筑。[⑤] 然而，因 1927 年春续购橡皮园、创设牛皮厂、肥皂厂等增加了花费，加上夏秋之间，橡皮市价大跌，上半年各途营业又多失利。陈嘉庚审度时势，认为绝无乐观之希望，不得已停止集美校舍工程，并驰函取消图书馆之筹备。为此，陈嘉庚坦言“此为我一生最抱歉，最失意之事件”。[⑥] 尽管都未成功，但对社会教育普及的图书馆，陈嘉庚给予了深入的考察和部署。

其一是闽省图书馆。此为陈嘉庚关注最多的图书馆，其进展程度已经达到选好馆址并进行了初步预算等后续事宜的步骤。他前后三次致叶渊电商图书馆在福州城内选址一事，第一次选布政衙门附近；第二次选黄巷；第三次

---

① 华侨大会堂与图书馆，《南侨回忆录》，1946 年，第 82 页。

② 拟在上海建一图书馆，致叶渊函．1926 年 1 月 16 日，《陈嘉庚文集（征求意见稿）· 2》，第 211—214 页。

③ 陈嘉庚：畏惧失败才是可耻，《东方杂志》，1934 年第 31 卷第 7 期，第 5—10 页。

④ 见致叶渊函，1926 年 1 月 16 日，《陈嘉庚文集（征求意见稿）· 2》，第 211—214 页。

⑤ 陈嘉庚捐助图书馆，《图书馆学季刊》，1926 年第 1 卷第 2 期，第 179 页。

⑥ 陈嘉庚：畏惧失败才是可耻，《东方杂志》，1934 年第 31 卷第 7 期，第 5—10 页。

选南门近处，最后定址南门近处，且楼下计划做博物馆。[①] 后又来信商讨闽图书馆的改造设计和预算，并考虑请集校诸教员参加建前筹谋。[②] 就在一切就绪即将动工之际，不料胶市大跌，损失之巨，使他无力承担、完成原计划。但其决心并未动摇。“所认各图书馆之项，现下乏力可以供应，且各处亦因地址未易解决，故拟渐行搁置耳。总是我不便辞退以贻失信之罪。或者就近稍能办到者，我定不食言耳。”[③]

其二，上海图书馆。陈嘉庚曾请叶渊与黄任之、余日章、李登辉三君商讨馆址选址问题，黄主张不设于租界而选在上海城内，李赞成，但余反对。陈嘉庚赞成之。[④] 但后未终定论。

其三，厦门图书馆。1925 年 11 月 26 日陈嘉庚致函叶渊，请其与林文庆商妥地点。[⑤]1926 年 3 月 16 日他又就厦图馆址一事，请其与林文庆商酌便妥。[⑥]

其四，关于捐建北大图书馆。1926 年初，北大图书馆函请陈嘉庚出资捐助。陈嘉庚不同意，理由是“北大捐建图书馆事，此更形不合办到。彼为国立，当局自身费财如土，而对待国立之学校，视同废物，我若助之，则彼更可以卸责矣。他日虽经常费亦可留待私人之供给。况自来国立与私立处于竞争之地位，乃能日新进步，不宁唯是，若助款于国立，对于诸求助私立者当如何，难免乏诚意办学，而求奖章荣誉之诮矣”。[⑦] 另外，他也拒绝了上海图书馆协会招他合办图书馆学校之事。但他资助其他学校购置图书馆用书。1926 年 3 月 16 日陈嘉庚曾复函应承中国公学请求认捐《四库全书》购书款

① 拟在上海建一图书馆，致叶渊函. 1926 年 1 月 16 日，《陈嘉庚文集（征求意见稿）· 2》，第 211—214 页。

② 图书馆建设与闽南地方治安问题，致叶渊函. 1926 年 3 月 16 日。

③ 重申资助福建图书馆建设之决心，致叶渊函. 1926 年 6 月 11 日。

④ 拟在上海建一图书馆，致叶渊函. 1926 年 1 月 16 日，《陈嘉庚文集（征求意见稿）· 2》，第 211—214 页。

⑤ 关于拟在厦或省城创办图书馆，致叶渊函，1925 年 11 月 26 日，《陈嘉庚教育文集》，王增炳等编，福建教育出版社，1989 年，第 385 页。

⑥ 图书馆建设与闽南地方治安问题，致叶渊函. 1926 年 3 月 16 日，第 390 页。

⑦ 拟在上海建一图书馆，致叶渊函. 1926 年 1 月 16 日，《陈嘉庚文集（征求意见稿）· 2》，第 211—214；另见《陈嘉庚教育文集》，第 386 页。

三千余元，请叶渊代函达办理交付。[①]

由上可见，对于具有社会教育功能的图书馆，陈嘉庚是支持的。尤其是注重发展闽省的图书馆事业，福建省图书馆和厦门图书馆的建设动议是这方面的集中体现。但他又不局限于福建，大都市上海图书馆的建设宏愿是他想要服务造福更多人群的人文关怀。但他又秉持一个原则，即不资助国立学校类的图书馆，是因为他不想造成让国家卸责的恶性循环，同时也会导致对私立者资助的减少，如此的考量是他对国家责任和私人办学、贡献社会的责任权衡。但如此丝毫不影响他对图书馆藏书支持的热心，因为图书馆的藏书才是发挥社会教育功能的内核所在。

2. 博物馆

除了图书馆外，博物馆也被陈嘉庚认为是社会教育之必要手段。1950年定居中国后，陈嘉庚在筹建厦门华侨博物院过程中，与筹建负责人、时任华侨博物院院长陈永定的诸多来往信件中经常向他谈及自己参观外地博物院的见闻及如何管理博物院，末尾鼓励陈永定好好学习，因为“博物院和学校不同”。[②]另据陈永定回忆，陈嘉庚还向他介绍过南洋的博物馆以及西洋人对博物馆的重视[③]。显示，在新加坡近50年的生活经历，使他对这个弹丸小岛上英国殖民统治者设立博物馆的情况自然不会忽略，并让他形成了对博物馆的认知以及功能和效用的认识，如同对上述英美法日等国及其殖民地普设博物馆的关注一样。因此，他对博物馆的作用认识应该是在新加坡生活时期来自英国人办的博物馆。而英国等殖民政府所办博物馆在社会教育功能作用的反映和认识，也给了他除学校教育之外的启示，为他日后回中国注意参观考察全国各地的博物馆，并在中国倡建华侨博物馆提供了可能。

因而，在遍设图书馆的同时，附设博物院也是他一生追求的目标。他认为：“博物馆关系社会教育颇巨，数万人口之小城市，即有设立之必要。”[④]“博物馆是文化教育机构的一种，与图书馆、学校等同样重要，而施教

① 图书馆建设与闽南地方治安问题，致叶渊函，1926年3月16日，《陈嘉庚教育文集》，第390页。

② 九十高龄老人陈永定展示两百多封与校主的书信记录，《厦门日报》，2013-10-20，http://zt.xmnn.cn/a/jmxx100zn/tl33_49/201310/t20131020_3549250.htm（2013-10-25）。

③ 陈永定访谈口述，2015年7月21日下午，在其家中。

④ 陈嘉庚：博物馆陈列商榷，《新中国观感集》，新加坡南洋华侨筹赈总会，1950年6月，第16页。

的范围更为广阔。学校为学生而设，图书馆为知识分子而设。博物馆的对象不限于学生或知识分子，一般市民，无论男女老幼，文野雅俗，一入其门都可由直观获得必需的常识。这是因为它是用形象来表现内容，不是借助于文字的间接传达，所以一般人民参观了博物馆，见所未见，眼界大开展；学校师生参观了博物馆，可由实物而与书本相印证，专门学者参观了博物馆，可接触书本以外新发现的事物，有助于更深入的研究。”因此，他建议华侨设立一所大型博物馆。馆址可设在华侨故乡出入国的港口，既可给国内人民公共应用，又可给归国华侨观览，两者皆受其益。更主要的是为政府倡导的发展博物馆事业尽一份力，为科学研究和为广大人民群众服务。因此，陈嘉庚设定华侨博物院的效用为：第一是日日开放，给一般人民参观，有利于社会教育；第二是协助厦门大学教学研究，并供其他学校和学术机关的参考；第三是配合南洋研究所工作，有助于对华侨情况的了解；第四是供给回国华侨参观并协助华侨文教事业的进展；第五是协助学者从事其他科学研究。因此他呼吁这是华侨效力祖国建设的绝好机会，号召华侨捐赠文物，丰富博物院内容①，为华侨社会教育做贡献。

另外，他还撰《中外华侨永存爱国世界博物观》一文，将遍设博物馆作为华侨表现爱国情怀的行动建议，主要是以捐资捐建为主。建议华侨可先在北京、上海、广州三处筹设华侨博物院，并组委员会进行筹备。他认为国内各省区市均有华侨，华侨博物院定得以设立。如广东、福建二省华侨最多，将来博物院可发展至数十处；北京是首善地区，为爱国归侨侨胞集中所在，应当开先引导。故而他拟首先认捐 50 万元以资提倡……，希望海内外爱国侨胞共同发动，大力支持，促成盛举，② 且认为“这是我们效力祖国建设的绝好机会”。③

他对博物馆的认识和大众教育的愿望，最后由自己晚年捐建、倡建成功的厦门华侨博物院实现了，为他对华侨博物馆事业留下的一所功勋卓著的留

① 陈嘉庚：倡办华侨博物院缘起（1956 年 9 月 20 日），载《陈嘉庚教育文集》，福建教育出版社，1989 年，第 284—285 页。

② 陈嘉庚：中外华侨永存爱国世界博物观，未刊稿，存集美学校委员会。

③ 陈嘉庚：倡办华侨博物院缘起（1956 年 9 月 20 日），载《陈嘉庚教育文集》，福建教育出版社，1989 年，第 284—285 页。

存。这所汇集了他的社会教育理想的博物馆，除汇集了他多年的珍藏外，更多的是华侨历史的展现。归侨作家秦牧等人参观后题词："全国第一家华侨博物院的建立，足以垂式百世，影响四方"。著名英籍女作家韩素英参观后说："这是世界上唯一展出华侨历史的博物院，它使人们了解什么是华侨。"[①] 事实上，华侨博物院创立后，的确成为了华侨与祖籍国人民感情交流的平台和纪念物，与侨办企业、侨办报刊、侨校、侨团等一起，成为更具广泛性、社会性的大众教育和交流平台，其凝聚华侨对祖国向心力的作用应该获得肯定。

另外，他也有要建厦大与集美博物院的设想。他曾于 1922 年 9 月 29 日致函陈延庭，提到他的南洋公司工厂试制胶鞋成功，有数百双之多，凡合脚的都卖掉了，但刻意留了十多双，要作为厦大与集美博物院为纪念。因为这些胶鞋"为我国南洋破天荒首次之出品……，堪信足与舶来品拮抗"。[②] 故要留作纪念和日后展览之用。由上可见，"厦大与集美博物院"可能是他的另一理想，但或因精力及财力所限，最后没有付诸实践。

此外，他在遗嘱上指明将自己的财产中划出 50 万元，用来支持建设北京华侨博物院。[③] 他要让华侨的事迹有更多的博物馆进行陈列和展示，让更多中国人知道了解华侨的历史和贡献，显示他对博物馆的社会教育功能的发挥寄予的殷切希望。

3. 鳌园：露天博物大观

对于博物馆展品，陈嘉庚认为国内博物馆多为单陈列地方产物的旧体例，现代化设备则不仅此。据他了解，苏联博物馆也陈列卫生方面的展品，如陈列自出世至一两岁的蜡造小孩模型，对其每次吃量程度、消化时间等养护的展示；粪池格子尺寸等方便农夫肥料灭菌化粪公共厕所构造等。因此，他建议如请有图案及住屋小模型的长春东北医大造模型陈列，其他很多可启发现代智识诸物都可设法加以陈列，裨益人民。[④] 济南广智院对他印象则更为深刻。它是一个博物馆，同时亦是一个很有社会教育意义的好地方。陈列

① 杨刚：陈嘉庚与华侨博物院，《陈嘉庚研究文选·2》，曾讲来主编，厦门大学出版社，2007 年，第 166 页。

② 致陈延庭函，1922 年 9 月 29 日，载《陈嘉庚教育文集》，1989 年，第 325 页。

③ 陈嘉庚遗嘱中有关教育的部分内容，载《陈嘉庚教育文集》，福建教育出版社，1989 年，第 302 页。

④ 博物馆陈列商榷，《新中国观感集》，陈嘉庚著，新加坡南洋华侨筹赈总会，1950 年，第 16 页。

品除一些古代文物书画和飞禽野兽之类，还有卫生、交通、住屋、造林、河流、水利等模型及各种好坏对照。如住屋、吃物、寝具，不合卫生的与合卫生的都用雕刻陈列出来作对照，使参观者立刻看出好坏比较。因此他认为这种教育意义很大，希望各地能多设立和济南广智院一样的陈列馆。[①]但据他估计，期望各地政府能采纳此建议，并付诸实现不知要待何时。对于当时写著成《新中国观感集》时已 77 岁高龄的陈嘉庚来说，这个承载他对社会大众教育愿望的计划需要自己着手，并料定用自己最后的人生岁月应该可以实现。于是在 1953 年鳌园开始建设时，他即把这项计划纳入其中，连同纪念碑，在最后的几年时间里亲自设计营建、指挥雕刻，从而有了他最后的杰作——这一融汇了中国传统儒家教育基本理念以及百科知识等现代社会进步理想的“博物大观”。

从石刻内容来看，鳌园即是一个露天博物馆，其陈列展示理念和方式，很大程度上即是效仿他所见的济南广智院雕刻模型式直观呈现，新旧、好坏直观对照法，请福建惠安石雕师傅以青石浮雕、影雕、水泥雕、连环雕等多种手法，呈现包括植物标本、农业生产、文教体育、名胜古迹、历史故事、道德卫生文明、中华人民共和国地图、台湾省地图等在内的包罗万象内容，每处设计都有其寓意深远的考量，让观者直观而震撼、难忘，达到陈嘉庚所希望的以一个公园的方式教育子民，让人们在游玩中感受到一种爱国教育和各类社会科学知识的社会普及教育目的。

“文革”时期，鳌园石刻险遭红卫兵破坏。经乡民奋力保护，才使鳌园这些石雕艺术和陈嘉庚陵墓躲过浩劫，得以保存下来。他的精神遗志得以实现并延续至今。

二、对民生的人文关怀

民生即国民的生计和生活。在经济社会发展过程中，既要实现好、维护好、发展好最广大人民的根本利益，又要关心和解决人民群众最关心、最直接、最现实的利益。人民群众最关心、最直接、最现实的利益问题构成民生

① 到了济南，《新中国观感集》，陈嘉庚著，新加坡南洋华侨筹赈总会，1950 年，第 61 页。

的重点。让人们幸福生活，是民生的根本价值指向。[①]

人的需要分为五个等级。最低级的是基本生存需求，包括吃穿住，既所谓的物质需求。再上一级才是有关精神方面的高级需求。综观陈嘉庚的一生，除了注重教育，并始终为提高人民的文化教育程度而不懈努力之外，他也时刻关注着民生问题。在他的观念里，要先解决温饱问题，才能在此基础上追求文化教育这样的最高层次的需要。因此，关注民生问题，并试图努力改善、提高民众的生活、生存问题，也是陈嘉庚时常关注的内容所在。

（一）衣食住行

人的基本生存需要——衣食住行，缺一不可。对于这些方面，陈嘉庚曾给予特别关注。

看到国内民众生活困苦，陈嘉庚曾建议民众可下南洋讨生活，解决吃穿住行等生存问题，因为机会多及亲身经历证明："盖南洋尚可加容数万万人生活，堪称我国人将来之生命线……"因此，在他看来，"若华北人必多移东三省、蒙古，华西则当移往新疆康藏，华南当移往南洋，华中则各处均可往"。[②]

1940 年，陈嘉庚回国慰劳，所到之处必考察了解民生民情，赞许共产党注重改善民生的措施，如水利，人民不再衣衫褴褛，教育有很大改善[③]等，因而认同于共产党对民众的关怀，也无形中打破了陈之前在南洋所听闻的有关共产党的种种恶行谣言。

对于新中国建设之目的，他认为改善人民生活，其重要者为衣食住行。如此，衣食住关乎人的健康长寿问题。而健康长寿问题反映的则是国家的综合国力。[④]衣食住行对健康、寿命、体力、国民素质、综合国力等一系列问题的连带关系，实则关系重大。因此，他对衣食住行给予诸多关注。

其一，穿衣方面。据他了解，中国人贫穷者不能温暖，到处多是。每人或仅有衣服一套，无可洗换。其他如房内蚊帐被褥，更谈不到完备，为此缘

① 寇东亮等:《人文关怀论》，北京：中国社会科学出版社，2015 年，第 18 页。

② 南洋为我国将来生命线，陈嘉庚:《南侨回忆录》，南洋印刷社，1946 年，第 171 页。

③ 工业尚幼稚，陈嘉庚:《南侨回忆录》，南洋印刷社，1946 年，第 160 页。

④ 回国观感（在新加坡中华总商会联合各社团欢迎大会讲词），《新中国观感集》，陈嘉庚著，新加坡怡和轩等联合出版，2004 年翻印本，第 131—133 页。

故，更无从谈起卫生问题。因此，他认为如果发展农工业发达，则人民殷裕，衣服多套，可以换洗，蚊帐被褥充分，足以应用，[①]就会注重卫生，从而有利于健康问题。

另外，他认为衣服不光是蔽体之物，也是有关民族文化的象征。[②]因此，他强烈倡导废除清朝遗留的男式长衣马褂，而对西洋装、中山装可斟酌去取。倘由新政府规定适宜服制，颁行全国，定可耳目一新。对于复杂善变的女装，他认为损失甚巨且多是舶来品，故主张政府规定：男女礼服鞋帽及材料、男女平常衣服、男女工作时衣服、男女学生衣服，都以简便朴素为主。[③]

对于衣服制造原料，他将棉花、麻、桑蚕（蚕丝）、葛等衣类原料知识，归入现代化农业一类，雕刻于鳌园内四堵墙上[④]，进行衣服原料知识普及。

其二，饮食方面。民以食为天。他关注米价，认为“我国以农立国，田野广大，出产丰富，……粮食供给决无问题。所差者，一般贪官污吏，土豪劣绅，及奸商市侩朋比为害，……造成米珠薪桂现象。若政府能觉察下属情弊，勿轻行统制政策，严惩囤积居奇，则物价自可回平，民生自可安定矣”。[⑤]

陈嘉庚办学目的是培养“教育种子”——师资，因此，愿意从事教师职业的也只有贫苦家庭来的学生，吃饭问题是首要问题。因此，免除学费、住宿费、膳食费，解决其顾虑，吸引他们来学，是集美学校的主要特点。[⑥]这种对学生的莫大优待，在当时绝无仅有，且具有非常大的吸引力和诱惑力。这就难怪很多校友所写的回忆录中提到能考上、入读集美学校是他们贫苦学生莫大的荣幸和福音，改变了他们的命运，因此对陈嘉庚的感激溢于言表。[⑦]集美师范培养出了若干“教育种子”，真正实现了陈嘉庚当初的夙愿，而其

① 回国观感（在新加坡中华总商会联合各社团欢迎大会讲词），《新中国观感集》，陈嘉庚著，新加坡怡和轩等联合出版，2004 年翻印本，第 133 页。

② 陈嘉庚：复兴民族与服制，《东方杂志》，1937 年第 34 卷第 1 号，第 29—31 页。

③ 陈嘉庚：衣服，《民俗非论集》，载《陈嘉庚教育文集》，第 142 页。

④ 建造集美纪念碑工程概况（1952 年），《集美志》，陈厥祥编著，1963 年，第 60—61 页。

⑤ 附录一八 南侨筹赈总会第一次会员代表大会开幕，《南侨回忆录》，1993 年集美翻译本，第 412—413 页。

⑥ 陈嘉庚：《南侨回忆录》，南洋印刷社，1946 年，第 6 页。

⑦ 具体见《王亚南回忆录》等页。

免费提供学、宿、膳费的历史成为一段众口相传的佳话。

饮食卫生方面，他认为，吃喝非但食饱即可，亦须要清洁，防御蝇虫染秽，包括整理厨房，清洗碗箸刀匙，日常用水卫生消毒等。因此，他建议中国将来工业发达后，必多有自来水设备，卫生局亦必能教人民在公井河水下药方法。[①]

其三，住屋方面。他对住屋的关注主要集中于对卫生健康方面的考量。他批判国内民间住房概是泥墙草屋，矮低卑小，多有户无窗，即有窗亦甚小，屋内黑暗，空气日光不能达到。建屋绝不计及卫生。他建议在工业发达后，必重新改建适合卫生之高楼大厦。至于乡村住屋，不论工人农人所住者，虽平屋亦必须合于卫生，门窗阔大，光线充足，俾家家安适居住。[②]他将住屋与卫生健康的密切关系写成《住屋与卫生》[③]一书，倡导“改善住屋，促进卫生”。实际上，他也正是以这种思想指导着厦大、集美两校的建筑，关注学生宿舍的舒适度[④]，提供师生良好的住学建筑环境。

其四，交通方面。对于行的问题，他将自己对此的关注和所感所想于1945年写就成小册子《我国行的问题》[⑤]一书，分43节，约3万字，阐述了“行”的重要性，以及包括轮船、火车、电车、汽车、人力车、脚踏车等各种交通工具的生产、经营等问题。他建议若工业发达后，要大力发展交通业，“……俾文化知识，易于传播，增加人民无限见闻”。他的总体思路是要在改善“行”之状况的基础上，发展国家的交通业，以推动国家、社会和民生各个方面的大发展，从而整体提高人民生活质量和国家综合国力。

以上衣食住行四大要件，他认为即是建设中华人民共和国必需之理由，同时“必如上言之改革，方足达到建设新中国目的。此事情非我人过奢希望，系步欧美苏联先进国之后尘。前因腐化独裁政府，建设徒托空言，故无寸进。兹有人民政府，兼有英明领袖之领导，一切建设，定必蒸蒸日上。

① 回国观感（在新加坡中华总商会联合各社团欢迎大会讲词），《新中国观感集》，陈嘉庚著，新加坡怡和轩等联合出版，2004年翻印本，第133页。

② 回国观感（在新加坡中华总商会联合各社团欢迎大会讲词），《新中国观感集》，陈嘉庚著，新加坡怡和轩等联合出版，2004年翻印本，第133—134页。

③ 陈嘉庚:《建国首要：住屋与卫生》，南洋印刷社，1945年。

④ 博爱寄宿住房，不必另有优待，致陈延庭函，1923年8月1日。

⑤ 陈嘉庚:《我国行的问题》，南洋印刷社，1946年。

二三十年后，可与欧美苏联并驾，彼等人民获得生活幸福，健康与长寿，我国人亦能如之。建设新中国之主要目的，端在乎是”。[①]

（二）生老病死

生老病死本是人的自然规律。但与其他国家相比，早年中国人寿命短是普遍现象，也是陈嘉庚在新加坡常年关注的问题。因此，对于劳苦大众的生老病死问题，陈嘉庚也不遗余力地展示着自己的人文关怀。

关于生。陈嘉庚关注出生率，也关注孩子健康和生命延续。在《民俗非论集》中，他指出，母亲将食物在口中咀嚼过后，再吐出来给没有牙齿或无法咀嚼的孩子吃极不卫生，因会把成人身体或口腔中的细菌也一并送到孩子口中吃下肚子，引发疾病传染。这种不卫生的喂养习惯需要改正，才能让孩子少生病。另外，如果家庭成员多人同席共餐，建议备放公用匙筷，不使直接沾染口涎，以减少细菌交叉污染，既适卫生，免加耗费，无论家庭会食或宴客，咸都便利。[②]这些有关从卫生角度可以减少生病的细微观察和建议，是陈嘉庚吸收西方用餐习惯的益处，转而介绍给国人，体现对国人的关怀。

关于老。陈嘉庚关注寿命。中国人寿命短是普遍现象，50多岁离世已是长寿的年龄。所以养生保健很重要。陈嘉庚用他自己的做法来告诫国人，不吸烟不喝酒，无赌博等不良嗜好，清淡饮食，多食瓜果蔬菜，有规律的生活以及健康的心态，还有积极向上的精神追求，读书看报，多行善事，有亲朋好友，劳逸结合。这些都是一个人可以延长寿命的诀窍。而早晚用冷水洗脸，早起散步，呼吸新鲜空气，做柔身操，醒后躺一会儿再起身……这些被现代人视为健康生活的保健法则，早已被陈嘉庚领悟，因此他即高寿至88岁。他把自己的这些养生之法用文字记载在他的著作中，目的就是希望国人都能延年益寿。只有长寿，才可以为国家、为社会、为人民做更多的事情。这是他遵循“身之发肤受之父母”之孝道的体现，也是他爱国爱乡的基础。

关于病。陈嘉庚极尽所能的倡导卫生、提高医疗，以希望国人能减少生病。对于卫生，他利用一切可以利用的机会和途径，或演讲，或用文字记述

① 回国观感（在新加坡中华总商会联合各社团欢迎大会讲词），《新中国观感集》，陈嘉庚著，新加坡怡和轩等联合出版，2004年翻印本，第134页。

② 《民俗非论集》（同食与卫生），载《新中国观感集》，陈嘉庚著，新加坡怡和轩俱乐部等联合出版，2004年，第175–176页。

大量印赠，或组织卫生考察团，不厌其烦地宣传住屋与卫生、健康之必要，以期能实现如新加坡那样少生病、低死亡率的良性循环。另外，他也注重防疫。1922 年集美社有儿童染豆疫亡者传染数人，全社惊惶。陈嘉庚即到厦采购注射药水，遍告社民欲平安者来注射不收药费，社中人初尚踌躇，后竞争来，于是立止其症。此事使陈嘉庚看到集美社中家长对于劝导防疫清洁之事多不关心。1924 年夏末，集美社又疫气正盛，身在南洋的陈嘉庚又即电函告其弟陈敬贤“疫气如未除，切买药水注射社中人”，让其设法稳定、清除疫情。①

考察各地民众的健康状况，建议政府注意。回国慰劳期间，陈嘉庚一路考察民情，细致入微观察，注意民众的健康卫生问题，希望能找出这些问题导致的原因，以便提醒改善。1940 年他回国考察至云南保山，在西南运输处华侨中学及各界在露天开的欢迎会上发生男女两学生晕眩倒地之事，令陈震惊“何至如是虚弱……绝未曾见有不健康若此者”，希望当局注意改善。而对云南保山之卫生、街道之糟糕状况甚为印象深刻。② 他途经昆明至下关沿路及市镇，发现男女民众气色不佳者颇多，而尤以作工之人为甚，且多有肿颈之病（大脖子病），女人尤多于男子……此种病在其所经过十余省，……极少数，独云南甚众多。询问同行医士，原是食物养料不足、无医药治疗及鸦片感染遗毒未清所致。对此，陈希望抗战胜利后，慈善家或政府能注意此地方的卫生，并提供医药救治，以扑灭鸦片。③ 另陈嘉庚也会仔细观察所见之人脸色，辨别健康问题。在参加云南龙云主席设宴欢迎招待会，他注意到近处有一位不及三十岁的青年人鸦片烟容甚重；另有通名片门役亦均带烟容；观察龙主席其眼略圆、白珠多红根，估计也是个瘾君子。④ 可见，鸦片成灾之后果严重程度。

关于死。自新加坡市政改善住屋后，陈嘉庚即对殖民政府每星期公布的市民死亡率十分注意，甚至持续关注十年有余。通过关注殖民政府公布的人口数字、出生率和死亡率等指标的变动，与中国的进行对比，以发掘外国人

① 致叶渊函，第九十四封，1924 年 9 月 7 日，《陈嘉庚文体（征求意见稿）· 1》，第 159 页。
② 保山诸陋习，陈嘉庚:《南侨回忆录》，南洋印刷社，1946 年，第 289 页。
③ 云南多肿颈病，陈嘉庚:《南侨回忆录》，南洋印刷社，1946 年，第 199 页。
④ 象鼻：龙主席之宴，陈嘉庚:《南侨回忆录》，南洋印刷社，1946 年 3 月 25 日再版，第 201 页。

死亡率降低、寿命延长的奥秘，探究中国人死亡率高、寿命短的原因。他从观察及比较分析所得，认为当时的新加坡人口死亡率逐年递减之重要原因，即为改进住屋之效果。政府每周公布这些数字，就是试图探究市政改革的成效如何。事实证明，效果显著。故陈认为以上原因“乃确切之经验，有事实可稽”。他注意此事的目的，是为了欲在有机会时，将新加坡改善市政住屋措施而极大降低死亡率的经验介绍贡献给祖国政府及社会[①]，从侧面反映出他对国家和政府在民生和国力方面问题的关注。

陈嘉庚也十分关注非自然状态下的死亡，如战争伤亡情况。抗战时期造成中国死伤人数，尽管还没有一个确切的统一说法[②]，陈嘉庚却在遗稿中特意记录：“至民国三十三年六月（1944年6月）终计三百八十二万二千二百人。”[③]这一数字统计时间较早，其具体来源应该是他根据当时可获取的一切书刊报纸刊载数据而得出，显示他对国人生死情况的关注，反映他对国家和政府在民生和国力方面折射出的问题的关注。

（三）看病就医

除了生老病死，看病就医也是关乎健康的必要民生内容之一。对此，陈嘉庚大致做过以下几件事。

一是呼吁纠正传统生活陋习。中国长期的封建历史社会生活习惯养成了诸多陋习弊俗。为此，陈嘉庚在1946年专门著就《民俗非论集》一书针对陋习改良问题。较典型的陋习诸如母亲咀嚼食物给婴儿喂食之错法，以及同席共食、口水乱沾互相传染的卫生问题[④]等。因此，他倡议设放公用匙筷，降低疾病发生率。另外，他也认为我国国民身体“弱质”，与早婚现象有相

① 陈嘉庚附启，《战后建国首要：住屋与卫生》，陈嘉庚著，南侨印刷社，1949年2月四版，第13页。

② 1946年底，国民政府抗战赔偿委员会作出的《中国责令日本赔偿损失之说贴》指出，“自1937年7月7日至战争结束，我军伤亡331万多人，人民伤亡842万多人”。1947年5月20日召开的“第四届国民参政会第三次大会”期间，行政院赔偿委员会提出的工作报告对1946的抗战伤亡人员总数进行了修订，增加为12，784974人。1949年之后人民政府增加了七七事变以前中国的损失以及中共敌后抗日所受损失，重新统计的抗战“伤亡3500万人”。另有学者说是600万—700万人。《八年抗战中国到底伤亡多少人？》，红潮网，http://www.5281520.com/html/49—36/36365.htm。（2015—11—12）

③ 《陈嘉庚遗稿：一九四四年在印尼峇株》，第95页。

④ 同食与卫生，《民俗非论集》；载《新中国观感集》，陈嘉庚著，新加坡怡和轩俱乐部等翻印，2004年，第174—176页。

当关系，因而他将之赋成短歌形象化："富家儿子尚早婚 / 为扬家声急怡孙 / 不图见小反失大 / 所生多弱或愚蠢 / 血气未定焉能戒 / 健康失去草无根 / 维新政府宜规定 / 适当年令方准婚"①，强调优生优育，避免早婚现象的必要性。

二是以切身经验倡导良好卫生养生习惯。他认为我国民众都有强壮骨骼，勤奋耐劳，天赋独厚，具有可抵御疾病的天然素质，但实际情况是民众广受疫疾所害，死伤无数。因此他联系自己的养生经验，疾呼国人加强体育锻炼，注重健体强身之道。在他的一生中，他用自己的实际行动实践了卫生、运动、洗澡对维系健康之必要，并证明了他在《住屋与卫生》以及逢会必说的、他所推崇的西方人对卫生、运动、健康、长寿等一系列有密切关联的理念和做法。

他强调洗澡、健身对卫生健康的重要，自己有一套固定做法。自到新加坡后，陈嘉庚即保持着一定的生活规律。在 20 世纪 20 年代，除星期天外，他每日清晨 5 时起身；起身前，他先在床上舒身，后即出门步行半小时，做深呼吸以吸收清新空气；之后洗身，后以热浴巾擦身数次；6 时用早膳，7 时由司机载他往堡桥头熟品厂，开始一天的工作；下午 5 点他便到怡和轩俱乐部吃晚饭。② 晚餐后即步往阳台做柔软操；之后即返回位于俱乐部顶楼三楼的寝室洗澡、休息片刻；③ 晚上又忙于和俱乐部的成员交谈、处理社会、教育事务。④ 午夜时分，他即被载往其中一处住家就寝，次晨 5 时起身。如此往复，即便在 1934 年企业收盘后，他仍从未中断健身操及淋浴以确保健康与警觉。⑤ 如此规律的健身习惯，使他一生无大病，只在中年时得过胃病，⑥ 到老年时才得轻度风湿。⑦

三是印赠医书，推荐良方。陈嘉庚在二十余岁时，在新加坡见友人珍藏一本药书《验方新编》。后据友人所言及陈嘉庚亲身验证书中药方颇有应效，且"念吾闽乡村常乏医生，若每村有此书一本，裨益不少"。于是，他便汇

① 陈嘉庚：《战后建国首要：住屋与卫生》，南侨印刷社，1949 年 2 月 25 日四版，第 12 页。
② 陈国庆：《回忆我的父亲陈嘉庚》，北京：中央文献出版社，2001 年，第 122—123 页。
③ 《华侨传奇人物——陈嘉庚》（中文简体版），第 27—28 页。
④ 陈国庆：《回忆我的父亲陈嘉庚》，北京：中央文献出版社，2001 年，第 122—123 页。
⑤ 《华侨传奇人物——陈嘉庚》（中文简体版），第 27—28 页。
⑥ 陈嘉庚：《战后建国首要：住屋与卫生》，南侨印刷社，1949 年 2 月 25 日四版，第 8—9 页。
⑦ 陈国庆：《回忆我的父亲陈嘉庚》，北京：中央文献出版社，2001 年，第 122 页。

款日本横滨中华会馆，托印千本，分送乡梓及南洋偏僻社会同胞，以使此书得以推广。续印不料运寄丢失。鉴于该书之良且供不应求，陈嘉庚便自行在南洋、香港及国内各大城市登报征求“确有效验之良方”，重申“惟事关病人生命，必须出以审慎，果能深信该方确有实验”，[①]收到千余良方后请人编辑补足，由世界书局代印2万本，散赠南洋及国内乡梓。但后被指有处方剂量印刷错误。他便决定重编自印，雇懂医学专人仔细斟酌校对、修正，交陈嘉庚公司印刷部负责人付印。但后遇公司变故及战事，所编书稿也被所托之人遗失，致使自印医书未遂。但他仍不甘心，打算“战后力能办到者，决重行登报征求编印，以遂宿愿也”。[②]后因种种原因，继续印赠《验方新编》之夙愿没有实现，从而使他留下遗憾。故在《南侨回忆录》篇首详记这一他自认为服务社会开端的原委，显露着他关心民众缺衣少药、看病难的人文关怀。而这一因在他年轻还无足够力量之时即有如此宏伟救世怀抱，被其友人视为他慈善工作的开端，也成为华侨间互相传扬的楷模、榜样之事。[③]

除上外，他又以据医书自制的五香丸医治胃病的成功经历向众人推荐此医病良方。他强调自己非医生不敢妄谈，唯推荐亲身经历的“五香丸”，经多年应用来看，此药对晕船晕车、胃腹疾痛、疾病多因胃肠积滞而越都有速效。常备使用，费款无几，自救兼可救人。[④]另据黄奕欢回忆，陈嘉庚还常制备良药数方，交怡和轩保管，任人索取。[⑤]在缺医少药的年代，他期望民众自救，减少病痛，显示了他最质朴的人文关怀。

四是自编通俗卫生短歌，利于民众识记。陈嘉庚对西方人实施的卫生理念给予了充分肯定和认同。为了使其所要传递的卫生理念能最大限度地获得普通民众的接触、接受和吸纳，陈嘉庚在著述完成《住屋与卫生》的最后，又附上一首自编的通俗卫生短歌，[⑥]以整齐的文字对仗，通俗易懂、直接

---

① 陈嘉庚，《广征确着灵验秘方重增验方新编通告》，《增广校正验方新编》，民国十六年（1927年），书前页。

② 陈嘉庚：《南侨回忆录》，1993年集美翻印本，第8—9页。

③ 黄奕欢：我所知道的陈嘉庚先生的生平，载《新加坡各界追悼陈嘉庚先生大会》，新加坡中华总商会编，未刊，1961年，第6页。

④ 陈嘉庚：《战后建国首要：住屋与卫生》，南侨印刷社，1949年2月25日四版，第8—9页。

⑤ 黄奕欢：我所知道的陈嘉庚先生的生平，载《新加坡各界追悼陈嘉庚先生大会》，新加坡中华总商会编，未刊，1961年，第6页。

⑥ 陈嘉庚：《战后建国首要：住屋与卫生》，南侨印刷社，1946年，书末页。

明了、朗朗上口的语句，将卫生、清洁、健康、寿命等关联起来，达到易理解、易识记、易传唱的效果。这首卫生短歌即是陈嘉庚卫生健康思想的总结和集中体现。

五是组织回国卫生考察团。陈嘉庚认为，对卫生之注重与否，与民族之健康及死亡率之比例，有重大关连。① 而“中国城市乡村之不合卫生久矣。影响所及，至为最大。战后建设伊始，亟应乘兹计划改革”。此为中华民族将来健康之大计，民族生存扩展之要务。② 但此事有时间性，逾时即不及。③ 故在战后国家复兴、城市重建之际，尤需全盘规划城市建设，注重住屋与卫生设施设备之建设。于是，陈嘉庚在避难荷属印尼爪哇时即念及于此，周详计划，著成《住屋与卫生》一书，战后广泛寄赠国内各省市当局，贡献住屋与卫生之意见，以供新兴建设之参考④，宣传并请迅速实行。为达到敦促作用，陈嘉庚又计划征求团员及书记 32 人，组织南洋华侨回国卫生观察团，到祖国各省府县城进行实地观光、调查视察⑤、考察报告，以提倡之⑥，并由南侨总会发行月刊贡献祖国，促当局注意各点改革事宜，⑦ 以借他山之名，裨益祖国战后建设上之进步，⑧ 并进而做了周详的回国计划和布置。⑨ 但后因内战爆发，回国考察卫生之事便一再搁置了。

六是发起筹募兴办同民医院。1940 年代初，陈嘉庚回国考察并回同安故乡省亲后，发现这里缺医少药严重，于是痛切发出拯济乡民、创办医院的呼吁。得到孙炳炎的积极响应，陈文确等积极协助筹划，以及新加坡同安会馆的积极响应筹办。不料太平洋战争爆发，使这一义举顿然受挫。直至抗战

① 侨民大会赞同，《南洋商报》，1945 年 12 月 17 日；组织回国卫生观察团，《南侨回忆录》，南洋印刷社，1946 年 3 月 25 日再版，第 374 页。

② 组织回国卫生观察团，《南侨回忆录》，南洋印刷社，1946 年，第 372 页。

③ 弁言，《南侨回忆录》，南洋印刷社，1946 年 3 月 25 日再版，第 4 页。

④ 侨民大会赞同，《南洋商报》，1945 年 12 月 17 日；组织回国卫生观察团，《南侨回忆录》，南洋印刷社，1946 年 3 月 25 日再版，第 374 页。

⑤ 组织回国卫生观察团，《南侨回忆录》，南洋印刷社，1946 年，第 372 页。

⑥ 弁言，《南侨回忆录》，南洋印刷社，1946 年 3 月 25 日再版，第 4 页。

⑦ 组织回国卫生观察团，《南侨回忆录》，南洋印刷社，1946 年，第 372 页。

⑧ 侨民大会赞同，《南洋商报》，1945 年 12 月 17 日；组织回国卫生观察团，《南侨回忆录》，南洋印刷社，1946 年 3 月 25 日再版，第 374 页。

⑨ 组织回国卫生观察团，《南侨回忆录》，南洋印刷社，1946 年，第 372—374 页。

胜利，才使新加坡同安会馆同仁夙愿得以实现，于1947年期间正式设成开诊。[①]该医院是一所位于同安城县府左侧的县级规模的华侨医院，设备周全，后复增建手术室，附设产妇室，规模之宏甲全邑，而成绩优异，诚皆得力于集美学校董事长陈村牧策划有方。[②]1948年3月12日，新加坡同安会馆在丝丝街会馆礼堂举行第一次职员会议，由主席陈文确主持，成立董事会，定名该医院为同安同民医院，讨论医院募捐办法，仍举孙炳炎为募捐特别队主任，继续策动募捐，以期较佳成绩，而应医院之急需。临时动议另增加在安南筹募及增加两位干事，并挽留叶怡煎继续任财政之职。[③]陈嘉庚回国定居后，特去同民医院考察，并与医护人员合影留念。

七是支持筹募医药办药厂。陈嘉庚在南洋办实业时即有办药厂，虽不及其橡胶厂名声大，但其公司广告单上随橡胶制品外的药品广告[④]，是其陈嘉庚公司有产药品的明证。另其亲友谈及陈嘉庚所涉足实业也会提及有药厂。[⑤]而其公司所产药品商标问题与胡文虎的虎标官司事件则是一段不为人知的历史。

抗战时期国内医药奇缺。身为南侨总会主席的陈嘉庚应重庆国民政府函请募捐医药支持国内需求。在他主持下，所需药品逐项得以募集完成供给。为节省成本，陈嘉庚甚至计划买匹灵片药粉在新加坡设厂自制。后因欧战爆发，各物被禁出口，陈嘉庚便转将各机器移往重庆制造。[⑥]1940年4月回国途径仰光时，他在各界联合欢迎宴会上阐述此事另获捐一万余盾。[⑦]回国内后，他在慰劳途中一并考察药厂，与中国提炼药厂股份公司谈妥合作，议定南侨总会、集美学校各出资25万元入股增资扩产，附产军用药品[⑧]，实现了短平快地在国内办厂制匹灵片、仁丹等常用药品的目的。另外，1948年10

① 同安同民医院书籍洪炳丁及谢水墨供稿，1990年11月20日，见《独木成林：孙炳炎和他生活的年代》，华侨博物院华侨历史研究部编，中国工人出版社，1992年，第320页。

② 《南侨日报》，1948年3月19日，第5版。

③ 《南侨日报》，1948年3月19日，第5版。

④ 参见《南洋商报》上刊登的众多陈嘉庚公司广告。

⑤ 见陈国庆:《回忆我的父亲陈嘉庚》，北京：中央文献出版社，2001年。

⑥ 供给军需药品，《南侨回忆录》，1993年集美翻印本，第118页。

⑦ 余起程赴仰光，《南侨回忆录》，1993年集美翻印本，第132页。

⑧ 扩大炼药厂，《南侨回忆录》，1993年集美翻印本，第166页。

月，他也帮助来南洋宣传的中国歌舞剧艺社策划慈善筹演，支持完成筹款购买医药等回国的任务。[①]

此外，1940 年回国慰劳团在访问延安时，侯西反头撞车门，在当地医院获得义务免费治疗，其担任西医的院长龙岩教会人，为乡民免费医治且自办一间能制多种常药的药厂[②]，给陈留下很深印象，成为他日后在向侨胞陈述共产党统治区观感时的一个突出印象——无苛捐杂税，学费、膳宿、衣服、医药亦均免费，每月又给 1 元零用。[③]他关注免费医疗，即反映着他对民生的关注与关怀。

（四）身心是否受欺压迫害

在旧中国，因受封建思想长期禁锢，阶级等级观念极为严重，长期形成的官僚主义作风致政治腐败、欺压现象普遍。加上民国后，国内军阀混战，蒋政府官僚腐败政策更形严重，使华侨失乐观，视回国为畏途。同为华侨的陈嘉庚感同身受。在他看来，约有三事若能达到，则华侨决不负国人之希冀，其中首条即是国内政治纳入正轨，地方秩序良好，无军阀劣绅土豪之欺凌。[④]可见，清除这种凌驾于人之上的欺压之势是一切良政开端，也是对民生关怀和挽回华侨对祖国期望的首事。

除了华侨，对国内民众的欺压之事则多如牛毛。集美航校校友庄重文曾就读集美学校时参加“五卅惨案”后的抗日宣传。一年后被实行不抵抗政策的国民党当局派驻集美的冷教练以莫须有罪名迫害开除。1950 年，陈嘉庚回新加坡途经香港，与在港集美校友聚会时获悉此事很震惊：“还会有这种事？你为什么不和那些人讲理？”[⑤]可以想见，这种无故欺凌之事居然发生在集美学校，若当年陈嘉庚知道此事绝不会坐视不管。

三、对民众身心发展的人文关怀

马克思指出：“人不是在某一种规定性上再生产自己，而是生产出他的

① 丁波：《南洋风雨行》，广东人民出版社，1988 年 9 月，第 148—153 页。

② 黄尘常飞扬，《南侨回忆录》，1993 年集美翻印本，第 213—214 页。

③ 西北之观感，《南侨回忆录》，1993 年集美翻印本，第 247 页。

④ 陈嘉庚：畏惧失败才是可耻，载《东方杂志》第 31 卷第 7 号，1934 年 4 月 1 日，第 5—10 页。

⑤ 中华文学基金会编，《庄重文纪念集》，人民出版社，1999 年，第 165—166 页。

全面性；不是力求停留在某种已经变成的东西上，而是处在变易的绝对运动之中。”① 人文关怀的目的在于，使人不断消解和剔除“人本身”存在的负价值部分，弘扬和充实“人本身”中具有正价值的东西。生命至上、合理需要、人格尊严、精神崇高、个性自由、自我实现等，都是人之为人的正价值要素。在这些正价值中，具有统领意义和最高价值的，是人的全面发展。人的全面发展具体体现为，人的需要的全面满足和人对自己本质的全面占有。人文关怀根本上是一种否定“神化”、扬弃“物化”、消除“异化”，追求人的自我解放，谋求人的全面发展的价值实践活动。人文关怀能够为处于特定历史境遇中的现实的人指明方向和规制目标，对现实的人的既定状态中的各种非人的或物化的现象保持批判性张力，激励人追求和实现自己的全面发展。②

中国人是属于传统的人，所谓传统也即包含了具有很强的继承性，而继承则会继承文化精华，也会沿袭一些陈规陋习。移风易俗始终是华人社会中一个不显陈旧的话题。对于陈嘉庚来说，不论是南洋还是国内，移风易俗、改良民风、治安、民气及缠足等事，③ 均是他关心及关注的事，因为试图为民众营造积极健康的生活环境是他一直不懈努力的方向。

（一）移风易俗、改变不良民风

每次回国考察，陈嘉庚最希望能看到的是当地移风易俗方面的改进、民风的大为改观，这些也正是他对民众生活改善的希望。对于1940年的回国观感，陈嘉庚坦言考察结果，民生方面有一些是让他高兴满意的，包括：“民众进步甚速，多能同仇敌忾，信用中央纸币，各处治安良好，盗贼减少，生活安定，壮丁服从征调，学生远行来投军校，教育及手工业以及交通各有进步，鸦片除种，农民勤劳，加以雨水调顺，物产虽贵，钱不外溢，抗战多年，人民生活不致困难。此为余最欢喜满意者。”④

1949年回国参加政协会议的间隙，他再次游历考察。在返新途经香港时与校友聚会时，向他们转述福建观感，庄重文回忆当时情景，陈嘉庚认为对

① 《马克思恩格斯文集》第8卷，北京：人民出版社，2009年版，第137页。
② 寇东亮等:《人文关怀论》，北京：中国社会科学出版社，2015年，第16页。
③ 敌军不及前，陈嘉庚:《南侨回忆录》，南洋印刷社，1946年，第165页。
④ 回国之观感，陈嘉庚:《南侨回忆录》，南洋印刷社，1946年，第205页。

于家乡建设，第一步要改掉旧社会的陈规陋习。因为中华民族是个健康、文明的、具有创造精神的民族，由于封建主义、帝国主义的压迫、侵略，形成了中国城乡的许多恶习。因此，中华人民共和国成立后，首先要革除这些危害民族发展的恶习陋规，社会风气焕然一新。陈坦言这是此次他回福建最令他心喜的事，并认为民族精神振奋了，国家建设和发展将不可限量。由此，他对新中国新社会新气象的信心满满，以及对家乡建设的兴致勃勃溢于言表。

1. 反对缠足

缠足陋习不但禁锢妇女双脚，也残害女子身心。对于革除缠足陋习，陈嘉庚回国慰劳时很是注意考察，对国共统治区分别进行了考察和对比。他介绍南洋华人对缠足现象的改善，认为南洋各属地虽政权操于诸外国人之手，但对华人男蓄辫发、女则缠足等习俗多不干涉。民国光复后，华民在华侨社会及报纸宣传下，自动解除不良陋习，而非殖民地政府的提醒或干预。自动割辫发，至缠足之俗，女孩不再缠，即 30 岁内缠足之妇女亦大多解放。至 1940 年代，南洋四五十岁以内女华侨均无缠足之人。[①] 可见，民国后风气开化在南洋效果显著。陈料想中华民国政府之地，有政府可严禁干涉，必定更早除去此有害无益之陋习。

但回国慰劳在国民党统治区，他竟然在市外乡间常见有十岁左右女童缠足者不少，感到触目惊心，认为以云南省主席权威如肯发一禁令，无难立可收效。可见是政府不作为。故出昆明后，陈嘉庚即致函民厅长请其禁止缠足。[②] 另在四川、甘肃、陕西等省均尚见有此陋习 [③]，让陈大感意外 [④]，也实出海外华侨意料之外。因此，他所到之处必问及此弊革除情况。但各地政府官员仅以“缠足陋习，自民国七年（1918 年）已励行禁绝，鸦片之种吸亦然”之言予以敷衍，却被陈如实相告其他省份还有遗留实情 [⑤] 而语塞。陈认为此为与长衣马褂一样失革命维新精神、涂唇染指、忘新生活条件、无兴利除弊

① 陈嘉庚:《南侨回忆录》，南洋印刷社，1946 年，第 144 页。
② 昆明之见闻，陈嘉庚:《南侨回忆录》，1993 年集美翻印本本，第 267 页。
③ 敌军不及前，陈嘉庚:《南侨回忆录》，南洋印刷社，1946 年，第 165 页。
④ 陈嘉庚:《南侨回忆录》，南洋印刷社，1946 年，第 144 页。
⑤ 敌军不及前，陈嘉庚:《南侨回忆录》，南洋印刷社，1946 年，第 165 页。

决心的表现，势必成为让海外华侨认为奇特之事。[①]陈毫不留情地予以揭露，提醒国人这种失国体之可耻陋习不能再有残留。

与国统区不同的是，到延安后，陈在西塞县参观铁工厂及印刷厂也多加注意打听妇女缠足之事，得到回复是“以前此风未除，及共军到后，缠足与鸦片均严厉禁绝，不但童女禁止，就是四五十岁内缠足妇女概须解放，违者科罚”。此话在之后七八天的参观中得到证实。[②]可见中共统治区对这一陋习革除的坚决和成效。

2. 废清朝衣冠

陈嘉庚赞同孙中山“倡革命，对衣着也革命”的理念，特别是极力赞同革除旧制遗留下来的、令外人贻笑大方的长辫、衣着等陋制，且十分赞赏孙中山以身作则、不穿长衣马褂之表率，他认为“中山先生倡革命，覆清朝，其于清时遗制，革除惟恐不尽。衣服一端，亦深切注意，不肯苟且；故一生罕着长衣马褂，自余革命同志，光复后亦多主废清服，重新规定”。[③]

陈嘉庚认为辫发、长衣马褂为清朝胡人制度，绝非我中华民族自来所固有，是清朝占领中原后对汉人的一种虏化压迫之表现。民国光复后辫发裁去，唯满制长衣马褂仍保留不改，甚至被尊为民国礼服，“当局之气馁妄从，违背革命真理，保存亡国风气，其弊何可胜言”[④]，“更失革命维新精神”[⑤]。故陈嘉庚曾多次上书请求颁令重申废止，疾呼取缔，但均未被采纳。无奈，陈嘉庚只能撰文，不厌其烦地向国人复述长衣马褂之遗害：“否则虏服仍存，丑态依旧，不但世界无此服装，为人指点讪笑，且依附阶级陋习，更非平等制度，……”[⑥]他也认为，改革服制式样，如不恢复古制，也不效仿西洋，自可研究妥善体式，取其经济与便利，则耳目一新，可除腐旧。[⑦]

1920年集美学校修理电机，技师不但只发号司令，且因午饭时被陈嘉

① 回国之观感，陈嘉庚：《南侨回忆录》，南洋印刷社，1946年，第205页。

② 工业尚幼稚，陈嘉庚：《南侨回忆录》，南洋印刷社，1946年，第160页。

③ 复兴民族与服制，《东方杂志》，1937年第三十四卷第一号，第29页；《复兴民族与服制》，《南洋商报》，1937年1月14日；《陈嘉庚言论集》，陈嘉庚著，2004年，第65页。

④ 陈嘉庚：清朝衣冠之遗留，《南侨回忆录》，南洋印刷社，1946年，第34页。

⑤ 陈嘉庚：回国之观感，《南侨回忆录》，南洋印刷社，1946年，第205页。

⑥ 陈嘉庚：《南侨回忆录》，1993年集美翻印本，第52—53页。

⑦ 清朝衣冠之遗留，陈嘉庚：《南侨回忆录》，南洋印刷社，1946年，第34页。

庚安排与工人同席，回厦后大发牢骚说受了陈嘉庚辱待，使陈感叹："如此骄傲自高，莫非因其身穿长衣马褂乎？"[①] 与之成鲜明对比的是，新加坡工厂所请机修技师总是单身自来，脱去外衣，亲手查验，尽其义务完成工作，让陈感叹"若论新加坡电力厂与厦门电气局比较，则不啻小巫与大巫，余由是更感长衣马褂之遗害"。[②]

为了消除这种产生阶级观念的遗毒，陈开始行动，大声疾呼予以禁除，但并不顺利。1934 年陈曾著论在《东方杂志》发表《复兴民族与服制》一文[③]，并函请南京政府立法院限期禁除，无效。1938 年，陈向重庆第二届国民参政会提交了轰动一时的"最伟大提案"，实有三条，除第一条"日寇未退出我国土之前凡公务员对任何人谈和平条件概以汉奸国贼论"外，第三条"长衣马褂限期废除以振我民族雄武精神"[④] 仍未被采纳。之后陈到重庆参加开会摄影，见蒋等诸参政员及各院部要人二百余人所着服装有长衣马褂者、单穿长衣者，有中山装、西洋装，亦有西式礼服、军服、蒙古西藏及其他便服等，让他感叹"真所谓五光十色，参差不齐"。由此，他意识到国民政府及参政会对清朝长衣马褂一意孤行，因此革除长衣马褂积习绝非易事，但他深信必有一日可达目的。[⑤]

因此他只能用自己的方式坚持。除《复兴民族与服制》一文后，他又多次进行提及，不但在《南侨回忆录》中提及，转载于《南洋商报》，且收入《陈嘉庚言论集》等专著，进行广泛宣传。他的忧国忧民之观显现无疑。

3. 批驳违反伦理及礼俗之恶俗

1940 年回国慰劳考察，陈嘉庚还发现一些他闻所未闻的恶习恶俗。他获悉云南保山有一种陋习，但凡建筑屋宅，无论工人如何延迟，屋主无权干涉，也不得另雇他人，由此延误工期可想而知。故此地店屋普遍简陋，街内一间至多五六个月即可完工的新建小医院，闻已动工两年之久仍尚未告竣。

---

① 陈嘉庚：《南侨回忆录》，1993 年集美翻印本，第 52—53 页。

② 清朝衣冠之遗留，陈嘉庚：《南侨回忆录》，南洋印刷社，1946 年，第 34 页。

③ 复兴民族与服制，《东方杂志》，1937 年第三十四卷第一号，第 29 页。

④ 厦大校主陈嘉庚"最伟大提案"在南京发现，台海网，2007/8/10，http://www.taihainet.com/news/fujian/szjj/2007-08-10/158803.html。

⑤ 清朝衣冠之遗留，陈嘉庚：《南侨回忆录》，南洋印刷社，1946 年，第 34 页。

如此奇闻，让陈嘉庚感叹其习俗腐化程度，并认为此种低效率为最阻社会进步之陋习。①

另外，陈嘉庚发现莆田在文化开化方面较早发达，为闽南之冠。但与此不相称的是，该地绝无团结和洽之景象，反而为了营私舞弊利权，明争暗斗，甚形剧烈；另外，社会绅士之间也意见不和；更有甚者，发生为活人造新墓等奇事，让陈深感此地人钩心斗角、心理扭曲而做出种种违背伦理及良心的社会恶俗，“竟有如此之甚者”②，让人惊愕与痛心。陈只有在他的《南侨回忆录》中记录予以批驳和揭露，以唤起国人思考与警示。

（二）倡导推动积极健康的民众活动

除了以上，中国人的陈规陋习远不止这些。陈嘉庚自1913年回集美办学起，不论是围海筑堤，还是大建各类校舍，创办南音、芗剧社等，都是为了要改变家乡落后渔村旧容旧貌、民众旧社会陈规陋习之现状，摈弃病夫之讥，倡导积极、健康、向上的生活风貌。倡导革除陈规陋习是陈嘉庚一直在努力做的事，却并不是他的最终目的。陈嘉庚希望民众能过着衣食无忧、身心健康的积极向上的生活。因此，努力为大众营造积极健康的生活氛围，建造必要的文娱设施，是陈嘉庚晚年回国定居后竭尽自己所能体现对民众人文关怀的又一举措。

一是扶持、推动集美端午龙舟赛。早期集美陈氏家族虽大，但贫穷落后，族亲们为生计，经常发生相争而结怨，房角间甚至发生群体性械斗。集美社每年农历五月五日仍举行龙船竞赛。因龙船竞赛，实为水上体育运动会，与迷信神权不同，至演戏则另组织剧目义演。于是，为改善风俗，自1951年起陈嘉庚提倡恢复了集美龙舟赛民俗，吸引各类人员参加，对社内人士之身心不无裨补，③以实现发挥其提高民众身心素质、增进各房角间的合作和凝聚力，以及与外界接触等积极作用。

1957年端午龙舟赛，他主持开幕发言说：“赛龙舟是一项很有意义的活动，一方面是纪念爱国诗人屈原，另一方面也是开展一项很好的体育运动，

① 陈嘉庚：保山诸陋习，《南侨回忆录》，南洋印刷社，1946年，第289页。

② 莆田文化称发达，陈嘉庚：《南侨回忆录》，南洋印刷社，1946年，第244页。

③ 陈嘉庚：集美龙舟竞赛小记，《集美志》，陈厥祥编著，侨光印务有限公司，1963年，第65页。

可以通过它来增强人民的身体健康，所以应该大力提倡。”[①]1959 年 6 月 10 日端午龙舟赛开幕词中，陈表示：“本地举行端午节的龙舟竞赛，虽然已有很长历史，但是，现今的龙舟赛，同昔日的龙舟赛是具有不同意义的。解放前赛龙舟，是为了出风头，争锦标；我们今天赛龙舟，是为了欢乐地庆祝端午节，欢庆我们新社会的幸福生活，纪念祖国的爱国诗人屈原。龙舟比赛是一项很好的民间体育运动，我们应该提倡它，把这个良好的习俗保留下来。”[②]可见，他对龙舟赛改善民众生活、拉近村社团结等方面的积极意义有着明确认识。

自 1951 年开始，陈嘉庚不顾年事已高，亲自部署具体赛事，确保顺利、安全举行。在他的部署、主持下，以鳌园为中心的风景区开始建设。同时，内池、中池以及外池等专门龙舟竞渡赛场也同期陆续开始修建，将每年端午节集美学村的龙舟竞赛从东海赛场，引入人工池。此外，多次新造规格统一、专门的龙舟赛事用船——龙舟，规范集美龙舟赛事各项规程，引入南音等赛事其他配套活动，吸收各邻县市的沿海渔民组队参赛等。

另在建造鳌园时，陈嘉庚派人将“龙舟竞赛”这一中国传统节日民俗项目，与其他 11 项西方竞技体育项目［包括排球、棒球、足球、篮球、体操、（单杠吊环）体育运动、体育赛跑（田径）、游泳竞赛、跑马竞赛、脚踏车竞赛、风车（汽车）竞赛］一起作为他所注重的 12 项竞技体育项目，永久雕刻在鳌园石壁上[③]，向来访参观者宣扬着这样一个理念：中国的龙舟竞赛应该可以与其他西方竞技体育项目一样走向世界，显示了他对中国龙舟竞赛体育项目的重视和自信，预见了这一赛事的国际性。而他毕生对龙舟竞赛赛事所做出的努力和贡献，以及他对此项体育运动的倡导和推动，都为集美龙舟赛的不断发展及国际化奠定了基础。

二是修建游泳池。集美临海，熟悉水性、会游泳自然是靠海吃海的渔民所的必备生活技能。在没有游泳池之前，练习游泳自然只能在海中，但缺乏安全性保障。集美学校在集美渔村办校后，为了让学生进行游泳实习和开展游泳活动，1922 年 10 月集美学校耗资 3000 元建造了一个四周用石砌成、

① 集美端午盛会 万人争看龙舟竞赛，《厦门日报》，1957 年 6 月 3 日，第 1 版。

② 端午佳节集美大赛龙舟 市区居民欢欢喜喜团圆过节，《厦门日报》，1959 年 6 月 11 日，第 1 版。

③ 见鳌园博物馆石壁背面十二项竞技体育项目石刻。

底铺水泥，长 100 米、宽 33 米、高 1.7 米的游泳池。[①]

1950 年回国定居后，为推广、支持水上运动，陈嘉庚除了依次修建了内池、中池和外池作为端午龙舟竞渡专用水池，又出资在龙舟池及鳌园之间、延平故垒之下建造了一个专业游泳池，以海水为池水。为更衣方便，陈嘉庚又创建月牙形游泳场更衣室[②]，体现着他的人文关怀。这一游泳池经过几次整修、加固，成为每年龙舟赛配套活动抓鸭子的指定用池，夏天则是集美民众们避暑纳凉、戏水游泳的最好去处，所用水依然是沿用陈嘉庚当年的办法，定期更换海水，消毒后开放使用。

三是组织集美芗剧团。对于文娱活动，集美社五里之外的洪林美村村民早年对该乡这方面的记忆是："娱乐一事似乎谈不到，其平素奉为天经地义的就是唱戏、抬菩萨。"[③]故而这种民风也基本上代表了集美社的情况，直至延续至今。

1950 年，陈嘉庚组织集美芗剧团，团长陈甲团曾创作或改编《王贵与李香香》《穷人恨》《斗霸》《父子争先》等剧本，《父子争先》参加同安县文艺汇演获得第一名。集美境内民间先后自发组建的业务芗剧团有集美芗剧团、灌口胜利剧团、后溪芗剧团、锦园芗剧团、铁山芗剧团、灌口凤山庙芗剧团、珩山侨联芗剧团等。1995 年集美芗剧团创作、演出的芗剧作品《欲海情梦》荣获省五届农村剧团调演演出二等奖、演员银奖。之后，很多剧团因经费等原因，相继解散了。至 2007 年，仅后溪和集美两剧团仍在演出。[④]尽管历史不长，但陈嘉庚支持的集美芗剧团一直持续至今，成为集美社人民的一项重要文娱活动之一，对丰富和改善集美社民众的文化生活习惯起到了积极作用。

四是扶持集美南乐社。南乐亦称南音、南曲、南管，系流传于闽南地区古老的民间音乐，其保留了汉唐以来中原古雅乐等古典音乐的特点，为国家

① 林斯丰主编：《集美学校百年校史》，厦门：厦门大学出版社，2013 年，第 52 页。

② 《新加坡同安会馆特刊（1931—1984）：庆祝新大厦落成典礼暨成立五十三周年及互助部成立十八周年纪念》，第 464 页。

③ 福建省同安县洪林美村社会调查材料，《集美学校廿周年纪念刊》，集美学校校董会编，1933 年，第 865 页。

④ 厦门市集美区地方志编纂委员会编：《厦门市集美区志》，北京：中华书局，2013 年 8 月，第 563—564、570 页。

历史最为悠久的传统音乐之一。1953 年，集美镇成立集美南乐社，演唱南音。“文革”期间活动停止。1991 年 10 月，集美南乐社恢复活动，经常参加厦门、同安的南音演唱会。并举办南音演唱培训班，敦请厦门南乐团老师授课，俞建芬参加市南音唱腔演唱比赛获二等奖。2006 年，灌口镇铭顺南乐队苏佳帧参加市南音演唱比赛，获少年组二等奖。2003 年，集美大学艺术教育学院音乐系副教授俞建芬将只有“骨谱”的南音散曲，通过录音记录下南音的“血肉”，即“骨谱”中没有体现的实际唱腔（在南音演唱中也称“润腔”或“做音句”“念嘴”），进行电脑线谱化存储，这不仅使闽南人，也让全国乃至全世界的音乐爱好者可以通过五线谱学习到真正的南音。①

五是支持公司员工团体活动。陈嘉庚公司作为南洋鼎盛时期有上万名员工的大公司，企业文化自然必不可少。据当时报载，1925 年陈嘉庚公司即成立有经当地政府批准注册的职员俱乐部。②1930 年陈嘉庚公司第十队与万国公司梘园足球队在陈嘉庚公司第十园球场友谊赛中以三比一获胜。③但 1933 年陈嘉庚公司第十一队（Tan Kah Kee's Eleven）在与 Y.M.C.A. 的一场主场足球赛（football）中以 1 ： 3 失利；④同年陈嘉庚公司队与新加坡橡胶队在一场商业比赛中以两分之差落败。⑤显示陈嘉庚公司按橡胶园区或厂区分别组建按序号编队的足球队，不但训练有素，且经常参加商业比赛，反映出强身健体的体育运动在陈嘉庚公司得到大力鼓励和支持，自然与公司所属人——陈嘉庚对体育运动的重视、推崇和支持分不开。

四、对海外同胞的人文关怀

陈嘉庚是南洋华侨领袖，但他更是出生于华侨家庭的一个普通华侨，自身即是南洋两千万华侨中的一员。他在担任南洋侨领期间时刻所表现出的爱侨、护侨言行，更是因为他身为华侨的感同身受。因此，在他的一生中，他“爱侨如子”的种种表现，体现了他对海外华侨群体的人文关怀。

---

① 厦门市集美区地方志编纂委员会编:《厦门市集美区志》，北京：中华书局，2013 年 8 月，第 567 页。

② 陈嘉庚公司职员俱乐部已注册，《南洋商报》，1925 年 10 月 24 日，第 3 版。

③ 足球消息，《南洋商报》，1930 年 1 月 21 日，第 6 版。

④ *The Straits Times*，13 February 1933，Page 13.

⑤ The Singapore Free Press and Mercantile Advertiser（1884—1942），9 May 1933，Page 16.

（一）关于华侨

与海外华侨相同的是，陈嘉庚也是一位典型的华侨，因此他也有华侨的类似经历。不同的是，在当时的乱世中，唯有他最终成长为振臂一呼百应的南洋华侨最高领袖。作为华侨的一分子及之后的最高领袖，他始终视自己与华侨同命运、共生息，因而他也就有了与其他华侨不一样的视角来看待华侨和华侨社会。从他诸多的言行中，陈嘉庚的华侨观基本可一窥其大概。

关于华侨在国内外的地位问题，陈嘉庚在1950年回新加坡途经香港时与在港集美校友座谈时表示："华侨在世界各地的贡献极大，世界航道枢纽，苏伊士运河和巴拿马运河之开通，有大量华人参加。美国横贯铁路之修筑，第一次欧战机器后欧洲的恢复，亦有大量华工参加。东南亚各地经济发展，更和华侨息息相关，但是华侨的权益没有保障，华侨以前一直被称为海外孤儿，这是因为中国历届政府腐败，对内没有顾及民生、民权、民主，极弱深重，招致列强相侵、蚕食中国。弱国既无国防，保护不了自己的国民；又无外交，保护不了华侨。今天，我国初步统一，政治清明，我国将以新的姿态，立足于世界强国之林，华侨世代的愿望实现了，华侨在国内享有全部公民权利，国家成立专门的侨务组织关系华侨的权益、福利、发展和有关事务。"[①] 因而，陈嘉庚忠告海外华侨们："华侨要想在国外获得发展，首先要和侨居地的人士协作好，切勿囿于异域而相互歧视，要赤诚相见，要尊重侨居地的风俗，要促进当地的经济文化发展，要遵守侨居地的法律。"[②]

由此可见，陈嘉庚作为华侨群体中的一员，更因侨领职责使然，关注华侨处境、安危及发展，爱侨护侨之责任所在，使陈嘉庚对南洋华侨社会的关注和观察没有停止过，也具有了不同于其他华侨的视角，而他所处的最高华侨领袖之地位，使他有机会能站在华侨群体之上的观察视角，俯视华社群体，从而发出了不一样的对华侨社会的所思、所想及呼声。主要体现在：

1. 华侨实为无奈之产物

"华侨"指侨居于国外的中国人。[③] 身为华侨的陈嘉庚，与其他下南洋的

① 中华文学基金会编，《庄重文纪念集》，人民出版社，1999年，第166页。

② 中华文学基金会编，《庄重文纪念集》，人民出版社，1999年，第166页。另见庄重文：《美名垂青史 桃李遍全球——忆聆听陈嘉庚校主教诲》，《回忆陈嘉庚》，文史资料出版社，1984年，第193页。

③ 庄国土："华侨"一词名称考，《南洋问题》，1984（1）：13—19。

华侨经历类似，不同的是陈嘉庚的实业成功了，并在日后逐渐步入华社领导层，并最后上升成长为一代侨领。在这个过程中，遵循的依然是一直沿袭自华人社会地位上升的潜规则，以资产论英雄，以捐输、慈善公益为扩大自己影响力的手段。陈嘉庚也不例外。身为华侨，对华侨之处境、内情，没有人比他更清楚。在他看来，华侨实为无奈之产物。

其一，华侨出国谋生，实为无奈之选择。与众多闽南华侨一样，自然环境迫使他们靠海吃海，也被迫出洋讨生活。不是他们不想留居在家乡生活，而是走投无路。在陈的观念里，为何华侨多出自闽省及闽南，主要原因即自然环境所迫：闽省为我国东南门户，多山滨海，耕地少而粮储缺，风土劣而棉产无，耕织难营，衣食不足，虽有多少矿产可资器械工业，山多田少，交通不便，未有铁路，奈无铁路运输，无法开采。故人民生活所需，无一不仰外来。唯有海岸线尚号绵长，为一般谋生之天然出路。借助海运以通有无，尤以闽南为最。① 其对闽南民众生路之重要，陈强调设想如果当初“非教导部分民众从海洋方面发展，开阔经济来源，隐忧不堪设想”。因此，对当时教育未兴、文盲十居八九的闽南社会的民众，除务农外大多出洋谋生。② 因此，闽省只有谋生出路，端赖南洋。于是经年积累，依靠血缘、地缘组织接续，在洋闽侨人数众多达数百万人之多。③

其二，华侨留居当地也实为无奈之举。有家不能回，不仅仅是由于最初的船舶航行只能靠季风，依赖天气自然因素的阻隔，让众多华侨从不得已“住藩”，到有了“两头家”，及生意照顾之需而常年留居当地，繁衍后代；更主要的是中国这个家在19世纪末20世纪初期却是不能回，很多是被人为阻断了回来的路。除战乱，更多则是政府腐败黑暗所致。凡出洋者均是为找活路而去，目的不仅是生存，还肩负发家致富、汇寄生活费养活故土老小

① 为扩充集美水产商船专科暨水航高级职校学额，培植多数海事人才，告各中等学校同学书（1950年4月25日），《陈嘉庚先生文件卷》（1951年）9—534，载《陈嘉庚教育文集》，王增炳等编，福州，福建教育出版社，1989年7月，第256页。

② 为扩充集美水产商船专科暨水航高级职校学额，培植多数海事人才，告各中等学校同学书（1950年4月25日），《陈嘉庚先生文件卷》（1951年）9—534，载《陈嘉庚教育文集》，王增炳等编，福州，福建教育出版社，1989年7月，第257页。

③ 王增炳等编：《陈嘉庚教育文集》，福州：福建教育出版社，1989年7月，第256页。

重任，因此，这样的重负迫使、驱赶着他们不能不在海外努力打拼。但实际上，到最后真正能衣锦还乡的人有多少呢？不但是少数，也很多成为“冤大头”，成了当地官绅土豪敲诈勒索的对象，因为华侨几乎成了“金钱”的代名词。这种当由时中国恶劣的政治环境导致的人为因素的阻隔，势必让华侨视回国为“畏途”。因此，更多的是“一去无回”或头几年还有书信、侨批联系，直至最后杳无音讯；抑或是渐次将家小接往南洋团聚久居。因此，落上“华侨”这一名称和身份，实为各种因素催生的无奈产物。

2. 关于“华侨乃革命之母”

孙中山赞誉“华侨乃革命之母”的名言举世闻名。作为南洋侨领的陈嘉庚对此有过深刻解读。[①]他分析认为，孙中山给华侨如此美誉，主因是晚清时期不断有革命人士从国内避难到南洋，组织多样会党，鼓励华侨爱国，当时马来亚殖民政府正需华侨前往开垦，任凭华侨自由活动，赞助祖国革命。在南洋的华侨看到清朝的腐败，希望祖国革新、富强起来，便帮助这些革命人士，并参加与支持革命。孙中山深为感动于华侨的爱国热情，故称“华侨乃革命之母”。[②]但陈嘉庚并不认为华侨为中国革命仅捐输点财、物力就可以配称得上此美誉。他号召众华侨如真正支持革命，还要率先从自身做起，从自身心理、人格等私人革命入手，响应革命号召，参与进这场全民革命，推动民主共和革命的最终胜利。因即使革命推翻了清王朝，但后续国家建构和治理才最为关键，需要每个人改头换面的革新，从内心深处真正、彻底并延续不断的坚持革命，实现孙中山建立民主共和国的愿望，实现和谐、平等、繁荣的美好中国。否则，不但配不上孙中山之美誉，辜负了孙之殷切期望，且还是革命的罪人。[③]陈嘉庚的深谋远虑、深明大义、先知先觉显现无疑。

---

① 陈嘉庚在怡和轩欢迎张馆长及国术南游团会上之演词（1936年1月），载于《陈嘉庚教育文集》，第226—227页。

② 陈嘉庚：纪念孙中山先生诞辰九十周年（在集美学校纪念大会上讲话的摘要），《厦门日报》，1956年11月13日，第2版；陈嘉庚：《回忆孙中山先生》，《人民日报》，1956年12月12日，第4版。

③ 陈嘉庚在怡和轩欢迎张馆长及国术南游团会上之演词（1936年1月），载于《陈嘉庚教育文集》，第226—227页。

（二）爱侨

陈嘉庚是华侨一分子，身在其中，感同身受，与华族的荣辱休戚与共。他关注华侨的一切，也将之外化为对华侨的爱。

其一，他写《南侨回忆录》目的即是为了记录华侨支持抗战始末和功绩，使海内外同胞获知南侨对抗战之努力及对祖国战时经济之关系，免后人对当时侨胞之误解。他认为，此次中国国难促使南洋华侨有史以来首次大团结。作为这场轰轰烈烈华侨筹赈运动的领导者和参与者，无人比他了解得更加全面、透彻。他如不加以记录留存，让华侨功绩昭示天下，恐无人有此用心和想法进行全面记录，消除后人误以为国难当头之际千万华侨不思回国报效尚在海外逍遥，却不知他们实际为祖国抗日付出的不为人知的百般辛苦和代价。① 他对华侨之爱护以及为爱侨护侨之责无旁贷已溢于言表。

其二，解决华侨子弟就学问题，并给予特别优待。陈嘉庚创办南洋华侨师范，规定"本师校限专收贫寒子弟……"②，以解决南洋华校师资问题。另外，他也规定，南洋华侨小学毕业生如有志回国升入中学者，可由新加坡陈嘉庚公司店铺予以介绍函，概行收纳，到集美学校时如考试未及格者则另上补习班。此特别优待华侨派遣子弟回国就学之条款永存不废，并规定若南洋侨胞有意遣回子弟就学，以及教职员家属，则尽量接受之。③

其三，为华侨深受各种毒害而不安。陈嘉庚多次呼吁华侨要洁身自爱，远离鸦片等毒害，也呼吁国家和社会取缔鸦片销售，减少对华侨的毒害。他不但积极在华侨社会倡导呼吁，也采取必要举措予以实施。如在欧洲国际联盟会派员来南洋考察禁烟情况期间，陈嘉庚不顾个人安危，如实向其揭露英国殖民者为牟利而故意找借口或隐瞒禁烟不力之事实，敦促国际社会向当地英荷政府施压，取缔鸦片销售，减少鸦片对华侨的毒害。除在南洋，陈嘉庚也呼吁中国国内取缔鸦片的种植与销售，才能真正阻断南洋殖民者以此牟利的根源所在。1940 年 8 月 12 日，陈嘉庚在昆明各界联合欢迎会上言明："南洋鸦片流毒，华侨损失惨重，迄今尚烈。前年虽欧洲国际联盟会派员来南洋

---

① 弁言，陈嘉庚:《南侨回忆录》，南洋印刷社，1946 年 3 月 25 日再版，第 1 页。

② 陈嘉庚：南洋华侨师范开校典礼致词，《民潮：闽侨半月刊》，1941 年第 1 卷第 6 期，第 158 页。

③ 陈嘉庚:《南侨回忆录》，南洋印刷社，1946 年，第 6、10 页。

考察，向当地英荷政府交涉，然彼藉口中国尚未禁绝，若中国能实行禁绝，则南洋各属地亦决禁绝。兹希望我国内凡有售吸者，切实严禁，以至根绝，则华侨受惠者无限。"[①] 另外，他认为，南洋英属马来亚华侨二百余万人十余年来受跳舞新毒祸害恐不减于鸦片。外国人歧视华侨，不顾华侨损失，只知从其身上有利可图。[②] 他多次严厉批驳华侨遭受欧美跳舞之毒害，以正华人传统之风。

其四，将"服务侨众"订立为福建会馆的重任。他自谦自己未很好的完成，因此责成接任者能完成。1933 年 3 月，在新加坡福建会馆改组四周年纪念会上，陈嘉庚明确福建会馆职责："对祖国则应如何补助国家，维护教育。对当地之工作，应谋闽侨之福利，赞助华侨教育之普及，联络侨团之团结力量，努力倡除华人不良之习俗等。" [③]

其五，关注南洋华文教育，为解决南洋华侨学校师资问题向国民政府倡办国立侨民师范。据他了解，南洋华侨中小学校三千余校，男女学生三十余万人，教师一万余人，闽粤二省人居多。而南洋亦未有华侨正式师范学校，所需教师概从祖国聘来。以闽粤二省现状观之，所有师校毕业生，已不敷省内需求，而南洋华校，年须增加千余人，多向省内争聘，致闽粤教师愈加缺乏。故他电请重庆教育部长陈立夫，在闽粤两省各创设华侨师范学校一所，闽省应开设于闽南，多收闽南贫生，毕业后较可实践来洋服务。至粤省应设何处，其与粤省府商酌。他将这些考量函电详陈于陈立夫，希望其采纳实行。后接到复电同意拟先办一校，但不必设于闽粤。陈嘉庚又复电言"作事当取实效，若设他省将来难收实效，竟置不复。结果不知是否开办，又恐如保山之华侨中校，有名无实。陈部长如有诚意，非设于闽粤两省不合也"。[④] 表明他在为了解决南洋华文学校师资的切合实际的考量。最后国立第一侨民师范终在厦门开办，为南洋输送了若干师资力量，为维系南洋的华人文化做

---

① 陈嘉庚：昆明各界联合欢迎会，《南侨回忆录》，南洋印刷社，1946 年，第 202 页。

② 陈嘉庚:《南侨回忆录》，南洋印刷社，1946 年，第 146 页。

③ 陈嘉庚：文化与国家关系（星福建会馆举行改组四周年纪念会上之演词），《南洋商报》，1933 年 3 月 17 日;《陈嘉庚言论集》，新加坡怡和轩等，2004 年再版本，第 62—65 页。

④ 陈嘉庚：请政府办华侨师范，《南侨回忆录》，南洋印刷社，1946 年 3 月，第 305 页。

出了贡献。[①]第二侨民师范则在广东开办。

其六，关心、体恤南侨机工工作生活状况。抗战时期，陈嘉庚应国民政府函请召集驾驶及机修人才回国服务，3200余名南侨机工响应号召，在环境恶劣、危险重重的滇缅公路上，响亮提出“一个华侨能出力，十个敌人九不回”的豪迈口号[②]，不畏艰险和万难，为支援祖国抗战做出重要贡献，成为抗战时期运输线上的一支劲旅。[③]陈嘉庚时刻牵挂他们的工作、生活情况，因为他们是受南侨总会号召回国服务，肩负着其家人和千万南洋华侨的重托和希望，陈嘉庚自觉应义不容辞地肩负起保证他们安危的重责。

南侨机工回国服务后，传来滇缅路办理及待司机不善的消息，让陈嘉庚寝食难安。他遂派代表回国探察实情，后被证实属实，便多次电函、派人提请相关负责人及机构从速添置车站设备，改善机工待遇，费用可由南侨总会代筹，但都未得以实施，[④]从而促成他要回国慰劳考察、探究真相的动因之一。回国后，陈嘉庚详加考察，在受邀演说时必介绍南侨机工回国服务原委，强调机工因爱国热诚而甘愿回国服务，严厉抨击南侨机工被国内司机误认为是“失业而归”之谬说；同时劝诫广大机工团结一致，务必恪守初志，耐劳耐苦，以达抗战胜利为目的，不可半途放弃。[⑤]另外，他听闻一新加坡华侨司机无罪被西南运输处拘禁暗房三天，侯西反去交涉后才被放出与他们见面。陈嘉庚对他嘘寒问暖，问他一身单薄之因。得知他因赶运军物致所有衣物失陷于南宁，当局虽允诺补发但迟迟未兑现，自己无钱购买所致，且被囚暗房也无分配被席。陈嘉庚闻之“伤感之余几为下泪。因余在南洋多方鼓励诸机工三千余人回国服务，今亲见此景况，并忆其他类是者，不知凡几，故不免自咎，且代为伤悲”。于是送他50元买衣服。对他无故被禁深感痛恨当局腐败。离开前，陈嘉庚交给侯西反千余元，嘱托他沿途到医院慰问华侨车夫，每人赠一二十元，以略表其心意。回新加坡后，陈嘉庚接侯西反来函

① 参见方友义主编:《国立第一侨民师范纪念集》，华夏出版社，2000年。
② 《新华日报》，1941年1月27日。
③ 吴凤斌主编:《东南亚华侨通史》，福州：福建人民出版社，1994年5月，第713—714页。
④ 派员视察西南运输，《南侨回忆录》，1993年集美翻印本，第117—118页。
⑤ 西南运输会，《南侨回忆录》，1993年集美翻印本，第160页。

报告钱已分赠完毕。[①]

自滇缅公路停运及抗战结束后，南侨机工长期处于失业状态再次牵动避难返新后的陈嘉庚。1946年，在陈嘉庚及其他有关人士多方努力下，国民政府最终同意组织安排南侨机工复员回侨居地。陈嘉庚嘱咐南侨总会帮助安排他们回南洋就业等。最终，除三分之一牺牲长眠于滇缅路上，三分之一在中国境内安家就业，其余一千余名机工得以重返南洋与家人团聚。

（三）护侨

作为一位南洋华侨领袖，陈嘉庚视自己为华侨之家长或父母，对华侨有如自己的子女一样，关心关注他们的权益和身心健康，维护他们的安危。尤其是在“二战”时期，新加坡沦陷前的保卫战。

其一,三辞总督请求。

1941年12月26日上午，在新加坡总督派总警长邀请陈嘉庚出面担任侨领组织华人力量保卫新加坡时，陈嘉庚以“不晓得如何办理。对军事政治完全不晓得，华侨人虽多，也没有战争这经验，盲人骑瞎马，如何能办到”，“无论如何，决不敢接受”，“我个人的生意和树胶厂大半在霹雳州，如今霹雳州已失陷，积货百余万元，已尽丧失，内心焦灼，方寸已乱，难以顾及办理总动员事，请转告总督，请他原谅”[②]为由坚决谢辞请求。次日总督派与陈嘉庚私交甚笃的华民政务司左顿出面再请，由空泛的指令任务转为具有可执行性的三项任务。陈嘉庚权衡后选择后两项较不会伤及安危的任务应允可行承办。陈嘉庚坚辞的原因，其实不难想见，即是因为他明了“自两艘主力舰沉没后，政府知海权已失，马来亚难守”，统治者已经放弃了坚守的信念，再拉其他族群的人进行最后的殊死抵抗，将是徒劳，结果是无法改变的。但最后接受，是因为实在推脱不过去，况且坚辞已引起总督不满，为了不致引起对华人的不利印象，陈嘉庚只能做出应景之举。

其二，抗议殖民者只顾自行撤退，不顾其他族人，尤其是华人的安危。

应允可办两项的同时，陈嘉庚也毫不客气地指出对总督的不满：“自两艘主力舰沉没后，政府知海权已失，马来亚难守，而槟城将先放弃，在该处

① 华侨机工非罪禁暗房，《南侨回忆录》，1993年集美翻印本，第383页。

② 郭仁德著:《马新抗日史料：神秘莱特》，马来西亚彩虹出版有限公司，2000年，第79页。

所有英人男女老幼，阴行（意为秘密）撤退，用火车运来新加坡，他种人均不许参加。坡督亲到火车站迎接。由是全马来亚民众甚形不满，而尤以华侨为甚。”[①] 质问“为什么只限运载英人撤退，其他民族置之不顾。我希望你俩能转告总督，请解释为什么会发生这样的事”。殖民者这种只顾自行撤退，不顾其他族人尤其是华人安危的行为，实为不得人心的行为。总督自知错误，既登报表明缘由，又召集各色人领袖百余人，在议事厅宣布“过去槟城错误状况，系槟城当局过失，渠完全不知。此后无论何处凡有不得已时，决不效尤，必视同一体”。可惜的是，此种宣言还是在新加坡沦陷前不攻自破，暴露了殖民者只会自保的本来面目。

其三，陈嘉庚极不赞成组建华侨义勇军送当炮灰。

虽然华侨义勇军战绩累累，被众华侨公认为是在陈嘉庚的领导下取得的，但唯独陈嘉庚自己不承认此功。接受汤玛士总督委托出面领导华侨总动员的任务和感谢后，陈嘉庚向总督建议，除大赦本地政治犯外，也应召回以前因抗日活动而被驱逐出境的华侨，共同处理华侨抗敌总动员的工作。于是，前时所拘禁各政治犯，虽多年未满之共产犯亦概行释放，[②] 包括马共领袖人物老黑（林江石）与黄耶鲁（即黄望青）等人。

1941 年 12 月 30 日，陈嘉庚假新加坡中华总商会礼堂召开华团代表联席大会，讨论总督委托总督长要求承办的三项事。林江石、黄耶鲁等 10 名马共代表也出席了大会。会上通过成立“新加坡华侨抗敌动员总会”，黄耶鲁提议设立民众武装部。林江石发言赞同成立义勇军，发动民众武装抗日，保卫马来亚与新加坡。但陈嘉庚反对，认为“武装民众，我华侨素无此经验，若从兹训练义勇军，须数月方能毕事，实属缓不济急。且政府如需要军队，从英澳美调来，月余便到……”，“彼等敌忾同仇，诚属可嘉，而年少寡经验，不计防守此岛屿殖民地，非我侨武力帮助可能有效……”[③]，“我个人认为这事要权衡利害得失，不可造次实行，如果由市民组成的义勇军，没有经过一段长时间的严格训练，这等于是驱市民而战，可以预见，羊入虎口，牺

① 四八一 释放政治犯，《南侨回忆录》，陈嘉庚著，1993 年集美翻印本，第 441—442 页。

② 四八一 释放政治犯，《南侨回忆录》，陈嘉庚著，1993 年集美翻印本，第 441—442 页。

③ 陈嘉庚序，《大战与南侨 · 马来亚之部》，南洋华侨筹赈祖国难民总会编印，新加坡：新南洋出版社发行，1947 年，序页。

牲者多，于心不忍”。但赞成者众多，华侨抗日热情无法阻挡。于是，星洲义勇军在被推选为抗敌总动员会武装部主任林江石的领导下还是成立了。

在马共中央的遴选下，共有165名马共党员分四批前往101军校接受了为期仅10天的训练后，在紧迫情况下匆忙被英军空手送上前线战区，进行敌后破坏工作，虽只得到很少的短枪和炸药，却成为日后抗日义勇军的主力，以及之后马来亚人民抗日军的胚胎。[①] 据陈嘉庚所知，他们另在吉隆坡组游击队，给以军械，参加者多属华侨，但未知确数，因其时交通已不便。[②]

义勇军高扬中国旗拼上前线，虽破天荒第一次给了日军一个意外回击，但已无法挽回新加坡失陷的劫运。[③]2月8日深夜，日军在新加坡登陆，华侨义勇军助英军战至2月13日，后接英军当局命令解散。[④] 新加坡沦陷后，据有关资料记载，义勇军也进行了一些游击战，但其成员大多最终难逃厄运，不幸被陈嘉庚言中。历史的教训是沉痛及深刻的，但由此也反映出了陈嘉庚的敏锐政治洞察力。

其四，对义勇军遭受不公待遇和政府发旧枪事的态度。

对于义勇军，陈嘉庚从提议开始就不赞成。由于仓促成立，义勇军的许多问题事先没有准备，军需给养问题都无法实现。月饷只有远低于英军的18元左右，衣服是在与英当局再三交涉后才拨给的深蓝色斜纹布，由民众武装部自行缝制。没有钢盔和军帽，只能统一用黄布裹头。至于枪械，则是在英军全部退守、情势最严重关头时，才发出旧式步枪一千支，以取代木棍令其去守前线。

对于枪械之事，陈嘉庚一开始并不知晓。后因林江石和陈锡清于1942年2月1日上午来陈嘉庚办事处代表民众武装部支银400元，为1000名义勇军代交人均4角的起身费给英政府才得知给旧枪事。他非常气愤地告诉林江石：“我不赞成义勇军柬枪上前线，拿的枪又是猎枪，以此等乌合之众抗敌，当无效力，而英兵至少尚有五七万人，何须派此绝未训练之华人往前

---

① 郭仁德：《马新抗日史料：神秘莱特》，马来西亚：彩虹出版有限公司，2000年，第73—77、80—83页。

② 四八一 释放政治犯，《南侨回忆录》，陈嘉庚著，1993年集美翻印本，第442页。

③ 李铁民，附录一：日军进攻马来亚初期华侨协助英军史迹，《大战与南侨·马来亚之部》，第55页。

④ 子罔，星洲华侨抗敌动员总会记略，《大战与南侨·马来亚之部》，第53—54页。

线。不但此一千人将就死地，敌人入境必因此多杀许多华侨。英政府此举，实可痛心。”[①] 但林江石态度坚决，陈嘉庚无法说服，只好按要求发给了 400 元。[②] 遗憾的是，陈嘉庚的这些先见之言未被听从，结果不幸被陈嘉庚言中。

其五，为侨领争取通行证，尽护侨之心。

对于护侨之事，陈嘉庚向来不遗余力。从拒绝受英政府委托，至不主张华侨成立义勇军做无谓牺牲等都是出于此目的。虽然很多事为他一人所无法控制，但他仍竭尽所能与侨众一起坚持到最后，在被迫离开前为华侨们做一点事，而“不欲徒为一身安全而迟离去”。1942 年 1 月 30 日，日军逼近新加坡，英当局决议放弃新加坡的意图明显。西洋人等均纷纷乘船逃离。在只剩船为唯一交通情况下，船票紧张到让人惶恐。不料当局规定“凡客船要出口，西洋人及中印等人购票，须由委员会公开分配”。对此，陈嘉庚约叶玉堆等数人去质询总督，但都被搪塞，且闻及重庆蒋委员长虽来电谓必要时领事馆官吏及所派委员须设法使之安全回国，但未提及诸侨领，“不认我等为华人”，使陈嘉庚对英当局、国民党政府失望之极。为保护侨领，陈嘉庚又找公安局长约定“必要时对抗敌会诸侨领二十余人须给介绍证书”。离新前，陈嘉庚即将介绍书领出分发于诸人并告以“自由行动，勿沦陷此地，为敌利用也”[③]，使众侨领及胡愈之、张楚琨等文化人士逃过一劫，为他们以后发挥更大贡献提供了前提。

其六，抗议白思华战役报告书。

1948 年 3 月，新加坡总督白思华向英政府递交战争报告书，其中不但对华人援英抗日的若干事迹只字未提，反而污蔑以华人为多数的亚洲人“趋向较有力之方面，深恐战线后方之破坏现象促使彼等协助敌人多过于协助我等”[④]，且谓华侨缺乏中心领导者，对当地华人作极不公允甚至错误之批评，试图借此推诿战败之责，引起马来亚华人严重不满。时任南侨总会主席、亲

---

① 陈嘉庚序，《大战与南侨・马来亚之部》，序第；郭仁德著：《马新抗日史料：神秘莱特》，马来西亚：彩虹出版有限公司，2000 年，第 88 页。

② 郭仁德：《马新抗日史料：神秘莱特》，马来西亚：彩虹出版有限公司，2000 年，第 87–88 页。

③ 陈嘉庚序，《大战与南侨・马来亚之部》，南洋华侨筹赈祖国难民总会发行，1947 年，序页。

④ 陈嘉庚：抗议白思华报告书 致英国陆军部备忘录，《陈嘉庚言论集》，新加坡怡和轩俱乐部等联合出版，2004 年，第 293–298 页。

历全程的陈嘉庚尤感愤怒，特意搜集各项事实，于 1948 年 3 月 13 日向伦敦英国陆军部航邮迳寄提交了“为白思华报告书内关于华人事上英国陆军部备忘录”①，以事实真相逐一驳斥、严重抗议不实报告，并要求修改道歉。白思华书面答复承认事实但仍推诿抗议各点不包括在抗议书范围内。陈嘉庚对此仍表不满，致函《海峡时报》转告“如白中将不愿修正报告书且承认错误，则我华人必采取适当步骤，加以对付”②，表明其坚决维护华人功绩和权益之立场不可动摇。此备忘录引发 3 月 17 日的英国会下议院上保守党议员甘蒙氏的质疑讨论。殖民部大臣钟斯回应表示，“陈嘉庚之抗议书正在考虑中，并指明白思华所发表意见仅代表他个人意见。而新加坡总督对华人在战争期间及沦陷期间之英勇行为，曾公开表示过嘉赞”。③ 白思华战役报告书中对华人的不实言词，不攻自破。

其七，提出华人自保建议。

“二战”结束后，对于印尼发生的排华事件，陈嘉庚对华侨在当地的自保措施表示关切，并提出他的建议。当他在巴城时，庄西言等屡言要求中国政府派官员来护侨，陈嘉庚认为他们的这些举动恐无益反损。尽管之后庄西言等又多次去函和电稿，最后的结果证实了陈嘉庚的预见性。他对印尼华侨的建议是“华侨在爪危地，不可倚靠联军等致误。唯有极力和土人亲善敷衍，忍辱求全，为无上良策”④，反映了他对华侨安危的切身考量。

第四节　陈嘉庚对社会的人文关怀

陈嘉庚在《遗教二十则》中，列明他要子孙后代谨记心间的信条：“服务社会是吾人应尽之天职。”“服务社会，老而弥坚。”“凡作社会公益，应由近及远，不必骛远好高。”“我毕生以诚信勤俭办教育公益，为社会服务。”⑤

---

① 陈嘉庚：为白思华报告书内关于华人事上英国陆军部备忘录，《陈嘉庚言论集》，第 294—297 页。

② 陈嘉庚：白思华之答复、向白思华质问三点，《陈嘉庚言论集》，第 297—299 页。

③ 《南侨日报》，1949 年 3 月 19 日。

④ 1946 年 9 月 5 日陈嘉庚给黄丹季的信，载《爱国华侨黄丹季》，任镜波、陈经华编，海潮摄影艺术出版社，1999 年 1 月，第 22 页。

⑤ 陈嘉庚遗教二十则，载《集美志》，陈厥祥编著，1963 年，第 117—118 页。

寥寥数语却涵盖了他服务社会的关怀思想，他要子孙了解他的服务社会之志愿，同时也希望子孙能继承他的这种遗愿，继续好好服务社会，从而服务国家。他服务社会的人文关怀思想体现无疑。

社会学家陈达考察南洋总结认为，“有知识和有经验的南洋华侨，与其日常生活中，不知不觉地受着欧洲文化的影响。有些欧洲的新习惯与新技术，他们认为是南洋社会的优点，而且颇可供给祖国采用，因此随时向家乡介绍，以期发展实业，或提高乡人的生活程度。在南洋所获得深刻而悠久的经验，使他们的思想和行为，逐渐顾到社会的礼仪；使他们由兹兹为利的自私观念，转变到为大众谋幸福的社会观念；使他们的目光放得远大，乐于经营或建设祖国的乡村与市镇”。显示融合了西方文明的南洋对南来的华侨华人的影响，不仅是对其自身的世界观和眼界的开拓，也对其造福桑梓的社会观产生不可小觑的影响。而这里所指的南洋华人，同样也包括陈嘉庚在内。

陈达从社会学角度认为，治安、都市化与交通，这些事业是团体生活的必要条件。人民如能够觉悟到公共努力这些事业的益处，他们就会更明了集合生活较优于个人企业，这就是社会觉悟的明显例证。[①] 相对于谈到“觉悟”即指“政治觉悟”，陈达所提到的“社会觉悟”则主要是从“生活方式”角度对社区治安、城市化和交通方面的讨论。[②]

对比陈嘉庚的一生，可以发现，作为南洋华侨典范，陈嘉庚所做的很多事，都是陈达所述的这种“社会觉悟”的体现，即为社会服务的人文关怀。而实际上，社会无法脱离国家，因此他所表现出的对社会的关怀，浓缩了对国家的关怀，包括对新加坡社会和他的祖籍国——中国的社会。

一、对家乡福建的人文关怀

陈嘉庚常年身居海外，但依旧思乡之切：“寝食思乡，无时获已”[③]。他对家乡福建的感情之深、用情之切，令人动容。造福乡梓是华侨社会延续若干年的优良传统，但真正让桑梓永续发展的，却屈指可数。陈嘉庚曾感叹：

① 陈达：《南洋华侨与闽粤社会》，北京：商务印书馆，2011 年 9 月重版，第 164—165 页。

② 马戎：《南洋华侨与闽粤社会》导读，见《南洋华侨与闽粤社会》，陈达著，商务印书馆，2011 年 9 月重版，第 320 页。

③ 闽省教育，《南洋商报》，1933 年 8 月 14 日；《战前的陈嘉庚言论史料与分析》，第 39—41 页。

"富侨很多，慷慨的很少。"回报桑梓，是国人对华侨的赞誉和期望，但如"华侨乃革命之母"之美誉一样，此种美誉在陈嘉庚看来，犹如昙花一现，有负国人。因此他曾试图联合侨众之力，以挽回国人对华侨群体的期望，但就集、厦二校之办学经费的筹措一事，即让他看清残酷现实，更奈何有心无力，只能凭一己之薄力，尽量挽回。对于桑梓，陈也看出"独善其身"的不在少数。对于如此现实，让他无法自能。

他对福建抱定的理想是，第一事注重集、厦二校，第二事国中都会、巨镇、省会各设图书馆附博物院，第三事就是大闽南主义，扩充师范、中学、小学等是也。[①] 以上三事即集中体现了他对改变桑梓、建设桑梓的雄心和决心，而最后的这一"大闽南主义"，即是他对桑梓的美好愿望。故而"闽人应注意吾闽教育"是他在诸多闽侨大会上告诫、提醒闽侨的经常话题。

他曾拒绝时任《星洲日报》编辑的付无闷索要集美学校概况之请，理由是付未拒绝刊载一篇讥讽福建人"好螟儿子，有日间为子，夜时为夫""教育之腐败，凡湖南之小学校远胜闽省直中学"等绝无道理诸记载。他认为，付无闷"身为闽人，且其股东亦闽省人，如此丧尽良心"，甚至引起闽侨公愤也不认错[②]，表达对此有损福建名声言行的批评，以及如此缺乏爱乡情结之人的不满。

对于家乡建设，陈嘉庚曾向校友兴致勃勃的表述：家乡建设，第一步要改掉旧社会的陈规陋习。[③] 他在教育、经济和社会面貌等方面孜孜不倦的努力，即是他热爱家乡福建的体现。故而，对于任何有损闽省名誉的事，也是他无法容忍的。具体来看，陈嘉庚对家乡福建的人文关怀，从上至下，大到对整个闽省各个方面的关注，再到对闽南的特别关注，以及对同安以及厦门，乃至集美村的关注和关怀，都无不留存有他对乡梓的种种人文关怀，可以说他是一位爱乡之典范。而这里的家乡，则不仅限于他的出生地，而是辐射到福建全省。

（一）对闽省的救济和扶持

1953 年，在集美高崎海堤完工后，陈嘉庚又建议修建集美杏林海堤来

① 拟在上海建一图书馆，致叶渊函．1926 年 1 月 16 日，《陈嘉庚教育文集》，第 386 页。

② 致叶渊函，1933 年 5 月 30 日，《陈嘉庚文集（征求意见稿）· 2》，第 346 页。

③ 中华文学基金会编，《庄重文纪念集》，北京：人民出版社，1999 年，第 166 页。

缩短火车进厦里程且可围出良田万亩，但遭苏联专家否定。市长张维兹来传达时，遭陈嘉庚反问："你读过《福建通志》没有？莆田有位钱四娘，修了木兰陂，形成了莆田的南北洋，你知道不知道？"张回答"知而不详"。陈嘉庚详告他具体内容[①]，反映了陈嘉庚曾熟读《福建通志》，对福建情况了如指掌。这也是他能结合福建地理自然条件等因素适时地提出诸多建设意见的基础。

陈嘉庚诸多演词反映了他对福建整体印象是："吾闽本省原属地瘠民贫，既无出产，更无伟大工业，较之广东，不啻天壤。百十年来可以维持者，端赖侨客南洋寄资回国之一条出路。数年来不景影响，现已波及省内。""吾闽事事落后，惨不胜言。"此即为他强调"凡为闽人应注意吾闽教育"[②]的原因所在。1941 年陈嘉庚曾担任南洋闽侨总会主席。[③]

来南洋谋生的闽籍华侨居多，尤其是东南沿海的闽南地区，……往台湾及南洋者多属闽南人。[④]故在南洋的闽籍富侨，尤其是闽南富侨更多。这也是为何新加坡福建会馆能成为新加坡华侨团体中的大团体，及闽籍华侨会占据各类侨团中中坚力量的原因所在。陈嘉庚认识到，在南洋的闽籍富侨人数众多，但其祖籍地——闽省相比反而更加落后，反映了华侨爱国爱乡、回报乡梓的程度不够，抑或是乐不思蜀的结果。故唤醒同籍华侨的爱乡之心，号召他们出钱出力造福乡梓，是陈嘉庚言行之初衷。总体来看，他对闽省贡献主要有：

其一，担任新加坡福建保安会会长，筹款救济闽省及维持治安。1911 年 10 月 10 日（旧历辛亥年八月十九日），中国武昌起义成功，民国光复。不久闽省也于近日间光复的消息通过仅有的新加坡路透电传报传至新加坡。全坡闽侨在天福宫福建会馆开会，组织保安会，推举陈嘉庚为正会长，[⑤]筹款救济闽省及维持治安。陈嘉庚即致电福州黄乃裳证实福建光复的消息是否属实

① 张维兹：《厦门海堤史话》，第 26—27 页。

② 谈闽省教育——在欢迎厦门男女篮球队茶会上致词（1933 年 8 月），《陈嘉庚教育文集》，第 207—209 页。

③ 陈嘉庚，《新华历史人物列传》，柯木林主编，新加坡宗乡会馆联合总会，1995 年 11 月，第 96 页。

④ 告华侨学生书（1956 年 9 月 7 日），《陈嘉庚教育文集》，第 282 页。

⑤ 另见《陈嘉庚遗稿：一九四四年在印尼旮株》，第 90 页。

及询问都督为谁，是否需要筹款救济等项。得到黄乃裳回电肯定答复，陈便汇去国币二万元，并表明如还需要，可再汇，以维持治安厦泉漳素多匪。于是在一个多月之间，共汇去二十余万元。在库空如洗、民心动摇的光复初期，光复后的政府收到二万元后，立即宣传“南洋新加坡汇来二十万元。尚有百万元可接续汇到”，尽管数目不多，但对振奋民气更形兴奋，维持各处地方安定如常，发挥了不小的作用，使得至全省光复，只福州小有纠纷，立即平息，死伤甚寡。而当时新加坡福建保安会的这一举动，为当时南洋地区仅有的援乡救济之举，因为当时南洋华侨爱国风气未开。①

其二，为闽南水灾开游艺会筹捐救济。1935 年 8 月，福建漳、泉等闽南许多县发生水灾，泉州及其近处灾情特别严重，泉绅致电海外求助于侨胞。陈嘉庚即以福建会馆名义主持举办游艺会筹款②，新加坡闽人筹款施赈，办救济闽南水灾捐。在游艺会开幕式上，陈发言说：“现时中央政府，国库如洗，自顾不暇何况华中灾情亦重，安有舍彼救此之理，而福建省府对闽南水灾仅出万元，要求侨胞自动赈济，力量较大者多出，较小者少出”，结果筹集了国币八万余元，汇交闽省当局散赈。③

其三，为南侨救乡运动提供切实可行的方案建议。回报乡梓在华侨看来，是理所当然之事，也不乏其人。但问题的关键是真正能付诸现实的却并非多见。民国建立后，闽省民穷财尽，地方纷乱，盗贼如毛，尤以闽南为甚。为此，南洋闽籍华侨曾发动过救乡运动。据陈嘉庚记述有三次：第一次是民国十二年（1923 年）冬，菲律宾闽侨发起组织救乡会；第二次是民国十七年（1928 年），马来亚槟城某惠侨倡议救乡；第三次是民国廿三年（1934 年），新加坡闽侨提倡救乡，均以失败告终。④对于海外闽侨如此逐次对救乡热烈举动的无疾而终，陈嘉庚认为，若不贻误桑梓，有一些损失尚属无妨，怕的是如此虚荣影响而招致外侮，如陈仪之轻视闽人即是。他阅报

① 陈嘉庚：《南侨回忆录》，南洋印刷社，1946 年，第 3 页。

② 黄奕欢：我所知道的陈嘉庚先生的生平，载《新加坡各界追悼陈嘉庚先生大会》，新加坡中华总商会编，未刊，1961 年，第 6 页。

③ 《陈嘉庚遗稿：一九四四年在印尼峇株》，第 90 页。

④ 南侨救乡运动第一次、救乡运动第二次、救乡运动第三次，《南侨回忆录》，1993 年集美翻印本，第 56—59 页。

得知陈仪在某处演说："闽人希望南洋闽侨运资发展，利益民众，迄今年久，究有何效，多属空雷无雨，他省免倚靠侨资，其民生更形安定"。[①] 陈嘉庚将之归结为陈仪藐视闽侨而鱼肉闽民之原因所在。[②]

从此事件中，尽管陈嘉庚的救闽计划并未实现，但他依据实情提出的可行建议，及对闽侨实施救乡计划"需符合实际、切实可行"的建议和忠告，则是送给有志于救乡的闽侨进行反思的警示教训。空雷无雨反会招致讥讽，是给任何有志于公益慈善事业的华侨的警告。

其四，为改变闽省师范教育之弊而兴办平民师范。对于闽省教育的关注，始于陈嘉庚回乡办学，在创办集美小学时觅聘符合条件的师范生，发现同安全县师资缺乏严重："……师资既缺，学生亦少，成绩更不足言。同安师资缺乏，他县亦多如此。"由此，陈嘉庚得出改变此现状的结论是："小学教师一职，唯有贫寒子弟考选后经过相当训练，方能收得效果。……新学师校则腐败如此，吾闽教育前程奚堪设想。"[③] 为改变全省师资缺乏颓势，陈嘉庚立志以集美学校为基地，不但专门设法招收有志于从事教职的贫寒子弟，也给予学、宿、膳全免及免费提供被席蚊帐的特别优待，解决他们的后顾之忧，为大量培养师资力量，供应全省及南洋华文学校的师资需求，做足了工作。除了男子师范，陈嘉庚又于民国九年（1920 年），在集美学校添办女师范及幼稚师范，给予与男师范同等待遇。[④]

其五，倡办国立侨民第一师范，并据理力争在闽粤二省设立。据陈嘉庚了解，当时南洋华侨中小学校，三千余校，男女学生三十余万人，教师一万余人，闽粤二省人居多。鉴于海外侨校众多，祖国内无培育侨教人才之专校，闽省教师告缺，更已形成供不应求之严重现象。因此，为解决南洋华文师资问题，1940 年 12 月圆满完成回国慰劳任务回南洋后，陈嘉庚随即致电重庆国民政府教育部长陈立夫，请在闽粤两省各创设华侨师范学校一所，且闽省应开设于闽南，多收闽南贫生，毕业后较可实践来洋服务。得到回复是同意先办一校，但不必设于闽粤。陈嘉庚立刻就侨师应设在闽粤之事给陈立

① 陈嘉庚阅报载陈仪演说词，《南侨回忆录》，陈嘉庚著，1993 年集美翻印本，第 60 页。
② 救乡运动失败之原因，《南侨回忆录》，陈嘉庚著，1993 年集美翻印本，第 60 页。
③ 闽垣师范学校，《南侨回忆录》，陈嘉庚著，南洋印刷社，1946 年，第 4 页。
④ 陈嘉庚：《南侨回忆录》，南洋印刷社，1946 年，第 6、10 页。

夫复函[①]，认为作事当取实效，若设他省将来难收实效，但未获答复。后陈嘉庚担心政府真做不务实之举,[②]又再次致函陈立夫劝服，详述国立华侨师范学校必设于闽粤的理由。[③]此外，陈嘉庚又以参政员资格于第二届首次参政会议中提交“关于在闽粤创设师范学校提案”[④]，因既适于抗战建设期客观需求，又为改进侨教之久远善计，故极得政府当局及全国教育界赞许，于参政会议第五日中获通过，予以实施。

经陈嘉庚种种努力，国立第一、第二侨民师范学校最终相继于 1941 年和 1942 年在闽粤两省创设，两校性质、宗旨、规模、待遇和遭遇等大致类似。国立第一侨师自 1941 年在长汀创办，后移师厦门，至 1949 年 7 月被国民政府教育部电令停办，历经 8 年风雨，培养了大批华侨师资，为闽省提供了更多闽南籍教师，也为厦门师范学校的诞生及师资培养做了很好的示范。如今这所学校虽已不复存在，但侨师精神永放光芒。而若没有陈嘉庚的倡议和据理力争，闽省则无此光荣历史。

其六，发表国民党政治腐败，为闽民请命，撤换陈仪。1940 年回国慰劳考察的陈嘉庚，从延安回到重庆时，国民外交协会邀他演讲，定题“西北之观感”时，他即不提军事却大胆详述所见各种腐败政治见闻，演词遭国民党报拒载，只有新华报登载甚详。国民党人由是对陈大不满意，蒋介石之不满更形露骨，以何应钦名义电令江南诸省当局注意其行动。

之后南下入闽视察，陈嘉庚查出陈仪、徐学禹祸闽惨重，多次函电陈仪建议撤销运输统制、免加田赋、勿收盐税等不获理睬后，陈嘉庚电请蒋介石撤废闽省苛政，为闽民请命，恳求改善，以解民困。但蒋先不予答复，后则

---

① 陈嘉庚：华侨师范学校应设在闽粤——给陈立夫复函，《南洋商报》，1941 年 2 月 19 日；《火红的青春：国立第一侨民师范学校校友回忆录》，中共厦门市委党史研究室编，北京：中共党史出版社，2003 年，第 2 页。

② 陈嘉庚：请政府办华侨师范，《南侨回忆录》，南洋印刷社，1946 年 3 月，第 305 页。

③ 陈嘉庚：回立华侨师范学校必设于闽粤——关于华侨师范学校校址问题再函陈立夫，《南洋商报》1941 年 2 月 24 日；《火红的青春：国立第一侨民师范学校校友回忆录》，中共厦门市委党史研究室编，2003 年 11 月，第 3 页。

④ 陈嘉庚：关于在闽粤创设师范学校提案，《南洋商报》1941 年 3 月 14 日；《火红的青春：国立第一侨民师范学校校友回忆录》，中共厦门市委党史研究室编，2003 年 11 月，第 5 页。

令陈“闽事不得对人言”[①]。陈由此知道，蒋介石是陈仪后台，苛政出自中央，于是下决心揭露陈仪等祸闽罪状，攻击其下台。于是经西南各省，召集福建同乡会，试图团结侨众合力救乡，从云南出国后至南洋各埠亦然。从此之后，蒋介石及其军政机关等即与陈断绝来往。[②]

为消除陈的影响，蒋政府派海外部长吴铁城到新加坡等地，利用党羽，培植党势，反对华侨中以陈嘉庚为代表的广大无党派人士，煽起分裂华侨的阴风。陈嘉庚便针锋相对地于1941年先后发表了《攻击陈仪出于不得已》《苛政不除闽省将永不安宁》《恶势力不去人造饥谨将流染入闽》《揭陈（济棠）、汪（精卫）、吴（铁城）、高（凌百）贪官罪恶》等演讲、文章，并大量印发传单[③]，毫不留情地揭露国民党挂羊头卖狗肉及其贪官污吏罪恶之渊。尽管“蒋委员长待余极厚”，“深情厚意，余终身不忘，然此属私人情谊，至于国家大事，公私应有分界”[④]，陈自此与蒋介石集团分道扬镳。[⑤]

1941年5月25日，陈嘉庚受邀在新加坡同安会馆十周年纪念会上发言时说：“闽民之苦难，归根究底，咎在贪官污吏，今日之福建，在陈仪横行保持之下，实已无异为此辈贪污之殖民地也，所谓‘只求有钱，不顾民死’，陈仪之治闽政策在此，而闽民之所以频年受祸亦在此……”最后他希望：“今后邑侨之富有者，能以团结力量，重为桑梓造福。……今后桑梓福利事业，待于诸君努力者良多，愿于致力于抗战捐输之外，兼为乡梓造福。予企祷之。”说到这时，陈嘉庚态度变得十分沉重，说他知道今后“无复重踏国门之望，盖彼不能迎合逆流，替贪官污吏歌功颂德”。[⑥]

为救闽省人民于水深火热，“不忍坐视闽民凄惨于不救、不计利害，唯有以积极进行为天职”[⑦]，陈嘉庚抛开个人名誉、政治前途于不顾，不惜与国

① 四四三 因救闽事生恶感，《南侨回忆录》，1993年集美翻印本，第400页。

② 自序，《陈嘉庚言论集》，陈嘉庚著，星洲南侨印刷社，1949年，序页。

③ 四四四 救闽更积极，《南侨回忆录》，1993年集美翻印本，第401页。

④ 二 吧城欢送会附答词，《南侨回忆录》，1993年集美翻印本，第477页。

⑤ 《陈嘉庚遗稿：一九四四年在印尼峇株》，第91页。

⑥ 《新加坡同安会馆特刊（1931—1984）：庆祝新大厦落成典礼暨成立五十三周年及互助部成立十八周年纪念》，第133页。

⑦ 救闽更积极，《南侨回忆录》，1993年集美翻印本，第401页。

民党最高领袖蒋介石及其夫人宋美龄生出恶感[①]、关系破裂，义无反顾地竭尽自己所能的发动和团结中外人士和闽侨的力量，在强大社会舆论压力的共施下，终致陈仪、徐学禹二位祸闽之人撤除。这场最初由陈嘉庚一个人与蒋介石、陈仪乃至国民党的这场政治斗争，终在中外特别是海外闽侨界的团结和舆论声势压力下，以成功撤换陈仪而结束，实现了陈嘉庚的预期。此事件是他当时回国慰劳及诸多重大事件之外的又一团结中外侨界力量的轰动事件。陈嘉庚将他对贫民和平民大众疾苦的人文关怀，以及他对腐败和社会不公现象疾恶如仇的鲜明个性，进行了一次淋漓尽致的展示。

其七，对福建建设的建议。对于福建城乡建设和工农业生产，陈嘉庚也提出许多有价值的建议，收到良好效果。有两件事值得一提。一是规划重建福州市。福建省会福州市，旧中国遗留下来的街巷纵横密狭，房屋概用木板，易起火灾，且长期缺乏自来水设备，市容和公共卫生以至消防工作都很受影响。1950 年，陈嘉庚即对北京自来水工程进行调查，制定兴建福州市自来水工程方案，很快被省人民政府采纳及实施，从而结束了福州人民长期用水难的局面。1955 年 1 月 21 日，蒋机轰炸福州市，烧毁店屋住宅四千余间。陈嘉庚闻讯后即于次日发电报给周恩来总理，建议乘此机规划重建福州市[②]。之后，福州得以在废墟上逐步拆迁木屋、建新式街道，逐渐向现代化城市迈进。二是倡建纺织厂，解决闽省人民穿衣问题。中华人民共和国成立初期，福建缺乏棉纺织工业，人民穿衣问题不能自给。陈嘉庚认为福建虽不产棉，但海运发达，可从国外进口棉花，以谋纱布自给。在他的积极建议和推动下，有 5 万只纱锭的厦门杏林纺织厂于 1958 年建立起来，既解决了人民穿衣用布，又安排了几千人就业。

其八，对闽省教育文化的自信，直接推及他对闽省侨务的贡献。他曾说“揆诸吏故，福建地灵人杰，原兼具有，咸丰年间，天下八督，闽占其三。苏廷玉即闽吏中之一优秀人物也。在海外之英荷法缅诸属，仅同安一县之邑侨，其对地方及乡间福利事业，有重大贡献者，当亦不少”，[③]显示了他对闽

① 因救闽事生恶感，《南侨回忆录》，1993 年集美翻印本，第 400 页。

② 陈嘉庚电稿，集美学校校委会藏。

③ 《新加坡同安会馆特刊（1931—1984）：庆祝新大厦落成典礼暨成立五十三周年及互助部成立十八周年纪念》，第 133 页。

省文化的自信，为闽侨之人数众多及实力之大而感到欣慰，故有团结闽侨之力造福乡梓的信心和自信，也对闽省能有美好的发展前景具有充分的自信。

尽管富侨虽多，慷慨的不多，陈嘉庚却自认为闽侨一员，以一己之力极大扭转闽侨整体印象。他大力兴学办校，广泛倡建图书馆，发展学校教育和社会教育，培养闽省建设人才，造就更多闽商，提高闽人整体实力，做出了诸多努力。他对闽省的热爱，也转化为对闽省事务和闽侨团体工作的热衷与支持。1941 年 1 月，福建省侨务委员会成立，陈嘉庚任委员之一。[①] 陈嘉庚利用自己的侨领身份，积极团结闽侨，为闽省谋福利，造福闽民付出了自己的努力。

（二）陈嘉庚的大闽南主义理想

陈嘉庚是闽南人，他对闽南的热爱除了体现在他独守闽南语外，还可从他言行中透出的“大闽南主义理想”予以揭示。

从他在 20 世纪 20 年代给叶渊诸多信函中常提及的“大闽南主义”词语，可以看出他的目的是通过振兴福建教育，培养若干日后能服务于闽省的人才，从而振兴闽南，与国人常呼喊的“大中华”之口号有异曲同工之目的。只不过他倡导的是想要改变闽南——这块生他养他的故土的旧时落后贫穷面貌，是他回报家乡的理想所在。而这个“家乡”之意已被他扩大到集美或者同安之外的闽南这一广大区域。因为在那个年代，说一口闽南话的陈嘉庚是华人社会中闽南人的典型代表。

就目前可见资料来看，陈嘉庚提及“大闽南主义”之处主要有：

其一，在 1925 年 9 月 16 日致叶渊信函中，陈嘉庚表示对同安教育会将尽自己所能，由近及远，先发展同安教育，以促其普及。[②] 虽未有明确文字进行表述，但他的大闽南主义理想已初见端倪。

其二，1926 年 1 月 16 日在给叶渊信中，陈嘉庚向叶渊详细阐明他的志愿，他对福建抱定理想是“第一事注重集、厦二校，第二事国中都会、巨镇、省会各设图书馆附博物院，第三事就是大闽南主义，扩充师范、中学、

① 闽省侨委会成立陈嘉庚氏被任委员王泉笙及戴愧生亦为委员，《南洋商报》，1941 年 1 月 9 日，第 2 版。

② 致叶渊函，1925 年 9 月 16 日，《陈嘉庚文集（征求意见稿）· 2》，第 194–195 页。

小学等是也。”他的“大闽南主义”具体表述已明确，即实现以集美、厦大二校为核心的师资培养基地，在此师资种子培育下，重点以集美师范的小学师资培育为重点，以普及全闽南各地的小学教育，然后是中学教育，实现以学校教育与社会教育相结合的全闽南教育的大繁荣景象，并以此辐射闽省其他地区。

他对普及闽南教育信心百倍，并对其具体操作有着美好的规划和期望。为达到预期远景，他认为首要是须先筹备人才，……认定叶渊为最适合人选，并设想计划每年招添数百名师范生，“尽此三年之内，积极筹备，以期三年后我大闽南主义可以实现也”。为能激励叶渊承担这一重任，陈再三劝慰，至诚至切，向叶陈述自己数年含辛茹苦、以身作则，就是“深愿校中诸位先生共事，勤勉节俭，善立基础，以树将来大闽南之模范……”①，希望用自己的行为来真心打动他，使他能心甘情愿地辅助自己实现这一宏愿。他是以身作则来树立闽南人的模范，试图以此带动其他人，唤起诸襄助者的自觉和自省，共同为把集美学校建设成“大闽南之模范”而努力。

其三，在一个月后的1926年2月16日陈嘉庚在致叶渊信函中，再次强调他一个月前向其陈述的大闽南主义理想，虽计划三年后见成效，但着手则要从当前立即开始，而非等三年后一切准备就绪后才开始实行。委托叶先期物色及安排人员对闽南各校情况进行调查，收集、整理信息，计核补助或扩充之选择和经费预算。如此，陈认为将比仅依靠集美学校一校之力来培养小学普及教育所需的中学或师范毕业生将可事半功倍许多。调查计划在叶渊得力组织下圆满完成，并经陈嘉庚详细核算，强调添置科学实验所需的仪器、药料和化学费，且所有补助计划均排除公立学校，“不宜为之代庖”，但对一向被国家、闽省忽视的闽南地区例外，如果闽南不自谋出路和发展，将根本得不到任何人垂怜②，显示他以闽南人自居的主人翁态度和理念。

其四，或许是补助闽南教育之细枝末节过于繁多，叶渊有意推辞，提议让林文庆来接此重任。因此连去两封专信向陈嘉庚阐述他的意思。在1926年4月2日致叶渊函中，陈嘉庚对此做了回复，重申补助闽南中学、师范

① 拟在上海建一图书馆，致叶渊函．1926年1月16日，《陈嘉庚教育文集》，第386、389页。
② 关于发展闽南教育问题，致叶渊函．1926年2月16日，《陈嘉庚教育文集》，第389页。

事，是为他年后实行所设想的“我大闽南主义”之预备。但如果不早数年筹备，到时定难顺序进行，这是陈邀请叶渊担此重任及应以集校为总机关的原因所在，故而仍苦口婆心劝慰叶渊能继续担此重任。

其五，1926 年 4 月 3 日致叶渊函中，陈再次强调推林文庆担负此重任不妥，而最合适人选为叶无疑。因为陈认为补助闽南各县中学、师范经费之事，林君办不到，且与厦大办学之对象属性不同，因此仍坚持应以集校为教育总机关及闽南教育补助大本营。因为，陈料定凡是接受集美学校补助的学校，必须服从统一指令安排，从而免除有些依仗官势、滋生事端的发生。但接受补助则是自愿的，愿服从统一办法者则可给予补助，不愿被指挥的则可不接受补助。这是陈效仿英国殖民地政府实行的教育统一管制法令的翻版，以能最大限度地扶持闽南本地各类学校发展。另在给陈嘉庚信函中，叶提及此项工作实施开展的困难及需事事躬亲的种种不便，对此，陈一一加以劝解，劝叶如表同情于“大闽南主义”，则应当设大本营于集校，而不是在厦大，且不赞同“好华乏实”的黄孟奎来担任巡视①，力挺叶渊来担此重任，为他排解各种顾虑，坚定他的信心，辅助自己实现他的大闽南主义理想之决心。

为发展、建设闽南，实现他的大闽南主义理想，陈嘉庚又于 1937 年 4 月 15 日拟定《建设闽南十年计划》②，并公开致函新加坡殷实侨商，试图联合闽侨尤其是闽南籍侨众的合力，一起来发展、建设闽南，造福闽南桑梓，将其大闽南思想及理想进行了完整体现。

陈嘉庚以闽南人自居，并以建设闽南为己任的决心之坚定和坚决，设定“大闽南主义”之理想，并从发展此事业之实际情况考虑，力举叶渊为总负责人，设定以集美学校为总机关及闽南教育补助大本营，正是除了厦大、集美学校之外，陈嘉庚在此基础上发展闽南教育的另一大胆尝试和有效措施，显示他对闽南的热爱及浓浓的桑梓情。

（三）对同安的关怀

陈嘉庚在提及自己的籍贯时，通常是福建泉州同安集美乡③。他曾在同安

① 再劝叶渊负起促进闽南教育之责任，致叶渊函，1926 年 4 月 3 日，《陈嘉庚教育文集》，第 393 页。

② 《南洋商报》，1937 年 4 月 30 日。

③ 《陈嘉庚遗稿：一九四四年在印尼峇株》，第 89 页。

会馆理事就职典礼上发言阐释他对同安的理解："同安会馆，顾名思义，为同安人之会馆，然而诸君应记取同安之由来，'同安'二字，乃因本县而得名，'同安'二字之发源，来自福建，来自祖国，同安非仅同安人之同安、福建人之同安，亦为祖国之同安也，是故举凡有利于桑梓事业者，同安人固然责无旁贷，其属于福建以至于祖国之福利事业者，同安人亦宜一如爱护里厝热忱，共同效劳之，共同策进之。"他认为"同安土地之丰，尤为各县中不可多得者，此外，又有一特殊优点，则背山面海是也。同安山海产物，兼而有之，盖得于有此优美之天然形式，惜自立县以来，事业之开发，仍尚百不及一，弟相信同安既具繁荣之天然条件，则未来之同安，一俟吏治澄清，加以邑民之共同努力，必有一番新气象业"。① 他对同安的建设和发展充满自信。

同安是闽南的核心地区。故陈嘉庚提及的闽南，是以同安为核心的福建南部区域，主体是以同安县为中心辐射到漳州、泉州地区的闽南区域。而他所提倡的大闽南主义理想，也是以同安县为中心的闽南区域。他的《建设闽南十年计划》教育普及理想，正是从集美学校出发，覆盖全同安，直至泉州、漳州等闽南地区。故他对闽南地区的关注也包括对同安的关注。除了以上他"大闽南主义理想"的宏伟蓝图之外，最主要的是对同安地区学校实施了大面积资助，为同安教育普及和推广做了实实在在的事。

另外，陈嘉庚也为孙炳炎在乡建校之事建言。1961 年 1 月 30 日，88 岁高龄、病重在北京治疗的陈嘉庚获悉孙炳炎拟在家乡添建一座幼儿园，特致函孙建议将孙幼年就读、陈捐办的乐安小学旧校舍改作幼儿园，再将新建小学校舍左右扩建教室各一间，获孙接受赞同。②

除教育，陈嘉庚对同安的另一项典型关怀，是他为解决家乡民众就医问题在新加坡发起筹募兴办同安县同民医院，并回国去视察。为济世救民、服务桑梓，促进县民之健康素质，陈嘉庚于 1945 年间首倡在同安建医院，经新加坡同安会馆诸同仁鼎力，成立以陈文确为主任、孙炳炎为常务等 22 人

① 《新加坡同安会馆特刊（1931—1984）：庆祝新大厦落成典礼暨成立五十三周年及互助部成立十八周年纪念》，第 132 页。

② 华侨博物院华侨历史研究部编：《独木成林：孙炳炎和他生活的年代》，北京：中国工人出版社，1992 年，第 295 页，年谱部分第 2、4 页。

的同民医院董事会，筹资策划，并委托陈村牧为董事会代理人，在同安城东择地兴工、聘任人员、购置药物器械等近三年奋斗，终于1947年8月1日在同安正式开诊，成为真正服务同安民众之医院，在同安史册上留下永不磨灭的功绩。[①] 初办时院址在同安城东之孔子庙后、城隍庙侧。在人手奇缺、设备简陋条件下，医院日见起色。至建院十周年时已成为当时同安最大的医院之一。之后为方便马巷乡民求医，医院董事会又议决自1951年2月起在马巷镇横街仔设立分院。1963年在董事陈剑看、柯朝阳主持下于马巷六路口一片荒埔上兴建分院病房，为医院后来的搬迁、扩建奠定了基础。“文革”后，医院搬迁至马巷，在原分院基础上合办扩大并一度易名“马巷中心医院”，1980年又恢复原名。[②] 如今该医院已成为同安的主要大医院之一。从开办伊始，同民医院一直得到陈嘉庚的亲切关怀与指导。1950年元旦，陈嘉庚在陈村牧陪同下去视察了同民医院，看望慰问了医护人员，并合影留念。1951年元旦外出返故乡时，在陈村牧及陈延庭陪同下，陈嘉庚去同安马巷视察了同民医院马巷分诊所，并合影留念。[③] 陈嘉庚对同安乡民的人文关怀以及爱乡爱民之情，得到了另一种形式的存续。

（四）对厦门的关怀

厦门作为与集美一衣带水之地，在晚清时期便成为五口通商的港口城市之一。因与台湾及东南亚距离最近，故从古至今一直是除泉州港、漳州月港之外闽南人出洋的另一主要出洋口岸。而厦门的鼓浪屿在通商时期被不断外来的洋人辟为殖民保护区，各国领事馆纷纷建于其上，形成万国建筑博览的奇观，成为至今留给世界的文化遗产。

对于厦门的重要地理位置和极富发展潜力，陈嘉庚从早年学徒时期已有商业眼光。1900年初，陈嘉庚回乡改葬母亲后，适逢厦门市遭火大烧一日余，房屋倒塌，砖土堆积满街，往填海口之提督打铁两码头海滩三数万尺实地，有人介绍向厦官厅购买一万元之地，可建店屋数十间。陈嘉庚觉得有利

① 《新加坡同安会馆特刊（1931—1984）：庆祝新大厦落成典礼暨成立五十三周年及互助部成立十八周年纪念》，第403页。

② 《新加坡同安会馆特刊（1931—1984）：庆祝新大厦落成典礼暨成立五十三周年及互助部成立十八周年纪念》，第405—407页。

③ 时间依照片上所写页。《新加坡同安会馆特刊（1931—1984）：庆祝新大厦落成典礼暨成立五十三周年及互助部成立十八周年纪念》，第405、421页。

可图，便去函请示其父。获准后，便买地、填筑、兴建三十多间门店进行投资，作为其父在厦螟子之名下财产。后被野心台湾籍民倚势占去一部分，打官司经年方结案。①

另从他口授的《厦门的将来》一文中可以看出，从地理位置、水陆交通等方面，他都看好厦门的发展，“所以厦港前途实具有通应‘后来居上’发展的条件”。②

此后，因他在厦门创办厦门大学，为督建校舍、关心学校发展，时常摆渡上厦门岛，对厦门与集美一衣带水的关系，更加体会深切，甚至集美后被划归厦门管辖之下，两地发展无法分割。故而，陈嘉庚对厦门倾注了自己的许多关怀。

1. 特将厦大设于厦门

陈嘉庚创办厦大之初，其最初的理念是在闽南建一所大学。而之所以将大学校设于厦门的原因，一是他认为“厦门为吾闽最繁盛之商埠，富商巨贾又不乏人，以理而论，教育应极发达。顾征之事实，厦门中、小学合计不过20余校，且其经费非依赖地方税源，即向海外募捐，似视地方教育与我商民无关系，实为可惜。此在平时尚属不合，况今日国势危如累卵，所赖以维持者，唯此方兴之教育与未死之民心耳。若并此而无之，是置国家于度外而自取灭亡之道也”。③即他认为厦门是商业繁荣之地，理应教育发达，且对厦门人受教育上特别之利益实非浅鲜。另外，厦门出洋华侨众多，募集办校及维持费应该不会困难。一己之力要建大学，能力有限，把大学建在集美小地方，肯定没人投资继办，厦岛经济效益大，是个策略位置，方便它日后的发展。④二是将大学设于厦门岛上，则为历届闽南学子就学节省巨大的住宿、车旅等经费。因为“如北京大学学费虽每生收百余元，若南方人前往肄业，至少年费五六百元，香港大学每生年费1000元，若厦门大学成立，则年费不满400元。他如高师每生年费数十元，将来厦中学子其便利、省费较之今日当

① 厦市大火灾，《南侨回忆录》，1993年集美翻印本，第522页。

② 陈嘉庚：《厦门的将来》，陈嘉庚纪念馆第二展厅陈列文物。

③ 为倡办厦门大学校附设高等师范学校的演讲词（1919年7月13日于厦门陈氏宗祠），录自《集美学校校友会杂志》第1期，转自《陈嘉庚教育文集》，第169—176页。

④ 《非同凡响：南洋商报创刊85周年纪念书籍》，第167页。

有天渊之别矣”。[①] 因此对厦门、闽南或福建等南方地区学子提供极大的方便。

另外，陈嘉庚考虑到充分利用演武场的人文历史地理位置，及为不毛之公共山地的特殊背山面海的自然地理位置，有意将之打造成风景秀丽的厦门一景，增加厦门的人文气息，被南来北往的洋轮船临海向望，将之与厦门能一同走出国门、走向世界。“演武场被废弃的，昔为阅兵场，自厦门与洋人通商，兼作跑马场，后来阅兵与跑马均废，被洋人辟为‘哥耳夫’球场，厦大建筑时概已收回。教育事业原无止境，以吾闽及南洋华侨人民之众，将来发展无量，百年树人基本伟大，更不待言，故校界之划定须费远虑。”“厦门港阔水深，数万吨巨船出入便利，为我国沿海各省之冠。将来闽省铁路通达，矿产农工各业兴盛，厦门必发展为更繁盛之商埠，为闽赣两省唯一出口。又如造船厂、修船厂及大小船坞，亦当林立，不亚于沿海他省。凡川走南洋欧美及本国东北洋轮船，出入厦门者概当由厦大门前经过，至于山海风景之秀美，更毋庸多赘。”[②] 而实际上，他对厦门的这些美好前景的期许，都已一一成为现实，不但成为“南方之强”，也闻名海内外。

2. 提议选闽南人当厦门市市长

在全国政协第一次会议上，陈嘉庚向中央领导提议：厦门解放在即，那儿华侨多，又是鸦片战争后“五口通商”口岸之一，海外影响大，要求派一个闽南人当市长。中央十分尊重陈嘉庚的建议，并征求了省委意见，叶飞司令员知道梁灵光是闽南人，会讲闽南话，而且抗战期间在苏中地区有多年从政经验，就推荐了他出任厦门市市长。于是梁灵光便成为中华人民共和国成立后厦门市的第一任市长。[③] 陈嘉庚的这一提议，是在综合自己办集美学校之初三易校长的教训，选一位熟悉当地民情、会当地语言的闽南人任市长服务当地，是为稳定考虑的最佳建议选择。

3. 倡建集美–厦门海堤，为厦门发展移山填海

厦门地处东南沿海，但因内地山峦起伏，直至解放一直没有铁路将这里

① 为倡办厦门大学校附设高等师范学校的演讲词（1919 年 7 月 13 日于厦门陈氏宗祠），录自《集美学校校友会杂志》第 1 期，转自《陈嘉庚教育文集》，第 169–176 页。

② 陈嘉庚:《南侨回忆录》，南洋印刷社，1946 年，第 13 页。

③ 梁灵光：天堑变通途——我所亲历的厦门海堤修建过程，《移山填海话当年——厦门海堤建设回顾》，厦门市关心下一代工作委员会编印，厦门：内部发行，2000 年，第 11 页。

与内陆连接。特别是蒋介石集团据台，两岸军事对峙阻隔海上通途，使福建交通不便凸显，影响福建经济发展和海外闽侨与家乡往来。

陈嘉庚关心国家建设，企望把厦门建成世界良港。他多次提到革命先驱孙中山《建国方略》中把嵩屿规划为深水港口，并投资修建漳嵩铁路重大决策的意义。他认为厦门有“后来居上”、成为世界著名良港的可能。20 世纪 30 年代英国殖民政府修了一条石头砌成的兀柔长堤（又称新柔长堤），把马来亚和新加坡岛两岸链接起来，上有火车通过。[①] 陈嘉庚认为，“英国人修了一条长石堤把马来亚与新加坡连接起来，英国人能修成，为什么我们新中国不能？”且修集厦海堤，不仅可就地开山取石，也可解决被国民党封锁的厦门人民失业严重、生活困难等问题。[②]

厦门第一任市长梁灵光认可此建议，经多方努力，向叶飞汇报，请学者、技术人员讨论议定集厦海堤工程方案。另外，陈嘉庚也在全国政协会上多次呼吁修建集美—厦门海堤，便利厦门交通和促进市政建设。[③] 方案后经汇报陈毅采纳，三次上书毛泽东，获赞同和批示[④]，再经可行性论证，获拨专款动工建设。在工程建设时期，住集美的陈嘉庚两三天就沿堤线边沿巡视施工进度，对石料规格、石头抛填位置详细查询，发现问题立即提出建议，对不按规程施工的就提出严肃批评，指出修建海堤是百年大计、质量第一，千万马虎不得。在党和政府的支持下，陈嘉庚关于建设福建的建议大部分得以实现。集厦海堤于 1953 年 6 月正式动工，1955 年国庆竣工，历时两年。[⑤] 但他提出的堤面宽 25 米、铁路铺设双轨、集美—杏林海堤建设不透水等建议，因需增资未获苏联专家采纳，且原来堤面宽 23 米的建议擅自被缩短至 19 米。[⑥] 怕陈嘉庚反对，最后的实施方案直至建成后才向陈嘉庚汇报。陈对

① 刘维灿、廖延豹：梁灵光与厦门海堤，《移山填海——厦门海堤建设述略》，中共厦门市委党史研究室编，北京：中共党史出版社，2008 年，第 107–108 页。

② 张维兹：《厦门海堤史话》，第 22 页。

③ 张其华：嘉庚先生关心海堤建设，《移山填海话当年——厦门海堤建设回顾》，厦门市关心下一代工作委员会编印，内部发行，2000 年，第 36–37 页。

④ 张维兹：《厦门海堤史话》，第 23 页。

⑤ 厦门海堤纪念碑碑文，《移山填海》，厦门市关心下一代工作委员会编印，2000 年，图片前页。

⑥ 《非同凡响：南洋商报创刊 85 周年纪念书籍》，第 167 页。

为节省经费而未采纳他建议的短视做法极为生气，一再批评他们没有远见。[①] 事实证明陈嘉庚的这些意见是具有远见的。如今道路拥堵，要拓宽或架高一层公路桥已极为困难。[②]

海堤建成后对推动和促进厦门的经济社会发展发挥了极大作用，对厦门市政的贡献是，两条市区供水大口径管道，江东引水渠和通信线路从海堤进岛。[③] 虽然陈嘉庚并未投资兴建厦集海堤，但他对其兴建及建成起了很大的倡导作用。[④]

4. 倡建鹰厦铁路及集杏海堤，改道入厦铁路线，缩短里程，节省大量经费

为改变福建落后面貌，回国参政后的陈嘉庚利用一切机会争取中央重视。在 1950 年全国政协一届二次会议上陈嘉庚就提出修建福建铁路的建议，并一再写信给毛泽东主席、周恩来总理，还曾当面向华东军政委员会主席陈毅要求尽速修建闽西南铁路。1952 年 12 月又再致函毛主席，指出由于帝国主义封锁，“全国各处日趋繁荣，独闽南人无法翻身”，而“台湾闽南人占台湾总人数十分之七八，家乡观念昔已然，南洋闽侨数百万，热爱祖国，每月外汇千余亿元，两地千万侨民，如闻家乡铁路开工，其热诚内向，必无限增加”。[⑤] 在 1954 年春全国人代会期间，他向毛主席、周总理重申这一要求时获面告已做出决定，即将兴工修建。铁路部门根据实地勘察结果提出了西、中和东线三条选线方案。陈嘉庚同意选从鹰潭到厦门的中线方案。[⑥] 这一伸入福建腹地厦门的铁路线的建造完工，为改变福建落后面貌发挥了重要作用。

中央做出决定后，铁道部选派工程技术人员和苏联专家到厦门，研究铁

① 张其华：嘉庚先生关心海堤建设，《移山填海话当年——厦门海堤建设回顾》，厦门市关心下一代工作委员会编印，内部发行，2000 年，第 37—38 页。
② 张维兹：《厦门海堤史话》，第 24 页。
③ 厦门海堤建设小资料，《移山填海——厦门海堤建设述略》，中共厦门市委党史研究室编，中共党史出版社，2008 年，第 394 页。
④ 张维兹：厦门海堤史话，《移山填海话当年——厦门海堤建设回顾》，厦门市关心下一代工作委员会，内部发行，2000 年，第 22 页。
⑤ 陈嘉庚：《致毛泽东主席函》，1952 年 12 月 5 日，档案件，藏陈嘉庚纪念馆。
⑥ 张兆汉：蔚矣鳌园迥且深，《回忆陈嘉庚》，第 234 页。

路如何从漳州入厦门的线路问题。陈嘉庚不认同其提出的从角美向东北延伸、再沿杏林湾东岸向东南经集美进厦门的方案，而建议从角美经灌口向东修一条不透水的杏林到集美海堤，免绕大圈、缩短路程，还可围垦杏林湾良田。但他的这一建议遭苏联专家否定，理由一是新海堤从一个方向来潮，冲击力大，不可能使用原海堤建设经验；二是不透水就要使用钢板桩，为钢材供应和投资额难以满足。陈嘉庚以莆田钱四娘修木兰陂形成莆田南北洋的事情扫除其顾虑，勉励张维兹市长和建设人员克服困难完成此大型工程。陈嘉庚坚持己见，亲自设计《鹰厦铁路改道计划图》，并在全国政协二届一次会议上详列集美海堤为角尾至集美的理由并正式建议填建杏林铁路改道路段，但又遭苏联专家反对。经周密调查研究，陈嘉庚写报告给周总理，逐条分析原委[①]，据理力争。后经王震、彭德怀、叶飞等同志为此事亲自来厦多次实地考察、反复研究，终确定采纳陈嘉庚建议。[②]

他又于1955年1月8日致函周总理，建议修建集杏海堤是“费省而利厚”。经认真调查研究后，铁道部完全采纳了他的这一筑集杏海堤通火车进岛的方案。[③]并获资金保障，以原预算的四分之三经费修成，与集厦海堤一起共节约出四百余万元经费，转批拨作厦门发展轻工业和安置完工海堤员工就业的企事业，有力推动了厦门20世纪50年代的工业建设。因此，张维兹认为，集杏海堤和杏林湾的围垦，完全是陈嘉庚倡导建成。尽管之后出现影响纳潮量造成港口淤积问题，但权衡利弊，利远超过弊，因此，陈嘉庚的功绩是永远存在的。[④]

1955年10月厦集海堤竣工后，杏林集美海堤在筑堤大军一年余奋战后的1956年底顺利竣工。而鹰厦铁路也比原计划1957年底提前一年实现全线通车。由此使福建早一年走上了现代化建设道路，节省了难以计量的工程费用。为此，陈嘉庚永远感念党和毛主席领导的铁道兵部队移山倒海所成就的

① 陈少斌：陈嘉庚二三事，《回忆陈嘉庚》，第309—310页。

② 张维兹：厦门海堤史话，《福建日报》，1984年12月11日。

③ 张其华：嘉庚先生关心海堤建设，《移山填海话当年——厦门海堤建设回顾》，厦门市关心下一代工作委员会编印，内部发行，2000年，第38—39页。

④ 张维兹：《厦门海堤史话》，第26—27页。

丰功伟绩。[①]

5. 反对围筼筜港建筼筜海堤

鹰厦铁路改线问题确定后，厦门市的终点车站和商业码头的布局还有待确定。厦门市政府主管人员和铁路、建港技术人员及苏联专家反复研究，确定东渡为万吨级商业码头，火车终点选在筼筜港北岸、东渡的东南方。为便于车站与市区联系，又确定修一条筼筜海堤（位于美仁宫至今感光厂之间）。方案定下后，叶飞来厦门，认为布局适宜，但为了近期的使用，车站先建在梧村为好，从梧村再引线穿过虎溪岩到和平码头（原太古码头），虽有破坏风景区之弊，但可利用现有码头，东渡则作远一步的规划，筼筜堤可以晚做。叶飞指示将这些意见去征求陈嘉庚的意见。时任厦门市市长的张维兹为此向陈嘉庚做了汇报。陈嘉庚对叶飞的意见表示同意，但对围筼筜港建堤持反对意见。他说："你们要看很远一些。厦门通商后，港池太小便是个重要问题。筼筜港是港池重要组成部分，背山避风，将来船运发达后，是台风季节重要的避风锚地，为什么要把它围起来呢？千万不能干这种蠢事！以后我们国力强大了，用机械加以疏浚，南北两岸可建很多码头。"当时，中央交通部建港局的刘总工程师也始终坚持不能修得不偿失的筼筜海堤，和陈嘉庚的意见吻合。最后，经过研究，尊重陈嘉庚的意见，把原方案的海堤改到梧村方位，作为远景规划。[②]

陈嘉庚反对围筼筜港建堤的正确意见，虽在当时受到尊重，但到了十年内乱期间，在极"左"思潮影响下，否定了建设东渡商业码头的规划，提出围垦筼筜港为"大寨田"，筑起了筼筜海堤，造成大大缩小厦门的港池、减少港湾内的纳潮量而形成淤积，失去了一个很好的避风锚地，也阻塞了市区污水出口的严重恶果。尽管扩大了市区范围，但造成的损失是难以补偿的。[③]

鹰厦铁路全线通车前，陈嘉庚在全国人大一届三次会议上建议，为使鹰厦铁路发挥更大作用，应及早从漳平伸一支线到龙岩去。[④]1956 年他在《厦

① 陈嘉庚：鹰厦铁路与厦门港口的重要性，《厦门日报》，1956 年 12 月 11 日。

② 张维兹：厦门海堤史话，《福建日报》，1984 年 12 月 19 日。

③ 张维兹：厦门海堤史话，《移山填海话当年——厦门海堤建设回顾》，厦门市关心下一代工作委员会，内部发行，2000 年，第 30 页。

④ 张兆汉：蔚矣鳌园迥且深，《回忆陈嘉庚》，第 235 页。

门日报》上发表《谈鹰厦铁路与厦门港口的重要性》时提及希望早日能建距鹰厦路经过之漳平距离七十公里的鹰厦铁路支路，以能将多在龙岩的闽西南重要的煤、铁、石灰石及其他矿产得以运销各地，……造福社会，亦非浅鲜。[①] 此建议不久后也完全实现了。陈嘉庚在修建鹰厦铁路、厦门海堤和杏林湾围垦中起了重要作用，对 20 世纪 50 年代福建经济的恢复和振兴无疑均做出了重大的贡献。

（五）对集美的关怀

集美是陈嘉庚的出生地及自 17 岁出洋前的成长地。因而，对集美给予极多关注和关怀是他实业发达后回报乡梓的首选。据社会学家陈达 1930 年代在集美实地考察，和其他下南洋的侨民一样，在南洋商业经营得法后，陈嘉庚也将部分盈余拿回集美兴建新住宅、修筑祠堂。[②] 但与一般华侨不同的是，他并非独善其身，把财富带回来大兴土木的是学校而非个人私宅及祠堂。他要放大及改变的是集美这个"小我"中的"大我"。

陈嘉庚一生常住新加坡近 50 年，回国考察游历多地，但重心始终围绕着"集美"这个小圆点，因这里不仅是他的出生地，也有他时常惦念的父老乡亲和时刻挂念的集美学校，造福下一代、造福乡梓始终是他人文关怀的核心。即使在生命的最后阶段，陈嘉庚的诸多言行中体现出的还是让他念念不忘的集美学校及本地的发展，他留下这样的遗嘱："从今年起，我按五年，每年开支三十万元，作为有益学校及乡社建设。""如我不在世，所存款项如何开支，应由委员会决定。"学校经费"收支相抵约余六十五万元作为基金"。新加坡方面，扣除家费，"如再有盈余，须寄交集美学校委员会收用"。[③] 综观陈嘉庚的一生，对于集美渔村这片土地，留下他诸多造福乡梓的印迹。

1. 在集美集中办学，以此带动这里的文教、民风、经济等发展

陈嘉庚对集美的最大关怀，即是在这片原为"村落"的有限土地上，集中办学，而且创办了包括学前教育、基础教育、中等教育，乃至高等教育在

① 陈嘉庚：鹰厦铁路与厦门港口的重要性，《厦门日报》，1956 年 12 月 11 日。

② 陈达，《浪迹十年》，商务印书馆，1946 年，第 10—11 页。

③ 陈嘉庚遗嘱中有关教育的部分内容，载《陈嘉庚教育文集》，福州：福建教育出版社，1989 年，第 301 页。

内的全套教育体系。这是陈嘉庚为这片土地的日后发展用心良苦的结果。他的办学计划始终主要集中在集美，为通过教育机构的设置，吸引众多外来师生常住于此，带动集美村的民风、学风的扶正和进步，让这里不但成为闽南教育种子的培育基地，也为这个村落的日后发展创造无限生机。

1930 年代，社会学家陈达来集美考察印象深刻的是，集美村连同临近两村方圆三华里之内，仅有 2500 人，却已由陈嘉庚筹设六校。内中幼稚园房屋与设备在国内他处尚不多见，陈氏非但独资创设且独资维持，足见陈氏思想与一般殷富迁民不同。因在此小村落办了如此多数量的学校，让陈达不禁有资源浪费的担忧：虽则校中学生以来自他处者为主，然而究竟未免学校太多，致教育的真正力量未能在这狭小区域充分表现出来。所以，他认为“以理想言，如把这些学校或其大部在人口众多的区域内设立，其可能发生的效力必更大无疑”。[①]

除了在家乡创办新式学校，陈嘉庚也对集美的社区建设作了全面规划，包括房屋、道路等方面，极大改变了家乡的落后面貌，改善了乡民生活。另在致力于社会建设的同时，他也通过多种形式革除陋习、传播新风尚。[②] 因陈嘉庚在集美发展教育的努力，使 1930 年代时集美村已通汽车路连接同安，其资本大半出自泉漳南洋华侨或已归国者，汽车路经理与技术人员多半由南洋回国者担任。同安地瘠民贫，幸赖有许多出国迁民，非但改善他们自己的经济生活，对于家乡也时常汇款接济。[③] 这是陈达考察所获结论。

2. 设法禁绝集美社烟赌恶习

对于集美社烟赌恶习相传甚久的情况，1919 年陈嘉庚在回乡期间曾与村民立约禁止，但后仍不绝，虽经警告各角家长，仍未见效。故他又于 1935 年 1 月电请政府派兵进驻，进行严令取缔禁绝。[④] 陈嘉庚将此写成《陈嘉庚布告》[⑤]，于 1935 年 2 月 1 日从新加坡寄给集美学校领导，吩咐其在《集美周

① 陈达，《浪迹十年》，商务印书馆，1946 年，第 10—11 页。
② 陈嘉庚纪念馆编：《华侨旗帜 民族光辉——陈嘉庚生平事迹》，北京：文物出版社，2014 年 6 月，第 24 页。
③ 陈达，《浪迹十年》，商务印书馆，1946 年，第 10—11 页。
④ 陈嘉庚布告，《集美周刊》第 17 卷第 1 期，1935 年 3 月 4 日。
⑤ 《集美周刊》第 17 卷第 1 期，1935 年 3 月 4 日。

刊》上昭告全校及集美社。他的这一身在南洋、心系桑梓集美的人文关怀，并敢于处而为之、有所作为，实为他深重的社会责任感使然。

3. 改造厕所

集美学村原来旧厕均是农村最普遍的茅厕，严重妨碍公共卫生和观瞻，且难免人畜跌入粪池的事故。改造集美厕所是陈嘉庚另一着力的人文关怀方面。陈嘉庚认为农村落后，不讲卫生，影响农民身体健康。出洋后，他对新加坡厕所设施颇为认可，于1925年致函嘱咐在集美主持校舍建设的胞弟陈敬贤开展改造旧厕所的宣传，并着手进行改造示范；另也致函责成集美学校建筑部设计公厕并负责施工。采取办法是：说服群众交出私人旧厕，由建筑部派工填平，改建公厕（密封大粪池，有雨盖。肥料归该地段废除私有旧厕所的人共有）。这种公厕只建了几座，零星分散的私人旧厕所仍旧相当多。居民旧习难改，一些农民又恢复旧厕。这次厕所改造实际以失败告终。回国定居后，1953年他指示集美学校校董会建筑部设计公厕，将私人旧厕全部填平，一个不留，也不必商量，分地段建起七十六座卫生清洁的公厕，墙外用红漆写着"拭大便，要用纸，各种纸皆可用"字样，男女分厕，基本上密封，且雇专人每日挑水洗扫并定期喷撒六六六粉杀蚊蝇幼虫。由镇政府雇用两名雇员管理全镇公厕和各校所有厕所的肥料出售工作。经此次厕所改造，全镇环境卫生状况有较大改善。[①]

1958年1月4日，他致电报给时任福建省省长的叶飞："闽南最害乡村厕所林立，请严令乡政合作，废私厕立公厕"[②]，试将改造公厕措施推广到集美之外的闽南地区，改观闽南卫生情况，改善人民卫生健康。

4. 解决乡民就业问题

集美学校各校在集美大社四周星散开来后，大量外地文教人才来集美任教，但同时由于文化程度底，集美大社的居民也有在集美学校中任职，只是人数不多，所从事工作也非主要及重要职位。回国定居后，陈嘉庚发现集美社村民失业情况严重。于是，在他又一次大力度的兴建集美学校校舍的同时，他特别安排招收集美社乡亲村民做小工，解决他们的生活问题。1952年

① 陈乌亮：集美学村厕所改革，《集美文史资料》，第7辑，第94—96页。

② 致叶飞请废乡村私厕电文（1958年1月4日），《陈嘉庚文集（征求意见稿）·6》，第644页。

4 月 24 日，他特地发布安排失业村民参加修浚池埭的工程“以工代赈”布告[①]，如此一举两得的特别用意是陈嘉庚具有实用性及人文关怀的综合考量。

5. 对大社子弟教育的关怀

除了在集美办学、尽力采取各种举措帮助集美族亲改善生活质量，对于集美的族亲学子，陈嘉庚更是付出了殷切期望。受陈嘉庚在集美办学恩泽的集美族属子弟，也对他饱含莫大的崇敬之情。1950 年 1 月 15 日，陈嘉庚接见了 30 名族亲学子时说：“你们很幸福，有机会读书。……你们生得逢时，要努力学习，将来才能担负建国重任。你们也要利用假期参加扫除文盲工作，尽新时代学生的一份义务。”[②]陈嘉庚的这次专门接见和勉励，给族亲学子留下深刻印象。另从陈嘉庚办校过程中可以看出他对集美族亲子弟的特别关照。

其一，办集美学校，最初目的即是发端于为了解决集美子弟的上学问题，改变集美村人文化程度低的落后面貌，开化集美村民风。为改变集美社各房角各自为政、矛盾分裂的局面[③]，陈嘉庚百般说服乡众，停办各个角落私塾，集中将子弟送入他办的集美小学，以对集美社子弟进行统一、规范的新式教育，为逐渐扫除集美社子弟文盲提供了基础，打开了集美村民风之先。另加上陈嘉庚规定小学不招收寄宿生，故集美男女小学校和幼稚园，基本上主要是解决集美社子弟的基础教育问题。1919 年 2 月，陈嘉庚委托其胞弟敬贤在集美创办幼稚园，为全国最早的公共幼儿园之一。1931 年和 1932 年，陈嘉庚先后在岑头和孙厝开办幼稚园，1936 年又在浒井小学增设幼稚班。[④]1923 年集美小学学生籍贯和通信处信息显示，几乎过半学生是集美社子弟。[⑤]而从同期集美幼稚园学生籍贯和通信处信息来看，基本全部都是集美社中的各个房角子弟。[⑥]集美小学从一开始办学就使用普通话教学，使这里的开化文明程度令 20 世纪 30 年代去做社会调查的社会学家陈达都感叹

① 《陈嘉庚安排失业村民参加修浚池埭的工程“以工代赈”》，见陈嘉庚纪念馆第三展厅展示文物页。原稿藏集美校委会档案室。

② 陈振群：陈嘉庚接见族亲学子的情况断忆，《集美校友》，1993 年第 5 期，总第 74 期，第 40 页。

③ 陈嘉庚：《南侨回忆录》，南洋印刷社，1946 年，第 4 页。

④ 《厦门市集美区志》，第 502 页。

⑤ 小学部学生一览表，《集美学校十周年纪念刊》，集美学校编，1923 年，第 117—138 页。

⑥ 幼稚园学生一览表，《集美学校十周年纪念刊》，1923 年，第 139—150 页。

“小学教育的普遍，由此可见一般”。①

抗战时期，因与厦门高崎隔海相邻，厦门在1938年5月10日沦陷后，集美时常遭受囤聚高崎的日军隔海抛射以及空炸，集美学校的中学、师范、高水、高商、航海于1937年10月分别内迁至安溪、大田和南安等地继续办学。小学因学生年龄偏小，迟至1938年5月才搬迁至后溪镇石兜、霞店，后定点于崙上村，同时在孙厝设立分校。1940年回国慰劳考察的陈嘉庚于10月底回福建视察各校、看望内迁师生。当回集美勘查被炸校舍情况时，发现留守集美的小孩失学严重，于是令集美学校领导将集美小学迁回集美复办。②于是，1941年集美小学抽出一部分教师回集美学村办学。从那时起，整个集美小学分为崙上、集美和孙厝三个校舍。③如此一直坚持至抗战胜利，显示了陈嘉庚对集美大社子弟教育的重视和关照。

其二，填海建校舍，破除迷信，为让集美子弟不再继续遭受其害。小学开办后，校舍建设迫在眉睫。但集美乡住宅稠密，乏地可建。故最后选址集美村社西边从海滩围堤而成的一口大鱼池，以2000元向各股主收买，填池建校。于1913年夏天完竣后，全校移入开学。之后公司获利颇丰，考虑师资短缺，陈嘉庚决意创办师范及中学等。商遣其弟敬贤回梓负责建筑校舍，从鱼池地小学校舍后方及左右起盖礼堂、膳厅、宿舍、操场等。④自此之后，所有以前风水迷信及居奇阻挠各事概已消泯。学校所需地皮或公私坟墓地都能以合理价格购买。⑤由此，陈嘉庚办学之举打破了集美社的旧俗风气，使这里成为当时开风气之先较早的村落，且中西式风格兼具的校舍渐次增多，使集美村旧貌大为改观。

其三，设立奖助学金，鼓励大社子弟读书。为了集美社青年的教育，解决失业问题和改善下一代生活，鼓励集美社家长尽量送子女入学读书接受教育，以解决日后就业、生活等长久问题，陈嘉庚制定助学金办法。1955年

① 陈达，《浪迹十年》，商务印书馆，1946年，第10—11页。

② 概述，《烽火弦歌——集美学校抗战内迁史》，陈呈主编，北京：人民日报出版社，2016年4月，概述页。

③ 陈振群：抗战期间集美小学集美校舍生活断忆，《集美文史资料》，第6辑，第13页。

④ 陈嘉庚：《南侨回忆录》，南洋印刷社，1946年，第5—6页。

⑤ 陈嘉庚：《南侨回忆录》，南洋印刷社，1946年，第6页。

4 月 10 日[①]，他特手订资助本乡贫苦学生办法《劝告集岑郭社亲栽培子女妥筹善后书》[②]，希望乡民尽量送子女入学，并强调“并须彻底栽培成功，不要中辍”。其中，陈嘉庚循循善诱，详述对于本社子民出洋之路已走不通，读书教育是唯一出路，且读书后的出路问题在新政府治理下已由包分配而有了就业保障，并明确向入学的大社子弟按照年级和专业分别配给数额不等的补助金。

另在遗嘱中，陈嘉庚特别强调“集美镇子女入学原领校主补助金，今后须详细调查，确系贫苦，方给予补助”。[③]之后，陈嘉庚特拨 50 万元设立集美社公业基金会，用于优待大社子弟的专款，每年对入学的大社子弟给予不同程度并结合实际情况调整的补助。这一政策在陈嘉庚基金会和集美学校委员会的共同执行下一直未变。

其四，入读集美学校有优先权，保证大社子弟的入学优待。陈嘉庚创办集美学校起因，即是为解决集美社儿童失学问题。故从开办起，优先安排社里族亲子女就读且有发放补助的惯例一直延续至今未废。随着落户集美的外来人口日渐增多，学位竞争日益普遍。集美社陈姓族属生只要开具族属证明，即可优先入学陈嘉庚所创集美幼儿园、集美小学等校，且每学年都有族属生补贴发放。另在义务教育升学阶段有加分照顾，扶持集美社子弟都有学上，且都能按阶段如期升学。

6. 对大社族亲发展的关怀

一是在集美社办新学，为调和集美社各个房角之间的邻里乡亲关系，增进感情和团结提供了帮助。据陈嘉庚自述，他年少时“闻长者言，乡里之强弱，夜晚往观，即可了然，入强乡，可以听到三种声音，弱乡则否。三声音是什么？一为读书声，一为打拳声，一为弦管声。……少时集美尚有余绪，未行全绝，近数十年，此风已不可复有，有的是吸烟（鸦片）声，赌牌

① 该时间为档案上铅笔手写标注，应该是卷宗整理时间。

② 《劝告集岑郭社亲栽培子女妥筹善后书》，该通告书复制件现陈列于陈嘉庚纪念馆第三展厅。

③ 陈嘉庚遗嘱中有关教育的部分内容，载《陈嘉庚教育文集》，福州：福建教育出版社，1989 年，第 302 页。

声”。[①]故而，陈嘉庚在集美村开先河办新学，不但解决了集美社子弟的就学问题，也改变了这里吸烟（鸦片）声、赌牌声，找回了将消失远去的读书声、打拳声、弦管声。回国定居后，陈嘉庚改革、改善了集美传统端午龙舟竞渡民俗，另又组织集美芗剧团、扶持集美南乐社，让弦管声又在集美重现。

二是办民众夜校，为村民扫盲。早在20世纪20年代，陈嘉庚就考虑到有些人年纪已大，或有家庭负担，无法进入正规学校求学，因此嘱咐校董会要办夜校。校董会积极办理，夜校设在后尾角的“旧学村”[②]，最初学员不多。1914年，集美小学开办通俗夜校，对村民进行扫盲教育，开辖区成人教育之先河。1917年，集美女子两等小学兼办成人夜校。1923年，集美学校设教育股，开办男女民众学校各一所和校工工读夜校。1930年3月，集美学校民众教育委员会成立，创设民众学校4所及民众阅报处，定期举行识字运动。1934年，集美小学执行同安县政府颁布的《设立民众学校办法大纲》，开设民众学校。1936年，集美学校开办妇女夜校。[③]1946年10月，集美学校董事会遵循陈嘉庚先生倾资兴学的精神，拨出专款，创办集美民众夜校。[④]由此集美的扫盲运动一直持续不断。1991–2007年，全区扫除文盲4.7万人，2007年全区15–24周岁人口非文盲率为100%。[⑤]

三是接受家乡来的同乡入陈嘉庚公司就业过渡。1926年4月，校长叶渊在开学式训词曾言：“吾校不仅造就人才，且能自用其所造就之人才，为国家地方举办种种有益之事业。如……商业则有校主自设之各公司，分行偏海内外，需用多数人才，共立商战之场，获巨大之利，以扩充国内之文化事业，此又非他校所可比也。”[⑥]可见，陈嘉庚在南洋的实业公司不仅为集美学

① 国术、道德与救国，陈嘉庚在怡和轩欢迎张馆长及国术南游团会上之演词，《南洋商报》，1936年1月30日；《陈嘉庚教育文集》，第225页。

② 大社路118号是集美学村早期的办事处（职能同现今的村委会），1936年，集美华侨捐资在二房角大路东侧（集美大祠堂后）建一座二层楼，作为集美学村新的办事处，群众称之为“新学村”，把原来的办享处称为“旧学村”。

③ 《厦门市集美区志》，第518页。

④ 鲁愚：陈嘉庚关心业余文化教育，《集美文史资料》第3辑，1992年10月，第45–46页。

⑤ 《厦门市集美区志》，第518–519页。

⑥ 校长叶采真先生行开学式训词，《集美周刊》，第132期，1926年4月5日，第2页。

校、厦门大学提供了主要的办学经费来源，也作为两校特别是集美学校培养的商业人才的实习实践训练基地。除此以外，也是集美社同乡下南洋后的第一份工作的落脚点。如陈嘉庚的同乡陈文确、陈六使早年初下南洋时，即是先在陈嘉庚公司供职，后在自己有积累的情况下，出来创业，成为南洋商业翘楚。除了这些成就一番事业的，更多的则是默默无闻的同乡，但他们也因当年有陈嘉庚的接收就业，而在当地落地生根，由此命运改变。

四是为家乡父老的房屋修缮承担费用。1950 年回国定居后的陈嘉庚，在忙于修复在抗日及内战时期遭轰炸的集美学校校舍的同时，也不忘贫苦村民房屋的修缮问题。他计划“本社尚有多少贫家屋宇未修复及倒毁者，并全社内通路电灯及应铺之石路，亦拟修建之”。① 而他的住所在抗战期间也被日军飞机炸毁，亲友劝之修复，其执意不肯，直待校舍和民居全部修复后，方用余料修之。他的公而忘私显现无疑。

五是设立陈氏公业基金会，给集美本社发放奖助学金和养老补助金。1955 年 1 月，陈嘉庚拨款 35 亿元（旧人民币），组建以助学和奖学为主的集美社公业基金会。此为集美中华人民共和国成立后第一个经政府注册的规范的教育基金会，制定有管理简则。现今，香港集友银行每年均划款补足基金会开支，助学金、奖学金每年照常发放。② 除对集美本社子弟发放奖助学金，对本社超过一定年龄的老人发放养老补助金，给予慰问。

六是将集美学村规划成一个风景名胜之地，以旅游业解决乡亲生活来源。对于故乡，陈嘉庚在建设学校、发展文化教育事业的同时，也时刻不忘家乡的建设发展。③ 陈嘉庚在 1950 年回家乡集美定居后，大部分时间是忙碌于集美学校、厦门大学的修复和扩建。然而，他时刻铭记要改变集美贫穷落后面貌的誓言。晚年定居集美后，他在倡议修建厦集海堤、集杏海堤以及鹰厦铁路的同时，也为改变集美面貌方面做了大量工作。

对于集美的地理位置和环境，陈嘉庚自信地认为“天然玉人造，美妙超凡，为全国所未有”。④“我前后曾游历二十余省，所见各处名胜市镇山川，

① 本社现况，《集美志》，陈厥祥著，侨光印务有限公司，1963 年，第 59 页。

② 《厦门市集美区志》，第 524 页。

③ 故乡之建设，《集美志》，1963 年，第 61—62 页。

④ 得天独厚之集美，《集美志》，1963 年，第 70 页。

少有如本乡之雅妙，……我家乡有此美好之山水，又属文化区域，故我对各校舍不得不加以注意。”① 故而，他认为“本社环境既有此大变化，交通便利，闽南之繁荣不可限量。鄙意不但成为文化区，应使成为风景区”。② 因此，他从对集美龙舟池的建造过程预先就以“风景区”的设想进行规划建造实施。③

另外，他认为集美社应设一公园，但以田地太少，不忍购用，于是拟由纪念碑填海扩大④，便有了现今的鳌园景区。他倡议修建的厦集海堤、集杏海堤以及鹰厦铁路相继建成后，集美交通要道的地理优势凸显，随即带动了集美的发展。他筹资修建了鳌园，游泳池以及内、中、外龙舟池，使之与南薰楼、道南楼及集美侨校楼群一起连成一片观光旅游胜地，使这里游人如织。他规划建设的集美风景区，使旅游业成为当地集美社人生活维系的重要来源，也使集美成为福建省最佳风景区和厦门市四大旅游景点之一。⑤ 陈嘉庚当初的计划和愿望一一变成了现实。

二、对中国全社会的人文关怀

除了对祖籍地福建处处表达自己的人文关怀外，陈嘉庚对中国其他省域的社会问题也给予了诸多关心和关怀，展现着自己博大的人文关怀精神。

（一）体恤人民之疾苦

积极赈济救灾。凡接到国内有关天灾人祸请求助款的函告，陈嘉庚均给予积极筹款救济体恤。1915 年天津水灾，新加坡华侨发起救济天津水灾游艺会筹款救济，陈嘉庚被推举为主席，积极号召、发动大家踊跃捐助⑥，举办筹募游艺会共募得二十余万元，被陈嘉庚认为是南洋华侨首次不分南北畛域、破除南北领域观念的团结行动，也是南洋华侨对祖国义赈破天荒之好成绩，显示民国光复后民气进步之效果。⑦1929 年初，新加坡中华总商会接到

---

① 集美公园，《集美志》，第 68—69 页。

② 本社现况，《集美志》，1963 年，第 59 页。

③ 陈厥祥著：《集美志》，1963 年，第 59 页。

④ 集美公园，《集美志》，1963 年，第 68 页。

⑤ 厦门市集美区地方志编纂委员会编：《厦门市集美区志》，北京：中华书局，2013 年 8 月，第 44 页。

⑥ 在为赈济天津水灾筹款运动会上演词（1917 年 12 月），原载新加坡《国民日报》，1917 年 12 月 4 日，引自《战前的陈嘉庚言论史料与分析》，第 90 页。

⑦ 陈嘉庚：《南侨回忆录》，南洋印刷社，1946 年，第 6 页。

豫陕甘三省赈灾委员会主席冯玉祥函报该三省旱灾灾情奇重望协筹赈捐。总商会于3月2日开会商讨具体办法，举出常务委员40名，陈嘉庚为其中之一。[①]1934年7月河水山火灾，复出名办救济，组织赈济。[②]

关心当地社会民生情况。不论是1940年率回国慰劳团回国考察，还是1949年及之后的第三次在中国国内的大范围考察，陈嘉庚在沿途考察期间，不但随时打听当地的民生情况，也注意了解当地的陋习、弊制革除等情况，获得了最一手的民情和国情，也发现了很多涉及经济、民生等社会问题，是他诸多改革、改良建议言论的来源，显示了他对社会底层的关怀。

为济南惨案赈济。1928年夏，山东济南惨案发生，群侨共愤。陈嘉庚召集新加坡华侨发起“山东惨祸筹赈会”，被推举为主席。在两三月间筹捐国币一百三十余万元汇交南京财政部施赈。但自筹赈会成立后至结束，新加坡树胶公会有六万余元未交。其后蔡公时夫人来新加坡募捐拟为公时办一所中学作纪念。陈嘉庚召集侨民大会议决将树胶公会未交款数捐作公时中学基金。但这笔款险遭总商会挪作他用。为保护这笔赈款能始终服务于山东惨祸筹赈之途，陈嘉庚据理力争，用法律武器来维护正义，终获保留。[③]虽后又经银行方面在受总商会指示不配合寄汇阻挠，但都被陈嘉庚逐一排解，最后该款由筹赈会汇交南京政府财政部了结。而蔡公时夫人所办中学已停罢，故请财政部仍赈济山东难民。[④]对此次山东惨祸筹赈募得款项，陈嘉庚做了妥善分配：两次汇款六万元给国民政府，给蔡公时家属一万五千元，其余分给同伴被难家属；另又筹三万余元拟在南京择地为公时立铜像。本托蔡公时夫人办理，后因所办学校作罢，像址及建造无可付托，故至1936年，陈嘉庚用四千余元存款向德国订购铜像，寄存于新加坡三条巷南益胶厂，其他余款后移交新加坡华侨筹赈祖国难民会收存。[⑤]

除此以外，对中国境内发生的诸多灾害，陈嘉庚都会尽自己全力和能力，给予救济援助，包括以南侨总会名义支持宋美龄主导的寒衣、难童

① 华商会传集各社团筹赈豫陕甘三省旱灾大会纪，《南洋商报》，1929年3月4日，第3版。
② 《陈嘉庚遗稿：一九四四年在印尼峇株》，第90页。
③ 济案筹赈会，《南侨回忆录》，陈嘉庚著，南洋印刷社，1946年，第22页。
④ 胶款诉讼案，《南侨回忆录》，陈嘉庚著，南洋印刷社，1946年，第23页。
⑤ 公时纪念像，《南侨回忆录》，陈嘉庚著，南洋印刷社，1946年，第23页。

捐等。

（二）造福社会之理想

从出资印赠《验方新编》起，“服务社会”成为了陈嘉庚的另一人生目标。他说：“余之经营商业，不过聊以度日，初非素封之家，惟自来抱社会主义，愿为公众服务，却为一生不移之宗旨。”[①] 故而，他的造福社会之理想，由办学且持续办学得到了最大程度的体现，而他兴学所放射出的对社会的恩泽则影响深远。

社会学家费孝通曾于 1985 年政协会议上说：“近几十年来，闽南地区所以人才辈出，就因为这个地区一直有华侨资助私人办学，有陈嘉庚先生致力于教育事业。”[②] 刘再复曾说：“在我的青少年时代，福建省的教育质量在全国总是名列第一，那时全国高考竞赛，北京、上海总是输给福建。原因除了当时教育厅厅长是叶飞将军夫人、很有见识的王于耕之外，还有一个原因就是陈嘉庚的教育光辉确实普照了八闽的山山水水。”[③]

从始至终，陈嘉庚所推崇的服务精神，是类似于他曾见过的日本教师[④]及美教会那牙校长的服务敬业精神。因此，他对中国教师缺乏义务责任心、学生闹风潮不务正业、社会报馆不辨是非、政府机关得过且过，且私人办学以为认捐多少钱便已尽职责等现象颇有微词。

他以自己的实际办学行动试图扭转社会颓势。“虽明知其弊亦无法改善。但转念质虽欠佳，而量则愈多愈妙，所谓聊胜于无。故一意热诚致力，毫无反顾，绝不因学生罢课，校事乖舛，财项有些差弊，便即缩手灰心。”以“民国初基，政局未定。质虽有差，量不可无，如水太清则无鱼，欲速反不达”之理开慰自己，坚定自己的信心和决心，实践着以“从我做起，从小事做起”的朴实服务理念。

同时，他也倡导服务社会的持续性和延续性，不因中途受挫而中挫或停

---

① 陈嘉庚：畏惧失败才是可耻，载《东方杂志》第 31 卷第 7 号，第 5–10 页，1934 年 4 月 1 日。

② 刘再复：永远的文化纪念碑——缅怀陈嘉庚先生，《教育论语》，刘再复、刘剑梅著，福州，福建教育出版社，2012 年 10 月，第 226 页。

③ 刘再复：永远的文化纪念碑——缅怀陈嘉庚先生，《教育论语》，刘再复、刘剑梅著，福州，福建教育出版社，2012 年 10 月，第 226 页。

④ 陈嘉庚：《南侨回忆录》，南洋印刷社，1946 年，第 10 页。

止，体现着他持之以恒的服务理念。他将一位居住鼓浪屿的富侨在故乡南安办一中等学校，先慨叹“前云赚钱难，今日方知用钱更难”，后竟停办的例子，警示自己和别人立志要坚且要了解过渡时期困难难免[①]的道理。

而他办集美学校，倾向于招收优待贫苦学生，以推广他从自身奉行的平民教育，在努力实现教育普及的同时，也是为了能让更多出身平民的子弟能继承平民教育理念，从而延续他服务社会之理念和精神。

他推崇社会责任和义务的勇于担当。但他会权衡，不会代庖而削弱政府或其他人的社会责任。他规定集美小学校不收寄宿生即是此因。[②]他的理想是用自己的行为来带动和推动政府和社会积极联动，共同承担社会责任和义务。而他办闽南教育处及教育补助处，则是他欲造福及服务社会的勇敢担当。他造福人群、服务社会的理想是他人文关怀精神的集中体现。

三、对南洋华侨社会的人文关怀

除了中国社会外，陈嘉庚也关注新加坡及南洋华侨社会。通过参加华社，他实现了自己的个人成长和社会晋升路径，也借助于众多华社平台实现了自己对华侨社会的关怀。他担任过诸多华侨社团职务，是怡和轩俱乐部、福建会馆的常任主席，并蝉联多届。其他参与的华侨社团，如同安会馆、厦门公会，虽未担任要职，但都留下了他的关怀。通过这些侨团，陈嘉庚达到了自己人生的另一高度，也通过于此实现了自己服务社会的宏愿。其诸多爱侨、护侨言行显示了他是一位真正从侨群角度出发，为华侨大众谋利，促其团结、友爱、发展的，如家长般爱侨如子的侨领，为其所统领的华侨时代画上了一个圆满句号，也为后续接班侨领树立了楷模和榜样。

（一）怡和轩俱乐部

怡和轩俱乐部创立于1895年，开风气之先打破帮派藩篱，吸收各帮精英入会，为公余休憩之地，专以“改良风俗，交换知识，联络感情”为宗旨[③]，是新加坡华社历史最悠久的俱乐部之一。

① 陈嘉庚:《南侨回忆录》，南洋印刷社，1946年，第10页。
② 陈嘉庚:《南侨回忆录》，南洋印刷社，1946年，第10页。
③ 本会旧章程，《怡和轩九十周年纪念刊》，第238页。

从 1923 年始任怡和轩俱乐部总理[①]以后，“怡和轩”这三个字就和陈嘉庚分不开了。他曾长期担任怡和轩俱乐部主席，并发挥杰出的领导才能为社会做了多方面贡献，对当地和东南亚的影响难以估计。1937 年领导南侨总会后，怡和轩几乎是他的第二个家。陈嘉庚在怡和轩留下了一段不短的历史足迹。纵观来看，自 1923 年接任后，陈嘉庚领导怡和轩为南洋社会做出的贡献大致有：

一是改革会务，改良风气，树立新风。陈嘉庚在 1923 年 2 月继任怡和轩总理后，即修订新章程，于 1924 年通过[②]，规定该会宗旨是会员公余休憩、交换知识与联络感情，但它也以改良风俗为己任，富有社会责任感。怡和轩也拥有旗式，以青色为底，内中有一白团，白团中复有一禾字，即命名“怡和”两字取一字“和”字，亦则取青天白日、一团和气之象征。[③]因此，促进社员之间的团结、交流和合作是俱乐部的目的之一。[④]

怡和轩在陈嘉庚主持下，风气变化显著，如禁抽大烟，星期六晚宴会准时 8 点入席，在本轩宴会或用便饭一律用公匙公筷以示卫生；三楼设图书馆供会友借阅。[⑤]第 15 款强调“本社严禁 12 枝、4 枝、牌 9、番摊、两宝赌博”[⑥]。另外，在此章程中还特别强调，如会友有请洋人参加宴会，会友或来宾概不得召妓陪客以保国体。[⑦]第 12 章规定“每逢宴客，无论公宴私宴，临进席时社员须一律穿着外衣招待来宾，程度文明观瞻自壮”。[⑧]这些条款为华人社团树立新风作出了榜样。

二是设立图书室，方便侨众增长知识，为华侨的社会教育提供了辅助。1924 年新章程规定，会员除每年一选的选举权利外，可参阅轩内图书刊物，

---

① 柯木林主编:《新华历史人物列传》，新加坡宗乡会馆联合总会，1995 年 11 月，第 96 页。

② 《怡和轩九十周年纪念特刊（1895—1985）》，新加坡怡和轩编，1985 年，第 204 页。

③ 《怡和轩九十周年纪念特刊（1895—1985）》，新加坡怡和轩编，1985 年，第 204、238 页。

④ 本会旧章程第 15 章附件，《怡和轩九十周年纪念特刊（1895—1985）》，第 239 页。

⑤ 陈维龙“怡和轩回忆录”，《星洲日报》，1969 年 6 月 16 日，第 13 版;《怡和轩九十周年纪念特刊 1895—1985》，怡和轩编，1985 年，第 38 页。

⑥ 本会旧章程第 15 章附件，《怡和轩九十周年纪念特刊（1895—1985）》，第 239 页。

⑦ 本会旧章程第 12 章宴会，《怡和轩九十周年纪念特刊（1895—1985）》，第 238 页。

⑧ 《怡和轩九十周年纪念特刊（1895—1985）》，第 239 页。

并借该轩为宴客之地。图书室并定有翔实可行的借阅规则。[①] 此图书室是陈嘉庚重视社会教育的集中体现，也是他设立图书馆的有力尝试，为他日后广泛倡建图书馆提供了依据。

三是给予社员人文关怀。陈嘉庚制定的1924年章程中，也列有对社员的诸多人文关怀条例，包括社员有喜丧事，均有相应的贺仪、悬半旗志哀、送奠仪、探丧执绋等。[②] 社员身故，其子欲继续入社者，准免纳入社金办手续入会等[③]，让社员感受到同族和团体组织的温暖和人情味。

四是凝聚侨心侨力，团结侨众。陈嘉庚是在第一任总理林推迁1923年2月11日去世后被选继任总理的，1947年卸任后仍是1948年常务委员之一[④]，是任期最久的主席。自1923年接任总理后，陈嘉庚树立了一种新精神，使会务大力扩展，广开门户，吸收各帮各派人士，不分籍贯，一视同仁，使怡和轩成为一个超帮组织，积极推动社会公益。自1928年济南惨案发生后，怡和轩在他的领导下发动抗战救亡运动，关心民族、国家、社会前途。从1937年至1942年新加坡沦陷时为止，怡和轩俱乐部一直是南洋抗战救亡运动的中枢。“怡和轩俱乐部是抗日战争时期全南洋华人之心脏”，这个地方的确具备了这么重要的历史意义。[⑤] 怡和轩这种无党无派、不分贫富、关心民族与国家问题以及热心社会公益的精神，就是怡和轩精神。这种怡和轩精神使怡和轩成为新加坡华人社会的社会运动主流。[⑥]

五是为华人社会树立了“取诸社会，用诸社会”的优良传统，领导怡和轩带头在华人社会里发扬了怡和轩精神。[⑦] 中国抗战期间，领导南洋各地华侨抗敌救亡工作的南侨筹赈总会总部，附设于新加坡怡和轩俱乐部，陈嘉庚

---

① 本会旧章程第14章图书室，《怡和轩九十周年纪念特刊（1895—1985）》，第239页。

② 本会旧章程第13章庆典，《怡和轩九十周年纪念特刊（1895—1985）》，第239页。

③ 本会旧章程第15章附件，《怡和轩九十周年纪念特刊（1895—1985）》，第239页。

④ 战后历届董事会，《怡和轩九十周年纪念特刊（1895—1985）》，第29页。

⑤ 已故书法家潘受的一幅字画写道页。新加坡怡和轩将设华人先贤纪念馆，中国侨网，http://www.chinaqw.com/node2/node116/node117/node163/node820/node821/userobject6ai169450.html（ARRIVALED 2014—5—23）

⑥《怡和轩九十周年纪念特刊（1895—1985）》，第38页。

⑦ 副总理王鼎昌先生致词，《怡和轩九十周年纪念特刊（1895—1985）》，第7页。

常驻于此办公[①]，为接班侨领树立了良好的服务社会的榜样。如陈六使主持下的怡和轩在战后各项运动中仍扮演着重要角色，诸如救灾工作、争取公民权运动、反对立法议院语言限制、推动选民选举运动、争取华族平等地位等，均是在怡和轩孕育而成。通过这种途径，怡和轩继续发扬其无党无派，关心民族、国家及社会的怡和轩精神。[②]孙炳炎主持下的怡和轩虽已是独立新加坡共和国公民俱乐部，没有过去侨民时代那种重任压力而艰苦战斗的紧张状态，但也秉承怡和轩传统及精神，一面适应时代潮流，革新拓展，展开会务，一面对社会公益事业继续关心支持，多次捐助教育与慈善机关及救灾基金等。[③]“集侨贤于一炉，寓娱乐于公益”，即是怡和轩精神的精华。

（二）福建会馆

新加坡福建会馆成立于清咸丰十年（1860 年）前后，初设于天福宫内。虽是一间庙宇，但从初创起即被定位为庙宇加会馆的功能。1840 年，闽帮在新加坡华社中已成为一股财雄势大的势力，且实际上已在领导华社。因此，天福宫领导层不只为闽帮同乡服务，也为整体华社服务。《建立天福宫碑记》碑文中均以“唐人”而非“闽人”自居即是明证。这种超越帮权界限的宽宏视野，俨然成为福建帮领导层的行为准则，而“服务同乡，服务华社”也成为了福建会馆的精神。在天福宫时代如此，在天福宫福建会馆时代也如此。直至现今的福建会馆依旧坚持这种行为准则与精神，甚至把这种精神推广到服务整个社会。[④]

陈嘉庚的入主福建会馆象征马六甲侨生集团领导会馆时代的结束，一个由中国南来的移民集团主导会馆的时代由陈嘉庚拉开序幕。[⑤]而他在从 1929 年至 1950 年执掌福建会馆任期内，也一贯继承、秉持并进一步推动了这种跨帮派的服务精神和理念。1933 年 3 月，在新加坡福建会馆改组四周年纪念会上，陈嘉庚明确福建会馆的职责是“对祖国则应如何补助国家，维护教

① 《新加坡同安会馆特刊（1931—1984）：庆祝新大厦落成典礼暨成立五十三周年及互助部成立十八周年纪念》，第 469 页。

② 《集美文史资料 · 第 1 辑》，集美区政协编，第 50 页。

③ 《怡和轩九十周年纪念特刊（1895—1985）》，第 41 页。

④ 《波靖南溟——天福宫与福建会馆》，第 30 页。

⑤ 《波靖南溟——天福宫与福建会馆》，第 50 页。

育；对当地之工作，应谋闽侨之福利，赞助华侨教育之普及，联络侨团之团结力量，努力倡除华人不良之习俗等”。[①] 从而使福建会馆成为服务华社的典型，在新加坡的华社历史上留下浓重的一笔。陈嘉庚在当选福建会馆主席后，对会务做了几项重要改革。

一是改组会馆。在陈嘉庚接掌福建会馆之前的薛中华统领时代，新加坡当地闽商及福建会馆董事对兴学的冷漠，是引致陈嘉庚试图改组福建会馆董事及教育委员会的导火线。而最根本的原因则是他对福建会馆旧组织制度不合时宜，旧章程不适用也未施行，更无会员制度，会馆组织几乎形同虚设的极度不满。故而，他发起召开闽侨大会，要以闽侨社会的力量向薛中华领导的福建会馆会董施压，来达到改革福建会馆的目的，从而使福建会馆跳出人治的死胡同，与时并进过渡到法治的新生路。但福建会馆这一历史性改革运动却频频受阻，一波三折，从 1927 年 7 月起直至 1929 年“二二会议”召开组建改革委员会，历时一年半余才有重大进展。大会通过改总理制为委员制，由委员票选出的福建会馆新主席陈嘉庚于该年 3 月就职接掌 [②]，随即组织人员重新订立新章程，设定会务宗旨、注册会员、新入会员等条例，于 1930 年 8 月 4 日会员大会获得通过。1937 年 11 月 15 日，新加坡福建会馆在公司条例下注册为非营业牟利社团，接管天福宫福建会馆的产业及维持管理所属庙宇与义山，实现了天福宫产业的彻底移交。

二是维系闽侨学校。陈嘉庚一生献身教育事业。他的教育理想是要在侨乡与南洋本地广办华文学校。从薛中华手中接手过来的福建会馆遭遇 1930 年代世界经济不景气，面临办学资金短缺难题。他自己的企业也开始走下坡，于 1934 年收盘。经费不足影响了陈嘉庚统一闽侨教育的大计。在此情况下，福建会馆只好组织变通向殷实商家酌量劝捐，承办直属三校，津贴九所辅助学校。之后境况继续下滑，只能保直属三校、取消八校津贴，待日后再来实现统筹统办闽侨学校、改善闽侨教育的理想。

三是移风易俗。改组后的福建会馆也致力于移风易俗的社会教育工作，

① 陈嘉庚：文化与国家关系（星福建会馆举行改组四周年纪念会上之演词），《南洋商报》，1933 年 3 月 17 日；《陈嘉庚言论集》，新加坡怡和轩等，2004 年翻印本，第 62—64 页。

② 柯木林主编：《新华历史人物列传》，新加坡宗乡会馆联合总会，1995 年 11 月，第 96 页。

破除迷信，削减民俗活动的神权色彩。委员会先从内部改革做起，废除天福宫年例盛大的迎神赛会。后又允许有限制的迎神出游，但不准装阁排场，限定大伯公巡游时间。1935年5月17日又议决废除所属神庙每年举行的迎送香亭，并在报上公布。同期又议决改良华侨丧仪，经全侨大会通过丧仪改良草案，改订丧仪制，于1938年3月14日在报纸发布《新加坡福建会馆改善丧仪委员会宣言》，倡导全体华人奉行简单庄严的丧仪，有效改善了20世纪华人丧仪铺张浪费、光怪陆离的现况，虽仍有停柩在家、提供茶水小食、赌博，但丧仪本身已简化许多、不再铺张，也没有了彩阁、弄狮龙，显示陈嘉庚的丧仪改革运动基本是成功的。

四是服务社会。改组后，陈嘉庚大力推动福建会馆的服务社会功能，在20世纪30年代领导闽侨积极开展救乡运动，热心本地公益事业，积极筹款赈济河水山火灾灾民，安排灾民住宿及善后问题，出钱雇工协助政府改善市区卫生等。另外，在抗战期间，陈嘉庚以怡和轩俱乐部为大本营，联合诸多身兼福建会馆、怡和轩等华社的侨领和会员，积极组织南侨筹赈运动，实现全南洋华侨大联合的团结，齐心筹赈支持中国抗战的历史，也成为福建会馆历史上的一段辉煌时期。

从1929年接掌至1950年因要回国定居而卸任，陈嘉庚在任期内对福建会馆的种种举措，奠定了福建会馆日后服务华社的会务走向，使之成为新加坡华社中的翘楚之一，打下了“陈嘉庚时代”烙印①。他对新加坡福建会馆、闽帮、华侨教育、华人经济以及华社贡献巨大。②

（三）中华总商会

陈嘉庚在中华总商会历史中虽并未占据核心地位，但也留下了印记。据记载，1910年以后陈嘉庚两度任新加坡中华总商会协理。③具体来看，陈嘉庚曾在总商会当选的职位情况是：1911年1月21日当选新加坡中华总商会福帮四位协理之一；1913年2月1日当选第8届福帮会员之一；1914年1月6日，陈嘉庚依然是该会第9届福帮会员；1931年陈嘉庚是该会第18届

---

① 新加坡福建会馆会长黄祖耀序言，《波靖南溟——天福宫》，新加坡福建会馆编，序页。

② 《波靖南溟——天福宫》，第50页。

③ 柯木林主编：《新华历史人物列传》，新加坡宗乡会馆联合总会，1995年11月，第96页。

六位特别会董之一；1933 年 1 月 14 日陈嘉庚是第 19 届六位特别会董之一；1937 年 2 月 23 日陈嘉庚当选第 21 届福帮 12 位会董之一。[①] 而他在总商会任职期间，为服务侨众做过这样几件事。

其一，1910 年 3 月 22 日，陈嘉庚致函中华总商会，认为领事馆对侨民诉讼案办理不公，有违背保护宗旨，请中华总商会即呈农工商部即外务部巡令遇事公断。[②]

其二，倡建华侨中学。1913 年 6 月 7 日，总商会董事委员开会赞成陈嘉庚来函请该会建议组织中学校事，因新加坡已有华侨学务总会，创办学校自属学会范围，应复函陈嘉庚，请其直接向学会建议。此即为陈嘉庚倡办华侨中学之肇始。

其三，在领导南侨总会时期，他获得总商会诸多董事和会员的支持，一起支持抗战筹赈。陈嘉庚任南侨总会主席后，总商会诸多董事和会员共襄盛举，贡献良多。总商会会长陈振贤赞誉“筹赈大会是一项创举，而且是巨任职工作。在兹国家生死存亡之秋，安居海外之侨胞，所表现出来之力量与组织，由此大会可作为一实地试验”。

其四，作为总商会会员之一，陈嘉庚受总督之请出面统领华侨组织抗敌力量，保卫新加坡，为中华总商会的荣耀之事。1941 年 12 月，日军在马来半岛长驱直入，陈嘉庚受海峡殖民地总督所请出面组织华侨协助政府抗日，于 12 月 26 日在中华总商会召开侨团大会，决定组织星华抗敌动员委员会，动员马来亚华人力量，抵抗日寇。大会推选陈嘉庚任主席，组织保卫团和劳工服务团，总商会诸多董事和会员积极响应，投身其中。[③]

其五，回国定居后的陈嘉庚，为总商会组织的工商访问团介绍国内投资环境情况，促中新互动。受中国对外贸易部部长叶季庄邀请，新加坡总商会在 1956 年组织了一个 60 人的新加坡工商业贸易考察团访华，前首席部长

---

① 《新加坡中华总商会七十五周年纪念刊：1906—1981》，新加坡中华总商会编，1981 年，第 237—238、240—241 页。

② 《新加坡中华总商会七十五周年纪念刊:1906—1981》，新加坡中华总商会编，1981 年，第 59 页。另见《新加坡中华总商会大厦落成纪念刊》，新加坡中华总商会编，1964 年，第 153 页。

③ 《新加坡中华总商会七十五周年纪念刊：1906—1981》，新加坡中华总商会编，1981 年，第 56、61 页。

马绍尔担任顾问。考查为期两个月，会见了中国领导人毛泽东、周恩来、陈毅等，重新建立起与中国的经济贸易联系。考察团在北京访问过程中，受到了当时在北京的陈嘉庚的接待及座谈，向他们介绍了中国的进步情形。团长高德根表示，访问中国为新马树胶贸易打开了一条新的路线。通过这次访问而建立的联系成效明显，1955 年新加坡对中国的出口总值为 1200 万元，到 1959 年迅速增至 1.15 亿元，增长近十倍。①

其六，陈嘉庚主持调查、收集汇总华侨损失情况，追讨血债，倡建抗日纪念碑之事，后由总商会接手完成。1945 年 11 月 18 日重庆举行"庆祝陈嘉庚先生安全大会"，给陈嘉庚发电报慰问。陈嘉庚回复："敌寇南侵，侨胞生命财产损失惨重，尤以新加坡为甚。庚避匿爪哇，未同诸分苦，实深抱愧……"② 此点或许是让战后的陈嘉庚不遗余力为调查、收集华侨损失情况奔走忙碌、著述华侨抗战功绩，促侨团结和重生、发展的发自内心的深层原因。

安全返回新加坡后，陈嘉庚在设法团结华社的同时，发布战后《南侨总会通告第二号》，组织战后调查委员会对日寇南侵至投降，南洋各属华侨生命、财产损失情况，进行详细登记、汇总，为"呈请中英两国政府严惩凶犯，及处置敌国"，"呈请中英两国政府筹划补救办法，并责敌国赔偿"，"为死者谋申冤，为生者谋救济"。③ 这一举措不但再次发动起战时停顿的各地筹赈会，而且联合广大各类华社再次团结一致，为家人、亲友做一件有意义之事，因而是团结华侨社会的又一有力举措。其行动规模及影响在当时的南洋华社空前绝后。为永久纪念陈嘉庚的种种功绩，新加坡中华总商会之后在会社内设立"嘉庚堂"，广为用于大型会议和活动用场地④，或举行全国学生华语演讲比赛⑤ 场地等，以此铭记他的名字，纪念和颂扬他的功绩。

（四）同安会馆

新加坡同安会馆成立于 1931 年 5 月 31 日。当时，该会的宗旨是联络同

① 《百年基 千秋业：新加坡中华总商会一百周年纪念特刊》，新加坡中华总商会出版，2007 年，第 83 页。

② 重庆庆祝大会来电，《南侨回忆录》，1993 年集美翻印本，第 487 页。

③ 调查我侨损失，《南侨回忆录》，1993 年集美翻印本，第 482 页。

④ 颜才源与吴昭娣喜结良缘盛设婚宴招待亲朋戚友轩尼士 VSOP 增添热闹气氛，《星洲日报》(Sin Chew Jit Poh)，22 December 1979，Page 22。

⑤ 全力以赴，为校争光，《星洲日报》(Sin Chew Jit Poh)，1979 年 12 月 27 日，第 34 页。

乡感情，举办会员福利及社会公益事业，并谋桑梓之福利与协助本邦建设。成立时会员三百余人。[①] 虽无确切会员名单显示陈嘉庚曾在新加坡同安会馆中担任要职，但“1941 年 5 月 25 日新加坡同安会馆十周年纪念合影”以及“1946 年 5 月 26 日新加坡同安会馆第七届职员就职典礼留影”两张照片，可以证明他确曾参与会务，为同安人和同安的发展献言献策过。

据同安会馆会务记载，1941 年 5 月 25 日，该会馆在新加坡丝丝街会所举行庆祝成立十周年纪念大会暨第六届新职员就职典礼，敦请南侨筹赈总会主席陈嘉庚乡贤主持监誓。席上，陈嘉庚先生致训词，言诚意挚，语多警惕，甚为动听[②]，显示他是新加坡同安人的骄傲，受到新加坡同安会馆同仁的尊重。会上，陈嘉庚发言阐述了几个问题。一是阐释对宣誓的看法，结合自己相信因果报应之事，提醒他们既然宣誓，就要信守诺言，兑现诺言，不能口是心非。二是向他们明晰华侨会馆的作用。三是对同安会馆会务建议。他从全局考虑，把同安上升到了福建以及祖国的全局高度，提醒同安侨胞“同安非仅同安人之同安，福建人之同安，亦为祖国之同安也，是故举凡有利于桑梓事业者，同安人固然责无旁贷，其属于福建以至于祖国之福利事业者，同安人亦宜一如爱护里厝热忱，共同效劳之，共同策进之”。四是陈述返乡经过，增加同安籍侨民对闽省及同安的信心。五是总结陈仪祸闽之事，主因是陈仪为外省人，而闽省人杰地灵，鼓励诸侨仿效前辈同侨造福桑梓。六是呼吁同安华侨能积极出力，携手造福乡梓，并能完成他未完成的同安教育普及之事。另此次会后，一致通过了几项要案，其中一条即是策划编撰同安华侨史。这一动议，没有资料证明是陈嘉庚提出，但可肯定的是，一向关注华侨、爱侨护侨的陈嘉庚，势必对这一提议大为赞同和支持。

“二战”结束后，同安会馆由陈文确主持恢复会务。陈嘉庚再度被邀请参加 1946 年 5 月 26 日举行的新加坡同安会馆第七届职员就职典礼。会上，陈嘉庚提议呼吁乡亲们慷慨捐输，在家乡同安创办同民医院，惠益家乡黎民。该提议得到与会者热烈赞成，即席公决成立“筹建家乡医院委员会”，

① 《新加坡同安会馆特刊（1931—1984）：庆祝新大厦落成典礼暨成立五十三周年及互助部成立十八周年纪念》，第 122 页。

② 《新加坡同安会馆特刊（1931—1984）：庆祝新大厦落成典礼暨成立五十三周年及互助部成立十八周年纪念》，第 122 页。

推陈文确担任主席。会后，募捐主任孙炳炎等四人开始奔赴各地筹募，成绩可观。[①] 为济世救民、服务桑梓，促进县民之健康素质计，在同安建医院的提议经新加坡同安会馆诸同仁鼎力，成立以陈文确为主任、孙炳炎为常务等22人的同民医院董事会，筹资策划，并委托陈村牧为董事会代理人。经过在同安城东择地兴工、聘任人员、购置药物器械等近三年的奋斗，医院终于1947年8月1日在同安正式成立、开诊，由于有侨领之悉心指导、海外乡贤之倾心尽力和海内志士同仁之兢兢业业，医院由小到大，卓然有成，成为真正服务同安民众之医院，在同安史册上留下永不磨灭的功绩。[②] 同民医院开办后，陈嘉庚一直关注。1950年元旦，陈嘉庚在陈村牧陪同下去视察了同民医院，看望慰问了医护人员，并与他们合影留念。[③]1951年元旦返故乡时，在集美学校董事长陈村牧及陈延庭二先生的陪同下，陈嘉庚又去同安马巷视察了同民医院马巷分诊所，并与该所义务人员合影留念。[④]

此外，陈嘉庚还担任过新加坡华侨树胶公会（1919年10月成立，原名新加坡华侨树胶公所）的总理和主席，[⑤] 联合侨众为社会做出过诸多可圈可点的贡献。

第五节　陈嘉庚对国家的人文关怀

陈嘉庚的一生走过了清朝、民国和中华人民共和国三种国家体制阶段，经历了民主革命、抗日战争、国共内战和社会主义建设的不同历史发展时期，生活空间跨越了中国和新加坡在内的东南亚两地。一生经历从艰苦创业、兴办实业、倾资兴学、支援抗战，反蒋、反美和拥护共产党的曲折历史。他在不断成长、成熟的过程中，一直在追求可以造福人类、服务社会的

① 《新加坡同安会馆特刊（1931—1984）：庆祝新大厦落成典礼暨成立五十三周年及互助部成立十八周年纪念》，第122—123、131—132、134页。

② 《新加坡同安会馆特刊（1931—1984）：庆祝新大厦落成典礼暨成立五十三周年及互助部成立十八周年纪念》，第403页。

③ 时间依照片上所写。《新加坡同安会馆特刊（1931—1984）：庆祝新大厦落成典礼暨成立五十三周年及互助部成立十八周年纪念》，第405页。

④ 时间依照片上所写。《新加坡同安会馆特刊（1931—1984）：庆祝新大厦落成典礼暨成立五十三周年及互助部成立十八周年纪念》，第421页。

⑤ 《厦门市集美区志》，第696页。

良方，寻觅可以带领中国走出黑暗、走向光明的领路人。他在对两地的人民和社会普施他的人文关怀的同时，也在时刻关注着国家的发展，尤其是中国，因为国家是以人为组成元素的家庭、社会的终极机器和保护伞，国家政治稳定、政策良善、治理有方，社会才会良性循环发展，民众才会安居乐业。对于海外华侨来说，祖籍国的兴衰直接决定自己在侨居国的受尊重和承认程度。祖籍国兴盛，自己才有坚强的后盾和靠山，才有得力的保护和话语权。即所谓“弱国无外交”。但如何权衡祖籍国和侨居国二者之间的权重，是对他们的智慧考验。

对于陈嘉庚来说，中国是他出生、成长的祖籍国，新加坡是他生活、奋斗近 50 年的侨居国，在他的一生言行中，闪现着诸多他对两国的关注和思考，诠释着他对国家的理解和期盼。除此以外，他对印尼、印度等国家民族独立等问题的关注，处处都透露着他对世界大同的向往和施予的人文关怀。

一、爱国是陈嘉庚对国家人文关怀的集中体现

1926 年 4 月，集美学校校长叶渊在开学训词中提及集美学校之精神时说:“校主之创立本校，盖受一种精神所鼓盪，非偶然也。此种精神为何？即爱国精神！服务精神！牺牲精神也！因爱国而思服务，因思服务，便愿牺牲。此种精神，为国民所应具，吾校友之受熏陶者，尤不可不足此种精神，有此种精神者，方为集美之校友也。”[①] 显然，校主陈嘉庚的倾资办学行为即是叶渊所说的“因爱国而思服务，因思服务，便愿牺牲”的爱国体现。陈嘉庚的一切牺牲行为皆源于爱国。爱国是陈嘉庚对国家人文关怀的核心体现，而办学则是他爱国的集中体现。

总体来看，他对爱国的理解，体现在政治、经济、文化教育和社会各个方面，而具体实践则是从低至高、从小及大，从服务社会的思想着手，以印赠医书为始，一贯始终地兴学办校来传承民族文化和发展教育，以经济为服务社会的前提和保障，坚持以世界和平、人民安居乐业的大同理想来指引自己支持国家之正确的政治走向，在此都显示着陈嘉庚的国家、民族观。

① 校长叶采真先生行开学式训词，《集美周刊》总第 132 期，集美学校周刊编辑股编，1926 年 4 月 5 日，第 2 页。

文化教育方面。国家要强盛，不论是政治、经济、文化、教育等各个方面，关键是要有相应的人才，只有普及了教育，培养出各种人才，才能满足建国需要，强国才不是梦，也不是救国无方的问题，而是时间早晚的问题。只有教育救国，才是根本之法。这即是陈嘉庚最终确定“教育救国”之方的思想来源。故而，从1894年创办“惕斋私塾”开启他一生的办学之路开始，直至临终前，他都无怨无悔地在为集美学校和厦门大学以及社会教育等各类教育问题操劳。另外，爱国即要热爱本国的民族文化，而传承民族文化的最佳方式即是兴学办校。用教育的方式来延续一个国家和民族的文化，是最自然不过的事。文化的自觉传承即是爱国潜意识的不自觉显露。故而，从民国创立始有“国家”观念后，陈嘉庚走出了自己的小我状态，转变成了一个心中装有“天下兴亡、匹夫有责”“尽国民一分子之天职”的爱国者。在他的意识中，热爱自己的文化即是爱国。他用自己的办学实践来表达了这一最朴实、本质的爱国之情。在中国办学自不必说，而在南洋的学校里，扶持、倡办华文学校，推动华文教育的发展，让华文和华语得以一代代继承和传承，是他最真挚的爱国之举。

经济方面。陈嘉庚曾坦言“先有营业而后能服务社会，继而后得领导南侨襄助抗战工作也”。[①] 办实业是他服务社会之前提。经济为国家的命脉，经济有了保障，才有办其他事的余力。综观他在中国和星马两地的经济贡献，毫不逊色于他的文教贡献。

在南洋，从1890年始下南洋继承父业从商，继而独自创业，替父还债，经历的一系列磨炼，缔造了他的商业王国，也成就了他的智慧、魄力、胆量和眼光，成为东南亚“橡胶大王”，达到了实业巅峰。他的企业规模之庞大，以致引起殖民统治者的恐慌，迫使他们最后不得不用卑鄙的手段，在最短的时间内，强制让陈嘉庚公司于1934年结束收盘。但是，无法否认的事实是，陈嘉庚用自己公司生产的国货，雨鞋、皮鞋、皮箱、帽子、玩具、轮胎等橡胶制品和药品、饼干等生活日用品，满足了包括中国、东南亚国家和世界各地的人民需要，换回了可以供他办学、扩建工厂、服务社会以及向殖民地政府纳税的资金，为当地的经济发展做足了贡献。而他的公司申请的多项专

① 陈嘉庚序，《南侨回忆录》，1993年集美翻印本，第1—2页。

利，更使世界橡胶制造技术的进步迈进了一大步。与此同时，他试图将自己的公司作为橡胶工业人才的摇篮，为中国的橡胶种植和制造业提供天然的人才培训基地，如此办实业与培养人才两不误的实践，是陈嘉庚“职业教育”思想的另一种体现。而他之后转让给李光前和陈六使的公司，让他对当地的经济贡献并未断裂。

在中国，从 1912 年回家乡集美社办学的同时，陈嘉庚也立志以在家乡办海蚝罐头厂来发展家乡经济。虽以失败告终，但移并给大同公司的机器设备，成就了发展至今的古龙公司的宝贵资源。从这一角度来看，陈嘉庚间接为厦门的经济发展做出了贡献。除此之外，召唤亲友汇款扶持集美学校和厦大以及集友银行的创办，调查漳州石码矿产准备投资办厂，自办嘉庚瓦生产工厂，以及号召华侨回国投资等，在这都是他为中国的经济发展谋篇布局的行动实践。

政治方面。受中国传统文化熏陶的陈嘉庚，被儒家经典、《三国志》等名著及岳飞、郑成功等英雄故事灌输以“忠君爱国”之理念，忠君为爱国之首要。故而，拥护领袖、支持政府，成为他在政治方面对爱国的首要诠释。从支持孙中山革命、效忠蒋介石抗日，再到拥护毛泽东建立中华人民共和国，对不同领袖给予忠诚，不是陈嘉庚善变，而是爱国心使然。因为在他的价值观中，可以值得效忠的领袖，应该是一个亲民、爱民、为人民的领袖。

陈嘉庚认识并支持孙中山，源自积弱的晚清旧中国，需要孙中山的三民主义和建国方略来土崩瓦解封建专制，重新建立崇尚民主、共和的宪政，推动资本主义的车轮前行。在中国国内时局纷繁动荡的年代，海外华侨也在观望。当蒋介石在南京成立国民政府获外国承认、但在国内还未得以认可时，身处唯一有通讯设施的新加坡率先获得消息的陈嘉庚，率先在公司挂上南京国民政府的旗子表示承认及支持。动机其实很简单，即是为国家不能无最高领袖，也不能无统一政府，而长期处于群龙无首的混乱状态，对国、对民均不利。于是拥护及支持蒋介石和国民政府，是陈嘉庚对爱国的又一次行动诠释。

但因常年身处海外，对国共两党的具体情况缺乏了解，加上正值日军侵华，外患掩盖了内忧，在没有机会了解蒋介石及国民政府真实情况下，陈嘉庚在较长一段时间内都认定蒋介石为中国唯一最高领袖，给予蒋政府以“国民之一份子”的忠诚和全力支持。直至1939年招募3200多名南侨机工回国服务，从个别机工处获悉蒋政府种种不人道的腐败劣迹，于是决定回国慰劳考察以探虚实。种种所见所闻颠覆了他对蒋及其政府的一贯认知。而陈仪事件暴露出蒋与之党官相护的内幕更让陈嘉庚彻底失望。一个真正的领袖不应该是高高在上、自以为是、完全背离人民利益而反与腐败同行，且不顾外患而一心想要获霸权的君王。这必定不是出身平民、倡导平民思想的陈嘉庚的选择。相反，延安之行中陈嘉庚对中国共产党一言一行的亲闻亲见，让一直遭蒋及其政府丑化的谎言不攻自破。中国共产党才是真正契合陈嘉庚平民价值观的政党，而毛泽东的平民领袖风范，与陈嘉庚身体力行、致力倡导的平民心态和姿态是一致的。“中国的希望在延安”。这段耗时28年（1912—1940年）的爱国之路，让陈嘉庚最后逐渐摸索出这样一个道理：好领袖是一个国家政治命运的关键，也是关乎人民幸福的核心所在。

历史证明，陈嘉庚的政治选择是正确的，而他的政治洞察力和预见性也得到历史验证。虽然他投入于对祖籍国中国的赤忱之爱和对寄居国新加坡的感情是不同的，也不对等，但是他热爱着这两个地方，将之化作浓浓的乡土情怀，以具体而可见的造福人群、关爱社会的实践方式，回馈于国家，表达着自己的爱国之情。

二、对侨居国——新加坡的人文关怀

（一）对新加坡的认同度

新加坡是陈嘉庚的第二故乡。他对于西方殖民者统治、多民族共居的新加坡，有着以下方面的认同。

一是制度认同。虽然不是政治认同，但陈嘉庚认同于殖民统治者制定的多项制度，包括议政制度、卫生制度、法律制度、专利制度等。严明的法律制度，使新加坡成为法治国家的典范，也让陈嘉庚养成了以事实说话、公正透明的办事作风。故而，对于法律制度，陈嘉庚不但自己身体力行遵守，也号召华侨遵守。因为有了专利制度，陈嘉庚公司的多项橡胶制造技术因为有申请专利，在自由竞争的南洋，使产品获得专利保护，从而维护了自己的利益。而议政制度，则是对多种族群利益的兼顾和考量，使在英国殖民地统治时期，华人和其他族群一样，能有自己的代表参与行政事务的商议，有一定的话语权，虽然权职有限，但已比当时黑暗的中国进步得多。同时，新加坡殖民地也会对贡献卓著的人，包括华人、印度人、马来人等授予勋衔，以此肯定他们的贡献，鼓励后来者。陈嘉庚即被英国当局于 1918 年封为太平局绅，又于 1922 年委任为华人参事局委员，这和他坚实的经济基础不无关系[①]，但也与他的诸多贡献有关。而卫生制度则是陈嘉庚最认同的，不但逢开会演讲必介绍新加坡的卫生做法，且写著《战后建国首要：住屋与卫生》一书将新加坡城市建设、卫生方面的多种可取做法记录成文字，广为印赠，宣传及鼓励效仿。

二是城市建设理念的认同。陈嘉庚认同于西方殖民统治者在城市规划与建设、建筑、卫生等有形、可见的城市建设理念，并赞赏及享受这种文明的成果。他不但大加宣传新加坡的城市建设和卫生做法，且将新加坡殖民者的西方建筑采光、透气的优点和理念带到中国来，与闽南厝的建筑特色结合，创造出独具特色的“穿西装、戴斗笠”的建筑特色，被称为“嘉庚建筑”。除此之外，将很多新加坡的南洋建筑风格直接带入厦门大学和集美学校的校舍建筑上，形成现在独具特色、蔚为壮观的南洋建筑群，如集美学村内的尚勇楼、尚忠楼、三立楼等，集美华侨补习学校的侨校建筑群，厦门大学上玄场边上的南安、成义等楼。

三是西方先进文化技术理念的认同。他认同于西方工业革命带来的成果，也认同于西方统治者带来的有关礼节、重视图书馆、博物馆等科学研究精神。他充分利用西方工业革命的成果——机器，在自己的公司里全部实现机械化，也率先使用电话等当时最先进的通讯设备，让现代文明造福于自己的公司运营。另外，他也认同于新加坡生活、居住的舒适度，这里的文明、礼节让陈嘉庚自觉的养成了出席场合穿西服正装、吃饭使用公筷公匙，倡导杜绝械斗武斗，努力改革华侨陋习以免被讥笑等文明向善的行为习惯。

（二）人文关怀表现

由于大公无私，一些人几乎误会陈嘉庚近于无情。其实他乃人类中之最

① 杨进发：《华侨传奇人物：陈嘉庚》，八方文化企业公司，1990 年，第 84 页。

有情者。他居新加坡、马来亚，爱新加坡，爱马来亚。离开了，念念不忘新加坡，念念不忘马来亚。他到什么地方，就爱什么地方，就想有利于那地方。[①]

1. 经济贡献：实业对当地经济建设和发展的贡献

陈嘉庚对新加坡的贡献，首要即是经济贡献，获得新加坡华人社会广泛认可。尽管陈嘉庚的企业王国最后以收盘告终[②]，但不管怎样，从 1904 年独立创业至 1934 年，在他的企业王国从成长、崛起、巅峰到走下坡路，直至最后收盘的近 30 年时间里，陈嘉庚公司创造了诸多第一，也成就了他这位“橡胶大王”。他的商业王国为新马当地以及南洋诸多地方的经济繁荣发展都提供了助力，是这些地方的经济发展史中不可或缺的历史组成。在对当地的经济贡献方面，有以下几点值得特别提及。

一是陈嘉庚公司为当地解决就业、繁荣经济，并担任实业人才的技能训练基地和培训学校的角色。陈嘉庚于 1905 年继承父业，同时于 1911 年又在柔佛老谢港广植 2000 英亩黄梨园，迨至 1923 年又在柔佛 2000 英亩橡胶园内间种黄梨。[③] 对于 1909 年之前新加坡当地的黄梨罐头工业，宋旺相认为陈嘉庚是 20 世纪初另一位以出产黄梨罐头和包装著名的人物，也是当时著名的福建商人。[④] 其黄梨罐头制造厂日新号（Jit Sin）在 20 世纪初[⑤] 占有了大约 70% 的黄梨出口贸易，其“苏丹”牌罐头十分畅销。而在新加坡和柔佛，陈嘉庚则是橡胶种植业的先驱者之一。陈嘉庚公司所拥有生产胶片、出产橡胶制成品的胶厂被公认为是最大的。[⑥]

陈嘉庚经营过商业、工业、报业、船业、橡胶种植业。全盛时期的商店达一百余处，工厂达三十余所，树胶园、黄梨园达一万余英亩，职工经常达数万名。工厂中包括米厂、槟榔厂、黄梨厂、胶厂、火锯厂、冰糖厂、饼干厂、罐头食品厂、药物厂、熟胶品制造厂，也在德光岛设“泽光砖

① 黄奕欢：我所知道的陈嘉庚先生的生平，载《新加坡各界追悼陈嘉庚先生大会》，新加坡中华总商会编，未刊，1961 年，第 7 页。

② 陈嘉庚访谈口述（1935 年 1 月 31 日受访），《浪迹十年》，陈达著，商务印书馆，1946 年，第 67—69 页。

③ 史君轼：南马的黄梨工业，《南洋商报》，1971 年 8 月 31 日，第 33 版。

④ 宋相旺著、叶书德译，《新加坡华人百年史》，新加坡中华总商会，1993 年 5 月，第 352 页。

⑤ 此处原书时间写 1900 年，有误，改成 20 世纪初。

⑥ 宋相旺著、叶书德译，《新加坡华人百年史》，新加坡中华总商会，1993 年 5 月，第 352 页。

厂”生产印有“TEKONG”字样的红砖[①]。其中熟胶品制造厂的生产品，包括各种车轮胎、日用品、医药用品、胶靴、胶鞋、雨衣等。陈嘉庚公司售品所，属于繁盛地点及各大商店。[②]对繁荣当地经济做出贡献。鼎盛时期，陈嘉庚公司的商务营业机构总计分行八十多间，分布于世界各直接代理处约有四五十区，其中代理商百多间。生胶厂、熟胶厂、橡胶树园和黄梨种植三个部门，职员2000名，女工约万名，男工倍之，如以32000名职工，每人赡养家属平均四人计，则依靠陈嘉庚公司生活者当在十三万人左右。[③]

1930年3月3日，几位洋人去参观位于新加坡北桥路及三峇瓦路交错之处的陈嘉庚公司制作厂之一部，参观后得出结论：“陈嘉庚自是一伟大之慈善家，但成就此功业之最大原因，殊非因彼慷慨输财于慈善事业，乃在彼能创设此伟大之工厂，使得四千工人，工人中半数系仰此为生之女工及童工，工作食息其中。直接受其福利。且因彼之工厂，能消耗本地出产之巨量生货如树胶等，使得无数工人，间接受其利益也。”[④]另陈嘉庚还接纳宋蕴璞介绍其子侄来陈嘉庚公司工作[⑤]。类似这种接纳南来之华侨就业生活之人，无法计数。

陈嘉庚也将自己的公司作为培训集美学校商科毕业生的训练实践基地。1925年，陈嘉庚公司树胶生意日见发达，各埠所设立之分行尚不敷支配，拟再于天津汉口等埠先行添设分行若干所，唯以经理乏人，颇难其选，非受过中等以上教育与品学优良办事能干者，不足以当此任。有鉴于此，陈嘉庚特致函集美学校校长叶渊，对于该校中学、商科两部毕业生有愿营商者，可选派数人前往新加坡总公司实习三个月，期满之后，如认为合格，即派充各分行经理。校长即将陈嘉庚原函转示商科主任，请其调查毕业各生平日性质、品行及父兄职业家庭状态等项，填就表册，汇送校长批阅，以便抉择。[⑥]

二是将先进的熟米晾晒技术引入新加坡。就客观角度来看，陈嘉庚最初

① 重砌久远的砖镇，《联合早报》，2014年9月7日，第6—7版。

② 宋蕴璞：《南洋英属海峡殖民地志略》，新加坡：蕴兴商行，1930年，第12页。

③ 吴体仁编著：《殖产橡胶拓荒人》，世界书局有限公司发行，1966，第97—98页。

④ 参观陈嘉庚公司制造厂后作：新加坡之实业，《集美周刊》，第239期，1930年4月14日，第4—6页。此文是《南洋商报》翻译自《马来西报》三月六日的论文。

⑤ 宋蕴璞：《南洋英属海峡殖民地志略》，新加坡：蕴兴商行，1930年，第161—162页。

⑥ 校主录用中商各部毕业生经理商业，《集美学校周刊》，总第107期，1925年6月8日，第5页。

的创业资本，源于在他父亲所操旧业的基础上，在结束可以结束的产业，清还欠款外，保留可以发展的部分产业，在其基础上再进行改造、重生。比如结束其他地方的黄梨罐头厂，而保留新加坡的罐头厂，并招股与人合伙后更名的日新公司。[①] 尤其是他将在其他地方参观习得的熟米晾晒先进技术引入新加坡米业，独占此地该行业鳌头，也推动了该地的熟米生产技术。

三是多项发明专利开创橡胶制造业新纪元。在陈嘉庚引领南洋橡胶制造业期间，他曾多次向英政府申请专利权，维护产品权益。海峡殖民地政府行政议会颁授他的各项发明专利权有：

表 3　以陈嘉庚名义申请获颁涂桥头熟品厂之专利权（1924–1932 年）

年度	专利发明项目
1924	发明、改良轮胎胶底、内胎
1927	发明新方式用以配套皮靴及皮鞋之上层
1928	新发明：胶带木屐 改进：胶制帽、行李和草胶带之制造方法
1932	发明新方法以制造一种可折叠、由气体压缩而成的防水性胶制饼干盛器及其他同类产品

（资料来源：杨进发著、李发沉译，《陈嘉庚：华侨传奇人物》，八方文化企业公司，1990 年，第 60–62 页。）

在向政府行政议会进行各项发明专利权的申请过程中，陈嘉庚受到了英国总督及一些政府官员的关注。其创新精神由此显露无疑。

四是引领橡胶制品业发展。1907 年，陈嘉庚在一次偶然机缘下得知种橡胶树再转卖可获巨利，于是以 1800 元向陈齐贤购买了 18 万粒树胶籽，在自己的福山园中与黄梨套种，[②] 由此开启了他与橡胶的不解之缘。之后随行情不断变化，陈嘉庚逐渐将熟米厂改为生橡皮厂，扩大规模，并直接推售美国而非洋商，获益不少。[③] 后多次购置地皮种植橡胶，套种黄梨，实现一举两得。在第一次世界大战时期，橡胶需求大增让陈嘉庚获巨利，逐渐使他将在橡胶业的涉足从单一的橡胶种植专卖，转变为包括采集、处理、销售、加工

① 收束之结果，《南侨回忆录》，陈嘉庚著，新加坡：南洋印刷社，1946 年，第 397 页。

② 黄梨园种树胶，《南侨回忆录》，1993 年集美翻印本，第 530 页。

③ 畏惧失败才是可耻，《东方杂志》，1934 年 4 月 1 日，《陈嘉庚言论集》，2004 年翻印本，第 7–20 页。

制造等全部流程在内的自种自产自销一条龙产业链，在五大洲遍设分销行售卖橡胶制品。他的橡胶制造公司规模之庞大、技术之先进、产品之精良远近闻名，“马来亚最伟大之树胶制造厂，首推陈嘉庚公司”，吸引中西方人士争相去参观。[①] 这些访问及其产生之宣传，大大提高了陈嘉庚作为一名工业家及社会领袖的声望与社会地位[②]，他则被誉为“橡胶大王”。

2. 文教贡献

对于陈嘉庚在文教方面的贡献，除了中国内地，他在南洋对华文教育的推动，也是他对该地经济贡献之外不可忽视的一个方面。

陈嘉庚对新加坡华文教育始终如一的关注与关心。1956 年，时任新加坡中华总商会会长的高德根率领新加坡工商业贸易考察团访问中国到达北京时，受到陈嘉庚会晤及故旧。叙谈间，陈嘉庚犹念念不忘过去他在新加坡倡办的教育机构，对其发展情形及各方面状况乘问甚详。在一次晤谈中，陈嘉庚曾向高谈及过去该邦尚处于殖民地时代，他和社会热心人士从事公益教育事业，在得不到殖民地政府丝毫同情与协助的情况下，怎样惨淡经营、困苦支撑，言中不胜感慨。[③] 显示这段令他难忘的南洋办学经历，对当地文教事业贡献卓著。

第一，资助及倡办华文学校。除在中国办学，陈嘉庚在新加坡也倡办了诸如道南学校、崇福女学、爱同学校、南洋华侨中学、新加坡水产航海学校、南洋华侨师范学校及南侨女中[④] 等校，其中道南、崇福、爱同等在新加坡初期的新式华文教育史上起了良好的带头作用。此外，他更倡办当时全南洋第一间华文中学——新加坡南洋华侨中学，之后南洋各地的华文中学才如雨后春笋般出现。[⑤]

第二，支持当地其他语言源流的教育。除倡办华文学校，支持华文学校

---

① 新任坡督金文泰爵士昨日参观陈嘉庚公司制造厂陈嘉庚先生躬亲招待陈镜清先生率员引导，《南洋商报》，1930 年 3 月 4 日，第 6 版。

② 杨进发著、李发沉译，《陈嘉庚：华侨传奇人物》，八方文化企业公司，1990 年 9 月，第 62 页。

③ 大会主席高德根先生致悼词全文，载《新加坡各界追悼陈嘉庚先生大会》，新加坡中华总商会编，未刊，1961 年，第 3 页。

④ 《怡和轩九十周年纪念特刊（1895—1985）》，1985 年，第 50 页。

⑤ 黄奕欢：我所知道的陈嘉庚先生的生平，载《新加坡各界追悼陈嘉庚先生大会》，新加坡中华总商会编，未刊，1961 年，第 5 页。

在新加坡的遍地开花外，对于当地其他语言学校，陈嘉庚也毫不吝惜自己的关怀。

捐办星洲大学。1918 年美教会校长那牙来找陈嘉庚，以马来亚乏一大学至为可惜，该教会久欲倡办，预算一百万元，美国教会机关愿捐半数，其他 50 万则要另募捐。虽筹谋已久，但坡侨富人多推诿不肯先捐，于是来恳求陈嘉庚首捐 10 万元。陈嘉庚当即应承，但提出的唯一条件是以在该大学须兼教中文科，所捐 10 万元作该科基金。此校后因英政府要自办大学而无疾而终。陈嘉庚已交的 3 万元捐款转赠作为那牙校长所在中学理化基金。[①] 另陈嘉庚也向当时以英语为唯一教学媒介的著名新加坡英华学校赞助过一笔 10 万元巨款。[②] 据英华学校创校史报告显示，陈嘉庚所捐助的 2 万美元本是他 1919 年捐献给英华学院项目的资助。由于英华学院项目的放弃，陈嘉庚慷慨将这笔捐助转投给了英华学校。该校为表感谢，将科学图书馆和礼堂命名为"陈嘉庚科学图书馆"和"陈嘉庚礼堂"。[③] 这些小事足见陈嘉庚对于教育事业的努力，绝无狭窄的种族观念，凡是有利于人类发展、有益于当地的教育事业，他都不遗余力，只是由近而远、由小而大而已。

第三，办华文报纸，传承中国文化。除在南洋办教育，陈嘉庚做的另一件轰轰烈烈的事，即是办华文报纸，《南洋商报》和《南侨日报》成为他所主导的那个华侨时代的两只口哨，对华侨社会产生的影响和振荡非同一般。

1923 年陈嘉庚创办的《南洋商报》堪称"南洋侨报之首"[④]，是新加坡真正有影响的第一家纯商业大报，也是新加坡商业性华文报纸的开端，比胡文虎创办的《星洲日报》早了 7 年，是新加坡出版时间最长、影响最大的华文报。《南洋商报》"通过更多商务与经济的评述教育读者，从而拓展华人在当地的经济活动"。[⑤] 报纸给创办者带来的客观效果则是提高了他们的社会声誉，使他们在世界新闻史上占有一席之地。而 1946 年 11 月《南侨日报》的

① 参加捐办星洲大学，《南侨回忆录》，1993 年集美翻印本，第 31 页。

② 黄奕欢：我所知道的陈嘉庚先生的生平，载《新加坡各界追悼陈嘉庚先生大会》，新加坡中华总商会编，未刊，1961 年，第 5 页。

③ The Singapore Free Press and Mercantile Advertiser（1884—1942），23 November 1928，Page 8。

④ 许艳：《胡文虎——实业家办报的实践与思想研究》，兰州大学硕士论文，2008 年，第 38 页。

⑤ 崔贵强：《新加坡华文报刊与报人》，新加坡海天文化企业私人有限公司，1993 年，第 7、9 页。

创办，则是陈嘉庚办报之志的延续，只是其初衷不再是以报养商、以商养学的连锁反应，而是在团结侨众、坚持民主、反独裁的舆论攻坚战中发挥了重大作用，开辟了反对美蒋反动统治的第三条战线，即海外华侨保卫祖国民主和平运动的战线，获得中国毛泽东、周恩来等国家领导人的高度赞誉。

第四，培训员工，向华人员工传输正确的价值观。陈嘉庚注重对职员的培训和训练，不但新来的员工都先要在生产第一线先行几个月的实习，再根据表现和能力调换到适合的岗位，以人尽其才，且陈嘉庚公司还举办职员训练班，提高员工素养及职业技能，为整体提高华侨在南洋的商业竞争力提供推手。陈嘉庚公司组织店员训练班，聘请对商科甚有经验且能循循善诱的雷立品先生为该班商科教授，在第三发行所楼上上课、举行毕业式。经此指导训练，诸店员对待顾客皆能诚实谦和，橱窗布置亦甚合时宜，对该公司在新加坡各分行生意大有进步。①

他对员工的教育更多的则是在公司日常管理中体现，从陈嘉庚公司的规章条例和公司章程眉头警语的字里行间流露出陈嘉庚对员工的价值观导向。陈嘉庚的言行实践无形中向他们灌输这样一种思想：他办企业实际是在为办学办校、服务社会筹集更多资金，用自己的慈善行为让员工得到最好的耳濡目染，从而宣扬了慈善公益的价值观，为更多从陈嘉庚公司走出来的人日后继承和延续他的这一公益精神树立了最好的榜样。

3. 政治贡献

除经济和文教方面外，陈嘉庚对于新加坡的贡献还有他对当地政府政治方面的贡献，以下几点较突出。

第一，支持“一战”中的英国。“一战”爆发后，英国殖民地支持宗主国参战筹募所需军费，为救护伤兵和海员做了大量工作的英国红十字会和耶路撒冷圣约翰教团联合首倡每年10月征募“我们的胜利之日”基金（“Our Day”Fund），在马来亚获热烈反响。陈嘉庚不但积极参加1916年10月举行的“我们的胜利之日”大拍卖赞助活动，买下了由他自己提供拍卖的50箱黄梨赠予当时正停泊在港的一艘英国军舰的全体官兵，且在1917年9月

① 经沧：陈嘉庚公司店员训练班之成绩，《南洋商报》，1929年3月19日，第3版。

另捐 3700 元叻币为“我们的胜利之日”基金贡献筹金。[①]

第二，被政府委任为华民参事员参与议事。1918 年，陈嘉庚被英国殖民地当局赐封为太平局绅。1922 年被委为华人参事局委员。[②]1923 年 5 月，陈嘉庚和其他另两名华人（名为 Chu Chuk Shan 和 Tan Khye Kok）一起被任命为新加坡华民参事员（the Chinese Advisory Board）[③]，参加华人事务，为当地的治安管理等事务献言献策。

第三，受新加坡总督汤玛斯之托协助售卖英国战争公债。英国于 1939 年对德国宣战后卷入“二战”。驻新加坡总督汤玛斯（Shenton Thomas）请求陈嘉庚协助售卖战争公债，筹措经费，要他售卖配给马来亚的总金额为 4000 万元的公债。陈嘉庚本人认购了 10 万元公债，另通过他及其他马来亚知名人士的努力，帮助殖民地政府售卖公债，最后共筹集了 1500 万元，在那惨淡的日子，这是一个骄人的数目。[④]

第四，号召华人遵守当地法律，统领华社维护新加坡安定。英国殖民统治者的目的是获利，维护政治平稳是其法制管理的初衷。遵纪守法是华人自保的最好方法。对此，陈嘉庚有充分的认识，不但自己身体力行，也在各种场合向侨众宣传这种理念。他在担任福建会馆主席、怡和轩主席期间，不止一次地在向侨众的演说中呼吁华侨遵守当地法律，才能获得保护和尊重；且在“二战”时期，中国抗战得益于英国良友惠助下维持，因而呼吁英属爱国华侨务必知感及衡其轻重，不作轨外行动，[⑤]维护英殖民统治，是陈嘉庚在这一时期的另一深谋远虑。在新加坡以帮派为单位的华人自治体系中，陈作为福建帮领袖，时刻起着团结侨众、凝聚侨心、为侨众谋福利的责任，同时也担当着维护好华人帮群，以为维护新加坡社会安定的双重责任。因而获得英殖民政府当局的认可。故而，从另一角度来看，陈嘉庚在辅助新加坡政府维护当地社会安定方面是做了很大努力的。

---

① 宋旺相著、叶书德译：《新加坡华人百年史》，新加坡中华总商会出版，1993 年，第 431、442、443、452—453 页。

② 杨进发：《华侨传奇人物：陈嘉庚》，八方文化企业公司，1990 年，第 84 页。

③ *The Straits Times*，12 May 1923，Page 8。

④ 傅树介著、伍德南翻译：一位外孙笔下的陈嘉庚，《怡和世纪》第 29 期，2016 年 6 月，第 97 页。

⑤ 九〇 维持中英感情与抗战，《南侨回忆录》，陈嘉庚著，1993 年集美翻印本，第 114 页。

第五，在“二战”时期日军侵入前领导侨众保护新加坡做出努力。1942年2月，新加坡不幸沦陷于日军铁蹄下。在沦陷前，陈嘉庚同广大华侨一起，为保护新加坡做出了自己的努力，包括协助英政府通告布置防空壕开凿，组织领导新加坡华侨抗敌动员会等。

第六，拥护新加坡独立。1956年，卷土重来的英国殖民者以和平离开的方式退出了新马等殖民地。新加坡独立，改由新加坡本土党派接收执政，以李光耀为首的人民行动党大获全胜。回国定居后的陈嘉庚一直没有停止过对新加坡的关注。获悉此消息后，他给李光耀写了一封贺信，托陈六使转交。信中内容透露出陈嘉庚的几点想法。

一是对新加坡独立自治且是以华裔为主的自治政府执政表示祝贺。虽然李光耀接受西方教育更多于华文教育，其思想更趋向于西方的民主法制观念，但也比之前西方人统治时代进步得多。这种进步将改变原来殖民者对当地教育敷衍了事的消极态度，也将结束长期寄人篱下的尴尬境地，取而代之的是对当地人民负责的态度。陈嘉庚对之欢欣鼓舞。

二是向以李光耀为首的人民行动党在独立选举中获胜表示祝贺。在他看来，能获得几乎全票通过支持的政党一定是一心为民的好政党。这一点可从该党在就职宣言中表明的政策得到进一步证明，包括公务员要勤俭廉洁以身作则，对社会务善去恶，设法改良贫苦人民生活，有立即实行者，有须俟将来者。陈嘉庚高度认同于这些政策，因此“我闻讯之下欣庆无任”。

三是对人民行动党定能履行承诺表达信心。因为在他看来，人民行动党的政策“公务员要勤俭廉洁以身作则，对社会务善去恶，贫苦人民设法改良生活”，是与他当年参观延安所考察的中共良政是一致的，“昔年往延安见其政治对民众措施，如现贵党一样爱民如赤，这不外务善去恶二字而已”。故而他当年预言“中国的希望在延安”证明是正确的，因此他坚信人民行动党也将是新加坡的救星和希望所在。“诸君素志怀抱，今日政权在握，目的可达，足以实施有为，公私幸福必能达到也。”因为“务善去恶”即是正义和真理所在，无所谓眼光与何党派，其终必能成功胜利。

他向曾经热爱的第二故乡表达自己的美好期许，“敬祝贵党成功，新加坡国万岁！”如果不是出于一个公民的角度对自己国家深切的热爱，“万岁”

这样的字眼，无论如何都是说不出口的，也是不合适的，显示他对新加坡的感情至深。

第七，号召废除双重国籍后的当地华侨效忠新加坡。新加坡独立，随即双重国籍问题的解决，华侨落地生根便是大势所趋。1956 年，新加坡社会中热烈展开争取公民权利运动。9 月新马商业考察团赴京，受到陈嘉庚晤谈。他极赞同新加坡人争取成为当地公民，支持华侨争取公民权运动，并感慨而殷切地说："过去在殖民地统治下的新加坡人民，除了英籍民外，其余都被当做外国人看待。即使已在新加坡居住数十年，也享受不到丝毫的公民权利。虽然如此，但他们仍热心努力于公益慈善福利事业，对社会尽其应尽的重任。"鼓励他们："现在你们新加坡即将自治独立，你们既已把新加坡作为永久居留的家乡，就要争取成为新加坡的公民，效忠新加坡，并要比过去在殖民地统治下的我们一辈，更加努力为你们的新国家效力。"继而，陈嘉庚在宴请新马两考察团团员时，更明划界限，在致欢迎辞时用"贵我两国"之词，把新马考察团员当作外国宾客看待。陈嘉庚以与时俱进的眼光鼓励他们要效忠、效力于新加坡，展现了一位伟人的睿智以及他对第二故乡新加坡的人文关怀。

三、对祖籍国——中国的人文关怀

（一）对中国的认同度

要考察陈嘉庚对中国的认同，须从身份认同、文化认同和政治认同几个方面来考察。有关身份认同和文化认同，前面内容已有涉及。这里重点考察他的国家认同。

族群的文化认同原本是通过对自己身份的确认以期获得相应和相关的利益和权力，它的过程是一种生存的策略，因而带有强烈的政治性意味。在中国，族群关系和认同事实上变成了一种政治。[①]

有关国家观念，陈嘉庚自述，在中国革命以前，南洋华侨很少有爱国心的表示，因一般人是无教育者，当时新加坡的新闻纸亦不提倡爱国心。他自己在 20 岁时也尚不知爱国心为何物，在新各校除授四书五经以外，似并不

① 转引自《边际族群：远离帝国庇护的客人》，陈支平著，合肥：黄山书社，2006 年，第 98 页。

唤起华侨对于祖国应该发生若何关系。共和以后，情形大变，因国民党的宣传（革命党人以前借重同盟会为宣传机关），一般的华人多激发爱国心，所以殖民地政府颁布教育条例及施行他种限制。[①]故而陈嘉庚由此走上了兴学救国之路，认为“夫当局诸公，既不足与之言兴国，则国家兴亡匹夫有责，自当急起直追以尽天职，何忍袖手旁观，任教育前途之涂炭”。[②]

作为从中国南渡而来的“新客”华人，陈嘉庚自始至终认定自己是中国人，并在他的各类演词中均称中国为“祖国”。他在《南侨回忆录》等几部著作或演讲演词中以“我国”称谓中国随处可见。从这一点来看，陈嘉庚对中国的认同，乃是他对自身华人身份认同的最突出表现。故而，诸多学者对陈嘉庚“中国本位”的研究结论便从另一侧面很好地证明了这样一个事实：陈嘉庚的国家认同或政治认同即是中国。虽然不排除他对新加坡殖民政府的服从管理。但是，从他的种种言行可以看出，他所认同的祖国——始终才是他的国家认同的对象。

陈嘉庚将自己的一生与中国的文化教育、经济和政治联系在一起。陈嘉庚对中国的认同是循序渐进的，是由民族认同进至文化认同，再提升到政治认同的。

他创办陈嘉庚公司时，即以“钟”标为自己公司的永远注册商标，“钟”型商标的特殊之处在于钟形状的中间有一个“中”字，寓意中国，以此时刻提醒自己和侨众心中铭记中国，警钟长鸣。这一寓意深刻的商标构思显示他对中国的认同。1919 年 5 月，陈嘉庚即将离星归国筹办厦大，行前在恒美厂宴请同人，他不但刻意地将宴席桌子摆成“中”字布局，安排中式菜系，上中国酒，还发表了“愿诸君勿忘中国”的演说，勉励在座同仁要有不落人后的竞争意识，为谋求更多财利，以支持厦集二校，更以外国人竞争义务的实例详述这一令人耳目一新的理念，呼吁广大同仁能在职业上竞争义务，齐心协力，把工作做好，以能获得更多财利，为厦集二校保驾护航，最后强调“本晚席设中字形，饮中国之酒，食中国之菜，愿诸君勿忘中国，克勤克俭，

① 陈嘉庚访谈口述（1935 年 1 月 31 日受访），《浪迹十年》，陈达著，商务印书馆，1946 年，第 67—69 页。

② 本报开幕之宣言（实业与教育之关系），《南洋商报》，1923 年 9 月 6 日、7 日。

期竟大功”。[1]他对中国的一片赤诚之心，溢于言表。而他试图将“中国”二字印入每个人的心中，实在煞费苦心。若与新加坡相比，这样的言行已超越了可比性。

尽管他经历中国三个历史时期，三次易主，但每次陈嘉庚都会不同程度地给予支持，原因只有一个，即他始终如一地对中国美好未来的政治期许。这是他一生中除办学、慈善之外的所有政治行为的意向。因此，也从另一侧面充分展现了他对中国的认同。

（二）人文关怀表现

综观陈嘉庚对中国的人文关怀，广泛表现于他所涉猎的各个领域，包括文化教育、经济和政治等，每一方面都昭昭于世，见诸方方面面。

1. 关乎国体国威

爱国是陈嘉庚人文关怀的集中体现。在陈嘉庚看来，爱国首要即是要维护国体国威。因此，维护国体国威实为对国家之爱的自然流露。陈嘉庚认为：“礼义廉耻，国之四维。四维不张，人格丧尽，乌能图存？”[2]显然，中国几千年的儒家文化教导一个人要有自知之明，礼义廉耻即是对中国人的行为道德之塑造维度。陈嘉庚认同之。华人在南洋虽寄人篱下，但获得其他族群尊重的希望是不变的。要达到此目的，非中国自强崛起不可。但同时，陈嘉庚认为华人在海外也应自爱自重，时刻以代表华人及中国人的言行为自律，免损国体国威。这即是一种“华人形象”的关于中国国民性之殷切希望。因此，作为侨领的自觉行为，他时常呼吁侨众注意维护华人形象、维护中国之国威国体，提出相关建议。一是改掉清朝封建帝制遗留下来的装束和陋习，包括长辫子、马褂、缠足。二是改革封建烦琐礼仪，如丧仪等。三是消除个人私怨引发内斗内耗的损国体之事。四是改变不注意卫生的华人陋习。五是不习洋人的一些糟粕，如鸦片、跳舞等。六是提高华人的文化素质，重视教育为治本之法。

① 愿诸君勿忘中国——离星归国前在恒美厂宴请同人时的演说（1919 年 5 月），录自集美学校早年编的《陈嘉庚先生年谱》，转自《陈嘉庚教育文集》，王增炳等编，福建教育出版社，1989 年 7 月，第 166—169 页。

② 谨告集美学校诸位学生的公开信，致叶渊函，1926 年 11 月 5 日，《陈嘉庚文集（征求意见稿）· 2》，第 239 页。

2. 文教贡献

陈嘉庚在南洋发迹后即想到以办学回馈祖国，有关他在中国国内文教方面的贡献已有很多著述，很多细节也在前文有所涉及，这里强调几点。

（1）陈嘉庚为集厦两校投入资金数额

陈嘉庚一生付出最多心力的是集美学校和厦门大学。晚年定居家乡，在给远在国外的子女信函主题几乎主要是要钱。但他要钱的目的不是为个人享受，相反他的生活极其俭朴。[①] 与其他一般富商不同的是，陈嘉庚一生为富而仁，不但懂得“取之社会、用之社会”之道理，且积极推行之，把所赚取之财富，大胆地贡献于教育及慈善事业上。他自称在战前牺牲教育费坡币 800 余万元，而新加坡《海峡时报》则估计陈一生用在闽省之教育费，超过 1000 万元新币。在闽南教育事业方面，从 1913 年开办集美小学校始，幼稚园、中学、师范、水产航海与商业等校，至 1921 年开学的厦门大学，陈嘉庚的声誉与社会地位都在无形中提高。[②] 关于陈嘉庚对这两校投入资金数，此处据两校史料公布历年经费情况做一补充。

集美学校经费。据《集美学校廿周年纪念刊》记载显示，除 1932 年前近几年略收学宿费外，完全由校主支出，未尝得他人分文之帮助。此巨大款项，非兴学之初预贮以待支付，也非先计营业可得余利然后兴学，而是校主陈嘉庚由爱国心所迫，以为救国之至计，一面创办学校，一面经营实业，借其收入以供经费。[③]1933 年集美学校统计全校基金，计有陈嘉庚公司股份一百五十余万元，厦集树胶园数千亩及渔轮电船地皮店屋等；平常估价，当在五六百万元以上。唯自世界不景气波及南洋经济，另加上日商竞争等外攻内衰等因，致获利至微。处此风雨飘摇之境，集校及厦大经费之供给每年达 30 万元，唯困苦艰难者仅一人……。[④]

1923 年建校十周年公布的集美学校历年经费总表（附表 2）显示，1913 年至 1922 年间经常费 591575.69 元和建筑费 884830.85 元，合计 1476406.54 元。1933 年建校二十周年公布的历年经费总表（附表 3）显

① 马建强：《民国先生》，广西：广西师范大学出版社，2013 年，第 95 页。

② 杨进发：《陈嘉庚研究文集》，北京：中国友谊出版社，1988 年 8 月，第 192—193 页。

③ 1933 年以前全校经济概况，《集美学校廿周年纪念刊》，集美学校编，1933 年，第 13—14 页。

④ 全校经济概况，《集美学校廿周年纪念刊》，集美学校编，1933 年，第 13—14 页。

示，1918年至1932年间经常费3108773.181元、建筑费1514714.398元和推广费192491.000元，合计4815978.579元。其中，1918年至1922年这五年数据存在交叠，有出入（附表4）。二十周年与十周年纪念刊相比，经常费多出52999.766元，建筑费则少了88330.850元。以十周年时两项费用合计1443588.740元，二十周年时两项合计为1408257.656元，总金额相差3万余元。另据1948年《集美学校要览》公布的集美学校历年经费一览表（1913—1947年上学期）[①]（附表5）显示，在民国二年（1913年）度至民国二十三年（1934年）度银元实行期，集美学校所用经费为3526256.36元（银元）；在民国二十四年（1935年）度至三十六年（1947年）上半年法币实行期，集美学校所用经费为2451447064.61元（法币）。后者金额数字惊人是因法币在抗战及内战期间贬值严重所致，故二者无合计意义，历年数字只作参考。

厦门大学经费。1919年回梓时，陈嘉庚念邻省如广东、江浙公私大学林立、医学校亦不少，闽省千余万人，公私立大学未有一所，且中等教师亦无处可造就。遂决意倡办厦门大学，认捐开办费一百万元，经常费三百万元，作十二年支出，每年二十五万元。拟于开办两年后略具规模时，向南洋富侨募捐巨款。然三次募捐均失败，他又继续独立支持至1937年将厦大献于政府改为国立。[②]厦大自民十年开办起至他公司收盘，适十二年，及至交给国家公办共十六年有奇，陈嘉庚自述他“支出款项，适与当时认捐的四百万元数目相符，其凑巧如是。每念竭力新股额，期尽国民天职，不图经济竭蹶，为善不终，贻累政府，抱歉无似”。[③]

另据厦大于1931年在《厦门大学十周年纪念刊》上公布的历年经费收支概略数字来看，在1921—1931年的十年时间里，总收入3241478叻币，来源包括捐款、学生缴费、宿费屋租和其他收入，其中陈嘉庚捐款2921907叻币，占总捐款收入的97.5%，占总收入的90%。[④]另在陈嘉庚企业最困难、

① 集美学校编，《集美学校要览》，未刊，1948年，第22—26页。

② 陈嘉庚先生事略，《南洋商报》，1961年8月13日，第5版。

③ 三三 厦大献与政府，《南侨回忆录》，陈嘉庚著，南洋印刷社1946年，第18页。

④ 本校历年经费收支概略，《厦大校史资料·第一辑（1921—1937）》，厦门大学校史编委会，1987年，第330—331页。

已经需要政府补助的1931年8月—1932年7月，厦大全年收入303529元，陈嘉庚负担144000元叻币，占47.4%。[①]1934年陈嘉庚公司在即将收盘的情况下，陈嘉庚仍逐月尚汇六千元给厦大，与中央和省府的补助一起，维持厦大运作。[②]最后陈嘉庚又苦撑至1937年，才被迫将厦大无偿献给国家续办。

（2）设立闽南教育推广部支持闽南教育普及

陈嘉庚在准备开办小学之前，往同安县寻聘师资，考察全县教育情况时发现，平民界因限于经济问题，失学儿童遍地皆是，顽劣万状。[③]为提倡及改善闽南教育计，实现教育普及，陈嘉庚遂发起组织同安教育会，拟定提倡全县十年普及教育计划，自捐及联合南洋同安华侨合力补助同安全县学校，扶持、推动同安教育。后因捐费难收，多互相观望或推诿，或拒绝不交，被迫停止[④]，转由集美学校收办，改为教育推广部，由陈嘉庚出资支持。[⑤]

据资料显示，1924—1932年集美学校教育推广部曾对同安县73所学校给予过资助，其中获得9年资助的学校有4所，受助8年的有4所，7年的有13所，6年的有7所，5年的有7所，4年的有9所，3年的有5所，2年的有7所，1年的有18所。[⑥]1933年后因陈嘉庚在南洋的企业公司收盘，教育推广部在同安、闽南地区的广泛资助也暂告一段落。但无论如何，陈嘉庚都为实现他的大闽南主义理想、为闽南的教育事业推进提供了助力，为推动闽南教育发挥了积极作用。

（3）晚年帮助李光前、孙炳炎在家乡建校办学

1950年回国定居后的陈嘉庚，一边在修复和扩建集美学校、厦门大学的同时，也接受在南洋的李光前等人的委托，帮助在他的家乡南安建立国光小学、中学。

孙炳炎在陈嘉庚的影响下，也积极回乡资助扶持与集美一里左右的家乡

① 《厦门大学第十二周年纪念专号》，1933年。转引自《厦大校史资料·第一辑（1921—1937）》，厦门大学校史编委会，1987年，第332页。

② 厦大经费近况陈嘉庚月尚汇六千元，《申报》，1934年4月3日，第14版，转引自《厦大校史资料·第一辑（1921—1937）》，厦门大学校史编委会，1987年，第339页。

③ 在福建会馆改组四周年纪念会上之演词（1933年3月），《陈嘉庚教育文集》，第204页。

④ 补助小学校，陈嘉庚:《南侨回忆录》，南洋印刷社，1946年，第11页。

⑤ 《集美学校廿周年纪念刊》，集美学校校董会编，1933年，第337页。

⑥ 据资料统计，《集美学校廿周年纪念刊》，集美学校校董会编，1933年，第327—337页。

孙厝村乐安小学校。集美小学在抗战时期，曾有一部分学生迁至乐安小学合办，使用集美小学的桌椅。抗战胜利后，集美小学迁返原址，所用桌椅也要一起搬走。乐安小学自抗战后不能兼顾。乡侨孙炳炎关怀桑梓，筹款复员，接该校来函说所用椅桌多借集美小学之物，现拟欲被取返，无法维系。于是，孙去找陈嘉庚，商请仍许借用课桌椅，勿急索回，以免阻碍学业。为此，陈特致函校董陈村牧，嘱咐照办。①1961 年，孙炳炎捐资 6 万元，拟在孙厝村创办乐安幼儿园。1 月 30 日，在北京治病的陈嘉庚亲笔致信孙炳炎，建议将小学旧校舍改为幼儿园，再将新建小学校舍左右扩建各一间，连前共六间，并将后面接通礼堂一座，大约可容七八百人，估计全部工料费二万余元。如此不但教学方便，且发展亦较容易。之后孙即按照陈嘉庚建议实施，于 1962 年乐安幼儿园竣工投入使用。②

（4）曾试图在国内办报

陈嘉庚曾在南洋先后办有《南洋商报》《南侨日报》，为其实业、办学、服务社会均发挥了重要作用。1946 年，胡文虎儿子胡好去上海筹办报纸。年过七十但愈加健硕的陈嘉庚也不甘示弱，打算再在上海出一张大型报，并请他极为赏识的当时鼎鼎有名的国际时事评论家千家驹主事。上海媒体方面预测，这张报纸在千家驹主持下，一定可为上海报界增一分颜色，同时也为上海媒体追踪陈嘉庚的行踪大有裨益。③后因种种原因未办成。

3. 经济贡献

从宏观来看，南洋是陈嘉庚商战的主战场，中国则是他将赚来的资金转投资的主对象，他完成了资本搬运工角色。但这种投资不是以盈利为目的，而是以育才和造福社会为目的的公益投资，此为他与其他华侨相异之处。对于侨众的资金，他做出的更多努力则是号召和引领作用，如回国投资。这里只谈及他为中国国内经济的发展做出的努力。

（1）陈嘉庚在国内投资情况

一是在集美试办海蛎罐头厂。1912 年陈嘉庚回梓办小学，也同时计划

---

① 致陈村牧先生，1948 年 9 月 24 日，《陈嘉庚文集（征求意见稿）· 3》，第 126 页。

② 蔡模楷主编：《孙炳炎教育基金二十周年纪念资料汇编》，内部发行，时间不详，第 21、23 页。

③ 报子：陈嘉庚在沪办报，《海涛》，1946 年第 24 期，第 8 页。

办海蛎罐头厂。注册后，陈嘉庚即买机器、锅炉，函请代雇日本技师等，于1912年冬末开制。但他在国内的首次投资尝试终因集美海域生蚝加工后缩水严重及技师乏经验等因宣告失败，不得已将机器折价以五分之一入股，与友人合办大同罐头食品公司，[①]成为现今古龙食品公司的创始人之一。[②]

二是在集美办太古海潮发电厂。[③]福建山多田少，粮食不足。陈嘉庚在1954年就向全国人大会议提出“闽省多袋形海滩，应改造为良田水利”的议案。为开发新能源，满足学校及村社用电需要，陈嘉庚于1957年在集美开始试办海潮发电站，试图利用潮汐涨落力量发电。他设想：“现为试办性质，如不能成功则失败，二十余万元尽归乌有矣，我想未必完全失败，或者减少电力如二百五十瓦降为百五十瓦或一百多少耳。然正当之失败胜过畏惧之失败，无悔恨也。”[④]1957年春，为缓解集美学校师生用电困难，陈嘉庚采纳了水电工程师邱某、电力工程师刘清辉建议，利用杏林湾潮汐在集美码头附近首建海潮发电站。在学校师生员工和机关干部义务劳动协助下，电站于是年10月动工兴建，1958年底建成。安装厦门机器厂试产的1292千瓦水轮机1台，配220千瓦发电机1台。1959年2月，首次放水试车，发现厂房基础缺陷而停机。是年8月，受强台风袭击，厂房受淹，水渠损坏。修复后，于1960年1月第二次试车，发现水轮机机身震动大，齿轮箱后轴瓦发热等问题，后经多次修整和调试，负荷最高只能达到110千瓦。该工程耗资90.95万元，超出预算两倍。因无法正常运行，于1967年拆除[⑤]。虽以失败告终，但陈嘉庚想造福集美的初心应该得到肯定。

三是在漳州石码办砖瓦厂。自1910年代，陈嘉庚便注意闽南可兴之事业，以就较容易办到而言，如石码制砖之土，安溪烧灰之石，两项均取来寄往欧洲化验，均称为上品原料。[⑥]抗战爆发后，他料定战事不出四年即可结

① 陈嘉庚：《南侨回忆录》，1993年集美翻印本，第536—537页。

② 见古龙食品公司厂史陈列馆介绍。

③ 此名是陈嘉庚亲自命名，人们习惯称“海潮电站”。见于迅：集美太古海潮发电站始末，《集美史略》，颛蒙叟编著，未刊，2002年，第74页。

④ 海潮电力，《集美志》，1963年，第62页。

⑤《厦门市集美区志》，第229页。

⑥ 致陈村牧函，1938年4月27日，《陈嘉庚文集（征求意见稿）· 3》，第63页。

束，而城市损坏严重，重建需用砖瓦必多。[①] 故有重启动此投资方案，办瓦片厂和水泥厂，内销且投供南洋广大市场。便于 1938 年 3 月函请中央经济部及本省建设厅，以集美学校名义申请办“集美瓦砖厂股份有限公司”，并申请在漳州、石码属内四十年的专制（利）权许可。[②] 从陈嘉庚之后致校长信函中提及“其屋瓦则用石码自造之洋瓦”[③]，现今留存的厦门大学和集美学校早期部分校舍屋顶瓦片（后人定名为“嘉庚瓦”），以及陈列于陈嘉庚纪念馆内的砖瓦制造机器和少量瓦片展品，种种都证明此砖瓦厂是有其存在历史的。

四是在安溪筹办洋灰（水泥）厂。陈嘉庚同期也有过兴办水泥厂的计划。1912 年，陈嘉庚曾对漳属近溪一带是否出产制造水泥原料进行过普查，无果。回新加坡后接获一安溪友人寄来矿石样品，交当地政府化学师化验鉴定为上品，[④] 始知安溪颇多出产适合生产水泥的矿石原料。但因该石山远居深山，远距溪边或水口，陆地又无通车路，固一直无人开发经营。[⑤] 而当时越南、广东、香港几家不多的水泥厂石料均由英德运来，运费可想而知。[⑥] 且他料定中日战争终止后，洋灰之大需当比瓦砖十倍。[⑦] 因此，料定开一家安溪水泥厂前景可观。故策划重点投资筹设安溪洋灰厂。1938 年 4 月，陈嘉庚便向省建设厅厅长函请集美学校四十年专利权许可，用集美学校名义招股六十万元，先付半数开办。后为特别优待教育而获许二十年专制权。[⑧] 三四年若无成立，专利权方被取消。陈嘉庚预估战事最快再多两年，至多不超过四年即能结束。在此四年中，详为计划，做好成本核算，待战时结束时开

---

① 致陈村牧函，1938 年 5 月 1 日，《陈嘉庚文集（征求意见稿）· 3》，第 64 页。

② 致陈村牧函，1938 年 4 月 27 日，《陈嘉庚文集（征求意见稿）· 3》，第 63 页。

③ 致叶渊函，第五十五封（1922 年此信缺页，无月日），《陈嘉庚文集（征求意见稿）· 1》，第 89 页。

④ 致陈村牧函，1938 年 4 月 27 日，《陈嘉庚文集（征求意见稿）· 3》，第 63 页。

⑤ 致陈村牧函，1938 年 4 月 25 日、1938 年 4 月 27 日，《陈嘉庚文集（征求意见稿）· 3》，第 62、63 页。

⑥ 致陈村牧函，1938 年 4 月 25 日，《陈嘉庚文集（征求意见稿）· 3》，第 62 页。

⑦ 致陈村牧函，1938 年 4 月 27 日，《陈嘉庚文集（征求意见稿）· 3》，第 63 页。

⑧ 致陈村牧函，1938 年 5 月 1 日，《陈嘉庚文集（征求意见稿）· 3》，第 64 页。

办为佳。[①] 于是他即嘱咐陈村牧开展调查准备[②]，并打听、设计出口途径和方法。[③] 后因战事未能如期结束，且1942年2月新加坡沦陷迫使陈嘉庚避难印尼爪哇三年零八个月，一切消息中断。水泥厂之事便搁置无果。

五是在重庆投资合办制药厂。抗战时期，国内医药奇缺。为此，需要金鸡纳霜等大宗药品，重庆国民政府函请南侨总会主席陈嘉庚在南洋代为募捐医药，以支持国内需求。陈嘉庚应诺筹募供给，绷带由香港办寄。金鸡纳霜由荷印爪哇出产，但政府限制万隆一厂出品，凡售于慈善家才特别减价一成余。于是，陈嘉庚函请荷印各慈善会四十余处购赠五千万粒，须费荷币三十余万元。发函通知后，约三个月内陈嘉庚接到各处回报已募足，直接寄仰光，交西南运输处转交政府。至于匹灵片及仁丹等，为节约成本，拟买药粉在新加坡设厂自制药片。仁丹材料多产于中国。故陈嘉庚筹划在中国租屋置备机器设厂开工自制。不料欧战爆发，英德宣战，英殖民地马来亚即严禁各物出口，致新加坡办药厂一事无法进行。为此，陈嘉庚打算将各机器移往重庆制造。[④]1940年4月19日回国慰劳抵达仰光后，陈嘉庚在各界联合会欢迎宴会上演说制药厂移重庆原因，获诸热心家捐助一万余盾。[⑤] 故计划在此慰劳期间，筹划在重庆办一药厂生产最常需药。至内地参观数厂后，陈嘉庚与“中国提炼药厂股份公司”商定合办，扩充资本国币一百万元，旧股东增本廿万元，共五十万元，南侨总会廿五万元（捐作残废伤兵基金，凡有入息概作赈费），集美学校廿五万元（凡有入息作校费）增资扩产，附产军供药品，实现短平快出产药品之目的。[⑥]

六是在集美、永安等地试办银行。集美储蓄银行是陈嘉庚在集美学校投资办的内部银行。1929年8月陈嘉庚划银行部归校长管辖，由校主独立承担资本，以会计课主任兼任经理后成立。为附属于出纳机关会计课的营业性储蓄银行，主要目的是收存、管理师生的资金，分储蓄存款、活期存款和定

① 致陈村牧函，1938年4月27日，《陈嘉庚文集（征求意见稿）·3》，第63页。
② 致陈村牧函，1938年5月1日，《陈嘉庚文集（征求意见稿）·3》，第64页。
③ 致陈村牧函，1938年4月25日，《陈嘉庚文集（征求意见稿）·3》，第62页。
④ 供给军需药品，《南侨回忆录》，1993年集美翻印本，第118页。
⑤ 余起程赴仰光，《南侨回忆录》，1993年集美翻印本，第132页。
⑥ 扩大炼药厂，《南侨回忆录》，1993年集美翻印本，第166页。

期存款，以图教职员存款便利，养成学生节俭储蓄的良好习惯，并作为商业科学生的实习基地；同时也负责保管该校的成美储金，协助学生升学贷款的贷出、偿还手续。[①]在集美学校发展中，发挥了独特且重要作用。另外，在厦门设有一个集通行，是陈嘉庚从南洋汇寄办学经费、教学物品等的中转银行，处理转汇集校办学经费等事宜，同时对外营业。

而集友银行则是为解决集美学校经费来源问题而设。1942年春新加坡沦陷前，陈六使、李光前二人听从陈嘉庚建议，分汇伪法币七百万和一百万元款项回国，陈六使声言“集美学校需款可即拨用”，及陈济民、陈厥祥各五十万，共九百万汇交国民政府财政部转集美学校董事长陈村牧等收，财政部误入南侨总会捐款账，经交涉年余方拨回，但实值已缩水不及最初十分之一二。为谋集美学校永久经济基础起见，陈村牧校董联合陈嘉庚在国内亲属同意，从星洲汇款中提拨出两百万作为一半开办资金[②]，于1943年10月在福建临时省会永安创设集友银行，由陈嘉庚次子陈厥祥任总经理，其他多地陆续分设机构，主业为分解侨汇。抗战胜利后总行由永安迁设厦门。后屡经币制更换，汇率变动，多次增资扩股，又陆续于1947年、1950年在香港、上海增设机构，业务逐渐平稳且好转，逐月盈余充拨助集美学校经费，为国家培植建设人才，为该行始终经营目的。[③]1972年，厦门、上海集友银行收归国有。香港集友银行一直延办至今，且每年部分股息成为集友陈嘉庚教育基金的资金来源，一直延续陈嘉庚扶持教育的传统。

七是在集美联办福建同美汽车公司。20世纪20年代，为改善家乡路况，便利同安城和集美民众交通，陈嘉庚联合新加坡同侨筹资，委托集美学校校长以“集美学校”名义参股，以总资二十余万元投资建设、开发了同美汽车路，购汽车，成立“福建同美汽车公司”，于民国十年（1921年）开办营运，通车后略有利益。[④]后因意见不合、经营不善等因，股东以股权抵资欠下集美学校股息，公司经营权一度由集美学校掌控，由集美学校校长进行管

① 集美学校校董会编：《集美学校廿周年纪念刊》，1933年，第350–353页。

② 集友银行股东会报告书（1952.8.1），《集友银行档案选编》，丁志隆主编，福州：海风出版社，2008年，第366页。

③ 集友银行股东会报告书之简史，《集友银行档案选编》，第366–373页。

④ 许案与叶渊，《南侨回忆录》，1993年集美翻印本，第44页。

理。后经政府补足所欠集美学校款项，收回经营管理权，转为国营，[①] 为今集美同集路的发展奠定基础。

（2）为中国经济发展培养经济人才

一是在集美学校办商科、水产科、农林科，培养职业人才。在南洋从商的陈嘉庚，在集美学校办完男女小学、中学师范后，他又开始注重学生的职业技能，于是开办商科和水产科，培养专门的商业人才和水产航海人才。对于商科，他看透"商战与学战"的利害关系，商场如战场，学院也是一个战场，经济上实力的辅助来自兴办学校，如此独特的远见一针见血[②]，专门培养适合商业的人才以及各类有利于国家和社会建设的职业专门人才，提高国家的经济实力。

二是培养树胶业人才，为中国自有胶园培养储备人才。橡皮熟品制造厂之创办，亦让陈嘉庚为中国培育橡胶人才及未来橡胶工业发展作足准备。21世纪称为橡皮之时代。欧美之盛，固不待言，岛国日本也已设厂数百家，唯独中国尚未萌芽。陈嘉庚看到，"新加坡为橡皮出产地，且距离我国不远，男女侨胞数十万人，若能设备大规模制造厂，不特可以利益侨众，尤可以为祖国未来工业之引导。如化学、工程、技术、机师、人才等须经长时期之训练，为教育之造就师范生，应有发展林立之可能，故锐意进行，当时聘到东西洋技师多人，教练工作，凡各种车胎、靴鞋、雨衣及其他用品，无不研究制造，前后垫去资本银八百万元，雇用男女工人六千名，分设发售处八十所，乃遭不景气之损失，及日货贱价倾销之竞争，致一切皆遭受打击，陷入困难之境地"[③]；且他的胶品厂所制轮胎靴鞋等各种用品，明知"应仿外国专制三两种较易精工"，但他的用意在于推广生产经验，不专以营利为目的，让公司产品多样化，是要起示范作用，化学实验室设备周全，成品制法不守秘密，公开于职员。[④] 显然，其目的即是为了在实业中同期培养大量的橡胶

① 参见陈嘉庚致叶渊信函，第156、157、161、162、164、166—168、174、175、180、182封等，《陈嘉庚文集（征求意见稿）· 2》，第281—315页。

② 《非同凡响：南洋商报创刊85周年纪念书籍》，第152页。

③ 陈嘉庚：畏惧失败才是可耻，载《东方杂志》第31卷第7号，1934年4月1日，第5—10页。

④ 陈嘉庚在全国政协二届三次扩大会议上发言（1957年3月14日），《人民日报》，1957年3月15日，第2版。

制造人才，为中国输送相应人才。

（3）积极号召华侨回国投资

在自由贸易的殖民地新加坡创业、发展的陈嘉庚，自然积累了诸多有关实业经营方面的经济经验，故他以敏锐的商业经济洞察力，贡献自己的相关经验、意见和建议，促进中国的经济发展，是他除办学外另一不遗余力的目标。这是他心系祖国经济建设发展的表现，也是他对中国工业发展的人文关怀的体现。

号召华侨回国投资即是一种有效举措。但对华侨投资问题，他结合切身办学募资经历及几十年华侨投资种种事例，提出自己的看法和主张。第一，明确国人和华侨对华侨回国投资问题存在误会，一是国内对华侨期望太高，二是华侨多空雷无雨。第二，投资方的主观方面因素，一是华侨资本家决不肯单独运资投资祖国，从中国出洋奋斗成资本家的，必历多年艰辛，饱尝风尘滋味，年龄已高，毛发半白，在洋已久，眷属安定，所存亦非现金，如非不动产，亦必为货物账目等项。种种空雷无语、招募无效的实例，即证明华侨捐资的被动和观望。二是可期望的华侨投资应是中小华侨资本家。真正有希望投资祖国的，不是占百分之一的大资本家，而是那些积资无多、却占百分之九十九的非资本家之华侨。他们虽然拥有的资金不多，但其有益祖国事业诚非浅鲜。[①]第三，招资方的客观方面因素。一是要有良好的国内投资环境，包括交通是否便利，环境能否相安，政府能否保护等。另一重要因素是投回国的钱能被妥善管理和应用于实际项目，而不是因徇私舞弊等腐败被私吞殆尽。他的这一观点获得经济学家马寅初的认同，即“投资必靠大众为有效，然须我国内政府社会公正无私，信用昭著，实切中时弊”。[②]二是有合理、可行的招引华侨投资的办法和项目，以及有可信赖的投资信托人办理。总之他认为，有三事若能达到，则华侨决不负国人之希冀，其一，政治纳入正规，地方秩序良好，无军阀劣绅土豪之欺凌。其二，交通略已发展，利便新事业之建设。其三，独资创办或组织股份公司，成绩稳健，利益优厚，则利之所在，人必争趋，而华侨之投巨资归祖国，势如水之就下，即平昔乐不思

① 一四七 华侨投资问题，《南侨回忆录》，1993 年集美翻印本，第 167 页。
② 一四七 华侨投资问题，《南侨回忆录》，1993 年集美翻印本，第 167 页。

蜀之流，亦必倾资而乐于归化也。[①]

新中国成立前，陈嘉庚看到华侨回国投资前景大好，亟须了解国内投资环境变化改善情况，定为他1949年回国动机之一。他明确，一是要了解东三省近况，二是要了解中国橡胶制造业的质量状况，特别是想利用自己曾经营过橡胶制造的经验给予指导和建议，以能促进中国的橡胶制造工艺。[②]自1949年6月回国参政，1950年5月回国定居，以及之后多次接待华侨参访团，陈嘉庚在新中国建设的大好形势下，屡次三番地向华侨大力宣传新中国良好的投资环境和契机，积极号召海外华侨投资国内。

（4）重视侨汇且积极吸引侨汇

侨汇是侨乡家庭的重要生活来源。陈嘉庚将侨汇视为中国的重要外汇来源之一。因此，他一向关注侨汇情况，并对侨汇有着非同寻常的认识。其一，海外华侨汇寄回国的家费占据外汇的重要地位。其二，多建侨校，积极安置、招收回国侨生，将会吸引一笔以围绕侨生就学、生活等产生的侨汇侨资，成为外汇的一项重要来源。其三，华侨回国兴建侨房，也是外汇的重要来源之一，且购买工料、人员工资等一系列带动国内的建筑业，增加就业，也对改善城乡面貌有利。故他尽一切可能，多建侨校，多收侨生，扩建学校等，多加吸引侨汇，推动发展。

4. 政治贡献

陈嘉庚的一生除奉献给了中国的教育事业、经济建设、社会服务等，也很大一部分时间和经历贡献给了中国的政治事业，为中国的政治走向和发展做出了不可磨灭的贡献。陈嘉庚一生的强国梦，曾依次寄予三个人身上，他们是孙中山、蒋介石和毛泽东。在每一时期，陈嘉庚都曾全身心的追随过他们中的一人。[③]综观陈嘉庚的一生，他为中国国家政治事业的推进和发展主要做了以下方面的大事：

（1）支持孙中山领导民主革命、建立民国

一是剪发辫，誓与清朝脱离关系。陈嘉庚自述在“民国光复前一年

① 陈嘉庚：畏惧失败才是可耻，载《东方杂志》第31卷第7号，第5–10页，1934年4月1日。

② 弁言，《东北观感集》，陈嘉庚著，出版社不详，1949年，第1页。

③ 陈共存：去掉政治色彩的陈嘉庚，新浪网，http://news.sina.com.cn/o/2005–05–25/14145986076s.shtml,（2013–8–4）.

（1910 年）春三十七岁时剪去辫发，与满清脱离关系”。[①] 其子陈国庆忆述“父亲中等身材，早先梳一条辫子。半边留光头，这是满清征服汉人时强加于汉人的。1912 年，也就是我出生的那一年，他让我母亲把辫子剪掉，因为几个月前，满清已推翻，孙中山领导的中华民国已诞生”。[②] 两处时间虽不一，但事实确凿。

二是加入同盟会，支持孙中山在新加坡的活动。陈嘉庚自述，孙中山到达新加坡时即与“义兴”“福兴”等会社的革命人士联系，成立了同盟会组织，暗中进行活动。[③] 同盟会在星旧有俱乐部曰晚晴园，出入其间者有孙中山、张永福、陈楚楠、林义顺、许子麟等。同时有星洲书报社、同德书报社等宣传革命，最盛时星洲有同盟会会员约一百人。[④] 当时陈嘉庚和其他几个人也参加了同盟会，[⑤] 成为拥护、支持孙中山革命队伍中的一员。

三是出资支持孙中山革命。1909 年通过林文顺介绍，陈嘉庚认识了孙中山。翌年，他毅然剪去辫发与清王朝决裂。随后，他加入同盟会。1911 年辛亥革命爆发，陈嘉庚欢欣鼓舞，月余内给福建新政权汇去二十余万元。1911 年底，孙中山从欧洲回国途经新加坡将赴上海时曾问陈嘉庚：“到国内时如私人需款可否帮助？”陈嘉庚许诺筹 5 万元。之后，孙中山电告陈嘉庚，将赴南京需费，陈即如数汇交。[⑥] 在孙中山遇资困时，陈嘉庚均慷慨资助旅费和汇寄革命经费，以及被推选为新加坡福建保安会会长，主持筹募资金救济军政府维护福建地方治安等。陈嘉庚用实际行动支持辛亥革命，支持孙中山的民主革命事业。

四是高悬孙中山遗像，遵循孙中山遗教。之后，陈嘉庚在他的公司总部及各分行高悬孙中山像，即使在孙中山去世后也不改变此做法，且在孙中山

---

① 陈嘉庚：《南侨回忆录》，南洋印刷社，1946 年，第 3 页。

② 陈国庆：《回忆我的父亲陈嘉庚》，第 121 页。

③ 陈嘉庚：纪念孙中山先生诞辰九十周年（在集美学校纪念大会上讲话的摘要），《厦门日报》，1956 年 11 月 13 日，第 2 版。

④ 陈嘉庚访谈口述（1935 年 1 月 31 日受访），《浪迹十年》，陈达著，商务印书馆，1946 年，第 67—69 页。

⑤ 陈嘉庚：纪念孙中山先生诞辰九十周年（在集美学校纪念大会上讲话的摘要），《厦门日报》，1956 年 11 月 13 日，第 2 版。

⑥ 陈嘉庚：《南侨回忆录》，南洋印刷社，1946 年，第 3 页。

纪念日举行隆重的悼念活动，将孙中山遗教作为《南洋商报》报头附带文字，告诫铭记不忘。

（2）拥护蒋介石主持南京国民政府统领抗战

孙中山之后，陈嘉庚又将希望寄托在了蒋介石身上。经过多年军阀混战和群龙无首的混乱年代，中国局势亟待有一个领头人站出来改变这一切。陈嘉庚创办的《南洋商报》，每期都报道国内各种消息。他忧心忡忡地关注政治局势，期盼能尽快结束这种混乱局面。宁、汉对立最终在冯玉祥的周旋下实现合流，但内部纷争仍不断。1928 年蒋介石在南京成立国民政府。尽管未彻底排除异己，有汪精卫等人的坚持反蒋，国际上对南京国民政府的纷纷承认让陈嘉庚感到欣慰。身在新加坡的陈嘉庚率先发动南洋华侨承认南京政府，手订规则，交商报馆经理命悬挂办公处墙上，并加“拥护南京政府为首要目的”条幅[①]，号召南洋华侨率先一致承认南京政府为正式政府，统一华侨对南京政府的认同，时刻提醒自己和众人齐心向国。

至 1940 年回国慰劳前，陈嘉庚一直认蒋介石为中国的最高首领，并以自己的实际言行来表达对以蒋为首的南京政府的支持及拥护。他不但在各大会场、会馆等公共处悬挂孙中山画像，始终尊称蒋介石为“蒋委员长”，并组织“购机寿蒋”[②]等。抗战全面爆发后，陈嘉庚更领导南侨总会动员华侨群体源源不断地为蒋政府输入经费支持，以助蒋政府抗日。另痛斥好友汪精卫卖国，为国哭求释放蒋介石，促国共合作，为维护国家、民族利益着想。

第一，筹款赈济，为蒋国民政府排忧解难

南京政府成立后，发生了一系列事件。至南侨总会成立前，时已跻身新加坡华社领导层的陈嘉庚登高一呼，号召及率领新加坡侨众为国民政府统治下的中国筹款救济，缓解国内的灾情和伤亡损失情况。主要有几件事：

一是领导山东济南惨案筹赈。1928 年日军占据山东省济南城，惨杀蔡公时和许多民众，时称“济南惨案”。新加坡发起筹赈会召集全侨大会召开“山东惨祸筹赈会”，推举陈嘉庚为主席，两三个月间募得国币一百三十余万

① 决定拥护中央，陈嘉庚：《南侨回忆录》，1993 年集美翻印本，第 42 页。

② 购机寿蒋会，陈嘉庚：《南侨回忆录》，1993 年集美翻印本，第 62 页。

元，概汇交南京财政部施赈。[①]此举使上海及荷兰的华人大为兴奋。[②]不久，新加坡树胶公会议决每担抽一角交筹赈会助赈，每星期汇交一次。初时依期来交，之后却迟延日期。至日寇退出济南，筹赈会将结束，树胶公会存款六万余元仍未交齐。之后，蔡公时夫人来新加坡募捐，拟为公时办一中学作纪念。陈嘉庚召集大会通过将树胶公会未交款数捐作公时中学基金。[③]如此，新加坡华侨组济案筹赈会，从中两次汇款六万元，给公时家属一万五千元，余分给同伴被难家属。又筹三万余元将在南京择地为公时立铜像。嗣后学校因故作罢，像址及建造亦无可付托，故迟至1936年，陈嘉庚将存款四千余元向德国订购铜像一座，先寄存新加坡三条巷南益胶厂，后运至国内，其他余款则作了透明、适当的保存和安置。[④]同时，陈嘉庚被上海的中国救济基金会（The China's Salvation Endowment Fund Committee，Shanghai）任命为会员。[⑤]

二是致电欧洲日内瓦国际联盟会及美国总统维护世界和平，并发动南洋华侨抵制日货。1931年，"九·一八"事变，日本侵占东四省，陈嘉庚在新加坡召开侨民大会，通过发电欧洲日内瓦国际联盟会及美国总统，请其履行各种条约，维持世界和平，否则导火线自此发生，将造成将来世界纷乱。虽明知开会发电无丝毫效力，但念及祖国遭此侵暴，海外侨民不应塞耳无闻，自应喊醒侨民，鼓动志气，激励爱国，冀可收效于将来。

三是劝诫汪精卫勿参加政治活动反对南京政府。1928年南京政府成立后，外国已承认。汪精卫在法国遥与南北诸不服从者，互相利用，煽动反对。陈嘉庚与林义顺联名发电劝止无效，但他认同于李石曾劝汪勿参加政治活动之善知人所言："依你性质，最好作一学者，若要参加政治，无异小孩弄火"。陈嘉庚认为"汪精卫自身既奸庸愚昧，而主要徒党亦昏愦鄙陋如一

① 《南侨回忆录》，1993年集美翻印本，第35—36页；黄奕欢：我所知道的陈嘉庚先生的生平，载《新加坡各界追悼陈嘉庚先生大会》，新加坡中华总商会编，未刊，1961年，第6页。

② 陈嘉庚访谈口述（1935年1月31日受访），《浪迹十年》，陈达著，商务印书馆，1946年，第67—69页。

③ 济案筹赈会，《南侨回忆录》，1993年集美翻印本，第36页。

④ 公时纪念像，《南侨回忆录》，1993年集美翻印本，第38页。

⑤ *The Straits Times*，7 August 1928，Page 10。

丘之貉，结果自归惨败，无地自容，敌人虽利用彼等作傀儡有何益哉”。[①]

四是反对“西南异动”。1936年8月，陈济棠、李宗仁、白崇禧等组织反蒋的“西南政府”，此即“西南异动”。陈嘉庚联络各界侨民开会，发电反对，认为“外侮日迫，万万不可内讧”；另外，又致电李宗仁、白宗禧，劝诫“勿与贪吏陈济棠合污，敌人得陇望蜀，应共筹抵御，不可自生内战”。[②]

五是购机寿蒋。1936年秋，为祝蒋介石五十寿辰，南京政府通过驻新加坡总领事刁作谦摊给新加坡华侨捐献飞机一架（国币十万元）的任务。刁把主持这项工作的任务交给陈嘉庚。陈任新加坡华侨购机寿蒋会主席，联络马来亚十二个区的侨领广事发功，结果募得一百三十余万元。[③]

六是领导“新加坡筹赈会”募捐救济祖国难民，支持抗战。1937年“七·七事变”后，南洋华侨一片震惊。马来亚华侨多埠发起募捐救济祖国难民，支持抗战。8月15日新加坡开侨民大会，选举陈嘉庚为大会临时主席，定会名“马来亚新加坡华侨筹赈祖国伤兵难民大会委员会”，简称“新加坡筹赈会”，会上陈嘉庚带头认捐常月捐每月国币二千元至战事终止。[④]次日的委员会选举陈嘉庚为主席，设办事处于怡和轩俱乐部，议定所有捐款概作义务捐送，不收政府公债券，募捐款项概汇交中央政府行政院收赈。之后，陈嘉庚以主席身份召集闽侨开会，常劝告闽侨应多捐，理由是“抗战重要在出钱出力，我闽省出兵力不及他省，我闽侨应多出钱，以补省内出力之不足，劝捐员务希以此勉励”。[⑤]如此半公开的组织进行名义上的筹款募捐活动，实际还展开抵制日货、打击日本海外市场等反日、抗日活动。其他各地也纷纷效仿组织。之后，该会一直在陈嘉庚的主持领导下筹募活动，附属于南侨总会之下管理，至战后调查完华侨损失后全部结束，后改组织建碑委员会。[⑥]

七是支持中国佛教会等社团组织募款救济。抗战爆发后，各界纷纷联

① 汪精卫小孩弄火，《南侨回忆录》，1993年集美翻印本，第50—51页。
② 《陈嘉庚遗稿：一九四四年在印尼砦株》，第90页。
③ 《陈嘉庚遗稿：一九四四年在印尼砦株》，第90—91页。
④ 陈嘉庚：新加坡筹赈会成立，《南侨回忆录》，1993年集美翻印本，第64页。
⑤ 陈嘉庚：闽侨宜多捐，《南侨回忆录》，1993年集美翻印本，第64—65页。
⑥ 一六 筹赈会之结束，《南侨回忆录》，1993年集美翻印本，第498页。

动。中国佛教会会长圆瑛法师，为英区伤兵难民募济问题，不辞劳苦，远途南洋，到处向侨胞呼吁，博得同情，分汇上海及汉口之僧侣救护队、佛教医院、国际救护队等。1938年1月，应中国佛教会会长圆瑛法师关于协助佛教徒灾区救护团募捐委员会募款，陈嘉庚慷慨解囊，贡献五百元，另一人是陈鸿达贡献一千元，此为该会这一时间段内募得的两宗巨款。①

八是开马来亚筹赈会议，议定筹款义捐不应换取公债及关于筹款数目分工及汇缴机关等问题。新加坡筹赈会成立后，马来亚十二区各区均组织筹赈会，但无总机关领导，筹汇不能一致，也无可比较及激励成绩。各区侨领能原谅同情者虽多，而偏忌自高者不无其人。陈嘉庚经慎重考虑，决定召集开会求能一致进行，但决不计是否领导名称。故函请各区会定1937年国庆日派代表到全马中区吉隆坡作谈话研究会。各区代表一百多人均到会，推举陈嘉庚为临时主席，讨论四条议案：其一，他主张所筹款项概作义捐，不应换取公债，获全体决议通过。其二，认捐数目，决议至年终坡币一千万元，新加坡负担三百万元，其余由各区分摊。其三，决议所筹款项概汇交行政院。其四，议定虽不设总机关，但当设一通讯处与中央政府及马来亚各区会通消息。推举陈嘉庚为马来亚各区会通讯处主任。另陈嘉庚在即将离新加坡来吉隆坡时，已知孔祥熙院长由欧回国，国庆日恰可抵新加坡。陈嘉庚即留函将“马来亚义捐至年底可募国币二千万元，救国公债须待新年方能进行，至多亦二千万元”报告于孔。孔接函后即发电来吉隆坡祝开会成功，并谢侨胞热诚义举。②

九是领导救国公债劝募，新加坡募五百余万元，全马募一千五百余万元。1938年春，政府又派募债员到南洋来劝募公债。当时陈嘉庚认为首期义捐已办妥，可以进行劝募公债，但仍必由新加坡发动较为有效。不过须先觅有人认购巨额，方能影响本坡及全马。于是他向数位富侨提议后未遂，不得不自己负责，在侨民大会上首认捐十万元。于是召集侨民大会，宣布募债缘由：“……以二千万元核计，新加坡区应负担六百万元，此项巨款非全侨

① 沪佛教会理事吴高峻函覆圆瑛报告分配各款用途 陈鸿达陈嘉庚昨日各捐巨款，《南洋商报》，1938年1月15日，第7版。

② 马来亚筹赈会议，《南侨回忆录》，1993年集美翻印本，第66页。

努力不能足数。余经济有限为诸君所知，然为尽国民一分子之天职，愿购一十万元（汇水坡币五十一元半申一百元）。”于是在场认购二三十万元。之后积极进行，至秋间结束仅五百余万元。而马来亚诸区虽有进行或观望不前，或成绩不佳，后经政府及他再三催促，延至年终截止约一千余万元。统计全马一千五百余万元。陈嘉庚分析其原因认为，一是中国政府公债之前未曾推行海外，而上海市公债时价每百元常行五六十元，南洋华侨银行素不肯典押中国公债，有此种种阻碍，故推销困难。二是义捐劝募逐月进行，故难兼及。三是托付机构不当，造成乏成绩。如暹政府尚未排斥华侨时，暹罗华侨对公债事，因南京政府托某银行办理，该行在暹京无何势力，又不自量力，不让总商会接办，致诸侨商袖手观望，故无成绩可言。当时如若付托得人，数百万元或可办到。[①]

第二，主持领导南侨总会，团结全体南洋华侨合力筹募，全力支持蒋国民政府抗战

南侨总会成立起因是由于“七·七”抗战后，全马来亚各区分别组织筹赈会，但关于筹募计划、实施、汇缴等问题都各自为政，没有统一组织领导和指导，不利于筹募开展及扩大。故而，菲律宾李清泉与荷印吧城庄西言分别致函陈嘉庚，请其在新加坡组织筹赈总机关，领导各属华侨筹款，但都被陈嘉庚以乏相当之人及乏相当才望、不敢接受而予以婉拒。庄西言只好将此建议致电重庆行政院，建议由国府给陈嘉庚去电委派。于是，1938 年夏末，在接到重庆行政院长孔祥熙来电委托组建筹赈总机关领导筹款的命令后，陈嘉庚接受了此建议。于是登报并通函各属华社派代表来新加坡开南洋华侨筹赈祖国代表大会，[②] 南侨总会由此诞生。

总体看来，在陈嘉庚领导下，南侨总会在短短三年时间里，采取诸多举措，产生重大影响，贡献卓著。具体主要功绩有三方面。

首先是筹募成绩。南侨总会成立的主要任务之一即是筹款。第一次代表大会时各埠会当场承认常月义捐国币四百余万元（规定坡币三十元申国币

① 劝募救国公债，《南侨回忆录》，1993 年集美翻印本，第 46 页。

② 筹备南侨总会，《南侨回忆录》，1993 年集美翻印本，第 47 页。

一百元）。[①] 原定各埠会承认常月义捐国币四百余万元（规定坡币三十元中国币一百元）。[②] 两年之后的总结来看，筹募成绩比当初认捐的有多无少。

另外，陈嘉庚预估，如果香港、荷印中东两爪哇及苏门答腊、安南三地华侨如肯再稍努力，分别实现每人月捐国币一元五角、五角、一元的话，则可总共多加收捐国币二百七十五万元。合共华侨六百余万人，每月捐输可得一千万元。美洲及欧俄等处逐月按国币三百五十万元。海外各华侨逐月义捐共可得一千三百五十万元。如将义捐存银行作纸币基金，在国内便可发四倍之纸币五千四百万元。据何应钦部长在参政会报告，民国廿八年（1939 年）全年战费，共开国币十八万万元，则华侨义捐可当三分之一。[③]

除了筹募捐款，陈嘉庚还以南侨总会名义做的几件比较重要的大事，散见于通告或电文函牍之中：一是征募机工回国服务。受国民政府之托，为西南运输处招募 3200 多名南侨机工分批回国服务，在当时仅存的中国与外界互通生命线——滇缅路上运送中国抗战所需物资，为中国抗战的胜利提供了保障。二是响应宋美龄之托，劝募寒衣捐，在很短的时间内筹足三十万套，及时寄送，保证了抗战将士免受严寒困苦。三是组织华侨回国慰劳团，代表南侨慰劳军民，历时十个月，视察十余省，会见战区各司令长官、省主席及其他文武官员、社会名人，考察抗战时期中国国内抗战大势及民气进步、民生疾苦,[④] 分别考察了国统区和中共统治区延安，了解了国共分歧所在，找到了中国的希望所在。四是筹办制药厂。为解决国内缺药问题，减少成本，原拟在新加坡设厂自造匹灵片、仁丹等药品，后因英德战事发生只能转至国内设办，入股中国提炼药厂股份公司,[⑤] 合资生产。五是主办武汉合唱团在马来亚筹演，发动新中国剧团义演等[⑥]。具体见后文。

除此以外，陈嘉庚还在舆论外交方面支持中国抗战。

一是声讨汪精卫叛国，发出中外最伟大提案“敌未出国土前，言和即汉

① 七八 南侨总会成立，《南侨回忆录》，1993 年集美翻印本，第 71 页。
② 南侨总会成立，《南侨回忆录》，1993 年集美翻印本，第 48 页。
③ 四九六 南洋各属义捐总比较，《南侨回忆录》，1993 年集美翻印本，第 452—453 页。
④ 九九 宣布并质问，《南侨回忆录》，1993 年集美翻印本，第 125 页。
⑤ 扩大炼药厂，《南侨回忆录》，1993 年集美翻印本，第 166 页。
⑥ 附录一八 南侨筹赈总会第一次会员代表大会开幕，《南侨回忆录》，1993 年集美翻印本，第 410 页。

奸”，主张对日抗战到底。[①]

二是抗议英日东京妥协谈判。英日谈判。陈嘉庚在新加坡召开侨民大会，通电英京朝野名流吁请主持正义。大会举行时，当地政府本对借用会场之商会当局似有责难，后见大会完满，立场公正，反表满意。[②]

三是拥护英国对德宣战。英德战事发生，陈嘉庚以南侨总会名义发出通告，呼吁同侨拥护英国抗战，反对德国侵略行动。理由是“吾人之敌，只有一个，敌以外皆吾人之友，吾人应以左手挥拳以击敌，应以右手伸掌以握友，然后足以孤敌困敌，然后足以加速搏取最后之胜利”。[③]以此为博得英国政府对中国抗战的支持。事实证明，当时陈嘉庚的这一举措是明智、正确的。总会发出的通告被殖民当局作为华侨支持英方政府的唯一依据报告给英国政府，从而获得对华侨的好感。当地政府在事前固知同侨与英表示同情者，但无具体证据足以表明此种态度。至南侨总会通告发出，当地政府深觉非常欣悦，据以报英伦政府，由此表明华侨与地方政府合作之真实态度。此举对于中英邦交之敦睦，当亦有相当的贡献。[④]故而，为抗战时期的中英关系发挥了润滑剂和黏合剂的民间外交作用。

总体来看，南侨总会的组织成立，是南洋华侨史上的一个重要节点。陈嘉庚以全南洋华侨最高领袖的身份，把全南洋华侨团结组织起来，统一开展募款救国运动，给予祖国抗战在经济等方面大力度的援助和外交舆论等方面的有力支持，并在华侨意志、信念的团结鼓励支持下，成就了中国抗战海外战场的辉煌胜利。这个组织虽然是得到国民党行政院批准的，但它是在以陈嘉庚为代表的华侨领袖的引导下，汇集了各地华侨自发爱国救亡团体的产物，是东南亚华侨抗日救亡的统一领导机构，标志着华侨民族意识空前高涨与空前的团结，同时也显示了陈嘉庚非凡的政治活动能力和社会组织能力。[⑤]这一南洋华人的空前大组织，一直积极工作与中国的对日抗战相始终。虽然

① 《厦门市集美区志》，第 715 页。

② 《南侨回忆录》，1993 年集美翻印本，第 412 页。

③ （附录四）南洋各属华侨筹赈祖国难民会代表大会宣言，《南侨回忆录》，1993 年集美翻印本，第 80 页。

④ 附录一八 南侨筹赈总会第一次会员代表大会开幕，《南侨回忆录》，1993 年集美翻印本，第 412 页。

⑤ 《陈嘉庚遗稿：一九四四年在印尼沓株》，第 91 页。

工作性质完全属于慈善，但发挥的精神与物质的力量非常宏伟，一般公论认为是中国对日抗战的四大支柱之一。[①]在抗日战争史上写下了浓墨重彩的一笔。

第三，组织招募南侨机工回国服务

在南侨总会完成的诸多事件中，另一重大事件即是组织招募南侨机工回国服务，在中国抗战史中书写了一段悲壮历史。1937年中国抗日战争全面爆发，中国沿海及对外交通要道先后沦陷。海外华侨和世界各国捐赠军需物品、药物均由缅甸仰光上岸，沿公路运抵昆明、重庆，再运至抗日前线。为了运送援助物资，国民党政府在1939年开辟了横越中国和缅甸境内1146.4公里长的滇缅公路，是西南后方唯一的国际通道，被称为“抗战输血管”。车子和公路有了，但缺乏熟悉技术的司机和机械修理工（统称机工），运输纽带仍旧无法启动。西南运输处主事宋子良只好向陈嘉庚求助，请他在南洋代为招募机工，以解燃眉之急。[②]1939年2月，接到国民政府在南洋招募机工的请求时，陈嘉庚称：“马来亚差不多有七万多辆汽车，而且华侨从事该行业者占多数，连修理车辆技术者，数目是不少的。”[③]这些都是中国政府能够在南洋招募机工的基础。

于是，陈嘉庚于1939年2月7日以南侨总会名义在报章发布《征募汽车修机驾机人员回国服务》第六号通告[④]招募机工。三千余名南侨机工热烈响应，分批回国支援抗战，在滇缅公路沿线运输抗战物资，为抗日救亡事业做出极其重大的贡献和牺牲，为世界反法西斯战争立下不可磨灭的功勋。具体遣送回国服务人数存在几种说法。南侨总会只在初期公布资送机工的人数。当时各家华文报纸所刊载数字亦有所不同。据《南洋商报》对返国华侨机工人数的调查，由新加坡返滇者共有九批，人数共达3032名。[⑤]在中国方面，据海外部统计，被遣派返国服务的汽车司机共2953名，另尚有数千

① 黄奕欢：我所知道的陈嘉庚先生的生平，载《新加坡各界追悼陈嘉庚先生大会》，新加坡中华总商会编，未刊，1961年，第6页。

② 华侨机工回国，《南侨回忆录》，1993年集美翻印本，第115页。

③ 陈嘉庚：《南洋华侨救国运动与华侨机工》，《华侨生活月刊》1939年第1卷第5期，第11页。

④ 《南侨回忆录》，1993年集美翻印本，第116—117页。

⑤ 返国华侨机工调查由星返滇总数达三千零三十二名升官长八十九名告假者百廿九名，《南洋商报》，1940年10月29日，第6版。

名医师、救护员及机师等。[①] 据《星洲十年》一书刊载，1939 年由马来亚经安南回国机工共 9 批，人数达 2654 名，另由马来亚经仰光回国机工共 6 批，人数达 538 名，总人数为 3192 名。[②] 此数字虽被普遍接受，但实际可能还有遗漏。[③]

对于回国服务的机工工作生活待遇问题，陈嘉庚从招募开始就进行协商、做好了安排，保证机工们的基本生活和工作需要。但机工们回国服务后，国民政府贪污腐败致机工温饱成问题终于在少数人潜逃回来后曝光。为此陈嘉庚特意派人回国考察实情。[④] 但为了保证机工们的生活，陈嘉庚又以南侨总会名义为机工购置寄运专用蚊帐、床、被、衣服和鞋子，但并未能派送到机工手里，被贪官半途拦截、贪污了。滇缅公路地势险恶，日军不停轰炸。华侨机工在这里日夜奔驰、冒死为前线运送物资，死伤无数。滇缅公路于 1943 年被日军炸断，华侨机工被令解散，但当时太平洋战争全面爆发，机工侨居地也被日军占领，滞留中国的机工找不到工作，也找不到亲人，露宿街头，住破庙、桥下，冻死、病死的太多。当时陈嘉庚避难印尼，对情况无法了解。直至 1945 年抗战胜利，国民党政府却要内战，置机工于不顾。为此，陈嘉庚与国民政府频繁交涉，为争取华侨机工回返侨居地付出巨大心力，但因抗战结束，机工四分五散，想要协助，都找不回来了。[⑤] 在陈嘉庚的努力下，最终仍安排了近三分之一的机工安全返回了侨居地。三分之一机工牺牲，另三分之一则在当地成家、就业，留下来继续为中国的建设贡献能量。

被埋没多年的这段南侨机工的悲壮历史，幸运的是在近年来获得中国的高度认可。包括陈嘉庚长孙陈立人在内的诸多海内外人士，一直在积极寻找、采访、慰问仍健在的机工及其后裔，帮助解决他们的生活等问题，努力为保存、还原、纪念那段历史做着力所能及的事。

---

① 《星洲日报》，1940 年 5 月 31 日。转引自叶钟铃著:《陈嘉庚与南洋华人论文集》，吉隆坡：马来西亚陈嘉庚基金工委会出版，2013 年，第 74 页。

② 《星洲十年》，新加坡：星洲日报社，1940 年，第 994—995 页；转引自叶钟铃著:《陈嘉庚与南洋华人论文集》，吉隆坡：马来西亚陈嘉庚基金工委会出版，2013 年，第 74—75 页。

③ 南侨机工究竟有多少人？《南侨机工英名录（下册）》，杨国贤、姚盈丽编著，吉隆坡：21 世纪出版社，2015 年，第 939—940 页。

④ 派员视察西南运输，《南侨回忆录》，1993 年集美翻印本，第 117 页。

⑤ 《非同凡响：南洋商报创刊 85 周年纪念书籍》，第 161 页。

第四，组织慰劳团回国慰劳考察

1940年陈嘉庚率团回国慰劳，关于回国慰劳团，有以下几点值得强调。

一是动因及目的。陈嘉庚明确表述过动因即是慰劳和考察。慰劳对象是：代表南洋侨胞慰劳前线将士，慰劳正规军与游击队，慰劳伤兵难民，首要在于慰劳前线抗敌将士。慰问品可考虑带一些最急需的药品，定制一纪念品送最高领袖，不适宜带慰劳金，总体纯粹为精神慰劳。① 考察是为了鼓励祖国同胞，增加抗战民气，也为回洋报告侨众增益义捐及多寄家费以加外汇。具体考察内容，陈嘉庚提前召集来新团员，连开三次会议讨论，商定有关农业、鸦片种植、矿产开发、仇货是否肃清、军事等方面② 二十条命题。

二是团旨。对于此次回国慰劳，陈嘉庚行前、到后都屡次三番向团员明确、强调团旨，在抗战非常时期，国内资金资源短缺情况下，与一般考察任务截然不同。他们的一言一行时刻在众人关注之下，特别是南洋反对派的严密监视下。为不给这些人留下口舌之籍，也为了不给当时政府和民众增添麻烦和不必要的浪费，秉持贯彻节约、谦逊、耐苦，辞谢应酬，起居简单，自理膳宿费，不多耗各处招待费，坚持以务实态度来完成此次任务。临行在即，陈嘉庚又特将蒋委员长手训付印分送各位代表，③ 希望他们各自注意。各团员会合于重庆后，陈嘉庚又集中开会，特向当时未能在新加坡到会的香港、菲律宾、安南、缅甸等代表传达他主张的团旨。

三是人员安排。组团通告发出后，南洋各处陆续报名参加者五十余人。④ 三十余人到新加坡集合出发。⑤ 其他另有几人自行分途集中，均由居留地赴四川之前，到广元集合。⑥ 到重庆后，除回洋及患病五人外，其余四十五人与政府商妥，分作三组，由三路于五月一日出发。每团共十五人，由各团员

① 星华筹赈会热烈欢送慰劳团，《南侨回忆录》，1993年集美翻印本，第69页。

② 南洋各属华侨筹赈会回国慰劳团慰劳与考察，《南洋商报》，1939年12月5日；《新马华人抗日史料（1937—1945）》，庄惠泉出版、许云樵编、蔡史君编修，新加坡：文史出版私人印务，1984年，第67—68页。

③ 《南洋商报》，1940年3月6日；《新马华人抗日史料（1937—1945）》，第68页。

④ 一〇〇 组织回国慰劳团，《南侨回忆录》，1993年集美翻印本，第127页。

⑤ 一〇三 慰劳代表抵星，《南侨回忆录》，1993年集美翻印本，第129页。

⑥ 南侨回国慰劳团团员名单，《新马华人抗日史料（1937—1945）》，第68—69页。

志愿参加，各团举团长、财政、书记、监察等职员。[①]政府派两人同行，共十七人，用客车一辆。[②]

四是陈嘉庚的成行原因。对于此次计划行动，虽遭反对派屡次破坏、反对，但陈嘉庚原本并未打算要亲往。因有国语不通、年老怕寒、数年腰骨常疼痛之不适。但之后领事高凌百来访出言不逊，让陈嘉庚意识到此人将往重庆必非好意，或受人委托，恐不利回国慰劳团，至为可虑，又转念非亲往重庆亲见亲闻国内情形不可。于是招庄西言、李铁民秘书同行兼任翻译员，并赶制寒衣及服用自配中药缓解身体不适病症[③]来克服上述困难后，启程回国。

五是作风方面。行程中，陈嘉庚以身作则，以自己的言行来兑现自己的诺言，倡导艰苦朴素作风。包括：坚拒宴请[④]，自备经费和生活必须品[⑤]，辞坐肩舆，与民众同甘共苦等。[⑥]

总体来看，1940 年陈嘉庚回国慰劳之行意义重大，让他看清了国内形势，最终找到了“中国的希望在延安”的结论，是他此行最大的收获，对后续中国能最终取得内战胜利，直至建立新中国，具有重大的转折点意义，尽管其过程并非一帆顺利。

第五，支持中国的筹募演艺团体来南洋筹演

抗战爆发后，中国国内诸多演艺团体纷纷南来宣传抗战，为支持祖国抗战及复兴筹募义演。除武汉合唱团外，“二战”前还有新中国剧团，战后则有中国歌舞剧艺社等。陈嘉庚均或多或少给予了支持。

一是武汉合唱团。

1938 年 12 月，武汉合唱团来新加坡筹演期间，陈嘉庚全程在新加坡。因时间和时局等多种原因，最终获得陈嘉庚的亲力支持。该团之所以能在新加坡及马来亚获得英殖民政府当局的不干涉支持，除了由于抗战爆发不久，英国为自身利益考虑，英日关系还未出现任何波动，华侨筹赈活动未影响当

① 一四四　慰团分三组，《南侨回忆录》，1993 年集美翻印本，第 165 页。
② 一五〇　慰劳团出发，《南侨回忆录》，1993 年集美翻印本，第 173 页。
③ 一〇二　余决意回国之故，《南侨回忆录》，1993 年集美翻印本，第 128 页。
④ 一四四　慰团分三组，《南侨回忆录》，1993 年集美翻印本，第 165 页。
⑤ 一〇八　嘉陵招待所，《南侨回忆录》，1993 年集美翻印本，第 134 页。
⑥ 一〇七　自仰光飞重庆，《南侨回忆录》，1993 年集美翻印本，第 133 页。

地治安，以及陈嘉庚所惯行的遵守当地法律的号召及凡事必先向政府申请获批再行事等因素，使英殖民政府采取不干涉政策，从而最终助推武汉合唱团在新加坡及英属马来亚地区的巡演得到默许及成功，圆满按照事先制定行程日期计划安排，完成所有筹演任务。

陈嘉庚尽心尽力地全力支持武汉合唱团在南洋的筹演活动，不但打破筹赈会工作常规，首次主办民间演艺团体，还全心全意为其做好一切安排，包括精心安排场次、制定票价、通过各种方式推销售票、规范场次、提高观看效果。此外，合唱团每换一个地点的首场演出，陈嘉庚必当主席做开场发言，且经常来观看演出，表达支持。据该团团长夏之秋回忆，他们在“大世界”“新世界”“快乐世界”剧场演出，大受欢迎，陈嘉庚每场必到。[①] 另外陈嘉庚也真心为武汉合唱团呐喊助威，在演讲时发表对看戏之说法，毫不吝惜自己的褒奖之词，为其宣传；还代为合唱团解释澄清迟赴外埠原因[②]，消除不利声誉；以家长之心善劝演戏内容最好围绕抗战，减少儿女情长方面的戏份；为该团致函联系成功举办篮球慈善友谊比赛；记录明细账目，支持该团出版《民族呼声歌集》并作序。[③] 总体而言，作为南侨总会主席及星华筹赈会主席的陈嘉庚，为武汉合唱团圆满、顺利地完成南洋筹演任务提供了一切可能的援助和支持。

二是新中国剧团。

新中国剧团是抗战时期以金山和王莹为主要领导力量的剧团，在中共秘密领导下[④]，南来协助筹赈，扩大抗建宣传，遵奉政府独立自主的国策进行国民外交。[⑤] 虽与陈嘉庚接触不多，但受其帮助却具有实质性。首先，是帮

① 夏之秋口述、陈先柄记录:《武汉合唱团》在新加坡为抗日募捐演出二三事，1991 年 11 月 30 日，夏之秋音乐天地博客页。http://blog.sina.com.cn/s/blog_414adc7b0100asg4.html（ARRIVALED 2013−8−17）

② 《南洋商报》，1939 年 2 月 9 日;《赤子丹心——武汉合唱团南洋筹赈巡回演出纪实》，叶奇思编著，第 169−171 页。

③ 陈俊林：陈嘉庚对武汉合唱团南洋巡回筹演的支持，载《陈嘉庚研究国际学术研讨会论文集》，谢小建、张秀明主编，北京：中国华侨出版社，2016 年 2 月，第 119−135 页。

④ 前言，叶奇思编著，《赤子丹心——新中国剧团南洋筹赈巡回演出纪实》，北京：中国华侨出版社，2009 年 11 月，第 1 页。

⑤ 《南洋商报》，1941 年 2 月 3 日;《赤子丹心——新中国剧团南洋筹赈巡回演出纪实》，叶奇思编著，北京：中国华侨出版社，2009 年 11 月，第 250 页。

其来新。其南来过程一波三折。时逢英国出于对日关系考虑，开始对此类来新及马来亚等地的筹赈抗日巡演加以干涉，致新中国剧团人员来新一度受阻。第一批南来。该团第一批成员在接到陈嘉庚欢迎来星的电报后，因船票原因，由王莹率五六位男女团员于1939年9月25日从越南赴新加坡。第二批南来。9月30日第二批成员在金山团长率领下南来即将到达时却遭阻，无法上岸。虽经南侨总会及全新加坡最高侨领陈嘉庚等多方尽力设法，始终不得上岸，只好折返越南。半年多后，在南侨总会、马华筹赈会等各方侨领的多方努力和广大侨胞的热心爱护协助下，才得以经诸多波折，于1940年上半年陆续抵新，并在陈嘉庚及各界侨领的支持与策划下，先为英国伦敦遭受法西斯轰炸的妇孺演出募捐，取得好感。1940年6月6日，终突破封锁，得到殖民当局批准，获得公开演出机会，在南侨总会领导下，正式组织由金山、王莹领导的新中国剧团开始在新马巡回筹赈义演。[①]而之后的演出也正因有了南侨总会、星华筹赈会主办之名义才得以顺利进行。

其次，嘱咐筹赈会给予支持。对于该团的演出，陈嘉庚于1940年3月5日晚上出席观看了该团为欢送南侨慰劳团回国慰劳献演的《贼》《反纳粹》《放下你的鞭子》三独幕剧，获得各方好评，奠定了在马来亚的工作基础。3月6日，陈嘉庚便踏上了回国慰劳的漫长征途。因而该团后续在新演出期间，陈嘉庚几乎全程不在新加坡。但他有嘱咐留在新加坡的南侨总会代主席等侨领，对新中国剧团予以关照和支持。且该团之后获批组团在新马巡演事宜，也由星华筹赈会出面向政府申请，6月6日才获批得以公开演出，并最后予以主办一切事宜，仿效武汉合唱团之办法，[②]应该也是在陈嘉庚的授意之下。只是陈嘉庚未亲自参与，而是由其他侨领代劳。

而该团也不负众望，在实际开展义演工作的半年多时间里，在新马筹赈义演27次、大小80场次，筹得叻币100万元，折合当时国币700余万元[③]，

① 前言，《赤子丹心——新中国剧团南洋筹赈巡回演出纪实》，叶奇思编著，北京：中国华侨出版社，2009年11月，第1—2页。

② 《南洋商报》，1940年1月12日，载《赤子丹心——新中国剧团南洋筹赈巡回演出纪实》，叶奇思编著，北京：中国华侨出版社，2009年11月，第15—16页。

③ 闽侨各会馆敦请新中国剧团今晚与众见面（1940.6.22），载《赤子丹心——新中国剧团南洋筹赈巡回演出纪实》，叶奇思编著，北京：中国华侨出版社，2009年11月，第42页。

获得好评。最后因受英殖民当局阻挠，在万挠演出结束后，不得不于1941年2月2日宣布结束海外工作。之后，该团团员返回新加坡办手续分批回国。①

三是中国歌舞剧艺社。

“中国歌舞剧艺社”（简称“中艺”）前身是抗战初期周恩来同志在武汉组织的抗敌演剧队第5队和第7队。1946年春来到广州，为躲避国民党反动派监视、逮捕危险，受周恩来指示于1946年秋分批撤至香港。在香港，受中共先攻工委会支持成立一个职业艺术团体到南洋各地巡演，向广大华侨、华人宣传祖国文化艺术和抗战取得伟大胜利的业绩。为名副其实，夏衍提议定名“中国歌舞剧艺社”，性质从官办团队转变为自力更生的职业剧社。②

成立后，“中艺”先在香港做短期演出。1946年12月首途泰国曼谷的演出很成功，继又在新加坡、马来亚十多个城市巡回演出，历时近两年，先后演出466场，总计观众达336400多人次。“中艺”在南洋的演出，自力更生，组织独立。虽无筹款任务，但得到过陈嘉庚、李铁民，刘牡丹等侨领帮助。陈嘉庚对该社在新演出表示过以下几方面的关心。

其一，欢迎。他们来新后第二个“拜码头”即是去拜会陈嘉庚。陈嘉庚表示欢迎。虽为他们能否靠演出维系在新马的生存表示疑虑和担心，但仍鼓励他们先试试，有任何困难就找他，并临别合影，留下一帧宝贵的历史记录。

其二，看剧。陈嘉庚领家人去观看了该团所演的话剧《海外寻夫》，对他们的表演表示肯定。看完后，他认真地对该团团长丁波说：“这个戏写得好，演得也很像，你们为侨胞之名的是非善恶，做了一件大好事。”

其三，帮助策划了一次筹演。离新前，该团临时接到需筹募一笔4万叻币买医药和电影放映器材的任务。由于无力在离境前短期内完成，因此找陈嘉庚帮忙。陈嘉庚爽快答应，建议开展一次筹演，送400张票来，由他负责安排富侨、侨领们来看，最后顺利完成计划。当晚，他自己也购票亲往观看演出，为此次筹款尽了自己的一分力量。

---

① 《南洋商报》，1941年2月3日，载《赤子丹心——新中国剧团南洋筹赈巡回演出纪实》，叶奇思编著，北京：中国华侨出版社，2009年11月，第248—254页。

② 夏衍序，《风雨南洋行》，丁波著，广州：广东人民出版社，1988年9月，第1—2、21页。

其四，欢送。筹演行程结束前，陈嘉庚在怡和轩设宴欢送他们回国。饭后，陈老将他的著作《南侨回忆录》亲自赠送每人一本做纪念。同志们恭恭敬敬接过来，反复翻看，爱不释手[①]，并再次合影留念。

（3）支持以毛泽东为首的中国共产党领导人民解放中国

经历从1940年3月至12月的回国考察后，陈嘉庚亲闻亲见了国内局势，看到国共统治区的天壤之别，由此得出“中国的希望在延安”的结论。“余观感之下，衷心无限兴奋，喜慰莫可言喻，认为别有天地，如拨云雾而见青天。前忧虑建国未有其人，兹始觉悟其人乃素蒙恶名之共产党人物。由是断定国民党蒋政府必败，延安共产党必胜。”[②]于是在返回南洋的一路上以及之后回南洋，陈嘉庚的政治立场显然从原来的拥蒋派，转为声援中共的良政。但是，从御外侮的角度出发，陈嘉庚用他的睿智，展现了伟人风采，他以顾全大局的出发点，在抗战未胜利之前，回南洋后依然支持国民政府对抗战的统领和主导，只是蒋介石对他扬共言行不满的积恶，也将陈嘉庚的政治方向彻底推到了支持中共一方。故而，在内战发生至新中国建立，陈嘉庚转向了正义的一方，为中共在内战中的全面胜利，提供了强有力的推力。主要有三件事：

一是自发揭露国民党政治腐败，宣传中共的良善政治。1940年回国慰劳考察，通过先后访问国民党统治区重庆等地，以及共产党自治区延安，陈嘉庚以眼见为实，为自己之前所耳闻的各种对共产党的种种谬论找到了答案，也对除闽政腐败之外，国民党的种种贪污腐败、官官相护，在抗战时期大肆搜刮民脂民膏等种种事件，包括由蒋介石为他准备的一顿800块接风宴，与毛泽东准备的只加了一味鸡汤的农家饭，让他体悟到了国共之种种天壤之别，也让他很自然地走上了揭露国民党腐败政治、宣传中共良善政治之路。这是他作为平民出生的平民领袖发自内心的最自然的平民政治选择。

二是致电美国杜鲁门总统函电，引发一场声势浩大的“拥陈”“反陈”舆论大战，直接为南洋华侨对祖国和平之战注入一剂重要的强心剂，也对整个战事局势的发展起了有利的推动作用，为中华人民共和国的建立做出了

---

① 丁波：《风雨南洋行》，广州广东人民出版社，1988年9月，第69—70、144、152页。

② 自序，《陈嘉庚言论集》，陈嘉庚著，星洲南侨印刷社，1949年，序页。

贡献。

三是创办《南侨日报》，揭露美蒋阴谋，全力声援中共正义之战。从延安回到重庆后，陈嘉庚受邀讲“西北之观感”，他痛斥国民党的腐败独裁，宣扬共产党的民主政治，招致蒋政府对陈嘉庚的强烈不满。蒋当局想强迫邀请陈嘉庚加入国民党，被陈嘉庚拒绝。之后，蒋政府便派吴铁城去南洋，活动布置，扩张南洋党派势力，欲致华侨分裂，到处宣传说陈嘉庚受共产党包围，破坏陈嘉庚的形象，企图动摇他在南洋华侨中的威望和领袖地位。但这些丝毫不影响陈嘉庚对共产党的拥护和支持，以及对新中国希望之所在的认同。

（4）为新中国建设发展献言献策

新中国成立后，陈嘉庚拥护、服膺于毛泽东的领导，对毛主席、周总理非常崇敬，有着深厚的感情。他认为毛主席文武才干，英明智慧，不但为我国历史所未有，亦为世界所仅见[①]，是真正的“真命”[②]，是“真命天子”[③]。1955 年 8 月，陈嘉庚在吉林参观由波兰专家援建的糖厂时，见一办公室墙上仅悬挂着贝鲁特像时，批评有损国家主权尊严，认为即使是波兰专家活动专用场所，因在中国国土上，也必须增挂一幅毛主席像，且因此中断参观。[④]陈嘉庚的民族自尊感即是如此强烈。因此积极向新中国政府建言，帮助中国尽快走向国强民富的道路，是陈嘉庚乐此不疲的事。

总体来看，陈嘉庚参与国事，主要有以下几个方面。

一是响应中央“五一”口号，积极支持倡开新政协会议。1948 年 4 月 30 日，中共中央发布 23 条《纪念“五一”劳动节口号》。其中第五条号召“各民主党派、各人民团体、各社会贤达迅速召开政治协商会议，讨论并实现召集人民代表大会，成立民主联合政府”。[⑤]号召发布后，得到各民主党派、社会各界包括海外侨胞的热烈响应。5 月 4 日，陈嘉庚在新加坡召开华侨大

① 陈嘉庚：毛主席人格，《新中国观感集》，新加坡怡和轩俱乐部等联合出版，2004 年，第 58 页。

② 张其华：在陈嘉庚身边十年，《回忆陈嘉庚》，北京：文史资料出版社，1984 年，第 201 页。

③ 张其华：《陈嘉庚在归来的岁月里》，北京：中央文献出版社，2003 年，第 26 页。

④ 张其华：在陈嘉庚身边十年，《回忆陈嘉庚》，北京：文史资料出版社，1984 年，第 201 页；张其华：《陈嘉庚在归来的岁月里》，第 55 页。

⑤ 《五星红旗从这里升起》，北京：文史资料出版社 1984 年版，第 3 页。

会，并代表新加坡120个华侨团体致电毛泽东，响应“五一口号”：“中共中央主席毛泽东先生：贵党中央本月一日呼吁召开新政协，讨论建立联合政府，海外侨胞，闻讯欢跃。本大会本日在星召开。坚决否认蒋介石为总统，并一致决议，通电响应贵党号召，盼早日召开星政协会议，迅速建立联合政府，以解除人民痛苦，保障华侨利益。”①毛泽东于10月1日复电：“陈嘉庚先生并请转各地侨胞民主团体及一切主张民主的侨胞公鉴：五月四日新加坡侨团大会来电及南洋各地侨团函电，因交通阻隔，今始奉悉。诸先生关怀祖国，赞助敝党五月一日对时局主张，热心卓见，无任感佩。诸先生与各界侨胞对于召集新政治协商会议的各项具体意见，尚望随时电示，以利进行，实深企盼。”②电文实际隐含了中共诚邀华侨回国参政议政之意。据相关研究人士分析及相关资料显示，毛泽东对诸多华侨来电回复的只有以陈嘉庚为首的新加坡华侨来电。③

二是接受毛泽东邀请回国参政，在新政协筹备会开幕上发言。1949年初毛泽东电请陈嘉庚北上回国参政，陈嘉庚正有回国考察计划，但以政治门外汉为由婉拒参政之请。后经劝说，陈嘉庚接受了邀请，于5月28日在庄明理、张殊明陪同下乘船离香港北上。6月4日抵达北平，受到热烈欢迎。④在周恩来陪同下去香山见了毛泽东。6月15日，经若干次协商，新政治协商会议筹备会第一次全体会议在北京隆重开幕。毛泽东、朱德、李济深、沈钧儒、郭沫若、陈叔通和陈嘉庚依次走上台，发表了极富开国意义的“讲辞”。在开幕式致辞的最后，毛主席与陈嘉庚不约而同都喊出了“中华人民民主共和国万岁”的口号。陈嘉庚在发言中再次阐述了对蒋介石政府的失望，以及对中共领导的欣喜和欢迎，并表达会全力支持新政协会议的召开，以及拥护民主联合政府和中国共产党的领导的决心⑤，并提出审慎选择新政协代表、宁缺毋滥的建议。⑥

① 《五星红旗从这里升起》，北京：文史资料出版社1984年版，第5页、第192页。

② 《五星红旗从这里升起》，第14页。

③ 任贵祥，毛泽东与陈嘉庚交往论略，《党的文献》，2010年第3期。

④ 《五星红旗从这里升起》，第18、57页。

⑤ 陈嘉庚在新政治协商会议筹备会第一次全体会议上的讲话（一九四九年六月十五日），《五星红旗从这里升起》，第263页。

⑥ 在人民政协筹备会议致词，《新中国观感集》，陈嘉庚著，2004年翻印，第7页。

三是积极支持筹备会。随后，陈嘉庚不但被选为21位新政协筹备会常务委员会之一，还主动报名参加了筹备会在常务委员会下设6个小组中的第六小组，负责拟定国旗、国歌、国徽、国都和纪年方案。此外，陈嘉庚还参加了国号拟定讨论。

四是在新政协第一次全体会议上发言。1949年9月21日，中国人民政治协商会议第一届全体会议在中南海怀仁堂隆重开幕。24日，陈嘉庚以华侨首席代表名义代表海外华侨民主人士在大会上发言致词。他对大会通过的三部草案表示“完全接受和极力拥护”，并表示：“本席代表海外华侨民主人士以及爱国侨胞，对于这三个草案无保留地予以接受，通过以后，并愿在中国共产党领导之下与各民主党派，各人民团体和其他爱国民主分子努力促其实现”。[①] 后经大会选举，陈嘉庚、司徒美堂等6位华侨代表被选为政协第一届全国委员会委员，陈嘉庚还被选为政协常务委员，后任副主席。

五是参加开国大典，与毛泽东等国家领导人一同见证新中国成立。1949年10月1日，庄严的开国大典仪式上，当选中央人民政府委员会委员[②]的陈嘉庚和六百多名政协代表、委员应邀登上天安门城楼，检阅游行队伍[③]，见证了新中国成立的辉煌时刻，给他留下难忘印象：“开国盛典中，整个北京的人海狂欢，是没有办法形容的。……中国人民欣逢几千年来，空前的大喜事，……人民的首都，……变成一个红艳艳的红色首都，这正合中国人民的心理。……这是中国共产党领导的成功，是中国人民解放军英勇战斗的伟大胜利，也是全国人民大团结的伟大胜利。……我们更坚信有把握，有力量，可以保卫世界永久和平。”[④]

六是回国定居后，担任政协、人大、侨联等要职，积极献言献策。1950年5月，陈嘉庚回国定居，历任中央人民政府委员、华侨事务委员会委员、归国华侨联合会主席，先后当选为全国人民代表大会常务委员会委员、全国

① 华侨民主人士首席代表陈嘉庚一届政协全体会议上的发言（一九四九年九月二十四日）《五星红旗从这里升起》，第399页；中国人民政治协商会议第一届全体会议各单位代表主要发言，《人民日报》，1949年9月25日。

② 中华人民共和国中央人民政府公告，《新中国观感集》，2004年翻印，第19页。

③ 任贵祥：毛泽东与陈嘉庚交往论略，《党的文献》，2010（2）：45—49。

④ 开国盛典，《新中国观感集》，2004年翻印，第95—96页。

政协副主席等，直接参议国事，为新中国的建设积极献言献策。如参加政协代表大会，提出七宗代表提案，分别是：在全国各中学普设科学馆案；在沿海各重要地区设立水产航海学校案；增加纸烟税率并停止公务人员之配给案；今后人民新建住宅，应注重卫生之设计案；设立各地华侨教育领导机构案；救济华侨失学儿童；引致华侨回国投资案，[①] 均获接受，交中央人民政府办理。他将自己对祖国的美好期许寄托在了新中国政府和人民身上。另外，他向中央建议修建鹰潭到厦门的铁路，修海堤、通火车等，均得到中央的采纳和支持，为地方建设发展提供了建言。

（5）为祖国主权及领土完整无法释怀

在陈嘉庚的爱国理念中，维护国家主权独立、领土完整，强调收复失地，是他爱国心的又一表现。作为中国海外华侨的一位典范，陈嘉庚始终关注挂念国家主权和领土完整。在他的遗稿中，一张罗列晚清至“二战”结束时中国历次丧权辱国、割地赔款的记录“百年来我国领土及主权之损失一览”[②]，显示他对祖国领土主权的关注。

台湾回归问题是中国历史遗留问题，也一直是陈嘉庚无法释怀的问题。1938 年 7 月 7 日新马华侨召开“七・七”周年纪念侨民大会，陈嘉庚以主席身份代表全侨向重庆国民政府通电拥护领袖抗战到底。他致辞表示“今逢此意义深重抗战建国之大纪念日，吾侨应发一电文，拥护蒋总裁抗战到底，必须失地主权完全收复而后已，否则，无论抗战至若干年度，决当奋斗到底。”获得全体赞成。[③]

朝鲜内战爆发后，美国对台湾政策也发生剧变，不但撤销 1950 年 1 月发表的“不干预”台湾局势声明，令其海军第七舰队开入台湾海峡，“阻止对台湾的任何进攻”，也恢复且加强了对台湾当局的军事援助。这一事态发展改变了台湾的命运，使蒋介石绝处逢生。[④] 陈嘉庚对美帝国主义的行径表示愤怒和抗议。

---

① 陈嘉庚:《新中国观感集》，新加坡怡和轩俱乐部等联合出版，2004 年翻印，第 157—160 页。

② 陈嘉庚:《南侨回忆录》，南洋印刷社，1946 年，第 383 页。

③ 万余名侨团代表出席侨民大会主席陈嘉庚致词谓我建国必成，《南洋商报》，1938 年 7 月 7 日，第 26 版。

④ 《陈嘉庚新传》，第 318—319 页。

中华人民共和国成立后，他对新中国收复台湾充满信心，念念不忘台湾回归和祖国统一，不但反复在各种会议上大声疾呼、对记者发表谈话，号召华侨为祖国统一事业而努力，也亲笔向海外有关人士致函，反复宣传政府政策。

1950 年 6 月 22 日，他在全国政协一届二次会议上说："我们中央人民政府成立至今，不过八个月时间，在军事上解放战争迅速进展，非但大陆进军所向无敌，即渡海攻取海南，也易如反掌，使台湾残匪惊心动魄，寝食不安。"[①]7 月 4 日，作为中央人民政府委员、人民政协华侨民主人士首席代表的陈嘉庚发表书面谈话，驳斥杜鲁门 6 月 27 日强盗声明，并号召侨胞支援祖国解放台湾："台湾是中国领土，且归还中国早已成为事实。……中国人民建立自己的人民政府，更执行其解放台湾的任务，这是天经地义的事，中国人民有权这样做、绝不容外国干涉！……我号召我们海外华侨一致起来拥护我周恩来外长 6 月 28 日斥责美帝国主义武装侵略中国领土所发表的声明，并支援祖国对台湾的解放。"[②]

1954 年 9 月 28 日《光明日报》采访陈嘉庚，作为与台湾只有一水之隔的闽南人，他陈述"台湾是中国的领土，解放台湾是我们的内政问题，任何人都不能否认这铁一般的事实"。并以历史渊源分析闽台同宗同源的事实，强调"全中国人民都关心台湾的解放，闽南人尤其关心台湾的解放，因为台湾同胞当中很多都是他们的血亲"。[③]10 月 18 日为拥护中苏会谈公报发表书面谈话时，他说："台湾是中国领土，中国一定要解放台湾。……干涉我国解放台湾的蛮干行动，必定失败。……为解放台湾而奋斗。国外侨胞应以团结爱国，支援祖国人民的斗争。"[④]1956 年 2 月 10 日在全国政协二届二次会议上，他说："周恩来总理提出的和平解放台湾的号召很快就会深入台湾同胞心坎。……这里我要告诉台湾国民党军政人员：福建人民对于你们勾结

① 在全国政协一届二次会议上发言（1950.6.22），《陈嘉庚言论新集》，朱立文编，厦门大学出版社，2013 年，第 3—5 页。

② 《福建日报》，1950 年 7 月 4 日，第 1 版。

③ 《光明日报》，1954 年 9 月 28 日；《陈嘉庚言论新集》，第 112 页。

④ 为拥护中苏会谈公报发表书面谈话，《人民日报》1954 年 10 月 18 日；《陈嘉庚言论新集》，第 71 页。

美帝国主义奴役台湾同胞的罪行是痛恨的，但只要你们响应周总理号召，幡然改悟，走和平解放台湾的道路，使台湾回到祖国怀抱，福建人民也将和全国人民一样宽大对待你们，不究既往。”[①]6月26日在全国人大一届三次会议上，他预计，鹰厦铁路的通车不但对于解放台湾有巨大作用，对于开发福建富源为社会主义建设服务也有巨大作用：“台湾是一个产糖基地，台湾解放是时间问题，解放后，台糖就可大量供应了。”[②]7月19日，政协全国委员会和归国华侨联合会筹委会举行座谈会，讨论响应周恩来总理关于和平解放台湾号召，陈嘉庚发言号召归国华侨和国外华侨共同在推动和平解放台湾的事业中发挥积极作用。[③]10月5日在全国侨联成立大会上开幕发言，他更是号召海内外华侨团结起来，支援祖国统一台湾：“……事实很明显，和平解放台湾对于祖国有利，对于世界和平有利，对华侨当然也有利。爱国的侨胞对于推动和平解放台湾的事业，应该和祖国全体人民一道，担当起应负的责任。……中国侨联要联系国外侨胞，扩大华侨爱国大团结，为和平解放台湾的事业作出积极贡献！”[④]1958年9月7日在首都示威游行大会上，陈嘉庚以中华全国归国华侨联合会主席名义发表《华侨决心为解放台湾贡献力量》书面讲话，号召华侨“和全国人民一样，在毛泽东主席旗帜下，在解放我们的领土的事业上，贡献我们的一切力量”。[⑤]1958年10月他在拥护彭德怀部长告台湾同胞书时发表谈话，表达他对“告台湾同胞书”的完全拥护。[⑥]

遗憾的是，他在有生之年未能看到台湾回归的那一天。但他仍在遗嘱中念念不忘“尽早解放台湾，台湾必须归中国”[⑦]，且用台湾地图石雕形式将这

---

① 在全国政协二届二次会议上发言（1956.2.10），《人民日报》1956年2月11日；《陈嘉庚言论新集》，第19页。

② 在全国人大一届三次会议上发言（1956.6.26）；《陈嘉庚言论新集》，第25页。

③ 《人民日报》1956年7月20日；《陈嘉庚言论新集》，第75页。

④ 在全国侨联成立大会上开幕词（1956.10.5），《侨务报》，1956年10月创刊号；《人民日报》，1956.10.6；《陈嘉庚言论新集》，第29页。

⑤ 原载《侨务报》，1958年9月号，第4页，《人民日报》，1958年9月8日；《陈嘉庚言论新集》，第79页。

⑥ 原载《侨务报》，1958年10月号，第3页；《陈嘉庚言论新集》，第77页。

⑦ 庄明理：陈嘉庚的遗嘱，《回忆陈嘉庚》，北京：文史资料出版社，1984年，第156页；《陈嘉庚先生纪念册》，陈嘉庚先生纪念册编辑委员会编，北京：中华全国归国华侨联合会，1961年，第3页。

一愿望永远刻在鳌园石屏上告诫观者：台湾是中国不可分割的领土之一。

以海外华侨为背景，“中外在野第一人”的称谓，陈嘉庚当之无愧。[①]他用宏观全局思维、与时俱进的眼光、开放的胸怀，以一己之力，在文教、经济、政治等各个方面表达了自己对祖籍国中国的人文关怀和赤忱之爱，为中国现代史的推进做出了不朽贡献。

1961 年 8 月 12 日，陈嘉庚在北京去世。中国政府给予国葬礼，国家领导人周恩来、朱德亲自为陈嘉庚灵柩领先执绋，派专列火车护送其遗体回集美安葬。1962 年，国家又拨专款为他建成归来堂，并对他创办的集美学校、厦门大学、鳌园的遗产给予支持和保护等，实现陈嘉庚遗愿。种种举措即是对他予之中国贡献的肯定和感谢。

四、对其他国家的人文关怀

除了对自己的祖籍国中国和第二故乡新加坡给予高度的关注，在国际上，陈嘉庚也支持过发展中国家的民族独立运动。“二战”后，美国世界霸权开始形成之时，他即反对美国干涉其他国家内政。[②]尽管会招致非议，但他始终坚持真理，伸张正义，拥护正义。他关心、支持亚洲各国人民的民族独立运动，包括对印度、印尼等。虽然陈嘉庚已成古人，但他的榜样是伟大的。[③]他对世界各国的人文关怀是他的世界大同理想的展现。

（一）越南（安南）

“二战”结束时，陈嘉庚建议诸国领导人可乘此机会厘清一些历史遗留下来的领土归属问题。他认为，就东亚而言，香港、澳门等小部分之地的归属自然明晰；而法属安南殖民地，则应归还中国，或为中国之自治领土，最低限度当使之独立。理由是，安南关系东亚和平之重大，且自古就是中国领土。陈嘉庚详列若干条理由，并附《中国与安南在历史上之关系》一文，详

① 陈共存：去掉政治色彩的陈嘉庚，新浪网，http://news.sina.com.cn/o/2005−05−25/14145986076s.shtml, 2013−8−4。

② 黄猷：走近陈嘉庚——历史观中的宿命论因素对陈嘉庚人格形成的作用，载《陈嘉庚研究国际学术研讨会论文集》，陈嘉庚纪念馆编，2013 年 10 月，第 242 页。

③ 黄奕欢：我所知道的陈嘉庚先生的生平，载《新加坡各界追悼陈嘉庚先生大会》，新加坡中华总商会编，未刊，1961 年，第 7 页。

列从汉高祖乙已十一年（公元前203年）五月立故秦南海尉赵佗为“南越王”，至光绪九年（1882年）法国兵侵入安南，清政府派兵抵抗，终于1884年割安南于法国的历史过程，强有力地说明安南与中国的渊源不可分割之关系，即是陈嘉庚所认为的安南与中国“万万不得割离”之依据所在。为保持世界长期和平，陈嘉庚认为“欧洲列强前昔之侵略主义，今须觉悟改善，世界和平乃能持久，俄美英领袖大功亦克告达，此实天经地义必然之至理”。[①]

（二）印尼

印尼对于陈嘉庚来说，除设有少量公司分行，也是他在“二战”时期三年零八个月的避难地，因此对之有不一样的感情。“二战”结束后，陈嘉庚于1945年9月中旬移居玛琅旧地，在厦、集校友欢送会上，陈嘉庚嘱咐“你们要为华侨教育努力，并帮助印尼争取独立，这是有深远意义的工作。……玛琅是个好地方，日后有机会再来看你们”。[②]

1947年初，荷兰殖民者借口对新独立的印度尼西亚采取“第二次警卫”行动，用大炮持续五日猛轰苏门答腊巨港华人区，并乘机大肆劫杀华侨……。种种强盗式反华暴行，激起广大侨胞愤慨。新加坡中华总商会派李光前为代表与荷兰政府交涉无果。为了替死难侨胞申冤，为船只与货物被扣留者声援，陈嘉庚召开新加坡侨民大会，严斥荷兰殖民者野蛮暴行，号召华侨实行对荷经济绝交，以逼荷屈服[③]，获大会一致赞成，议决由南侨总会出面交涉，限荷一周内做出满意答复，否则对其经济绝交。荷兰东印度总督樊穆克立刻派三名代表和一名华人顾问到新加坡与陈嘉庚谈判，且蛮不讲理地威胁陈不要插手干预，遭陈嘉庚严词驳斥。此事终以荷方道歉赔偿了事。这次对荷斗争，维护了华侨正当权益，也支持了印尼民族独立运动。

陈嘉庚对于关乎国家民族利益的大事公私分明。一方面，陈嘉庚铭记1945年日本战败投降后他从泗水启程经吧城（雅加达）返回新加坡时，苏加诺曾派武装卫士秘密护送他的深情厚谊。但当苏加诺总统放任反动势力于1959年至1960年间掀起反华排华恶浪时，他同样旗帜鲜明，坚决站出来为

① 中国与安南，陈嘉庚，《南侨回忆录》，南洋印刷社，1946年，第380页。

② 《集美校友》第14期，载《陈嘉庚年谱》，第169—170页。

③ 陈嘉庚：在新加坡侨民大会上的演词，《南侨日报》，1947年2月17日。《陈嘉庚》，杨国桢著，北京：人民出版社，1987年，第115—116页。

维护华侨正当利益而斗争。另一方面，陈嘉庚则赞扬苏加诺总统为印尼民族独立解放所进行的斗争，支持印尼民族独立。陈嘉庚不但号召印尼华侨与印尼人民一起驱逐荷兰殖民主义者，[①] 也号召中国政府和人民以及广大华侨都坚决支持印尼人民的反帝国主义、反殖民主义斗争。[②] 这些对印尼独立运动的支持，引致荷兰政府不安，曾派出殖民地官员亲到新加坡怡和轩俱乐部以印尼全部华人安全问题当面威胁陈嘉庚，劝阻他不要干预印尼内政，[③] 遭陈严词驳斥。[④] 他毫不畏惧且继续采取针锋相对的对策。[⑤]"二战"结束后，殖民地民族独立呼声高涨。印尼首先独立成立印度尼西亚共和国。已于 1945 年 10 月返回新加坡的陈嘉庚，致电印尼主席 [⑥] 祝贺，促进中印民族友谊。

（三）印度

"二战"后，印度尼赫鲁曾到新加坡印度人中鼓吹民族革命。陈嘉庚对其为推翻殖民主义统治、争取国家独立而进行的民族解放运动给予极大同情，资助、支持尼赫鲁在新的活动。[⑦]1946 年 3 月尼赫鲁到访新加坡时，陈嘉庚不但亲自到机场迎接，且于 18 日以南侨总会主席名义邀集各民族领袖在怡和轩俱乐部设宴隆重欢迎为印度独立而来的尼赫鲁。陈做声援印度独立演说时，称赞尼赫鲁是"为印度民族求解放、为数万万人民谋幸福的印度民族领袖"[⑧]。此语使陈成为"战后初期在东南亚地区公开表示支持印度独立运动的第一个华人"[⑨]。尼赫鲁深受陈嘉庚友好热情支持所感动，称赞陈嘉庚是民族解放运动的战友。

1948 年 1 月印度圣雄甘地在当地被刺杀殒命。消息传出，世界一片哗然。东南亚各民族人士均以各种方式表达哀悼。时任南侨总会主席的陈嘉

① 《陈嘉庚在归来的岁月里》，第 98—99 页。

② 1959 年 12 月 16 日在全国侨联一届四次会议上致开幕词，《陈嘉庚言论新集》，第 55 页。

③ 《陈嘉庚在归来的岁月里》，第 98—99 页。

④ 黄奕欢：我所知道的陈嘉庚先生的生平，载《新加坡各界追悼陈嘉庚先生大会》，新加坡中华总商会编，未刊，1961 年，第 7 页。

⑤ 《陈嘉庚在归来的岁月里》，第 98—99 页。

⑥ 陈嘉庚：电印尼主席促进中印民族友谊，《南侨回忆录》，南洋印刷社，1946 年，第 367 页。

⑦ 张其华：在陈嘉庚身边十年，《回忆陈嘉庚》，北京：文史资料出版社，1984 年，第 200 页。

⑧ 叶钟玲：陈嘉庚与尼赫鲁，《陈嘉庚与南洋华人论文集》，叶钟玲著，马来西亚陈嘉庚基金工委会，2013 年 1 月，第 87—92 页。

⑨ 杨进发著，李发沉译：《陈嘉庚：华侨传奇人物》，八方文化企业公司，1990 年，第 333 页。

庚也特于31日致电印度自治领国务总理尼赫鲁，对甘地之逝世表示慰唁，[①]表达他对各地方民族独立运动的关心。1954年10月尼赫鲁访问中国，陈嘉庚亲自往机场迎接，参加周总理为尼赫鲁举行的欢迎国宴和宋庆龄举行的家宴，并于10月21日在《人民日报》发表署名文章《欢迎尼赫鲁先生》。

然而，当1959年尼赫鲁推行扩张主义，挑起中印边界事件，妄图染指我国领土的行径暴露无遗时，陈嘉庚坚决予以揭露和抨击，毫不顾及私交和情面。1959年9月4日、13日，在就中印边界问题对新华社记者发表谈话时，他反复有力地驳斥了尼赫鲁为英国殖民主义者制造的所谓“麦克马洪线”所做的辩护，认为这是印度当局为侵占中国领土寻找借口而制造的谬论[②]。“我们华侨同国内人民一样，一贯重视中印友谊。我们对印度人民为争取国家独立反对英帝国主义的斗争一向怀着深切同情。华侨所以敬重尼赫鲁先生，主因就是认为他反对过英帝国主义对印度的奴役。……我代表广大爱国华侨，完全拥护政府处理边界问题的立场、态度和方针，决不容许任何国家侵犯中国的领土和主权。”[③]私交归私交，事关国家利益时则不让分毫，陈嘉庚的爱国赤诚灼然可见。

陈嘉庚对东南亚国家民族领袖的崇敬，对民族独立运动的关心和支持，展现着他的人文关怀，反映着他对民族独立和世界和平的期盼。在尊重各国政策的同时，期盼各国人民自由、民主、平等的“仁爱”和“博爱”之初衷是一样的。

① 《南侨日报》，1948年2月1日，第3版。
② 张其华：在陈嘉庚身边十年，《回忆陈嘉庚》，北京：文史资料出版社，1984年，第97、200页。
③ 《陈嘉庚在归来的岁月里》，第97—98页。

结 语

1949 年 4 月 28 日，陈嘉庚准备启程去北京前，福建会馆与怡和轩俱乐部联合举行盛大的欢送会，会上赠予陈嘉庚一副对联：“合公谊私情，送先生归舟万里；论勋劳物望，实中外在野一人”[①]，他可谓当之无愧。

一、陈嘉庚精神的文化思想源流和人文关怀精神的几个特点

（一）陈嘉庚精神的中西文化思想源流与其出生、成长和发展环境密切相关

对陈嘉庚的认识，正如怡和轩董事南治国所说，认识一个人是一件不容易的事情。对陈嘉庚的伟大人格和高风亮节，我们当然是存一致看法，但陈嘉庚也是一个人，子女眼里的父亲，同事眼中的朋友，海外华侨心目中的“完人”，国共两党竭力争取的“侨领”，在在显示了陈嘉庚的多面性。研究陈嘉庚的精神，必须从“转变”的角度看待，必须看到陈嘉庚是从集美的一个涉世不深、求学不多的少年，如何漂洋过海，如何创业立业，如何从巨贾到教育的推动者和社会的改良者，总之，我们要重点关注那些促成陈嘉庚从平凡走向伟大的关键因素和重要瞬间。[②]

显然，注重一个人的出生、成长、发展环境，才是考量一个人的思想源流的根本所在。因此，陈嘉庚的中西文化思想源流必然与他的出生、成长和成人的环境和过程是紧密相关的。他出生后长期抚养他、与他朝夕相处的母亲，以及所接触到的集美村社的人、物、环境，包括私塾老师、同学、侨乡

---

① 陈共存口述、洪永宏编撰：《陈嘉庚新传》，第 301 页。

② 南治国：出席厦门“嘉庚论坛”随想，《怡和世纪》第 29 期，2016 年 6 月，第 91 页。

乡土民风等周遭环境，以及填满他青少年时光的正统私塾教育经历，是将他塑造为一个具备典型中国传统文化思想和侨乡乡土家族情怀的闽南中国人的基本源流所在；而与父亲近十年学徒生涯的朝夕相处，以及在南洋华人社会对华人传统的习得、浸染下，在在都强化了他的华人思想文化内容和华人身份认同感、华人族群的意识感。这种影响力，看不见，摸不着，在如细水长流般地无形中的潜移默化，作用于包括语言、文字、思维方式等在内的文化思想价值观各个方面，且一旦固化或形成便永久扎根。

（二）陈嘉庚的思想和价值观是与时俱进，而非一成不变的

环境的变化对一个人的“三观”可以产生重大影响。自出生、生活了17年的小渔村走出来，来到英国殖民者统治的南洋华人聚居、多元民族共存的社会和地域，自然将原来仅有家人概念和家族观念的小视野局限的陈嘉庚，带入了由华人族群、华人社团组成的华人社会，以及由多元种族和人种组成的以地域和国家为界的多元社会中。在此基础上，他逐渐对国家、社会和民族的界定有了清晰的认识，从而强化了自身的华人身份和华人族群意识。与此同时，从原来局限于只具有华人文化思想的小我，自然受到由多元民族带来的多元文化的冲击和对比。在语言、宗教信仰等民族文化的强烈载体限定下，加上与马来人、印度人的分而聚居、分而治之的人为划分，更加剧了华人族群之间的相互关联。在与多元文化的冲撞和对比中，去其糟粕，取其精华，成为对先进文化和文明的自然选择。因而使得陈嘉庚的原本只有中式文化思想价值观，又逐步融合、吸收进了西方文化价值观，不仅发现了自身原有中式文化价值观中的糟粕，进而去除之。他的爱国忠君之理念，已经不是传统意义上的固执地忠于一位君主，而是在符合他看人待物价值观的基础上，根据时局变化和推进，选择及变换向可以实现他的兴国梦的领导人表达自己的忠诚。也就是说，他的这种“忠君”言行是密切围绕国家前途而言的，是他爱国的表现。他大声疾呼要革除传统服装长袍马褂。对新加坡遍地经营的跳舞厅，他也多次呼吁政府应予禁止，他指出，对西方文化若专学其娱乐，就是“如胎毛未干，便欲学毛羽丰满之高飞，其遗害岂胜言哉”。[①] 他也在不断地耳濡目染中，吸收、融合入西方的先进文化思想价值观，使其

① 陈嘉庚：跳舞营业之毒害，《南侨回忆录》，陈嘉庚著，南洋印刷社，1946年，第36页。

思想和价值观不断与时俱进及趋于完善。但无论如何变化，这种新的融合，都仍是在原来中国传统文化价值观基础上的改进与完善，而不可能改变原来的中式思想文化价值观的根基。

（三）陈嘉庚的人文关怀精神是集中国“仁爱”与西方“博爱”的综合体现

陈嘉庚的中式文化思想源流即是中国封建社会的私塾正统教育、父母言传身教的家庭教育，以及侨乡风土民生和南洋华人社会传统的社会教育，这些力量和影响的共同作用，造就及强化了陈嘉庚的中国传统文化价值观基础。而他在英国殖民者统治下的多元文化和多元种族共存的殖民地社会中学徒、创业、奋斗、生活、社会活动的环境和经历，则构成了他的西方文化思想源流，赋予了他在原来中式传统文化价值基础上对人、事、物及社会、国家、世界的新认识和新思考。在此基础上，在扬弃糟粕的基础上取中国传统文化和西方文化的众家所长，从而逐渐内化成他独具特色的个性特点。而他的人文关怀精神即是源自这种中西文化思想的结合与融合。不论是从中国传统儒家经典中吸收内化，还是从信奉佛教的母亲及父亲身上习得，他将从中国传统文化中吸收到的“仁”之理念，铸就成自己的个性特点的核心；在与殖民地西方文化慈善理念、林文庆等基督信徒的接触过程中，融合进西方的“博爱”之理念，形成自己关于人、社会、国家和世界的具有普世价值观的人文关怀精神。他的这种人文关怀精神关注人的衣食住行等物质生存需求，也关注人的发展、进步等精神层面的需求，比如教育；关注社会民生、贫富差距、天灾人祸等问题，也关注道路交通、建筑舒适美观、卫生健康、教育水平等各种相关的社会问题；这种人文关怀精神，既关注国家的前途未来、国主明君等问题，也关注发展道路制度问题、国家发展和建设的人才关键基础问题，并以大力、全力的办学兴教为国家培养储备人才，是他对国家之爱的最集中体现。这种人文关怀精神反映的是他最朴实的仁爱观。他热爱他的祖籍国中国，也热爱他生活、奋斗及获得诸多人生收获的侨居国；他对中国的社会表达自己的关注关心和热爱，也对殖民地社会、华人社会展示自己的仁爱；他爱他的家人朋友，也关注关心那些素不相识的穷苦人、普通人和侨众。陈嘉庚用他的言行展示着融合了“仁爱”与“博爱”的“大爱”的人文关怀精神。

二、几个问题的探讨

清末民初时，南洋富甲一方的华侨富商，举不盛举，但是为什么只有陈嘉庚能做出倾资兴学之壮举，并且在自己的实业最困难直至收盘的情况下，还在极力维持集美学校、厦门大学的办学？这些壮举的背后究竟是什么驱使着他？关于这个问题，除了前文中他对中国文教事业贡献相关问题的分析之外，还需要强调两点。

综观陈嘉庚的著述以及他的言论史料，总体来看，陈嘉庚会做出倾资兴学的壮举，并能坚持不懈，主因是他人文关怀精神的表现，核心是他爱国和强烈社会责任感的再现。一方面，正如经济历史学者戴渊把陈嘉庚的商业和教育事业紧凑地编织在一起，在其研究马来亚殖民地华人资本主义的文章中总结说："他的商业活动不在于以谋取利润为终极目的，而在于为他的祖国中国和马来亚的工业和教育事业的发展，做出贡献。"[①] 陈嘉庚外孙傅树介也说："在业务面对诸多困难的整个时期，外祖父本可减少对在集美的学校、学院以及大学的资助，这些院校都仰赖他的资金。银行家向他提意见，要他整合核心企业、放弃次要商业，并停止资助他在中国和新加坡所创办学校。他不听从要他集中于挽救其商业王国的劝告，立场坚定，执意要把学校办下去。他要确保学校的资金来源不会中断。"[②]1947 年，陈嘉庚委派他的二儿子到香港，以港币 25 万元的资金注册集友银行。该银行的任务是经营可持续发展的业务，把所赚取的利润悉数用于集美的教育经费。他在遗嘱上嘱咐捐出 100 万人民币给家乡的学校。[③] 显然，他的这些举动的背后是由他对社会和国家强烈的责任感和爱国心所驱使，为了解决贫苦子弟的教育问题，改变闽南教育落后的面貌，改观福建教育资源不均、匮乏等现象，解决南洋师资匮乏等问题，实质是对集美社子弟、闽南贫苦子弟及侨生等人的关怀，是对包括集美侨乡、闽南地区等在内的社会关怀，以及对国家建设发展前途等国家层面的人文关怀，是他最普世的"仁""爱"的完美体现。

① 傅树介：一位外孙笔下的陈嘉庚，《怡和世纪》第 29 期，2016 年 6 月，第 95 页。
② 傅树介：一位外孙笔下的陈嘉庚，《怡和世纪》第 29 期，2016 年 6 月，第 96 页。
③ 傅树介：一位外孙笔下的陈嘉庚，《怡和世纪》第 29 期，2016 年 6 月，第 99 页。此处香港注册资本原文为 100 万港币，实际据香港集友银行档案显示，该银行的注册资本为 25 万港币。

另一方面，他一直报以必成的信念来展开他的办学之路，以对华侨群体进行示范作用为宗旨，打破华侨慈善活动通常的偶然性和短期性的常规，而以持续性和长久性为集美学校和厦门大学办学的总体特点，以培育服务于闽南和南洋的师资队伍和专业技术人才为终极目标，为国家和社会输送有用人才。加上1919年黄炎培对其事迹冠以“毁家兴学”赞誉的广泛宣传推广①，也将他推向只可前行、不可回头或停歇的境地，促使他不惜一切代价和付出，将之进行到底，更何况续办两校也是造福千秋万代的好事。这一为侨众示范带头作用的目的，趋使着他要努力兑现自己在兴办厦大时试图招募协办者发出的宏愿和诺言，以自己独有的“诚毅”信念，和类似于《阿甘正传》中的阿甘那样努力将每件事做到极致。“不成必败，不败必成”。如果办学失败，毁个人声誉事小，断送千万学子前途事大，也将向侨众宣布他也是和他们一样只会空喊口号的一界侨商而已。相反，办学成功不但实现了自己的愿景、兑现了自己的承诺，改变华侨办学通常的有始无终、虎头蛇尾的常态，更可以事实给那些他在迫不得已开口募捐却遭回绝的富侨们以深刻驳斥，为更多侨众以示范带头作用，引领侨众转变“一盘散沙”、辜负孙中山“华侨乃革命之母”赞誉的现状。因而他能慷慨输钱办理教育事业，成就不朽事业，发挥积极、普遍且永久的贡献，让其本乡本县受恩惠，也使全省乃至全国也无形中沾了他的利益②，南洋也不例外。

陈嘉庚被世人尊为一位伟人，他本也是一位普通的南迁华侨，那么为什么他最后成为可以振臂一呼、得到众多华侨响应和拥戴且影响一时的南侨领袖？这一问题主要针对的是1940年前陈嘉庚获得华社拥护以及英殖民政府、中国政府的许可与认同，被推举为南侨总会主席，成为唯一的超帮侨领，成功统领南洋华侨合力支持中国抗战之缘由。

“二战”前的陈嘉庚成就很多，除了办学与领导星华筹赈会、南侨筹赈总会、南洋闽侨总会（1941年成立）与新加坡华侨抗敌动员总会（1941年12月组织）等外，其最重要的成就，在于是中国与殖民地两政府所公认的

① 见黄炎培：陈嘉庚毁家兴学记，《新教育》，1919年第1卷第5期，第69—74页；黄炎培：陈嘉庚毁家兴学记，《教育丛刊》，1919年第1期，第1—4页；黄炎培：陈嘉庚毁家兴学记，《东方杂志》内外时报，1919年第16卷第12期，第197—199页。

② 涵真：《陈嘉庚君的事业》，《光明》（北京），1919年第2期，第21—23页。

政治领袖。而其领导才华、毅力、干劲及强有力的领导作风，为战前东南亚华族史上所仅见。[①]或许有人认为，陈嘉庚之所以在20世纪30年代能获得星华与华侨的政治领导权，是由于当时的中、新两地危机——日侵。但其实，陈嘉庚的这种领导权是经过很长一段时间的积累，以及陈嘉庚自身能力及当时的诸多因素促成。

一是“同安精神”造就陈嘉庚不平凡的一生。陈嘉庚的祖籍地——厦门集美，原属同安县。出洋前16年的耳闻目染与熏陶，让陈嘉庚亦成长为具备典型“同安精神”的同安人。在日后的岁月里，陈嘉庚如众多闽籍华侨华人一样，在南洋闯出了自己的一片天地。如今，“同安精神”被诸多学者归纳为造就众多闽籍华人成功的品质因素之一。依杨进发之言，陈嘉庚以身作则、坚韧不拔、贯彻始终的领导作风，即是“同安精神”的具体表现；而其一生中所坚信不疑的领导风格——敢作敢为、敢怒敢言与敢想的言行，是“同安精神”的最高表现。因此，陈嘉庚被杨进发誉为“同安精神”的典范。[②]

二是个人实业发展及个人魅力释放。与其他一般富商不同的是，陈嘉庚一生为富而仁。不但懂得“取之社会、用之社会”之道理，且积极地推行之，把所赚取之财富，大胆地贡献于教育及慈善事业上。他自称在战前牺牲教育费坡币800余万元，而新加坡《海峡时报》则估计陈一生用在闽省之教育费，超过1000万元新币。在闽南教育事业方面，从1913年开办集美小学校始，幼稚园、中学、师范、水产航海与商业等校，至1921年开学的厦门大学，陈嘉庚的声誉与社会地位都在无形中提高。新加坡方面，陈嘉庚是道南学堂的创办人之一，且担任该校之正总理多届（1911年、1917—1919年、1922—1929年等）。他也是1918年南洋女学校的发起人与董事之一。此外，他还协同在新闽帮同侨开办爱同学校（1912年）与崇福女校（1915年），成为闽帮的教育热心家。但是，陈嘉庚号召各帮侨领，倡办闻名东南亚的华侨中学（1919年3月21日开学）与南洋师范学校（1941年），是他在星对华文教育最主要的贡献。同时，这两种超帮的教育活动，使他奠定了超帮的社

① 杨进发：《战前的陈嘉庚及其政治与社会思想》，《陈嘉庚研究文集》，杨进发著，北京：中国友谊出版社，1988年8月，第188页。

② 杨进发：《陈嘉庚研究文集》，北京：中国友谊出版社，1988年8月，第191—192页。

会领袖地位。[①]

三是华社方面的原因。要成为超帮领袖，当然首先要成为这些领导组织的一帮之长。之后一帮之长还须通过两条升堂入室之途径：一为跃上中华总商会董事之宝座，堂堂正正地成为埠中全体华族的代言人。二为通过帮的最高机构，以帮首的名誉号召或推动各种超帮的社会活动。[②]20 世纪 30 年代，陈嘉庚以福建会馆主席身份，发动了一场轰轰烈烈的抗日爱国运动便是一个很好的例子。陈嘉庚不但以福建会馆主席身份，对福建会馆的体制及所属华校进行了成效显著的改革，还以怡和轩俱乐部主席等若干重要身份，解决各帮派间的各类冲突和械斗等事件，为缓和华社帮派矛盾、促进华侨团结、提高华侨子弟教育、就医等诸多方面都做了很多事情，不但使陈嘉庚身边逐渐聚集了诸多各类才俊，成为他日后实业、政治事业的智囊，同时也令福建帮华侨及其他帮派众华侨心服口服，为陈嘉庚在之后屡次获得高票获选，得到全新加坡乃至全南洋华侨的拥护打下了基础。

四是中国国民政府方面的原因。至于中国国民政府之所以会承认陈嘉庚无党无派的政治领导权，一方面是由于在 1940 年陈嘉庚回国慰劳之前，陈嘉庚都是十分支持及拥护以蒋介石为首的中国国民政府的。包括 1928 年南京政府成立后，陈嘉庚不仅“手定规则‘拥护南京政府为首要目的’，交《南洋商报》经理，命悬挂办公处”；[③] 还在各大会场、会馆等公共处悬挂孙中山画像；始终尊称蒋介石为“蒋委员长”以及“购机寿蒋”[④] 等；此外，山东济南惨案发生后，陈嘉庚领导华社源源不断地为蒋政府输入经费支持，以助蒋政府抗日等。诸多事实使蒋政府对陈嘉庚颇多好感。另一方面，在于蒋政府敬重陈嘉庚鞠躬尽瘁与“毁家兴学”的爱国言行。由此，自山东筹赈会后，陈嘉庚被中国蒋政府委为侨务委员会委员（1932—1936 年）；1935 年陈受蒋介石赠予二等采玉章，承认其在教育上之贡献；1938 年，更委任陈为参政院之海外参政员之一。[⑤] 另因当时国民党在新加坡的活动被英殖民当局定为非法，种种均促成陈嘉庚受中国国民政府公开承认为南侨爱国运动的首

① 杨进发:《陈嘉庚研究文集》，北京：中国友谊出版社，1988 年 8 月，第 192—193 页。

② 杨进发:《战前星华社会结构与领导层初探》，1977 年，新加坡南洋学会出版，第 3—4 页。

③ 陈嘉庚:《南侨回忆录》，1993 年集美翻印本，第 42 页。

④ 陈嘉庚:《南侨回忆录》，1993 年集美翻印本，第 62 页。

⑤ 杨进发:《陈嘉庚研究文集》，北京：中国友谊出版社，1988 年 8 月，第 199 页。

脑人物。

五是英殖民政府方面的原因。陈嘉庚时为英籍民，且于“一战”期间曾多次在经济及思想上支持过英国对德之战。陈嘉庚自1918年起被英殖民政府委为太平局绅，1923年成为华人参事局绅，与华民政务司署等重要人物屡有接触，尤其是1933年始为华民政务司署帮办的一等翻译官孙崇瑜，是怡和轩会友，且是陈在20世纪30年代爱国救亡运动中的密友及重要而可靠的智囊。他支持陈嘉庚领导的合法反日爱国运动，曾多次向其上司疏通、缓和当局对陈政治运动的不满，使其能相继成功领导了一系列筹赈会活动；且在多次危急关头支持陈嘉庚，使陈1929年3月顺利夺取福建会馆领导权，成为使受国民党操控的中华总商会未能领导星华筹赈会的主要原因。[①] 陈嘉庚的社会地位和声望高，总督克里弗于1928年参观陈嘉庚树胶制造厂后，大事赞扬陈嘉庚工业化的贡献与魄力。[②] 而因20世纪30年代华族社会趋向复杂与政治化，英政府惧怕中日战争会促发马共或国民党夺取民族主义领导权，威胁自身统治。陈嘉庚无党无派，且已颇有影响力。因此，选择他出来推动“有调节性与良善组织的筹赈会”，让他领导“合法”与“有限制性”的筹赈运动，是英国人最为聪明的“分而治之”的政治手段。而陈嘉庚一鼓作气，把整个救亡事业搞得风涌云荡、有声有色，更使英政府肯定及接受了陈嘉庚的领导能力和地位。因此，在新加坡沦陷前，英殖民政府唯有请最佳人选陈嘉庚出面领导星华抗敌动员总会从事宣传、救伤及劳工等工作，这是英殖民政权承认陈嘉庚政治领导权的最终表示。[③] 由此，从1928年山东筹赈会至日本南进，陈嘉庚以“无党无派”的身份成功领导了一次又一次南侨史上最为波澜壮阔的群众运动，并得到了两地政府的许可及当地各党、派、帮的大力支持。故20世纪30年代的南洋政治运动也可以说是陈嘉庚以“无党无派”立场领导的超帮与超党派的联合阵线运动。[④] 从而，创造了一个举世

① 杨进发:《陈嘉庚研究文集》，北京：中国友谊出版社，1988年8月，第197页。

② 《海峡时报》，1929年6月6日；转引自《怡和轩俱乐部与战前星华社会》，杨进发著，《战前星华社会结构与领导层初探》，1977年，新加坡南洋学会出版，第33页。

③ 杨进发:《陈嘉庚研究文集》，北京：中国友谊出版社，1988年8月，第198—199页。

④ 杨进发：陈嘉庚与“南侨爱国无党派”，《陈嘉庚研究文集》，北京：中国友谊出版社，1988年8月，第181—187页。

瞩目的“陈嘉庚时代”。

陈嘉庚和其他华侨以及侨领有哪些不同质的地方？对于这一问题，可以从他的子孙和曾经一起共事、接触的人士对他的诸多回忆和评价中综合得出具体答案，主要有以下几点。

一是倾资兴学，大公无私。他是一位彻头彻尾的伟大平民，他是人类中最有情感的。[①]“他对自己家人的要求近乎苛刻程度，但是为国家兴办学校，花费上百万亦毫不吝惜。他是我们一生的骄傲。他不只属于我们家族，他更属于全社会。”[②]天下有不少人建筑了许多财富，一旦死去，财富也完了。可是陈先生的作为，财富虽然失去，他的地位、事业、功名，好像昨日。陈先生平日的财富完全献给大众，陈嘉庚的名字是代表博爱和牺牲。[③]

二是坚持到底。办学一事，是收效最慢且最耗费资财的事，即最吃力不讨好的事。故而，支持办学的很多，但往往是一次性捐助或创办后便无下文。在中国近代华侨史上，华侨办学，但学校之后落寞、衰亡的比比皆是。这样的办学事例举不胜举。陈嘉庚的独特之处，即是能倾资兴学，且在此基础上，能坚持不懈并时刻守望着这份耕耘。可以说，他除了倾其所有资财为办学，也倾其所有时间、精力、精神为办学，因为在实业收盘后，如何为学校寻找办学经费和长久存续经费，几乎是耗费他后半生绝大多数时间和精力的烦心事。虽然困难重重，但他没有放弃。从而才有了集美学校和厦门大学的今天。这即是他有别于其他华侨的另一重要特质。而集美学校和厦门大学则是陈嘉庚心血凝成的文化纪念碑。[④]

三是对振兴中国“兴国梦”的执着与坚守。陈嘉庚的最大不同之处，在于没有第二位华侨可以如他这样执着地固守着对中国的兴国梦，并时刻付诸于自己的言行中，真正参与到了中国的每一步前进步伐中。他为了实现其强盛中国的梦，倾其所有，支持国家统一，为人民创办现代化教育。他是当之

① 黄奕欢：我所知道的陈嘉庚先生的生平，《陈嘉庚先生纪念册》，陈嘉庚先生纪念册编委会编，1961年，第42页。

② 陈嘉庚七子陈元济评价陈嘉庚。《非同凡响：南洋商报创刊85周年纪念书籍》，第170页。

③ 黄奕欢：我所知道的陈嘉庚先生的生平，《陈嘉庚先生纪念册》，陈嘉庚先生纪念册编委会编，1961年，第41页。

④ 永远的文化纪念碑——缅怀陈嘉庚先生，《教育论语》，刘再复、刘剑梅著，福州：福建教育出版社，2012年10月，第226页。

无愧的“民族主义现代化建设者”，甚至是“革命的社会主义者”，而不是一个肤浅、消极的“慈善家”。[①] 他设计的公司“钟”字商标，即是将中国的“中”字放于钟中，寓意时刻将中国谨记心中。而在1919年回中国倡办厦门大学之前，他煞费苦心地在公司摆“中”字形宴席，请同仁喝中国酒、吃中国菜，就是为了让他们“勿忘中国，克勤克俭，期竟大功”。[②] 由于他的这份坚守和执着，使他能够直接与中国近代的变迁历史产生紧密联系，与孙中山、蒋介石、毛泽东三位中国不同时代的第一领导人产生交集，这是任何其他华侨、任何其他侨领都未能做到及有过的经历。而他的言行则对他所经历的中国的三个发展进程都产生了重大影响，这是不可否认的事实。故而，“前半生兴学，后半生纾难；是一代正气，亦一代完人”[③] 是对他的一生的完美总结，没有第二位华侨再获得过这一评价；而“陈嘉庚先生追悼大会”也是迄今为止南洋举行过的唯一的华侨追悼大会。这些都足以说明陈嘉庚的特别所在。

人生很短，但陈嘉庚创造了比他的生命长久得多的生命与业绩。因此，他的名字，无论是昨天、今天还是明天，都是光荣的。[④] 陈嘉庚是时代的巨人，是精神的风标。陈嘉庚留下的宝贵遗产，不仅是留给中国人的遗产，也是留给全球华人的宝贵遗产。陈嘉庚精神作为一种民族精神和人格力量，他就是一种能够凝聚全球华人的“软实力”，他是新加坡华人的软实力，是中国人的软实力，也是全球华人共同拥有并引以为傲的软实力。陈嘉庚已然是一个崇高的符号，代表着一个崇高的理想，引领广大中华儿女自强不息，为社区的祥宁、为家国的福祉、为民族的复兴而努力奋斗。[⑤] 陈嘉庚应该被我们永远记住，他的人文关怀精神更值得我们不断传扬下去。

① 傅树介著、伍德南翻译：一位外孙笔下的陈嘉庚，《怡和世纪》第29期，2016年6月，第93页。

② 愿诸君勿忘中国——离星归国前在恒美厂宴请同人时的演说（1919年5月），《陈嘉庚教育文集》，第166页。

③ 1961年新加坡中华总商会举行陈嘉庚追悼会悬挂陈嘉庚遗像两边，《新加坡各界追悼陈嘉庚先生大会》，第1页。

④ 刘再复：永远的文化纪念碑——缅怀陈嘉庚先生，《教育论语》，刘再复、刘剑梅著，福州，福建教育出版社，2012年10月，第227页。

⑤ 南治国：出席厦门“嘉庚论坛”随想，《怡和世纪》第29期，2016年6月，第92页。

附　录

附表1　陈嘉庚著作一览（以出版时间为序）

	书名	出版时间	类别	内容简介
1	增广校正验方新编	1927 年编订	作序	由陈嘉庚征集药方、请人编校、自己出资印赠、作序的药书，为方便缺医少药的民众自行按病依照处方抓药治疗。
2	民族呼声歌集	1939 年 4 月初版	作序	夏之秋主编，南洋华侨筹赈祖国难民总会发行，陈嘉庚序。是 1938 年底去星洲巡回筹赈演出的武汉合唱团，在次年 4 月结束在新加坡演出前，将所演出歌曲歌词集结而成的一本歌集。该团在新马的筹演不但得到陈嘉庚所主持的南侨总会全力支持和帮助，且该歌集也是在南洋华侨筹赈祖国难民总会的资助下得以出版，并获陈嘉庚作序，为现仅见的陈嘉庚作序的歌集。
3	战后建国首要：住屋与卫生	1946 年 2 月 26 日初版	著述	列举大量事实材料，对比国内不足，介绍新加坡在卫生方面的先进做法，阐述卫生的重要性，指出各种关乎国民健康的因素，提出改善措施和方法。
4	南侨回忆录	1946 年 3 月 20 日初版	著述	全书 30 万言，是陈嘉庚避难爪哇时所写的回忆录，按时间顺序详尽记述了他 40 多年的人生经历，陈述了自己个人企业、办学、服务社会等的经过，尤其详细记录了 1940 年他以南侨总会主席名义组织回国慰劳团回国慰劳的沿途经历，目的是为了记录南洋华侨为襄助中国抗战而做出的种种贡献。

续表

	书名	出版时间	类别	内容简介
5	我国行的问题	1946 年 6 月出版	著述	针对陆运、海运等涉及“行”有关的各方面问题进行了详细分析，结合他早年运营航运公司和橡胶厂的实践经验，逐一给出具体计划和建设意见。
6	民俗非论集	1946 年	著述	书中阐述他对有关民俗、陋习方面的批驳及改进意见。
7	大战与南侨·马来亚之部	1947 年 1 月 1 日初版	作序	南洋筹赈祖国难民总会编印，陈嘉庚序。是“二战”后安全返回新加坡的陈嘉庚牵头组织调查、收集华侨死伤损失情况的史料记录，书中选收 80 位作者共 100 篇文章分地域、以群众与文化人的回忆录形式记述了日军罄竹难书的暴行与华人的受损惨况，控诉日军的罪行，以史为鉴。
8	南侨正论集	1948 年 4 月 1 日初版	作序	南洋华侨筹赈祖国难民总会编印，陈嘉庚序。书中以舆论、专论、报道、文件、附录的形式，还原了 1946 年陈嘉庚致电美国总统劝其撤出中国停止援助国民党内战，而在南洋华社中引发的舆论大战整个事件的原委，展示胜利是属于正义的真理。
9	陈嘉庚言论集	1949 年 8 月 15 日初版	著述	是陈嘉庚在 1949 年 5 月回国参政前将他在 1946 年至 1949 年间支持中国政治走向的诸多言论进行汇总、集结出版的个人言论集，分论文、演讲、通告、函电和附录五部分。
10	东北观感集	1949 年 6 月	著述	该书是 1949 年陈嘉庚回国参政期间游历东北各地后返京所记录的见闻录，是《新中国观感集》的前身。
11	新中国观感集	1950 年 6 月初版	著述	是陈嘉庚 1949 年 12 月回国参政返回新加坡后，在《东北观感集》基础上修改、增补了他从北京南下直至新加坡的沿途考察观感，主要是为成立不久后的新中国建设献言献策。

附表 2　集美学校历年经费总汇（1923）

单位：国币银圆

年份（民国）	经常费	建筑费	合计
二年度（1913）	2350.00	10000.00	12350.00
三年度（1914）	2580.00	4000.00	6580.00
四年度（1915）	3430.00		3430.00
五年度（1916）	3620.00		3620.00
六年度（1917）	6837.80		6837.80
七年度（1918）	41762.95	195025.00	236787.95
八年度（1919）	71187.30	143000.85	214188.15
九年度（1920）	126978.57	147805.00	274783.57
十年度（1921）	148832.68	247000.00	395832.68
十一年度（1922）	183996.39	138000.00	321996.39
合计	591575.69*	884830.85	1476406.54

（说明：* 原表中统计的经常费合计为 530340.9 元，但该表的总合计 1476406.54 元是准确的，故经常费合计统计有误，应为 591575.69 元。资料来源：《福建私立集美学校十周年纪念刊》，集美学校校董会编，1923 年，第 9—10 页）

附表 3　集美学校历年经费一览（1933）

单位：国币银圆

年份（民国）	经常费	建筑费	推广教育费	合计
七年（1918）	74762.950	104500.000		179262.950
八年（1919）	91187.300	143000.000		234187.300
九年（1920）	126978.570	149000.000		275978.570
十年（1921）	148832.380	248000.000		396832.680
十一年（1922）	183996.456	138000.000		321996.456
十二年（1923）	240160.326	99713.341		339873.667
十三年（1924）	240506.167	52389.270	6033.000	298928.437

续表

年份（民国）	经常费	建筑费	推广教育费	合计
十四年（1925）	284054.982	261408.034	6900.000	552363.016
十五年（1926）	316472.671	274970.341	30644.000	622087.012
十六年（1927）	245752.250	23266.734	21794.000	290812.939
十七年（1928）	258406.508	9913.939	29826.000	298146.447
十八年（1929）	233582.105	2820.000	28370.000	264772.105
十九年（1930）	221484.112	322.425	26772.000	248578.537
廿年（1931）	226651.947	6866.864	24472.000	257990.811
廿一年（1932）	215944.202	543.450	17680.000	234167.652
合计	3108773.181	1514714.398	192491.000	4815978.579

（资料来源:《集美学校廿周年纪念刊》，集美学校校董会编，1933 年，第 15 页）

附表 4　1918 年—1922 年两刊公布经费对比

单位：国币银圆

	经常费		建筑费	
年份（民国）	十周年	二十周年	十周年	二十周年
七年（1918）	41762.950	74762.950*	195025.000	104500.000*
八年（1919）	71187.300	91187.300*	143000.850	143000.000
九年（1920）	126978.570	126978.570	147805.000	149000.000
十年（1921）	148832.680	148832.380	247000.000	248000.000
十一年（1922）	183996.390	183996.456	138000.000	138000.000
合计	572757.890	625757.656*	870830.850	782500.000*

（说明：* 变化较大。资料来源:《福建私立集美学校十周年纪念刊》，集美学校校董会编，1923 年，第 9—10 页;《集美学校廿周年纪念刊》，集美学校校董会编，1933 年，第 15 页）

附表 5　集美学校历年经费一览（1913 年至 1947 年上学期）

单位：1914—1934 年为银圆，1935—1947 年为法币

年度（民国）	学期	金额
2 年春至 6 年秋（1913—1917）		9093.90
6 年度（1917）	下	37381.84
7 年度（1918）	上	37382.84
	下	45593.65
8 年度（1919）	上	45594.65
	下	63489.39
9 年度（1920）	上	63490.39
	下	74416.34
10 年度（1921）	上	74416.34
	下	84345.26
11 年度（1922）	上	99651.20
	下	115437.62
12 年度（1923）	上	124722.71
	下	130673.85
13 年度（1924）	上	109832.31
	下	123114.26
14 年度（1925）	上	160940.72
	下	159578.41
15 年度（1926）	上	156894.26
	下	121525.30
16 年度（1927）	上	124226.90
	下	126491.97
17 年度（1928）	上	131914.54
	下	128508.47
18 年度（1929）	上	105073.64
	下	106296.94
19 年度（1930）	上	115187.17
	下	116373.82
20 年度（1931）	上	110278.13
	下	108063.66
21 年度（1932）	上	105242.60
21 年度（1932）	下	103263.44
22 年度（1933）	上	90420.34
	下	68975.82
23 年度（1934）	上	77397.84
	下	70965.84
24 年度（1935）	上	59533.02
	下	57107.44
25 年度（1936）	上	53530.53
	下	66218.34
26 年度（1937）	上	72684.43
	下	46160.31
27 年度（1938）	上	39633.67
	下	43166.95
28 年度（1939）	上	55353.65
	下	81735.57
29 年度（1940）	上	132111.91
	下	174582.41
30 年度（1941）	上	359895.61
	下	324533.17
31 年度（1942）	上	506500.16
	下	937173.12
32 年度（1943）	上	1817471.38
	下	2796052.68
33 年度（1944）	上	4661975.41
	下	6884472.93
34 年度（1945）	上	19252401.83
	下	68217702.95
35 年度（1916）	上	169964536.99
	下	456348078.47
36 年度（1947）	上	1718494451.68

（说明：因 1914 年至 1934 年为银圆实行期，1935 年至 1947 年为法币实行期，因此上表中金额的具体货币单位不同，且因法币在抗战及内战时期贬值严重，因此，表中数字只做参考，无合计意义。资料来源：《集美学校要览》，集美学校编，未刊，1948 年 5 月，第 22—26 页。）

参考文献

一、古籍、族谱、档案、史料、汇编

[1] 本书编委会 . 蒲蓉李氏泉美家族族谱 [M]. 蒲蓉：李氏泉美家族，2012.

[2] 编者不详 . 陈嘉庚先生安全庆祝大会特刊 [M]. 重庆：[不详]，1945.

[3] 陈碧笙，陈毅明编 . 陈嘉庚年谱 [M]. 福州：福建人民出版社，1986.

[4] 陈厥祥编著 . 集美志 [M]. 香港：侨光印务有限公司，1963.

[5] 陈嘉庚 . 陈嘉庚言论集 [M]. 新加坡：星洲南侨印刷社，1949.

[6] 陈嘉庚 . 陈嘉庚言论集 [M]. 新加坡：新加坡怡和轩俱乐部、新加坡陈嘉庚基金、中国厦门集美陈嘉庚研究会，2004.

[7] 陈嘉庚 . 南侨回忆录 [M]. 新加坡：南洋印刷社，1946 年 3 月再版 .

[8] 陈嘉庚 . 南侨回忆录（上下册）[M]，集美：集美陈嘉庚研究会翻印，1993.

[9] 陈嘉庚 . 战后建国首要：住屋与卫生 [M]. 新加坡：南侨印刷社，1949 年四版 .

[10] 陈嘉庚 . 我国行的问题 [M]. 新加坡：南洋华侨筹赈祖国难民总会印赠，1946.

[11] 陈嘉庚 . 东北观感集 [M]. 北京：[不详]，1949.

[12] 陈嘉庚 . 新中国观感集 [M]. 新加坡怡和轩俱乐部等联合出版，2004 年翻印 .

[13] 陈嘉庚 . 致集美校董先生函 [Z]. 1933 年 5 月 8 日，档案件 .

[14] 陈嘉庚 . 致毛泽东主席函 [Z]. 1952 年 12 月 5 日，档案件 .

15] 陈嘉庚．中外华侨永存爱国世界博物馆，未刊稿，存集美学校委员会．

[16] 陈嘉庚著，朱立文编．陈嘉庚言论新集 [M]. 厦门：厦门大学出版社，2013.

[17] 陈嘉庚先生纪念册编辑委员会编．陈嘉庚先生纪念册 [M]. 北京：中华全国归国华侨联合会，1961.

[18] 蔡模楷主编．孙炳炎教育基金二十周年纪念资料汇编 [M]. 内部发行，时间不详．

[19] 陈荆和，陈育崧编．新加坡华文碑铭集录 [M]. 香港：香港中文大学出版部，1970.

[20] 丁志隆主编．集友银行档案选编 [M]. 福州：海风出版社，2008.

[21] 福建集美学校编．福建集美学校童子军周年纪念刊 [M]. 集美：未刊，1924 年 1 月．

[22] 傅无闷主编．南洋年鉴 [M]. 南洋商报社，1939.

[23] 华侨博物院编印．陈嘉庚文集（征求意见稿）· 1–6，厦门：华侨博物院，1994.

[24] 集美学校校董会编．福建私立集美学校十周年纪念刊 [M]. 集美：未刊，1923.

[25] 集美学校校董会编．集美学校廿周年纪念刊 [M]. 集美：未刊，1933.

[26] 集美学校编．集美学校要览 [M]. 集美：未刊，1948.

[27] 集美学校周刊编辑股编．集美学校周刊 [J]. 总第 16、56、88、107 期，1922 年 3 月–1925 年 6 月．

[28] 集美学校周刊编辑股编．集美周刊 [J]. 总第 132、133、152、187、239、381 期，1926 年 4 月–1935 年 3 月

[29] 林弼．送孔叔原长泉山书院序 [A]，林登州集 · 卷八 [M]，《四库全书》本．

[30] 乐安堂孙厝孙氏族谱编委员会．乐安堂孙厝孙氏族谱 [M]. 厦门：鹭江出版社，2009.

[31] 梁英明主编．华侨华人百科全书 · 人物卷 [M]. 北京：中国华侨出

版社，2001.

[32] 刘士木编．华侨与文化 [M]. 南洋编译社刊行，1940.

[33] 南洋华侨筹赈祖国难民总会编印．大战与南侨 · 马来亚之部 [M]. 新加坡：新南洋出版社，1947.

[34] 南洋华侨筹赈祖国难民总会编印．南侨正论集 [M]. 新加坡：新南洋出版社，1948.

[35] ［清］李钟玉．新加坡风土记 [M]. 光绪十三年（1887 年）；许云樵批注 .1947.2.

[36] ［清］李钟钰．新加坡风土记 [M]. 新加坡南洋书局，1947.

[37] ［清］李钟珏．新加坡风土记 [A]. 王云五主编．丛书集成初编 · 海录及其他三种 [C]. 上海及各埠：商务印书馆，1936.

[38] 阙名．三洲游记 [A]. 中外地舆图说集成 · 卷二二七 [M]，上海积山书局石印本．

[39] 沈立新主编．华侨华人百科全书 · 社区民俗卷 [M]. 北京：中国华侨出版社，2000.

[40] 宋蕴璞．南洋英属海峡殖民地志略 [M]. 新加坡：蕴兴商行，1930.

[41] 同安县地方志编纂委员会编．同安县志（上册）[M]. 北京：中华书局，2000 年．

[42] 王之春．使俄草 [M]. 小方壶斋舆地丛钞．再补编第三帙．

[43] 王增炳，陈毅明，林鹤龄编．陈嘉庚教育文集 [M]. 福州：福建教育出版社，1989.

[44] 厦门市集美区地方志编纂委员会．厦门市集美区志 [M]. 北京：中华书局，2013.

[45] 新加坡中华总商会编．新加坡各界追悼陈嘉庚先生大会 [M]. 新加坡：新加坡中华总商会 [未刊]，1961.

[46] 厦门大学校史编委会编．厦大校史资料 · 第一辑（1921—1937）[M]. 厦门：厦门大学出版社，1987.

[47] 杨进发编著．战前的陈嘉庚言论史料与分析 [M]. 新加坡：新加坡南洋学会，1980.

[48] 叶奇思编著．赤子丹心——新中国剧团南洋筹赈巡回演出纪实[M]. 北京：中国华侨出版社，2009.

[49] 叶奇思编著．赤子丹心——武汉合唱团南洋筹赈巡回演出纪实[M]. 北京：中国华侨出版社，2006.

[50] 政协集美文史资料委员会．集美文史资料（第 1、3、6、7 辑），集美：内部发行，1990、1992、1995、1996.

[51] 追悼筹备会编．陈敬贤先生事略 [A]. 陈敬贤先生追悼纪念刊 [M]. 集美：未刊，1936.

[52] 庄惠泉．出版许．云樵编，蔡史君编修．新马华人抗日史料：1937−1945[M]. 新加坡：文史出版私人印务，1984.

二、译、专、编著

[1] 北京集美校友会编．回忆陈嘉庚：纪念陈嘉庚先生诞辰一百二十周年 [M]. 北京：中共中央党校出版社，1994.

[2] 陈晓律等．马来西亚：多元文化中的民主与权威 [M]. 成都：四川人民出版社，2000.

[3] 陈衍德．对抗、适应与融合：东南亚的民族主义与族际关系 [M]. 长沙：岳麓书社，2004.

[4] 陈耕编著．闽南民系与文化 [M]. 厦门：鹭江出版社，2009.

[5] 陈志良等．中国儒家 [M]. 北京：宗教文化出版社，1996.

[6] 陈自强．明清时期闽南海洋文化概论 [M]. 厦门：鹭江出版社，2012.

[7] 崔贵强．新加坡华文报刊与报人 [M]. 新加坡：海天文化企业私人有限公司，1993.

[8] 陈支平．边际族群：远离帝国庇护的客人 [M]. 合肥：黄山书社，2006，页 98.

[9] 陈达．浪迹十年 [M]. 各地：商务印书馆，1946.

[10] 陈达．浪迹十年之行旅记闻 [M]. 北京：商务印书馆，2013 年再版．

[11] 陈达．南洋华侨与闽粤社会 [M]. 北京：商务印书馆，2011 年再版．

[12] 陈嘉庚纪念馆编．华侨旗帜 民族光辉：陈嘉庚生平事迹 [M]. 北

京：文物出版社，2014.

[13] 曾讲来主编 . 陈嘉庚研究文选 · 2[M]. 厦门：厦门大学出版社，2007.

[14] 陈共存口授，洪永宏编撰 . 陈嘉庚新传 [M]. 新加坡：陈嘉庚国际学会、八方文化企业公司联合出版，2003.

[15] 陈国庆 . 回忆我的父亲陈嘉庚 [M]. 北京：中央文献出版社，2001.

[16] 陈天绶，蔡春龙编著 . 陈嘉庚之路 [M]. 武汉：湖北人民出版社，2005.

[17] 陈嘉庚纪念馆编 . 陈嘉庚研究国际学术研讨会论文汇编 [C]. 厦门：[未刊]，2013.

[18] ［德］E. 海能 . 企业文化：理论与实践的展望 [M]. 上海：知识出版社，1990.

[19] 丁波 . 风雨南洋行 [M]. 广州：广东人民出版社，1988.

[20] 单中惠，王凤玉编 . 杜威在华教育讲演 [M]. 北京：教育科学出版社，2007.

[21] 方友义主编 . 国立第一侨民师范纪念集 [M]. 香港：华星出版社，2000.

[22] 顾颉刚 . 何启君整理 . 中国史学入门 [M]. 北京：北京出版社，2002.

[23] 郭仁德 . 马新抗日史料：神秘莱特 [M]. 马来西亚：彩虹出版有限公司，2000.

[24] 郭瑞明，蒋才培编著 . 同安华侨志 [M]. 厦门：鹭江出版社，1992.

[25] 郭瑞明，蒋才培 . 同安华侨史略 [M]. 同安：[内部发行]，2012.

[26] 郭嵩焘 . 走向世界丛书 · 伦敦与巴黎日记 [M]. 钟叔河主编 . 长沙：岳麓书社，2008.

[27] 国家文化软实力研究偕同创新中心编 . 首届嘉庚论坛文集 [C]. 厦门：[未刊]，2016.

[28] 黄炎培 . 八十年来 [M]. 北京：文史资料出版社，1982.

[29] 华侨博物院华侨历史研究部编 . 独木成林：孙炳炎和他生活的年代 [M]. 北京：中国工人出版社，1992.

[30] 黄今英 . 陈嘉庚传 [M]. 新加坡：八方文化公司，2002.

[31] 《嘉庚文献题录》编委会编 . 嘉庚文献题录 [M]. 湖北：武汉大学出版社，2015.

[32] 柯木林主编 . 新华历史人物列传 [M]. 新加坡：新加坡宗乡会馆联合总会，1995.

[33] 寇东亮等 . 人文关怀论 [M]. 北京：中国社会科学出版社，2015.

[34] 梁志明 . 殖民主义史（东南亚卷）[M]. 北京：北京大学出版社，1999.

[35] 李光耀 . 李光耀回忆录：我一生的挑战：新加坡双语之路 [M]. 南京：译林出版社，2013.

[36] 李元瑾 . 林文庆的思想：中西文化的汇流与矛盾 [M]. 新加坡：新加坡亚洲研究学会，1990.

[37] 利亮时 . 一个消失的聚落：重构新加坡德光岛走过的历史道路 [M]. 新加坡：新加坡国立大学中文系、八方文化创作室联合发行，2009.

[38] 林再复 . 闽南人 [M]. 台北：三民书局，1985 年再版 .

[39] 罗长海 . 企业文化学 [M]. 北京：中国人民大学出版社，2006.

[40] 林火荣、郑东主编 . 凝固的历史：集美特色侨房集萃 [M]. 厦门：厦门音像出版有限公司，2013.

[41] 林德时 . 嘉庚精神及厦门发展 [M]. 厦门：厦门大学出版社，2010.

[42] 林斯丰主编 . 陈嘉庚精神读本 [M]. 厦门：厦门大学出版社，2007.

[43] 林斯丰主编 . 集美学校百年校史 [M]. 厦门：厦门大学出版社，2013.

[44] ［美］谭中，凌焕铭主编 . 海外华人与中国梦 [M]. 北京：中央编译出版社，2015.

[45] ［美］托马斯 · J. 彼得斯，小罗伯特 · H. 沃特曼 . 成功之路 [M]. 北京：中国对外翻译出版社，1985.

[46] ［美］彼得 · 德鲁克著，李维安等译 . 德鲁克管理思想精要 [M]. 北京：机械工业出版社，2007.

[47] 马克思恩格斯全集 · 第 3 卷 [M]. 北京：人民出版社，2002.

[48] 马建强 . 民国先生 [M]. 广西：广西师范大学出版社，2013.

[49] 钱穆 . 国史新论 [M]. 北京：生活 · 读书 · 新知三联书店，2012.

[50] 钱穆 . 现代儒学论 [M]. 上海：上海人民出版社，1988.

[51] 任镜波，陈经华编 . 爱国华侨黄丹季 [M]. 福州：海潮摄影艺术出版社，1999.

[52] 宋相旺著，叶书德译 . 新加坡华人百年史 [M]. 新加坡：新加坡中华总商会，1993.

[53] 陕西省公祭黄帝陵工作委员会办公室编 . 皇帝祭祀大典图志：1980—2007[M]. 北京：中国文史出版社，2008.

[54] 孙培青主编 . 中国教育史 [M]. 上海：华东师范大学出版社，1992.

[55] 唐凯麟，罗能生 . 契合与升华：传统儒商精神和现代中国市场理性的建构 [M]. 长沙：湖南人民出版社，1998.

[56] 陶华坤 . 教育家——思想的接生婆 [M]. 北京：中国言实出版社，2015.

[57] 吴凤斌主编 . 东南亚华侨通史 [M]. 福州：福建人民出版社，1994.

[58] 吴体仁编著 . 殖产橡胶拓荒人 [M]. 新加坡：世界书局有限公司发行，1966.

[59] ［香港］黄枝连 . 东南亚华族社会发展论 [M]. 上海：上海社会科学院出版社，1992.

[60] 《厦门华侨志》编委会编 . 厦门华侨志 [M]. 厦门：鹭江出版社，1991.

[61] 徐四民 . 一个华侨的经历：徐四民回忆录 [M]. 香港：香港镜报文化企业有限公司，1981.

[62] 徐晓望 . 闽南史研究 [M]. 福州：海风出版社，2004.

[63] 厦门市关心下一代工作委员会编印 . 移山填海话当年：厦门海堤建设回顾 [M]. 厦门：[内部发行]，2000.

[64] 新加坡福建会馆编 . 波靖南溟——天福宫与福建会馆 [M]. 新加坡：新加坡福建会馆，2005.

[65] 新加坡福建会馆编 . 世界福建名人录 · 新加坡篇（1819—2012）[M]. 新加坡：焦点出版社，2012.

[66] 张其华 . 陈嘉庚在归来的岁月里 [M]. 北京：中央文献出版社，2003.

[67] 中国人民政治协商会议全国委员会，文史资料研究委员会，中华全国归国华侨联合会，福建省政协合编 . 回忆陈嘉庚：纪念陈嘉庚先生诞辰一百一十周年 [M]. 北京：文史资料出版社，1984.

[68] 庄景辉、贺春妮 . 集美学校嘉庚建筑 [M]. 北京：文物出版社，2013.

[69] 庄景辉 . 厦门大学嘉庚建筑 [M]. 厦门：厦门大学出版社，2011.

[70] 周远清主编．陈嘉庚教育思想研究论文集 [C]. 厦门：厦门大学出版社，2008.

[71] 谢小建、张秀明主编．陈嘉庚研究国际学术研讨会论文集 [C]. 北京：中国华侨出版社，2016.

[72] ［英］斯图亚特·霍尔编．徐亮，陆兴华译．表征：文化表象与意指实践 [M]. 北京：商务印书馆，2003.

[73] 阎照祥．英国政治制度史 [M]. 北京：人民出版社，1999.

[74] 严春宝．一生真伪有谁知：大学校长林文庆 [M]. 福州：福建教育出版社，2010.

[75] 严元章．中国教育思想源流 [M]. 北京：生活、读书、新知三联书店，1993.

[76] 杨国桢．陈嘉庚 [M]. 北京：人民出版社，1987.

[77] 杨进发．陈嘉庚研究文集 [M]. 北京：中国友谊出版社，1988.

[78] 杨进发、李发沉译．陈嘉庚：华侨传奇人物 [M]. 新加坡：八方文化企业公司，1990.

[79] 杨进发、陈嘉庚纪念馆再版．华侨传奇人物：陈嘉庚（中文简体版）[M]，厦门：陈嘉庚纪念馆 [未刊]，2012.

[80] 杨进发．战前星华社会结构与领导层初探 [M]. 新加坡：新加坡南洋学会，1977.

[81] 庄国土，刘文正．东亚华人社会的形成和发展：华裔网络、移民与一体化趋势 [M]. 厦门：厦门大学出版社，2009.

[82] 中共厦门市委党史研究室编．火红的青春：国立第一侨民师范学校校友回忆录 [M]. 北京：中共党史出版社，2003.

[83] 中国政协会议全国委员会文史资料研究委员会编．五星红旗从这里升起：中国人民政治协商会议诞生记事资料选编 [M]. 北京：文史资料出版社，1984.

[84] 颛蒙叟编著．集美史略 [M]. 集美：[内部发行]，2002.

[85] 中共厦门市委党史研究室编．移山填海：厦门海堤建设述略 [M]. 北京：中共党史出版社，2008.

[86] 庄敏琦主编 . 嘉庚精神 [M]. 北京：北京航空航天大学出版社，2011.

三、中文论文

[1] 1929 年陈嘉庚公司中牌产品广告页 [J]. 闽侨半月刊，1929 年第 1 卷第 1 期、第 4–6 期合刊 .

[2] 报子 . 陈嘉庚在沪办报 [J]. 海涛 . 1946 年第 24 期 .

[3] 本刊讯 . 江泽民总书记说——全国人民都应该怀念、学习陈嘉庚 [J]. 集美校友 . 1994 年第 3 期 .

[4] 包立峰 . 以人为本企业文化的价值生态与建构 [D]，长春：东北师范大学，2012.

[5] 陈嘉庚 . 畏惧失败才是可耻 [J]. 东方杂志，1934 年第 31 卷第 7 期 .

[6] 陈嘉庚 . 复兴民族与服制 [J]. 东方杂志，1934 年第 34 卷第 1 期 .

[7] 陈嘉庚先生 [A]. 厦门大学编 . 厦门大学八周纪念特刊 [C]. 1929.

[8] 陈嘉庚 . 南洋华侨救国运动与华侨机工 [J]. 华侨生活月刊 . 1939 年第 1 卷第 5 期 .

[9] 陈嘉庚 . 南洋华侨师范开校典礼致辞 [J]，民潮：闽侨半月刊，1941 年第 1 卷第 6 期 .

[10] 蔡克勇 . 发扬陈嘉庚倾资办学精神 大力开展捐资助学活动 [J]. 中国高教研究 . 2007 年第 10 期 .

[11] 陈碧笙 . 试论陈嘉庚 [A]. 陈嘉庚先生诞辰 110 周年学术讨论会资料 [C]. 1984 年，第 10 页 .

[12] 曾玲 . 新加坡广惠肇碧山亭的建立及其社会文化意义 [A]. 新马华族文史论丛 [C]. 陈荣照主编，新加坡：新社出版，1999 年 3 月 .

[13] 陈阿娜 . 陈嘉庚倾资办学精神的传承及其现实意义 [J]. 辽宁医学院学报（社会科学版）. 2010 年 2 月 .

[14] 陈延庭 . 厦门大学建筑史 [A]. 陈嘉庚研究文选 · 2[C]. 曾讲来主编，厦门：厦门大学出版社，2007.

[15] 陈育崧 . 陈嘉庚研究计划导论 [A]. 陈嘉庚（影印本）[C]. 陈育崧著，厦门大学同学陈嘉庚研究丛书，厦门：未刊，1969.

[16] 陈村牧 . 伟大光辉的一生 [J]. 集美校友，1981 年 8 月第 4 期 .

[17] 陈可焜 . 李远哲谈陈嘉庚 [J]. 集美校友 . 1992 年第 1 期 .

[18] 陈振群 . 陈嘉庚接见族亲学子的情况断忆 [J]. 集美校友 . 1993 年第 5 期 .

[19] 陈晓玄 . 陈嘉庚的倾资办学精神及其启示 [J]. 黑龙江教育学院学报 . 2007 年第 6 期 .

[20] 陈耀中 . 试论陈嘉庚的“诚毅”精神及其现实意义 [J]. 鹭江职业大学学报 . 2003 年第 3 期 .

[21] 陈瑞荣，黄和才 . 试论嘉庚体育精神对促进全民健身发展的作用 [J]. 体育科学研究 . 2009 年第 7 期 .

[22] 陈嘉庚 [A]，柯木林主编 . 新华历史人物列传 [C]. 新加坡：新加坡宗乡会馆联合总会，1995.

[23] 陈六使 . 开学仪式后晚宴上的谈话 [A]. 李业霖主编 . 南洋大学创办人陈六使言论集 [C]. 霹雳南洋大学校友会，2014.

[24] 陈荣照 . 新马华族文史发展的本土化进程 [A]. 陈荣照主编 . 新马华族文史论丛 [C]. 新加坡：新社出版，1999.

[25] 陈长源，江炳伦 . 提升闽南文化的关键人物——南侨陈嘉庚评述 [A]. 闽南文化研究 [C]. 中央文献出版社，2003.

[26] 陈呈 . 概述 [A]，陈呈主编 . 烽火弦歌——集美学校抗战内迁史 [C]. 北京：人民日报出版社，2016.

[27] 陈长源 . 南洋华侨民族主义——以陈嘉庚为例 [D]. 台北：台湾中国文化大学，2003.

[28] 黄炎培 . 陈嘉庚毁家兴学记 [J]. 新教育 . 1919 年第 1 卷第 5 期 .

[29] 邓玮 . 论陈嘉庚先生的慈善精神及其时代意义 [J]. 集美大学学报（哲学社会科学版）. 2010 年第 1 期 .

[30] 杜维明，张友云 . 家庭、国家和世界：全球伦理的现代儒学探索 [J]. 国外社会科学 . 1999 年第 5 期 .

[31] 杜威 . 经验与教育之关系（在南京的讲演）[A]. 单中惠、王凤玉编 . 杜威在华教育讲演 [C]. 北京：教育科学出版社，2007.

[32] 邓伟 . 传统文化价值观对消费者品牌个性偏好的影响研究 [D]. 赣州：赣南师范学院，2013.

[33] 房晋 . 构建以“诚毅”精神为特色的校园文化 [J]. 集美大学学报（哲社版），2007 年第 4 期 .

[34] 傅子玖 . 初论陈嘉庚的诚毅精神 [J]. 集美大学学报（哲社版）. 2002 年第 4 期 .

[35] 傅树介著，伍德南翻译 . 一位外孙笔下的陈嘉庚 [J]. 怡和世纪 . 2016 年第 29 期 .

[36] 郭梁 . 日本人论陈嘉庚 [J]. 南洋资料译从 . 1986 年第 2 期 .

[37] 高瑞泉 . 近代价值观变革与晚清知识分子 [J]. 华东师范大学学报（哲社版）. 2004 年第 1 期 .

[38] 宫向阳 . 彼得 · 德鲁克创新思想的哲学考辩 [J]. 苏州大学学报（哲社版）. 2010 年第 1 期 .

[39] 郭梁 . 陈嘉庚的人生价值观 [J]. 厦门大学学报（哲社版）. 1994 年第 4 期 .

[40] 黄炎培 . 陈嘉庚毁家兴学记 [J]. 教育丛刊 . 1919 年第 1 期 .

[41] 黄炎培 . 陈嘉庚毁家兴学记 [J]. 东方杂志 . 1919 年 第 16 卷第 12 期 .

[42] 涵真 . 陈嘉庚君的事业 [J]. 光明（北京）. 1919 年第 2 期 .

[43] 何励生 . 嘉庚精神，厦大通讯 [J]，1940 年第 2 卷第 9.10 期 .

[44] 黄云静 . 马来西亚现代政治制度的确立——兼论英国殖民统治的遗产问题 [J]. 东南亚研究 . 2000 年第 1 期 .

[45] 洪文建 . 陈嘉庚精神与构建和谐校园研究 [D]. 厦门：厦门大学，2006.

[46] 兼言 . 马来亚纪行各埠邑侨概况 [J]. 同安乡讯 . 1948 年 5 月 .

[47] 柯惠铃 . 陈嘉庚研究——海外华人中国意识的探讨 [D]. 台北：台湾政治大学，1995.

[48] 林文庆 . 厦门大学十周年纪念的意义 [A]. 厦门大学编 . 厦门大学十周年纪念刊 [C]. 1931.

[49] 李光耀 . 两个城市的故事——二十年的变化：李光耀在香港大学

演讲辞摘要 [A]. 英国如何撤出殖民地 [C]. 香港：香港文汇出版社，1993.

[50] 李天锡，李仁生：李光前的企业经营管理方式及其成功背景 [J]. 华侨大学学报（哲学社会科学版）. 1991 年第 1 期 .

[51] 林德时 . 嘉庚精神的特点探析 [J]. 前沿 . 2002 年第 5 期 .

[52] 林德时 . 论嘉庚精神的基本内涵 [J]. 江西社会科学 . 2000 年第 6 期 .

[53] 刘再复 . 永远的文化纪念碑——缅怀陈嘉庚先生 [A]. 刘再复、刘剑梅著 . 教育论语 [C]. 福州：福建教育出版社，2012.

[54] 梁元生 . 典型在夙昔 . 陈嘉庚精神与当代华人 [A]. 陈嘉庚基金、陈嘉庚国际学会 . 今日陈嘉庚精神——陈嘉庚基金廿周年纪念庆典研讨会文集 [C]. 新加坡：陈嘉庚基金，2003.

[55] 林利本 . 学习陈嘉庚先生的爱国主义精神 [J]. 教学与调研，1994 年第 3 期 .

[56] 林劲利 . 实事求是：陈嘉庚与新加坡政治部（1950 年及 1955 年）[Z]. 2015 年第六届海外华人研究与文献收藏机构国际会议宣读文章，厦门：未刊 .

[57] 李卫兵 . 家族企业的演进及管理模式研究 [D]. 武汉：华中科技大学，2005.

[58] 南治国 . 出席厦门“嘉庚论坛”随想 [J]. 怡和世纪 . 2016 年第 29 期 .

[59] 钱穆 . 略论中国社会主义 [A]. 钱穆著 . 国史新论 [C]. 北京：生活 · 读书 · 新知三联书店，2012.

[60] ［日］市川健二郎 . 陈嘉庚心中的故乡 [J]. 南洋资料译丛 . 1986 年第 2 期 .

[61] ［日］原不二夫 . 马来亚中国派华人组织的兴亡 [J]. 南洋资料译丛 . 1991 年第 4 期 .

[62] ［日］原不二夫 . 战后马来亚的爱国华侨 [J]，南洋资料译丛，2005 年第 2 期 .

[63] 任贵祥 . 毛泽东与陈嘉庚交往论略 [J]. 党的文献 . 2010 年第 2 期 .

[64] （书报评介）统计组：我国“行”的问题 [J]. 物调旬刊 . 1947 年第 7 期 .

[65] 苏燕 . 注重人文关怀，关注新时期大学生人文教育 [J]. 高等教育 . 2011 年第 1 期 .

[66] 孙谦 . 试论 1890—1934 年陈嘉庚的实业思想 [J]. 南洋问题研究 . 1993 年第 2 期 .

[67] 王成 . 从西方化到本土化：英国的殖民统治与马来西亚的政治发展 [J]. 史学月刊 . 2003 年第 8 期 .

[68] 王赓武 . 东南亚华人的身份认同之研究 [A]. 王赓武著 . 中国与海外华人 [C]. 香港：商务印书馆，1994.

[69] 吴文盛 . 企业文化与民营企业发展研究 [D]. 武汉：武汉大学，2005.

[70] 厦门大学“四种精神”[A]. 厦门大学 2015 年度报告 [C]. 厦门大学编，未刊，2016.

[71] ［香港］李远荣：李硕果与鲁迅、陈嘉庚及其他 [J]. 集美校友 . 1993 年第 4 期 .

[72] 许艳 . 胡文虎–实业家办报的实践与思想研究 [D]. 兰州：兰州大学，2008.

[73] 杨进发口述、蔡仁龙整理 . 我是怎样研究陈嘉庚的 [J]. 南洋问题 . 1985 年第 1 期 .

[74] 杨进发 . 陈嘉庚：为振兴中华而不悔 [A]. 创业与护根：马来西亚华人历史与人物儒商篇 [C]. 林水檺主编，（马来西亚）吉隆坡：华社研究中心，2003.

[75] 杨刚 . 陈嘉庚与华侨博物院 [A]. 陈嘉庚研究文选 · 2[C]. 曾讲来主编，厦门大学出版社，2007.

[76] 袁伟时 . 强国梦与宪政之路——蒋介石在 1943 年 [J]. 炎黄春秋 . 2003 年第 7 期 .

[77] 杨进发 . 十九世纪新加坡华族领导层 [A]. 柯木林、吴振强编 . 新加坡华族史论集 [C]. 新加坡：南洋大学毕业生协会，1972.

[78] 俞琪 . 英国人的法制观念 [A]. 孙正冶编 . 中国人与外国人——世界各国人的性格与文化侃谈 [C]. 北京：国际文化出版公司，1997.

[79] 叶钟玲．陈嘉庚与尼赫鲁 [A]. 叶钟玲著．陈嘉庚与南洋华人论文集 [C]. 马来西亚陈嘉庚基金工委会，2013.

[80] 颜清湟．东南亚华族文化：延续与变化 [A]. 吴晶主编．华侨华人研究论丛 · 第 7 辑 [C]. 北京：中国华侨出版社，2006.

[81] 杨国贤，姚盈丽．南侨机工究竟有多少人？ [A]. 杨国贤、姚盈丽编著．南侨机工英名录（下册）[C]. [马] 吉隆坡：21 世纪出版社，2015.

[82] 作者不详：陈嘉庚捐助图书馆 [J]. 图书馆学季刊．1926 年第 1 卷第 2 期．

[83] 庄国土．“华侨”一词名称考 [J]. 南洋问题．1984 年第 1 期．

[84] 庄国土．论 17—19 世纪闽南海商主导海外华商网络的原因 [J]. 东南学术，2001 年第 3 期．

[85] 庄国土．东南亚华商软实力及其对中国与东南亚友好关系的贡献 [A]. 华侨华人研究报告（2014）[C]. 社会科学文献出版社，2014.

[86] 郑云城．大马华裔青年文化价值观 [J].［港］华人月刊，1991 年第 4 期．

[87] 张惠雯．移民随想 [J]. 怡和世纪．2011 年 6 月．

[88] 张殊明．怀念伟大爱国者陈嘉庚老人 [J]. 集美校友．1983 年第 4 期．

[89] 郑志谦，郑爱莲．“陈嘉庚精神”与当代大学生的精神培育 [J]. 厦门教育学院学报．2007 年第 11 期．

[90] 张大红．儒商伦理与现代中国企业家精神 [D]. 长沙：湖南师范大学，2003.

[91] 陈毅明校注．陈嘉庚遗稿：一九四四年在印尼峇株 [A]. 泉州市泉州历史研究会，政协泉州市委员会文史资料研究委员会、泉州市文物管理委员会编．泉州文史（第五辑）[M].1981 年 10 月，页 89—97.

四、报纸

[1] （新）星报 [N].1896—2—1.

[2] （新）叻报 [N].1896—2—4，1904—3—24，1908—1—29，1912—6—1.

[3] （新）新国民日报 [N].1922—10—30，1922—10—31.

[4] （新）南洋商报（Nanyang Siang Pau）[N]，1923—1941、1948、1961、1971、1982.

[5] （新）星洲日报（Sin Chew Jit Poh）[N]，1979—12—22，12—27.

[6] （新）华侨商报 [N].1941—9—5.

[7] （新）新华日报 [N].1941—1—27.

[8] （新）南侨日报 [N].1947—2—17，1948—2—1、3—17、3—19.

[9] （新）联合早报 [N].1983—6—13，1984—7—8，1989—2—28，2000—8—30.

[10] （中）人民日报 [N]. 1949—9—25，1951—10—30，1956—2—11、12—12，1957—3—15、1957—7—3.

[11] （中）人民日报海外版 [N].2001—9—18.

[12] （中）厦门日报 [N]. 1953—3—10，1956—11—13、12—11，1957—6—3，1959—6—11.

[13] （中）福建日报 [N]. 1950—7—4，1984—12—19，2014—10—22.

[14] （中）厦门晚报 [N]. 2010—6—27.

[15] （中）福建侨报 [N]. 2016—6—14.

五、社团特刊

[1] 南洋商报社编 . 非同凡响：南洋商报创刊 85 周年纪念书籍 [M]. 新加坡：南洋商报发行，2008.

[2] 厦门大学台湾校友会编 . 厦门大学七十周年校庆特刊 1921—1991[Z]. 不详，1991.

[3] 新加坡保赤宫陈氏宗祠编 . 新加坡保赤宫暨陈氏宗祠一百二十五周年纪念特刊 [Z]. 新加坡：玲子传媒私人有限公司印刷，2002.

[4] 新加坡中华总商会编 . 新加坡中华总商会大厦落成纪念刊 [Z]. 新加坡：新加坡中华总商会，1964.

[5] 新加坡中华总商会编 . 新加坡中华总商会七十五周年纪念刊：1906—1981[Z]. 新加坡：新加坡中华总商会，1981.

[6] 新加坡同安会馆编辑委员会编 . 新加坡同安会馆特刊（1931—

1984）：庆祝新大厦落成典礼暨成立五十三周年及互助部成立十八周年纪念[Z]. 新加坡同安会馆，1986.

[7] 新加坡怡和轩俱乐部编 . 怡和轩九十周年纪念特刊（1895–1985）[Z]. 新加坡：大水牛出版机构，1985.

[8] 新加坡中华总商会编 . 百年基 千秋业：新加坡中华总商会一百周年纪念特刊 [Z]. 新加坡中华总商会出版，2007.

[9] 星洲日报社编 . 从星洲日报看星洲五十年：1929–1979[M]. 新加坡：星洲日报社发行，1979.

[10] 同济医院百年特刊出版委员会编 . 同济医院一百周年纪念特刊 [Z]. 新加坡：兴隆印务（私人）有限公司，1967.

六、英文文献

[1] A.H.C.Ward, Raymond W.Chu and Janet Salaff(ed. and tr.), The memoirs of Tan Kah Kee[M]. Singapore: Singapore University Press, 1994.

[2] Arnold Wright and Cartwright, H.A., Twentieth Century Impressions of British Malaya: Its History, People, Commerce, Industries, and Resources[M], London: Lloyd's Greater Britain Publishing Company Ltd., London, 1908.

[3] CarolynLee Cartier. Mercantile cities on the South China coast: Ningbo, Fuzhou, and Xiamen, 1840–1930[D], Ph. D.dissertation, University of California, Berkeley, 1988.

[4] Cook, James Alexander.Bridges to modernity: Xiamen, overseas Chinese and Southeast Coastalmodernization 1843–1937[D], Ph.D.dissertation, San Diego: University of California.1998.

[5] E.S.Rawski, Agricultural Change and The Peasant Economy of South China[M], Cambridge, Mass.: Harvard University Press, 1972.

[6] G.T.Hare, The Straits–born Chinese, SCM, Vol.1, No.1, Mar 1897.

[7] Kiong Beng Huat, Educational Progress in Singapore, 1870–1902[D], Unpublished B.A.Hons.thesis, University of Malaya, 1953.

[8] Lee Yong Hock, A History of the Straits Chinese British Association, 1900—1959[D], Unpublished B.A.Hons.thesis, University of Malaya, 1960.

[9] Lu Hu, Changing Roles, Continuing Ideas: Tan Kah Kee in 1949 and 1950[J], JOURNAL OF CHINESE OVERSEAS, Vol.4, No.1, May 2008.

[10] Ng Siew Yoong, The Chinese Protectorate in Singapore, 1877—1900[J], Journal of Southeast Asian History, Vol.2, No.1, March 1961.

[11] PRIZE DISTRIBUTION, Eastern Daily Mail and Straits Morning Advertiser[N], 11 February 1907.

[12] Pang wing Seng, The 'Double—Seventh' Incident 1937: Singapore Chinese Response to the Outbreak of the sino—Japanese War[J], Journal of Southeast Asian Studies, Vol.4, No.2, 1973.

[13] Poh Soo Kai; editors, Hong Lysa & Wong Souk Yee. Living in a time of Deception[M], Singapore: Function 8 Ltd; Petaling Jaya: Pusat Sejarah Rakyat, 2016.

[14] Straits Settlements Annual Departmental Report[R], 1906.

[15] Straits Settlements Legislative Council Proceedings[R], 1883, Appe. No.18.

[16] Steven Leong .The Kuomingtang—Communist United Front in Malay during the national Salvation Period 1937—1941[J], Journal of Southeast Asian Studies, Vol.8, No.1, March 1977.

[17] The Straits Times[N], 1904, 1923, 1928, 1932—1933, 1989.

[18] Tan, Liok Ee.Descent and identity: the different paths of Tan Cheng Lock, Tan Kah Kee and Lim Lian Geok[J]. Journal of the Malaysian Branch of the Royal Asiatic Society, Vol.68, No.1, June 1995.

[19] Walter Makepeace, Gilbert E. Brooke, Roland St. J. Braddell, One hundred years of Singapore[M], London, J. Murray, 1921.

[20] W.G.Shellabear, Baba Malay: An Introduction to the Language of the Straits—born Chinese[J], Journal of the Royal Asiatic Society, Straits Branch, No.65, Dec 1913.

[21] Wang Gungwu, Southeast Asian Hua-Chiao in Chinese History-writing[J], Journal of Southeast Asian Studies, Vol.12, No.1, March 1981.

[22] Yong, C.F. A Preliminary Study of Chinese Leadership in Singapore, 1900-1941[J], Journal of Southeast Asian History(JSEAH), vol.9, No.2, 1968.

[23] Yen, Ching-Hwang.Tan Kah Kee and the overseas Chinese entrepreneurship[J]. Asian Culture, June 1998, No.22.

[24] Yong, Ching Fatt, Leadership and power in the Chinese community of Singapore during the 1930s[J]. Journal of Southeast Asian Studies, Vol.8, No.2, September 1977.

七、口述及文物

[1] 陈永定访谈口述，2015 年 7 月 21 日下午，在其厦门思明路家中 .

[2] 陈嘉庚 . 劝告集岑郭社亲栽培子女妥筹善后书 [M]. 复制件见陈嘉庚纪念馆第三展厅展示文物 .

[3] 陈嘉庚安排失业村民参加修浚池埭的工程“以工代赈”[M]. 复制件见陈嘉庚纪念馆第三展厅展示文物 .

[4] 陈嘉庚 . 厦门的将来 [M]. 陈嘉庚纪念馆第二展厅陈列文物 .

八、网络资源

[1] 百度百科 [EB/OL]. http://baike.baidu.com/view/781360.htm, 2013-08-25.

[2] 八年抗战中国到底伤亡多少人？ [EB/OL]. 红潮网，http://www.5281520.com/html/49-36/36365.htm, 2015-11-12.

[3] 陈共存 . 去掉政治色彩的陈嘉庚 [EB/OL]. http://news.sina.com.cn/o/2005-05-25/14145986076s.shtml, 2013-08-04.

[4] 陈少斌 . 华侨旗帜民族光辉——陈嘉庚先生生平事迹简介 [EB/OL]. 集美区政府官网，http://www.jimei.gov.cn/myoffice/documentComm.do?docId=D6883，2013-08-29.

[5] 福建侨联网 [EB/OL]，http://www.fjql.org/，2013-09-25.

[6] 华声报讯．新加坡怡和轩将设华人先贤纪念馆 [EB/OL]. http://www.chinaqw.com/node2/node116/node117/node163/node820/node821/userobject6ai169450.html, 2014—05—23.

[7] 记者钟梦然．“嘉庚先生常请我吃榴梿糕”集美学校委员会副主任陈忠信忆当年，校主慈祥又威严 [EB/OL]，http://zt.xmnn.cn/a/jmxx100zn/tl33_49/201310/t20131012_3537373.htm, 2015—05—23.

[8] 记者陈洋钦、黄智敏．厦大校主陈嘉庚“最伟大提案”在南京发现 [EB/OL]. http://www.taihainet.com/news/fujian/szjj/2007—08—10/158803.html, 2013—08—29.

[9] 潘凤．传统经典与华文教育 [EB/OL]. http://www.zaobao.com/forum/views/opinion/story20140217—311097，2014—03—10.

[10] ［清］胡寿颐．小螺庵病榻忆语跋 [EB/OL].［清］孙道乾．小螺庵病榻忆语．http://www.guoxue123.com/jijijibu/0201/09xycs/161.htm, 2013—09—02.

[11] 谭兆厚．庄景辉与《嘉庚建筑的文化》的故事 [EB/OL]. 厦门大学人文学院网站，http://rwxy.xmu.edu.cn/dongtai/ShowArticle.asp?ArticleID=271，2013—08—29.

[12] 新加坡福建会馆网站 [EB/OL]. http://www.shhk.com.sg/，2014—05—23.

[13] 新加坡国家图书馆网站．新马报纸数字资源 [EB/OL]. http://eresources.nlb.gov.sg/newspapers，2013—06—19~2016—05—20

[14] 西方大学的起源与传承 [EB/OL]，http://blog.sina.com.cn/s/blog_48eb57670100lah1.html, 2016—08—15.

[15] 夏之秋口述，先柄记录．有关武汉合唱团的回忆 [EB/OL].http://blog.sina.com.cn/s/blog_414adc7b0100bhoi.html, 2014—08—05.

后 记

吾知有涯，学海无涯。本书是在笔者的博士论文研究基础上扩充、修改、完善而成。在书稿即将付梓之际，思绪万千。艰辛与乐趣同在，充满内心的更多是感激。

本书得以完成，首先要感谢我的导师庄国土教授。书稿从构思到初稿成型，直至最后定稿，都离不开庄老师花费诸多时间和心力的悉心指导。特别是书稿修改期间，庄老师字斟句酌、详加审阅，大到体系安排、观点推敲，小到文字驾驭和标点符号，都凝聚着庄老师大量的心血。庄老师严谨务实的治学态度、深厚渊博的学识和宽厚儒雅的风范，都是我今后工作和学习的典范。感谢庄老师所给予我的极大包容与耐心。此外，庄老师还抽出宝贵时间为本书作序及给予指导意见。点点滴滴，师恩如海，无以回报。

与此同时，还要衷心感谢导师组的廖大珂教授和聂德宁教授，他们课堂上的精彩讲授与耐心教导使我启发良多，受益匪浅，感谢他们学术上的指导及答疑解惑。感谢施雪琴、范宏伟、沈惠芬、王虎、张苾芜、黄俊清、张长虹、张大勇、洪小荣、陈君、龙羽西、辅导员沈老师及原教学秘书曾老师等老师们，曾在不同方面给予我的指导和帮助。感谢厦门大学南洋研究院所有关心和帮助过我的老师们！

另外，也感谢陈丙先、何启才、杨静林等学长曾给予的鼓励和支持；感谢张月、郑虹等同窗好友曾经共同学习、相互探讨交流，给予的帮助和支持；感谢何静波、上官小红、叶丽萍等师妹曾给予的帮助；特别感谢同门张月、集美大学的姜文辉、厦门理工的何鹏、曾丽霞对书稿修改提出的宝贵意见及给予的帮助。感谢所有关心和帮助过我的老师、同学们！

感谢陈嘉庚纪念馆、集美学校委员会、校友总会的领导和同事们给予过我的关心、帮助与支持。感谢所有曾经关心和帮助过我的朋友们！另外，也感谢中国华侨出版社的编辑老师们为本书的编辑出版付出的辛勤劳动。

最后，感谢我的父母、先生、儿子、姐姐、姐夫等家人们，他们一贯如初的宽容、支持和默默付出，都是我前行的支柱和动力。一点一滴，让我倍感珍惜和充满感激。

对于陈嘉庚先生的研究任重道远。由于笔者学识限制，本书不妥之处，敬请读者批评指正！

陈俊林

2020 年 10 月